Langenscheidt

Słownik uniwersalny

polsko-niemiecki
niemiecko-polski

Nowe opracowanie

Pod redakcją
Zespołu Redakcyjnego Langenscheidta

Langenscheidt

Berlin · Monachium · Wiedeń · Zurych
Londyn · Madryt · Nowy Jork · Warszawa

Langenscheidt
Universal-Wörterbuch Polnisch

Polnisch – Deutsch
Deutsch – Polnisch

Völlige Neubearbeitung

Herausgegeben von der
Langenscheidt-Redaktion

Langenscheidt

Berlin · München · Wien · Zürich
London · Madrid · New York · Warschau

Bearbeitung: Piotr Krzemiński, Dr. Anke Levin-Steinmann
Muttersprachliche Durchsicht und Korrektur: Ewa Lemiesz
Projektleitung: Susanne Brudermüller
Neue deutsche Rechtschreibung nach den gültigen amtlichen Regeln und DUDEN-Empfehlungen

Ergänzende Hinweise, für die wir jederzeit dankbar sind, bitten wir zu richten an:
Langenscheidt Verlag, Postfach 40 11 20, 80711 München
redaktion.wb@langenscheidt.de

Typografisches Konzept nach: KOCHAN & PARTNER GmbH, München
Satz: Claudia Wild, Stuttgart
Druck: CS-Druck CornelsenStürtz GmbH, Berlin
Printed in Germany
ISBN 978-3-468-18263-1 (deutsche Ausgabe)
ISBN 978-83-7476-902-0 (polnische Ausgabe)

10011

Inhalt | Spis treści

Hinweise für die Benutzer |
Jak korzystać z tego słownika 4
Das polnische Alphabet und die Aussprache des Polnischen 6
Wymowa języka niemieckiego 8

Polnisch – Deutsch
Słownik polsko-niemiecki 11

Deutsch – Polnisch
Słownik niemiecko-polski 253

Zahlen | Liczebniki 501
Jadłospis | Speisekarte 504
Abkürzungen und Symbole |
Skróty i symbole . . . . hinten im Buch

Hinweise für die Benutzer | Jak korzystać z tego słownika

Die Stichwörter sind streng alphabetisch geordnet.

Die Tilde ersetzt das Stichwort in den Wendungen und in den idiomatischen Ausdrücken:

fassen chwytać ⟨-ycić⟩; (*enthalten*) ⟨po⟩mieścić; **sich kurz ~** streszczać ⟨-ścić⟩ się

grać ⟨za-⟩ spielen; **~ w karty** Karten spielen; **~ na fortepianie** Klavier spielen

Das Genus der Substantive (M, F, N bzw. *m, f, n*) und Wortartangaben wie ADV, PRÄP bzw. *adv, präp* usw. stehen in Kapitälchen bzw. in kursiver Schrift. Das Genus der Substantive ist auch bei Übersetzungen stets angegeben:

Menü N menu *n*; **Menüleiste** F IT pasek *m* menu

wzdłuż ADV längs; PRÄP (*gen*) längs (*gen*), entlang (*akk*)

Polnische Verben treten meist als imperfektive und perfektive Verben auf. In beiden Wörterbuchteilen ist das perfektive Verb in spitzwinkligen Klammern angegeben. Der Bindestrich ersetzt den leicht zu ergänzenden Teil eines perfektiven Verbs:

hinfahren zawozić ⟨-wieźć⟩; *v/i* ⟨po⟩jechać

tańczyć ⟨po-, za-⟩ tanzen

Die Rektion, d. h. die zum Stichwort gehörenden Präpositionen bzw. die Kasusangaben im Deutschen und im Polnischen, ist vor allem dann aufgeführt, wenn sich beide Sprachen hierin unterscheiden:

gratulieren ⟨po⟩gratulować (**zu** *dat gen*)

zajeżdżać ⟨-jechać⟩ vorfahren; einkehren (**do** *gen* bei *dat*)

Adverbien, die von Adjektiven gebildet werden, aber nicht als selbstständiges Stichwort erscheinen, sind nach dem betreffenden Adjektiv in Klammern angegeben:

dobry (-rze) gut

Erläuternde Hinweise in kursiver Schrift für die Wahl der richtigen Übersetzung. Im polnisch-deutschen Teil werden diese Hinweise auf Polnisch gegeben, im deutsch-polnischen Teil auf Deutsch:

gwiazda Stern *m*; *filmowa* Star *m*

anmachen *Feuer* rozniecać ⟨-cić⟩; *Salat* przyrządzać ⟨-dzić⟩; *Licht* włączać ⟨-czyć⟩

Sachgebiete sind meistens abgekürzt in Kapitälchen angegeben:

ćwikła F GASTR Rote-Rüben-Salat *m*; rote Rüben *fpl* mit Meerrettich

Das polnische Alphabet und die Aussprache des Polnischen

A, a	helles, kurzes *a*	**rada**
ą	nasaliertes *o* wie in französisch bon	**wąsy**
B, b	wie im Deutschen	**ambasada**
C, c	wie deutsches *z* in *Zorn*	**praca**
Ć, ć	etwa wie *tj* in *tja*	**ćwiczenie**
D, d	wie im Deutschen	**dwa**
E, e	offenes *e* wie in *Rest*;	**deska**
	geschlossenes kurzes *e*	**mienie**
ę	nasaliertes *e* wie in französisch Cous*in*	**kęs**
F, f	wie im Deutschen	**Francja**
G, g	wie im Deutschen	**godzina**
H, h	wie *ch* in a*ch*	**chata**
I, i	geschlossenes kurzes *i*;	**ile**
	jotiertes *i* etwa wie in Nat*i*on	**magia**
J, j	wie im Deutschen	**restauracja**
K, k	wie im Deutschen, jedoch unbehaucht	**Polska**
L, l	wie im Deutschen	**lampa**
Ł, ł	wie englisches *w* in *week* (= ein kurzes *u* mit gerundeten Lippen)	**ławka**
M, m	wie im Deutschen	**matka**
N, n	wie im Deutschen	**nowy**
ń	etwa wie *gn* in Champa*gn*er	**koń**
O, o	offenes kurzes *o* wie in von	**oko**
Ó, ó	geschlossenes kurzes *u*	**ósmy**
P, p	wie im Deutschen, jedoch unbehaucht	**listopad**

R, r	Zungenspitzen-*r*, auch im Auslaut deutlich hörbar	**rynek**
S, s	immer stimmlos wie *ß* in gro*ß*	**sól**
Ś, ś	ähnelt dem deutschen *ch* in Mär*ch*en, wenn das *ch* mit einem flüchtigen sch-Laut gesprochen wird	**środek**
T, t	wie im Deutschen, jedoch unbehaucht	**tak**
U, u	geschlossenes kurzes *u*	**uwaga**
V, v	wie deutsches *w*	**video**
W, w	wie im Deutschen	**woda**
Y, y	etwa wie *i* in T*i*sch, mit zurückgezogener Zunge gesprochen	**piękny**
Z, z	wie stimmhaftes *s* in Sense	**zaraz**
Ź, ź	stimmhafte Entsprechung zu ś	**źle**
Ż, ż	stimmhafte Entsprechung zu sz, wie deutsch *J*ournal oder *g* in Genie	**żaba**

Buchstabengruppen

Ch, ch	wie *ch* in Bu*ch*	**chleb**
Cz, cz	wie *tsch* in *Tsch*eche	**czas**
Dz, dz	*d + z*	**powodzenie**
Dź, dź	*d + ź*	**dźwięk**
Dż, dż	*d + ż*	**dżungla**
Rz, rz	wie *j* in *J*ournal	**rzeka**
Sz, sz	wie *sch* in *Sch*ule	**szkola**

Wymowa języka niemieckiego

Spółgłoski

Wiele spółgłosek w języku niemieckim wymawia się tak samo jak w języku polskim (np. b, d, f, k, l, m, n, w, x). Pozostałe spółgłoski wymawia się następująco:

c	w wyrazach obcych jak *c* lub *k*	**Celsius, Café**
	w połączeniach *ck* jak k	**Jacke**
ch	po samogłoskach a, o, u i po au jak *ch*	**doch**
	przed s jak *k*	**Wachs**
	przed -sam i końcówkami osobowymi rozpoczynającymi się od -s jak *ch*	**wachsam, lachst**
	w wyrazach obcych jak *sz*	**Chance**
	w pozostałych przypadkach miękko, prawie jak *ś*	**ich, richtig, Milch**
g	na początku wyrazu lub między dwoma samogłoskami twardo jak *g*	**gehen**
	na końcu wyrazu jak *k*	**weg**
	w zapożyczeniach z francuskiego jak *ż*	**Genie**
p	podobnie jak w polskim, ale z większym przydechem	**Pommes**
q	w połączeniach *qu* jak *kw* w *kw*artał	**Quark**
r	w nagłosie i w wygłosie przed spółgłoskami drżące	**reden, Fahrt**
	w końcówce er zwokalizowane	**Papier**

s	przed lub między samogłoskami jak *z*	**sie**
	przed *p* i *t* na początku sylab jak *sz*	**spät, Stadt**
	w pozostałych przypadkach jak *s*	**ist**
	w połączeniach *sch* jak *sz*	**schnell**
ß, ss	zawsze jak *s*	**Straße, Flüsse**
t	podobnie jak w polskim, ale z większym przydechem	**Tat**
	w połączeniach *tsch* jak *cz*	**deutsch**
	w połączeniach *tz* jak *c*	**Platz**
v	jak *f*	**viel**
	w większości wyrazów obcego pochodzenia jak *w*	**Vase**
z	jak *c*	**Zahn**

Samogłoski

Samogłoski w języku niemieckim mogą być wymawiane krótko jak w języku polskim lub długo.

a	krótko jak polskie *a*	**lassen**
	długo, prawie jak *aa* w *ach*	**Staat, fahren**
e	krótko, bardziej zmiękczone niż polskie *e*	**sprechen**
	długo, prawie jak *ej* w *hej!*	**geben**
	na końcu wyrazu zredukowane, słabo słyszalne	**bitte**
ä	krótko jak polskie *e*	**Lärm**
	długo, prawie jak *e* w *ech!*	**Träne, Fahrt**

i	krótko jak polskie *i*	**ihm**
	długo, prawie jak *ij* w *kij*	**Titel**
	w połączeniach *ie* jak *ij* w *kij*	**hier**
o	krótko jak polskie *o*	**voll**
	długo, prawie jak *o* w och!	**ohne**
ö	krótko jak *y* lecz z ustami ułożonymi do *u*	**können**
	długo jak y lecz z ustami ułożonymi do *u*	**böse**
u	krótko jak polskie *u*	**Bund**
	długo, prawie jak u w *uuu!*	**gut**
ü	krótko jak *y* lecz z ustami ułożonymi do *i*	**Mütze**
	długo jak *y* lecz z ustami ułożonymi do *i*	**Blüte**
y	jak niemieckie *ü*	**Hygiene**

Dyftongi

W języku niemieckim występują dyftongi, czyli dwugłoski. Są to połączenia dwóch samogłosek w jednej sylabie.

ai, ay, ei, ey	jak *aj* w *maj*	**Mais, Bayern, nein, Meyer**
au	jak *ał* w *miał*	**Haus**
äu, eu	jak *oj* w *wojsko*	**Fräulein, neun**

Polnisch – Deutsch

A

a und; aber; **~ to** und zwar
abecadło N ABC *n*
abonament M Abonnement *n* **abonent(ka)** M(F) Abonnent(in) *m(f)*; *użytkownik* Teilnehmer(in) *m(f)*
absolutny absolut
absolwent(ka) M(F) Absolvent(in) *m(f)*
absorbować ⟨za-⟩ absorbieren; *fig* in Anspruch nehmen, beanspruchen
abstrakcyjny abstrakt
absurd M Unsinn *m*
aby damit, dass; um zu
aczkolwiek obwohl, obschon
adaptacja F Adaption *f*, Anpassung *f*; Umarbeitung *f*; Umbau *m*
administracja F Verwaltung *f* **administrator(ka)** M(F) Verwalter(in) *m(f)* **administrować** verwalten (*inst akk*)
admirał M Admiral *m*
adnotacja F Anmerkung *f*
adopcja F Adoption *f*
adrenalina F Adrenalin *n*
adres M Adresse *f*, Anschrift *f* **adresat(ka)** M(F) Empfänger(in) *m(f)*, Adressat(in) *m(f)* **adresować ⟨za-⟩** adressieren (**do** *gen* an *akk*)
adwokacki Anwalts- **adwokat** M Rechtsanwalt *m* **adwokatka** F Rechtsanwältin *f*
aerobik M Aerobic *n od f*
afera F Affäre *f*, Skandal *m*
Afganistan M Afghanistan *n*
afisz M Plakat *n*, Aushang *m*
Afryka F Afrika *n* **afrykański** afrikanisch
agat M Achat *m*
agencja F Agentur *f* **agent(ka)** M(F) Agent(in) *m(f)*; HANDEL Vertreter(in) *m(f)*
aglomeracja F: **~ miejska** Ballungsgebiet *n*
agrafka F Sicherheitsnadel *f*
agresja F Aggression *f*
agrest M Stachelbeere *f*
agresywny aggressiv
AIDS M Aids *n*
akacja F Akazie *f*
akademia F Akademie *f*; *uroczysta* Gedenkfeier *f* **akademicki** Studenten- **(-ko)** akademisch **akademik** M Akademiemitglied *n*; *umg* Studentenwohnheim *n*
akcent M Akzent *m* **akcento-**

wać ⟨za-⟩ betonen; hervorheben
akceptować ⟨za-⟩ akzeptieren; *weksel* annehmen
akcesoria PL Accessoires *npl*; Zubehör *n*
akcja F Aktion *f*; *w powieści* Handlung *f*; HANDEL Aktie *f* **akcjonariusz(ka)** M(F) Aktionär(in) *m(f)* **akcyjny** Aktien-
akcyza F Akzise *f*
akord M Akkord *m*; **praca** *f* **na ~** Akkordarbeit *f*
akredytywa F Akkreditiv *n*
akrobacja F: **~ lotnicza** Kunstflug *m*
aksamit M Samt *m*
akt M Akt *m*; THEAT Aufzug *m*; *ślubu, urodzenia* Urkunde *f*; **~ oskarżenia** Anklageschrift *f*; **akta** *pl* Akten *fpl*
aktor(ka) M(F) Schauspieler(in) *m(f)* **aktorstwo** N Schauspielkunst *f*
aktówka F Aktentasche *f*; Kollegmappe *f*
aktualny aktuell
aktyw M Aktiv *n*; **aktywa** *pl* HANDEL Aktiva *pl* **aktywacja** F Aktivierung *f*; *urządzenia* Einschaltung *f*; TEL Freischaltung *f* **aktywność** F Aktivität *f* **aktywny** aktiv
akumulator M Akku *m*, Akkumulator *m*; AUTO Batterie *f*
akurat gerade; **~ teraz** ausgerechnet jetzt
akwarela F Aquarell *n*
akwarium N Aquarium *n*
Akwizgran M Aachen *n*
akwizytor(ka) M(F) Akquisiteur(in) *m(f)*, Kundenwerber(in) *m(f)*
alarm M Alarm *m* **alarmować** ⟨za-⟩ alarmieren **alarmowy** Alarm-
albo oder; **~ … ~** entweder … oder
albowiem denn, weil
album M Album *n*
ale KONJ aber; PARTIKEL doch
aleja F Allee *f*
alergia F Allergie *f* **alergiczny** allergisch
alfabet M Alphabet *n*; **~ dla niewidomych** Blindenschrift *f*
alibi N Alibi *n*
alimenty PL Alimente *pl*, Unterhalt *m*
alkohol M Alkohol *m* **alkoholiczka** F Alkoholikerin *f* **alkoholik** M Alkoholiker *m* **alkoholowy** alkoholisch **alkomat** M Alkoholmessgerät *n*, Alkomat *m*
alpejski Alpen-; alpin
alpinista M Alpinist *m* **alpinistka** F Alpinistin *f*
Alpy PL Alpen *pl*
altana F Gartenlaube *f* **aluzja** *f* Anspielung *f* (**do** *gen* auf *akk*)
aluminiowy Alu(minium)-
amator(ka) M(F) Liebhaber(in) *m(f)*; SPORT Amateur(in) *m(f)*
amatorski Amateur-; THEAT Laien-
ambasada F Botschaft *f* **ambasador(ka)** M Botschaf-

ter(in) *m(f)*
ambicja F Ehrgeiz *m* **ambitny** ehrgeizig
ambona F Kanzel *f* **Ameryka** *f* Amerika *n* **Amerykanin** M Amerikaner *m* **Amerykanka** F Amerikanerin *f* **amerykański** amerikanisch
amnestia F Amnestie *f*
amortyzator M Stoßdämpfer *m*
amputować amputieren
amunicja F Munition *f*
analiza F Analyse *f* **analizować** ⟨**z-**⟩ analysieren
analogiczny analog
ananas M Ananas *f*
anatomia F Anatomie *f*
anegdota F Anekdote *f*
aneks M *do tekstu* Anhang *m*, Beilage *f*; *do słownika* Nachtrag *m*
anemia F Blutarmut *f*
Angielka F Engländerin *f* **angielski** (**po -ku**) englisch; **ziele angielskie** Gewürzkörner *npl*
Anglia F England *n* **Anglik** M Engländer *m*
ani nicht einmal, kein(e); auch nicht, überhaupt nicht; **~** … **~** weder … noch
anioł M Engel *m*; **~ stróż** Schutzengel *m*
ankieta F Umfrage *f*; (*kwestionariusz*) Fragebogen *m* **ankietować** eine Umfrage durchführen
anonimowy (**-wo**) anonym
antena F Antenne *f*
antybiotyk M Antibiotikum *n*
antyczny antik
antyk M Antiquität *f*; (*starożytność*) Antike *f*
antykoncepcyjny: **środek** M **~** MED Verhütungsmittel *n*
antykwariat M Antiquariat *n*
aparat M Apparat *m*, Gerät *n*
apartament M Appartement *n*
apatyczny apathisch
apel M Appell *m*
apelacja F Berufung *f* **apelacyjny** Berufungs- **apelować** ⟨**za-**⟩ appellieren; JUR Berufung einlegen
apetyt M Appetit *m*; **pobudzający ~** appetitanregend
aprobata F Billigung *f* **aprobować** ⟨**za-**⟩ billigen
apteczka F Hausapotheke *f*; *podręczna* Verband(s)kasten *m*
apteka F Apotheke *f* **aptekarka** F Apothekerin *f* **aptekarz** M Apotheker *m*
Arab(ka) M(F) Araber(in) *m(f)*
arabski (**po -ku**) arabisch
arbuz M Wassermelone *f*
archeolog M Archäologe *m*, Archäologin *f*
archipelag M Archipel *m*
architekt M Archtitekt(in) *m(f)*
architektka F Archtitektin *f*
architektura F Architektur *f*
archiwum N Archiv *n*
arcybiskup M Erzbischof *m*
arcydzieło N Meisterwerk *n*
arena F Arena *f*; *w cyrku* Ma-

nege *f*
areszt M Haft *f*; *na majątku* Arrest *m* **aresztować ⟨za-⟩** verhaften **aresztowanie** N Verhaftung *f*
Argentyna F Argentinien *n*
argument M Argument *n*
aria F Arie *f*
arkusz M *papieru* Bogen *m*
armata F Kanone *f*
armator M Reeder(in) *m(f)*
armia F Armee *f*; **Armia Zbawienia** Heilsarmee *f*
arogancki (-ko) arrogant, anmaßend
aromat M Aroma *n*; Duft *m*
arteria F Arterie *f*; **~ komunikacyjna** Verkehrsader *f*
artretyzm M Arthritis *f*; Gicht *f*
artykuł M Artikel *m*; **artykuły** *pl* **spożywcze** Nahrungsmittel *npl*, Lebensmittel *npl*
artyleria F Artillerie *f*
artysta M Künstler *m* **artystka** F Künstlerin *f* **artystyczny** künstlerisch; (*piękny*) kunstvoll
asfaltowy Asphalt-
asortyment M Auswahl *f*, Sortiment *n*
astma F Asthma *n*
astronomiczny astronomisch
asystent M Assistent *m*; Gehilfe *m* **asystentka** F Assistentin *f*; Gehilfin *f*
atak M Angriff *m*; MED Anfall *m* **atakować ⟨za-⟩** angreifen
Ateny PL Athen *n*
Atlantyk M Atlantik *m*
atlas M (*zbiór map*) Atlas *m* **atmosferyczny** atmosphärisch
atom M Atom *n* **atomowy** Atom-
atrakcyjny attraktiv, anziehend
atrament M Tinte *f*
atut M Trumpf *m*
audycja F Sendung *f*
aukcja F Auktion *f*
Australia F Australien *n* **australijski** australisch
Austria F Österreich *n* **austriacki** österreichisch **Austriaczka** F Österreicherin *f*
Austriak M Österreicher *m*
autentyczny authentisch
auto N Auto *n*, Wagen *m* **autobus** M (Auto)Bus *m* **autobusowy** (Auto)Bus- **autokar** M Reisebus *m*, Reiseomnibus *m*
automat M Automat *m*; *umg* (*karabin*) Maschinenpistole *f*; **~ telefoniczny** Münzfernsprecher *m* **automatyczny** automatisch
autonomia F Autonomie *f*, Unabhängigkeit *f*
autor(ka) M(F) Autor(in) *m(f)*; Verfasser(in) *m(f)*; Urheber(in) *m(f)*
autostop M: **autostopem** per Anhalter
autostrada F Autobahn *f*
awans M Aufstieg *m*, Beförderung *f* **awansować** V/I aufsteigen, aufrücken, befördert

werden; VT befördern
awantura F Krach *m*, Streit *m*; Krawall *m*
awaria F Panne *f*, Störung *f*; SCHIFF Havarie *f*
Azja F Asien *n* **azjatycki** asiatisch
azot M Stickstoff *m*
azyl M Asyl *n* **azylant(ka)** M(F) Asylant(in) *m(f)*
aż bis; **~ do** bis zu, bis nach, bis an
ażeby damit; um zu; dass

B

baba F Weib *n*; Memme *f*; GASTR Napfkuchen *m* **babcia** F Oma *f* **babka** F Großmutter *f*; GASTR Napfkuchen *m*; *umg* (*młoda kobieta*) Biene *f*
baczność F Acht *f*; **Baczność!** Stillgestanden!
bać się sich fürchten, Angst haben (*gen* vor *dat*)
badacz(ka) M(F) Forscher(in) *m(f)* **badać** **⟨z-⟩** forschen, erforschen; MED, JUR untersuchen **badanie** N Untersuchung *f*; Forschung *f* **badawczy** Forschungs- **(-czo)** prüfend
bagaż M Gepäck *n* **bagażnik** M AUTO Kofferraum *m*; *na dachu* Dachgepäckträger *m*
Bagdad M Bagdad *n*
bagno N Sumpf *m*, Moor *n*
bajka F Märchen *n*
bak M Tank *m*
bakłażan M Aubergine *f*
bakteria F Bakterie *f* **bakteriobójczy (-czo)** bakterizid
bal M *drewniany* Bohle *f*; (*zabawa*) Ball *m*
baleron M Rollschinken *m*
balet M Ballett *n* **baletnica** F Balletttänzerin *f*
balkon M Balkon *m*; THEAT Rang *m*
balon M Ballon *m* **balonik** M Luftballon *m*; *umg* (*alkomat*) Röhrchen *n*
balsam M Balsam *m*
bałagan *umg* M Unordnung *f*, Durcheinander *n*
Bałkany PL Balkan *m* **bałkański** Balkan-
bałtycki baltisch, Ostsee- **Bałtyk** M Ostsee *f*
bałwan M Schneemann *m*; (*wysoka fala*) Woge *f*, Brecher *m*; *fig* Trottel *m*
banalny banal
banan M Banane *f*
banda F Bande *f*
bandaż M Bandage *f*; Binde *f* **bandażować** **⟨za-⟩** MED verbinden
bandera F SCHIFF Flagge *f*
bandyta M Bandit(in) *m(f)*, Räuber(in) *m(f)*
bank M HANDEL Bank *f*; **~ danych** Datenbank *f*
bankiet M Bankett *n*

banknot M Banknote *f*, Geldschein *m* **bankomat** M Geldautomat *m*, Bankautomat *m* **bankowy** Bank-
bankructwo N Bankrott *m* **bankrutować** ⟨z-⟩ Bankrott machen
bańka F Kanne *f*; (*pęcherzyk*) Blase *f*; ~ **mydlana** Seifenblase *f*
bar M Bar *f*; Schnellimbiss *m*, Imbissstube *f*
barak M Baracke *f*
baran M Widder *m* **baranek** M Lamm *n* **baranina** F Hammelfleisch *n*
barbarzyńca M Barbar(in) *m(f)* **barbarzyński** grausam, barbarisch; unkultiviert
bardziej mehr; **tym ~, że** zumal, dass **bardzo** sehr
bariera F Barriere *f*; (*granica*) Schranke *f*
bark M Schulter *f*
barka F Frachtkahn *m*
barman(ka) M(F) Barkeeper(in) *m(f)*
barok M Barock *m* **barokowy** Barock-; barock
baron M Baron *m*
barszcz M Rote-Rüben-Suppe *f*
barwa F Farbe *f* **barwić** ⟨za-⟩ färben **barwnik** M Farbstoff *m* **barwny** farbig
barykada F Barrikade *f*
baryłka F Fässchen *n*
bas M Bass *m*
basen M *pływacki* Bassin *n*, Schwimmbecken *n*; MED Bettpfanne *f*
baszta F Bastei *f*
baśń F Märchen *n*, Fabel *f*
bat M Peitsche *f*
bateria F Batterie *f*
Bawarczyk M Bayer *m* **Bawaria** F Bayern *n* **Bawarka** F Bayerin *f* **bawarski** bayrisch
bawełna F Baumwolle *f* **bawełniany** baumwollen
bawić V/T unterhalten; erheitern; V/I weilen; ~ **się** spielen (*inst* mit *akk*; **w** *akk akk*); sich amüsieren
bawół M Büffel *m*
baza F Basis *f*
bazar M Basar *m*
bazia F Weidenkätzchen *n*
bazowy Basis-; grundlegend
bazylia F Basilikum *n*
bażant M Fasan *m*
bąbel M Blase *f*
bądź[1] KONJ oder; ~ ... ~ entweder ... oder; PARTIKEL **co ~** immerhin; **kto ~** wer auch immer; irgendwer
bądź[2] *Imperativ von być* sei; ~ **taki dobry** sei so gut ...
bąk M ZOOL Bremse *f*; (*zabawka*) Kreisel *m*
beczeć *owca* blöken; *koza* meckern; *umg* plärren
beczka F Fass *n*; Tonne *f*
befsztyk M Beefsteak *n*
bekon M geräucherter Frühstücksspeck *m*
Belg(ijka) M(F) Belgier(in) *m(f)*
Belgia F Belgien *n* **belgijski**

belgisch
belka F Balken *m*
bełkot M Gestammel *n* **bełkotać ⟨wy-⟩** stammeln
benzyna F Benzin *n* **benzynowy** Benzin-; **stacja** *f* **benzynowa** Tankstelle *f*
beret M Baskenmütze *f*
Berlin M Berlin *n* **berlinka** F Lastkahn *m* **berlińczyk** M Berliner *m* **berliński** Berliner
bestia F Bestie *f*, Biest *n*
bestseller M Bestseller *m*
besztać ⟨z-⟩ *umg* ausschimpfen
beton M Beton *m* **betonowy** Beton-
bez[1] M Flieder *m*; **czarny ~** Holunder *m*
bez[2] PRÄP ohne (*gen akk*); **~ mała** beinahe, fast; **~ ustanku** unaufhörlich
beza F Baiser *n*
bezalkoholowy alkoholfrei **bezbarwny** farblos **bezbłędny** fehlerfrei **bezbolesny** schmerzlos **bezbożny** gottlos **bezbronny** wehrlos (**wobec** *gen* gegen *akk*)
bezcelowy (-wo) zwecklos
bezcen: **za ~** spottbillig **bezcenny** unschätzbar **bezchmurny** wolkenlos **bezczelny** unverschämt **bezczynny** untätig
bezdomny obdachlos **bezduszny** herzlos **bezdzietny** kinderlos **bezgotówkowy (-wo)** bargeldlos **bezgraniczny** grenzenlos **bezinteresowny** uneigennützig
bezkarny straffrei **bezkrytyczny** kritiklos **bezkształtny** gestaltlos **bezlitosny** unbarmherzig **bezludny** unbewohnt; *ulice* menschenleer
bezład M Unordnung *f*
bezmyślny gedankenlos
beznadziejny hoffnungslos
bezokolicznik M Infinitiv *m*
bezołowiowy *benzyna* bleifrei
bezpartyjny parteilos
bezpieczeństwo N Sicherheit *f* **bezpiecznik** M Sicherung *f* **bezpieczny** sicher
bezpłatny kostenlos, frei **bezpłodny** unfruchtbar; *fig* fruchtlos **bezpodstawny** grundlos **bezpośredni (-nio)** unmittelbar **bezprawny** rechtswidrig **bezprzewodowy (-wo)** drahtlos **bezradny** ratlos
bezrobocie N Arbeitslosigkeit *f* **bezrobotny** arbeitslos; SUBST M Arbeitslose(r) *m*
bezsenność F Schlaflosigkeit *f* **bezsensowny** sinnlos **bezsilny** machtlos; ratlos **bezskuteczny** wirkungslos; erfolglos **bezsporny** unbestritten **bezstronny** unparteiisch
beztroski (-ko) sorglos **bezwartościowy (-wo)** wertlos **bezwarunkowy (-wo)** bedingungslos, unbedingt
bezwład M Lähmung *f*; Trägheit *f* **bezwładny** gelähmt;

träge **bezwzględny** rücksichtslos; (*absolutny*) unbedingt **beżowy (-wo)** beige **bęben** M Trommel *f* **bębenek** M ANAT Trommelfell *n* **bębnić** trommeln; *fig umg* klimpern **białaczka** F Leukämie *f* **białko** N Eiweiß *n*; **~ oka** Augenweiß *n*, das Weiße im Auge **białoruski (po -ku)** weißrussisch, belarussisch **Białoruś** F Weißrussland *n*, Belarus *n* **biały (-ło)** weiß **Biblia** F Bibel *f* **biblijny** biblisch; Bibel- **biblioteka** F Bibliothek *f* **bibliotekarka** F Bibliothekarin *f* **bibliotekarz** M Bibliothekar *m* **bibuła** F Löschpapier *n* **bibułka** F *do papierosów* Zigarettenpapier *n* **bicie** N Schlagen *n*, Prügeln *n*; **~ serca** Herzklopfen *n* **bić** schlagen; prügeln (**się** sich); V/I *serce* klopfen; **~ brawo** klatschen **biec ⟨po-⟩** laufen, rennen **bieda** F Armut *f*, Not *f* **biedak** M Arme(r) *m*; armer Schlucker *m* **biedny** arm; SUBST M Arme(r) *m* **biedronka** F Marienkäfer *m* **bieg** M Lauf *m*; AUTO Gang *m*; SPORT **~ zjazdowy** Abfahrtslauf *m*; **z biegiem czasu** im Laufe der Zeit **biegacz(ka)** M(F) Läufer(in) *m(f)* **biegać** laufen; herumlaufen **biegle** fließend; flott **biegły** bewandert, erfahren; SUBST M Sachverständige(r) *m* **biegnąć** → **biec**

biegun M GEOG, ELEK Pol *m* **biegunka** F MED Durchfall *m* **biel** F Weiß *n* **bieleć ⟨wy-⟩** weiß werden **bielić ⟨po-⟩** weißen **⟨wy-⟩** bleichen **bielizna** F Unterwäsche *f* **biernik** M GRAM Akkusativ *m* **bierny** passiv **bierzmowanie** N REL Firmung *f* **bieżący (-co)** laufend; fließend **bieżnia** F SPORT (Renn)Bahn *f* **bieżnik** M Tischläufer *m*; AUTO Lauffläche *f* **bigos** M GASTR Bigos *m*; *umg fig* Durcheinander *n* **bijatyka** F Prügelei *f* **bilans** M Bilanz *f* **bilard** M Billard *n* **bilet** M Karte *f*, *na przejazd* Fahrkarte *f*; **~ powrotny** Rückfahrkarte *f*; **~ wstępu** Eintrittskarte *f* **bileter(ka)** F Platzanweiser(in) *m(f)* **bilon** M Hartgeld *n* **bimber** *pop* M schwarzgebrannter Schnaps *m* **biodro** N Hüfte *f* **biografia** F Biografie *f* **biologia** F Biologie *f* **biologiczny** biologisch **biskup** M Bischof *m* **biskup-**

stwo N Bistum *n*
biszkopt M Biskuit *m od n*
bitwa F Schlacht *f* (**pod** *inst* bei *dat*; **nad** *inst* am *dat*)
biuletyn M Bericht *m*; Bulletin *n*
biurko N Schreibtisch *m* **biuro** N Büro *n*; **~ podróży** Reisebüro *n* **biurokracja** F Bürokratie *f* **biurowiec** M Bürohaus *n* **biurowy** Büro-
biust M Busen *m*; (*popiersie*) Büste *f* **biustonosz** M Büstenhalter *m*, BH *m*
biżuteria F Schmuck *m*
blacha F Blech *n* **blacharz** M Klempner(in) *m(f)*
bladość F Blässe *f* **blady** **(-do)** blass
blaknąć ⟨wy-⟩ bleichen, verbleichen
blankiet M Vordruck *m*
blask M Glanz *m*, Schein *m*
blaszany Blech-, blechern
blat M Platte *f*
blednąć ⟨z-, po-⟩ erblassen
bliski (-ko) nah, nahe (*gen* bei *dat*, an *dat*); **z bliska** aus der Nähe **bliskość** F Nähe *f* **bliskoznaczny** synonym, sinnverwandt
blizna F Narbe *f*
bliźni M Mitmensch *m* **bliźniaczy (-czo)** Zwillings- **bliźniak** M Zwilling *m* **bliźnięta** PL Zwillinge *pl*
bliższy (-żej) näher
blog M IT Blog *m*; **pisać ~a** bloggen
blok M Block *m* **blokada** F Blockade *f*; **~ kierownicy** Lenkradsperre *f* **blokować ⟨za-⟩** blockieren; sperren
blond blond **blondyn** M Blonde(r) *m* **blondynka** F Blonde *f*, Blondine *f*
bluszcz M Efeu *m*
bluza F Jacke *f*; Blouson *n od m*
bluzka F Bluse *f*
błagać flehen (**o** *akk* um *akk*) **błagalny** flehentlich
błahostka F Kleinigkeit *f* **błahy** belanglos
bławatek M Kornblume *f*
błazen M Narr *m* **błazeński (-ko)** närrisch, albern
błąd M Fehler *m*; Irrtum *m*
błądzić irren
błąkać się umherirren
błędny irrig, falsch
błękit M Bläue *f*, Himmelsblau *n* **błękitny** blau, himmelblau
błogi (-go) glückselig
błogosławić ⟨po-⟩ segnen **błogosławieństwo** N Segen *m* **błogosławiony** REL selig
błona F FOTO Film *m*; **~ śluzowa** ANAT Schleimhaut *f*
błonica F Diphtherie *f*
błonnik M Zellulose *f*
błotnik M Kotflügel *m*
błotnisty (-to) sumpfig; schlammig **błoto** N Schlamm *m*
błysk M Aufblitzen *n* **błyskać ⟨-snąć⟩** blitzen; blinken

błyskawica F Blitz *m*, Blitzstrahl *m* **błyskawiczny** blitzschnell; → zamek **błyskotliwy (-wie)** glänzend **błyskowy** Blitz-; Blink-
błysnąć PF → błyskać
błyszczący glänzend; **na błyszcząco** auf Hochglanz
błyszczeć ⟨za-⟩ glänzen, funkeln
bo denn, weil, da
bochenek M (Brot)Laib *m*
bocian M Storch *m*
boczek M (Bauch)Speck *m*
boczny Seiten-, Neben-
bodziec M Impuls *m*; Ansporn *m*; BIOL Reiz *m*
bogacić ⟨wz-⟩ się reich werden **bogactwo** N Reichtum *m*; (*obfitość*) Fülle *f*; **bogactwa** *pl* **naturalne** Bodenschätze *mpl*
bogacz M Reiche(r) *m* **bogaty (-to)** reich
bogini F Göttin *f*
bohater(ka) M(F) Held(in) *m(f)*
bohaterski (-ko, po -ku) heldenhaft **bohaterstwo** N Heldenmut *m*; Heldentum *n*
boisko N Sportplatz *m*
boja F Boje *f*
bojaźliwy (-wie) furchtsam; verschüchtert
bojownik M Kämpfer *m* **bojowy (-wo)** kämpferisch; Kampf-, Gefechts-
bok M Seite *f*; Flanke *f*
boks M Boxen *n*; *garażowy* Box *f* **bokser** M Boxer(in) *m(f)*
boleć schmerzen; **boli mnie** … mir tut … weh **bolesny (-śnie)** schmerzhaft
bomba F Bombe *f* **bombardować ⟨z-⟩** bombardieren
bombka F Weihnachtsbaumkugel *f* **bombowiec** M Bombenflugzeug *n*
bon M Bon *m*, Gutschein *m*
bonifikata F Preisnachlass *m*; SPORT Vorgabe *f*
borowik M Steinpilz *m*
borówka F Heidelbeere *f*
borsuk M Dachs *m*
boski (-ko) göttlich; **Matka Boska** Mutter *f* Gottes
bosman M Bootsmann *m*
bosy (-so) barfuß
Bośnia F Bosnien *n* **bośniacki** bosnisch **Bośniaczka** F Bosnierin *f*, **Bośniak** *m* Bosnier *m*
bowiem denn, nämlich
bożek M Götze *m* **boży** göttlich; **Boże Ciało** *n* Fronleichnam *m*; **Boże Narodzenie** *n* Weihnachten *n od pl*
bób M Saubohne *f*
bóbr M Biber *m*
Bóg M Gott *m*; **~ zapłać!** Gott vergelt's!
bój M Kampf *m*, Schlacht *f*
bójka F Schlägerei *f*
ból M Schmerz *m*; **~ gardła** Halsschmerzen *pl*; **bóle** *pl* **porodowe** Wehen *pl*
bór M Wald *m*
bóstwo N Gottheit *f*
brać ⟨wziąć⟩ nehmen; **~ się** herangehen (**do** *gen* an *akk*);

~ ze sobą mitnehmen
brak M Mangel *m* (*gen* an *dat*); **odczuwać ~** vermissen (*gen akk*) **brakować** fehlen, mangeln (*gen* an *dat*)
brama F Tor *n* **bramka** F Tor *n* **bramkarz** M SPORT Torwart *m*
bransoletka F Armband *n*
branża F Branche *f*, Zweig *m* **branżowy** Fach-
brat M Bruder *m*; **bracia** *mpl* Gebrüder *pl*, Brüder *pl*; **~ cioteczny, stryjeczny** Cousin *m* **bratanek** M Neffe *m* **bratanica** F Nichte *f* **bratek** M Stiefmütterchen *n* **braterstwo** N Brüderschaft *f* **bratowa** F Schwägerin *f*
brawo N Bravo *n*, Beifall *m*
Brazylia F Brasilien *n* **brazylijski** brasilianisch
brąz M Bronze *f* **brązowy** Bronze- **(-wo)** braun
brednie FPL Geschwätz *n* **bredzić** *w gorączce* fantasieren; faseln
brew F (Augen)Braue *f* **brnąć** stapfen; waten
broda F Kinn *n*; (*zarost*) Bart *m* **brodaty** bärtig **brodawka** F Warze *f*
brodzić waten **brodzik** M (Dusch)Becken *n*; (Kinder)-Plantschbecken *n*
brokuł M Brokkoli *pl*
bronić **⟨-o⟩** verteidigen; schützen, beschützen; **broń Boże!** Gott bewahre!
broń F Waffe *f*; **~ jądrowa** Kernwaffe *f*
broszka F Brosche *f*
broszura F Broschüre *f*
browar M (Bier)Brauerei *f*
bród M Furt *f*; **w ~** *fig* in Hülle und Fülle
brud M Schmutz *m*, *umg* Dreck *m* **brudny (-no)** schmutzig, dreckig **brudzić ⟨za-⟩** beschmutzen, dreckig machen (*inst* mit *dat*)
bruk M Pflaster *n*
Bruksela F Brüssel *n*
brukselka F Rosenkohl *m*
brunatny braun **brunet(ka)** M(F) Braunhaarige(r) *m*/*f*(*m*); Brünette *f*
brutalny roh, brutal
brutto brutto
bruzda F Furche *m*
brwi PL → brew
brygada F Brigade *f a.* MIL; Kolonne *f*
brylant M Brillant *m*
bryła F Klumpen *m*; MATH Körper *m*; **~ lodu** Eisblock *m*
Brytania F: **Wielka ~** Großbritannien *n* **Brytyjczyk** M Brite *m* **Brytyjka** F Britin *f* **brytyjski** britisch
brzdąc *umg* M Knirps *m*
brzeg M Rand *m*; *rzeki* Ufer *n*
brzemię N Bürde *f*
brzęczeć ⟨za-⟩ summen; *szkło* klirren **brzęczenie** N Summen *n*
brzęk M Klirren *n*; Gerassel *n*
brzękać ⟨-knąć⟩ klirren;

klimpern
brzmieć ⟨za-⟩ lauten; tönen, ertönen **brzmienie** N Klang *m*; Wortlaut *m*
brzoskwinia F Pfirsich *m*
brzoza F Birke *f*
brzuch M Bauch *m* **brzuszny** Bauch-
brzydki (-ko) hässlich **brzydnąć ⟨z-⟩** hässlich werden **brzydota** F Hässlichkeit *f*
brzydzić się sich ekeln (*inst, gen* vor *dat*)
buchać ⟨-chnąć⟩ V/I *płomień* emporschlagen, entgegenschlagen; *dym* hervorquellen; *umg v/t* klauen
buda F Bude *f* **budka** F (kleine) Hütte *f*; Häuschen *n*; Kiosk *m*; Telefonzelle *f*
budowa F Bau *m* **budować ⟨z-⟩** bauen, erbauen **budowla** F Bauwerk *n*, Gebäude *n* **budowlany** Bau- **budownictwo** N Bau *m*; Bauwesen *n*
budujący (-co) erbaulich **budulec** M Baumaterial *n*; *fig* Substanz *f*
budynek M Gebäude *n*
budyń M Pudding *m*
budzić ⟨z-⟩ wecken, aufwecken; **~ się** aufwachen **budzik** M Wecker *m*
budżet M Etat *m*, Haushalt *m* **budżetowy** Etat-, Haushalts-
bufet M Imbissstube *f*; Theke *f*; **~ śniadaniowy** Frühstücksbüfett *n*
bujać V/I schweben; *umg* flunkern; V/T schaukeln **bujny** üppig; *włosy* dicht
buk M Buche *f*
bukiet M (*wiązanka*) Strauß *m*; *wino* Blume *f*
buldożer M Planierraupe *f*
bulgotać blubbern
bulwa F Knolle *f*
Bułgaria F Bulgarien *n* **Bułgar(ka)** M(F) Bulgare *m*, Bulgarin *f* **bułgarski (po -ku)** bulgarisch
bułka F Semmel *f*
bunt M Meuterei *f*, Aufruhr *f*
buntować ⟨z-⟩ aufwiegeln; **~ się** rebellieren; meutern **buntownik** M Rebell(in) *m(f)*, Meuterer *m*
bura *umg* F Rüffel *m*, *umg* Anpfiff *m*
burak M Rübe *f*
burczeć ⟨burknąć⟩ brummen
burmistrz M Bürgermeister(in) *m(f)*
bursztyn M Bernstein *m*
burta F Bord *m*
bury (-ro) braungrau
burza F Sturm *m*; Gewitter *n* **burzliwy (-wie)** stürmisch
burzyć ⟨z-⟩ zerstören; niederreißen **⟨wz-⟩** aufwiegeln; **~ się** brodeln; aufschäumen
burżuazja F Bürgertum *n*, Bourgeoisie *f*
but M Schuh *m*; Stiefel *m*
buta F Hochmut *m*
butelka F Flasche *f* **butelkowy** Flaschen-

butla F *na gaz* Ballon *m*
butwieć ⟨z-⟩ modern, *pf* vermodern
buzia *umg* F Gesicht *n* **buziak** *umg* M Kuss *m*; Gesichtchen *n*
by damit, dass; um zu
być sein; (*czasownik posiłkowy czasu przyszłego*) werden; **~ może** (es) kann sein, vielleicht
bydlę N Vieh *n* **bydło** N Vieh *n*
byk M Stier *m*, Bulle *m*
byle[1] PARTIKEL: **~ gdzie** irgendwo; **~ kto** der erste Beste
byle[2] KONJ wenn nur
były ehemalig
bynajmniej durchaus nicht, keinesfalls
bystry (-ro) schnell; *strumień* reißend; *człowiek* scharfsinnig
byt M Dasein *n*, Existenz *f* **bytować** existieren
bywać oft gehen; (*zdarzać się*) geschehen, vorkommen; verkehren (**u** *gen* bei *dat*, **w** *lok* in *dat*) **bywalec** M Stammgast *m*
bzdura F Quatsch *m* **bzdurny** unsinnig
bzykać ⟨-knąć⟩ summen

C

cackać się zu viel Umstände machen (**z** *inst* mit *dat*) **cacko** N *fig* Kleinod *n*, kleines Kunstwerk *n*
cal M Zoll *m*
całkiem ganz **całkowity (-cie)** ganz, vollkommen; ADV *a.* gänzlich
cało → **cały**
całodobowy ganztägig **całokształt** M Gesamtheit *f*, Gesamtbild *n* **całoroczny** ganzjährig **całość** F das Ganze
całować ⟨po-⟩ küssen (**się** sich) **całus** M Kuss *m*
cały ganz **(-ło)** heil, unversehrt; **całymi dniami** tagelang
camping → **kemping**
campingowy → **kempingowy**
cążki PL kleine Zange *f*
cebula F Zwiebel *f*
cech M Zunft *f*, Innung *f*
cecha F Merkmal *n*; Eigenschaft *f*; Eigentümlichkeit *f* **cechować** kennzeichnen; charakterisieren
cedzak M GASTR Durchschlag *m* **cedzić ⟨prze-⟩** seihen, durchseihen
cegielnia F Ziegelei *f* **ceglasty (-to)** ziegelrot **cegła** F Ziegelstein *m*
cel M Ziel *n*; Zweck *m*; **celem** zwecks
cela F (Gefängnis)Zelle *f*
celniczka F Zollbeamtin *f* **celnik** M Zollbeamte(r) *m*
celny[1] treffsicher; *strzał* genau
celny[2] Zoll-; **odprawa** *f* **celna** Zollabfertigung *f*
celować ⟨wy-⟩ zielen (**do** *gen*

auf *akk*) **celownik** M Visier *n*; FOTO Sucher *m*; GRAM Dativ *m*
celowo → celowy **celowość** F Zweckmäßigkeit *f* **celowy** zweckdienlich **(-wo)** absichtlich
celujący (-co) ausgezeichnet; *ocena* sehr gut
cement M Zement *m* **cementownia** F Zementfabrik *f*
cena F Preis *m* **cenić** *fig* schätzen **cennik** M Preisliste *f* **cenny** wertvoll
cent M Cent *m*
centrala F Zentrale *f* **centralny** zentral, Zentral- **centrum** N Mitte *f*, Zentrum *n*
centymetr M Zentimeter *m od n*
cenzura F POL Zensur *f*
cera F Teint *m*, Gesichtsfarbe *f*
ceramiczny keramisch, Keramik- **ceramika** F Keramik *f*
cerata F Wachstuch *n*
ceregiele PL: **bez ceregieli** ohne Umstände
ceremonia F Zeremonie *f*; **ceremnonie** *pl* Umstände *pl*
cerkiew F orthodoxe Kirche *f*
cerować ⟨**za-**⟩ *pończochy* stopfen
cesarz(owa) M(F) Kaiser(in) *m(f)*
cewka F TECH Spule *f*; ~ **moczowa** Harnröhre *f*
cętkowany gesprenkelt
chaber M Kornblume *f*
chałupa F Bauernhütte *f*
cham M Rüpel *m*, Grobian *m*
chamski (po -ku) rüpelhaft, flegelhaft
chaos M Chaos *n*
charakter M Charakter *m*; ~ **pisma** Handschrift *f* **charakterystyczny** charakteristisch **charakterystyka** F Charakteristik *f*; Kennlinie *f* **charakteryzować** charakterisieren, kennzeichnen
charytatywny karikativ, wohltätig
chata F Hütte *f*
chcieć wollen; mögen (*gen akk*)
chciwość F Gier *f*, Habsucht *f* **chciwy (-wie)** gierig; habgierig
chełpić się angeben, prahlen (*inst* mit *dat*)
chemia F Chemie *f* **chemiczny** chemisch
chęć F Lust *f* (**do** *gen* zu *dat*)
chętka F Gelüst *n*, Lust *f* **chętny** bereitwillig, willig
chichotać kichern
Chinka F Chinesin *f* **Chiny** PL China *n* **Chińczyk** M Chinese *m* **chiński (po -ku)** chinesisch
chipsy MPL (Kartoffel)Chips *mpl*
chirurg M Chirurg(in) *m(f)*
chlapać planschen ⟨**-pnąć**⟩ spritzen, bespritzen (*inst* mit *dat*)
chleb M Brot *n*
chlew M (Schweine)Stall *m*
chlor M Chlor *n*

chluba F Ruhm *m*; Stolz *m* **chlubny** ruhmvoll
chlupać → chlupotać
chlupotać gluckern; plätschern; planschen
chlustać ⟨**-snąć**⟩ V/I spritzen; hervorsprudeln, sprudeln; V/T bespritzen (**na** *akk akk*)
chłeptać schlürfen
chłodnia F Kühlhaus *n* **chłodnica** F AUTO Kühler *m* **chłodnik** M Gemüsekaltschale *f* **chłodny** (**-no**) kühl **chłodziarka** F Kältemaschine *f*; Kühlschrank *m* **chłodzić** ⟨**o-**⟩ kühlen, abkühlen
chłonąć ⟨**w-**⟩ absorbieren; aufnehmen
chłop M Bauer; *umg* Kerl *m* **chłopak** M Junge *m* **chłopczyk** M kleiner Junge *m* **chłopiec** M Junge *m* **chłopięcy** knabenhaft **chłopka** F Bäuerin *f* **chłopski** bäuerlich, Bauern-
chłód M Kühle *f*, Kälte *f*
chmiel M Hopfen *m*
chmura F Wolke *f* **chmurzyć** ⟨**za-**⟩ **się** sich bewölken; *fig* sich verdüstern
chociaż → choć
choć obgleich, obwohl; (wenn) nur *od* doch
chodnik M Bürgersteig *m*, Gehweg *m*; (*dywan*) Brücke *f*, Läufer *m* **chodzić** gehen; ~ **do szkoły** Schule besuchen; **chodzi o** es geht um
choinka F Christbaum *m*
cholera F MED Cholera *f*; *pop* ~! verflixt nochmal!
cholesterol M Cholesterin *n*
cholewa F Stiefelschaft *m*
chomik M Hamster *m*
chorągiew F Fahne *f* **chorąży** M (*oficer*) Fähnrich *m*; Bannerträger *m*
choroba F Krankheit *f* **chorobliwy** (**-wie**) krankhaft **chorobowy** Krankheits-; Kranken- **chorować** krank sein; leiden (**na** *akk* an *dat*) **chorowity** kränklich
Chorwacja F Kroatien *n* **chorwacki** (**po -ku**) kroatisch **Chorwat(ka)** M(F) Kroate *m*, Kroatin *f*
chory krank; SUBST M Kranke(r) *m*
chować ⟨**s-**⟩ verstecken, verbergen ⟨**wy-**⟩ großziehen, aufziehen; *nur impf zwierzęta* halten
chód M Gang *m*
chór M Chor *m*
chów M Zucht *f*, (Tier)Haltung *f*
chrabąszcz M Maikäfer *m*
chrapać schnarchen **chrapanie** N Schnarchen *n*
chroniczny chronisch
chronić ⟨**o-**, **u-**⟩ schützen, bewahren (**od** *gen*, **przed** *inst* vor *dat*); ~ ⟨**s-**⟩ **się** Schutz suchen
chropowaty (**-to**) rau, uneben
chrupać knabbern, knuspern

chrupiący (-co) knusprig
chrypka F Heiserkeit *f*
chrzakać ⟨-knąć⟩ sich räuspern; *świnia* grunzen
chrzan M Meerrettich *m*
chrząstka F Knorpel *m*
chrząszcz M Käfer *m*
chrzcić ⟨o-⟩ taufen **chrzciny** PL Taufe *f* **chrzest** M Taufe *f*
chrzestny: **matka** F **chrzestna** Taufpatin *f*; **ojciec** *m* **~** Taufpate *m*
chrześcijanin M Christ *m*
chrześcijanka F Christin *f*
chrześcijański christlich
chrześcijaństwo N Christentum *n* **chrześniaczka** F Patenkind *n* **chrześniak** M Patenkind *n*
chrzęścić knirschen; *łańcuch* klirren, rasseln
chuchać ⟨-chnąć⟩ hauchen
chudnąć ⟨s-⟩ abmagern **chudość** F Magerkeit *f* **chudy** (-do) mager
chuligan M Rowdy *m*, Halbstarke(r) *m*/*f*(*m*)
chusteczka F → chustka
chustka F *na głowę* Kopftuch *n*; *do nosa* Taschentuch *n*
chwalić ⟨po-⟩ loben; **~ się** sich rühmen (*inst gen*) **chwała** F Ruhm *m*; **~ Bogu!** Gott sei Dank!
chwast M Unkraut *n*
chwiać ⟨za-⟩ (hin und her) wiegen, biegen (*akk, inst akk*); **~ się** wanken, schwanken; wackeln **chwiejny** *charakter* schwankend; wackelig
chwila F Augenblick *m*; Weile *f* **chwilowy** (-wo) augenblicklich; zeitweilig
chwycić PF → **chwytać**
chwyt M Griff *m* **chwytać** ⟨-ycić⟩ greifen, ergreifen, packen
chyba wohl; **~ że** es sei denn, dass
chybiać ⟨-ić⟩ verfehlen (*gen akk*) **chybiony** verfehlt, Fehl-
chytry (-rze) listig; schlau
ci PL → ten
ciało N Körper *m*; Leib *m*; **górna część ciała** Oberkörper *m*; → **boży**
ciarki PL Gänsehaut *f*, Schauer *m*
ciasnota F Enge *f* **ciasny** (-no) eng, knapp
ciastko N (ein Stück) Kuchen *m*; Gebäck *n* **ciasto** N Teig *m*; (*wypiek*) Kuchen *m*
ciąć ⟨po-⟩ schneiden
ciąg M Zug *m*; (*szereg*) Reihe *f*; (*bieg*) Lauf *m*; **~ dalszy** Fortsetzung *f* **ciągłość** F Kontinuität *f*; Stetigkeit *f*; Fortdauer *f*
ciągły (-le) fortwährend, stetig, Dauer- **ciągnąć** ⟨po-⟩ ziehen; schleppen (**się** sich)
ciągnik M Zugmaschine *f*, Schlepper *m*
ciąża F Schwangerschaft *f* **ciążyć** lasten (**na** *lok* auf *dat*)
cichnąć ⟨u-⟩ verstummen **cichy** (-cho) still, leise; ruhig
ciec → cieknąć

iecz F Flüssigkeit *f* **iekawość** F Neugier *f* **ciekawy (-wie)** neugierig; *film* interessant, spannend
iekły flüssig **cieknąć** fließen, rinnen; *statek* leck sein
ielak M → cielę
ielę N Kalb *n* **cielęcina** F Kalbfleisch *n* **cielęcy** Kalb(fleisch)-
iemię N ANAT Scheitel *m*
iemnia F FOTO Dunkelkammer *f* **ciemnieć** ⟨**po-**⟩ dunkel werden **ciemność** F Dunkelheit *f* **ciemny (-no)** dunkel, finster
ieniować tönen, schattieren
ienki (-ko) dünn; (*delikatny*) fein
cień M Schatten *m*
cieplarnia F Treibhaus *n*
cieplny Wärme-
ciepławy (-wo) lauwarm
ciepło N Wärme *f*; → ciepły
ciepłownia F Fernheizwerk *n* **ciepły (-ło)** warm
cierniowy Dornen- **ciernisty** dornig **cierń** M Dorn *m*, Stachel *m*
cierpieć leiden; dulden **cierpienie** N Leiden *n*, Leid *n*
cierpki (-ko) herb
cierpliwość F Geduld *f* **cierpliwy (-wie)** geduldig
cierpnąć ⟨**ś-**⟩ *noga* einschlafen
cieszyć freuen (**się** sich); **~ się** sich erfreuen (*inst gen*)
cieśnina F (Meer)Enge *f*
cietrzew M Birkhahn *m*
cięcie N Schnitt *m*; (*cios*) Hieb *m*
ciężar M Gewicht *n*; Last *f* **ciężarna** schwanger **ciężarowy** Lastkraft- **ciężarówka** F Lastwagen *m*, Lkw *m*, *umg* Laster *m*
ciężki (-ko) schwer
ciocia F Tante *f*
cios M Hieb *m*, Schlag *m* **ciosać** behauen
cioteczny → brat, siostra
ciotka F → ciocia
ciskać ⟨**cisnąć**[1]⟩ werfen
cisnąć[2] ⟨**na-**⟩ drücken; **~ się** sich drängen
cisza F Stille *f*
ciśnienie N Druck *m*
ciuchy *umg* MPL getragene Sachen *fpl*, *umg* Klamotten *fpl*
ciułać ⟨**u-**⟩ sparen, zusammensparen
ckliwy (-wie) rührselig
clić ⟨**o-**⟩ verzollen
cło N Zoll *m*; Zollgebühr *f*
cmentarz M Friedhof *m*
cmokać ⟨**-knąć**⟩ schnalzen; (*całować*)*umg* knutschen
cnota F Tugend *f* **cnotliwy (-wie)** tugendhaft
co was; **~ do** bis (auf); was … betrifft; **~ godzinę** jede Stunde; **~ za** was für ein; **w razie czego** falls etwas sein sollte; auf alle Fälle; **po czym** danach; **o czym** wovon; worüber; davon; darüber
codziennie täglich, Tag für

Tag **codzienność** F Alltag *m*; Alltäglichkeit *f* **codzienny** täglich, alltäglich
cofać **⟨cofnąć⟩** zurückziehen (**się** sich); *samochód* zurücksetzen; *zegar* zurückstellen; *słowa* widerrufen; **~ się** zurückweichen, zurücktreten
cokolwiek irgendetwas, was auch immer; ein wenig
coraz immer; **~ lepiej** immer besser; **~ więcej**
coroczny alljährlich
coś etwas
córeczka F Töchterchen *n*
córka F Tochter *f*
cóż was
cuchnąć *umg* stinken
cucić **⟨o-⟩** (wieder) zu sich bringen
cud M Wunder *n* **cudaczny** wunderlich **cudny** wunderschön **cudo** N Wunderding *n*; Wunderwerk *n* **cudowny** wunderbar
cudzołóstwo N Ehebruch *m*
cudzoziemiec M Ausländer *m* **cudzoziemka** F Ausländerin *f* **cudzoziemski** fremdländisch, fremd
cudzy fremd
cudzysłów M Anführungszeichen *npl*
cukier M Zucker *m* **cukierek** M Bonbon *m od n* **cukiernia** F Konditorei *f* **cukierniczka** F Zuckerdose *f*
cukinia F Zucchini *f*
cukrownia F Zuckerfabrik *f*
cukrowy Zucker-
cukrzyca F Diabetes *m*, Zu-ckerkrankheit *f*
cumować **⟨za-⟩** *statek* fes-machen
cwał M Galopp *m*
cwaniak M Schlitzohr *n* **cwa-ny** gewieft, gerissen
cyfra F Ziffer *f* **cyfrowy** **(-wo)** Ziffer(n)-, Zahlen-; zah-lenmäßig; digital
Cygan(ka) M(F) *neg!* Zigeu-ner(in) *m(f)* **cygański** *neg!* Zi-geuner-
cygaro N Zigarre *f*
cylinder M Zylinder *m*
cyna F Zinn *n*
cynamon M Zimt *n*
cyniczny zynisch
cynk M Zink *m*
cypel M Kap *n*; Spitze *f*, Ende *n*
Cypr M Zypern *n* **Cypryjczyk** M Zypriote *m*; Zyprer *m* **Cy-pryjka** F Zypriotin *f*; Zyprerin *f* **cypryjski** zypriotisch
cyrk M Zirkus *m*
cysterna F Zisterne *f*; Tank-wagen *m*
cytat M Zitat *n* **cytować** **⟨za-⟩** zitieren
cytryna F Zitrone *f*
cywil M Zivilist *m* **cywiliza-cja** F Zivilisation *f* **cywilny** zivil
czad M Kohlendunst *m*
czaić **⟨za-⟩** **się** lauern
czajka F ZOOL Kiebitz *m*
czajnik M Teekessel *m*
czapka F Mütze *f*, Kappe *f*

zapla F Reiher *m*
zar M Zauber *m*; Bann *m*
zarnorynkowy Schwarzmarkt- **czarnoskóry** SUBST M Farbige(r) *m* **czarny (-no)** schwarz
zarodziej(ka) M Zauberer *m*, Zauberin *f* **czarować** zaubern, hexen **⟨o-⟩** bezaubern **⟨za-⟩** verzaubern **czarownica** F Hexe *f* **czarownik** M Zauberer *m*
zart M Teufel *m*
zarujący (-co) bezaubernd
zas M Zeit *f*; **po czasie** zu spät **czasami** bisweilen, manchmal **czasem** manchmal
zasopismo N Zeitschrift *f*
czasowy (-wo) zeitlich; zeitweilig
zaszka F Schädel *m*
zat M IT Chat *m* **czatować** chatten
cząsteczka F Teilchen *n*
cząstka F Teilchen *n*
czcić anbeten, verehren
czcionka F Druckbuchstabe *m*; Type *f*
czczy: **na ~o** auf nüchternen Magen
Czech M Tscheche *m* **Czechy** PL Tschechien *n*; *region* Böhmen *n*
czego → **co**
czek M Scheck *m*
czekać ⟨za-, po-⟩ warten; erwarten (**na** *akk akk*) **czekanie** N Warten *n*
czekolada F Schokolade *f*
czekoladka F Schokoladenbonbon *m od n* **czekoladowy** Schokoladen-
czemu → **co**
czepek M Haube *f*; Kappe *f*
czepiać ⟨-ić⟩ się sich hängen (*gen* an *akk*); *umg* herumhacken (auf *dat*)
czereśnia F Süßkirsche *f*
czernieć ⟨s-⟩ schwarz werden
czerń F Schwarz *n*
czerpać schöpfen
czerstwy (-wo) altbacken; *fig* rüstig, frisch
czerwcowy Juni- **czerwiec** M Juni *m*
czerwienić ⟨za-⟩ się sich röten; rot werden, erröten **czerwień** F Rot *n*; → **kier czerwonka** F MED Ruhr *f* **czerwony (-no)** rot
czesać ⟨u-⟩ kämmen (**się** sich)
czeski (po -ku) tschechisch, böhmisch **Czeszka** F Tschechin *f*
cześć F Ehre; **~!** *umg na powitanie* hallo!; *na pożegnanie* tschüss!
często → częsty **częstokroć** oftmals; häufig **częstość** F Häufigkeit *f* **częstotliwość** F Frequenz *f*
częstować bewirten **⟨po-⟩** anbieten (**k-o** *inst* j-m *akk*)
częsty (-to) häufig; ADV *a.* oft
częściowy (-wo) teilweise
część F Teil *m*
czkawka F Schluckauf *m*
człon M Glied *n* **członek** M

Mitglied *n*; ANAT Glied *n*; **~ rodziny** Familienangehörige(r) *m/f(m)* **członkostwo** N Mitgliedschaft *f*
człowiek M Mensch *m*
czołg M Panzerkampfwagen *m*, Panzer *m* **czołgać się** kriechen
czoło N Stirn *f*; **na czele** an der Spitze **czołowy** Stirn-; vordere(r); Spitzen- **czołówka** F Spitze *f*, Spitzengruppe *f*
czop M Zapfen *m*; Spund *m*
czopek M MED Zäpfchen *n*
czosnek M Knoblauch *m*
czółno N Kahn *m*
czterdziesty vierzigste(r) **czterdzieści** vierzig **czternasty** vierzehnte(r) **czternaście** vierzehn
czterokrotny viermalig **cztery** vier **czterysta** vierhundert
czubek M Spitze *f*
czucie N Gefühl *n*
czuć ⟨**po-**⟩ fühlen, empfinden; spüren
czujnik M Sensor *m* **czujny** wachsam
czułość F Empfindlichkeit *f*; Zärtlichkeit *f* **czuły** empfindlich (**na** *akk* für *akk*) (**-le**) zärtlich
czupryna F Haarschopf *m*
czuwać aufpassen; nicht schlafen; wachen
czwartek M Donnerstag *m*
czwarty vierte(r)
czworaczki PL Vierlinge *mpl*
czworoboczny viereckig
czwórka F Vier *f*, Vierer *m*
czy: **~ jesteś zdrowy?** bist d gesund?; **~ … ~** ob … oder
czyhać lauern (**na** *akk* auf *ak*
czyj, czyja, czyje wesse
czyjkolwiek wessen auc immer **czyjś** jemandes, i gendjemandes
czyli das heißt, oder
czym womit; → **co**; **~ … tym** je … desto
czyn M Tat *f* **czynić** ⟨**u-**⟩ tun machen **czynnik** M Faktor *n*
czynność F Aktivität *f*; Funkti on *f*; Tätigkeit *f* **czynny** tätig aktiv; in Betrieb
czynsz M Miete *f*
czyrak M Eiterbeule *f*; Ge schwür *n*
czystość F Reinheit *f*; Sauber keit *f* **czysty** (**-to**) rein; saube
czyszczenie N Reinigen *n* Reinigung *f* **czyścić** ⟨**wy-**⟩ reinigen; putzen **czyściec** M REL Fegefeuer *n*
czytać lesen **czytelnia** F Le sesaal *m* **czytelniczka** F Le serin *f* **czytelnik** M Leser *m*
czytelny leserlich

Ć

ćma F Nachtfalter *m*
ćwiartka F Viertel *n*
ćwiczenie N Übung *f* **ćwi-**

czyć ⟨**wy-**⟩ trainieren; üben (**się** sich, **w** *lok* in *dat*)
ćwierć F Viertel *n*
ćwikła F GASTR Rote-Rüben--Salat *m*; rote Rüben *fpl* mit Meerrettich

D

dach M Dach *n* **dachówka** F Dachziegel *m*
dać PF → dawać
daktyl M Dattel *f*
dal F Ferne *f*, Weite *f*; → skok
dalece: **tak ~** dermaßen; so weit, so sehr **dalej** weiter, ferner **daleki** (**-ko**) weit, entfernt; **z daleka** von Weitem; von weither
dalekobieżny: **pociąg** M **~** Fernzug *m* **dalekowzroczny** weitsichtig
dalszy weiter; Fort-
dama F Dame *f* **damski** Damen-
dancing M → dansing
dane PL Angaben *pl*; Daten *pl*
Dania F Dänemark *n*
danie N Gang *m*, Gericht *n*
dansing M Tanzlokal *n*; **iść na ~** tanzen gehen
dar M Gabe *f*; Geschenk *n*
daremny vergeblich **darmo**: **za ~** (für) umsonst **darmowy** (**-wo**) kostenlos, Gratis-
darowizna F Schenkung *f*
darowywać ⟨**-ować**⟩ schenken; *karę* erlassen
daszek M (Mützen)Schirm *m*; kleines Dach *n*
data F Datum *n* **datek** M Spende *f*, Gabe *f* **datować** datieren **datownik** M Datumstempel *m*
dawać ⟨**dać**⟩ geben **dawca** M Spender *m* **dawka** F Dosis *f* **dawkować** dosieren
dawniej früher, einst **dawno** lange her, längst; **od dawna** seit Langem **dawny** früher, ehemalig; alt
dąb M Eiche *f*
dąć ⟨**za-**⟩ blasen, wehen
dąsać się schmollen
dążenie N Streben *n*, Bemühung *f* **dążyć** streben (**do** *gen* nach *dat*), anstreben (*akk*)
dbać sorgen (**o** *akk* für *akk*), sich kümmern (um *akk*) **dbałość** F Sorgfalt *f*; Sorge *f*
dbały sorgsam; besorgt
dealer M HANDEL Vertragshändler(in) *m(f)*; (Drogen)Dealer(in) *m(f)*
debata F Beratung *f*; Debatte *f*
debil *umg* M Schwachkopf *m*; *umg* Idiot *m*
debiut M Debüt *n* **debiutować** ⟨**za-**⟩ debütieren
dech M Atem *m*
decydować ⟨**z-**⟩ entscheiden (**o** *lok* über *akk*); **~ się** sich entschließen **decydujący** (**-co**)

ausschlaggebend, entscheidend **decyzja** F Entscheidung *f*; *z urzędu* Bescheid *m*
dedykować ⟨za-⟩ widmen
defekt M Fehler *f*; Panne *f*
deficyt M Defizit *n*, Mangel *m*; Fehlbetrag *m*
defilada F Vorbeimarsch *m*, Parade *f*
definicja F Definition *f*
defraudacja F Unterschlagung *f*; Veruntreuung *f*
deka *umg* N → dekagram
dekada F Dekade *f*
dekagram M Dekagramm *n*
deklaracja F Deklaration *f*, Erklärung *f* **deklarować ⟨za-⟩** deklarieren, angeben
dekoder M Dekoder *m*
dekolt M Dekolleté *n*
dekoracja F Dekoration *f*; *orderem* Verleihung *f*
dekret M Dekret *n*, Erlass *m*
delegat(ka) M(F) Delegierte(r) *m*/*f*(*m*)
delfin M Delfin *m*
delikatesy PL Delikatessen *fpl*, Feinkost *f*; Delikatessengeschäft *n* **delikatny** delikat; zart; fein
demaskować ⟨z-⟩ entlarven
demokracja F Demokratie *f* **demokratyczny** demokratisch
demolować ⟨z-⟩ demolieren
demon M Dämon *m*
demonstracja F Demonstration *f*; Vorführung *f* **demonstrować ⟨za-⟩** zeigen; demonstrieren
denat(ka) M(F) *samobójca* Selbstmörder(in) *m*(*f*); *zamordowany* Mordopfer *n*
denerwować ⟨z-⟩ aufregen (**się** sich)
dentysta M Zahnarzt *m* **dentystka** F Zahnärztin *f* **dentystyczny** Zahnarzt-, zahnärztlich
departament M Abteilung *f*; Departement *n*
depesza F Telegramm *n*; Pressemitteilung *f*
depilacja F Enthaarung *f*, Depilation *f*
deportować deportieren
depozyt M FIN Depositen *npl*; Depot *n*; Verwahrung *f*
depresja F Niedergeschlagenheit *f*; Depression *f*; Tiefdruckgebiet *n*
deptać ⟨z-⟩ treten, zertreten
deptak M (Kur)Promenade *f*
deputowana F Abgeordnete *f* **deputowany** M Abgeordnete(r) *m*
deseń M Muster *n*
deser M Dessert *n*
deska F Brett *n* **deskorolka** F Skateboard *n*
deszcz M Regen *m*; **pada ~** es regnet **deszczowy (-wo)** regnerisch
detal M Einzelteil *n*, Detail *n*; Einzelhandel *m* **detaliczny** detailliert; Einzel(handels)-
detektyw M Detektiv *m*
dewizowy Devisen-

ezynfekować ⟨**z-**⟩ desinfizieren
ębowy Eichen-
ętka F (Rad)Schlauch *m*
iabelny → diabelski
iabelski Teufels-; höllisch
diabeł M Teufel *m*
iagnoza F Diagnose *f*
ialog M Dialog *m*
iament M Diamant *m*
idżej M DJ *m*; Discjockey *m*
ieta F Diät *f*; ~ **służbowa** Tagesgeld *n*; Spesen *pl*
inozaur M Dinosaurier *m*
dla (*gen*) für (*akk*); wegen (*gen*); zu (*dat*) **dlaczego** weshalb, warum **dlatego** deshalb, darum; ~ **że** weil
dławić würgen; *a. fig* drosseln
dłoń F Handfläche *f*; Hand *f*
dłubać stochern (**w** *lok* in *dat*); *w nosie* bohren; *umg* fummeln, basteln
dług M Schuld *f*
długi lang **długo** lange; **na** ~ für lange Zeit **długofalowy** (**-wo**) *fig* langfristig **długoletni** langjährig **długopis** M Kugelschreiber *m* **długość** F Länge *f* **długoterminowy** (**-wo**) langfristig **długotrwały** von langer Dauer **długowłosy** langhaarig
dłużej länger **dłużnik** M Schuldner *m* **dłużny** schuldig
dłużyć się langsam vergehen, sich hinziehen
dmuchać ⟨**-chnąć**⟩ blasen
dniówka F Arbeitstag *m*; Tagelohn *m*
dno N Boden *m*; Grund *m*
do (*gen*) nach (*dat*); zu (*dat*); an (*akk*); in (*akk*); für (*akk*); ~ **domu** nach Hause; ~ **ciebie** zu dir; ~ **lasu** in den Wald
doba F Tag *m* (und Nacht *f*), 24 Stunden; *fig* Epoche *f*, Zeit *f*
dobiegać ⟨**-biec**⟩ eilen, laufen (**do** *gen* zu *dat*); erreichen; herannahen; zu hören sein
dobierać ⟨**-brać**⟩ aussuchen, finden; sich noch mehr nehmen (*gen* von *dat*)
dobijać ⟨**-bić**⟩ den Gnadenstoß geben (*akk dat*); ~ **targu** handelseinig werden **dobitny** nachdrücklich, laut und deutlich
doborowy erlesen, auserlesen
dobór M Auslese *f*; Auswahl *f* **dobrać** PF → dobierać
dobranoc! gute Nacht! **dobranocka** F Gutenachtgeschichte *f*
dobro N Wohl *n*; *materialne* Gut *n* **dobrobyt** M Wohlstand *m* **dobroczynność** F Wohltätigkeit *f* **dobroczynny** wohltätig **dobroć** F Güte *f* **dobroduszny** gutmütig **dobrodziejstwo** N Wohltat *f* **dobrotliwy** (**-wie**) gütig **dobrowolny** freiwillig
dobry (**-rze**) gut
dobudówka F Anbau *m*
dobytek M Habe *f*
docelowy (**-wo**) Ziel-, End-
doceniać ⟨**-ić**⟩ zu schätzen

wissen; richtig einschätzen *od* bewerten
dochodowy gewinnbringend, rentabel; **podatek** *m* ~ Einkommensteuer *f*
dochodzenie N JUR Untersuchung *f* **dochodzić** ⟨**dojść**⟩ sich nähern (**do** *gen dat*); erreichen (*akk*); *do słowa* kommen; (*gen*) *praw* geltend machen
dochowywać ⟨**-ować**⟩ bewahren; *fig* halten, einhalten (*gen akk*)
dochód M Einkommen *n*; Ertrag *m*
dociąć PF → docinać
dociekać ⟨**-ciec**⟩ erforschen (*gen akk*) **dociekliwy** (**-wie**) tiefgründig; interessiert, wissbegierig
docierać ⟨**dotrzeć**⟩ gelangen (**do** *gen* bis *akk*, zu *dat*), erreichen (*akk*)
docinać ⟨**-ciąć**⟩ anpassen; *fig* hänseln (*dat akk*), sticheln (gegen *akk*) **docinek** M Stichelei *f*
dociskać ⟨**-snąć**⟩ zudrücken; ~ **się** sich durchdrängen
doczekać się PF erleben (*gen akk*); *końca* abwarten **doczepiać** ⟨**-ić**⟩ anhängen **doczesny** vergänglich
dodać PF → dodawać **dodatek** M Beilage *f*; Anhang *m*; Zuschlag *m*; ~ **na dzieci** Kindergeld *n* **dodatkowy** (**-wo**) zusätzlich **dodatni** (**-nio**) positiv; günstig **dodawać** ⟨**-dać**⟩ hinzufügen; addiere[n]
dodawanie N Addition *f*
dofinansowywać ⟨**-ować**⟩ subventionieren
dogadywać → dogryzać; ⟨**-dać**⟩ **się** einig werden **dogadzać** ⟨**-godzić**⟩ zufriedenstellen (*dat akk*) **doganiać** ⟨**-gonić**⟩ einholen **dogasać** verglimmen
doglądać aufpassen (*gen* au[f] *akk*)
dogodny bequem; günstig; *czas* passend **dogodzić** PF → dogadzać **dogonić** PF → doganiać
dogotowywać ⟨**-ować**⟩ (gar) kochen
dogrywka F SPORT Verlängerung *f*
dogryzać ⟨**-yźć**⟩ sticheln (*da[t]* gegen *akk*); hänseln (*akk*)
doić ⟨**wy-**⟩ melken
dojazd M Anfahrt *f*; Zufahrt *f* **dojazdowy** Zufahrts- **dojeżdżać** ⟨**-jechać**⟩ (fahrend) erreichen (**do** *gen akk*), gelangen (bis *akk*, nach *dat*, zu *dat*), ankommen
dojrzałość F Reife *f* **dojrzały** (**-le**) reif
dojrzeć[2] PF erblicken
dojrzewać ⟨**dojrzeć**[1]⟩ reifen
dojrzewanie N Reifen *n*
dojście N Zugang *m*; *fig* Beziehungen *fpl*, Vitamin B *n* **dojść** PF → dochodzić
dokańczać ⟨**-kończyć**⟩ beenden

dokazywać ausgelassen sein, herumtollen
dokąd wohin
dokładać ⟨dołożyć⟩ zulegen (**do** *gen* zu *dat*) **dokładność** F Genauigkeit *f* **dokładny** genau
dokoła ringsum
dokonywać ⟨-nać⟩ tun (*gen akk*); durchführen; *cudu* vollbringen; *przestępstwa* begehen
dokończenie N Beendigung *f*; Schluss *m* **dokończyć** PF → dokańczać
dokręcać ⟨-cić⟩ *śrubę* anziehen, festdrehen
dokształcać ⟨-cić⟩ fortbilden **dokształcający** Fortbildungs-
doktor M Doktor *m* **doktorat** M Doktorwürde *f*; Dissertation *f*
dokuczać ⟨-czyć⟩ necken; belästigen; plagen, quälen (*dat akk*) **dokuczliwy (-wie)** lästig, *ból* unausstehlich
dokument M Urkunde *f*; Unterlage *f*; **dokumenty** *pl* (*dowód tożsamości*) Papiere *pl*
dola F Los *n*, Schicksal *n*
dolać PF → dolewać
dolar M Dollar *m*
dolegać schmerzen **dolegliwość** F Leiden *n*
dolewać ⟨-lać⟩ zugießen (*gen akk*)
doliczać ⟨-czyć⟩ dazurechnen, hinzurechnen
dolina F Tal *n*
dolny untere(r), Unter-; Nieder-
dołączać ⟨-czyć⟩ beifügen (**do** *gen dat*); **~ się** sich anschließen (**do** *gen dat*)
dołożyć PF → dokładać
dom M Haus *n*; Heim *n*
domagać się fordern, verlangen (*gen akk*)
domek M Häuschen *n*
domieszka F Zusatz *m*, Beimischung *f*
domięśniowy (-wo) intramuskulär
domniemany mutmaßlich
domofon M Gegensprechanlage *f*
domostwo N Haus *n* (und Hof *m*) **domownik** M Hausgenosse *m* **domowy** häuslich, Haus-; → **wojna**
domysł M Vermutung *f* **domyślać ⟨-lić⟩ się** vermuten (*gen akk*) **domyślny** scharfsinnig
doniczka F Blumentopf *m*
doniesienie N Meldung *f*; (*donos*) Anzeige *f* **donieść** PF → donosić
doniosły (-śle) bedeutsam, wichtig
donos M Anzeige *f*; Denunziation *f* **donosiciel(ka)** M(F) Denunziant(in) *m(f)* **donosić ⟨-nieść⟩** melden (**o** *lok akk*); denunzieren (**na** *akk akk*) **donośny** laut
dookoła → dokoła
dopadać ⟨-paść⟩ erwischen

(*gen akk*); *drzwi* sich stürzen (auf *akk*) **dopasowywać** **⟨-ować⟩** anpassen (**do** *gen* an *akk*) **dopaść** PF → dopadać
dopatrywać **⟨-trzyć⟩** achtgeben (*gen* auf *akk*); **~ się** finden, entdecken (*gen akk*)
dopełniacz M Genitiv *m* **dopełniać** **⟨-ić⟩** auffüllen, nachfüllen; ergänzen; *obowiązku* erfüllen (*gen akk*)
dopiero erst; **~ co** (so)eben
dopilnować PF überwachen (*gen akk*)
doping M Doping *n*; Ansporn *m*
dopisek M Nachtrag *m*; (Rand)Bemerkung *f* **dopisywać** **⟨-sać⟩** V/T hinzuschreiben (**do** *gen* zu *dat*); V/I gut ausfallen; günstig sein
dopłacać **⟨-cić⟩** zuzahlen, nachzahlen **dopłata** F Nachzahlung *f*; Strafporto *n*; BAHN Zuschlag *m*
dopływ M Nebenfluss *m*
dopomagać **⟨-móc⟩** helfen, behilflich sein **dopominać** **⟨-mnieć⟩ się** verlangen, fordern (**o** *akk akk*)
dopóki solange; so lange wie
doprawdy wirklich
doprawiać **⟨-ić⟩** abschmecken (*inst* mit *dat*)
doprowadzać **⟨-dzić⟩** führen, bringen (**do** *gen* zu *dat*); *przewód* legen, verlegen; TECH zuführen
dopuszczać **⟨-ścić⟩** zulassen, gestatten; **~ się** verüben (*gen akk*) **dopuszczalny** erlaubt, zulässig
dopytywać **⟨-tać⟩ się** erfragen (**o** *akk akk*); sich erkundigen (nach *dat*)
dorabiać **⟨-robić⟩** *klucz* nachmachen; V/I sich *etw* dazuverdienen
doradca M Berater(in) *m(f)*; Ratgeber(in) *m(f)* **doradzać** **⟨-dzić⟩** raten, anraten **dorastać** **⟨-rosnąć⟩** heranwachsen **doraźny** sofortig; Not-
doręczać **⟨-czyć⟩** aushändigen; *pocztę* zustellen **doręczenie** N Zustellung *f* **doręczyciel(ka)** M(F) Briefträger(in) *m(f)*; Zusteller(in) *m(f)* **doręczyć** PF → doręczać
dorobek M Gut *n*; Habe *f*; (*twórczość*) Werk *n*, Errungenschaft *f* **dorobić** PF → dorabiać
doroczny alljährlich **dorodny** stattlich
dorosły erwachsen; SUBST M Erwachsene(r) *m* **dorosnąć** PF → dorastać
dorożka F Droschke *f*
dorównywać **⟨-nać⟩** gleichkommen
dorsz M Dorsch *m*, Kabeljau *m*
dorywczy (-czo) gelegentlich
dorzucać **⟨-cić⟩** hinzutun (*gen akk*); *węgla* nachlegen
dosadny derb, deftig

dosięgać ⟨**-gnąć**⟩ reichen (*gen* bis zu, zu *dat*); erreichen (*akk*)
doskonalić vervollkommnen (**się** sich) **doskonały** (**-le**) vollkommen; hervorragend
dosłowny wörtlich
dosłyszeć PF hören, verstehen; **nie ~** nicht verstanden haben; schwer hören
dostać PF → dostawać
dostarczać ⟨**-czyć**⟩ liefern
dostateczny ausreichend, genügend **dostatek** M Wohlstand *m* **dostatni** (**-nio**) wohlhabend
dostawa F Lieferung *f* **dostawać** ⟨**-stać**⟩ erhalten, bekommen; erreichen **dostawca** M Lieferant(in) *m(f)*, Zusteller(in) *m(f)*
dostęp M Zutritt *m*, Zugang *m* **dostępny** zugänglich; *cena* erschwinglich
dostojnik M Würdenträger(in) *m(f)* **dostojny** würdevoll; ehrwürdig
dostosowywać ⟨**-ować**⟩ anpassen (**do** *gen* an *akk*)
dostrzegać ⟨**-ec**⟩ (mit dem Auge) wahrnehmen; erblicken **dostrzegalny** sichtbar; wahrnehmbar
dosyć genug; ziemlich
dosypywać ⟨**-pać**⟩ nachschütten
doszczętny restlos, völlig
doszkalać ⟨**-szkolić**⟩ fortbilden, schulen
dościgać ⟨**-gnąć**⟩ einholen
dość → dosyć
doświadczać ⟨**-czyć**⟩ erleben, erfahren; prüfen, auf die Probe stellen **doświadczalny** Versuchs- **doświadczenie** N Erfahrung *f*; Versuch *m* **doświadczony** erfahren
doświadczyć PF → doświadczać
dotacja F Beihilfe *f*, Zuwendung *f*
dotąd bis hierher; bis jetzt
dotkliwy (**-wie**) empfindlich **dotknąć** PF → dotykać **dotknięcie** N Berührung *f*
dotrwać PF ausharren; erhalten bleiben
dotrzeć PF → docierać
dotrzymywać ⟨**-mać**⟩ *słowa* halten; *terminu* einhalten; *towarzystwa* leisten
dotychczas bisher, bis jetzt **dotychczasowy** bisherig
dotyczący betreffend **dotyczyć** betreffen (*gen akk*)
dotyk M Berührung *f*; Tastsinn *m* **dotykać** ⟨**dotknąć**⟩ berühren, befühlen (*gen akk*); *fig* verletzen
doustny MED oral
dowcip M Witz *m* **dowcipny** witzig
dowiadywać ⟨**-wiedzieć**⟩ **się** sich erkundigen (**o** *akk*, *lok* nach *dat*); erfahren (*akk*)
dowierzać trauen; **nie ~** misstrauen
dowieść PF → dowodzić[2] **do-**

wieźć PF → dowozić
dowodowy Beweis-
dowodzić[1] befehligen, anführen (*inst akk*)
dowodzić[2] ⟨**-wieść**⟩ beweisen (*gen akk*)
dowolny beliebig; frei; SPORT Kür-
dowozić ⟨**-wieźć**⟩ fahren, bringen (**do** bis zu *dat*)
dowód M Beweis *m*; Beleg *m*; **~ osobisty** Personalausweis *m* **dowódca** M Führer *m*; Befehlshaber *m* **dowództwo** N Kommando *n*; Stab *m*
dowóz M Zufuhr *f*
doza F Dosis *f*
dozgonny ewig, bis ans Grab
doznawać ⟨**-znać**⟩ empfinden; erfahren
dozorca M Aufseher *m*; Hausmeister *m* **dozorczyni** F Aufseherin *f*; Hausmeisterin *f*
dozować → dawkować
dozór M Aufsicht *f*
dozwolony gestattet
dożylny intravenös
dożynki PL Erntefest *n*
dożywać ⟨**-yć**⟩ erleben (**do** *gen akk*) **dożywotni** (**-nio**) lebenslänglich
dół M Grube *f*; **w ~** abwärts, hinunter
drabina F Leiter *f*
dramat M Drama *n* **dramatyczny** dramatisch
drań M Lump *m*, Schuft *m*
drapacz M: **~ chmur** Wolkenkratzer *m* **drapać** ⟨**po-**⟩ kratzen (**się** sich)
drapieżnik M ZOOL Raubtier *n* **drapieżny** ZOOL Raub-
drasnąć PF ritzen **draśnięcie** N Schramme *f*, Kratzer *m*
drażetka F Dragee *n*
drażliwy (**-wie**) reizbar; *temat* heikel **drażnić** ⟨**po-**⟩ reizen; ärgern
drąg M Stange *f* **drążek** M Knüppel *m*; Hebel *m*; SPORT Reck *n* **drążyć** ⟨**wy-**⟩ aushöhlen
dres M Trainingsanzug *m*
dreszcz M Schauer *m*, Schauder *m*; **mieć dreszcze** frösteln, schaudern
drewniak M Holzschuh *m* **drewniany** hölzern, Holz- **drewno** N Holz *n*
Drezno N Dresden *n*
dręczyć peinigen, quälen
drętwieć ⟨**z-**⟩ *ze strachu* erstarren; *noga* einschlafen
drgać ⟨**drgnąć**⟩ zucken; beben; schwingen **drgawki** FPL Zuckungen *fpl*
drink M Trunk *m*
drobiazg M Kleinigkeit *f*; Bagatelle *f* **drobiazgowy** (**-wo**) pedantisch, kleinlich; haarklein **drobne** PL Kleingeld *n* **drobnostka** F Kleinigkeit *f* **drobny** (**-no**) klein, gering; fein
droga F Weg *m*, Straße *f*
drogeria F Drogerie *f*
drogi (**-go**) teuer; *fig a.* lieb
drogocenny kostbar

drogowskaz M Wegweiser *m* **drogowy** Weg-, Straßen-; **wypadek ~** Verkehrsunfall *m* **drogówka** F Verkehrspolizei *f*

drozd M ZOOL Drossel *f*
drożdże PL Hefe *f* **drożdżowy** Hefe-
drożeć (po-) teurer werden
drożyzna F Teuerung *f*
drób M Geflügel *n*
dróżka F Pfad *m*
druciany Draht-
drugi zweite(r); andere(r); **po drugie** zweitens
drugorzędny zweitklassig
druk M Druck *m*; Drucksache *f* **drukarka** F IT Drucker *m* **drukarnia** F Druckerei *f* **drukarz** M Drucker(in) *m(f)* **drukować (wy-)** drucken
drut M Draht *m*
drużyna F SPORT Mannschaft *f* **drużynowy** Mannschafts-
drwić spotten **(za-)** verspotten (**z** *gen akk*) **drwina** F Gespött *n*, Spott *m*
drzazga F (Holz)Span *m*, Splitter *m*
drzeć (po-) reißen, zerreißen
drzemać dösen, ein Nickerchen machen **drzemka** F Schläfchen *n*; Nickerchen *n*
drzewo N Baum *m*; Holz *n*
drzwi PL Tür *f*
drżeć (za-) zittern, *pf a.* erzittern; beben
duch M Geist *m*
duchowieństwo N Geistlichkeit *f* **duchowny** geistlich; SUBST M Geistliche(r) *m* **duchowy (-wo)** geistig, Geistes-
dudek M ZOOL Wiedehopf *m*
dudnić (za-) dröhnen
duma F Stolz *m* **dumny** stolz
Dunka F Dänin *f* **Duńczyk** M Däne *m* **duński (po -ku)** dänisch
dureń *umg* M Dummkopf *m* **durny** dumm, *pop* bescheuert
dusić (u-) würgen, *pf* erwürgen; *potrawę* dünsten, schmoren; **~ się** ersticken; *fig* **(z-)** ersticken
dusza F Seele *f* **duszność** F Schwüle *f*; MED Atemnot *f* **duszny (-no)** schwül; stickig **duszony** gedünstet, Schmor-
dużo viel **duży** groß
dwa zwei **dwadzieścia** zwanzig
dwakroć zweimal **dwanaście** zwölf **dwieście** zweihundert
dwoisty (-ście) zweifach; zwiespältig **dwojaczki** PL Zwillinge *pl* **dwojaki (-ko)** zweierlei **dwoje** zwei
dworcowy Bahnhofs- **dworzec** M Bahnhof *m*
dwójka F Zwei *f*, Zweier *m*
dwór M Hof *m*; Landgut *n*; Gutshof *m*
dwubarwny zweifarbig **dwucyfrowy** zweistellig **dwudniowy** zweitägig **dwudziesty** zwanzigste(r) **dwukołowy** Zweirad-, zweirädig

dwukropek M Doppelpunkt *m* **dwukrotnie** zweimal; zweifach **dwukrotny** zweimalig **dwunasty** zwölfte(r)
dwuosobowy *pokój* Doppel-
dwupiętrowy zweistöckig
dwupokojowy Zweizimmer-
dwustronny zweiseitig
dwutygodnik M Halbmonatsschrift *f* **dwuznaczny** zweideutig
dygnitarz M Würdenträger(in) *m(f)*
dygotać zittern, beben
dykta F → sklejka
dyktafon M Diktiergerät *n*
dyktando N Diktat *n* **dyktator** M Diktator *m* **dyktatura** F Diktatur *f* **dyktować** ⟨**po-**⟩ diktieren
dylemat M Dilemma *n*
dym M Rauch *m* **dymić (się)** rauchen
dymisja F Rücktritt *m*; Abschied *m*; **podać się do dymisji** zurücktreten
dynamiczny dynamisch
dyndać baumeln; schlenkern
dynia F Kürbis *m*
dyplom M Diplom *n* **dyplomacja** F Diplomatie *f*; Taktgefühl *n* **dyplomata** M Diplomat *m* **dyplomatka** F Diplomatin *f* **dyplomatyczny** diplomatisch
dyrekcja F Direktion *f* **dyrektor(ka)** M(F) Direktor(in) *m(f)*
dyrygent(ka) M(F) Dirigent(in) *m(f)*

dyscyplina F Disziplin *f*; Zweig *m*
dysk M Diskus *m*; Scheibe *f*; **twardy** ~ IT Festplatte *f* **dys-kietka** F Diskette *f*
dyskoteka F Disko *f*, Diskothek *f*
dyskretny diskret
dyskusja F Diskussion *f*
dyskwalifikować ⟨**z-**⟩ disqualifizieren
dysponować verfügen (*ins* über *akk*) **dyspozycyjny** verfügbar; einsatzbereit
dystans M Distanz *f*, Entfernung *f*
dystrybucja F Verteilung *f*; Vertrieb *m* **dystrybutor** M Händler(in) *m(f)*; Tanksäule *f*
dysza F Düse *f* **dyszeć** keuchen, schnaufen
dywan M Teppich *m*
dywizja F MIL Division *f*
dyżur M Dienst *m*; **nocny** ~ Nachtdienst *m* **dyżurny** diensthabend; SUBST M Diensthabende(r) *m* **dyżurować** Dienst haben
dzban M Krug *m* **dzbanek** M Kanne *f*
dziać się geschehen, sich ereignen
dziad M Großvater *m*; *umg* alter Knacker *m*; Alte(r) *m*, Greis *m*; (*żebrak*) Bettler *m* **dziadek** M Großvater *m*; ~ **do orzechów** Nussknacker *m*
dział M Teil *m*; Zweig *m*; Abteilung *f* **działacz(ka)** M(F)

Funktionär(in) *m(f)* **działać** arbeiten, funktionieren **⟨z-⟩** handeln; wirken **działalność** F Tätigkeit *f* **działanie** N Handeln *n*; *leku* Wirkung *f*
działka F Grundstück *n*, Parzelle *f*
działo N Geschütz *n*
dziąsło N Zahnfleisch *n*
dziczyzna F Wild *n*, Wildbret *n*
dziecięcy kindlich **dziecinny** kindlich; kindisch **dzieciństwo** N Kindheit *f*
dziecko N Kind *n*
dziedzic M Erbe *m* **dziedzictwo** N Erbe *n*, Erbschaft *f* **dziedziczka** F Erbin *f* **dziedziczny** erblich **dziedziczyć ⟨o-⟩** erben
dziedzina F Fach *n*, Bereich *m*, Gebiet *n*
dziedziniec M Hof *m*
dzieje PL Geschichte *f* **dziejowy** geschichtlich
dziekan M Dekan(in) *m(f)*; Vorsteher(in) *m(f)*
dzielenie N Teilen *n* **dzielić ⟨po-⟩** teilen (**się** sich; **czym z** *inst* etw mit *dat*); MATH dividieren
dzielnica F Stadtteil *m*, Stadtviertel *n*; Bezirk *m* **dzielnicowy** Bezirks-
dzielny tapfer; tüchtig
dzieło N Tat *f*; Werk *n*
dziennie täglich **dziennik** M Tagebuch *n*; (Tages)Zeitung *f*; (Amts)Blatt *n* **dziennikarka** F Journalistin *f* **dziennikarz** M Journalist *m* **dzienny** täglich, Tages-
dzień M Tag *m*; **co ~** jeden Tag; **~ powszedni** Wochentag *m*; **~ dobry!** *po południu* guten Tag!, *przed południem* guten Morgen!
dzierżawa F Pacht *f* **dzierżawca** M Pächter *m* **dzierżawić ⟨wy-⟩** pachten
dziesiątka F Zehn *f* **dziesiąty** zehnte(r)
dziesięciobój M SPORT Zehnkampf *m* **dziesięciolecie** N Jahrzehnt *n* **dziesięć** zehn **dziesiętny** Dezimal-
dziewczę N → **dziewczyna** **dziewczęcy** Mädchen- **(-co)** mädchenhaft **dziewczyna** F Mädchen *n* **dziewczynka** F (kleines) Mädchen *n*
dziewiątka F Neun *f* **dziewiąty** neunte(r)
dziewica F Jungfrau *f* **dziewiczy (-czo)** jungfräulich; **~ las** *m* Urwald *m*
dziewięć neun **dziewięćdziesiąt** neunzig **dziewięćdziesiąty** neunzigste(r) **dziewięćset** neunhundert **dziewiętnasty** neunzehnte(r) **dziewiętnaście** neunzehn
dzięcioł M Specht *m*
dziękczynny Dank(es)-
dzięki[1] PL Dank *m*; **~ Bogu!** Gott sei Dank!
dzięki[2] PRÄP dank (*dat gen, dat*)
dziękować ⟨po-⟩ danken (**za**

akk für *akk*)
dzik M Wildschwein *n* **dziki** **(-ko)** wild
dziobać ⟨-bnąć⟩ picken; hacken
dziób M Schnabel *m*; *statku* Bug *m*
dzisiaj heute **dzisiejszy** heutig **dziś** → dzisiaj
dziupla F (Nist)Höhle *f*
F Loch *n*; **~ ozonowa** Ozonloch *n* **dziurawić ⟨po-, prze-⟩** löchern, durchlöchern
dziurawy löcherig; *statek* leck
dziurka F Loch *n* **dziurkacz** M Locher *m* **dziurkować ⟨po-⟩** lochen; perforieren
dziwactwo N Absonderlichkeit *f*; Schrulle *f* **dziwaczka** F Sonderling *m* **dziwaczny** komisch; verschroben **dziwak** M Sonderling *m*
dziwić ⟨z-⟩ wundern (**się** sich)
dziwny seltsam, sonderbar
dzwon M Glocke *f* **dzwonek** M Klingel *f* **dzwonić ⟨za-⟩** läuten, klingeln; anrufen (**do** *gen akk*) **dzwonnica** F Glockenturm *m*
dźwięczeć ⟨za-⟩ klingen, tönen, *pf* erklingen, ertönen
dźwięczny klangvoll
dźwięk M Klang *m*, Ton *m*
dźwiękowy Ton-
dźwig M Kran *m*; (*winda*) Lift *m*, Aufzug *m* **dźwigać** tragen **⟨-gnąć⟩** heben **dźwignia** F Hebel *m*
dżdżownica F Regenwurm *m*
dżdżysty (-sto) regnerisch
dżem M Marmelade *f*
dżinsy PL Jeans *pl*
dżokej M Jockey *m*
dżuma F Pest *f*
dżungla F Dschungel *m*

E

echo N Echo *n*
edukacja F Erziehung *f*; Bildung *f*
edycja F Edition *f*; Auflage *f*
efekt M Effekt *m*; Ergebnis *n*
efektowny effektvoll
egipski ägyptisch **Egipt** M Ägypten *n*
egoista M Egoist *m* **egoistka** F Egoistin *f* **egoistyczny** egoistisch **egoizm** M Egoismus *m*
egzamin M Prüfung *f*
egzekucja F *długu* Zwangsvollstreckung *f*; *kary śmierci* Hinrichtung *f* **egzekwować ⟨wy-⟩** fordern; *dług* einziehen; vollstrecken
egzema F Ekzem *n*
egzemplarz M Exemplar *n*
egzotyczny exotisch
egzystencja F Existenz *f*
ekipa F Equipe *f*, Mannschaft *f*
ekler M (*zamek błyskawiczny*) Reißverschluss *m*; GASTR Eclair *n*

·log M Ökologe *m*, Ökolo-*f* **ekologiczny** ökologisch
·nomia F Wirtschaftslehre
konomiczny ökonomisch
·an M Bildschirm *m*; *w kinie* ·nwand *f* **ekranizacja** F ·rfilmung *f*
·misja F Zwangsräumung *f*
·pedient(ka) M(F) Verkäu-·(in) *m(f)*
·pedycja F Expedition *f*
·pert M Sachverständige(r) ·f(m) **ekspertyza** F Gutach-·n *n*
·speryment M Experiment Versuch *m*
·sploatacja F Ausbeutung Abbau *m*; Nutzung *f* **eks-·oatować** ausbeuten; ab-·uen; nutzen
·splozja F Explosion *f*
·sponat M Ausstellungs-·ück *n*; Exponat *n* **ekspono-·ać** ausstellen; hervorheben
·sport M Export *m* **ekspor-·wać** exportieren **ekspor-·wy** Export-
·spres M Expresszug *m*; Eil-·ief *m* **ekspresowy** Ex-·ess-, Eil-
·stra extra; super, prima, toll
·stremalny extrem
·wipunek M Ausrüstung *f*
·astyczny elastisch; flexibel
·egancja F Eleganz *f* **ele-·ancki (-ko)** elegant
·ektorat M Wähler *mpl*; ·ählerschaft *f*
·ektrociepłownia F Heiz-kraftwerk *n* **elektron** M PHYS Elektron *n* **elektroniczny** elektronisch **elektronika** F Elektronik *f* **elektrownia** F Kraftwerk *n*
elektryczność F Elektrizität *f*; elektrisches Licht *n* **elek-tryczny** elektrisch; Elektro-
elektryk M Elektriker(in) *m(f)*
element M Element *n* **ele-mentarny** elementar **ele-mentarz** M Fibel *f*
elewacja F ARCH Fassade *f*
eliminacyjny: **zawody** PL **eli-minacyjne** Ausscheidungs-kämpfe *pl* **eliminować ⟨wy-⟩** ausschließen; eliminie-ren
elita F Elite *f* **elitarny** Elite-; elitär
e-mail M E-Mail *f*
emalia F Emaille *f*
emblemat M Emblem *n*; Sinn-bild *n*
embrion M Embryo *n*
emeryt(ka) M(F) Rentner(in) *m(f)* **emerytalny** Renten-
emerytura F Rente *f*; Pensi-on *f*; **przejść na emeryturę** in den Ruhestand treten, in Rente gehen
emigracja F Emigration *f*; **na emigracji** im Exil **emi-grant(ka)** M(F) Emigrant(in) *m(f)*
emocja F Emotion *f* **emocjo-nalny** emotional
emulsja F Emulsion *f*
encyklopedia F Enzyklopädie

f, Lexikon *n*
energetyczny Energie-; energetisch **energia** F Energie *f*; *do działania* Tatkraft *f*
energiczny energisch
entuzjazm M Enthusiasmus *m*; Begeisterung *f* **entuzjazmować się** sich begeistern (*inst* für *akk*)
enzym M BIOL Enzym *n*
epidemia F Epidemie *f*; Seuche *f*
epilepsja F Epilepsie *f*
epizod M Episode *f*
epoka F Epoche *f*, Zeitalter *n* **epokowy** epochemachend
era F Ära *f*, Zeitalter *n*; **naszej ery** unserer Zeitrechnung *f*
erotyczny erotisch
esej M Essay *n*
esencja F Essenz *f*
eskorta F Eskorte *f*; **pod eskortą** unter Bewachung **eskortować** geleiten
estetyczny ästhetisch
Estonia F Estland *n* **Estonka** F Estin *f* **Estończyk** M Este *m* **estoński (po -ku)** estnisch
etap M Etappe *f*
etat M Planstelle *f* **etatowy** im Stellenplan vorgesehen; fest angestellt
eter M Äther *m*
etykieta F Etikette *f*; Etikett *n*; Aufkleber *m*
euro N Euro *m*
Europa F Europa *n* **Europejczyk** M Europäer *m* **Europejka** F Europäerin *f* **europejski** europäisch
ewakuacja F Evakuierun
ewakuować evakuieren
ewangelia F Evangeliun
ewangelicki evangel
ewangeliczka F Protes tin *f* **ewangelik** M Protest *m*
ewentualny eventuell
ewidencja F Registrierung Kartei *f*, Datei *f*
ewolucja F Evolution *f*; wicklung *f*; Kunstflugfigur akrobatische Drehung *f*
express M → **ekspres**

F

fabryczny Fabrik- **fabryka** Fabrik *f*
fabularny: **film** M ~ Spielf *m* **fabuła** F Handlung *f*; St *f*
facet *umg* M *umg* Kerl *m*, *m*
fach M Fach *n* **fachowiec** Fachmann *m*, Fachfrau *f* **chowy (-wo)** fachmännisc
fajerwerk M Feuerwerk *n*
fajka F Pfeife *f*; *umg* Glim stängel *m*
fajny prima, super, toll
faks M Fax *n*, Faxgerät *n* **fa sować** faxen
fakt M Tatsache *f* **faktura**

ːchnung *f* **faktyczny** tat-
ːhlich
ı F Welle *f* **falisty (-to)** wel-
ıförmig **falochron** M Wel-
ıbrecher *m* **falować** wogen
start M SPORT Fehlstart *m*
d M Falte *f* **fałda** F Falte *f*
sz M Falschheit *f* **fałszer-**
wo N Fälschung *f* **fałszerz**
Fälscher(in) *m(f)* **fałszo-**
ać ⟨s-⟩ fälschen **fałszywy**
wie) falsch
ı M Fan *m*; Anhänger(in)
(f) **fanatyk** M Fanatiker *m*
ıtastyczny fantastisch; Sci-
ıcefiction- **fantazja** F Fan-
sie *f*
ba F Farbe *f* **farbować**
ɔo-⟩ färben; VI abfärben
maceuta M Pharmazeut *m*
ırmaceutka F Pharmazeu-
n *f*
sz M GASTR Füllung *f*
tuch M Schürze *f*
scynować ⟨za-⟩ faszinie-
ɛn, begeistern
sola F Bohne *f*
son M Fasson *f*; Schnitt *m*;
mg **z fasonem** mit Bravour
szystowski faschistisch **fa-**
zyzm M Faschismus *m*
talny fatal, verhängnisvoll;
mg a. scheußlich
tyga F Mühe *f* **fatygować**
po-⟩ bemühen (**się** sich)
ul M SPORT Foul *n*
woryt M SPORT Favorit *m*;
iebling *m*
x → faks

faza F Phase *f*
federacja F Föderation *f*, Bund *m* **federalny** Bundes-
felieton M Feuilleton *n*
feministka F Feministin *f*
ferie PL Ferien *pl*
fermentować ⟨s-⟩ gären
festiwal M Festival *n*
festyn M (Volks)Fest *n*
figa F Feige *f*
figiel M Streich *m*
figura F Figur *f*; Gestalt *f* **fi-gurować** registriert *od* verzeichnet sein
fikcyjny Schein-; fiktiv
filar M Pfeiler *m*; *fig* Stütze *f*
filatelista M Briefmarkensammler(in) *m(f)*
filharmonia F Philharmonie *f*
filia F Filiale *f*
filiżanka F Tasse *f*
film M Film *m* **filmować ⟨s-⟩** filmen **filmowy** Film-
filologia F Philologie *m* **filo-zofia** F Philosophie *m*
filtr M Filter *m od n*
finał M Finale *n*
finanse PL Finanzen *pl* **finan-sować ⟨s-⟩** finanzieren **fi-nansowy** Finanz- **(-wo)** finanziell
finisz M SPORT Endspurt *m* **fi-niszować** spurten
Fin(ka) M(F) Finne *m*, Finnin *f*
Finlandia F Finnland *n* **fiń-ski (po -ku)** finnisch
fioletowy (-wo) violett
fiołek M Veilchen *n*
firanka F Gardine *f*

firma F Firma *f* **firmowy** Firmen-; **danie** *n* **firmowe** Spezialität *f* des Hauses
fiskus M Fiskus *m*
fitness M Fitness *f*
fizyczny physikalisch; physisch; **pracownik ~** *m* Arbeiter(in) *m(f)*
fizyka F Physik *f*
flaga F Flagge *f*
flaki MPL GASTR (Kuttel)Flecke *pl*, Kutteln *fpl*
flakon M Flakon *m* **flakonik** M Fläschchen *n*
flamaster M Filzstift *m*
flądra F Flunder *f*
flesz M Blitzlicht *n*
flet M Flöte *f*
flirt M Flirt *m* **flirtować** flirten
flota F Flotte *f*
foka F Seehund *m*; Robbe *f*
folder M IT Ordner *m*, Verzeichnis *n*; Prospekt *m*
folia F Folie *f* **foliowy** Folien-
folklor M Folklore *f*
fontanna F Fontäne *f*, Springbrunnen *m*
forma F Form *f* **formalność** F Formalität *f* **formalny** formal; formell, offiziell
format M Format *n* **formować** ⟨u-⟩ formen; formieren
formularz M Formular *n* **formuła** F Formel *f* **formułować** ausdrücken; formulieren
forsa F *umg* Moneten *pl*, Kohle *f*, Kies *m*
forsować ⟨s-⟩ forcieren **for**sowny anstrengend
fort M Fort *n* **forteca** F [...]tung *f*
fortel M List *f*, Trick *m*
fortepian M Klavier *n*
fortuna F Glück *n*, Fortun[...] Vermögen *n*
forum N Forum *n*
fosa F (Burg)Graben *m*
fotel M Sessel *m*
fotograf M Fotograf(in) [...]
fotografia F Fotografie *f*, [...]to *n* **fotografować** ⟨s-⟩ [...]tografieren **fotokopia** F [...]tokopie *f* **fotoreporter**[...] M(F) Fotoreporter(in) *m(f)*
fragment M Ausschnitt [...] Fragment *n*
frak M Frack *m*
Francja F Frankreich *n* **fra**[...]**cuski** (**po -ku**) französis[...]
Francuz(ka) M(F) Franz[...] *m*, Französin *f*
frank M Franken *m*
fraszka F (*błahostka*) Lappa[...] *f*; Epigramm *n*
frędzla F Franse *f*
front M Front *f* **fronto**[...] Vorder-; Front-
froterować ⟨wy-⟩ bohner[...]
fruwać ⟨**frunąć**⟩ flieg[...] flattern; *kartki* auffliegen
frytki FPL Pommes frites *pl*
fryzjer(ka) M(F) Friseur(in) *m*[...]
fryzura F Frisur *f*
fundacja F Stiftung *f* **fund**[...]**ment** M Fundament *n* **fu**[...]**dować** ⟨za-⟩ *umg* spend[...]ren **fundusz** M Fonds *m*

funkcja F Funktion *f* **funkcjonalny** funktional **funkcjonariusz** M Beamte(r) *m*, Beamtin *f* **funkcjonować** funktionieren
funt M Pfund *n*
furgonetka F Lieferwagen *m*
furia F Wutanfall *m*; Wut *f*
furtka *f* Pforte *f*
fusy PL Bodensatz *m*
futbol M Fußball *m*
futerał M Futteral *n*
futro N Fell *n*; *płaszcz* Pelz *m*
futryna F (Tür)Rahmen *m*
futrzany Pelz-
fuzja[1] F Fusion *f*
fuzja[2] F (*strzelba*) Büchse *f*, Flinte *f*

G

gabinet M Arbeitszimmer *n*; Kabinett *n*; ~ **lekarski** Sprechzimmer *n*
gablota F Vitrine *f*
gad M Reptil *n*
gadać *umg* reden **gadanie** N Gerede *n* **gadanina** *umg* F Gerede *n*; *umg* Geschwätz *n* **gadatliwy** geschwätzig
galanteria F Galanterie *f*
galareta F Gelee *n od m*; *słona* Sülze *f*
galeria F Galerie *f*
galop M Galopp *m* **galopować** ⟨po-⟩ galoppieren
galowy Gala- **(-wo)** festlich
gałąź F Zweig *m*
gałka F Knauf *m*; Drehknopf *m*; ~ **oczna** Augapfel *m*
gama F Tonleiter *f*
ganek M ARCH Laube *f*, Veranda *f*
gang M (Verbrecher)Bande *f*; Gang *f* **gangster** M Gangster *m*; Verbrecher(in) *m(f)*
ganić ⟨z-⟩ tadeln, rügen
gapa F: **jechać na gapę** schwarzfahren; **pasażer** *m* **na gapę** blinder Passagier *m*; Schwarzfahrer(in) *m(f)*
gapić się gaffen, glotzen
garaż M Garage *f*
garb M Buckel *m*
garbaty (-to) bucklig **garbić się** ⟨z-⟩ sich krumm halten
garderoba F Garderobe *f*; Kleidung *f*
gardło N Kehle *f*; *umg* Hals *m*; ANAT Rachen *m*
gardzić → pogardzać
garmażeryjny: **wyroby** PL **garmażeryjne** Fertiggerichte *pl*
garnek M Topf *m*
garnitur M Anzug *m*; *mebli* Garnitur *f*
garsonka F Kostüm *n*
garstka F Handvoll *f*
garść F (*dłoń*) Hand *f*; Handvoll *f*
gasić ⟨z-⟩ *ogień, pragnienie* löschen; *silnik* abstellen **gasnąć** ⟨z-⟩ erlöschen

gastronomiczny gastronomisch; Gastronomie-
gaśnica F Feuerlöscher *m*
gatunek M Sorte *f*; Qualität *f*; BIOL Art *f* **gatunkowy** Qualitäts-, Marken-
gaworzyć *dziecko* lallen
gawron M Saatkrähe *f*
gaz M Gas *n*; **~ ziemny** Erdgas *n*; **gazy** *pl* **spalinowe** Verbrennungsgase *npl*
gaza F Gaze *f*, Mull *m*
gazeta F Zeitung *f*, Blatt *n* **gazetowy** Zeitungs-
gazociąg M Gasfernleitung *f*
gazomierz M Gaszähler *m*
gazowany Gas-; mit Kohlensäure **gazownia** F Gaswerk *n* **gazowy** Gas-
gaźnik M AUTO Vergaser *m*
gąbka F Schwamm *m*
gąsienica F Raupe *f*; TECH Gleiskette *f* **gąsior** M Gänserich *m*
gąska F Gänslein *n*, Gänschen *n*
gąszcz M Dickicht *n*
gbur M Flegel *m*, Grobian *m*
gdakać ⟨za-⟩ gackern
gderać nörgeln, *umg* meckern
gdy als; wenn **gdyby** falls; wenn **gdyż** da, denn, weil
gdzie wo **gdziekolwiek** irgendwo; irgendwohin **gdzieś** irgendwo
gej M Schwule(r) *m*
gen M Gen *n*
generacja F Generation *f*; PHYS Erzeugung *f*
generalny allgemein; Haupt-; General-
generał M General *m*
genetyczny genetisch
genialny genial **geniusz** M Genie *n*
geografia F Geografie *f*, Erdkunde *f* **geometria** F Geometrie *f*
gest M Geste *f*
gęba *pop* F Mundwerk *n*, Maul *n*
gęgać *gęś* schnattern
gęstnieć ⟨z-⟩ dick *od* dicht(er) werden **gęstość** F Dichte *f*
gęsty (-to) dickflüssig, dick; dicht
gęś F Gans *f*
giąć ⟨z-⟩ biegen; PF *a.* verbiegen
giełda F FIN Börse **giełdowy** Börsen-
giętki (-ko) biegsam **giętkość** F Biegsamkeit *f*
gigantyczny gigantisch; riesig; gewaltig
gimnastyczny gymnastisch; Turn- **gimnastyka** F Gymnastik *f*, Turnen *n*
gimnazjum N Gymnasium *n*
ginąć ⟨z-⟩ *tracić życie* umkommen; *znikać* verschwinden, abhanden kommen
ginekolog M Frauenarzt *m*, Frauenärztin *f*, Gynäkologe *m*, Gynäkologin *f*
gips M Gips *m*; Gipsverband *m*
gipsować ⟨za-⟩ gipsen, vergipsen

gitara F Gitarre *f* **gitarzysta** M Gitarrist(in) *m(f)*; Gitarrespieler(in) *m(f)*
glazura F Glasur *f*
gleba F Boden *m*
gliceryna F Glyzerin *n*
glina F Lehm *m*, Ton *m* **gliniany** Ton-, Lehm- **gliniasty** lehmig
glista F MED Spulwurm *m*; *umg a.* Regenwurm *m*
glob M Erdkugel *f*
glon M Alge *f*
gładki (-ko) glatt **gładzić ⟨wy-⟩** glätten **⟨po-⟩** streicheln **głaskać ⟨po-⟩** streicheln
głaz M Felsblock *m*
głębia F Tiefe *f* **głębina** F Tiefe *f* **głęboki (-ko)** tief **głębokość** F Tiefe *f*
głodny (-no) hungrig **głodować** hungern **głodówka** F Hungerstreik *m*; Abmagerungskur *f*
głos M Stimme *f*; **prosić o ~** ums Wort bitten **głosić ⟨o-⟩** verkünden **głoska** F (Sprach)-Laut *m* **głosować ⟨za-⟩** stimmen, abstimmen **głosowanie** N Abstimmung *f*
głośnik M Lautsprecher *m*
głośny (-no) laut
głowa F Kopf *m*; Haupt *n* **główica** F Kopf *m*; Knauf *m*
głód M Hunger *m*
główka F Köpfchen *n* **głównie** hauptsächlich **główny** Haupt-; Grund-
głuchawy schwerhörig
głuchnąć ⟨o-⟩ taub werden
głuchoniemy taubstumm; SUBST M Taubstumme(r) *m* **głuchota** F Taubheit *f* **głuchy** taub **(-cho)** dumpf
głupi (-pio) dumm **głupiec** M Dummkopf *m*, Tor *m* **głupota** F Dummheit *f* **głupstwo** N Dummheit *f*
gmach M Gebäude *n*
gmatwać ⟨po-, za-⟩ durcheinanderbringen
gmina F Gemeinde *f* **gminny** Gemeinde-
gnębić (*trapić*) bedrücken **⟨z-⟩** unterdrücken
gniazdo N Nest *n*; **~ wtyczkowe** Steckdose *f*
gnić ⟨z-⟩ faulen, *pf* verfaulen
gnieść ⟨z-⟩ drücken, *pf a.* zerdrücken
gniew M Zorn *m* **gniewać ⟨roz-⟩** ärgern, verärgern; **~ się** sich ärgern (**na** *akk* **o** *akk* über *akk* wegen *gen*) **gniewny** zornig
gnieździć się nisten
gnój M Mist *m*, Dung *m*
godło N Emblem *n*, Wappen *n*
godność F Würde *f*; *umg a.* Name *m* **godny** würdig
godzić ⟨po-⟩ aussöhnen (**z** *inst* mit *dat*; **się** sich)
godzina F Stunde *f* **godzinny** Stunden-, einstündig
godziwy (-wie) angemessen
goić ⟨wy-, za-⟩ (się) heilen
gol M SPORT Tor *n*, Torschuss

m
golarka F Rasierapparat *m*
golas M: **na golasa** nackt
golenie N Rasieren *n*; **maszynka** *f* **do golenia** Rasierapparat *m*
goleń F Schienbein *n*
golf M SPORT Golf *m*; Rollkragenpullover *m*; Rollkragen *m*
golić ⟨**o-**⟩ rasieren (**się** sich)
golonka F Eisbein *n*
gołąb M Taube *f* **gołąbek** GASTR M Kohlroulade *f*
gołoledź F Glatteis *n*
goły (**-ło**) nackt; bloß; kahl
gonić V/T jagen, verfolgen; V/I rennen; streben (**za** *inst* nach *dat*) **goniec** M Bote *m*, Botin *f*; *szachy* Läufer *m* **gonitwa** F Rennen *n*
gończy: **list** M ~ Steckbrief *m*
gorąco N Hitze *f* **gorący** (**-co**) heiß; hitzig
gorączka F Fieber *n* **gorączkować** fiebern; ~ **się** sich ereifern
gorczyca F Senf *m*, Senfkorn *n*
gorliwość F Eifer *m* **gorliwy** (**-wie**) eifrig
gorszący (**-co**) anstößig **gorszy** (**-rzej**) schlechter, schlimmer **gorszyć** ⟨**z-**⟩ Anstoß erregen; ~ ⟨**z-**⟩ **się** Anstoß nehmen (*inst* an *dat*)
gorycz F Bitterkeit *f*
goryl M Gorilla *m*
gorzałka F *umg* Schnaps *m*
gorzej → gorszy
gorzki (**-ko**) bitter **gorzknieć** ⟨**z-**⟩ bitter werden; *fig* verbittert werden
gospoda F Gasthaus *n*
gospodarczy Wirtschafts- (**-czo**) wirtschaftlich **gospodarka** F Wirtschaft *f* **gospodarny** wirtschaftlich **gospodarować** wirtschaften
gospodarstwo N Wirtschaft *f*; (Bauern)Hof *m*; ~ **domowe** Haushalt *m*; ~ **rolne** landwirtschaftlicher Betrieb *m*
gospodarz M Landwirt *m*; Hausherr *m*; Bauer *m*; Hauseigentümer *m* **gospodarzyć** → gospodarować **gospodyni** F Landwirtin *f*; Hauseigentümerin *f*
gościć ⟨**u-**⟩ V/T bewirten; V/I zu Gast sein, weilen
gościec M Rheuma *n*
gościna F: **w gościnie** zu Gast **gościnny** gastfreundlich
gość M Gast *m*; Besucher(in) *m(f)*
gotować ⟨**u-**⟩ kochen **gotowany** gekocht
gotowość F Bereitschaft *f* **gotowy** fertig; bereit
gotów → gotowy **gotówka** F Bargeld *n*
gotycki gotisch
goździk M Nelke *f*
góra F Berg *m*; **góry** *pl* Gebirge *n* **góral(ka)** M(F) Bergbewohner(in) *m(f)* **górka** F Hügel *m*
górnictwo N Bergbau *m*
górniczy bergmännisch,

Bergbau- **górnik** M Bergmann *m* **górny** obere(r), Ober- **górować** überragen (**nad** *inst akk*) **górski** Berg-; Gebirgs-; → pasmo
górzysty bergig, gebirgig
gówno *vulg* N Scheiße *f*
gra F Spiel *n*
grab M Hainbuche *f*, Weißbuche *f*
grabarz M Totengräber *m*
grabić[1] ⟨**za-**⟩ *liście* harken
grabić[2] ⟨**o-**⟩ rauben, plündern, berauben, ausplündern
grabie PL Harke *f*, Rechen *m*
graca F Hacke *f*
gracz M Spieler(in) *m(f)*
grać ⟨**za-**⟩ spielen; **~ w karty** Karten spielen; **~ na fortepianie** Klavier spielen
grad M Hagel *m* **gradobicie** N Hagelschlag *m*
graficzny grafisch **grafik** M Grafiker(in) *m(f)*; *wykres* Zeitplan *m*
gram M Gramm *n*
gramatyka F Grammatik *f*
granat M Granate *f* **granatowy** (**-wo**) dunkelblau
granica F Grenze *f*; **za granicą** im Ausland; **za granicę** ins Ausland **graniczyć** grenzen (**z** *inst* an *akk*)
grasować um sich greifen, wüten
grat M Klapperkiste *f*; **graty** *pl a.* Gerümpel *n*
gratis frei, gratis **gratisowy** (**-owo**) frei, gratis
gratulacja F Glückwunsch *m*
gratulować ⟨**po**⟩ gratulieren
Grecja F Griechenland *n*
grecki (**po -ku**) griechisch
Greczynka F Griechin *f*
grejpfrut M Grapefruit *f*
Grek M Grieche *m*
grill M Grill *m*
grobowiec M Gruft *f* **grobowy** (**-wo**) Grab(es)-
groch M Erbse *f* **grochówka** F Erbsensuppe *f*
grodzić ⟨**o-**⟩ umzäunen
grom M Donner *m*, Donnerschlag *m*
gromada F Schar *f*, Haufen *m*; BIOL Art *f* **gromadzić** ⟨**na-, z-**⟩ sammeln, ansammeln anhäufen; **~** ⟨**z-**⟩ **się** sich sammeln, sich versammeln
gromić ⟨**z-**⟩ schelten, ausschelten
grono N Traube *f*; **~ znajomych** Bekanntenkreis *m*
grosz M Groschen *m*
groszek M Erbsen *fpl*
groza F Grausen *n*; Entsetzen *n* **grozić** drohen (*inst* mit *dat*)
groźba F Drohung *f* **groźny** drohend; bedrohlich
grób M Grab *n*
gród M Burg *f*
grubas *umg* M Dicke(r) *m/f(m)*
grubiański (**-ko, po -ku**) grob, flegelhaft
grubość F Dicke *f*, Stärke *f*
gruboziarnisty grobkörnig
gruby (**-bo**) dick

gruchać gurren
gruczoł M Drüse *f*
gruda F Klumpen *m*
grudka → gruda
grudzień M Dezember *m*; **w grudniu** im Dezember
grunt M Grund *m*, Boden *m* **gruntowny** grundlegend; gründlich
grupa F Gruppe *m* **grupowy** Gruppen-
grusza F Birnbaum *m* **gruszka** F Birne *f*
gruz M Schutt *m*; **gruzy** *pl* Ruinen *fpl*
Gruzin M Georgier *m* **Gruzinka** F Georgierin *f* **gruziński** (**po –ku**) georgisch **Gruzja** F Georgien *n*
gruźlica F Tuberkulose *f*
gryczany Buchweizen-
grymas M Grimase *f*
grypa F Grippe *f*
grys M Grieß *m*; Splitt *m* **grysik** M Grießbrei *m*
gryzący ätzend, beißend
gryzoń M Nagetier *n*
gryźć ⟨**u-**⟩ beißen
grzać ⟨**o-**, **z-**⟩ wärmen, *pf a.* erwärmen
grzałka F Tauchsieder *m*
grzanka F Toast *m*
grząski (**-sko**) sumpfig
grzbiet M Rücken *m*; **~ górski** Bergrücken *m*
grzebać graben; wühlen ⟨**po-**⟩ begraben ⟨**wy-**⟩ ausgraben **grzebień** M GEOG Kamm *m*
grzech M Sünde *f*
grzechotać klappern **grzechotka** F Rassel *f*, Klapper *f*
grzeczność F Höflichkeit *f* **grzeczny** höflich; artig
grzejnik M Heizkörper *m*
grzeszyć ⟨**z-**⟩ sündigen
grzęznąć ⟨**u-**⟩ versinken; stecken bleiben
grzmieć ⟨**za-**⟩ donnern **grzmot** M Donner *m*
grzyb M Pilz *m*
grzywa F Mähne *f* **grzywka** F Pony *m*
grzywna F Bußgeld *n*
gubernator M Gouverneur *m*
gubić ⟨**z-**⟩ verlieren
gulasz M Gulasch *m*
guma F Gummi *m od n*; **~ do żucia** Kaugummi *m* **gumka** F *do ścierania* Radiergummi *m*; Gummiband *n* **gumowy** Gummi-
gust M Geschmack *m*
guz M Beule *f*; Tumor *m*, Geschwulst *f*
guzdrać się *umg* trödeln; bummeln
guzik M Knopf *m*
gwałcić ⟨**z-**⟩ vergewaltigen **gwałt** M Vergewaltigung *f*, Gewalttat *f*; Zwang *m*
gwałtowność F Gewalttätigkeit *f*; Heftigkeit *f* **gwałtowny** gewalttätig; heftig
gwar M Stimmengewirr *n*
gwara F Mundart *f*, Dialekt *m*
gwarancja F Garantie *f*; Bürgschaft *f* **gwarantować** ⟨**za-**⟩

garantieren; bürgen **gwarny (-no)** laut **gwiazda** Stern *m*; *filmowa* Star *m* **gwiazdka** F Sternlein *n*; Weihnachten *n od pl* **gwiazdkowy** Weihnachts- **gwiazdozbiór** M Sternbild *n* **gwiaździsty** voller Sterne; sternförmig **gwiezdny** Stern- **gwint** M Gewinde *n* **gwizd** M Pfeifen *n*; Pfiff *m* **gwizdać ⟨-dnąć⟩** pfeifen **gwizdek** M Pfeife *f* **gwóźdź** M Nagel *m* **gzyms** M Sims *m od n*; GEOG Felsvorsprung *m*

H

haczyk M Häkchen *n*; Angelhaken *m* **haft** M Stickerei *f* **haftować ⟨wy-⟩** sticken **hak** M Haken *m* **haker** M IT Hacker *m* **hala** F Halle *f*; *górska* Alm *f* **halka** F Unterrock *m* **hałas** M Lärm *m* **hałasować** lärmen, rumoren **hałaśliwy (-wie)** laut, lärmend **hamak** M Hängematte *f* **hamować ⟨za-⟩** bremsen **hamulec** M Bremse *f*; **~ bezpieczeństwa** Notbremse *f*

handel M Handel *m*; **~ zagraniczny** Außenhandel *m* **handlarka** F Händlerin *f* **handlarz** M Händler *m* **handlować** handeln (*inst* mit *dat*) **handlowiec** M Kaufmann *m*, Kauffrau *f* **handlowy** Handels- **hangar** M Flugzeughalle *f* **haniebny** schändlich, schmählich **hańba** F Schande *f*, Schmach *f* **hańbić ⟨z-⟩** entehren, schänden **haracz** M Schutzgeld *n* **harcerka** F Pfadfinderin *f* **harcerz** M Pfadfinder *m* **hardy (-do)** hochmütig **harmonia** F Harmonie *f* **harmonijka** F → organki **harmonogram** M Zeitplan *m* **harować** *umg* schuften **hart** M Härte *f* **hartować ⟨za-⟩** härten; *fig* abhärten **hasać** *dzieci* tollen **hasło** N Losung *f*; Parole *f*; Kennwort *n* **hazard** M Hasardspiel *n*; Risiko *n* **hebrajski (po -ku)** hebräisch **hejnał** M Trompetensignal *n* **hektar** M Hektar *n od m* **helikopter** M Hubschrauber *m*, Helikopter *m* **hełm** M Helm *m* **herb** M Wappen *n* **herbaciarnia** F Teestube *f* **herbata** F Tee *m* **herbatnik** M Teegebäck *n*

herezja F Ketzerei *f*
heroina F Heroin *n*
hetman M *szachy* Dame *f*
hierarchia F Hierarchie *f*
higiena F Hygiene *f* **higieniczny** hygienisch
hipnoza F Hypnose *f*
hipopotam M Nilpferd *n*
hipoteka F Hypothek *f*; Grundbuch *n*
hipoteza F Hypothese *f*
historia F Geschichte *f* **historyczny** geschichtlich, historisch **historyjka** F Geschichte *f*, Story *f* **historyk** M Historiker(in) *m(f)*
Hiszpan M Spanier *m* **Hiszpania** F Spanien *n* **Hiszpanka** F Spanierin *f* **hiszpański (po -ku)** spanisch
hit M Schlager *m*; Hit *m*
hobby N Hobby *n*
hodować ⟨wy-⟩ züchten **hodowca** M Züchter(in) *m(f)* **hodowla** F *zwierząt* Zucht *f*; *roślin* Anbau *m*
hojność F Freigebigkeit *f* **hojny** freigebig
hokej M Hockey *n*
hol M Halle *f*; (*lina do holowania*) Schlepptau *m*
Holandia F Holland *n* **Holender(ka)** M(F) Holländer(in) *m(f)*
holenderski (po -ku) holländisch
holować ⟨od-⟩ schleppen, abschleppen; SCHIFF bugsieren **holownik** M SCHIFF Schlepper *m*
hołd M Ehrbezeigung *f*; Huldigung *f*
hołota F Gesindel *n*
homar M Hummer *m*
homoseksualista M Homosexuelle(r) *m* **homoseksualny** homosexuell
honor M Ehre *f*; **słowo** *n* **honoru** Ehrenwort *n* **honorarium** N Honorar *n* **honorowy (-wo)** Ehren-; ehrenhalber; ehrenamtlich
hormon M Hormon *n*
horoskop M Horoskop *n*
horror M Horror *m*; Horrorfilm *m*
horyzont M Horizont *m*
hotel M Hotel *n* **hotelowy** Hotel-
hrabia M Graf *m* **hrabina** F Gräfin *f*
huczeć ⟨za-⟩ *silnik* dröhnen, *morze* brausen **⟨huknąć⟩** krachen; knallen **huczny** rauschend; schallend
huk M Krachen *n*, Getöse *n*; Donner *m* **huknąć** PF → huczeć
hulać zechen **hulajnoga** F (Kinder)Roller *m*
humor M Humor *m*; Laune *f*
huragan M Orkan *m*
hurt M Großhandel *m*; **hurtem** en gros **hurtownia** F Großhandlung *f*
huśtać ⟨po-⟩ schaukeln **(się** sich) **huśtawka** F Schaukel *f*
huta F TECH Hütte *f* **hutnictwo** N Hüttenwesen *n* **hutni-**

czy Hütten-
hydraulik M Installateur(in) *m(f)*, Klempner(in) *m(f)*
hymn M Hymne *f*

I

i und
idea F Idee *f*
idealny ideal **ideał** M Ideal *n*
identyczny identisch
idiota M Idiot *m* **idiotka** F Idiotin *f*
idol M Idol *n*
igła F Nadel *f*
ignorować ⟨z-⟩ ignorieren
igrzyska NPL (Sport)Spiele *npl*; **Igrzyska olimpijskie** Olympische Spiele
ikona F Ikone *f*
ile wie viel **ilekroć** sooft
iloczyn M MATH Produkt *n*
iloraz M MATH Quotient *m*
ilość F Anzahl *f*, Menge *f*
ilustracja F Illustration *f*
iluzjonista M Zauberkünstler(in) *m(f)*
im: ~ … **tym** … je … desto
imadło N Schraubstock *m*
imbir M Ingwer *m*
imieniny PL Namenstag *m*
imienny namentlich; Namens- **imię** N (Vor)Name *m*
imigrant(ka) M(F) Einwanderer *m*, Einwanderin *f*
immunitet M Immunität *f*
imperium M Imperium *n*
impet M Ungestüm *n*; Wucht *f*
imponować imponieren **imponujący (-co)** imposant
import M Einfuhr *f*, Import *m* **importować** einführen, importieren **importowany** Import-
impreza F Veranstaltung *f*
impuls M Impuls *m*
inaczej anders; (*w przeciwnym razie*) sonst
inauguracja Eröffnungsfeier *f*
incydent M Vorfall *m*; Zwischenfall *m*
indeks M Index *m*; Studienbuch *n*
Indie PL Indien *n*
indyczka F Pute *f*, Truthenne *f* **indyjski** indisch **indyk** M Truthahn *m*, Puter *m*
indywidualny individuell
infekcja F Infektion *f*
inflacja F Inflation *f*
informacja F Information *f*; Auskunft *f* **informatyka** F Informatik *f* **informować** ⟨po-⟩ informieren (**się** sich)
inicjatywa F Initiative *f*
inny andere(r); sonstig
inscenizacja F Inszenierung *f*
inspekcja F Inspektion *f*; Besichtigung *f*
instalacja F Installation *f*; Installierung *f* **instalować** ⟨za-⟩ installieren
instrukcja F Instruktion *f*; ~ **obsługi** Bedienungsanleitung *f*

instrument M Instrument *n*; Werkzeug *n*
instynkt M Instinkt *m*
instytucja F Institution *f*, Anstalt *f* **instytut** M Institut *n*
inteligencja F Intelligenz *f*
intencja F Absicht *f*
interes M Geschäft *n* **interesować się** sich interessieren (*inst* für *akk*) **interesujący (-co)** interessant
Internet M Internet *n*
interpretacja F Interpretation *f*, Auslegung *f*
intruz M Eindringling *m*
intryga F Intrige *f*
intuicja F Intuition *f*
intymny intim
inwalida M Invalide *m*, Versehrte(r) *m*
inwentaryzacja F Inventur *f*
inwestować ⟨za-⟩ investieren
inżynier M Ingenieur(in) *m(f)*
iracki irakisch **Irak** M Irak *m*
Iran M Iran *m* **irański** iranisch
Irlandczyk M Ire *m* **Irlandia** F Irland *n* **Irlandka** F Irin *f* **irlandzki (po -ku)** irisch
ironia F Ironie *f* **ironiczny** ironisch
irytacja F Verärgerung *f*
iskra F Funke *m*
islam M Islam *m* **islamski** islamisch
Islandczyk M Isländer *m* **Islandia** F Island *n* **Islandka** F Isländerin *f* **islandzki (po -ku)** isländisch
istnieć existieren; bestehen
istota F Wesen *n* **istotny** wesentlich
iść gehen, *umg* laufen; → chodzić
izba F Stube *f*, Zimmer *n*; **~ handlowa** Handelskammer *f*
izolacja F Isolierung *f* **izolować ⟨od-⟩** isolieren
Izrael M Israel *n* **izraelski** Israel-, israelisch
iż dass

J

ja ich
jabłecznik M Apfelkuchen *m*; Apfelwein *m* **jabłko** N Apfel *m* **jabłoń** F Apfelbaum *m*
jacht M Jacht *f*
jad M Gift *n*; Toxin *n*
jadać speisen
jadalnia F Speisezimmer *n*, Speisesaal *m* **jadalny** essbar **jadłospis** M Speisekarte *f*
jadowity (-cie) giftig
jagnię N Lamm *n*
jagoda F Beere *f*; **czarna ~** *f* Heidelbeere *f*
jajecznica F Rührei *n* **jajko** N Ei *n* **jajnik** M Eierstock *m*
jak wie; **~ najszybciej** möglichst schnell, so schnell wie möglich **jaki** was für ein **jakikolwiek** irgendein **jakiś** ir-

gendein; gewisser **jako** als **jakoś** irgendwie
jakość F Qualität *f*
jałowiec M Wacholder *m*
jałowy (-wo) unfruchtbar
jama F Grube *f*; Loch *n*; ANAT Höhle *f*
jamnik M Dackel *m*
Japonia F Japan *n* **Japonka** F Japanerin *f* **Japończyk** M Japaner *m* **japoński (po -ku)** japanisch
jarmark M Jahrmarkt *m*
jarosz(ka) M(F) Vegetarier(in) *m(f)* **jarski** vegetarisch
jarzeniówka F Leuchtröhre *f*
jarzębina F Vogelbeere *f*; Vogelbeerbaum *m*
jarzyna F Gemüsepflanze *f*, Gemüse *n*; *potrawa* Gemüsebeilage *f*
jaskinia F Höhle *f*
jaskółka F Schwalbe *f*
jaskrawy (-wo) grell; *umg* knallig
jasność F Helligkeit *f* **jasnowidz** M Hellseher(in) *m(f)* **jasny (-no)** hell; klar
jastrząb M Habicht *m*
jaszczurka F Eidechse *f*
jaśnieć leuchten, glänzen
jawny öffentlich
jawor M Bergahorn *m*
jazda F Fahrt *f*; SPORT Lauf *m*; **~ konna** Reiten *n*; → prawo
jądro N Kern *m*; ANAT Hoden *m* **jądrowy** Kern-
jąkać się stottern
jechać ⟨po-⟩ fahren, hinfahren
jeden ein(er); allein; **wszystko jedno** ganz gleich
jedenastka F Elf *f*, *umg* Elfer *m* **jedenasty** elfte(r) **jedenaście** elf
jednak doch, dennoch **jednakowy (-wo)** gleich
jedno → **jeden** **jednoczesny (-śnie)** gleichzeitig **jednoczyć ⟨z-⟩** vereinigen (**się** sich)
jednodniowy eintägig **jednokierunkowy** *ulica* Einbahn- **jednolity (-cie)** einheitlich **jednoosobowy (-wo)** Einpersonen-; Einzel-
jednorazowy (-wo) einmalig; Einmal-; Einweg- **jednorodzinny** Einfamilien-
jednostka F Einheit *f*; *miary* Maßeinheit *f*; Individuum *n*
jednostronny einseitig **jedność** F Einigkeit *f* **jednoznaczny** eindeutig
jedwab M Seide *f* **jedwabny** Seiden-
jedynie nur, bloß **jedynka** F Eins *f*, Einer *m* **jedyny** einzig
jedzenie N Essen *n*
jego → on
jej → ona
jeleń M Hirsch *m*
jelito N Darm *m*
jełczeć ⟨z-⟩ ranzig werden
jeniec M (Kriegs)Gefangene(r) *m/f(m)*
jesienny Herbst-; herbstlich
jesień F Herbst *m*
jeszcze noch

jeść ⟨**z-**⟩ essen, *pf a.* aufessen; **~ śniadanie** frühstücken
jeśli wenn
jezdnia F Fahrbahn *f*
jezioro N See *m*
jeździć fahren; **~ konno** reiten; **~ na rowerze** Rad fahren; **~ na nartach** Ski laufen **jeździec** M Reiter(in) *m(f)*
jeż M Igel *m*
jeżeli wenn
jeżyna F Brombeere *f*
jęczeć ⟨**jęknąć**⟩ stöhnen
jęczmień M Gerste *f*; MED Gerstenkorn *n*
jędrny drall; *skóra* straff
jęk M Stöhnen *n* **jęknąć** PF → jęczeć
język M Zunge *f*; Sprache *f*
jodła F Tanne *f*
jogurt M Joghurt *m*
jubiler M Juwelier(in) *m(f)*
jubileusz M Jubiläum *n*
juror(ka) M(F) Preisrichter(in) *m(f)* **jury** N Jury *f*
jutro morgen **jutrzejszy** morgig
już schon, bereits

K

kabanos M Kabanossi *f*
kabaret M Kabarett *n*
kabel M Kabel *n*
kabina F Kabine *f*; Zelle *f*; **~ kierowcy** Führerhaus *n*
kac M *fig* Kater *m*
kaczka F Ente *f* **kaczor** M Erpel *m*
kadłub M Rumpf *m*; Gehäuse *n*
kadr M (Film)Aufnahme *f*
kadra F Personal *n* **kadrowy** Personal-
kafel M Kachel *f*
kaganiec M Maulkorb *m*
kajak M Paddelboot *n*
kajdanki PL Handschellen *fpl*
kajuta F Kajüte *f*
kajzerka F Kaiserbrötchen *n*
kakao N Kakao *m*
kaktus M Kaktus *m*
kalafior M Blumenkohl *m*
kalarepa F Kohlrabi *m*
kalectwo M Gebrechen *n* **kaleczyć** ⟨**o-, s-**⟩ verletzen (**się** sich) **kaleka** M Krüppel *m*
kalendarz M Kalender *m* **kalendarzowy** Kalender-; kalendarisch
kalesony PL Unterhose *f*
kalka F Kohlepapier *n*
kalkulator M Taschenrechner *m*
kaloria F Kalorie *f*
kaloryfer M Heizkörper *m*
kalosz M (Gummi)Überschuh *m*
kał M Kot *m*
kałuża F Pfütze *f*
kamera F Kamera *f*
kameralny MUS Kammer-; gemütlich
kamienica F Mietshaus *n* **ka-**

eniołom M Steinbruch *m*
nienisty steinig **ka-**
enny Stein- **kamień** M
'n *m*
ıizelka F Weste *f*
ıpania F Aktion *f*, Kampa-
f; ~ **wyborcza** Wahlkampf

ıyk M Steinchen *n*
ıada F Kanada *n* **kanadyj-**
kanadisch
alizacja F Kanalisation *f*
nał M Kanal *m*
apa F Sofa *n* **kanapka** F
ıdwich *n od m*, belegtes
ıtchen *n*
ıarek M Kanarienvogel *m*
ıcelaria F Kanzlei *f*
ıciasty (-to) kantig
ıclerz M Kanzler(in) *m(f)*
ıdydat(ka) M(F) Kandidat(in)
f) **kandydować** kandidie-
ı
ıgur M Känguru *n*
ıon M Kanon *m*
ıt M Kante *f*; Rand *m*; *umg*
Betrug *m*
ıtor M Wechselstube *f*
ıtować ⟨o-⟩ *umg fig*
ıummeln, *pf a.* hereinlegen
ıa F Bettdecke *f*
ıać ⟨-pnąć⟩ tropfen; tröp-
ın
ıeć M Hausschuh *m*
ıela F Kapelle *f*; Band *f*
pelusz M Hut *m*
pitał M Kapital *n*
pitan M Kapitän *m*; MIL
ıuptmann *m*

kaplica F REL Kapelle *f*
kapłan M Priester *m*
kapnąć PF → kapać
kapral M Korporal *m*
kaprys M Laune *f* **kaprysić** nörgeln **kapryśny** launenhaft
kapsułka F MED, PHYS Kapsel *f*
kaptur M Kapuze *f*
kapusta F Kohl *m*; ~ **biała** Weißkohl *m*; ~ **czerwona** Rotkohl *m*; ~ **kiszona** Sauerkraut *n* **kapuśniak** M Sauerkrautsuppe *f*
kara F Strafe *f*
karabin M Gewehr *n*
karać ⟨u-⟩ strafen, bestrafen (**za** *akk* für *akk*)
karaluch M Küchenschabe *f*
karawan M Leichenwagen *m*
karciarz M Kartenspieler *m*
karcić ⟨s-⟩ rügen
karczoch M Artischocke *f*
karczować ⟨wy-⟩ roden
kardynał M Kardinal *m*
karetka F: ~ **pogotowia** Rettungswagen *m*
kariera F Karriere *f*
kark M Nacken *m*; GASTR Kamm *m* **karkołomny** halsbrecherisch
karłowaty (-to) zwerghaft
karmić ⟨na-⟩ nähren; füttern
karnawałowy Faschings-
karnet M Abonnement *n*; Dauerkarte *f*; ~ **miesięczny** Monatskarte *f*; ~ **roczny** Jahreskarte *f*
karny Straf-; diszipliniert

karo N Karo *n*
karoseria F Karosserie *f*
karp M Karpfen *m*
karta F Blatt *n*; Karte *f*; *do gry* Spielkarte *f*; **~ gwarancyjna** Garantieschein *m*; **~ kredytowa** Kreditkarte *f*; **~ telefoniczna** Telefonkarte *f* **kartka** F Zettel *m*; (*pocztówka*) (Post)Karte *f*
kartofel M Kartoffel *f* **kartoflanka** F Kartoffelsuppe *f*
karton M Pappe *f*; Karton *m*
kartoteka F Kartei *f*; Kartothek *f*
karuzela F Karussel *n*
karygodny sträflich
karzeł M Zwerg *m*
kasa F Kasse *f* **kaseta** F Kassette *f* **kasjer(ka)** M(F) Kassierer(in) *m(f)* **kask** M Helm *m* **kasować** ⟨**s-**⟩ entwerten; löschen **kasownik** M Entwerter *m*; MUS Auflösungszeichen *n*
kasyno N Kasino *n*
kasza F Grütze *f*; Brei *m* **kaszanka** F Grützwurst *f*
kaszel M Husten *m* **kaszleć** husten
kasztan M Kastanie *f*; Kastanienbaum *m*
kat M Henker *m*
katalog M Katalog *m*
katar M Schnupfen *m*; Katarrh *m*
katastrofa F Katastrophe *f*
katedra F Kathedrale *f*
kategoria F Kategorie *f*
katolicki katholisch **katoliczka** F Katholikin *f* **kat**
M Katholik *m*
kaucja F Kaution *f*
kawa F Kaffee *m*
kawaler M Junggeselle *m*;
valier *m*
kawalerka F Einzimmerw
nung *f*
kawał M Stück *n*; *umg* Streich *m*, Witz *m* **kaw** **czek** M Stückchen *n* **ka** **łek** M Stück *n*
kawiarnia F Café *n*
kawior M Kaviar *m*
kawka F Dohle *f*
kazać ⟨**roz-**⟩ befehlen ⟨**n**
anordnen
kazanie N Predigt *f*
każdy jede(r); jedermann
kącik M → kąt
kąpać ⟨**wy-**⟩ baden (**się** s
kąpiel F Bad *n* **kąpieli**
N Badeort *m*; Badestelle *f*
pielowy Bade- **kąpieló**
PL Badehose *f*
kąsać ⟨**ukąsić**⟩ beißen; *mar* stechen **kąsek** M Bis
m
kąt M Winkel *m*; Ecke *f*
kciuk M Daumen *m*
keczup M Ketchup *m od n*
kefir M Kefir *m*
kelner(ka) M(F) Kellner(in) *n*
kemping M Camping *n* **ke** **pingowy** Camping-; **dom** *m* ~ Ferienhäuschen *n*
kędzierzawy kraus
kęs M Bissen *m*
kibic M *fig* (Sport)Fan *m* **ki**

vać VT anfeuern
ać ⟨-chnąć⟩ niesen
dy wann; KONJ wenn **kie-kolwiek** irgendwann **kie-ś** einst
ich M Kelch *m* **kieliszek** Glas *n*
M Eckzahn *m*
basa F Wurst *f*
ski (-ko) mies, schlecht
M *karta do gry* Herz *n*, eur *n*
ować ⟨po-⟩ leiten; len-*(inst akk)* **⟨s-⟩** verweisen, erweisen (**do** *gen* an *akk*)
rowca M (Auto)Fahrer(in)) **kierownica** F Lenkrad
kierownictwo N Führung Leitung *f* **kierowniczka** F terin *f*; Geschäftsführerin *f*
rownik M Leiter *m*; Ge-schäftsführer *m*
runek M Richtung *f* **kie-nkowskaz** M AUTO Blinker
szeń F Tasche *f*
szonkowiec M Taschen-eb(in) *m(f)* **kieszonkowy** schen-
M Stock *m*, Stab *m*
ka einige, mehrere **kilka-dziesiąt** einige Dutzend **kil-krotnie** mehrmals **kilka-ście** einige Zehn *od* Dut-nd **kilkaset** einige Hundert
umg N Kilo *n*, **kilogram** Kilogramm *n* **kilometr** M ometer *m*
n: **z ~** mit wem; **o ~** über wen, von wem
kino N Kino *n*
kiosk M Kiosk *m*
kipieć ⟨za-⟩ sieden; brodeln
kisić ⟨za-⟩ säuern, einsäuern, einlegen
kisiel M rote Grütze *f*
kiszka F Darm *m*; *wędlina* Blutwurst *f*, Leberwurst *f*; **ślepa ~** Blinddarm *m*
kiszony sauer, Sauer-
kiść F Traube *f*
kit M Kitt *m*
kiwać ⟨-wnąć⟩ winken (**na** *akk dat*); **~ się** wackeln
klacz F Stute *f*
klakson M Hupe *f*
klamka F Klinke *f*
klamra F Klammer *f*
klapa F Klappe *f*; Ventil *n*; *umg* Flop *m*
klasa F Klasse *f*
klaskać klatschen
klasowy Klassen- **klasówka** F Klassenarbeit *f* **klasyczny** klassisch
klasyfikacja F Klassifikation *f*
klasztor M Kloster *n*
klatka F Käfig *m*
klawiatura F Tastatur *f* **kla-wisz** M Taste *f*
kląć ⟨za-⟩ fluchen
kleić ⟨s-⟩ leimen, zusammenleimen; kleben **kleik** M Schleim *m* **kleisty (-ście)** klebrig
klej M Leim *m*, Kleber *m*
klejnot M Kleinod *n*
klekotać ⟨za-⟩ klappern;

knattern; *fig* plappern
klepać klopfen
kleszcz M Zecke *f*
kleszcze PL Zange *f*
klęczeć knien **klękać** ⟨**-knąć**⟩ niederknien (*pf* sich)
klęska F Niederlage *f*; Katastrophe *f*; **~ żywiołowa** Naturkatastrophe *f*
klient(ka) M(F) Kunde *m*, Kundin *f*
klikać ⟨**-knąć**⟩ klicken, anklicken
klimat M Klima *n* **klimatyzacja** F Klimatisierung *f*; Klimaanlage *f* **klimatyzowany** klimatisiert
klin M Keil *m*
klinika F Klinik *f*
klips M (Ohr)Clip *m*; Klemme *f*
kloc M Klotz *m* **klocek** M Klötzchen *n*
klomb M Blumenbeet *n*
klon M Ahorn *m*
klops M Hackbraten *m*; *umg* Flop *m*, Pleite *f*
klosz M Lampenschirm *m*
klub M Klub *m* **klubowy** Klub-, Vereins-
klucz M Schlüssel *m*
kluska F (Mehl)Kloß *m*
kładka F Steg *m*
kłamać ⟨**s-**⟩ lügen **kłamca** M Lügner(in) *m(f)* **kłamstwo** N Lüge *f*
kłaniać ⟨**ukłonić**⟩ **się** grüßen (*dat akk*)
kłaść ⟨**położyć**⟩ legen (**się** sich)

kłębek M Knäuel *m od n*
kłębić się sich zusamme… len, sich zusammendräng…
kłoda F Klotz *m*
kłopot M Mühe *f*; Sorge *f* … **potliwy** peinlich
kłos M Ähre *f*
kłócić ⟨**po-**⟩ **się** streiten, zanken
kłódka F Vorhängeschloss
kłótliwy (**-wie**) zänkisch **k… nia** F Zank *m*, Streit *m*
kłuć ⟨ **u-**⟩ stechen ⟨**po-**⟩ stechen
kminek M Kümmel *m*
knajpa *umg* F Kneipe *f*
knedel M Kloß *m*; Knödel
knot M Docht *m*
kobiecy Frauen- (**-co**) w… lich **kobieta** F Frau *f*
koc M (Woll)Decke *f*
kochać lieben (**się** sich) … **chanek** M Liebhaber *m* … **chanka** F Geliebte *f* **koc… ny** lieb
kocioł M Kessel *m*
kod M Code *m*; **~ bank…** Bankleitzahl *f*; **~ poczt…** Postleitzahl *f*
kodeks M: **~ drogowy** S… ßenverkehrsordnung *f*; **~** … **ny** Strafgesetzbuch *n*
kogo wen; **do ~** zu wem
kogut M Hahn *m*
koić ⟨**u-**⟩ lindern
kojarzyć ⟨**s-**⟩ verbinden, … knüpfen
kokaina F Kokain *n*
kokarda F Schleife *f*; Kokar…

koktajl M Cocktail *m*; **~ mleczny** Milchshake *m*
kolacja F Abendessen *n*; **jeść kolację** zu Abend essen
kolano N Knie *n*
kolarski Rad- **kolarstwo** N Radsport *m*
kolarz M Radrennfahrer(in) *m(f)*
kolba F Kolben *m*
kolczasty **(-sto)** stachelig; Stachel-
kolczyk M Ohrring *m*
kolebka F Wiege *f*
kolec M Dorn *m*, Stachel *m*
kolega M Kollege *m*; Kamerad *m* **kolegium** N Kollegium *n*; Kolleg *n*; *szkoła* College *n*
kolej F Eisenbahn *f*; Reihe *f*, Reihenfolge *f*; **~ podziemna** U-Bahn *f* **kolejarz** M Eisenbahner(in) *m(f)* **kolejka** F → kolej; **stać w kolejce** Schlange stehen, anstehen (**po** *akk* nach *dat*) **kolejność** F (Reihen)Folge *f* **kolejny** folgend, nächstfolgend **(-no)** der Reihe nach **kolejowy** Eisenbahn-
kolekcja F Kollektion *f*; Sammlung *f* **kolekcjonować** sammeln
koleżanka F Kollegin *f*; Kameradin *f* **koleżeński** **(po -ku)** kollegial; kameradschaftlich
kolęda F Weihnachtslied *n*
kolizja F Zusammenstoß *m*
kolka F Kolik *f*
kolonia F Kolonie *f*
kolor M Farbe *f* **kolorowy** **(-wo)** farbig
kolumna F Säule *f*; Kolonne *f*; TYPO Spalte *f*
kołdra F (Stepp)Decke *f*
kołek M Pflock *m*; Dübel *m*
kołnierz M Kragen *m*
koło[1] *(gen)* um *(akk)* herum; neben *(akk, dat)*, bei *(dat)*, an *(akk, dat)*
koło[2] N Kreis *m*; Rad *n* **kołowy** Kreis-; Rad-
kołysać wiegen (**się** sich), schaukeln **kołysanka** F Wiegenlied *n* **kołyska** F Wiege *f*
komar M Mücke *f*
kombajn M: **~ zbożowy** Mähdrescher *m*
kombinerki PL Kombizange *f* **kombinezon** M Overall *m*
komedia F Komödie *f*
komenda F Kommando *n*; Kommandatur *f* **komendant** M Kommandant *m*
komentarz M Kommentar *m* **komentować** **⟨s-⟩** kommentieren
komercyjny kommerziell
kometa F Komet *m*
komfort M Komfort *m* **komfortowy** **(-wo)** bequem, komfortabel
komiczny komisch **komiks** M Comic *m*
komin M Schornstein *m* **kominek** M Kamin *m* **kominiarz** M Schornsteinfeger *m*
komis M Kommissionsgeschäft *n*

komisariat M Polizeirevier *n* **komisarz** Kommissar(in) *m(f)*
komisja F Kommission *f*
komitet M Komitee *n*
komoda F Kommode *f*
komora F Kammer *f* **komorne** N Miete *f* **komornik** M Gerichtsvollzieher(in) *m(f)*
komórka F (Rumpel)Kammer *f*; ELEK, BIOL Zelle *f*; *telefon* Handy *n* **komórkowy** Zell-
kompakt *umg* M CD *f*; CD-Player *m*
kompas M Kompass *m*
kompleks M Komplex *m*
komplet M Satz *m*; Garnitur *f* **kompletny** komplett; vollständig
komplikować ⟨s-⟩ komplizieren
komponować ⟨s-⟩ komponieren
kompot M *deser* Kompott *n*
kompozytor(ka) M(F) Komponist(in) *m(f)*
kompres M Umschlag *m*
kompromis M Kompromiss *m*
kompromitacja F Bloßstellung *f*; Kompromittierung *f* **kompromitować** ⟨s-⟩ blamieren; kompromittieren
komputer M Computer *m* **komputerowy** Computer-
komu wem
komunia F Kommunion *f* **komunikacja** F Verkehr *m* **komunikat** M: **~ prasowy** Pressebericht *m*; Pressemeldung *f*
komunikować ⟨za-⟩ mitteilen; **~** ⟨s-⟩ **się** in Verbindung stehen; PF Verbindung aufnehmen
koncentrat M Konzentrat *n* **koncentrować** ⟨s-⟩ konzentrieren (**się** sich)
koncern M Konzern *m*
koncert M Konzert *n*
koncesja F Konzession *f*
kondolencje FPL Beileid *n*
konduktor(ka) M(F) Schaffner(in) *m(f)*
kondycja F Kondition *f*
kondygnacja F Stockwerk *n*, Geschoss *n*
konewka F (Gieß)Kanne *f*
konferencja F Konferenz *f*
konfesjonał M Beichtstuhl *m*
konfiskata F Beschlagnahme *f*
konfitury FPL Konfitüre *f*
konflikt M Konflikt *m*
kongres M Kongress *m*
koniak M Kognak *m*, Weinbrand *m*
koniczyna F Klee *m*
koniec M Ende *n*; Schluss *m*; **w końcu** schließlich
koniecznie unbedingt **konieczność** F Notwendigkeit *f* **konieczny** notwendig
konkretny konkret
konkurencja F Konkurrenz *f* **konkurencyjny** günstig; Konkurrenz- **konkurent(ka)** M(F) Konkurrent(in) *m(f)* **konkurs** M Wettbewerb *m*; Preisausschreiben *n* **konkursowy** Wettbewerbs-

onno → jeździć
onopie PL Hanf *m*
onsekwentny konsequent; folgerichtig
onserwa F Konserve *f* **konserwować ⟨za-⟩** konservieren
onsorcjum N Konsortium *n*
onspiracja F Geheimhaltung *f*; Tarnung *f*; Untergrundbewegung *f*
onstrukcja F Aufbau *m*, Konstruktion *f*
onstytucja F Verfassung *f*
konsul M Konsul(in) *m(f)* **konsulat** M Konsulat *n* **konsultacja** F Konsultation *f*
konsument(ka) M(F) Verbraucher(in) *m(f)* **konsumpcja** F Verbrauch *m*; Verzehr *m*
kontakt M Kontakt *m*; Verbindung *f* **kontaktować ⟨s-⟩ się** in Kontakt treten, Kontakt aufnehmen (**z** *inst* mit *dat*)
kontener M Container *m*
konto N Konto *n*; **~ użytkownika** IT Benutzerkonto *n*
kontrahent(ka) M(F) Vertragspartner(in) *m(f)*
kontrakt M Vertrag *m*, Kontrakt *m*
kontrola F Kontrolle *f*; Überwachung *f* **kontroler(ka)** M(F) Kontrolleur(in) *m(f)*, Prüfer(in) *m(f)* **kontrolny** Kontroll-, Prüf- **kontrolować ⟨s-⟩** kontrollieren
kontrowersyjny kontrovers
kontuzja F Verletzung *f*; Quetschung *f*
kontynent M Kontinent *n*
kontynuować fortsetzen
konwalia F Maiglöckchen *n*
konwojent M Begleiter *m*, Bewacher *m* **konwojować** begleiten **konwój** M Eskorte *f*; Geleit *n*, Geleitzug *m*
koń M Pferd *n*; **~ mechaniczny** TECH Pferdestärke *f*
końcowy End-; Schluss- **końcówka** F Endstück *n*; GRAM Endung *f*
kończyć ⟨s-⟩ enden, *pf a.* beenden
kończyna F Glied *n*; **kończyny** *pl a.* Gliedmaßen *fpl*
kooperacja F Zusammenarbeit *f*; Kooperation *f*
kopać[1] ⟨s-⟩ graben, umgraben
kopać[2] ⟨-pnąć⟩ treten, e-n Fußtritt versetzen (*akk dat*)
kopalnia F Bergwerk *n* **kopalny** Boden-; fossil **koparka** F Bagger *m*
kopcić V/I qualmen
koper M Dill *m*
koperta F Briefumschlag *m*
kopia F Kopie *f* **kopiarka** F Kopiergerät *n*
kopiec M (Erd)Hügel *m*; (Kartoffel)Miete *f*
kopiować ⟨s-⟩ kopieren
kopnąć PF → kopać[2]
kopuła F Kuppel *f*
kopyto N Huf *m*; (Schuh)Leisten *m*
kora F (Baum)Rinde *f*

koral M Koralle *f* **koralowy** Korallen- **(-wo)** korallenrot
korba F Kurbel *f*
Korea F Korea *n* **Koreanka** F Koreanerin *f* **Koreańczyk** M Koreaner *m* **koreański (po -ku)** koreanisch
korek M Kork *m*; Pfropfen *m*; ELEK Sicherung *f*
korekta F Korrektur *f*
korepetycje FPL Nachhilfestunden *pl*, Nachhilfe *f*
korespondencja F Briefwechsel *m*; Korrespondenz *f*
korespondent(ka) M(F) Korrespondent(in) *m(f)* **korespondować** korrespondieren
korkociąg M Korkenzieher *m*
korona F Krone *f* **koronka** F *tkanina* Spitze *f*; (Zahn)Krone *f* **koronny** Kron-
korowód M Reigen *m*
korozja F Korrosion *f*
korporacja F Körperschaft *f*
korpus M Körper *m*, Rumpf *m*; TECH Gehäuse *n*; MIL Korps *m*; ARCH Schiff *n*
kort M Tennisplatz *m*
korupcja F Korruption *f*
korytarz M Korridor *m*, Gang *m*
koryto N Trog *m*
korzenić ⟨za-⟩ się Wurzeln schlagen **korzeń** M Wurzel *f*
korzystać ⟨s-⟩ benutzen (**z** *gen akk*); in Anspruch nehmen (*akk*) **korzystny** vorteilhaft; günstig **korzyść** F Nutzen *m*; Vorteil *m*

kos M Amsel *f*
kosa F Sense *f* **kosiarka** Mähmaschine *f* **kosić ⟨s-** mähen
kosmetyczka F Kosmetiker *f*; Kosmetiktasche *f* **kosmetyczny** kosmetisch; Kosmetik-; Schönheits- **kosmety** M Kosmetikum *n* **kosmetyk** F Schönheitspflege *f*
kosmiczny kosmisch **kos mos** M Kosmos *m*, Weltall *n*
kosmyk M (Haar)Strähne *f*
kostium M Kostüm *n*; **~ kąpielowy** Badeanzug *m*
kostka F Knöchel *m*; Würfel *m*
kostnica F Leichenhalle
kostnieć ⟨s-⟩ verknöchern *fig* erstarren **kostny** Knochen
kosz M Korb *m*
koszary FPL Kaserne *f*
koszmar M Alptraum *m*
koszt M Kosten *pl* **kosztory** M Kostenvoranschlag *m*
kosztować V/I kosten **⟨s-⟩** kosten, probieren (*gen akk*) **ile to kosztuje?** was koste es? **kosztowny** kostbar; kost spielig
koszula F Hemd *n* **koszulka** F Hemd *n*, Hemdchen *n*; *foliowa* Hülle *f*
koszyk M Korb *m* **koszykówka** F Basketball *m*
kościelny kirchlich; SUBST M Kirchendiener *m*, Küster *m*
kościół M Kirche *f*
kościsty (-sto) knochig **kość** F Knochen *m*; **~ słoniowa** El-

fenbein *n*
koślawy (-wo) krumm; schief
kot M Katze *f*; Kater *m*
kotara F Portiere *f*, Vorhang *m*
kotka F Katze *f*
kotlet M Kotelett *n*; ~ **siekany** Frikadelle *f*, Hacksteak *n*
kotlina F Talkessel *m*; Mulde *f*
kotłować ⟨za-⟩ **się** brodeln
kotłownia F Kesselhaus *n*
kotwica F Anker *m*
kowal M Schmied *m*
koza F Ziege *f* **kozica** F Gämse *f* **kozioł** M (Ziegen)-Bock *m*
kożuch M (Schaf)Pelz *m*
kółko N Rädchen *n*; Ring *m*; Kreis *m*
kpić ⟨za-⟩ spotten (**z** *gen* über *akk*) **kpina** F Spott *m*
kra F Eisscholle *f*
kraciasty kariert
kradzież F Diebstahl *m*; ~ **z włamaniem** Einbruchsdiebstahl *m* **kradziony** gestohlen
kraina F Land *n* **kraj** M Land *n*
krajać ⟨po-⟩ schneiden, *pf a.* zerschneiden
krajobraz M Landschaft *f*
krajowy inländisch; einheimisch
krakać ⟨za-⟩ krächzen
kran M → kurek, dźwig
kraniec M Rand *m*; Ende *n*
krasnal M Zwerg *m* **krasnoludek** M Zwerg *m*
kraść ⟨u-⟩ stehlen
krata F Gitter *n*; **w kratę** kariert
kratka F → krata
krawat M Krawatte *f*
krawcowa F Schneiderin *f*
krawędź F Kante *f*; Rand *m*
krawężnik M Bordstein *m*
krawiec M Schneider *m*
krąg M Kreis *m*; Ring *m*
krążek M (kleine) Scheibe *f*; TECH Rolle *f* **krążenie** N Umlauf *m*, Zirkulation *f* **krążyć** kreisen; umlaufen
kreacja F Darbietung *f*; Werk *n*; Kreation *f*
kreda F Kreide *f*
kredens M Geschirrschrank *m*
kredka F Buntstift *m*; ~ **do ust** Lippenstift *m*
kredyt M Kredit *m*
krem M Creme *f* **kremowy (-wo)** cremefarben
kres M Ende *n*; Grenze *f* **kreska** F Strich *m* **kreskowany** gestrichelt; mit Strich **kreskówka** *f* Zeichentrickfilm *m*
kreślić ⟨na-⟩ zeichnen; ⟨**s-, wy-**⟩ streichen, durchstreichen
kret M Maulwurf *m*
kretyn M Idiot *m*; Kretin *m*
krew F Blut *n* **krewna** F Verwandte *f* **krewniak** M Verwandte(r) *m* **krewny** M Verwandte(r) *m*
kręcić ⟨za-⟩ drehen (**się** sich); wickeln; ~ **się** sich wellen; *niecierpliwie* herumzappeln **kręcony**: **kręcone schody** PL

Wendeltreppe *f*
kręg M ANAT Wirbel *m*
kręgiel M Kegel *m*; **grać w kręgle** kegeln **kręgielnia** F Kegelbahn *f*
kręgosłup M Wirbelsäule *f*
krępować ⟨s-⟩ fesseln; **~ się** sich genieren
krępy stämmig, untersetzt
krętacz(ka) M(F) Gauner(in) *m(f)*; Lügner(in) *m(f)* **kręty** (-to) gewunden
krochmal M (Wäsche)Stärke *f*
kroczyć schreiten
kroić ⟨po-⟩ schneiden ⟨s-⟩ zuschneiden ⟨u-⟩ abschneiden
krok M Schritt *m*
krokiet M GASTR Krokette *f*
krokodyl M Krokodil *n*
kromka F Brotschnitte *f*
kronika F Chronik *f*
kropić V/I *deszcz* tröpfeln; V/T ⟨po-⟩ besprengen **kropka** F Punkt *m* **kropla** F Tropfen *m* **kroplówka** F MED Infusion *f*; Tropf *m*
krosta F Pustel *f*
krowa F Kuh *f*
krócej kürzer
krój M Schnitt *m*
król M König *m* **królestwo** N Königreich *n* **królewski** königlich **królik** M Kaninchen *n* **królowa** F Königin *f* **królować** herrschen
krótki (-ko) kurz
krótkofalowy Kurzwellen-(-wo) kurzfristig **krótkoterminowy** (-wo) kurzfristig
krótkotrwały von kurzer Dauer **krótkowidz** M Kurzsichtige(r) *m/f(m)* **krótkowzroczny** kurzsichtig
krtań F Kehlkopf *m*
kruchy (-cho) mürbe; spröde
kruk M Kolkrabe *m*
krupnik M Graupensuppe *f*
kruszec M Erz *n* **kruszyć** ⟨po-, s-⟩ zerkleinern; bröckeln, zerbröckeln; zertrümmern
krwawić bluten **krwawienie** N Blutung *f* **krwawy** (-wo) blutig **krwinka** F Blutkörperchen *n*
krwiobieg M Blutkreislauf *m* **krwiodawca** M Blutspender(in) *m(f)* **krwionośny**: **naczynie krwionośne** Blutgefäß *n* **krwisty** (-sto) blutig; blutrot
krwotok M Blutung *f*
kryć ⟨s-, u-⟩ verstecken, verbergen (**się** sich) **kryjówka** F Versteck *n*
kryminalista M Kriminelle(r) *m* **kryminalistka** F Kriminelle *f* **kryminalny** kriminell **kryminał** M Krimi *m*; *umg* Knast *m*; Verbrechen *n*
kryształ M Kristall *m u. n*
kryterium N Kriterium *n*
kryty verdeckt; geschlossen **krytyczny** kritisch **krytyka** F Kritik *f* **krytykować** ⟨s-⟩ kritisieren
kryzys M Krise *f*

krzak M Strauch *m*, Busch *m*
krzątać się sich zu schaffen machen (**koło** *gen* an *dat*)
krzemień M Kiesel *m*
krzepić ⟨**po-**⟩ stärken (**się** sich) **krzepki** (**-ko**) kernig; rüstig **krzepnąć** ⟨**s-**⟩ gerinnen
krzesło N Stuhl *m*
krzew M Strauch *m* **krzewić** verbreiten
krzyczeć ⟨**-yknąć**⟩ schreien **krzyk** M Schrei *m*; Geschrei *n* **krzykliwy** (**-wie**) lärmend, schreiend **krzyknąć** PF → krzyczeć
krzywa F MATH Kurve *f* **krzywda** F Unrecht *n*; Leid *n* **krzywdzić** ⟨**po-, s-**⟩ schaden; Unrecht tun (*akk dat*) **krzywica** F Rachitis *f* **krzywić** ⟨**s-**⟩ krümmen; verbiegen (**się** sich) **krzywizna** F Krümmung *f* **krzywy** (**-wo**) krumm; schief
krzyż M Kreuz *n* **krzyżować** ⟨**s-**⟩ kreuzen (**się** sich) **krzyżówka** F Kreuzworträtsel *n*
kserokopia F (Foto)Kopie *f*
ksiądz M Priester *m*, Pfarrer *m*
książeczka F Büchlein *n*, Heft *n*; **~ czekowa** *n* Scheckheft *n*
książę M Fürst *m*; Herzog *m*
książka F Buch *n* **książkowy** Buch-
księgarnia F Buchhandlung *f* **księgowa** F Buchhalterin *f* **księgowość** F Buchhaltung *f* **księgowy** M Buchhalter *m*
księstwo N Fürstentum *n*; Herzogtum *n* **księżna** F Fürstin *f*; Herzogin *f* **księżniczka** F Prinzessin *f*
księżyc M Mond *m*
kształcić ⟨**wy-**⟩ bilden, ausbilden **kształt** M Form *f*, Gestalt *f* **kształtny** gut gebaut, gut gewachsen **kształtować** ⟨**u-**⟩ formen, gestalten (**się** sich)
kto wer; **~ bądź** irgendjemand **ktokolwiek** irgendjemand **ktoś** jemand
którędy wo entlang, welchen Weg **który** welche(r) **którykolwiek** irgendwelche(r) **któryś** eine(r); jemand
któż wer denn
ku (*dat*) gegen (*akk*); nach (*dat*); zu (*dat*)
Kuba F Kuba *n* **Kubanka** F Kubanerin *f* **Kubańczyk** M Kubaner *m* **kubański** kubanisch
kubek M Becher *m* **kubeł** M Kübel *m*, Eimer *m*
kucać ⟨**-cnąć**⟩ sich kauern; sich hinhocken
kucharka F Köchin *f* **kucharski** Koch- **kucharz** M Koch *m*
kuchenka F *urządzenie* Kocher *m*; Kochnische *f*; **~ mikrofalowa** Mikrowelle *f* **kuchenny** Küchen-
kuchnia F Küche *f*; (Koch)-Herd *m*
kucnąć PF → kucać
kucyk M Zopf *m*

kuć ⟨pod-⟩ *konia* beschlagen; *metal* schmieden **⟨wy-⟩** schlagen, herausschlagen; *umg* einpauken
kudłaty zottig
kufel M (Bier)Seidel *n*
kukułka F Kuckuck *m*
kukurydza F Mais *m*
kula[1] F Kugel *f*
kula[2] F Krücke *f* **kulawy (-wo)** hinkend, lahm **kuleć** hinken
kulić ⟨s-⟩ *głowę* einziehen; **~ się** sich krümmen
kulig M Schlittenfahrt *f*
kulinarny kulinarisch
kulisty (-to) kugelförmig
kulka F Kügelchen *n*
kult M Kult *m*
kultura F Kultur *f*; **~ fizyczna** Körperkultur *f* **kulturalny** kulturell; kultiviert
kumpel M Kumpel *m*
kuna F Marder *m*
kundel *umg* M Köter *m*
kunsztowny kunstvoll
kupa F Haufen *m*; Stoß *m*
kupić PF → kupować
kupiec M Kaufmann *m*, Kauffrau *f*; → kupujący
kupno N Kauf *m* **kupon** M Lottoschein *m*; Kontrollabschnitt *m* **kupować ⟨-pić⟩** kaufen **kupujący** M Käufer *m*
kura F Henne *f*, Huhn *n*
kuracja F Kur *f*
kurcz M Krampf *m*
kurczak M Hähnchen *n* **kurczę** N Küken *n*
kurczowy (-wo) krampfhaft **kurczyć ⟨s-⟩ się** zusammenschrumpfen, schrumpfen
kurek M Hahn *m*
kurnik M Hühnerstall *m*
kuropatwa F Rebhuhn *n*
kurort M Kurort *m*
kurs M Kurs *m*; Kursus *m* **kursować** *autobus* verkehren
kurtka F Jacke *f*, Joppe *f*
kurtyna F Vorhang *m*
kurz M Staub *m*
kurzyć aufwirbeln (*akk inst*); V/T *umg* qualmen; **~ się** *v/i umg* qualmen; stauben
kusić ⟨s-⟩ locken, reizen
kuszetka F BAHN Liegewagen *m*; Liegewagenplatz *m*
kuter M Kutter *m*
kuzyn(ka) M(F) Cousin *m*, Cousine *f*
kuźnia F Schmiede *f*
kwadrans M Viertelstunde *f* **kwadrat** M Quadrat *n* **kwadratowy (-wo)** Quadrat- quadratisch
kwalifikacja F Befähigung *f*, Eignung *f*
kwartalny vierteljährlich **kwartał** M Quartal *n*, Vierteljahr *n*
kwas M Säure *f* **kwaskowaty (-to)** säuerlich **kwaśny (-no)** sauer; **~ deszcz** *m* saurer Regen *m*
kwatera F Quartier *n*; Unterkunft *f*
kwestia F Frage *f* **kwestionariusz** M Fragebogen *m*

kwestionować ⟨za-⟩ in Frage stellen; beanstanden
kwiaciarnia F Blumenhandlung f **kwiat** M Blume f
kwiczeć ⟨za-⟩ quieken
kwiecień M April m; **w kwietniu** im April **kwiecisty** geblümt (-ście, -sto) blumenreich
kwit M Quittung f
kwitnąć ⟨za-⟩ blühen, pf erblühen
kwitować ⟨po-⟩ quittieren
kwota F Betrag m

L

labirynt M Labyrinth n
laboratorium N Laboratorium n, Labor n
lać gießen; **~ się** sich ergießen, strömen
lada F Ladentisch m
laik M Laie m
lakier M Lack m **lakierować** ⟨po-⟩ lackieren
lalka F Puppe f
lampa F Lampe f; **~ błyskowa** FOTO Blitzgerät n
lampart M Leopard m
lampka F (kleine) Lampe f; **~ wina** ein Glas n Wein
lanie N fig Prügel pl
laryngolog M Hals-Nasen-Ohren-Arzt m, HNO-Arzt m
las M Wald m; **~ iglasty** Nadelwald m; **~ liściasty** Laubwald m
laser M Laser m
laska F Stock m
latać fliegen; umg herumrennen
latarka F Taschenlampe f **latarnia** F Laterne f; **~ morska** Leuchtturm m
latawiec M Drachen m
lato N Sommer m; **latem, w lecie** im Sommer
laureat(ka) M(F) Preisträger(in) m(f)
lawina F Lawine f
ląd M (Fest)Land n **lądować** ⟨wy-⟩ landen **lądowanie** N Landung f
lecieć ⟨po-⟩ fliegen
lecz aber; **nie … ~** nicht … sondern
leczenie N (Heil)Behandlung f
lecznica F Heilanstalt f **lecznictwo** N Gesundheitswesen n **leczniczy** Heil- **leczyć** ⟨wy-⟩ kurieren, behandeln; **~ się** in Behandlung sein
ledwie, kaum **ledwo** kaum
legalny legal
legenda F Legende f
legitymacja F Ausweis m **legitymować** ⟨wy-⟩ **się** sich ausweisen
legumina F Süßspeise f
lejek M Trichter m
lek M Arznei f **lekarka** F Ärztin f **lekarski** ärztlich **lekarstwo** N Arznei f (**na** akk, **od**

gen gegen *akk*) **lekarz** M Arzt *m*
lekceważący **(-co)** geringschätzig **lekceważyć** **⟨z-⟩** gering schätzen; unterschätzen
lekcja F Unterricht *m*; Lektion *f*
lekki **(-ko)** leicht
lekkoatletyka F Leichtathletik *f* **lekkomyślny** leichtsinnig **lekkość** F Leichtigkeit *f*
lektura F Lektüre *f*
lemoniada F Limonade *f*
len M Flachs *m*, Lein *m*; (*tkanina lniana*) Leinen *n*
lenić się faul sein **leniwy** **(-wie)** faul, träge **leń** M Faulenzer(in) *m(f)*
lepić kleben; **~ się** kleben
lepiej → lepszy
lepki **(-ko)** klebrig, leimig
lepszy **(-piej)** besser
lesbijka F Lesbierin *f*; Lesbe *f*
leszczyna F Haselnuss *f*
leśnictwo N Forstwesen *n* **leśniczówka** F Försterei *f* **leśniczy** M Förster *m* **leśny** Wald-
letni Sommer- **letnik** M Sommergast *m*
lew M Löwe *m*
lewarek M Wagenheber *m*
lewica F Linke *f* **lewicowy** POL linke(r) **lewostronny** linksseitig **lewy** **(-wo)** linke(r); Links-; **na lewo, w lewo** nach links
leżak M Liegestuhl *f* **leżeć** liegen

lęk M Angst *f*, Furcht *f* **lęka** **się** sich fürchten (*gen* vor *da*
libacja F Saufgelage *n*
licencjat M Bakkalaureat
B.A. *m*
liceum N Lyzeum *n*
lichy **(-cho)** schlecht, *um*
mies
licytacja F Versteigerung *f*
liczba F Zahl *f* **liczebnik**
Zahlwort *n* **licznik** M Zähle
m **liczny** zahlreich **liczy**
⟨-po⟩ rechnen; zählen **⟨z-**
zusammenzählen
lider(ka) M(F) Führer(in) *m(f*
SPORT Spitzenreiter(in) *m(f)*
likier M Likör *m*
likwidować **⟨z-⟩** beseitigen
liquidieren
lila lila **liliowy** **(-wo)** lila
limit M Grenze *f*; Limit *n*
lin M ZOOL Schleie *f*
lina F Leine *f*; Tau *n* **linia** F Li
nie *f* **linowy** Seil-
lipa F Linde *f*; *fig umg* Schwindel *m*; Plunder *m* **lipiec** M Juli *m*; **w lipcu** im Juli **lipowy**
Linden-
Lipsk M Leipzig *n* **lipski** Leipziger
lis M Fuchs *m* **lisica** F Füchsin
f
list M Brief *m* **lista** F Liste
listonosz(ka) M(F) Briefträger(in) *m(f)*
listopad M November *m*; **w** **listopadzie** im November
listowny brieflich
listwa F Latte *f*, Leiste *f*

liszaj M MED Flechte *f* **liść** M Blatt *n* **litera** F Buchstabe *m* **literacki (-ko)** literarisch **literatura** F Literatur *f* **litewski (po -ku)** litauisch **litość** F Mitleid *n* **litować ⟨z-⟩ się** Mitleid haben (**nad** *inst* mit *dat*) **litr** M Liter *m od n* **litrowy** Ein-Liter- **Litwa** F Litauen *n* **Litwin(ka)** M(F) Litauer(in) *m(f)* **lizać ⟨liznąć⟩** lecken **lizak** M Lutscher *m*, *umg* Lolli *m* **lodowaty (-to)** eisig **lodowiec** M Gletscher *m* **lodowisko** N Eisbahn *f* **lodówka** F Kühlschrank *m* **lody** MPL (Speise)Eis *n* **lodziarka** F Eisverkäuferin *f* **lodziarz** M Eisverkäufer *m* **lokal** M Lokal *n*, Gaststätte *f*; Raum *m* **lokalny** lokal; Lokal- **lokata** F Rang *m*, Platz *m*; FIN Anlage *f* **lokator(ka)** M(F) Mieter(in) *m(f)* **lokomocja** F: **środek** M **lokomocji** Verkehrsmittel *n* **lokomotywa** F Lokomotive *f* **lokować ⟨u-⟩** unterbringen; *pieniądze* anlegen **lornetka** F Fernglas *n* **los** M Los *n*; Schicksal *n* **losować ⟨wy-⟩** losen, auslosen **lot** M Flug *m* **loteria** F Lotterie *f* **lotnia** F SPORT Drachen *m* **lotnictwo** N Flugwesen *n* **lotniczy** Flugzeug- **lotnik** M Flieger(in) *m(f)* **lotnisko** N Flugplatz *m* **loża** F Loge *f* **lód** M Eis *n* **lśnić** blitzen; funkeln; glänzen **lub** oder **lubić** gern haben; mögen **lud** M Volk *n* **ludność** F Bevölkerung **ludowy** Volks-; Bauern- **ludzie** PL Menschen *pl*, Leute *pl* **ludzki** Menschen- **(po -ku)** menschlich **ludzkość** F Menschheit *f* **luka** F Lücke *f* **luksusowy** luxuriös, Luxus- **luneta** F Fernrohr *n* **lusterko** N Taschenspiegel *m*; **~ wsteczne** Rückspiegel *m* **lustro** N Spiegel *m* **lustrzanka** F Spiegelreflexkamera *f* **lutować ⟨z-⟩** löten, *pf* verlöten **luty** M Februar *m*; **w lutym** im Februar **luzować ⟨z-⟩** ablösen; lockern **luźny (-no)** lose, locker **lwica** F Löwin *f* **lżejszy (lżej)** leichter

Ł

Łaba F Elbe *f* **łabędź** M Schwan *m* **łaciaty (-to)** gefleckt

łaciński lateinisch
ład M Ordnung *f*
ładny hübsch, schön
ładować laden ⟨**za-**⟩ verladen **ładownia** F Laderaum *m*
ładunek M Ladung *f*
łagodny mild; sanft **łagodzić** ⟨**z-**⟩ mildern
łajdak M Halunke *m*, Schuft *m*
łakomy gefrässig; (*chciwy*) gierig; ~ **kąsek** *m* Leckerbissen *m*
łamać ⟨**po-, z-**⟩ brechen, zerbrechen **łamliwy** brüchig, spröde
łania F Hirschkuh *f*
łańcuch M Kette *f*
łapa F Pfote *f*; Tatze *f* **łapać** ⟨**z-**⟩ fangen **łapczywy** (**-wie**) gierig **łapownictwo** N Bestechlichkeit *f* **łapówka** F Schmiergeld *n*
łaska F Gnade *f* **łaskawy** (**-wie**) gütig, gnädig
łaskotać ⟨**po-**⟩ kitzeln
łata F Flicken *m*; Latte *f* **łatać** ⟨**za-**⟩ flicken
łatwopalny leicht entzündlich **łatwość** F Leichtigkeit *f* **łatwowierny** leichtgläubig **łatwy** (**-wo**) leicht, einfach
ławka F Bank *f*, Sitzbank *f*
łazić *umg* krabbeln, kriechen; (*wałęsać się*) bummeln, sich herumtreiben
łazienka F Badezimmer *n*
łącznie zusammen (**z** *inst* mit *dat*) **łącznik** M ELEK Schalter *m*; Bindestrich *m* **łączność** F Verbindung *f*; (Post- und) Fernmeldewesen *n* **łączny** gesamt **łączyć** ⟨**po-**⟩ verbinden (**się** sich; **z** *inst* mit *dat*)
łąka F Wiese *f*
łeb M (Tier)Kopf *m*
łgać lügen **łgarz** M Lügner(in) *m(f)*
łkać schluchzen
łobuz M Schurke *m*; Lümmel *m*
łodyga F Stängel *m*, Stiel *m*
łokieć M Ellbogen *m*; Elle *f*
łom M Brechstange *f* **łomot** M Krach *m*
łono N Schoß *m*
łopata F Schaufel *f* **łopatka** F Schulterblatt *n*; GASTR Bug *m*
łoskot M Gepolter *n*
łosoś M Lachs *m*
łotewski (**po -ku**) lettisch
łotr M Schuft *m*, Schurke *m*
Łotwa F Lettland *n* **Łotysz(ka)** M(F) Lette *m*, Lettin *f*
łowić ⟨**z-**⟩ fangen **łowiecki** Jagd- **łowiectwo** N Jagdwesen *n*; Jagd *f*
łoże N Bett *n*, Lager *n*
łożysko N (Kugel)Lager *n*; ANAT Plazenta *f*
łódka F Boot *n*, Kahn *m* **łódź** F Boot *n*; ~ **podwodna** U-Boot *n*
łóżko N Bett *n*
łuk M Bogen *m*
łup M Beute *f* **łupać** spalten
łupież F Schuppen *fpl* **łupina** F Schale *f*
łuska F *rybia* Schuppe *f*; Hülse

łuskać **⟨wy-⟩** aushülsen; *rzechy* knacken
szczyca F MED Schuppen-lechte *f* **łuszczyć** **⟨z-⟩** **się** ich schuppen
użyce PL Lausitz *f* **łużycki** orbisch
dka F Wade *f*
k M Schluck *m* **łykać** **⟨-knąć⟩** schlucken
kowaty zäh
sieć **⟨wy-⟩** eine Glatze be-kommen **łysina** F Glatze *f* **ły-sy** **(-so)** kahl; kahlköpfig
żeczka F Teelöffel *m* **łyżka** F Löffel *m*
żwa F Schlittschuh *m*
a F Träne *f* **łzawić** tränen

M

acać **⟨po-⟩** befühlen, tas-ten; *fig* auskundschaften
achać **⟨-chnąć⟩** winken, wedeln
acierzyństwo N Mutter-schaft *f*
acocha F Stiefmutter *f*
aczać → moczyć
agazyn M Lager *n*, Lager-haus *n* **magazynier(ka)** M(F) Lagerverwalter(in) *m(f)*; La-gerist(in) *m(f)* **magazyno-wać** **⟨z-⟩** lagern, einlagern; speichern

magnes M Magnet *m* **mag-netofon** M Tonbandgerät *n* **magnetowid** M Videorekor-der *m*
magnez M Magnesium *n*
mahoń M Mahagoni *n*
mail M Mail *f*, E-Mail *f*
maj M Mai *m*
majątek M Besitz *m*; Vermö-gen *n*
majeranek M Majoran *m*
majonez M Mayonnaise *f*
major M Major *m*
majsterkować basteln
majtek M Matrose *m*
majtki PL Slip *m*, Schlüpfer *m*
mak M Mohn *m*
makaron M Nudeln *fpl*
makijaż M Make-up *n*
makler M Makler(in) *m(f)*
makowiec M Mohnkuchen *m*
maksymalny Höchst-, maxi-mal
malarka F Malerin *f* **malar-stwo** N Malerei *f* **malarz** M Maler *m*
maleńki winzig
malina F Himbeere *f*
malować **⟨na-⟩** malen **⟨po-⟩** *ściany* streichen; *robić makijaż* schminken **malowidło** N Ge-mälde *n* **malowniczy** **(-czo)** malerisch
malutki → maleńki **malutko** → mało
mało wenig **małoletni** min-derjährig **małostkowy** **(-wo)** kleinlich **małowartoś-ciowy** minderwertig

małpa F Affe *m*
mały klein; gering
małż M Muschel *f*
małżeński ehelich, Ehe- **małżeństwo** N Ehe *f*; Ehepaar *n*
małżonek M Gatte *m*; **małżonkowie** *pl* Eheleute *pl* **małżonka** F Gattin *f*
mama F Mama *f*
mamrotać ⟨**wy-**⟩ murmeln
mandarynka F Mandarine *f*
mandat M: **~ karny** Strafzettel *m*
manewr M Manöver *n*
maniak M Besessene(r) *m*; Wahnsinnige(r) *m*
mankiet M Manschette *f*; Aufschlag *m*
manna F GASTR Grieß *m*
mańkut M Linkshänder(in) *m(f)*
mapa F (Land)Karte *f*
marchew F Möhre *f*
margines M Rand *m*
marihuana F Marihuana *n*
marka[1] F (*jednostka monetarna*) Mark *f*
marka[2] F Marke *f*; Sorte *f*
markotny traurig, betrübt
markowy Marken-
marmolada F Marmelade *f*
marmur M Marmor *m*
marnieć ⟨**z-**⟩ verkümmern
marnotrawstwo N Verschwendung *f* **marnować** ⟨**z-**⟩ verschwenden, vergeuden; *jedzenie* verderben
marny miserabel, elend
marsz M Marsch *m*
marszałek M Marschall *m*
marszczyć ⟨**z-**⟩ *czoło* runzel…; **~ się** Falten werfen; das G… sicht verziehen
martwić ⟨**z-**⟩ betrüben; **~ s…** sich Sorgen machen (**o** *akk* u… *akk*)
martwy (**-wo**) tot
marudzić *umg* trödeln; nö… geln
marynarka[1] F Jackett *n*, Sak… ko *n*
marynarka[2] F *wojenna* Marin… *f* **marynarz** M Seemann *m* Matrose *m*
marynować ⟨**za-**⟩ marinie… ren
marzec M März *m*; **w marc…** im März
marzenie N Traum *m*; Träu… merei *f*
marznąć ⟨**z**⟩ frieren
marzyć träumen (**o** *lok* vo… *dat*)
masa F Masse *f*
masaż M Massage *f* **masa… żysta** M Masseur *m* **masa… żystka** F Masseurin *f*
maska F Maske *f* **maskotk…** F Maskottchen *n* **maskowa…** ⟨**za-**⟩ tarnen; maskieren (**si…** sich)
masło N Butter *f*
masować ⟨**wy-**⟩ massierer…
masowy (**-wo**) Massen-, mas… senhaft
maszerować marschieren
maszt M Mast *m*
maszyna F Maschine *f*; **~ do…**

szycia Nähmaschine *f* **maszynka** F: **~ do golenia** Rasierapparat *m*; **~ spirytusowa** Spirituskocher *m*
maść F Salbe *f*
maślanka F Buttermilch *f*
mata F Matte *f*
matematyka F Mathematik *f*
materac M Matratze *f* **materia** F Materie *f* **materiał** M Material *n*; Stoff *m*
matka F Mutter *f*
matowy (-wo) matt
matrymonialny: **biuro** N **matrymonialne** Partnervermittlung *f*
matura F Abitur *n*
mazać ⟨**z-**⟩ wegwischen ⟨**za-**⟩ beschmieren
mącić ⟨**z-**⟩ trüben
mączka F Mehl *n* **mączny** Mehl-
mądrość F Klugheit *f* **mądry** **(-rze)** klug
mąka F Mehl *n*
mąż M (Ehe)Mann *m*
mdleć ⟨**ze-**⟩ ohnmächtig werden; *ręce* einschlafen
mdłości FPL Übelkeit *f* **mdły** **(-ło)** süßlich, ekelerregend; *światło* trübe; *a. fig* fade
mebel M Möbel *n*, Möbelstück *n* **meblować** ⟨**u-**⟩ möblieren; einrichten (**się** sich)
mecenas M Mäzen *m*; Anwalt *m*, Anwältin *f*
mech M Moos *n*
mechaniczny mechanisch
mechanik M (Auto)Mechaniker(in) *m(f)* **mechanizm** M Mechanismus *m*
mecz M Spiel *n*
meczet M Moschee *f*
medal M Medaille *f*
media PL (Massen)Medien *pl*
medycyna F Medizin *f* **medyczny** medizinisch
medytacja F Meditation; **medytacje** *pl* Überlegungen *pl*
Meksyk M Mexiko *n* **Meksykanin** M Mexikaner *m* **Meksykanka** F Mexikanerin *f* **meksykański** mexikanisch
meldować ⟨**za-**⟩ melden, anmelden (**się** sich)
meldunkowy: **biuro** N **meldunkowe** Einwohnermeldeamt *n*
melodia F Melodie *f*
melon M (Zucker)Melone *f*
menu N Menü *n*
meta F Ziel *n*
metal M Metall *n*
meteorologiczny: **komunikat** M **~** Wetterbericht *m*
metka F Preisschild *n*; Mettwurst *f*
metoda F Methode *f*
metr M Meter *m od n*
metro N U-Bahn *f*
metryka F Urkunde *f*; Stammbaum *m*; **~ urodzenia** Geburtsurkunde *f*
mewa F Möwe *f*
męczący (-co) quälend; anstrengend **męczyć** ⟨**za-**⟩ quälen; ⟨**z-**⟩ (**się**) ermüden; **~ się** sich plagen; müde werden

męka F Qual *f*; Pein *f*
męski männlich; Herren-
mętny trübe
mężatka F verheiratete Frau *f* **mężczyzna** M Mann *m* **mężny** mutig, tapfer
mglisty (-to, -ście) neblig
mgła F Nebel *m*
mianować ernennen (*inst* zu *dat*) **mianowicie** nämlich; und zwar **mianownik** M MATH Nenner *m*; GRAM Nominativ *m*
miara F Maß *n*
miasto N Stadt *f*
miazga F Brei *m*, Masse *f*
miażdżyca F MED Sklerose *f* **miażdżyć ⟨z-⟩** zerquetschen
miąć ⟨z-⟩ knittern, zerknittern
miąższ M (Frucht)Fleisch *n*
miecz M Schwert *n*
mieć haben; sollen; halten (**za** *akk* für *akk*)
miednica F (Wasch)Schüssel *f*; ANAT Becken *n*
miedza F Feldrain *m*
miedź F Kupfer *n*
miejsce N Ort *m*; Platz *m*; Stelle *f*; **~ zamieszkania** Wohnort *m*; **~ urodzenia** Geburtsort *m*; **~ stojące** Stehplatz *m* **miejscownik** M GRAM Lokativ *m* **miejscowość** F Ortschaft *f*, Ort *m*
miejscowy (-wo) Orts-, örtlich **miejscówka** F BAHN Platzkarte *f* **miejski (po -ku)** Stadt-; städtisch
mielizna F Sandbank *f*
mielony gemahlen; Hack-
mienić się schillern
mienie N Gut *n*, Habe *f*
mierny mittelmäßig, mäßig
mierzyć ⟨z-⟩ messen
miesiąc M Monat *m* **miesiączka** F Regel *f*, Monatsbltung *f* **miesięcznik** M Mnatszeitschrift *f* **miesięczn** monatlich, Monats-; **bilet** *m* Monatskarte *f*
mieszać ⟨z-⟩ mischen, vermschen **mieszanina** F Gemisch *n* **mieszanka** F Mschung *f*
mieszczański bürgerlich Bürger-
mieszkać wohnen (**w** *lok* i *dat*) **mieszkalny** Wohn-; bewohnbar **mieszkanie** N Wohnung *f* **mieszkaniec** M Bewohner *m*, Einwohner *m* **mieszkaniowy** Wohn(ungs) **mieszkanka** F Bewohneri *f*, Einwohnerin *f*
mieścić enthalten; **~ się** sich befinden **⟨z-⟩** Platz haben
miewać się sich fühlen
między zwischen; unter (*ins* *dat*) **międzymiastowy** Fern **międzynarodowy** international
miękki (-ko) weich **mięknąć** **⟨z-⟩** weich werden
mięsień M Muskel *m* **mięsisty** fleischig **mięsny** Fleisch-
mięso N Fleisch *n*
mięta F Minze *f* **miętowy** Pfefferminz-

mig: **w ~** im Nu **migacz** M AUTO Blinker *m* **migać** **⟨-gnąć⟩** blinken; flimmern **migawka** F FOTO Verschluss *m*
migdał M Mandel *f* **migdałki** MPL ANAT Mandeln *fpl*
mignąć PF → migać
migotać ⟨za-⟩ flimmern
migrena F Migräne *f*
mijać ⟨minąć⟩ V/T vorbeifahren; vorbeigehen (*akk* an *dat*); V/I *czas* vergehen
mikrobus M Kleinbus *m* **mikrofon** M Mikrofon *n*
mikser M *kuchenny* Mixer *m*; Barmixer *m*
mila F Meile *f*
milczeć schweigen **milczenie** N Schweigen *n*
mile → miły
miliard M Milliarde *f* **milion** M Million *f*
miło → miły
miłosierny barmherzig
miłosny Liebes- **(-śnie)** liebevoll **miłość** F Liebe *f* **miłośnik** M Liebhaber *m*; **~ sztuki** Kunstliebhaber *m*
miły (-ło, -le) lieb; nett; angenehm
mimo trotz; **~ to** trotzdem; **~ woli** unwillkürlich
mina F Miene *f*; MIL Mine *f*
minąć PF → mijać
mineralny Mineral- **minerał** M Mineral *n*
minimalny minimal; gering
miniony vergangen
minister M Minister(in) *m(f)* **ministerstwo** N Ministerium *n*
minus M Minus *n*
minuta F Minute *f*
miodowy Honig-
miotła F Besen *m*
miód M Honig *m*; **~ pitny** Met *m*
misja F Mission *f*
miska F Schüssel *f*, Schale *f*
mistrz M Meister *m* **mistrzostwo** N Meisterschaft *f* **mistrzowski (-ko)** Meisterschafts-, Meister-; meisterhaft **mistrzyni** F Meisterin *f*
miś M Teddybär *m*; Bärchen *n*
mit M Mythos *m*
mizeria F Gurkensalat *m*
mizernieć ⟨z-⟩ abmagern **mizerny** abgemagert; miserabel; elend
mleczarnia F Molkerei *f* **mleczarski** Molkerei- **mleczny** Milch-; milchig
mleć ⟨ze-⟩ mahlen
mleko N Milch *f*
młodociany jugendlich **młodość** F Jugend *f*, Jugendzeit *f* **młodszy** jünger **młody (-do)** jung
młodzieniec M junger Mann *m* **młodzieńczy (-czo)** jugendlich **młodzież** F Jugend *f* **młodzieżowy (-wo)** jugendlich; Jugend-
młotek M Hammer *m*
młyn M Mühle *f* **młynek** M: **~ do kawy** Kaffeemühle *f*

mnich M Mönch *m*
mnie mich; **u ~** bei mir
mniej weniger; **~ więcej** ungefähr **mniejszość** F Minderheit *f* **mniejszy** kleiner
mniemać meinen **mniemanie** N Meinung *f*
mniszka F Nonne *f*
mnożenie N Vermehrung *f*; MATH Multiplikation *f* **mnożyć ⟨po-⟩** vermehren; MATH multiplizieren
mnóstwo N Unmenge *f*
moc F Kraft *f*; Macht *f*; **na mocy, mocą** kraft **mocarstwo** N Großmacht *f* **mocny (-no)** stark, kräftig; fest **mocować się** ringen
mocz M Harn *m*, Urin *m* **moczowy** Harn- **moczyć ⟨za-⟩** wässern, einweichen
moda F Mode *f*
model M (*wzór*) Modell *n*; Dressman *m* **modelka** F Model *n*
modlić ⟨po-⟩ się beten **modlitwa** F Gebet *n*
modny modisch
modrzew M Lärche *f*; Lärchenholz *n*
mogiła F Grab *n*; Grabhügel *m*
moja, moje → mój
moknąć ⟨z-⟩ nass werden **mokry (-ro)** nass
molo N Seebrücke *f*
moment M Moment *m*, Augenblick *m*
Monachium N München *n*
monarcha M Monarch *m*
monarchini F Monarchin *f*
moneta F Münze *f*
monitor M IT Monitor *m*; Amtsblatt *n*
monitować mahnen, anmahnen
montaż M Montage *f* **monter** M Monteur(in) *m(f)*; Installateur(in) *m(f)* **montować ⟨za-⟩** einbauen, montieren **⟨z-⟩** aufstellen, zusammenbauen; *fig* gründen
moralność F Moral *f* **moralny** moralisch
morderca M Mörder *m* **morderczyni** F Mörderin *f* **morderstwo** N Mord *m* **mordować ⟨za-⟩** morden, *pf* ermorden **⟨z-⟩** plagen (**się** sich)
morela F Aprikose *f*
morfina F Morphin *n*, Morphium *n*
morski See-, Meer(es)- **morze** N Meer *n*, See *f*; **Morze Bałtyckie** Ostsee *f*; **Morze Północne** Nordsee *f*; **Morze Śródziemne** Mittelmeer *n*
mosiądz M Messing *n*
most M Brücke *f* **mostek** M Steg *m*; MED Brustbein *n*; GASTR Bruststück *n*
motel M Motel *n*
motocykl M Motorrad *n* **motor** M → silnik **motorniczy** M Straßenbahnfahrer(in) *m(f)*
motorower M Moped *n*, Mofa *n* **motorówka** F Motorboot *n*
motyka F Hacke *f*

motyl M Schmetterling *m*
motyw M Motiv *n*; Beweggrund *m* **motywować ⟨u-⟩** begründen
mowa F Rede *f*; Sprache *f*; ~ **ojczysta** Muttersprache *f*
mozolny mühevoll
moździerz M Mörser *m*
może vielleicht **możliwość** F Möglichkeit *f* **możliwy (-wie)** möglich **można** man kann; man darf; **czy** ~? darf man?, ist es erlaubt?
móc können; dürfen
mój, moja, moje mein
mól M Motte *f*
mówca M Redner(in) *m(f)* **mówić** sprechen, reden; sagen
mózg M Gehirn *n* **móżdżek** M GASTR Bregen *m*, Hirn *n*
mroczny (-no) dunkel, düster
mrok M Dämmerung *f*
mrowisko N Ameisenhaufen *m*
mrozić ⟨za-⟩ gefrieren **mroźny (-no)** frostig **mrożonka** F Tiefkühlkost *f*
mrówka F Ameise *f*
mróz M Frost *m*
mruczeć brummen; *kot* schnurren
mrugać ⟨-gnąć⟩ blinzeln, zwinkern
mrużyć ⟨z-⟩ zusammenkneifen
mrzonka F Hirngespinst *n*
msza F REL Messe *f*
mszyca F Blattlaus *f*
mścić ⟨po-⟩ rächen; ~ **⟨ze-⟩ się** sich rächen (**na** *lok* an *dat*; **za** *akk* für *akk*)
mucha F Fliege *f*
muchomor M Fliegenpilz *m*
mulisty schlammig
muł[1] M Maultier *n*
muł[2] M Schlamm *m*
mundur M Uniform *f*
mur M Mauer *f* **murarz** M Maurer *m* **murować ⟨wy-⟩** mauern
Murzyn(ka) M(F) *neg!* Neger(in) *m(f)*
musieć müssen
muskularny muskulös
muszka F Fliege *f*; MIL Korn *n*
muszla F Muschel *f*; *ubikacja* Becken *n*
musztarda F Senf *m*
muzeum N Museum *n*
muzułmanin M Moslem *m*, Muslim *m* **muzułmanka** Moslemin *f*, Muslimin *f* **muzułmański** moslemisch, muslimisch
muzyk M Musiker(in) *m(f)* **muzyka** F Musik *f* **muzykalny** musikalisch
my wir
myć ⟨u-⟩ waschen (**się** sich)
mydlić ⟨na-⟩ einseifen **mydło** N Seife *f*
myjnia F (Auto)Waschanlage *f*
mylić ⟨z-⟩ irreführen; ~ **⟨po-⟩ się** sich irren **mylny** irrig, falsch
mysz F Maus *f*
myśl F Gedanke *m* **myśleć ⟨po-⟩** denken **myślenie** N

Denken *n*
myślistwo N Jägerei *f* **myśliwiec** M Jagdflugzeug *n* **myśliwy** M Jäger *m*
myślnik M Gedankenstrich *m*
mżawka F Sprühregen *m*
mżyć nieseln

N

na (*lok, akk*) auf (*dat, akk*), an (*dat, akk*), in (*dat, akk*); zu (*dat*), für (*akk*); **~ bok** zur Seite; **~ końcu** am Ende; **~ łóżku** auf dem Bett
nabawiać ⟨**-ić**⟩ **się** sich zuziehen (*gen akk*)
nabiał M Milchprodukte *npl*
nabić PF → nabijać
nabierać ⟨**-brać**⟩ *wody* schöpfen; *odwagi* fassen; *umg* (*oszukać*) hereinlegen
nabijać ⟨**-ić**⟩ stopfen; füllen (*inst* mit *dat*); *broń* laden **nabity** vollgestopft
nabożeństwo N Gottesdienst *m*; Andacht *f*
nabój M Patrone *f*
nabrać PF → nabierać
nabrzeże N Kai *m* **nabrzmiewać** ⟨**-mieć**⟩ anschwellen
nabycie N Anschaffung *f*; Erwerb *m*; **do nabycia** zu kaufen
nabytek M Anschaffung *f*
nabywać ⟨**-być**⟩ erwerbe
nabywca M Käufer(in) *m(f)*
nachylać ⟨**-lić**⟩ beugen (si sich)
naciąć PF → nacinać **naciągać** ⟨**-gnąć**⟩ V/T spannen; V/ *herbata* ziehen
nacierać ⟨**natrzeć**⟩ einreiben (*inst* mit *dat*); angreifer (**na** *akk akk*) **nacinać** ⟨**-ciąć**⟩ anschneiden
nacisk M Druck *m*; *fig* Nachdruck *m* **naciskać** ⟨**-snąć**⟩ drücken
naczelnik M Leiter *m*; Vorsteher *m* **naczelny** Ober-, Chef-; Haupt-
naczepa F AUTO Auflieger *m*
naczynie N Gefäß *n*
nad (*akk, inst*) über (*akk, dat*), an (*akk, dat*); **~ rzeką** am Fluss
nadać PF → nadawać **nadajnik** M Sender *m*
nadal weiter, weiterhin
nadaremny vergeblich
nadarzać ⟨**-rzyć**⟩ **się** sich bieten
nadawać ⟨**-dać**⟩ verleihen; *pocztę, bagaż* aufgeben; RADIO senden; **~ się** sich eignen
nadawca M Absender *m*
nadawczyni F Absenderin *f*
nadąć PF → nadymać **nadążać** ⟨**-żyć**⟩ Schritt halten, mitkommen (**za** *inst* mit *dat*)
nadchodzić ⟨**nadejść**⟩ ankommen, kommen, eintreffen
nadciśnienie N Überdruck *m*; MED Hochdruckkrankheit *f*

nadczynność F MED Überfunktion *f*
naddźwiękowy Überschall-
nadejście N Ankunft *f*, Eintreffen *n* **nadejść** PF → nadchodzić
nadeptać ‹**-pnąć**› treten (**na** *akk* auf *akk*)
nadesłać PF → nadsyłać
nadgodziny FPL Überstunden *fpl*
nadjeżdżać ‹**-jechać**› angefahren kommen
nadleśniczy M Oberförster *m*
nadliczbowy überzählig; **godziny nadliczbowe** → nadgodziny
nadludzki (**-ko**) übermenschlich
nadłamywać ‹**-mać**› anbrechen; knicken
nadmiar M Übermaß *n*; Überschuss *m* **nadmieniać** ‹**-ić**› erwähnen **nadmierny** übermäßig
nadmorski Küsten-, Meeres-, See-
nadmuchiwać ‹**-chać**› aufblasen
nadprzyrodzony übernatürlich
nadrabiać ‹**-robić**› nachholen; nacharbeiten
nadruk M Aufdruck *m*
nadrzędny übergeordnet
nadsłuchiwać → nasłuchiwać
nadspodziewany unverhofft
nadsyłać ‹**nadesłać**› zusenden, zuschicken
nadużycie N Missbrauch *m*
nadwaga F Übergewicht *n*
nadwerężać ‹**-żyć**› überanstrengen; *a. fig* strapazieren
nadwozie N Karosserie *f*
nadwyżka F Überschuss *m*
nadymać ‹**-dąć**› aufblasen (**się** sich)
nadzieja F Hoffnung *f*
nadziemny oberirdisch
nadzienie N Füllung *f*
nadzorca M Aufseher(in) *m(f)*
nadzorować beaufsichtigen
nadzór M Aufsicht *f*; Überwachung *f*
nadzwyczaj äußerst **nadzwyczajny** außergewöhnlich
nafta F Petroleum *n* **naftowy** Petroleum-; Rohöl-, Öl-
nagabywać behelligen, belästigen
nagana F Tadel *m*, Rüge *f* **naganny** tadelnswert
nagi (**-go**) nackt
naginać ‹**-giąć**› beugen
naglący dringend **nagle** → nagły **naglić** drängen, antreiben
nagłówek M Titelkopf *m*; Briefkopf *m*; Überschrift *f*
nagły (**-gle**) plötzlich; unerwartet; dringend
nagniotek M Hühnerauge *n*
nagość F Nacktheit *f*
nagrać PF → nagrywać
nagradzać ‹**-grodzić**› belohnen (**za** *akk* für *akk*) **nagrobek** M Grabstein *m* **nagroda**

F Belohnung *f*; Preis *m*
nagrywać **⟨-grać⟩** aufnehmen, aufzeichnen
nagrywarka F: ~ **DVD** DVD-Brenner *m*
nagrzewać **⟨-grzać⟩** wärmen, anwärmen; erhitzen (**się** sich)
naiwny naiv
najadać **⟨-jeść⟩** **się** sich satt essen **najazd** M, Überfall *m*
nająć PF → najmować
najem M Vermietung *f*; Miete *f* **najemca** M Mieter(in) *m(f)*
najeść się PF → najadać się
najeźdźca M Aggressor *m*, Angreifer *m*
najgorzej am schlimmsten
najlepiej am besten
najmować **⟨-jąć⟩** mieten
najpierw zuerst
najwięcej am meisten **najwyższy** höchste(r)
nakarmić PF → karmić
nakaz M Befehl *m*; Gebot *n*
nakazywać **⟨-zać⟩** befehlen; gebieten
naklejać **⟨-eić⟩** aufkleben
naklejka F Aufkleber *m*
nakład M (Buch)Auflage *f*; *pracy* Aufwand *m* **nakładać** **⟨nałożyć⟩** auflegen, legen; *ubranie* anziehen; *karę* verhängen
nakłaniać **⟨-łonić⟩** bewegen (**do** *gen* zu *dat*)
nakreślać **⟨-lić⟩** aufzeichnen, entwerfen; (*opisać*) schildern
nakręcać **⟨-cić⟩** *zegar* aufziehen; *film* drehen **nakrętka** F Schraubverschluss *m*; Schraubenmutter *f*
nakrycie N Gedeck *n* **nakrywać** **⟨-kryć⟩** bedecken **nakrywka** F Deckel *m*
nalać PF → nalewać
nalegać eindringlich fordern (**na** *akk akk*)
nalepiać **⟨-ić⟩** aufkleben **nalepka** F Aufkleber *m*
naleśnik M Eierkuchen *m*
nalewać **⟨-lać⟩** eingießen
nalewka F Fruchtlikör *m*; Tinktur *f*
należeć gehören, angehören (**do** *gen dat*) **należność** F (fälliger) Betrag *m* **należny** gebührend **należyty** **(-ycie)** gehörig
nalot M Belag *m*, Hauch *m* (*gen* von *dat*); Luftangriff *m*
naładować PF aufladen
nałogowy **(-wo)** Gewohnheits-; gewohnheitsmäßig **nałożyć** PF → nakładać **nałóg** M Sucht *f*
namalować PF → malować
namawiać **⟨-mówić⟩** überreden; anstiften (**do** *gen* zu *dat*)
namiastka F Ersatz *m*
namiętność F Leidenschaft *f*
namiot M Zelt *n*
namoczyć PF einweichen
namowa F Überredung *f* **namówić** PF → namawiać
namydlać **⟨-lić⟩** einseifen
namyślać **⟨-lić⟩** **się** überlegen (**nad** *inst akk*)

nanosić **⟨-nieść⟩** zusammentragen; *piasek* anschwemmen
naoczny → świadek
naokoło ringsherum
naostrzyć PF → ostrzyć
napad M Überfall *m*; SPORT Angriff *m*, Sturm *m*; MED Anfall *m* **napadać** **⟨-paść⟩** überfallen, angreifen (**na** *akk akk*)
napalić PF → palić
napastliwy **(-wie)** aggressiv; gehässig **napastnik** M Angreifer(in) *m(f)*; SPORT Stürmer(in) *m(f)*
napaść[1] F → napad **napaść**[2] PF → napadać
napchać PF → napychać **napełniać** füllen **napełnić** PF vollfüllen
napęd M AUTO Antrieb *m* **napędzać** **⟨-dzić⟩** antreiben (**do** *gen* zu *dat*)
napiąć PF → napinać **napić się** PF trinken (*gen akk*) **napierać** **⟨-przeć⟩** bedrängen (**na** *akk akk*) **napięcie** N Spannung *f* **napinać** **⟨-piąć⟩** anspannen, spannen
napis M Aufschrift *f*, Inschrift *f*
napisać PF → pisać
napiwek M Trinkgeld *n*
napluć PF → pluć
napływ M Zufluss *m*; Andrang *m* **napływać** **⟨-płynąć⟩** herbeiströmen; zufließen
napoić PF → poić
napominać **⟨-mnieć⟩** ermahnen **napomknąć** PF → napomykać **napomnieć** PF → napominać **napomnienie** N Ermahnung *f* **napomykać** **⟨-mknąć⟩** erwähnen
napotykać **⟨-tkać⟩** begegnen (*akk dat*)
napój M Getränk *n*
napraszać się sich aufdrängen
naprawa F Ausbesserung *f*, Reparatur *f*
naprawdę wahrhaftig, wirklich
naprawiać **⟨-ić⟩** ausbessern, reparieren
naprężać **⟨-żyć⟩** anspannen, spannen **naprężenie** N Spannung *f*
naprzeciwko gegenüber (*gen dat*); (*ku*) entgegen
naprzeć PF → napierać
naprzód vorwärts; voran; im Voraus
naprzykrzać **⟨-krzyć⟩** **się** sich aufdrängen
napychać **⟨-pchać⟩** vollstopfen
narada F Besprechung *f*
naradzać **⟨-dzić⟩** **się** beraten (**nad** *inst akk*)
naraz plötzlich, auf einmal
narażać **⟨-zić⟩** *życie* riskieren, gefährden; aussetzen (**na** *akk dat*; **się** sich)
narciarka F Skiläuferin *f* **narciarski** Ski- **narciarstwo** N Skisport *m* **narciarz** M Skiläufer *m*
nareszcie endlich

narkoman(ka) M(F) Drogensüchtige(r) *m/f(m)* **narkotyk** M Droge *f*, Rauschgift *n* **narkotyzować się** Drogen nehmen **narkoza** F Narkose *f*
narobić PF in Masse produzieren; machen
narodowość F Nationalität *f*
narodowy (-wo) national
narodziny PL Geburt *f*
narośl F Auswuchs *m*, Beule *f*
narożnik M Ecke *f*; Ecksofa *n*
narożny Eck-
naród M Volk *n*; Nation *f*
narta F Ski *m*; → jeździć
naruszać ⟨-szyć⟩ antasten; *spokój* stören; *prawo* verletzen
naruszenie N Verstoß *m*
narwać PF pflücken **narwany** *umg* verrückt
narysować PF → rysować
narząd M ANAT Organ *n*
narzeczona F Verlobte *f* **narzeczony** M Verlobte(r) *m*; **narzeczeni** *pl* Brautpaar *n*
narzekać klagen
narzędnik M GRAM Instrumental *m*
narzędzie N Werkzeug *n*
narzucać ⟨-cić⟩ aufdrängen (**się** sich); *kurtkę* überwerfen
nas uns
nasenny: **środek** M ~ Schlafmittel *n*
nasi → nasz
nasienie N Samen *m*; Sperma *n*
nasilenie N Verstärkung *f*
nasiono N Samen *m*
naskórek M ANAT Oberhaut *f*
nasłuchiwać horchen; lauschen
nasmarować PF einschmieren
nastawać ⟨-stać⟩ anbrechen; eintreten
nastawiać ⟨-ić⟩ einstellen (**się** sich) **nastawienie** N Einstellung *f*
nastąpić PF → następować
następca M Nachfolger *m*
następczyni F Nachfolgerin *f* **następnie** danach, ferner
następny nächste(r); folgende(r) **następować ⟨-stąpić⟩** treten (**na** *akk* auf *akk*); *fig* erfolgen; stattfinden; nachfolgen, folgen (**po** *lok dat*) **następstwo** N Folge *f* **następująco** wie folgt **następujący** folgend
nastolatek M Teenager *m*; Jugendliche(r) *m* **nastolatka** F Teenager *m*; Jugendliche *f*
nastraszyć PF erschrecken
nastrojowy (-wo) stimmungsvoll **nastrój** M Stimmung *f*
nasuwać ⟨-sunąć⟩ schieben (**się** sich); ziehen; ~ **się** *na myśl* aufkommen
nasycać ⟨-cić⟩ tränken, sättigen (*inst* mit *dat*)
nasyp M Damm *m* **nasypywać ⟨-pać⟩** aufschütten; streuen
nasz, nasza, nasze unser
naszyć PF → naszywać **naszyjnik** M Halskette *f* **naszy-**

wać ⟨**-szyć**⟩ aufnähen
aśladować nachahmen
aśmiewać się auslachen (**z** *gen akk*)
aświetlać ⟨**-lić**⟩ bestrahlen; belichten **naświetlanie** N Bestrahlung *f*; FOTO Belichtung *f*
atarcie N MIL Angriff *m* **natarczywy** (**-wie**) zudringlich
atchnienie N Inspiration *f*, Anregung *f*
atężać ⟨**-żyć**⟩ anspannen **natężenie** N Intensität *f*; Stärke *f*
atka F (Petersilien)Kraut *n*
atknąć się PF → natykać się
natłok M Gedränge *n*
natłuszczać ⟨**-tłuścić**⟩ einfetten
natomiast dagegen
natrafiać ⟨**-ić**⟩ treffen; finden (**na** *akk akk*)
natrętny zudringlich, lästig
natrysk M Brause *f*; Dusche *f*
natrzeć PF → nacierać
natura F Natur *f* **naturalny** natürlich; Natur-
natychmiast sofort **natychmiastowy** sofortig, unverzüglich
natykać ⟨**-tknąć**⟩ **się** stoßen, treffen (**na** *akk* auf *akk*)
nauczać ⟨**-czyć**⟩ beibringen (**k-o** *gen* j-m *akk*); → uczyć; **~ się** *pf* erlernen (*gen akk*) **nauczyciel(ka)** M(F) Lehrer(in) *m(f)*
nauka F Lehre *f*; Unterricht *m*; Wissenschaft *f* **naukowiec** M Wissenschaftler(in) *m(f)* **naukowy** (**-wo**) wissenschaftlich
naumyślnie absichtlich
nawa F (Kirchen)Schiff *n*
nawał M Unmenge *f*, Masse *f* **nawałnica** F Gewittersturm *m*
nawet sogar, selbst
nawias M Klammer *f*; **nawiasem mówiąc** nebenbei gesagt
nawiązywać ⟨**-zać**⟩ anknüpfen (**do** *gen* an *akk*)
nawierzchnia F Straßendecke *f*
nawijać ⟨**-inąć**⟩ aufwickeln
nawilżać ⟨**-żyć**⟩ befeuchten
nawlekać ⟨**-wlec**⟩ auffädeln, einfädeln
nawoływać rufen; auffordern (**do** *gen* zu *dat*)
nawozić düngen **nawóz** M Dünger *m*
nawracać ⟨**-wrócić**⟩ V/I wenden; V/T bekehren (**się** sich)
nawrót M MED Rückfall *m*
nawyk M Angewohnheit *f* **nawykać** ⟨**-knąć**⟩ sich angewöhnen (**do** *gen akk*)
nawzajem gegenseitig
naziemny oberirdisch
naznaczać ⟨**-czyć**⟩ bezeichnen; bestimmen
nazwa F Bezeichnung *f*, Name *m*; **~ użytkownika** IT Benutzername *m* **nazwać** PF benennen, nennen **nazwisko** N Name *m* **nazywać** nennen; **~ się**

heißen
negatyw M Negativ *n* **negatywny** negativ; ablehnend
negocjować verhandeln
negować ⟨za-⟩ verneinen
nekrolog M Todesanzeige *f*
neon M Neon *n*; Neonröhre *f*; Leuchtreklame *f* **neonowy** Neon-; Leucht-
nerka F Niere *f*
nerw M Nerv *m* **nerwica** F Neurose *f* **nerwowy** Nerven- **(-wo)** nervös
netto netto; Netto-
nędza F Elend *n*, Not *f* **nędzny** elend; erbärmlich; niederträchtig
nękać plagen
niańka F Kindermädchen *n*
niby gleich (*nom dat*), wie (*akk*); (so) als ob
nic nichts; **~ a ~** ganz und gar nichts
nicpoń M Taugenichts *m*
niczyj niemandes
nić F Faden *m*
nie nein; nicht, kein; un-, -frei; **~ ma** (*gen*) es gibt nicht *od* kein(e); ... ist nicht da; *formuła grzecznościowa* **nie ma za co** keine Ursache
niebawem bald, in Kürze
niebezpieczeństwo N Gefahr *f* **niebezpieczny** gefährlich
niebieski (-ko) blau **niebo** N Himmel *m*
nieboszczka F Verstorbene *f*
nieboszczyk M Verstorbene(r) *m*
niebywały (-le) außergewöhnlich
niecały nicht ganz; knapp
niech: **~ pan(i)** ... bitte ...; **~ on** ... er soll ...; **~ żyje!** es lebe!
niechcący unabsichtlich **niechęć** F Abneigung *f*; Unlust *f* **niechętny** unwillig
niechlujny schlampig
niechybny unvermeidlich
niecierpliwić się ungeduldig sein *od* werden **niecierpliwy (-wie)** ungeduldig
niecny niederträchtig
nieco etwas, ein wenig
niecodzienny nicht alltäglich
nieczuły unempfindlich
nieczynny außer Betrieb; geschlossen
nieczystości FPL Müll *m*
nieczytelny unleserlich;
niedaleki (-ko) nahe, nahe gelegen; *podróż* kurz
niedawno neulich, unlängst
niedbalstwo N Fahrlässigkeit *f*; Nachlässigkeit *f* **niedbały (-le)** fahrlässig; nachlässig
niedługi (-o) kurz; ADV *a.* nicht weit; nicht lange
niedobór M Mangel *m*; Defizit *n* **niedobry (-brze)** schlecht, übel **niedociągnięcie** N Unzulänglichkeit *f*, Fehler *m*, Mangel *m*
niedogodny unbequem; ungünstig **niedojrzały (-le)** unreif **niedokładny** ungenau

niedokrwistość F Blutarmut *f* **niedołężny** gebrechlich; ungeschickt **niedomagać** kränkeln
niedopałek M (Zigaretten-)Stummel *m*
niedopuszczalny unzulässig **niedoskonały** (-le) unvollkommen **niedostateczny** ungenügend **niedostatek** M Not *f*; Mangel *m* **niedostępny** unzugänglich
niedowidzieć schlecht sehen (können) **niedozwolony** unerlaubt **niedożywiony** unterernährt
niedrogi (-go) preiswert **niedużo** wenig **nieduży** gering; klein; niedrig
niedziela F Sonntag *m*; **w niedzielę** am Sonntag, sonntags
niedźwiedzica F Bärin *f* **niedźwiedź** M Bär *m*
niegościnny ungastlich **niegrzeczny** unhöflich **nieistotny** unwesentlich
niejadalny ungenießbar **niejaki** ein gewisser **niejasny** (-no) unklar; undeutlich **niejeden** manche(r) **niejednokrotnie** mehrmals, mehrfach
niekiedy bisweilen, manchmal **niekorzystny** ungünstig, unvorteilhaft **niektóry** manche(r)
nielegalny illegal, ungesetzlich **nieletni** minderjährig **nieliczny** nicht zahlreich; **nieliczni** *pl* wenige, einige
nieład M Unordnung *f* **nieładny** unschön; hässlich
niemal fast, beinahe **niemało** nicht wenig, ziemlich viel **niemały** erheblich, ziemlich groß
Niemcy PL Deutschland *n* **Niemiec** M Deutsche(r) *m* **niemiecki** (po -ku) deutsch **Niemka** F Deutsche *f*
niemniej dennoch
niemodny unmodern **niemowlę** N Baby *n*, Säugling *m* **niemożliwy** (-wie) unmöglich **niemy** (-mo) stumm
nienaganny tadellos **nienaruszalny** unantastbar **nienasycony** unersättlich
nienawidzić hassen **nienawiść** F Hass *m*
nieobecny abwesend **nieobliczalny** unberechenbar **nieoczekiwany** unerwartet **nieodłączny** unzertrennlich **nieodpowiedni** (-nio) ungeeignet **nieodpowiedzialny** unverantwortlich **nieodwołalny** unwiderruflich
nieograniczony unbegrenzt, unbeschränkt **nieokreślony** unbestimmt **nieomylny** unfehlbar **nieopisany** unbeschreiblich **nieostrożny** unvorsichtig
nieparzysty *liczba* ungerade **niepełny** nicht voll, nicht vollständig; lückenhaft **niepewny** ungewiss; unsicher **niepoczytalny** unzurech-

nungsfähig
niepodległość F Unabhängigkeit *f* **niepodległy** unabhängig
niepodobny unähnlich (**do** *gen dat*)
niepogoda F schlechtes Wetter *n*
niepokaźny unscheinbar
niepokoić ⟨**za-**⟩ beunruhigen (**się** sich) **niepokój** M Unruhe *f*
niepomyślny ungünstig **niepoprawny** falsch; *fig* unverbesserlich **nieporozumienie** N Missverständnis *n* **nieporządek** M Unordnung *f*
nieposłuszny ungehorsam
niepotrzebny unnötig; überflüssig **niepowodzenie** N Misserfolg *m* **niepozorny** unauffällig, unscheinbar **niepożądany** unerwünscht
nieprawda F Unwahrheit; **~?** nicht wahr? **nieprawdopodobny** außergewöhnlich; unwahrscheinlich
nieprawdziwy (**-wie**) unecht
nieprawidłowy (**-wo**) falsch; nicht vorschriftsmäßig
nieproszony ungebeten
nieprzeciętny überdurchschnittlich **nieprzekupny** unbestechlich **nieprzemakalny** wasserdicht **nieprzepuszczalny** undurchlässig
nieprzerwany ununterbrochen
nieprzychylny nicht wohlwollend; widrig **nieprzydatny** ungeeignet
nieprzyjaciel M Feind *m* **nieprzyjazny** feindselig
nieprzyjemność F Unannehmlichkeit *f* **nieprzyjemny** unangenehm
nieprzystępny unzugänglich; *tekst* unverständlich **nieprzytomny** bewusstlos; *fig* geistesabwesend **nieprzyzwoity** (**-cie**) unanständig
nieraz manchmal; oft
nierdzewny rostfrei **nieregularny** unregelmäßig **nierentowny** unrentabel
nierozłączny unzertrennlich
nierozpuszczalny unlöslich
nierozsądny unvernünftig
nierozważny unüberlegt
nierówność F Unebenheit *f*; Ungleichheit *f* **nierówny** (**-no**) uneben; ungleich
nieruchomy (**-mo**) unbeweglich
niesamowity (**-cie**) unheimlich; *fig* unbeschreiblich, schrecklich **nieskazitelny** makellos **nieskończony** unendlich
niesłuszny ungerechtfertigt
niesłychany unerhört **niesmaczny** schlecht schmeckend
niespełna nicht ganz, fast, knapp
niespodzianka F Überraschung *f* **niespodziewany** überraschend, unverhofft **nie-**

pokojny unruhig **esprawiedliwy (-wie)** ungerecht **estety** leider **estosowny** unangemessen, npassend **niestrawny** unverdaulich **nieszczery (-rze)** naufrichtig, unehrlich **ieszczęście** N Unglück *n* **ieszczęśliwy (-wie)** unlücklich **ieszkodliwy (-wie)** harmlos; nschädlich **ieść** tragen; *jaja* legen **ieślubny** unehelich **nieśmiały (-ło)** schüchtern **nieśmiertelny** unsterblich **nieświadomy (-mie)** unbewusst **nieświeży** nicht (mehr) frisch; *chleb* altbacken **ietakt** M Taktlosigkeit *f* **ietoperz** M Fledermaus *f* **ietrzeźwy** betrunken **nieubłagany** unerbittlich; unvermeidlich **nieuchronny** unvermeidlich **nieuczciwy (-wie)** unehrlich, unlauter; unfair **nieudany** misslungen **ieufny** misstrauisch **nieuleczalny** unheilbar **nieumyślny** unabsichtlich **nieuniknionу** unvermeidlich **ieurodzaj** M Missernte *f* **nieustanny** unaufhörlich **nieustraszony** unerschrocken **nieuważny** unaufmerksam **nieuzasadniony** unbegründet **nieuzbrojony** unbewaffnet

nieważny unwichtig, unbedeutend; ungültig; nichtig **niewątpliwy (-wie)** zweifellos; unstrittig **niewdzięczny** undankbar **niewesoły (-ło)** traurig **niewiadomy** unbekannt **niewiara** F Unglaube *m* **niewidomy** blind; SUBST M Blinde(r) *m* **niewidzialny** unsichtbar **niewiele, niewielu** nicht viel(e) **niewierność** F Untreue *f* **niewierny** untreu; treulos **niewierzący** nicht gläubig; SUBST M Ungläubige(r) *m* **niewinny** unschuldig; (*błahy*) harmlos **niewłaściwy (-wie)** unrichtig, falsch; unzuständig **niewola** F Gefangenschaft *f* **niewolnica** F Sklavin *f* **niewolnik** M Sklave *m* **niewybaczalny** unverzeihlich **niewygodny** unbequem **niewykształcony** ungebildet **niewyraźny** undeutlich; unklar **niewyspany** unausgeschlafen **niewzruszony** unempfänglich; unerschütterlich **niezadowolenie** N Unzufriedenheit *f* **niezadowolony** unzufrieden **niezależny** unabhängig **niezamężna** unverheiratet **niezapominajka** F BOT Vergissmeinnicht *n* **niezapomniany** unvergesslich

niezasłużony unverdient **niezawisły** unabhängig **niezawodny** zuverlässig
niezbędny unerlässlich, notwendig **niezbity** (**-cie**) unwiderlegbar **niezbyt** nicht (allzu) sehr, nicht besonders
niezdolność F Unfähigkeit *f* **niezdrowy** (**-wo**) ungesund; unwohl **niezgrabny** unförmig, plump; ungeschickt
niezliczony unzählig **niezły** (**-źle**) ganz *od* ziemlich gut; *fig* ordentlich **niezmienny** unveränderlich **nieznaczny** unbedeutend, gering
nieznajoma F Unbekannte *f* **nieznajomy** M Unbekannte(r) *m* **nieznany** unbekannt
nieznośny unerträglich **niezręczny** ungeschickt **niezrozumiały** (**-le**) unverständlich **niezwłoczny** unverzüglich **nieźle** → niezły **nieżonaty** unverheiratet
nieżyt M Katarrh *m*
nieżywy leblos, tot
nigdy nie, niemals **nigdzie** nirgends **nijaki** fade, farblos; GRAM sächlich
nikczemny niederträchtig
nikły schwach, winzig
niknąć ⟨**z-**⟩ schwinden, *pf a.* verschwinden
nikogo niemanden; **~ nie ma** es ist niemand da **nikomu** niemandem **nikt** niemand
nim[1] KONJ bevor, ehe
nim[2] PRON: **z ~** mit ihm; **o ~** über ihn
niniejszy vorliegend; **nini**-**szym** hiermit
niski (**-ko**) niedrig; tief **nisk**-**kaloryczny** kalorienarm **ni**-**kotłuszczowy** fettarm
niszczeć ⟨**z-**⟩ verfallen; ve-derben **niszczyciel** M Ze-störer *m* **niszczyć** ⟨**z-**⟩ ze-stören; vernichten; kaputt m-chen
nitka F Faden *m*
nizina F Tiefebene *f* **nizinn**-tief gelegen
niż[1] KONJ als, denn
niż[2] M Tief *n*
niższy (**-żej**) niedriger; tiefer
noc F Nacht *f*; **w nocy, noc** in der Nacht; nachts **nocle**-M Übernachtung *f* **nocnik** M Nachttopf *m* **nocny** Nach-**nocować** ⟨**prze-**⟩ übe-nachten
noga F Bein *n*
nogawka F Hosenbein *n*
nora F *lisa* Höhle *f*; *a. fig* Loc-*n*
norma F Norm *f*; Standard *r*
normalny normal, Normal-
Norweg M Norweger *m* **Nor**-**wegia** F Norwegen *n* **nor**-**weski** (**po -ku**) norwegisc-
Norweżka F Norwegerin *f*
nos M Nase *f*
nosiciel(ka) M(F) *odznaki* Träger(in) *m(f)*; *choroby* Überträger(in) *m(f)*; *fig* Vertreter(in) *m(f)* **nosić** tragen
nosorożec M Nashorn *n*

ɔsze PL Trage *f*, Tragbahre *f*
ɔśnik M TECH, CHEM Träger
ı; ~ **danych** Datenträger *m*
ıośność F Tragfähigkeit *f*
ɔtarialny notariell **nota-
iusz** M Notar(in) *m(f)*
ɔtatka F Notiz *f* **notatnik**
M Notizbuch *n*, Notizblock *m*
ıotes → notatnik **notować
⟨za-⟩** notieren
owina F Neuigkeit *f*
owoczesny (-śnie) modern;
zeitgenössisch **noworoczny**
Neujahrs- **noworodek** M
Neugeborene(s) *n* **nowość** F
Neuheit *f* **nowotwór** M Tu-
mor *m*
owy (-wo) neu; **na nowo** von
Neuem
ożyce PL Schere *f* **nożyczki**
PL Schere *f*
ów M Neumond *m*
óż M Messer *n*
ucić ⟨za-⟩ summen; trällern
uda F Langeweile *f* **nudnoś-
ci** FPL Übelkeit *f*, Brechreiz *m*
nudny (-no) langweilig
ıudysta M: **plaża** F **dla nu-
dystów** FKK- Strand *m*
ıudzić langweilen (**się** sich)
ıumer M Nummer *f*; ~ **kie-
runkowy** TEL Vorwahl *f* **nu-
merować ⟨po-⟩** nummerie-
ren
ıurek M Taucher(in) *m(f)* **nur-
kować** tauchen
ıurt M Strömung *f*
ıuta F MUS Note *f*
ıużący (-co) ermüdend **nu-
żyć ⟨z-⟩** ermüden
Nysa F *rzeka* Neiße *f*

O

o PRÄP (*akk, lok*) um (*akk*), über (*akk*); gegen (*akk*), von (*dat*), mit (*dat*), an (*dat, akk*), nach (*dat*)
oba, obaj, obie PL beide
obalać ⟨-lić⟩ (*wywrócić*) umstoßen
obarczać ⟨-czyć⟩ belasten; *fig* aufbürden (**k-o** *inst* j-m *akk*)
obarzanek → obwarzanek
obawa F Befürchtung *f* **obawiać się** fürchten (*gen akk*), sich fürchten (vor *dat*)
obcas M (Schuh)Absatz *m*
obcążki PL (kleine) Zange *f*
obcęgi PL Zange *f*
obchodzić ⟨obejść⟩ herumgehen; (*interesować*) angehen; *święto* begehen; ~ **się** umgehen (**z** *inst* mit *dat*), behandeln (*akk*); auskommen (**bez** *gen* ohne *akk*)
obchód M (Arzt)Visite *f*; **obchody** Feierlichkeiten *fpl*; Fest *n*
obciąć PF → obcinać **obciągać ⟨-gnąć⟩** überziehen (*inst* mit *dat*) **obciążać ⟨-żyć⟩** belasten; beschweren; überanstrengen

obcierać ⟨**obetrzeć**⟩ abwischen; wund reiben **obcinać** ⟨**-ciąć**⟩ abschneiden **obcisły** (**-śle**) eng, eng anliegend
obcokrajowiec M Ausländer(in) *m(f)* **obcować** verkehren (**z** *inst* mit *dat*)
obcy (**-co**) fremd **obczyzna** F Fremde *f*
obdarzać ⟨**-rzyć**⟩ beschenken
obdzierać ⟨**obedrzeć**⟩ *skórę* abziehen
obecnie jetzt **obecność** F Anwesenheit *f* **obecny** anwesend; (*dzisiejszy*) gegenwärtig
obedrzeć PF → obdzierać
obejmować ⟨**objąć**⟩ umarmen; umfassen; *urząd* übernehmen **obejrzeć** PF → oglądać **obejść** PF → obchodzić
obelga F Beleidigung *f* **obelżywy** (**-wie**) beleidigend
oberwać PF → obrywać
obeschnąć PF → obsychać
obetrzeć PF → obcierać
obeznany vertraut (**z** *inst* mit *dat*); bewandert (**w** *dat* in *dat*)
obfity (**-cie**) reichlich; üppig
obgryzać ⟨**-gryźć**⟩ abnagen
obiad M Mittagessen *n*; **jeść ~** zu Mittag essen **obiadowy** Mittags-
obicie N Beschlag *m*; Bezug *m*
obić PF → obijać
obie → oba
obiec PF → obiegać
obiecywać ⟨**-cać**⟩ versprechen
obieg M Umlauf *m* **obieg**... ⟨**obiec**⟩ umrunden; umkr...sen
obierać ⟨**obrać**⟩ schäle... wählen (**na** *akk* zu *dat*)
obietnica F Versprechen *n*
obijać ⟨**-ić**⟩ beschlagen; au... polstern (*inst* mit *dat*)
objaśniać ⟨**-ić**⟩ erläutern; ... klären **objaśnienie** N Erlä...terung *f*; Erklärung *f*
objaw M Symptom *n* **obj...wiać** ⟨**-ić**⟩ zeigen; offenb...ren (**się** sich) **objawienie** ... Offenbarung *f*
objazd M Rundfahrt *f*; Umle...tung *f* **objazdowy** *teatr* Wa...der-
objąć PF → obejmować
objeżdżać ⟨**-jechać**⟩ fahre... (*akk* rund um *akk*); bereisen
objęcie N Umarmung *f*; (*prz...jęcie*) Übernahme *f* **objętoś...** F Umfang *m*; Volumen *n*
obkładać ⟨**obłożyć**⟩ bel...gen (*inst* mit *dat*) **oblać** PF ... oblewać **oblegać** MIL *fig* be...lagern **oblepiać** ⟨**-ić**⟩ bekl...ben (*inst* mit *dat*) **oblewa...** ⟨**-lać**⟩ übergießen, begieße... (*inst* mit *dat*); *egzamin umg* ve...geigen **oblężenie** N Belage...rung *f*
obliczać ⟨**-czyć**⟩ berechnen
oblicze N Antlitz *n*; **w oblicz...** angesichts
obliczenie N Berechnung
obliczyć PF → obliczać

oblizywać 〈**-zać**〉 ablecken, lecken
oblodzony vereist
obława F Razzia *f*; Treibjagd *f*
obłąkany wahnsinnig **obłęd** M Wahnsinn *m* **obłędny** irre
obłok M Wolke *f*
obłożyć PF → obkładać, okładać
obłuda F Heuchelei *f* **obłudny** heuchlerisch
obłupywać 〈**-pać**〉 abschälen, schälen **obmacywać** 〈**-cać**〉 abtasten, betasten; befühlen **obmawiać** 〈**-mówić**〉 lästern (*akk* über *akk*)
obmowa F üble Nachrede *f*
obmyślać 〈**-lić**〉 überlegen
obmywać 〈**-yć**〉 abwaschen
obniżać 〈**-żyć**〉 herabsetzen, senken **obniżka** F (Preis)Senkung *f*
obojczyk M Schlüsselbein *n*
oboje → oba
obojętny gleichgültig; CHEM neutral
obok[1] ADV nebenan
obok[2] PRÄP (*gen*) neben (*akk, dat*)
obopólny beiderseitig
obora F Kuhstall *m* **obornik** M Stallmist *m*
obowiązek M Pflicht *f* **obowiązkowy** Pflicht- **(-wo)** obligatorisch **obowiązujący** geltend; verbindlich **obowiązywać** gelten, Pflicht sein
obozować lagern, kampieren
obozowisko N Lagerplatz *m*, Zeltplatz *m* **obóz** M Lager *n*
obrabiać 〈**-robić**〉 bearbeiten
obrabować PF berauben **obracać** 〈**obrócić**〉 umdrehen (**się** sich); wenden; **~ się** *a.* rotieren **obrać** PF → obierać
obradować beraten, tagen
obrady F Beratung *f*, Tagung *f* **obrastać** bewachsen (*inst* mit *dat*)
obraz M Bild *n*, Gemälde *n*
obraza F Beleidigung *f* **obrazek** M Bildchen *n*; Bild *n* **obrazić** PF → obrażać **obrazowy** **(-wo)** bildlich **obraźliwy** **(-wie)** beleidigend
obrażać 〈**-razić**〉 beleidigen
obrażenia NPL Verletzungen *fpl*
obrączka F Ring *m*; **~ ślubna** Trauring *m*
obręb M (*obszar*) Bereich *m*, Gebiet *n*
obręcz F Reifen *m*; Felge *f*
obrobić PF → obrabiać
obrona F Verteidigung *f* **obronić** PF → bronić **obronny** Verteidigungs- **obrońca** M *a.* SPORT Verteidiger(in) *m(f)*
obrotowy Dreh-; HANDEL Umsatz-
obróbka F Bearbeitung *f* **obrócić** PF → obracać **obrót** M Drehung *f*, Umdrehung *f*; HANDEL Umsatz *m*
obrus M Tischtuch *n*
obrywać 〈**oberwać**〉 abrei-

ßen; *owoce* pflücken, abpflücken
obrządek M Brauch *m*; Ritus *m*
obrzęk M Schwellung *f* **obrzękły** geschwollen
obrzucać ⟨**-cić**⟩ bewerfen
obrzydliwy (**-wie**) ekelhaft **obrzydzać** ⟨**-dzić**⟩ verleiden **obrzydzenie** N Ekel *m*
obsada F *ról* Besetzung *f*; (*załoga*) Besatzung *f* **obsadzać** ⟨**-dzić**⟩ besetzen; *kwiatami* umpflanzen
obserwacja F Beobachtung *f* **obserwować** beobachten
obsługa F Bedienung *f*; **stacja** *f* **obsługi** Servicestation *f* **obsługiwać** ⟨**-służyć**⟩ bedienen
obstawać bestehen , beharren (**przy** *lok* auf *dat*) **obstawiać** ⟨**-ić**⟩ umstellen
obstrzał M Beschuss *m*
obsuwać ⟨**-sunąć**⟩ **się** abrutschen **obsychać** ⟨**obeschnąć**⟩ trocknen **obsypywać** ⟨**-pać**⟩ bestreuen (*inst* mit *dat*)
obszar M Raum *m*; Gebiet *n*; Fläche *f*
obszarpany zerlumpt
obszerny geräumig
obszywać ⟨**-yć**⟩ besetzen (*inst* mit *dat*)
obu → oba
obudowa F Verkleidung *f*; Gehäuse *n* **obudzić** PF → budzić
obumarły abgestorben
oburącz beidhändig
oburzać ⟨**-rzyć**⟩ empören entrüsten (**się** sich) **oburzenie** N Empörung *f*, Entrüstung *f*
obustronny beiderseitig
obuwie N Schuhwerk *n*
obwarzanek M Brezel *f*
obwąchiwać ⟨**-chać**⟩ beschnüffeln **obwiązywać** ⟨**-zać**⟩ umbinden, verbinden; verschnüren
obwieszczenie N Bekanntmachung *f*
obwiniać ⟨**-winić**⟩ beschuldigen (**o** *akk gen*)
obwodnica F Ringstraße *f* **obwodowy** Bezirks-
obwód M ELEK Kreis *m*; POL Bezirk *m*; *ziemi* Umfang *m* **obwódka** F Kante *f*
obyczaj M Brauch *m*, Sitte *f* **obyczajowy** (**-wo**) Sitten-
obydwa, obydwoje → oba
obywać ⟨**-yć**⟩ **się** sich behelfen (**bez** *gen* ohne *akk*)
obywatel(ka) M(F) Bürger(in) *m(f)* **obywatelstwo** N Staatsangehörigkeit *f*
ocalać ⟨**-lić**⟩ retten **ocaleć** PF entrinnen (**z, od** *gen dat*); überleben (*akk*) **ocalenie** N Rettung *f*
ocean M Ozean *m*; *fig* Unmenge *f*
ocena F Bewertung *f*, Beurteilung *f*; (*stopień*) Note *f*, Zensur *f* **oceniać** ⟨**-ić**⟩ bewerten;

…beurteilen
…cet M Essig *m* **ochlapywać** ‹-pać› bespritzen
…chładzać → chłodzić
ochłodzenie N Abkühlung *f*
…choczy (-czo) bereitwillig, …willig **ochota** F Lust *f* **ochotniczka** F Freiwillige *f* **ochotniczy** (-czo) freiwillig
ochotnik M Freiwillige(r) *m*
…chraniać ‹**ochronić**› schützen (**przed** *inst* vor *dat*)
…ochrona F Schutz *m*; Bewachung *f*; **~ środowiska** Umweltschutz *m* **ochroniarz** Bodyguard *m* **ochronić** PF → ochraniać **ochronny** Schutz-
…chrypły (-le) heiser
…ciemniały → niewidomy
ocieplać ‹-lić› erwärmen (**się** sich), wärmer machen; **~ się** wärmer werden
…cierać ‹**otrzeć**› abwischen; abschürfen
…ciężały (-le) schwerfällig
…clenie N Verzollung *f*; **do oclenia** zu verzollen
…czarowywać ‹-ować› bezaubern
…czekiwać erwarten **oczekiwanie** N Erwartung *f*
oczerniać ‹-ić› anschwärzen
oczko N Äuglein *n*; *w rajstopach* (Lauf)Masche *f*
oczny Aug(en)- **oczy** PL → oko
oczyszczać ‹-ścić› reinigen
oczyszczalnia *f* Kläranlage *f*
oczytany belesen
oczywisty (-ście) selbstverständlich
od (*gen*) von (*dat*); seit (*dat*); **starszy ~ ciebie** älter als du
odbicie N *piłki* Zurückschlagen *n*; *światła* Zurückwerfen *n*; *obrazu* Spiegelbild *n* **odbić** PF → odbijać
odbiegać ‹-ec› *fig* abweichen (**od** *gen* von D) **odbierać** ‹**odebrać**› abnehmen, wegnehmen; in Empfang nehmen; RADIO empfangen **odbijać** ‹-ić› *światło* zurückwerfen; *piłkę* zurückschlagen; **~ się** sich widerspiegeln
odbiorca M Verbraucher *m*; Empfänger *m* **odbiorczy** Abnahme-; Empfangs- **odbiorczyni** F Verbraucherin *f*; Empfängerin *f* **odbiornik** M RADIO Empfänger *m*
odbiór M Abnahme *f*; Empfang *m* **odbitka** F Abdruck *m*; FOTO Abzug *m* **odblaskowy** Rückstrahl-
odbudowa F Wiederaufbau *m*
odbudowywać ‹-ować› wiederaufbauen
odbyt M ANAT After *m* **odbytnica** F Mastdarm *m* **odbywać** ‹-yć› absolvieren, durchlaufen, machen; **~ się** stattfinden
odcedzać ‹-dzić› abseihen
odchody PL Exkremente *pl*
odchodzić abgehen, weggehen; BAHN abfahren
odchudzać się eine Diät ma-

chen **odchudzić się** PF abnehmen
odchylać 〈**-lić**〉 zurückbiegen, zurücklehnen; **~ się** sich zurückbeugen; zurückweichen (**od** *gen* von *dat*) **odchylenie** N Abweichung *f*
odciąć PF → odcinać **odciągać** 〈**-gnąć**〉 wegziehen, abziehen (**od** *gen* von *dat*)
odcień M Schattierung *f*
odcinać 〈**-ciąć**〉 abschneiden **odcinek** M Abschnitt *m*; Strecke *f*
odcisk M Abdruck *m*; MED Hühnerauge *n*
odcyfrowywać 〈**-ować**〉 entziffern
odczepiać 〈**-ić**〉 abhängen, abkoppeln
odczuwać 〈**-uć**〉 empfinden **odczuwalny** fühlbar
odczyt M Ablesen *n*; Vortrag *m*
oddalać 〈**-lić**〉 entfernen (**się** sich) **oddalony** entfernt
oddawać 〈**-dać**〉 abgeben, zurückgeben
oddech M Atmung *f*; Atem *m* **oddychać** atmen
oddział M Abteilung *f*; (Kranken)Station *f*; **~ intensywnej terapii** Intensivstation *f* **oddziaływać** 〈**-łać**〉 einwirken
oddzielać 〈**-lić**〉 abtrennen; absondern **oddzielny** getrennt, separat
oddzierać 〈**odedrzeć**〉 abreißen, losreißen
oddźwięk M Echo *n*; Wide hall *m*
ode → od **odebrać** PF → o bierać **odedrzeć** PF → o dzierać **odegnać** PF → odg niać **odegrać** PF → odgr wać
odejmować 〈**odjąć**〉 abzi hen, subtrahieren **odejści** N Weggang *m* **odejść** PF odchodzić
odepchnąć PF → odpycha **odeprzeć** PF → odpiera **oderwać** PF → odrywać **od słać** PF → odsyłać
odetchnąć PF aufatmen
odezwa F Aufruf *m* **odezwa się** PF → odzywać się
odgadywać 〈**-dnąć**〉 rater erraten
odgałęziać się abzweige **odgałęzienie** N Abzweigun *f*
odganiać 〈**odegnać**〉 fortja gen, wegjagen **odgina** 〈**-giąć**〉 zurückbiegen
odgłos M Widerhall *m*; Ge räusch *n*
odgonić PF → odganiać
odgradzać 〈**-grodzić**〉 ab zäunen **odgranicza** 〈**-czyć**〉 abgrenzen **odgra żać się** drohen
odgrodzić PF → odgradza
odgrywać 〈**odegrać**〉 spie len; **~ się** (*mieć miejsce*) sich abspielen **odgryzać** 〈**-yźć**〉 abbeißen **odgrzewać** 〈**-rzać**〉 aufwärmen

djazd M Abfahrt *f*; Abreise *f* **odjąć** PF → odejmować **odeżdżać** **⟨-jechać⟩** abreisen; abfahren **odkażać** **⟨-kazić⟩** desinfizieren **dkąd** seit wann; seitdem **dklejać** **⟨-eić⟩** ablösen **dkładać** **⟨odłożyć⟩** beiseilegen, zurücklegen **dkopywać** **⟨-pać⟩** ausgraben **dkręcać** **⟨-cić⟩** abschrauben; *kurek* aufdrehen **dkrycie** N Entdeckung *f* **odkryty** offen **odkrywać** **⟨-yć⟩** aufdecken; entblößen; entdecken **odkrywca** M Entdecker(in) *m(f)*; Erfinder(in) *m(f)* **dkupywać** **⟨-pić⟩** abkaufen; zurückkaufen; *winy* abbüßen **dkurzacz** M Staubsauger *m* **odkurzać** **⟨-rzyć⟩** abstauben; Staub saugen **dlatywać** **⟨-lecieć⟩** fortfliegen, abfliegen **dległość** F Entfernung *f* **odległy** entfernt; fern **dlew** M Abguss *m* **dliczać** **⟨-czyć⟩** abzählen; abrechnen, abziehen **dlot** M Abflug *m*; **czas** *m* **odlotu** Abflugzeit *f* **dłamek** M Bruchstück *n*; Splitter *m* **odłamywać** **⟨-mać⟩** abbrechen **dłączać** **⟨-czyć⟩** abtrennen; *prąd* abschalten **dłożyć** PF → odkładać **odłupywać** **⟨-pać⟩** abspalten **odmawiać** **⟨-mówić⟩** abschlagen, verweigern (*gen akk*); *modlitwę* hersagen **odmiana** F Abänderung *f*; Umschwung *m*, Wende *f*; (*urozmaicenie*) Abwechslung *f*; (*rodzaj*) Variante *f*, Abart *f*; GRAM Flexion *f* **odmieniać** **⟨-nić⟩** ändern; umwandeln; GRAM flektieren *czasowniki* konjugieren **odmienny** verschieden; abweichend **odmierzać** **⟨-rzyć⟩** abmessen **odmładzać** **⟨-młodzić⟩** verjüngen, jünger machen **odmowa** F Absage *f*; Ablehnung *f*; Verweigerung *f* **odmowny** ablehnend **odmówić** PF → odmawiać **odmrożenie** N Erfrierung *f*; FIN Freigabe *f* **odnajdywać** **⟨-naleźć⟩** wiederfinden; finden (**się** sich) **odnawiać** **⟨-nowić⟩** erneuern; renovieren **odnieść** PF → odnosić **odnoga** F Abzweigung *f*; **~ rzeki** Flussarm *m* **odnosić** **⟨-nieść⟩** zurückbringen; *zwycięstwo* davontragen; *obrażenia* erleiden; *wrażenie* haben; **~ się** (*dotyczyć*) sich beziehen (**do** *gen* auf *akk*) **odnośny** betreffend, bezüglich **odnowić** PF → odnawiać **odosobnienie** N Isolierung *f*;

Abgeschiedenheit *f*
odpad M Abfall *m* **odpadać ⟨-paść⟩** abfallen (**od** *gen* von *dat*) **odpadki** MPL Abfälle *mpl* **odparzać ⟨-rzyć⟩** wund reiben (**sobie** sich) **odpaść** PF → odpadać
odpędzać ⟨-dzić⟩ fortjagen, wegjagen **odpiąć** PF → odpinać **odpierać ⟨odeprzeć⟩** *atak* abwehren; *zarzut* zurückweisen **odpinać ⟨-piąć⟩** abknöpfen, aufknöpfen
odpis M Abschrift *f* **odpisywać ⟨-sać⟩** abschreiben; *na list* zurückschreiben
odpłacać ⟨-cić⟩ heimzahlen **odpłatny** kostenpflichtig
odpływ M *zjawisko* Ebbe *f*; Abfluss *m* **odpływać ⟨-ynąć⟩** *statek* auslaufen; wegschwimmen; *woda* abfließen
odpocząć PF → odpoczywać **odpoczynek** M Erholung *f*, Rast *f* **odpoczywać ⟨-cząć⟩** sich ausruhen, ruhen, sich erholen
odporność F Widerstandsfähigkeit *f* **odporny** widerstandsfähig (**na** *akk* gegen *akk*)
odpowiadać[1] **⟨-wiedzieć⟩** beantworten (**na** *akk akk*), antworten (auf *akk*); erwidern
odpowiadać[2] entsprechen **odpowiedni (-nio)** entsprechend; passend **odpowiedzialność** F Verantwortung *f*; JUR Haftung *f* **odpowiedzialny** verantwortlich **odpowiedź** F Antwort *f*
odprawa F Abfertigung *f*; (*…branie*) Besprechung *m*; *fig* A… fuhr **odprawiać ⟨-ić⟩** abf… tigen; *mszę* halten, zelebrier…
odprężać ⟨-żyć⟩ entspann… (**się** sich) **odprężenie** N E… spannung *f*
odprowadzać ⟨-dzić⟩ b… gleiten; abführen
odpruwać ⟨-uć⟩ *guzik* a… trennen **odpust** M *święto* K… mes *f*; *grzechów* Ablass *m* **o… pychać ⟨odepchnąć⟩** we… stoßen
odra F Masern *pl* **Odra** F *rze…* Oder *f*
odrabiać ⟨-robić⟩ *dług* ab… beiten; *lekcje* machen **odr… czać ⟨-roczyć⟩** verschiebe… vertagen
odradzać[1] **⟨-dzić⟩** abrat… (*gen* von *dat*)
odradzać[2] **⟨-rodzić⟩** erne… ern (**się** sich), wiederbeleben
odrapywać ⟨-pać⟩ abkratze…
odrastać ⟨-rosnąć⟩ nach… wachsen
odraza F Widerwille *m* **odra… żający (-co)** abstoßend, w… derlich
odrębny besondere(r) **od… ręczny** *list* handschriftlic…
odrętwienie N MED Apathi… *f*; Erstarrung *f*
odrobić PF → odrabiać **odro… bina** F ein bisschen **odro… czenie** N Vertagung *f* **odro… czyć** PF → odraczać

rodzenie N Wiedergeburt ; HIST Renaissance *f* **odrozić** PF → odradzać²
różniać ⟨**-ić**⟩ unterscheien (**się** sich)
ruch M Reflex *m*; Reaktion
rywać ⟨**oderwać**⟩ (**się**) ıbreißen
rzec PF erwidern
rzucać ⟨**-cić**⟩ zurückweren; wegwerfen; *fig* ablehnen
drzutowiec M Düsenflug:eug *n*
dsetek M Prozentsatz *m*; **od:etki** *pl* Zinsen *mpl*
dsiadywać ⟨**-siedzieć**⟩ *ımg karę* absitzen
dskakiwać ⟨**-skoczyć**⟩ abspringen; (*odbić się*) abprallen; **~ na bok** zur Seite springen
dsłona F THEAT Aufzug *m*
dsprzedawać ⟨**-dać**⟩ wiederverkaufen
dstawać abstehen (**od** *gen* von *dat*) **odstawiać** ⟨**-ić**⟩ wegstellen **odstąpić** PF → odstępować
dstęp M Abstand *m* **odstępować** ⟨**-stąpić**⟩ abtreten; zurücktreten (**od** *gen* von *dat*)
dstraszać ⟨**-szyć**⟩ abschrecken; verscheuchen **odstraszający** (**-co**) abschreckend
dsuwać ⟨**-sunąć**⟩ wegschieben; **~ się** abrücken
dsyłacz M Fußnote *f*, Verweis *m*; Verweiszeichen *n* **odsyłać** ⟨**odesłać**⟩ absenden; zurückschicken; verweisen (**do** *gen* an *akk*)
odszkodowanie N Entschädigung *f*; Schadenersatz *m*
odszukać PF wiederfinden (**się** sich)
odświeżać ⟨**-żyć**⟩ frisch machen; *fig* auffrischen, erneuern
odświętny feierlich; festlich
odtąd von nun an; von hier ab
odtłuszczony entfettet, Mager-
odtrącać ⟨**-cić**⟩ wegstoßen; zurückweisen
odtrutka F Gegengift *n*
odtwarzacz M: **~ płyt kompaktowych** CD-Player *m* **odtwarzać** ⟨**-tworzyć**⟩ wiedergeben; (*przywrócić*) wiederherstellen **odtwórca** M Darsteller *m* **odtwórczyni** F Darstellerin *f*
oduczać ⟨**-czyć**⟩ abgewöhnen (**od** *gen* j-m *akk*)
odurzający Rausch- (**-co**) berauschend
odwaga F Mut *m* **odważny** mutig **odważyć się** PF wagen, sich trauen (**na** *akk akk*)
odwdzięczać ⟨**-czyć**⟩ **się** sich dankbar zeigen
odwet M Vergeltung *f*
odwiązywać ⟨**-zać**⟩ losbinden
odwieczny uralt
odwiedzać ⟨**-dzić**⟩ besuchen
odwiedziny PL Besuch *m*
odwieść PF → odwodzić **odwieźć** PF → odwozić

odwijać **⟨-inąć⟩** abwickeln, auswickeln
odwilż F Tauwetter *n*
odwinąć PF → odwijać
odwodzić **⟨odwieść⟩** abbringen (**od** *gen* von *dat*); *ręce* ausstrecken
odwołanie N Widerruf *m*; Abberufung *f*; JUR Berufung *f* **odwoływać** **⟨-łać⟩** widerrufen; abberufen; **~ się** appellieren (**do** *gen* an *akk*); sich berufen (auf *akk*); JUR Berufung einlegen
odwozić **⟨odwieźć⟩** hinbringen, hinfahren
odwracać **⟨-wrócić⟩** umdrehen (**się** sich); wenden; umblättern **odwrotny** umgekehrt; Rück-, Kehr- **odwrócić** PF → odwracać **odwrót** M Rückzug *m*; **na odwrocie** auf der Rückseite
odwzajemniać **⟨-ić⟩** *uczucie* erwidern; **~ się** sich revanchieren
odziedziczać **⟨-czyć⟩** erben
odzież F Kleidung *f* **odzieżowy** Bekleidungs-
odznaczać **⟨-czyć⟩** auszeichnen (**się** sich) **odznaczenie** N Auszeichnung *f* **odznaka** F (*znaczek*) Abzeichen *n*
odzwierciedlać **⟨-lić⟩** widerspiegeln (**się** sich)
odzwyczajać **⟨-czaić⟩** abgewöhnen (**k-o od** *gen* j-m *akk*; **się** sich)
odzyskiwać **⟨-kać⟩** wiedergewinnen, wiedererlang…
odzywać **⟨odezwać⟩** **s**… sagen; sich melden (**do** *g*… bei *dat*)
odżywać **⟨-żyć⟩** wiederaufl… ben **odżywiać** ernähren (**s**… sich) **odżywka** F: **~ dla dzi**… **ci** Kindernahrung *f*
oferować **⟨za-⟩** anbiete…
oferta F Angebot *n*
ofiara F Opfer *n*; (*datek*) Spe… de *f* **ofiarny** Opfer-; opferb… reit; aufopfernd **ofiarowy**… **wać** **⟨-ować⟩** opfern; *pienią*… *dze* spenden
oficer M Offizier *m*
oficjalny offiziell, amtlich
ogarniać **⟨-nąć⟩** umfassen
ogień M Feuer *n*
ogier M Hengst *m*
oglądać **⟨obejrzeć⟩** sich an… sehen; besichtigen; **~ się** sic… umsehen **oględziny** PL Be… sichtigung *f*
ogłada F *fig* Schliff *m*
ogłaszać **⟨ogłosić⟩** bekann… machen; inserieren **ogłosze**… **nie** N Bekanntmachung *f*; In… serat *n*
ogłuchnąć PF taub werden
ogłuszać **⟨-szyć⟩** betäuben
ogniotrwały feuerfest **ogni**… **sko** N (Lager)Feuer *n*; MED… Herd *m*; *a. fig* Brennpunkt *m*…
ognisty Feuer- (**-ście**) feuri…
ogniwo N (Ketten)Glied *n*… ELEK Element *n*
ogolić PF → golić
ogon M Schwanz *m*; Schwei…

ogonek M (Blatt)Stiel *m*; *g* (Menschen)Schlange *f*
jólnokrajowy gesamtstaatich, Landes- **ogólny** allgemein; gesamt
jół M Allgemeinheit *f*; Gesamtheit *f*; **ogółem** insgesamt, zusammen; **na ~** im Allgemeinen
górek M Gurke *f*
grabiać → grabić²
graniczać ⟨-czyć⟩ einschränken, beschränken
ograniczenie N Begrenzung *f*; Einschränkung *f* **ograniczony** begrenzt, beschränkt; engstirnig
grodnictwo N Gartenbau *m*; Gärtnerei *f* **ogrodniczka** F Gärtnerin *f* **ogrodnik** M Gärtner *m*
grodzenie N Umzäunung *f*
gromny gewaltig, riesig
gród M Garten *m*
gródka F: **bez ogródek** ohne Umschweife
gryzać ⟨**ogryźć**⟩ nagen (*akk* an *dat*)
grzewać ⟨**ogrzać**⟩ erwärmen, wärmen; beheizen
ogrzewanie N Heizung *f*
gumienie N AUTO Bereifung *f*
hydny scheußlich, widerwärtig
jciec M Vater *m* **ojcostwo** N Vaterschaft *f* **ojczym** M Stiefvater *m*
jczysty heimatlich; → mowa
ojczyzna F Vaterland *n*, Heimat *f*
okaleczać ⟨-czyć⟩ verstümmeln; → kaleczyć
okap M Dachtraufe *f*; Rauchfang *m*; Abzugshaube *f*
okaz M (Pracht)Stück *n*; Muster *n* **okazać** PF → okazywać
okazały (-le) prächtig, prachtvoll **okaziciel** M Inhaber(in) *m(f)*; Überbringer(in) *m(f)* **okazja** F Gelegenheit *f*
okazyjny Gelegenheits-
okazywać ⟨-zać⟩ zeigen, vorzeigen
okiennica F Fensterladen *m*
okienny Fenster-
oklaski PL Beifall *m* **oklaskiwać** Beifall klatschen
oklepany abgedroschen
okład M MED Umschlag *m*
okładać ⟨**obłożyć**⟩ belegen
okładka F *zeszytu* Umschlag *m*; (Buch)Deckel *m*
okłamywać ⟨-mać⟩ belügen
okno N Fenster *n*
oko N Auge *n*
okolica F Gegend *f*; Umgebung *f*
okolicznościowy Sonder-, Gedenk- **okoliczność** F Umstand *m*
około ungefähr, etwa; *czas* gegen (*gen akk*)
okoń M Barsch *m*
okradać ⟨**okraść**⟩ bestehlen
okrąg M Kreis *m* **okrągły** (-ło) rund **okrążać** ⟨-żyć⟩ umkreisen; umzingeln **okrą-**

żenie N Umkreisung *f*; Umzingelung *f*; SPORT (Bahn)Runde *f*
okres M Zeitraum *m*, Zeit *f*; Dauer *f*; Frist *f*; Zeitalter *n*; MED Regel *f*, Periode *f* **okresowy** (**-wo**) periodisch; zeitweilig **określać** ⟨**-lić**⟩ bezeichnen **określony** bestimmt
okręg M Bezirk *m* **okręgowy** Bezirks-
okręt M (Kriegs)Schiff *n*
okrężny: **droga** F **okrężna** Umweg *m*
okropny schrecklich
okruch M Brocken *m*
okrutny grausam
okrycie N Bedeckung *f* **okrywać** ⟨**-yć**⟩ bedecken
okrzyk M Ausruf *m*, Ruf *m*
okulary PL Brille *f* **okulista** M Augenarzt *m* **okulistka** F Augenärztin *f*
okup M Lösegeld *n*
okupacja F Besetzung *f*
olbrzym M Riese *m* **olbrzymi** riesig
olcha F Erle *f*
olej M Öl *n* **olejek** M Öl *n*; **~ do opalania** Sonnenöl *n* **olejny** (**-no**) Öl-
olimpiada F Olympiade *f* **olimpijski** olympisch
oliwa F Olivenöl *n*; Schmieröl *n* **oliwka** F Olive *f* **oliwkowy** Oliven- (**-wo**) oliv, olivgrün
ołów M Blei *n* **ołówek** M Bleistift *m*
ołtarz M Altar *m*
omal (nie) fast; beinahe
omawiać ⟨**omówić**⟩ besprechen
omdlenie N Ohnmacht
omdlewać → mdleć
omijać ⟨**ominąć**⟩ vorbeigehen; vorbeifahren (*akk* an *dat*); umgehen, umfahren
omlet M Omelett *n*
omotywać ⟨**-tać**⟩ umwickeln
omówić PF → omawiać
omułek M Miesmuschel *f*
omylić się PF → mylić **omyłka** F Irrtum *m*; Fehler *m*
on, ona, ono er, sie, es
ondulacja F: **trwała ~** Dauerwelle *f*
one, oni PL → on
onieśmielać ⟨**-lić**⟩ einschüchtern
ono → on
opad M Fall *m*; **opady** *pl* Niederschläge *mpl* **opadać** ⟨**opaść**⟩ herabfallen, fallen; sinken
opakowanie N Verpackung
opakowywać ⟨**-ować**⟩ verpacken
opalacz M Bikini *m*; Strandanzug *m* **opalać** ⟨**-lić**⟩ ansengen; *dom* beheizen; *o słońcu* bräunen; **~ się** sich sonnen
opalenizna F Sonnenbräune *f* **opalony** braun gebrannt
opał M Heizmaterial *n*
opanowany beherrscht, gelassen **opanowywać** ⟨**-ować**⟩ beherrschen (**się**

sich); MIL einnehmen
opar M Dunst *m*
oparcie N Stütze *f*; Lehne *f*
oparzenie N Verbrühung *f*; Verbrennung *f* **oparzyć się** sich verbrennen
opaska F Band *n*; Binde *f*
opasły dick; feist
opaść PF → opadać
opatrunek M MED Verband *m* **opatrunkowy** Verband(s)-
opatrywać ⟨-trzyć⟩ *ranę* verbinden; versehen (*inst* mit *dat*)
opatrzność F Vorsehung *f*
opera F Oper *f*; Opernhaus *n*
operacja F Operation *f* **operacyjny** operativ; Operations-
operetka F Operette *f*
operować ⟨z-⟩ operieren
opętany besessen (*inst* von *dat*)
opiec → opiekać **opieczętować** PF versiegeln **opieka** F Fürsorge *f*; Obhut *f*; Pflege *f* **opiekać ⟨opiec⟩** *na ruszcie* rösten, grillen **opiekować się** betreuen (*inst akk*); sorgen (für *akk*) **opiekun(ka)** M(F) Betreuer(in) *m(f)*; Babysitter(in) *m(f)*; JUR Vormund *m* **opiekuńczy** Fürsorge-; Vormundschafts-
opierać ⟨oprzeć⟩ lehnen, anlehnen (**o** *akk* an *akk*); **~ się** sich stützen (**na** *lok* auf *akk*); (*wzbraniać się*) sich sträuben
opieszały (-le) säumig; nachlässig
opinia F Meinung *f*; (*reputacja*) Ruf *m*; Beurteilung *f* **opiniować ⟨za-⟩** beurteilen
opis M Beschreibung *f* **opisywać ⟨-sać⟩** beschreiben
opłacać ⟨-cić⟩ bezahlen **opłacalny** rentabel
opłakany beklagenswert
opłata F Gebühr *f*; **za opłatą** gegen Gebühr
opłatek M Oblate *f*
opłukiwać ⟨-kać⟩ spülen, abspülen
opodatkowywać ⟨-ować⟩ besteuern
opona F AUTO Reifen *m*; **~ mózgowa** Gehirnhaut *f*
opornik M ELEK Widerstand *m* **oporny** widerspenstig
opowiadać ⟨-wiedzieć⟩ erzählen **opowiadanie** N Erzählung *f* **opowieść** F *literatura* Erzählung *f*
opór M Widerstand *m*
opóźniać ⟨-ić⟩ verzögern; **~ się** sich verspäten **opóźnienie** N Verzögerung *f*; Verspätung *f*
opracowanie N Bearbeitung *f* **opracowywać ⟨-ować⟩** bearbeiten
oprawa F Fassung *f*; *książki* Einband *m* **oprawiać ⟨-ić⟩** einfassen; einbinden; einrahmen **oprawka** F Fassung *f*
oprocentowanie N Verzinsung *f* **oprogramowanie** N IT Software *f* **oprowadzać ⟨-dzić⟩** herumführen
oprócz (*gen*) außer (*dat, akk*)

opróżniać ⟨**-ić**⟩ leeren, entleeren
opryskiwacz M Sprühgerät *n* **opryskiwać** ⟨**-kać**⟩ besprühen
opryskliwy (**-wie**) barsch, unwirsch **opryszczka** F Herpes *m*
oprzeć PF → opierać
optyczny optisch **optyk** M Optiker(in) *m(f)*
optymista M Optimist *m* **optymistka** Optimistin *f* **optymistyczny** optimistisch **optymizm** M Optimismus *m*
opublikować PF → publikować
opuchnięty geschwollen
opukiwać abklopfen
opustoszały menschenleer **opuszczać** ⟨**-ścić**⟩ *w dół* herunterlassen; verlassen; (*pominąć*) auslassen; versäumen
opuszka F Fingerkuppe *f*
orać ⟨**z-**⟩ pflügen, ackern
oranżada F Limonade *f*
oraz sowie
orbita F ASTRON Umlaufbahn *f*
order M Orden *m*
ordynator M Chefarzt *m*, Chefärztin *f*
organ M ANAT, POL Organ *n*
organizacja F Organisation *f* **organizator(ka)** M(F) Organisator(in) *m(f)*; **organizator podróży** Reiseveranstalter *m*
organizm M Organismus *m* **organizować** ⟨**z-**⟩ organisieren
organki PL Mundharmonika **organy** PL Orgel *f*
orientować ⟨**z-**⟩ informieren ~ **się** sich orientieren, sich auskennen
orkiestra F Orchester *n*
orszak M Gefolge *n*; Zug *m*
ortografia F Orthografie *f*
oryginalny Original-; originell **oryginał** M Original *n*
orzec PF → orzekać
orzech M Nuss *f*; Nussbaum *m*
orzeczenie N (*opinia*) Gutachten *n*; JUR Spruch *m*; MED Befund *m*; GRAM Prädikat *n* **orzekać** ⟨**orzec**⟩ befinden ein Urteil fällen
orzeł M Adler *m*
orzeźwiający (**-co**) erfrischend
osa F Wespe *f*
osad M (Boden)Satz *m*; Niederschlag *m* **osada** F Siedlung *f* **osadniczka** F Siedlerin *f* **osadnik** M Siedler *m*
osądzać ⟨**-dzić**⟩ urteilen, beurteilen; PF *a.* verurteilen
oset M Distel *f*
osiadać → osiedlać; absetzen, setzen (**się** sich)
osiągać ⟨**-gnąć**⟩ erreichen; erlangen **osiągnięcie** N Errungenschaft *f*, Leistung *f*
osiąść PF → osiadać
osiedlać ⟨**-lić**⟩ ansiedeln (**się** sich); ~ **się** sich niederlassen **osiedle** N Siedlung *f*
osiem acht **osiemdziesiąt**

achtzig **osiemnaście** achtzehn **osiemset** achthundert

osika F Espe *f*

osioł M Esel *m*

oskarżać ⟨**-żyć**⟩ beschuldigen (**o** *akk gen*); JUR anklagen (*gen*) **oskarżenie** N Anklage *f* **oskarżona** F Angeklagte *f* **oskarżony** M Angeklagte(r) *m* **oskarżyciel(ka)** M(F) Ankläger(in) *m(f)* **oskarżyć** PF → oskarżać

oskrzele N Bronchie *f*

osłabiać ⟨**-ić**⟩ schwächen, abschwächen **osłabienie** N Abschwächung *f*; MED Schwäche *f*

osładzać → słodzić **osłaniać** ⟨**osłonić**⟩ schützen; verdecken **osłona** F Hülle *f*; Schutz *m*; FOTO (Sonnen)Blende *f*

osłuchiwać ⟨**-chać**⟩ MED abhorchen

osłupienie N Bestürzung *f*

osoba F Person *f* **osobistość** F Persönlichkeit *f* **osobisty** (**-ście**) persönlich **osobliwość** F Rarität *f*, Phänomen *n*; Eigenart *f* **osobliwy** (**-wie**) eigenartig, merkwürdig **osobnik** M Individuum *n* **osobny** (**-no**) → oddzielny **osobowość** F Persönlichkeit *f* **osobowy** Personen-

osowiały (**-le**) apathisch

ospa F Pocken *pl*; **wietrzna ~** Windpocken *pl*

ospały (**-le**) verschlafen; träge

ostateczny endgültig; ADV *a.* letztlich, schließlich **ostatni** letzte(r) **ostatnio** letztens, zuletzt

ostrość F Schärfe *f*

ostrożność F Vorsicht *f* **ostrożny** vorsichtig

ostry (**-ro**) scharf; MED akut

ostryga F Auster *f*

ostrze N Schneide *f*

ostrzegać ⟨**ostrzec**⟩ warnen **ostrzegawczy** (**-czo**) Warn- **ostrzeżenie** N Warnung *f*

ostrzyc PF → strzyc **ostrzyć** ⟨**na-**⟩ schärfen

ostudzać ⟨**-dzić**⟩ abkühlen

osuszać ⟨**-szyć**⟩ abtrocknen; *bagno* trockenlegen

oswajać ⟨**oswoić**⟩ zähmen

oswobadzać ⟨**-bodzić**⟩ befreien (**od** *gen* von *dat*; **się** sich)

oswoić PF → oswajać

oszaleć PF verrückt werden

oszczep M Spieß *m*, Speer *m*

oszczerstwo N Verleumdung *f*

oszczędność F Sparsamkeit *f* **oszczędny** sparsam **oszczędzać** ⟨**-dzić**⟩ sparen; verschonen

oszklony verglast, Glas-

oszpecać ⟨**-cić**⟩ verunstalten

oszukiwać ⟨**-kać**⟩ betrügen **oszust(ka)** M(F) Betrüger(in) *m(f)* **oszustwo** N Betrug *m*

oś F Achse *f*

ość F (Fisch)Gräte *f*

oślepiać ⟨**-ić**⟩ blenden **oślepnąć** PF erblinden

ośmielać ⟨**-lić**⟩ **się** wagen,

sich trauen
ośmieszać ⟨**-szyć**⟩ lächerlich machen
ośmiornica F Krake *f*
ośrodek M Zentrum *n*; **~ zdrowia** Ärztehaus *n*
oświadczać ⟨**-czyć**⟩ erklären; **~ się** einen Heiratsantrag machen **oświadczenie** N Erklärung *f* **oświadczyny** PL Heiratsantrag *m*
oświata F Bildung *f*; Bildungswesen *n*
oświetlać ⟨**-lić**⟩ beleuchten **oświetlenie** N Beleuchtung *f*
otaczać ⟨**otoczyć**⟩ umgeben (*inst* mit *dat*)
otchłań F Abgrund *m*
oto hier ist *od* sind
otoczenie N Umgebung *f*
otoczyć PF → otaczać
otóż → oto
otruć PF vergiften (**się** sich)
otrząsać ⟨**-snąć**⟩ abschütteln
otrzeć PF → ocierać
otrzymywać ⟨**-mać**⟩ bekommen
otulać ⟨**-lić**⟩ einhüllen
otwarcie N Eröffnung *f*; **godziny** *fpl* **otwarcia** Öffnungszeiten *fpl* **otwarty** (**-cie**) offen
otwieracz M Öffner *m* **otwierać** ⟨**otworzyć**⟩ öffnen
otwór M Öffnung *f*, Loch *n*
otyłość F Beleibtheit *f* **otyły** beleibt, dick
owa → ów
owad M Insekt *n* **owadobójczy** Insektenbekämpfungs-
owca F Schaf *n* **owczarek** M Schäferhund *m*
owdowiały verwitwet
owies M Hafer *m*
owijać ⟨**owinąć**⟩ umwickeln
owłosiony behaart
owo → ów
owoc M Frucht *f*; **owoce** *pl a.* Obst *n* **owocowy** Frucht-, Obst-
owsianka F Haferbrei *m*
owszem gern; natürlich; doch
ozdabiać ⟨**ozdobić**⟩ schmücken; verzieren **ozdoba** F Verzierung *f*; Schmuck *m* **ozdobić** PF → ozdabiać **ozdobny** verziert, Zier-
oziębiać ⟨**-bić**⟩ abkühlen (**się** sich) **oziębły** (**-le**) kühl, frostig
oznaczać ⟨**-czyć**⟩ bezeichnen; bedeuten **oznajmiać** ⟨**-ić**⟩ verkünden; bekannt geben **oznaka** F Anzeichen *n*
oznakowywać ⟨**-ować**⟩ kennzeichnen
ożywać ⟨**ożyć**⟩ wieder lebendig werden **ożywczy** (**-czo**) belebend **ożywiać** ⟨**-ić**⟩ beleben

Ó

ósemka F Acht *f*, Achter *m*
ósmy achte(r)
ów, owa, owo jener, jene, je-

nes **ówczesny** damalig
ówdzie: **tu i ~** hier und da

P

pacha F Achselhöhle *f*; **pod pachą** unter dem Arm
pachnący (-co) duftend **pachnieć** duften; riechen (*inst* nach *dat*)
pachwina F ANAT Leiste *f*
pacierz M Gebet *n*
pacjent(ka) M(F) Patient(in) *m(f)*
paczka F Paket *n* **paczuszka** F Päckchen *n*
padać ⟨**paść**⟩ fallen; → deszcz, śnieg **padalec** M Blindschleiche *f* **padlina** F Kadaver *m*, Aas *n*
pagórek M Hügel *m*
pajac M Hampelmann *m*; Clown *m* **pajacyk** M Hampelmann *m*
pająk M Spinne *f* **pajęczyna** F Spinnwebe *f*
pakiet M Bündel *n*; Paket *n* **pakować** ⟨**s-, za-**⟩ packen, einpacken
pakt M Pakt *m*
pakunek M Paket *n*; TECH Packung *f*
pal M Pfahl *m*
palacz(ka) M(F) Heizer(in) *m(f)*; Raucher(in) *m(f)* **palarnia** F Rauchzimmer *n* **palący**: **dla palących** für Raucher
palec M Finger *m*; *u nogi* Zehe *f*
palenie N Brennen *n*; Heizen *n*; *papierosów* Rauchen *n* **palić** ⟨**s-**⟩ verbrennen; *papierosa* rauchen; **~ się** brennen ⟨**na-**⟩ heizen **paliwo** N Brennstoff *m*
palma F Palme *f* **palnik** M Brenner *m* **palto** N (Winter)-Mantel *m*
paluszek M Fingerchen *n*; **paluszki** *pl* **rybne** GASTR Fischstäbchen *n*
pałac M Palast *m*, Palais *n*
pałeczka F Stäbchen *n*; Taktstock *m* **pałka** F Knüppel *m*
pamiątka F Andenken *n* **pamiątkowy** Gedenk-
pamięć F Gedächtnis *n*; IT Speicher *m*; **na pamięć** auswendig; **~ USB** USB-Stick *m*
pamiętać denken (**o** *lok* an *akk*); sich erinnern (*akk* an *akk*) **pamiętnik** M Tagebuch *n* **pamiętny** denkwürdig
pan M Mann *m*; *w zwrotach* Herr *m*, Sie; **pan Nowak** Herr Nowak; **widzi pan?** sehen Sie?
pancerny gepanzert, Panzer-
pani F Frau *f*; Dame *f*; *hist* Herrscherin *f*; *w zwrotach* Frau *f*, Sie; **pani Nowak** Frau Nowak; **widzi pani?** sehen Sie?
paniczny panisch
panienka F → panna
panika F Panik *f*

panna F Fräulein *n*
panorama F Panorama *n*
panować herrschen; beherrschen (**nad sobą** sich) **panowanie** F Herrschaft *f*
pantofel M (Halb)Schuh *m*
pański (po -ku) herrschaftlich **państwo** N Staat *m*; *w zwrotach* Damen und Herren, Herrschaften *pl* **państwowy** staatlich, Staats-
papa F: ~ **dachowa** Dachpappe *f*
papier M Papier *n* **papieros** M Zigarette *f* **papierowy** Papier-
papieski päpstlich **papież** M Papst *m*
papka F Brei *m*
paplać plappern
paproć F Farn *m*
papryka F Paprika *m*; Paprikaschote *f*
papuga F Papagei *m*
para¹ F (*dwie sztuki*) Paar *n*
para² F Dampf *m*
parada F Parade *f*
parafia F Pfarrgemeinde *f* **parafialny** Pfarr- **parafianin** M Gemeindemitglied *n* **parafianka** F Gemeindemitglied *n*
parafina F Paraffin *n*
paragon M Kassenzettel *m*
paragraf M Paragraf *m*
paraliż M Lähmung *f* **paraliżować** ⟨**s-**⟩ lähmen
parapet M Fensterbank *f*
parasol M Schirm *m*
parę ein paar **paręset** einige hundert
park M Park *m*; ~ **rozrywk**[i] Freizeitpark *m*
parkan M (Bretter)Zaun *m*
parkiet M Parkett *n*
parking M Parkplatz *m*
parkomat M Parkscheinautomat *m* **parkometr** M Parkuhr *f* **parkować** ⟨**za-**⟩ parken **parkowanie** N: **zakaz** M **parkowania** Parkverbot *n*
parlament M Parlament *n*
parny (-no) schwül
parować ⟨**wy-**⟩ dampfen, verdampfen **parowiec** M Dampfer *m* **parowóz** M Dampflokomotive *f* **parowy** Dampf-
parówka F *kiełbaska* Wiener Würstchen *n*
parter M Erdgeschoss *n*, Parterre *n* **parterowy** Erdgeschoss-, Parterre-
partia F POL Partei *f*; Partie *f*
partner(ka) M(F) Partner(in) *m(f)* **partnerstwo** N Partnerschaft *f*
partyjny Partei-; SUBST M Parteimitglied *n*
partyzant M Partisan *m*
Paryż M Paris *n*
parzyć ⟨**po-, s-**⟩ brühen, verbrühen
parzysty *liczba* gerade **(-ście)** paarig
pas M Gurt *m*, Gürtel *m*; Riemen *m*; Streifen *m*
pasażer(ka) M(F) Fahrgast *m*
pasażerski BAHN Personen-

pasek M Gürtel *m*; Band *n* **paser(ka)** M(F) Spekulant(in) *m(f)*, Schieber(in) *m(f)*
pasja F Leidenschaft *f*; REL Passion *f*; (*wściekłość*) Wut *f*
paskudny *umg* scheußlich, mies
pasmo N Strähne *f*; Streifen *m*; **~ górskie** Gebirgskette *f*
pasować passen
pasożyt M *fig* Schmarotzer *m*; Parasit *m*
pasta F Paste *f*; Creme *f*; **~ do butów** Schuhcreme *f*; **~ do zębów** Zahnpaste *f*
pasterz M Hirte *m* **pastor** M Pfarrer(in) *m(f)* **pastować** polieren, bohnern **pastwisko** N Weide *f*
pastylka F Tablette *f*
pasza F (Vieh)Futter *n*
paszcza F Rachen *m*
paszport M (Reise)Pass *m*
pasztet M Pastete *f* **pasztetowa** F Leberwurst *f*
paść[1] PF → padać
paść[2] *na pastwisku* weiden
patelnia F Bratpfanne *f*
patent M Patent *n*
patriota M Patriot *m* **patriotka** F Patriotin *f* **patriotyczny** patriotisch
patrol M Patrouille *f*
patron M Patron *m*
patrzeć blicken, schauen
patrzyć → patrzeć
patyk M Stock *m*
pauza F Pause *f*
paw M Pfau *m*
pawilon M Pavillon *m*
pawlacz M Hängeboden *m*
paznokieć M Fingernagel *m*; Fußnagel *m*
pazur M Kralle *f*, Klaue *f*
październik M Oktober *m*; **w październiku** im Oktober
pączek M Knospe *f*; GASTR (Berliner) Pfannkuchen *n*, Krapfen *m*
pchać ⟨**pchnąć**⟩ schieben; stoßen
pchła F Floh *m*
pchnąć PF → pchać
pech M Pech *n* **pechowiec** M Pechvogel *m* **pechowy** (**-wo**) Pech-, Unglücks-
pedał M Pedal *n*, Fußhebel *m*
pediatra M Kinderarzt *m*, Kinderärztin *f*
pejzaż M Landschaft *f*
pełnia F *księżyca* Vollmond *m*
pełnić ⟨**s-**⟩ erfüllen **pełnoletni** volljährig **pełnomocnictwo** N Vollmacht *f* **pełnomocnik** M Bevollmächtigte(r) *m/f(m)* **pełny** (**-no**) voll
pełzać kriechen
pensja F Gehalt *n* **pensjonat** M (Gäste)Pension *f*
perfumy PL Parfüm *n*
perkusja F Schlagzeug *n*
perła F Perle *f* **perłowy** Perl(en)-; **kasza** *f* **perłowa** Perlgraupen *pl*
peron M Bahnsteig *m*
personel M Personal *n*
peruka F Perücke *f*
pestka F Kern *m*; Stein *m*

pesymista M Pessimist *m* **pesymistka** F Pessimistin *f* **pesymistyczny** pessimistisch
pewien (ein) gewisser **pewnie** sicher, sicherlich; fest **pewność** F Sicherheit *f*, Bestimmtheit *f* **pewny (-no)** sicher; **na pewno** ganz bestimmt
pęcherz M Blase *f* **pęcherzyk** M Blase *f*; Bläschen *n*
pęczek M Bund *n*, Sträußchen *n*
pęcznieć ⟨na-⟩ quellen, aufquellen
pęd M Tempo *n*; Drang *m*; BOT Trieb *m*
pędzel M Pinsel *m*
pędzić V/T treiben; V/I eilen, rennen
pęk M Bündel *n* **pękać ⟨-knąć⟩** platzen, springen **pęknięcie** N Riss *m*, Sprung *m*
pępek M (Bauch)Nabel *m*
pętla F Schlinge *f*; Schlaufe *f*; Kehre *f*
piach M Sand *m*
piać *kogut* krähen
piana F Schaum *m*
pianino N Piano *n*, Klavier *n*
piasek M Sand *m* **piaskownica** F Sandkasten *m* **piaskowy** Sand-; sandfarben
piasta F (Rad)Nabe *f* **piastować** *urząd* bekleiden
piaszczysty (-to) sandig
piąć się klettern, hochklettern ansteigen

piątek M Freitag *m*; **Wielk Piątek** Karfreitag *m* **piątka** Fünf *f*, Fünfer *m*; *ocena* seh gut **piąty** fünfte(r)
picie N Trinken *n*; *umg* (*napój* Getränk *n*
pić ⟨wy-⟩ trinken, *pf* austrinken
piec[1] M Ofen *m*; (Koch)Herd *m*
piec[2] **⟨u-⟩** backen; *mięso* braten
piechota F Infanterie *f*; *umg* **piechotą, na piechotę** zu Fuß
piecyk → piec[1]
pieczara F Grotte *f*; Höhle
pieczarka F Champignon *m*
pieczątka F → pieczęć
pieczeń F Braten *m* **pieczęć** F Siegel *n*; Stempel *m* **pieczętować ⟨za-⟩** siegeln, versiegeln **pieczony** gebacken; gebraten **pieczywo** N Backwaren *fpl*, Gebäck *n*
pieg M Sommersprosse *f* **piegowaty** sommersprossig
piekarnia F Bäckerei *f* **piekarnik** M Backofen *m* **piekarz** M Bäcker(in) *m(f)*
piekielny höllisch **piekło** N Hölle *f*
pielęgniarka F Krankenschwester *f*, Krankenpflegerin *f* **pielęgniarz** M Krankenpfleger *m* **pielęgnować** pflegen
pielgrzym M Pilger(in) *m(f)* **pielgrzymka** F Pilgerfahrt *f*
pielucha F Windel *f*
pieluszka F → pielucha
pieniądz M Geld *n*

pienić się schäumen
pieniężny Geld-
pień M (Baum)Stamm *m*
pieprz M Pfeffer *m* **pieprzyć** 〈**po-**〉 pfeffern
piernik M Pfefferkuchen *m*
pieróg M Teigtasche *f*
pierś F Brust *f*
pierścień Ring *m* **pierścionek** M Ring *m*
pierwiastek M CHEM Element *n*; MATH Radikal *n*; Wurzel *f*
pierwotny Ur-; ursprünglich
pierwszeństwo N Vorrang *m*; Vortritt *m*; Vorfahrt *f*
pierwszorzędny erstklassig
pierwszy erste(r)
pierze N Federn *pl* **pierzyna** F Federbett *n*
pies M Hund *m*
pieszczota F Liebkosung *f*; Zärtlichkeit *f* **pieszczotliwy** (**-wie**) zärtlich
pieszo zu Fuß **pieszy** Fuß-; SUBST M Fußgänger *m*
pieścić 〈**po-**〉 liebkosen
pieśń F Lied *n*
pietruszka F Petersilie *f*
pięciobój M SPORT Fünfkampf *m* **pięcioletni** fünfjährig
pięcioro fünf **pięciu** fünf
pięć fünf **pięćdziesiąt** fünfzig **pięćset** fünfhundert
piękno N Schönheit *f* **piękność** F Schönheit *f* **piękny** schön
pięść F Faust *f*
pięta F Ferse *f*
piętnasty fünfzehnte(r) **piętnaście** fünfzehn
piętro N Stockwerk *n*; **na drugim piętrze** im zweiten Stock
piętrowy (**-wo**) mehrstöckig
pigułka F Tablette *f*; Pille *f*
pijaczka F Säuferin *f* **pijak** M Säufer *m* **pijany** betrunken
pijawka F Blutegel *m*
pik[1] M *karta do gry* Pik *n*
pik[2] INT poch, poch; piep, piep
pikantny pikant
piknik M Picknick *n*
pilnik M Feile *f*; Raspel *f*
pilność F Fleiß *m*; Dringlichkeit *f* **pilnować** aufpassen (*gen* auf *akk*); wachen (über *akk*) **pilny** fleißig; dringend
pilot M Pilot(in) *m(f)*; *w żegludze* Lotse *m*, Lotsin *f*; Reiseleiter(in) *m(f)*; Filmausschnitt *m*; *urządzenie* Fernbedienung *f*
piła F Säge *f* **piłka** F Ball *m*; **~ nożna** Fußball *m* **piłkarz** M Fußballspieler(in) *m(f)*, Fußballer(in) *m(f)* **piłować** sägen; *pilnikiem* feilen
pingwin M Pinguin *m*
piołun M BOT Wermut *m*
pion M Lot *n*; Senkblei *n* **pionek** M *szachy* Bauer *m*
pionowy (**-wo**) senkrecht
piorun M Blitz *m* **piorunochron** M Blitzableiter *m*
piosenka F Lied *n*, Chanson *n*
piosenkarka F (Schlager)-Sängerin *f* **piosenkarz** M (Schlager)Sänger *m*
piórnik M Federmäppchen *n*
pióro N Feder *f*; **wieczne ~**

Füll(feder)halter *m*
piramida F Pyramide *f*
pirat M Pirat *m*, Seeräuber *m*; *powietrzny* Flugzeugentführer(in) *m(f)*; *drogowy* Verkehrsrowdy *m*
pisać **⟨na-⟩** schreiben **pisak** M Filzstift *m* **pisanka** F Osterei *n* **pisarka** F Schriftstellerin *f* **pisarz** M Schriftsteller *m* **piśmienny** schriftlich
pisk M Piepsen *n*; Quietschen *n* **pisklę** N Küken *n* **piskliwy** **(-wie)** kreischend, *umg* piepsig
pismo N Schreiben *n*; (Hand-)Schrift *f* **pisownia** F Rechtschreibung *f*
pistolet M Pistole *f*
piszczeć piepsen; quietschen, kreischen
piwiarnia F Bierstube *f* **piwnica** F Keller *m* **piwny** Bier-
piwo N Bier *n*
piżama F Pyjama *m*, Schlafanzug *m*
plac M Platz *m* **placek** M Fladen *m*; Kuchen *m* **placówka** F Vertretung *f*; (Wach)Posten *m*
plakat M Plakat *n*
plama F Fleck *m* **plamić** **⟨po-, s-⟩** beflecken
plan M Plan *m* **planeta** F Planet *m* **planować** **⟨za-⟩** planen **planowanie** N Planung *f* **planowy** **(-wo)** planmäßig
plansza F Tafel *f*, Schild *n*; *do gry* Brett *n* **plantacja** F Plantage *f*, Anpfanzung *f*
plaster M Pflaster *n*; *sera* Scheibe *f* **plastik** M Kunststoff *m* **plastyczka** F bildende Künstlerin *f* **plastyczny** plastisch; anschaulich **plastyk** M bildender Künstler *m* **plastyka** F bildende Kunst *f*; Kunstunterricht *m*
platyna F Platin *n*
plaża F Strand *m*
plątać **⟨za-⟩** verwickeln (**się** sich)
plebania F Pfarrhaus *n*
plecak M Rucksack *m* **plecy** PL Rücken *m*
pleć jäten
plemię N Stamm *m*
plemnik M Spermium *n*
plener M: **w plenerze** im Freien
pleść **⟨za-⟩** flechten
pleśnieć **⟨s-⟩** schimmeln, verschimmeln **pleśń** F Schimmel *m*, Schimmelpilz *m*
plik M Bündel *n*, Stoß *m*; IT Datei *f*
plomba F *zabezpieczenie* Plombe *f*; (Zahn)Füllung *f*
plon M Ertrag *m*, Ernte *f*
plotka F Gerücht *n*, *umg* Klatsch *m*, *umg* Tratsch *m* **plotkować** *umg* klatschen, *umg* tratschen
pluć **⟨plunąć⟩** spucken
plus M Plus *n*
pluskać **⟨-snąć⟩** plätschern; klatschen
plusz M Plüsch *m*

płaca F Lohn *m* **płacić ⟨za-⟩** zahlen, bezahlen
płacz M Weinen *n* **płakać** weinen
płaski (-ko) flach **płaskorzeźba** F Flachrelief *n*
płaszcz M Mantel *m*
płaszczyzna F Fläche *f*
płat M *a.* ANAT Lappen *m*; Scheibe *f*; Flocke *f* **płatek** M Blatt *n*; Scheibe *f*; Flocke *f*; **płatki owsiane** Haferflocken *fpl*
płatnik M Zahler *m* **płatność** F: **termin** M **płatności** Zahlungstermin *m* **płatny** zahlbar
płaz M Lurch *m*
płciowy (-wo) geschlechtlich, Geschlechts-
płeć F Geschlecht *n*
płetwa F Flosse *f*
płodny fruchtbar
płomień M Flamme *f* **płonąć** brennen **⟨s-⟩** in Flammen aufgehen, verbrennen
płoszyć ⟨s-⟩ scheuchen, verscheuchen
płot M Zaun *m* **płotek** M: **bieg** M **przez płotki** Hürdenlauf *m*
płowy falb; aschblond
płócienny Leinen-
płód M Frucht *f*; **płody** *pl* **rolne** Agrarerzeugnisse *npl*
płótno N Leinen *n*; Leinwand *f*
płuco N Lunge *f*
pług M Pflug *m*
płukać ⟨wy-⟩ spülen, ausspülen
płyn M Flüssigkeit *f* **płynąć** fließen, strömen; schwimmen
płynny flüssig
płyta F Platte *f*; **~ kompaktowa** CD **płytki (-ko)** flach; seicht
pływaczka F Schwimmerin *f* **pływać** schwimmen **pływak** M Schwimmer *m* **pływalnia** F Schwimmbad *n*
po (*lok*) nach (*dat*); auf (*dat*), in (*dat*); bis zu (*dat*); **~ cichu** leise; **~ pierwsze** erstens; **~ polsku** (auf) Polnisch
pobicie N Prügelei *f*; Misshandlung *f* **pobić** PF besiegen; zusammenschlagen **pobiec** PF laufen **pobierać ⟨-brać⟩** *pensję* beziehen; *podatki* erheben; **~ się** heiraten (**z** *inst akk*)
pobliski nahe gelegen **pobliże** N: **w pobliżu** in der Nähe
pobłażliwy (-wie) nachsichtig
pobocze N Randstreifen *m*
poboczny Neben-
pobojowisko N Schlachtfeld *n* **poborowy** M Wehrpflichtige(r) *m*/*f*(*m*) **pobory** MPL Bezüge *mpl* **pobożny** fromm
pobór M MIL Einberufung *f*; *podatków* Erhebung *f*; *prądu* Entnahme *f* **pobrać** PF → pobierać **pobranie** N: **za pobraniem** per Nachnahme
pobrudzić PF beschmutzen
pobudka F Weckruf *m*; (*bodziec*) Ansporn *m* **pobudzać ⟨-dzić⟩** erregen; anregen
pobyt M Aufenthalt *m*

pocałować PF → całować **pocałunek** M Kuss *m*
pochlebny schmeichelhaft **pochlebstwo** N Schmeichelei *f*
pochłaniać ⟨**-chłonąć**⟩ verschlingen
pochmurny wolkig, trübe
pochodnia F Fackel *f*
pochodzenie N Abstammung *f*; Herkunft *f* **pochodzić** abstammen (**od** *gen* von *dat*)
pochopny übereilt
pochować (*chować*) verstecken; (*pogrzebać*) begraben
pochód M Marsch *m*; (Fest)-Zug *m*
pochwa F Scheide *f*; BOT Hülle *f*
pochwalić PF → chwalić
pochwała F Lob *n*
pochylać ⟨**-lić**⟩ beugen, neigen; ~ **się** sich bücken
pochyły (**-ło**) geneigt
pociąć PF zerschneiden
pociąg M BAHN Zug *m*; Neigung *f*, Hang *m* (**do** *gen* zu *dat*) **pociągać** → ciągnąć **pociągnięcie** N Zug *m*; Maßnahme *f*
pocić ⟨**s-**⟩ **się** schwitzen
pociecha F Trost *m*
po ciemku im Dunkeln
pocierać → trzeć
pocieszać ⟨**-szyć**⟩ trösten **pocieszający** tröstlich; erfreulich **pocieszenie** N Trost *m*
pocisk M MIL Geschoss *n*
początek M Anfang *m*, Beginn *m* **początkowo** anfangs **początkowy** anfänglich; Anfangs- **początkujący** SUBST M Anfänger *m*
poczciwy (**-wie**) gutmütig
poczekać PF → czekać **poczekalnia** F Wartezimmer *n*; Wartesaal *m*
poczęstować PF → częstować **poczęstunek** M Bewirtung *f*; Imbiss *m*
poczta F Post® *f*; ~ **lotnicza** Luftpost *f* **pocztowy** Post- **pocztówka** F Postkarte *f*
poczucie N Gefühl *n*, Sinn *m* (*gen* für *akk*) **poczuć** PF → czuć **poczuwać się** sich bewusst sein (**do** *gen gen*)
poczwarka F ZOOL Puppe *f*
poczytny viel gelesen
pod (*akk, inst*) bei (*dat*); unter (*akk, dat*); an (*akk, dat*); ~ **wieczór** gegen Abend
podać PF → podawać **podanie** N Antrag *m*, Gesuch *n* **podarować** PF schenken; vergeben **podarunek** M Geschenk *n* **podatek** M Steuer *f*; **podatek VAT** Mehrwertsteuer *f* **podatkowy** Steuer- **podatnik** M Steuerzahler(in) *m(f)* **podatny** empfänglich; gefügig
podawać ⟨**-dać**⟩ reichen; servieren; ~ **się** sich ausgeben (**za** *akk* für *akk*)
podaż F HANDEL Angebot *n*
podążać ⟨**-żyć**⟩ folgen, nach-

folgen; nacheilen (**za** *inst dat*)
podbijać **⟨-ić⟩** unterwerfen
podbój M Unterwerfung *f*; Eroberung *f* **podbródek** M Kinn *n* **podburzać** **⟨-rzyć⟩** aufhetzen, aufwiegeln
podchmielony *umg* angeheitert **podchodzić** **⟨podejść⟩** herantreten (**do** *gen* an *akk*)
podchorąży M Fähnrich *m*
podchwytliwy **(-wie)** verfänglich **podchwytywać** **⟨-chwycić⟩** auffangen
podciągać **⟨-gnąć⟩** hinaufziehen; straffen **podcinać** **⟨-ciąć⟩** anschneiden; *fig* unterbinden
podczas (*gen*) während (*gen*); **~ gdy** während; (*natomiast*) wohingegen
poddać PF → poddawać **poddasze** N Dachgeschoss *n*
poddawać **⟨-dać⟩** unterziehen; **~ się** sich ergeben
podejmować **⟨podjąć⟩** *pieniądze* abheben; *gości* bewirten
podejrzany verdächtig **podejrzenie** N Verdacht *m* **podejrzewać** verdächtigen (**o** *akk gen*) **podejrzliwość** F Argwohn *m* **podejrzliwy** **(-wie)** argwöhnisch, misstrauisch
podejść PF → podchodzić
podeprzeć PF → podpierać
podeptać PF zertreten
poderwać PF *fig* untergraben
podeszły: **w podeszłym wieku** im gesetzten Alter **podeszwa** F Sohle *f*
podglądać → podpatrywać
podgłówek M Kopfkissen *n*
podgrzewać **⟨-rzać⟩** anwärmen **podjazd** M Zufahrtsweg *m*
podjąć PF → podejmować; **~ się** übernehmen (*gen akk*), sich bereit erklären
podjeżdżać **⟨-jechać⟩** heranfahren, heranreiten; heranrollen **podklejać** **⟨-kleić⟩** (von) unten ankleben
podkład M Unterlage *f*; Grundlage *f* **podkładka** F Unterlage *f* **podkolanówki** FPL Kniestrümpfe *mpl* **podkoszulek** M Unterhemd *n*
podkowa F Hufeisen *n* **podkradać** **⟨-kraść⟩** **się** sich anschleichen **podkreślać** **⟨-lić⟩** unterstreichen **podlać** PF → podlewać
podlegać unterliegen; unterstehen **podległy** untergeben, unterstellt **podlewać** **⟨-lać⟩** *kwiaty* gießen **podliczać** **⟨-czyć⟩** zusammenzählen
podłączać **⟨-czyć⟩** anschließen
podłoga F Fußboden *m* **podłość** F Gemeinheit *f* **podłoże** N Untergrund *m*, Grund *m*
podłużny Längs-; länglich
podły **(-le)** niederträchtig
podmiejski Vorort-; stadtnah
podmiot M Subjekt *n* **podmuch** M Windstoß *m* **podmywać** **⟨-yć⟩** *brzeg* unter-

spülen **podnajemca** M Untermieter(in) *m(f)* **podniebienie** N Gaumen *m*
podniecać **⟨-cić⟩** anfachen; erregen (**się** sich) **podniecenie** N Erregung *f* **podnieta** F Reiz *m*, Anreiz *m*
podnosić **⟨-nieść⟩** aufheben, hochheben, erheben (**się** sich); hochklappen; *fig a.* erhöhen **podnośnik** M Aufzug *m*; AUTO Wagenheber *m* **podnóże** N (Berg)Ausläufer *m* **podnóżek** M Fußbank *f*
podobać **⟨s-⟩** **się** gefallen **podobieństwo** N Ähnlichkeit *f* **podobizna** F Bildnis *n* **podobny** ähnlich
podopieczny M Schützling *m*
podpalacz M Brandstifter(in) *m(f)* **podpalać** **⟨-lić⟩** anzünden; in Brand stecken **podpatrywać** **⟨-rzyć⟩** heimlich beobachten; zuschauen (*akk dat*)
podpierać **⟨podeprzeć⟩** stützen (**się** sich) **podpis** M Unterschrift *f* **podpisywać** **⟨-sać⟩** unterschreiben **podpity** angetrunken **podpływać** **⟨-ynąć⟩** heranschwimmen (**do** *gen* an *akk*); *statek* sich nähern (*dat*) **podpora** F Stütze *f*
podporucznik M Leutnant *m* **podpowiadać** **⟨-wiedzieć⟩** vorsagen
podpórka F Stütze *f* **podpułkownik** M Oberstleutnant *m* **podrabiać** **⟨-robić⟩** nachmachen, fälschen
podrapać PF → drapać
podrażniać **⟨-ić⟩** reizen **podrażnienie** N Reizung *f*
podręcznik M Lehrbuch *n*; Schulbuch *n* **podręczny** Hand-
podrobić PF → podrabiać **podroby** PL Innereien *fpl*
podrożeć PF → drożeć
podróż F Reise *f* **podróżniczka** F Reisende *f* **podróżnik** M Reisende(r) *m*;
podróżny[1] SUBST M Reisende(r) *m*
podróżny[2] Reise- **podróżować** reisen; bereisen (**po** *lok akk*)
podrządkowywać **⟨-ować⟩** unterordnen (**się** sich)
podrzeć PF → drzeć
podrzędny untergeordnet; Neben- **podrzucać** **⟨-cić⟩** hochwerfen; *dziecko* unterschieben **podsadzać** **⟨-dzić⟩** aufsteigen *od* einsteigen helfen **podsądny** SUBST M Angeklagte(r) *m*
podskakiwać **⟨-skoczyć⟩** hüpfen, hopsen **podskok** M Sprung *m*, Hüpfer *m*
podsłuch M Abhören *n* **podsłuchiwać** **⟨-ać⟩** belauschen; horchen
podstawa F Grundlage *f* **podstawiać** **⟨-ić⟩** unterstellen **podstawka** F Untersatz *m* **podstawowy** Grund-; grundlegend **podstawówka** *umg f*

Grundschule *f*
podstęp M List *f*, Trick *m* **podsumowanie** N Resümee *n*, Zusammenfassung *f* **podsumowywać ⟨-ować⟩** zusammenzählen **podsuwać ⟨-sunąć⟩** unterschieben **podsycać ⟨-cić⟩** *fig* schüren **podszewka** F Futter *n* **podszywać ⟨-szyć⟩ się** sich ausgeben (**pod** *akk* **als** *akk*)
podświadomy (-mie) unterbewusst **podtrzymywać ⟨-mać⟩** stützen; aufrechterhalten **podudzie** N Unterschenkel *m* **podupadać ⟨-paść⟩** herunterkommen; in Verfall geraten
poduszka F Kissen *n*; **~ elektryczna** Heizkissen *n*; **~ powietrzna** Airbag *m*
podwajać ⟨-dwoić⟩ verdoppeln **podwieczorek** M Kaffeetrinken *n* (am Nachmittag) **podwijać ⟨-inąć⟩** hochkrempeln **podwładna** F Untergebene *f* **podwładny** M Untergebene(r) *m* **podwodny** Unterwasser-; → łódź **podwoić** PF → podwajać **podwozie** N Fahrgestell *n*; FLUG Fahrwerk *n* **podwójny** doppelt **podwórko** N Hof *m* **podwórze** N Hof *m*
podwyżka F Erhöhung *f* **podwyższać ⟨-szyć⟩** erhöhen; steigern **podwyższenie** N Erhöhung *f*
podyktować PF → dyktować
podziać PF → podziewać
podział M Aufteilung *f*, Einteilung *f* **podziałka** F Maßstab *m*; Skala *f*
podzielić PF → dzielić **podzielny** teilbar **podzielony** geteilt
podziemie N Kellergeschoss *n*; POL Untergrund *m* **podziemny** unterirdisch; Untergrund-
podziewać ⟨-dziać⟩ (irgendwohin) tun *od* legen; **~ się** hingeraten, *umg* stecken
podziękować PF → dziękować **podziękowanie** N Dank *m*
podziw M Bewunderung *f* **podziwiać** bewundern
podzwrotnikowy subtropisch
poemat M Poem *n* **poeta** M Dichter *m* **poetka** F Dichterin *f* **poezja** F Poesie *f*
poganiać ⟨-gonić⟩ antreiben **pogański** heidnisch
pogarda F Verachtung *f* **pogardliwy (-wie)** verächtlich; Verachtung zeigend **pogardzać ⟨-dzić⟩** verachten; verschmähen (*inst akk*)
pogarszać ⟨-gorszyć⟩ verschlechtern (**się** sich)
pogawędka F Gespräch *n*; Unterhaltung *f* **pogląd** M Ansicht *f*, Anschauung *f*
pogłaskać PF → głaskać
pogłębiać ⟨-ić⟩ vertiefen
pogłoska F Gerücht *n*

pogoda F Wetter *n* **pogodny** heiter **pogodzić** PF versöhnen (**się** sich)
pogonić PF → poganiać **pogoń** F Verfolgung *f*
pogorszenie N Verschlechterung *f* **pogorszyć** PF → pogarszać
pogotowie N Bereitschaft *f*; ~ **ratunkowe** Rettungsdienst *m*
pogranicze N Grenzgebiet *n*
pogratulować PF → gratulować
pogrążać ⟨**-żyć**⟩ stürzen, versenken; ~ **się** sich stürzen, versinken
pogróżka F Drohung *f*
pogrzeb M Begräbnis *n* **pogrzebacz** M Schürhaken *m* **pogrzebać** beerdigen, begraben **pogrzebowy** Bestattungs-; Trauer-
pohamować PF unterdrücken; ~ **się** sich beherrschen **poić** ⟨**na-**⟩ tränken **poinformować** PF → informować **pojawiać** ⟨**-ić**⟩ **się** erscheinen **pojazd** M Fahrzeug *n* **pojąć** PF → pojmować **pojechać** PF → jechać **pojednanie** N Aussöhnung *f*
pojedynczy (**-czo**) einzeln **pojedynek** M Zweikampf *m*
pojemnik M Behälter *m*; Container *m* **pojemność** F Volumen *n*; TECH Kapazität *f*; SCHIFF Tonnage *f*
pojezierze N Seenplatte *f* **pojęcie** N Begriff *m* **pojętny** aufgeweckt; gelehrig **pojmować** ⟨**pojąć**⟩ begreifen
pojutrze übermorgen
pokarm M Nahrung *f* **pokarmowy** Nahrungs-
pokaz M Schau *f*; Vorführung *f*; **na** ~ zur Ansicht; zur Schau **pokazywać** ⟨**-zać**⟩ zeigen, vorzeigen **pokaźny** ansehnlich, beachtlich
pokątny heimlich, illegal; HANDEL Schwarz- **pokład** M SCHIFF Deck *n*; (*warstwa*) Schicht *f*; **na pokładzie** an Bord **pokochać** PF lieb gewinnen
pokoik M Zimmerchen *n*
pokojowy[1] (**-wo**) friedlich; Friedens-
pokojowy[2] Zimmer- **pokojówka** F Zimmermädchen *n*
pokolenie N Generation *f* **pokonywać** ⟨**-nać**⟩ besiegen; überwinden
pokorny demütig
pokój[1] M *w mieszkaniu* Zimmer *n*
pokój[2] M Friede(n) *m*
pokrajać PF zerschneiden
pokrewieństwo N Verwandtschaft *f* **pokrewny** verwandt
pokroić PF → pokrajać **pokropić** PF → kropić **pokrowiec** M Schonbezug *m*
pokrycie N Überzug *m*; Bedachung *f*; HANDEL Deckung *f*
pokryć PF → pokrywać **po kryjomu** heimlich **pokrywa**

F Decke *f*; Deckel *m* **pokrywać ⟨-yć⟩** bedecken; verdecken; BIOL, FIN decken **pokrywka** F Deckel *m*
pokrzywa F Brennnessel *f* **pokrzyżować** PF durchkreuzen
pokusa F Versuchung *f* **pokusić się** PF versuchen, wagen (**o** *akk akk*)
pokuta F Buße *f* **pokutować** büßen (**za** *akk* für *akk*)
pokwitowanie N Quittung *f*
polać PF → polewać
Polak M Pole *m*
polana F Lichtung *f*
polar M Polyester *m*; Polyesterjacke *f* **polarny** Polar-
pole N Feld *n*
polec PF *na wojnie* fallen
polecać ⟨-cić⟩ empfehlen; → zlecać **polecenie** N Empfehlung *f*; Anweisung; Auftrag *m* **polecieć** PF → lecieć **polecony** empfohlen; *list* eingeschrieben
polegać sich verlassen (**na** *lok* auf *akk*) **poległy** SUBST M Gefallene(r) *m*
polepszać ⟨-szyć⟩ verbessern, bessern **polepszenie** N Verbesserung *f*, Besserung *f*
polewa F GASTR, TECH Glasur *f*; Email *n* **polewać ⟨-lać⟩** begießen
polędwica F Lende *f*, Filet *n*
policja F Polizei *f* **policjant(ka)** M(F) Polizist(in) *m(f)* **policyjny** polizeilich
policzek M Wange *f*; *uderzenie* Ohrfeige *f*
policzyć PF berechnen
poligon M MIL Truppenübungsplatz *m*; Versuchsgelände *n*
poliklinika F Ärztehaus *n*; Poliklinik *f* **polisa** F Police *f* **politechnika** F technische Hochschule *f*
polityczny politisch **polityk** M Politiker(in) *m(f)* **polityka** F Politik *f*
Polka F Polin *f*
polny Feld-
polonez M Polonäse *f*
polować jagen (**na** *akk akk*) **polowanie** N Jagd *f* **polowy** Feld-
Polska F Polen *n* **polski (po -ku)** polnisch
polubić PF → lubić **polubowny** gütlich; **sąd** *m* **~** Schiedsgericht *n*
połamać PF → łamać
połączenie N Verbindung *f*; Anschluss *m*; ELEK *a.* Schaltung *f* **połączyć** PF → łączyć
połknąć PF → połykać
połowa F Hälfte *f*; **w połowie maja** Mitte Mai; **do połowy** zur Hälfte, halb- **położenie** N Lage *f* **położna** F Hebamme *f* **położyć** PF → kłaść
połów M Fang *m*; **~ pereł** Perlenfischerei *f*
połówka F Hälfte *f*
południe N Süden *m*; *czas* Mittag *m*; **przed południem** vormittags; **po południu** nach-

mittags **południk** M GEOG Meridian *m* **południowy** südlich; Süd-; Mittags-
połykać ⟨**-łknąć**⟩ verschlingen, schlucken, verschlucken
połysk M Glanz *m* **pomadka** F Lippenstift *m* **pomagać** ⟨**-móc**⟩ helfen **pomalować** PF → malować **pomału** langsam
pomarańcza F Apfelsine *f* **pomarańczowy** *sok* Orangen-; Apfelsinen-; *kolor* orange
pomarszczony faltig, runzelig
pomiar M Messung *f*
pomidor M Tomate *f* **pomidorowy** Tomaten-
pomieszać mischen, vermischen; rühren; in Unordnung bringen
pomieszczenie N Raum *m*; Unterkunft *f* **pomieścić** unterbringen
pomiędzy → między **pomijać** ⟨**-minąć**⟩ übergehen **pomimo** → mimo **pomnażać** → mnożyć **pomniejszać** → zmniejszać
pomnik M Denkmal *n*; **~ architektury** Baudenkmal *n*
pomoc F Hilfe *f*, Beistand *m*; **na ~** zur Hilfe; **za pomocą** mittels, mit Hilfe **pomocnica** F Helferin *f* **pomocniczy** Hilfs- **pomocnik** M Helfer *m*; Gehilfe *m* **pomocny** behilflich
Pomorze N Pommern *n*
pomost M (*kładka*) Steg *m*; Plattform *f* **pomóc** PF → pomagać **pompa** F Pumpe *f*; *fig* Pomp *m* **pompka** F Pumpe *f*; SPORT Liegestütz *m*
pompować ⟨**na-**⟩ pumpen, aufpumpen
pomylić się PF → mylić **pomyłka** F Irrtum *m*; Fehler *m*; Versehen *n* **pomysł** M Einfall *m* **pomysłowy** (**-wo**) erfinderisch **pomyśleć** PF denken (**o** *lok* an *akk*), nachdenken (über *dat*) **pomyślność** F Wohlergehen *n*, Wohl *n* **pomyślny** günstig
ponad (*akk, inst*) über (*akk, dat*); *w złożeniach* Über-, Ultra-
ponadto überdies; außerdem
ponawiać ⟨**ponowić**⟩ erneuern **ponętny** verlockend **poniedziałek** M Montag *m* **ponieść** PF → ponosić **ponieważ** weil
poniżać ⟨**-żyć**⟩ erniedrigen **poniżej** (*gen*) unter (*dat*), unterhalb (*gen*) **poniższy** (weiter) unten stehend
ponosić ⟨**-nieść**⟩ *koszty, winę* tragen; *śmierć, szkodę* erleiden **ponowić** PF → ponawiać **ponowny** erneut, wiederholt
ponury (**-ro**) → posępny
pończocha F Strumpf *m*
poobiedni Nachmittags- **popadać** ⟨**-paść**⟩ geraten **poparcie** N Unterstützung *f* **popatrzeć** PF ansehen (**na** *akk* *akk*) **popchnąć** PF → popychać **popełniać** ⟨**-ić**⟩ *błąd,*

morderstwo begehen
popęd M Trieb *m*
popękany rissig
popić PF → popijać
popielaty **(-to)** aschgrau **Popielec** M Aschermittwoch *m* **popielniczka** F Aschenbecher *m*
popieprzyć PF → pieprzyć **popierać** **⟨-przeć⟩** unterstützen, fördern **popiersie** N Büste *f* **popieścić** PF → pieścić
popijać **⟨-pić⟩** nippen; heruntertrinken; trinken **popilnować** PF → pilnować
popiół M Asche *f* **popis** M Schau *f* **popisywać** **⟨-sać⟩** **się** *fig* glänzen (*inst* mit *dat*)
popłatny lohnend **popłoch** M Panik *f*
popołudnie N Nachmittag *m* **popołudniowy** Nachmittags-; → południe
poprawa F Besserung *f* **poprawiać** **⟨-ić⟩** verbessern; **~ się** sich bessern **poprawka** F Korrektur *f*, Berichtigung *f* **poprawność** F Korrektheit *f* **poprawny** richtig; korrekt; fehlerfrei
poprosić PF → prosić
poprzeczka F Querbalken *m*; SPORT Latte *f* **poprzeczny** quer, quer liegend, Quer- **poprzeć** PF → popierać **poprzedni** vorig, vorherig **poprzedniczka** F Vorgängerin *f* **poprzednik** M Vorgänger *m* **poprzednio** vorher **poprzedzać** **⟨-dzić⟩** vorangehen (*akk dat*) **poprzez** → przez
popsuć PF → psuć
popularność F Beliebtheit *f*, Popularität *f* **popularny** beliebt, populär
popychać **⟨-pchnąć⟩** schieben; stoßen
popyt M HANDEL Nachfrage *f*
por[1] M Pore *f*
por[2] M *warzywo* Porree *m*
pora F Zeit *f*; **do tej pory** bis jetzt; **o każdej porze** jederzeit; **~ roku** Jahreszeit *f*
porachunek M Abrechnung *f* **porada** F Rat *m* **poradnia** F Beratungsstelle *f* **poradnik** M Ratgeber *m* **poradzić** PF → radzić **poranek** M Morgen *m* **poranny** Morgen- **porastać** **⟨-rosnąć⟩** bewachsen, zuwachsen (*inst* mit *dat*) **porażenie** N MED Lähmung *f*; **~ słoneczne** Sonnenstich *m* **porażka** F Niederlage *f*, *umg* Schlappe *f*
porcelana F Porzellan *n*
porcja F Portion *f*
poręcz F Geländer *n*; Lehne *f* **poręczenie** N Bürgschaft *f* **poręczny** handlich **poręczyciel(ka)** M(F) Bürge *m*, Bürgin *f*
porodówka F *umg* Kreißsaal *m* **poronienie** N Fehlgeburt *f*
porosnąć PF → porastać **po-**

rost M BOT Flechte *f*; ~ **włosów** Haarwuchs *m* **porowaty (-to)** porös
porozmawiać PF → rozmawiać
porozumienie N Einvernehmen *n*; Verständigung *f*; Vereinbarung *f* **porozumiewać ⟨-mieć⟩ się** sich verständigen
poród M Entbindung *f*, Geburt *f*
porównanie N Vergleich *m* **porównywać ⟨-nać⟩** vergleichen
port M Hafen *m*; ~ **lotniczy** Flughafen *m*
portal M Portal *n*
portfel M Brieftasche *f*
portier(ka) M(F) Pförtner(in) *m(f)*
portmonetka F Portemonnaie *n*
portowy Hafen-
portret M Porträt *n*
Portugalczyk M Portugiese *m* **Portugalia** F Portugal *n* **Portugalka** F Portugiesin *f* **portugalski (po -ku)** portugiesisch
porucznik M Oberleutnant *m*
poruszać ⟨-szyć⟩ bewegen (**się** sich) **porwać** PF → porywać **porwanie** N Entführung *f* **poryw** M Anwandlung *f*; ~ **wiatru** Windstoß *m* **porywacz(ka)** M(F) Entführer(in) *m(f)*; Kidnapper(in) *m(f)* **porywać ⟨-rwać⟩** entführen **porywczy (-czo)** heftig, ungestüm
porządek M Ordnung *f*; (*kolejność*) Reihenfolge *f* **porządkować ⟨u-⟩** ordnen **porządny** ordentlich
porzucać ⟨-cić⟩ verlassen
posada F Stellung *f*, Stelle *f* **posadzić** PF → sadzać, sadzić **posadzka** F Fußboden *m*
posag M Mitgift *f*
posądzać ⟨-dzić⟩ verdächtigen (**o** *akk gen*)
posąg M Statue *f*, Standbild *n*
poseł M *w sejmie* Abgeordnete(r) *m/f(m)*; (*wysłannik*) Gesandte(r) *m/f(m)*
posępny düster, finster
posiadacz(ka) M(F) Besitzer(in) *m(f)* **posiadać** besitzen **posiadłość** F Besitztum *n*
posiedzenie N Sitzung *f*
posiekać PF → siekać
posilać ⟨-lić⟩ się sich stärken **posiłek** M Mahlzeit *f*
poskarżyć PF → skarżyć
posłać[1] PF → posyłać
posłać[2] (das Bett) machen *od* herrichten
posłaniec M Bote *m*, Botin *f* **posłanka** F Abgeordnete *f*
posłodzić PF → słodzić
posłuch M *fig* Gehör *n*; Gehorsam *m* **posłuchać** PF → słuchać
posługiwać ⟨-służyć⟩ się sich bedienen (*inst gen*) **posłuszeństwo** N Gehorsam *m*

posłuszny gehorsam **posłużyć** PF → służyć
posmarować PF → smarować **posolić** PF → solić **pospieszać** → **pośpieszać**
pospieszny → pośpieszny
pospolity (-cie) gewöhnlich
posprzątać PF → sprzątać
post M Fasten *n*
postać F Gestalt *f* **postanawiać** ⟨-nowić⟩ beschließen, sich entschließen **postanowienie** N Beschluss *m* **postarać się** PF besorgen (**o** *akk akk*) **postawa** F Haltung *f*; Einstellung *f* **postawić** PF stellen, hinstellen **postawny** stattlich
postąpić PF → postępować
posterunek M MIL Posten *m*; *policji* Wache *f*
postęp M Fortschritt *m* **postępek** M Tat *f*, Handlung *f*
postępować ⟨-stąpić⟩ handeln **postępowanie** N Handlungsweise *f*; JUR Verfahren *n* **postępowy** (-wo) fortschrittlich
postny Fasten-
postój M Halt *m*; Rast *f*; ~ **taksówek** Taxistand *m*
postrach M Schrecken *m*
postrzał M Schusswunde *f*; MED Hexenschuss *m* **postrzelić** PF anschießen
posunięcie N *w grze* Zug *m*; *fig* Schritt *m* **posuwać** ⟨-sunąć⟩ rücken; schieben (**się** sich); ~ **się** fortschreiten; sich herausnehmen (**do** *gen akk*)
posyłać ⟨-słać⟩ senden, schicken **posypywać** ⟨-pać⟩ bestreuen **poszanowanie** N Achtung *f* **poszczególny** (jeder) einzelne
poszerzać ⟨-rzyć⟩ verbreiten
poszewka F Kissenbezug *m*
poszkodowana Geschädigte *f* **poszkodowany** M Geschädigte(r) *m*
poszukiwać suchen (*gen akk*) **poszukiwanie** N Suche *f*
pościć fasten
pościel F Bettzeug *n*; Bettwäsche *f*
pościg M Verfolgung *f*
pośladek M Pobacke *f*
poślizg M: **wpaść w ~** ins Schleudern geraten **poślizgnąć się** PF ausgleiten
poślubić PF heiraten
pośmiertny posthum, postum
pośpiech M Eile *f* **pośpieszać** ⟨-szyć⟩ eilen; ~ **się** sich beeilen **pośpieszny** eilig; BAHN Schnell-
pośredni (-nio) indirekt, mittelbar **pośrednictwo** N Vermittlung *f* **pośredniczka** F Vermittlerin *f* **pośredniczyć** vermitteln (**w** *lok* in *dat*, bei *dat*) **pośrednik** M Vermittler *m*
pośród (*gen*) mitten in (*dat*), unter (*dat*)
poświęcać ⟨-cić⟩ weihen, einweihen; widmen; opfern (**się** sich) **poświęcenie** N

Einweihung *f*; Hingabe *f*
pot M Schweiß *m*
potajemny heimlich; geheim
potakiwać ⟨-knąć⟩ zustimmen **potanieć** → tanieć **potańcówka** *umg* F Tanzparty *f*
potas M Kalium *n*
potem dann, nachher; **na ~** für später; → wkrótce
potęga F Macht *f*; MATH Potenz *f* **potęgować** steigern; MATH potenzieren **potępiać ⟨-ić⟩** verurteilen, missbilligen **potępienie** N Missbilligung *f* **potężny** mächtig, stark
potknąć się PF → potykać się
potoczny üblich; alltäglich; **mowa** *f* **potoczna** Umgangssprache *f* **potoczyć** PF → toczyć
potok M Bach *m* **potomek** M Nachkomme *m* **potomstwo** N Nachkommenschaft *f*, Nachkommen *mpl* **potop** M REL Sintflut *f*
potrafić PF können, verstehen
potraktować PF → traktować
potrawa F Speise *f*, Gericht *n* **potrawka** F Ragout *n*
potrącać ⟨-cić⟩ stoßen; *z pensji* abziehen (**z** *gen* von *dat*) **potrącenie** N Abzug *m*
potrójny dreifach
potrwać PF dauern **potrząsać ⟨-snąć⟩** schütteln
potrzeba F Bedürfnis *n*; Not *f*, Bedarf *m* **potrzebny** notwendig, nötig **potrzebować** benötigen, brauchen (*gen akk*)
potulny sanft
potwierdzać ⟨-dzić⟩ bestätigen **potwierdzenie** N Bestätigung *f*
potworny schrecklich; *fig* stark **potwór** M Ungeheuer *n* **potykać ⟨-tknąć⟩ się** stolpern (**o** *akk* über *akk*)
pouczać ⟨-czyć⟩ belehren
poufały (-le) vertraut **poufny** vertraulich
powaga F Ernst *m* **powalić** PF → obalać, przewracać
poważanie N Achtung *f*; **z poważaniem** hochachtungsvoll **poważny** ernst; beträchtlich
powąchać PF → wąchać
powiać PF → wiać, powiewać **powiadamiać ⟨-domić⟩** benachrichtigen
powiat M Kreis *m* **powiatowy** Kreis-
powidła PL (Pflaumen)Mus *n*
powiedzenie N Redensart *f* **powiedzieć** PF sagen
powieka F (Augen)Lid *n* **powielać ⟨-lić⟩** vervielfältigen
powiernik M Treuhänder *m* **powierzać ⟨-rzyć⟩** anvertrauen; betrauen (**k-u** *akk* j-n mit *dat*)
powierzchnia F Fläche *f*; Oberfläche *f* **powierzchniowy (-wo)** Oberflächen-, Außen-; an der Oberfläche **powierzchowność** F Äußere(s) *n* **powierzchowny** äußerlich; oberflächlich **powie-**

rzyć PF → powierzać **powiesić** PF → wieszać
powieść F Roman *m*
powietrze N Luft *f* **powietrzny** Luft-; pneumatisch **powiew** M (Wind)Hauch *m* **powiewać** ⟨**powiać**⟩ wehen; flattern **powiewny** leicht, luftig
powiększać ⟨**-szyć**⟩ vergrößern (**się** sich) **powiększenie** N Vergrößerung *f*
powikłanie N Komplikation *f*
powinien, powinna, powinno er, sie, es soll **powinność** F Pflicht *f*
powitać PF → witać **powitanie** N Begrüßung *f*; **na ~** zur Begrüßung
powlekać ⟨**-wlec**⟩ überziehen (*inst* mit *dat*) **powłoczka** F → poszewka **powłoka** F Überzug *m*; Hülle *f*
powodować ⟨**s-**⟩ veranlassen; verursachen **powodzenie** N Erfolg *m* **powodzić się** ergehen, gehen; **jak ci się powodzi?** wie geht es dir?
powojenny Nachkriegs- **powoli** langsam **powolny** langsam **powołanie** N Berufung *f* **powoływać** ⟨**-łać**⟩ berufen (**się na** *akk* sich auf *akk*)
powód[1] M Anlass *m*, Grund *m*
powód[2] M Kläger *m* **powódka** F JUR Klägerin *f* **powództwo** N JUR Klage *f* **powódź** F Überschwemmung *f*
powracać → wracać **powrotny** Rück- **powrót** M Rückkehr *f*; **na ~, z powrotem** zurück
powstać PF → powstawać, wstawać **powstanie** N Entstehung *f*; Aufstand *m* **powstaniec** M Aufständische(r) *m/f(m)* **powstawać** ⟨**-wstać**⟩ entstehen; sich empören
powstrzymywać ⟨**-mać**⟩ aufhalten; abhalten (**od** *gen* von *dat*); **~ się** sich enthalten (*gen*)
powszechny allgemein **powszedni** alltäglich; → dzień
powściągliwy ⟨**-wie**⟩ zurückhaltend; mäßig
powtarzać ⟨**powtórzyć**⟩ wiederholen (**się** sich) **powtórka** *umg* F Wiederholung *f* **powtórzyć** PF → powtarzać
powyżej (*gen*) oberhalb (*gen*) **powyższy** obig, oben genannt
powzięcie N: **~ uchwały** Beschlussfassung *f*
poza[1] F Pose *f*
poza[2] PRÄP (*inst*) außerhalb (*gen*); **~ tym** überdies
pozbawiać ⟨**-ić**⟩ berauben; wegnehmen (**k-o** *gen* j-m *akk*)
pozbierać PF einsammeln
pozbywać ⟨**-być**⟩ **się** loswerden (*gen akk*) **pozdrawiać** ⟨**-rowić**⟩ grüßen, begrüßen **pozdrowienie** N Gruß *m*

pozew M JUR Klage *f*
poziom M Niveau *n*; **~ morza** Meeresspiegel *m* **poziomica** F TECH Wasserwaage *f* **poziomka** F Walderdbeere *f* **poziomy (-mo)** horizontal, waagerecht
pozłacany vergoldet
poznać PF → poznawać **poznanie** N Erkenntnis *f*; Erkennen *n*, Wiedererkennen *n* **poznawać** ⟨**-znać**⟩ erkennen, wiedererkennen; kennen lernen
pozorny scheinbar, Schein-
pozostać PF → pozostawać **pozostałość** F Überrest *m*, Rest *m*; *fig* Überbleibsel *n* **pozostały** übrig geblieben, übrig **pozostawać** ⟨**-stać**⟩ bleiben, zurückbleiben **pozostawiać** ⟨**-ić**⟩ zurücklassen
pozować Modell stehen; posieren
pozór M Anschein *m*, Schein *m*; **na ~** scheinbar
pozwać PF → pozywać **pozwalać** ⟨**-wolić**⟩ gestatten; erlauben **pozwana** Beklagte *f* **pozwany** M Beklagte(r) *m* **pozwolenie** N Erlaubnis *f* **pozwolić** PF → pozwalać
pozycja F Position *f*, Stellung *f* **pozyskiwać** ⟨**-kać**⟩ gewinnen, erwerben **pozytywny** positiv **pozywać** ⟨**-zwać**⟩ JUR klagen (*akk* gegen *akk*)
pożar M Brand *m*, Feuer *n* **pożarny** → straż
pożądanie N Verlangen *n*
pożądany erwünscht
pożegnać się PF sich verabschieden (**z** *inst* von *dat*) **pożegnalny** Abschieds- **pożegnanie** N Abschied *m*
pożerać ⟨**-żreć**⟩ auffressen, verschlingen
pożyczać ⟨**-czyć**⟩ leihen, borgen **pożyczka** F Anleihe *f*; Darlehen *n*
pożyteczny nützlich **pożytek** M Nutzen *m*, Vorteil *m*
pożywienie N Nahrung *f*; Kost *f* **pożywny** nahrhaft
pójść PF gehen
póki solange
pół halb; halb-, Halb- **półbut** M Halbschuh *m* **półfinał** M SPORT Halbfinale *n* **półgłówek** M Dummkopf *m* **półka** F Regal *n*; Fach *n* **półkole** N Halbkreis *m* **półkula** F Halbkugel *f* **półmisek** M Schüssel *f* **północ** F *czas* Mitternacht *f*; Norden *m*; **o północy** um Mitternacht **północny** Nord-, nördlich **półrocze** N Halbjahr *n* **półroczny** halbjährig **półtora** anderthalb, eineinhalb **półtorej** anderthalb, eineinhalb **półwysep** M Halbinsel *f*
późniejszy (-źniej) später
późny (-no) spät
prababka F Urgroßmutter *f*
praca F Arbeit *f* **pracobiorca** M Arbeitnehmer(in) *m(f)* **pra-**

codawca M Arbeitgeber(in) *m(f)*
racować arbeiten **pracowity (-cie)** arbeitsam **pracownia** F Arbeitszimmer *n*; Atelier *n*; Kabinett *n*; Werkstatt *f*
pracownica F Angestellte *f*
pracownik M Angestellte(r) *m*; → fizyczny, umysłowy
prać ⟨wy-⟩ waschen; **~ chemicznie** chemisch reinigen
pradziad M Urgroßvater *m*
Praga F Prag *n*
pragnąć wünschen (*gen akk*)
pragnienie N Durst *m*; Wunsch *m*, Verlangen *n*
praktyczny praktisch **praktyka** F Praxis *f*; Praktikum *n*
praktykować praktizieren
pralka F Waschmaschine *f*
pralnia F Wäscherei *f*; chemische Reinigung *f* **pranie** N (Wäsche)Waschen *n*
prasa¹ F TECH Presse *f*
prasa² F *gazety* Presse *f*
prasować pressen **⟨wy-⟩** bügeln, plätten **prasowy** Presse-
prawda F Wahrheit *f*; **~?** nicht wahr?
prawdopodobieństwo N Wahrscheinlichkeit *f* **prawdopodobny** wahrscheinlich
prawdziwek M Steinpilz *m*
prawdziwy (-wie) wahr, wahrhaft; echt; wirklich
prawica F Rechte *f* **prawicowy** POL Rechts-
prawidłowy (-wo) regelmäßig; richtig
prawie fast, beinahe
prawniczka F Juristin *f*
prawniczy juristisch; Rechts-
prawnik M Jurist *m* **prawny** rechtlich, Rechts-
prawo¹ N Recht *n*; Gesetz *n*; **~ jazdy** Führerschein *m*
prawo² ADV: **na prawo, w prawo** nach rechts
prawodawca M Gesetzgeber *m* **prawomocny** rechtskräftig **prawosławny** REL orthodox **prawostronny** Rechts-
prawy rechte(r); *fig* rechtschaffen
prażyć VT rösten; VI *słońce* brennen **prażynki** FPL (Kartoffel)Chips *mpl*
prącie N Penis *m*
prąd M Strömung *f*; Strom *m*, **~ zmienny** Wechselstrom *m*
prądnica F Dynamo *m*; AUTO Lichtmaschine *f*
precyzyjny Präzisions-, Fein-; präzis, genau
precz fort, weg
premedytacja F Vorbedacht *m*; JUR Vorsatz *m* **premia** F Prämie *f*; Zugabe *f* **premier** M Premierminister(in) *m(f)*
premiera F Erstaufführung *f*
prenumerata F Abonnement *n* **prenumerować ⟨za-⟩** abonnieren
presja F Druck *m* **prestiż** M Prestige *n* **prestiżowy (-wo)** angesehen, renommiert
pretekst M Vorwand *m* **pre-**

tensja F Vorwurf *m*; Klage *f*; Anspruch *m*
prezent M Geschenk *n* **prezenter(ka)** M(F) Moderator(in) *m(f)* **prezentować ⟨za-⟩** ansagen; präsentieren, vorstellen
prezerwatywa F Präservativ *n*
prezes M Vorsitzende(r) *m/f(m)* **prezydent** Präsident(in) *m(f)* **prezydium** N Präsidium *n*
prędki (-ko) schnell, rasch **prędkościomierz** M Geschwindigkeitsmesser *m* **prędkość** F Geschwindigkeit *f* **prędzej** schneller
pręt M Rute *f*, Gerte *f*; *metalowy* Stab *m*, Stange *f*
prima aprilis M Aprilscherz *m*
problem M Problem *n*
proboszcz M Pfarrer *m*
probówka F Reagenzglas *n*
procedura F Prozedur *f*; JUR Verfahren *n*
procent M Prozent *n*; **procenty** *pl* (*odsetki*) Zinsen *mpl* **procentowy** Zins-; Prozent-
proces M Prozess *m*; Vorgang *m*; JUR, TECH Verfahren *n*
procesor M IT Prozessor *m*
proch M Pulver *n*; **~ strzelniczy** Schießpulver *n*
produkcja F Produktion *f* **produkować ⟨wy-⟩** herstellen, produzieren **produkt** M Produkt *n*
profesjonalny Profi-, professionell **profesor** M Profe[ssor(in)] *m(f)* **profilaktyczn[y]** vorbeugend, prophylaktisch
prognoza F Prognose *f*; **~ p[ogody]** Wettervorhersage *f*
program M Programm *n* **pro[gramować] ⟨za-⟩** program[mieren]
projekt M Plan *m*, Projekt *n* **projektant(ka)** M(F) Projektant(in) *m(f)* **projektowa[ć] ⟨za-⟩** entwerfen, projektie[ren]; planen
prokurator M Staatsanwa[lt] *m*, Staatsanwältin *f* **prokuratura** F Staatsanwaltschaft *f*
prom M Fähre *f*
promieniotwórczy radioak[tiv] **promieniować** strahlen, ausstrahlen **promieniowanie** N Strahlung *f* **promie[ń]** M Strahl *m*; MATH Radius *m*
promocja F *uniwersytet* Pro[motion] *f*; *ucznia* Versetzun[g] *f*; HANDEL Sonderverkauf *m*
promocyjny *uniwersytet* Promotions-; Werbe- **promowa[ć]** die Doktorwürde erteilen; *ucznia* versetzen; *towar* bewerben
proponować ⟨za-⟩ vorschlagen, anbieten **proporcjonalny** proportional **propozycja** F Vorschlag *m*
prorok Prophet *m*
prosiak M Ferkel *n*
prosić ⟨po-⟩ bitten (**o** *akk* um *akk*); **proszę bardzo** bitte schön
prosię M → prosiak

proso N Hirse *f*
prosta F MATH Gerade *f* **prostacki (-ko)** grob, ordinär
prosto *iść* geradeaus; → prosty **prostokąt** M Rechteck *n* **prostokątny** rechteckig; rechtwinklig **prostopadły (-le)** senkrecht **prostota** F Einfachheit *f* **prostować ⟨wy-⟩** gerade richten
prosty (-to) gerade; einfach
prostytutka F Prostituierte *f*
proszek M Pulver *n*; **mleko** *n* **w proszku** Milchpulver *n*
proszę → prosić **prośba** F Bitte *f*; Gesuch *n* **protestować ⟨za-⟩** protestieren **proteza** F Prothese *f* **protokół** M Protokoll *n*
prowadzący Moderator(in) *m(f)*; Leiter(in) *m(f)* **prowadzenie** N Führung *f* **prowadzić ⟨po-⟩** führen; *pojazd* lenken
prowiant M Verpflegung *f* **prowincja** F Provinz *f* **prowincjonalny** provinziell **prowizoryczny** provisorisch; Behelfs-
prowokować ⟨s-⟩ provozieren
proza M Prosa *f*
próba F Probe *f*, Versuch *m* **próbka** F Warenprobe *f*; Muster *n* **próbny** Probe- **próbować ⟨s-⟩** probieren; versuchen **⟨wy-⟩** prüfen, testen
próchnica F MED Karies *f* **próchnieć ⟨s-⟩** modern, vermodern
prócz *(gen)* außer *(dat)*
próg M Schwelle *f*
próżnia F Leere *f*; Vakuum *n* **próżniak** M Faulenzer(in) *m(f)* **próżnować** faulenzen **próżny (-no)** leer; *fig a.* eitel; **na próżno** vergeblich
pruć ⟨s-⟩ *szew* trennen, auftrennen
prymitywny primitiv
pryskać ⟨-snąć⟩ spritzen
pryszcz M Pickel *m*, Pustel *f*
prysznic M Dusche *f*
prywatny privat; Privat-
przebaczać ⟨-czyć⟩ verzeihen **przebaczenie** N Verzeihung *f*
przebić PF → przebijać **przebiec** PF → przebiegać **przebieg** M Verlauf *m* **przebiegać ⟨-biec⟩** durchlaufen; verlaufen **przebiegły (-le)** verschlagen **przebierać ⟨-brać⟩** auslesen; umziehen **(się** sich) **przebijać ⟨-bić⟩** durchbohren, durchschlagen, durchstechen
przeboleć PF verschmerzen **przebój** M Hit *m* **przebrać** PF → przebierać **przebudowa** F Umbau *m*; Umstrukturierung *f* **przebudowywać ⟨-ować⟩** umbauen; umstrukturieren **przebywać** sich aufhalten (**w** *lok* in *dat*)
przecedzać ⟨-dzić⟩ durchseien **przecena** F Sonderangebot *n* **przeceniać ⟨-ić⟩**

überschätzen; *towar* neu auspreisen
przechadzka F Spaziergang *m* **przechodni** Durchgangs-; Wander- **przechodzić** vorübergehen (**obok** *gen* an *dat*); überschreiten; gehen (**przez** *akk* über *akk*, durch *akk*) **przechodzień** M Fußgänger(in) *m(f)*; Passant(in) *m(f)*
przechowalnia F Aufbewahrung *f*; **~ bagażu** Gepäckaufbewahrung *f* **przechowywać** ⟨-ać⟩ aufbewahren
przechylać ⟨-lić⟩ V/T kippen; → *a.* **chylić** **przechytrzać** ⟨-trzyć⟩ überlisten
przeciąć PF → przecinać
przeciąg M Luftzug *m*, Zug *m* **przeciągać** ⟨-gnąć⟩ durchziehen; hinüberziehen **przeciągły** (**-le**) gedehnt; lang
przeciążać ⟨-żyć⟩ überlasten **przeciążenie** N Überlastung *f*
przeciek M Leck *n*; *fig* undichte Stelle *f* **przeciekać** ⟨-ciec, -knąć⟩ durchsickern; lecken
przecier M Mark *n*, Brei *m* **przecież** jedoch, doch **przeciętny** durchschnittlich
przecinać ⟨-ciąć⟩ zerschneiden, durchschneiden **przecinek** M Komma *n*
przeciskać ⟨-snąć⟩ durchzwängen (**się** sich)
przeciw (*dat*) gegen (*akk*) **przeciwbólowy** Schmerz-; schmerzmildernd **przeciwdziałać** entgegenwirken **przeciwgorączkowy** fiebersenkend **przeciwieństwo** N Gegenteil *n*; **w przeciwieństwie do** im Gegensatz zu (*gen dat*) **przeciwko** → przeciw **przeciwniczka** F Gegnerin *f* **przeciwnik** M Gegner *m* **przeciwny** entgegengesetzt; **w przeciwnym razie** andernfalls **przeciwpożarowy** Brandschutz- **przeciwstawiać** ⟨-ić⟩ gegenüberstellen
przecudny wunderschön
przeczekiwać ⟨-kać⟩ abwarten **przeczenie** N Verneinung *f* **przeczucie** N Vorahnung *f*, Ahnung *f* **przeczuwać** ⟨-czuć⟩ ahnen **przeczyć** ⟨za-⟩ widersprechen; → zaprzeczać **przeczyszczający** MED Abführ-
przeczytać PF durchlesen, lesen
przeć drängen; MED pressen
przed (*akk, inst*) vor (*akk, dat*)
przedawkować PF überdosieren
przedawniony verjährt; verfallen, ungültig
przeddzień M Vortag *m*
przede → przed
przedkładać ⟨-dłożyć⟩ vorlegen
przedłużacz M ELEK Verlängerungsschnur *f* **przedłużać** ⟨-żyć⟩ verlängern

przedmieście N Vorstadt *f* **przedmiot** M Gegenstand *m*; Objekt *n* **przedmowa** F Vorwort *n* **przedni** vordere(r), Vorder-
przedostatni vorletzte(r) **przedostawać** ⟨**-stać**⟩ **się** gelangen, hineingelangen (**do** *gen* in *akk*, nach *dat*); hinüberkommen, durchkommen (**przez** *akk* über *akk*, durch *akk*)
przedpokój M Vorzimmer *n* **przedpołudnie** N Vormittag *m*; → południe **przedramię** N Unterarm *m*
przedruk M TYPO Nachdruck *m*
przedsiębiorca M Unternehmer(in) *m(f)* **przedsiębiorstwo** N Unternehmen *n* **przedsięwzięcie** N Unternehmung *f*
przedsmak M Vorgeschmack *m* **przedstawiać** ⟨**-ić**⟩ vorstellen, darstellen **przedstawiciel(ka)** M(F) Vertreter(in) *m(f)* **przedstawicielstwo** N Vertretung *f* **przedstawienie** N Vorstellung *f*
przedszkole N Vorschule *f*; Kindergarten *m* **przedtem** vorher, früher **przedwczesny** (**-śnie**) vorzeitig, verfrüht **przedwczoraj** vorgestern **przedwiośnie** N Vorfrühling *m* **przedwojenny** Vorkriegs-
przedział M BAHN Abteil *n* **przedziałek** M (Haar)Scheitel *m* **przedzielać** ⟨**-lić**⟩ abtrennen, abteilen **przedzierać** ⟨**-drzeć**⟩ durchreißen **przedziwny** wundervoll **przefarbować** PF umfärben **przegapiać** ⟨**-ić**⟩ *umg* übersehen; verpassen **przegląd** M Durchsicht *f*; AUTO Inspektion *f*; Rundschau *f* **przeglądać** ⟨**przejrzeć**⟩ durchsehen; überprüfen **przeglądarka** F IT Suchmaschine *f*; Diabetrachter *m*
przegłosować PF abstimmen; überstimmen
przegotowywać ⟨**-ować**⟩ abkochen
przegrać PF → przegrywać **przegrana** F Verlust *m*; Niederlage *f*, *umg* Schlappe *f* **przegroda** F Zwischenwand *f*, Trennwand *f*; Fach *n* **przegródka** F → przegroda **przegrywać** ⟨**-grać**⟩ verspielen; *kasetę* überspielen
przegryzać ⟨**-gryźć**⟩ durchbeißen
przegub M Gelenk *n*
przejaśniać ⟨**-ić**⟩ **się** sich aufheitern
przejaw M Ausdruck *m*; Anzeichen *n*
przejazd M Fahrt *f*; Passage *f*; **~ kolejowy** Bahnübergang *m*; **przejazdem** auf der Durchreise
przejażdżka F Spazierfahrt *f* **przejąć** PF → przejmować **przejeżdżać** ⟨**-jechać**⟩ durchfahren (**przez** *akk akk*);

vorbeifahren (**koło** *gen* an *dat*); PF *a. przechodnia* überfahren **przejęty** ergriffen (*inst* von *dat*)
przejmować ⟨-jąć⟩ übernehmen; (**nie**) **~ się** sich (nicht) aufregen (*inst* wegen *gen*)
przejmujący (-co) durchdringend; *ból* stechend; *spojrzenie* ergreifend
przejrzeć PF → przeglądać **przejrzysty (-ście)** durchsichtig **przejście** N Durchgang *m*; Übergang *m* **przejściowy (-wo)** Übergangs-, Zwischen- **przejść** PF → przechodzić
przekaz M Überweisung *f* **przekazywać ⟨-zać⟩** *pieniądze* überweisen; *prawa* übertragen; *pozdrowienia* bestellen
przekąska F Imbiss *m* **przekątna** F Diagonale *f* **przekląć** PF → przeklinać **przekleństwo** N Fluch *m* **przeklinać ⟨-kląć⟩** fluchen, verfluchen
przekład M Übersetzung *f* **przekładać ⟨przełożyć⟩** umlegen; *tekst* übersetzen **przekładnia** F TECH Übersetzung *f*; Getriebe *n*
przekłuwać ⟨-uć⟩ durchstechen
przekonanie N Überzeugung *f* **przekonywać ⟨-nać⟩** überzeugen
przekopywać ⟨-pać⟩ umgraben
przekorny eigensinnig; neckisch
przekraczać ⟨-kroczyć⟩ überschreiten; *stan konta* überziehen **przekrawać ⟨-kroić⟩** durchschneider **przekreślać ⟨-lić⟩** durchstreichen **przekręcać ⟨-cić⟩** verdrehen **przekroczyć** PF → przekraczać **przekroić** PF → przekrawać **przekrój** M Durchschnitt *m*; **~ poprzeczny** Querschnitt *m*
przekształcać ⟨-cić⟩ umgestalten (**się** sich); → przeobrażać
przekupstwo N Bestechung *f* **przekupywać ⟨-pić⟩** bestechen
przekwalifikowywać ⟨-ować⟩ umschulen
przekwitać ⟨-tnąć⟩ verblühen **przekwitanie** N MED Wechseljahre *npl*
przelać PF → przelewać **przelatywać ⟨-lecieć⟩** überfliegen (**nad** *inst akk*); vorbeifliegen (an *dat*)
przelew M FIN Überweisung *f* **przelewać ⟨-lać⟩** umgießen, umfüllen
przeliczać ⟨-czyć⟩ durchzählen; umrechnen; **~ się** sich verrechnen
przelot M Flug *m*
przeludnienie N Übervölkerung *f*
przeładowywać ⟨-ować⟩ umladen **przeładunek** M

Umladen *n*
przełamywać **(-mać)** brechen, durchbrechen
przełączać **(-czyć)** umschalten **przełącznik** M Umschalter *m*
przełęcz F GEOG Pass *m* **przełknąć** PF → przełykać **przełom** M Bruchstelle *f*, Bruch *m*; *fig* Durchbruch *m*; Wende *f*
przełożona F Vorgesetzte *f*
przełożony M Vorgesetzte(r) *m* **przełożyć** PF → przekładać
przełyk M ANAT Speiseröhre *f*
przełykać **(-łknąć)** hinunterschlucken
przemakać **(-moknąć)** durchnässt werden **przemarzać** **(-rznąć)** durchfrieren
przemawiać **(-mówić)** einee Rede halten; sprechen
przemęczenie N Übermüdung *f*
przemiana F Wandlung *f*; ~ **materii** Stoffwechsel *m* **przemieniać** **(-ić)** umwandeln
przemieszczać **(-ścić)** verlagern **przemijać** **(-minąć)** vergehen **przemilczać** **(-czeć)** verschweigen **przeminąć** PF → przemijać
przemoc F Gewalt *f* **przemoknąć** PF → przemakać
przemówić PF → przemawiać **przemówienie** N Ansprache *f*
przemycać **(-cić)** schmuggeln **przemyć** PF → przemywać
przemysł M Industrie *f*; Gewerbe *n* **przemysłowy** **(-wo)** Industrie-, industriell
przemyślany durchdacht, überlegt
przemyt M Schmuggel *m*
przemytnik M Schmuggler(in) *m(f)*
przemywać **(-myć)** waschen, auswaschen
przeniesienie N Übertragung *f*; HANDEL Übertrag *m*; Versetzung *f* **przenieść** PF → przenosić
przenikać **(-knąć)** durchdringen; eindringen (**do** *gen* in *akk*) **przenikliwy** **(-wie)** scharfsinnig; durchdringend
przenocować PF übernachten
przenosić **(-nieść)** hinübertragen; *wyraz* trennen **przenośny** tragbar, übertragbar
przeobrażać **(-zić)** umgestalten, umwandeln
przeoczać **(-czyć)** übersehen **przeoczenie** N Versehen *n*; **przez przeoczenie** aus Versehen
przepadać **(-paść)** verloren gehen; verschwinden **przepakowywać** **(-ować)** umpacken **przepalać** **(-lić)** **się** ELEK durchbrennen
przepaść[1] F Abgrund *m*
przepaść[2] PF → przepadać
przepchać PF → przepychać
przepełnienie N Überfüllung *f* **przepełniony** überfüllt

przepędzać **⟨-dzić⟩** vertreiben

przepiękny wunderhübsch

przepiórka F Wachtel *f*

przepis M Vorschrift *f*; Anweisung *f* **przepisywać** **⟨-sać⟩** abschreiben; vorschreiben; MED verordnen

przepłacać **⟨-cić⟩** überbezahlen **przepłukiwać** **⟨-kać⟩** durchspülen, spülen

przepływ M Fluss *m*, Durchfluss *m*; *fig* Strom *m* **przepływać** fließen, durchfließen **⟨-płynąć⟩** durchschwimmen

przepona F ANAT Zwerchfell *n*

przepowiadać **⟨-wiedzieć⟩** voraussagen

przepracowany überarbeitet

przepraszać **⟨-prosić⟩** sich entschuldigen (*akk* bei *dat*); **przepraszam!** Verzeihung! **przeprosiny** PL Entschuldigung *f*

przeprowadzać **⟨-dzić⟩** durchführen; **~ się** umziehen **przeprowadzka** F Umzug *m*

przepuklina F (Leisten)Bruch *m*

przepustka F Passierschein *m* **przepuszczać** **⟨-ścić⟩** durchlassen

przepych M Pracht *f*; Luxus *m* **przepychać** **⟨-pchać⟩** durchdrücken; durchzwängen (**się** sich)

przepytywać **⟨-tać⟩** *ucznia* abfragen

przerabiać **⟨-robić⟩** überar beiten; *sukienkę* umändern; *su rowce* verarbeiten

przeraźliwy **(-wie)** schril gellend **przerażać** **⟨-zić** entsetzen (**się** sich) **przeraża jący** **(-co)** entsetzlich **prze rażenie** N Entsetzen *n* **prze rażony** entsetzt

przerębel F Eisloch *n* **prze robić** PF → przerabiać **prze róbka** F Umarbeitung *f*, Än derung *f*

przerwa F Pause *f*; Unterbre chung *f* **przerwać** PF → prze rywać **przerysowywa** **⟨-ować⟩** abzeichnen **przery wać** **⟨-rwać⟩** durchreißen *pracę, dostawę prądu* unterbrechen **przerzucać** **⟨-cić⟩** hinüberwerfen; *wojska* verlegen, *obowiązki* abwälzen

przesada F Übertreibung **przesadny** übertrieben **przesadzać** **⟨-dzić⟩** *roślinę* umpflanzen; übertreiben (**w** *lok*, **z** *inst* in *dat*) **przesalać** **⟨-solić⟩** versalzen

przesąd M Aberglaube *m*; Vorurteil *n* **przesądny** abergläubisch

przesiać PF → przesiewać **przesiadać** **⟨-siąść⟩** **się** den Platz wechseln; *pociąg, autobus* umsteigen **przesiadka** F Umsteigen *n*

przesiedlać **⟨-lić⟩** umsiedeln **przesiedleniec** M Umsiedler(in) *m(f)*, Übersiedler(in) *m(f)*

przesiewać ⟨**-siać**⟩ durchsieben
przeskakiwać ⟨**-skoczyć**⟩ überspringen
przesłać PF → przesyłać
przesłanie M Übermittlung *f*; *fig* Botschaft *f*
przesłuchanie N Verhör *n*
przesłuchiwać ⟨**-chać**⟩ verhören **przesłyszeć się** PF sich verhören
przesolić PF → przesalać
przespać PF verschlafen
przestarzały veraltet **przestawać** ⟨**-stać**⟩ aufhören
przestawiać ⟨**-ić**⟩ umstellen (**się** sich)
przestępca M Verbrecher(in) *m(f)* **przestępczość** F Kriminalität *f* **przestępczy** verbrecherisch; JUR *a.* kriminell
przestępstwo N Verbrechen *n*
przestraszyć PF erschrecken
przestroga F Warnung *f*
przestrzegać *przepisów* befolgen; *diety* einhalten ⟨**-strzec**⟩ warnen
przestrzeń F Raum *m*; **~ kosmiczna** Weltraum *m*
przesuwać ⟨**-sunąć**⟩ verschieben
przesyłać ⟨**-słać**⟩ übersenden, zusenden **przesyłka** F Sendung *f*
przesyt M Überdruss *m*
przeszczep M Transplantation *f*; Transplantat *n*
przeszkadzać ⟨**-szkodzić**⟩ hindern, behindern (*dat akk*); stören (*akk*) **przeszkoda** F Hindernis *n*
przeszło ADV mehr als, über
przeszłość F Vergangenheit *f* **przeszły** vergangen
przeszukiwać ⟨**-kać**⟩ durchsuchen
prześcieradło N Bettlaken *n*
prześcigać ⟨**-gnąć**⟩ überholen; übertreffen
prześladować verfolgen
prześladowca M Verfolger *m* **prześladowczyni** F Verfolgerin *f*
prześliczny wunderschön
przeświadczenie N Überzeugung *f* **przeświadczony** überzeugt (**o** *lok* von *dat*)
prześwietlać ⟨**-lić**⟩ durchleuchten; FOTO überbelichten
prześwietlenie N Durchleuchtung *f*; Überbelichtung *f*
przetaczać ⟨**-toczyć**⟩ rollen; rangieren; MED übertragen
przetapiać ⟨**-topić**⟩ umschmelzen, schmelzen
przetarg M Ausschreibung *f*; Versteigerung *f*
przeterminowany abgelaufen; überlagert
przetłumaczyć PF → tłumaczyć **przetoczyć** PF → przetaczać **przetopić** PF → przetapiać **przetrwać** PF überdauern **przetrząsać** ⟨**-snąć**⟩ *fig* durchwühlen, durchstöbern
przetrzymywać ⟨**-mać**⟩ län-

ger behalten; aushalten, überleben
przetwarzać **⟨-tworzyć⟩** verarbeiten **przetwór** M Produkt *n* **przetwórnia** F Verarbeitungsbetrieb *m* **przetwórstwo** N Verarbeitung *f*
przewaga F Überlegenheit *f* **przeważać** V/I überwiegen **przeważający** überwiegend, vorwiegend **przeważnie** meistens
przewidywać **⟨-dzieć⟩** voraussehen **przewidziany** vorgesehen (**na** *akk* für *akk*)
przewietrzać **⟨-rzyć⟩** lüften **przewiew** M Luftzug *m* **przewiewny** zugig; luftig
przewieźć PF → przewozić
przewijać **⟨-inąć⟩** umwickeln; *dziecko* trockenlegen **przewinienie** N Vergehen *n*, Verfehlung *f*
przewlekły **(-le)** langwierig
przewodni leitend; führend; Leit- **przewodnicząca** F Vorsitzende *f* **przewodniczący** M Vorsitzende(r) *m* **przewodniczka** F Reiseführerin *f* **przewodniczyć** den Vorsitz führen (*dat* in *dat*) **przewodnik**[1] M Reiseführer *m* **przewodnik**[2] M ELEK Leiter *m*; Reiseführer *m*
przewodzić befehligen (*dat akk*) **przewozić** **⟨-wieźć⟩** befördern, transportieren **przewoźnik** M Transporteur *m*; Transportunternehmen *n*
przewód M TECH Leitung *f* ELEK Kabel *n*; ANAT Kanal *m* Gang *m*; JUR Verhandlung
przewóz M Beförderung *f* Transport *m*
przewracać **⟨-wrócić⟩** umstürzen, umwerfen; **~ się** umfallen **przewrót** M POL Umsturz *m*
przewyższać **⟨-szyć⟩** größer sein (*akk* als *nom*); übersteigen, übertreffen
przez (*akk*) durch (*akk*); über (*akk*); **~ to** dadurch
przeziębiać **⟨-ić⟩** **się** sich erkälten **przeziębienie** N Erkältung *f*
przeznaczać **⟨-czyć⟩** bestimmen (**na** *akk* zu *dat*, für *akk*) **przeznaczenie** N Bestimmung *f*; Los *n*
przezorny umsichtig; vorsorglich
przezrocze N Dia *n*, Diapositiv *n* **przezroczysty** **(-ście)** durchsichtig; klar
przezwisko M Spitzname *m*
przezwyciężać **⟨-żyć⟩** überwinden, besiegen
przeżuwać **⟨-żuć⟩** kauen, zerkauen
przeżycie N Erlebnis *n* **przeżytek** M Relikt *n* **przeżywać** **⟨-żyć⟩** erleben; überleben
przęsło N Joch *n*
przodek M Vorfahr *m*, Ahn *m*
przód M Vorderteil *m*; *statku* Bug *m*
przy (*lok*) bei (*dat*); neben (*akk*,

dat); an (*akk, dat*); ~ **tym** dabei **przybiegać** ⟨**-biec**⟩ herbeieilen **przybierać** ⟨**-brać**⟩ V/T annehmen; schmücken; V/I zunehmen **przybijać** ⟨**-bić**⟩ annageln **przybliżać** ⟨**-żyć**⟩ **się** sich nähern **przybliżenie** N Annäherung *f*; Näherungswert *m* **przybliżony** annähernd **przybory** MPL Utensilien *fpl*; Zubehör *n*; ~ **do golenia** Rasierzeug *n* **przybór** M Anstieg *m* **przybrać** PF → przybierać **przybrzeżny** Küsten- **przybudówka** F Anbau *m* **przybycie** N Ankunft *f* **przybysz** M Neuankömmling *m* **przybywać** ⟨**-być**⟩ ankommen; eintreffen **przychodnia** F Ambulanz *f*; Ärztehaus *n* **przychodzić** ⟨**przyjść**⟩ kommen, ankommen, eintreffen **przychód** M HANDEL Einnahme *f* **przychylać** ⟨**-lić**⟩ **się** zustimmen (**do** *gen dat*) **przychylny** wohlwollend; günstig, positiv **przyciąć** PF → przycinać **przyciągać** ⟨**-gnąć**⟩ heranziehen **przycinać** ⟨**-ciąć**⟩ zuschneiden; *włosy* stutzen **przycisk** M Druckknopf *m* **przyciskać** ⟨**-snąć**⟩ drücken **przyciszać** ⟨**-szyć**⟩ *radio* leiser stellen **przyczepa** F AUTO Anhänger *m* **przyczepiać** ⟨**-ić**⟩ anhängen

przyczyna F Grund *m*, Ursache *f* **przyczyniać** ⟨**-ić**⟩ **się** beitragen (**do** *gen* zu *dat*) **przydarzać** ⟨**-rzyć**⟩ **się** sich ereignen; zustoßen **przydatny** brauchbar, tauglich **przydawać** ⟨**-dać**⟩ **się** zu gebrauchen *od* verwenden sein (**do** *gen*, **na** *akk* bei *dat*, für *akk*) **przydawka** F GRAM Attribut *n* **przydrożny** am Wege gelegen **przydział** M Zuteilung *f* **przydzielać** ⟨**-lić**⟩ zuteilen **przygarniać** ⟨**-nąć**⟩ in die Arme schließen **przyglądać** ⟨**przyjrzeć**⟩ **się** betrachten, sich ansehen (*dat akk*); zuschauen (bei *dat*) **przygnębiać** ⟨**-ić**⟩ bedrücken, deprimieren **przygnębienie** N Deprimiertheit *f* **przygoda** F Abenteuer *n* **przygotowanie** N Vorbereitung *f* **przygotowywać** ⟨**-ować**⟩ vorbereiten (**się** sich) **przygraniczny** grenznah **przygrzewać** ⟨**-grzać**⟩ V/T aufwärmen; V/I *słońce* scheinen, wärmen **przyimek** M Präposition *f* **przyjaciel** M Freund *m* **przyjacielski** (**-ko, po -ku**) freundschaftlich **przyjaciółka** F Freundin *f* **przyjazd** M Ankunft *f*, Eintreffen *n* **przyjazny** (**-źnie**) freundlich;

freundschaftlich **przyjaźnić się** befreundet sein (**z** *inst* mit *dat*) **przyjaźń** F Freundschaft *f*

przyjąć PF → przyjmować

przyjechać PF → przyjeżdżać

przyjemność F Vergnügen *n*; Annehmlichkeit *f* **przyjemny** angenehm **przyjeżdżać** ⟨**-jechać**⟩ ankommen, eintreffen

przyjęcie N Empfang *m*; Aufnahme *f* **przyjmować** ⟨**-jąć**⟩ annehmen; *lekarstwo* einnehmen; *gościa* empfangen

przyjrzeć się PF → przyglądać się **przyjście** N Ankunft *f*, Kommen *n* **przyjść** PF → przychodzić

przykazanie N Gebot *n*

przyklejać ⟨**-eić**⟩ ankleben

przykład M Beispiel *n*; **na ~** zum Beispiel **przykładać** ⟨**przyłożyć**⟩ anlegen, auflegen **przykładowy** (**-wo**) Beispiel-, Muster-; beispielhaft

przykręcać ⟨**-cić**⟩ festschrauben; zudrehen

przykrość F Unannehmlichkeit *f* **przykry** (**-kro**) unangenehm; peinlich; **przykro mi** es tut mir leid

przykrywać ⟨**-ryć**⟩ bedecken, zudecken **przykrywka** F Deckel *m*

przylatywać ⟨**-lecieć**⟩ *samolot, ptaki* (angeflogen) kommen **przylądek** M Landzunge *f*, Kap *n* **przylecieć** PF → przylatywać **przylegać** (fes… anliegen (**do** *gen* an *dat*); an… grenzen (an *akk*) **przylepia…** ⟨**-ić**⟩ **się** V/I kleben, festkle… ben, haften, anhaften **przyle… piec** M Heftpflaster *n* **przy… lot** M *samolotu, ptaków* An… kunft *f*

przyłapywać ⟨**-pać**⟩ ertap… pen

przyłączać ⟨**-czyć**⟩ anschlie… ßen (**się** sich)

przyłożyć PF → przykłada…

przymarzać ⟨**-rznąć**⟩ fest… frieren

przymiarka F Anprobe **przymierzać** ⟨**-rzyć**⟩ an… probieren **przymierzalnia** F Anprobekabine *f*

przymierze N Bündnis *n*

przymiotnik M Adjektiv *n*

przymknąć PF → przymykać

przymocowywać ⟨**-ować**⟩ befestigen

przymrozek M Nachtfrost *m*

przymus M Zwang *m* **przymusowy** (**-wo**) Zwangs… **przymuszać** ⟨**-sić**⟩ zwingen; nötigen

przymykać ⟨**-mknąć**⟩ halb… schließen; *drzwi* anlehnen

przynajmniej wenigstens

przynależność F Zugehörigkeit *f*; **~ państwowa** Staatsangehörigkeit *f*

przynęta F Köder *m*

przynosić ⟨**-nieść**⟩ mitbringen, bringen

przypadek M Zufall *m*; GRAM…

Fall *m*, Kasus *m*; **przypadkiem** zufällig **przypadkowy (-wo)** zufällig; ADV *a.* zufälligerweise

przypalać ⟨-lić⟩ ansengen; *potrawę* anbrennen lassen; *papierosa* anzünden **przypatrywać ⟨-trzyć⟩ się** → przyglądać się

przypilnować PF → pilnować

przypinać ⟨-piąć⟩ anheften, anstecken; anschnallen

przypisek M Anmerkung *f*; TYPO Fußnote *f* **przypisywać ⟨-sać⟩** zuschreiben

przypływ M Flut *f*; Zufluss *m*; *fig* Anwandlung *f* **przypływać ⟨-ynąć⟩** heranschwimmen; *statek* ankommen

przypominać ⟨-mnieć⟩ erinnern (**k-u** *akk* j-n an *akk*) **przypomnienie** N Erinnerung *f*; Mahnung *f*

przyprawa F Gewürz *n*; **przyprawy** *pl* **korzenne** Gewürze *pl* **przyprawiać ⟨-ić⟩** anmachen, würzen

przyprowadzać ⟨-dzić⟩ mitbringen

przypuszczać ⟨-ścić⟩ vermuten **przypuszczalny** vermutlich; voraussichtlich **przypuszczenie** N Annahme *f*, Vermutung *f*

przyrastać ⟨-rosnąć⟩ anwachsen

przyroda F Natur *f* **przyrodni** Stief- **przyrodniczy** Natur- **przyrodzony** angeboren; Natur- **przyrosnąć** PF → przyrastać **przyrost** M Zuwachs *m* **przyrostek** M GRAM Suffix *n*

przyrząd M Apparat *m*, Gerät *n* **przyrządzać ⟨-dzić⟩** zubereiten

przyrzeczenie N Versprechen *n* **przyrzekać ⟨-rzec⟩** versprechen

przysiad M Hocke *f*; Kniebeuge *f* **przysiadać ⟨-siąść⟩ się** sich setzen (**do** *gen* zu *dat*)

przysięga F Eid *m*; Schwur *m* **przysięgać ⟨-gnąć⟩** schwören **przysięgły** beeidigt; SUBST M JUR Geschworene(r) *m*

przysłać PF → przysyłać **przysłona** F FOTO Blende *f* **przysłowie** N Sprichwort *n* **przysłówek** M Adverb *n* **przysłuchiwać ⟨-chać⟩ się** zuhören **przysługa** F Gefälligkeit *f* **przysługiwać** zustehen

przysmak M Leckerbissen *n* **przysmażać ⟨-żyć⟩** anbraten

przyspieszać ⟨-szyć⟩ beschleunigen **przyspieszenie** N Beschleunigung *f* **przyspieszony** Eil-

przystać PF → przystawać[1] **przystanąć** PF → przystawać[2] **przystanek** M Haltestelle *f* **przystań** F Anlegestelle *f*; Hafen *m*

przystawać[1] ⟨-stać⟩ eingehen (**na** *akk* auf *akk*)

przystawać[2] ⟨-stanąć⟩ stehen bleiben

przystawiać ⟨**-ić**⟩ stellen, hinstellen; anlegen **przystawka** F Vorspeise *f*
przystąpić PF → przystępować **przystępny** zugänglich; *cena* erschwinglich **przystępować** ⟨**-stąpić**⟩ herantreten (**do** *gen* an *akk*); *fig* herangehen (an *akk*); beitreten (*dat*)
przystojny gut aussehend
przystosowywać ⟨**-ować**⟩ anpassen (**do** *gen* an *akk*; **się** sich)
przystrajać ⟨**-stroić**⟩ schmücken
przysuwać ⟨**-sunąć**⟩ heranschieben, heranrücken
przyswajać ⟨**-swoić**⟩ (**sobie**) sich aneignen
przysyłać ⟨**-słać**⟩ zusenden, senden
przyszłoroczny im nächsten Jahr **przyszłość** F Zukunft *f* **przyszły** künftig, zukünftig
przyszywać ⟨**-szyć**⟩ annähen
przyśnić się PF → śnić **przyśpieszać** → przyspieszać **przyśpieszenie** N → przyspieszenie
przytaczać ⟨**-toczyć**⟩ *przykład* anführen; zitieren **przytakiwać** ⟨**-knąć**⟩ zustimmen, billigen
przytępiony *wzrok, słuch* schwach, schlecht
przytłaczać ⟨**-tłoczyć**⟩ erdrücken, niederdrücken; bedrücken **przytoczyć** PF → przytaczać
przytomność F Bewusstsei[n] *n* **przytomny** bei Bewuss[t]sein; geistesgegenwärtig
przytrafiać ⟨**-ić**⟩ **się** sich e[r]eignen, zustoßen
przytrzymywać ⟨**-mać** [⟩] festhalten
przytulać ⟨**-lić**⟩ an sich drü[]cken; ~ **się** sich anschmiege[n] **przytulny** behaglich, gemü[t]lich **przytułek** M Zuflucht *f* Heim *n*
przywiązanie N Anhänglich[]keit *f* **przywiązywa[ć]** ⟨**-zać**⟩ anbinden **przywieź[ć]** PF → przywozić **przywilej** M Vorrecht *n*, Privileg *n* **przywi[]tać** PF begrüßen
przywłaszczać ⟨**-czyć**⟩ **so[]bie** sich aneignen
przywoływać ⟨**-łać**⟩ herbei[]rufen **przywozić** ⟨**-wieźć**⟩ heranfahren, bringen **przy[]wódca** M Anführer *m*, Führe[r] *m* **przywódczyni** F Anführe[]rin *f*, Führerin *f*
przywracać ⟨**-wrócić**⟩ wie[]derherstellen
przywykać ⟨**-knąć**⟩ sich ge[]wöhnen (**do** *gen* an *akk*)
przyziemny Boden-; alltäglich
przyznanie N Zuerkennung *f*, Verleihung *f*; ~ **się** Einge[]ständnis *n* **przyznawa[ć]** ⟨**-znać**⟩ zugeben; zugeste[]hen; ~ **się** eingestehen (**do** *gen* *akk*)
przyzwalać ⟨**-wolić**⟩ gestat[]ten, erlauben (**na** *akk* *akk*)

przyzwoitość F Anstand *m* **przyzwoity (-cie)** anständig
przyzwolić PF → przyzwalać
przyzwyczajać ⟨-czaić⟩ gewöhnen (**do** *gen* an *akk*; **się** sich) **przyzwyczajenie** N Gewohnheit *f*
pseudonim M Pseudonym *n*
psota F Streich *m*; Schabernack *m*
pstrąg M Forelle *f*
psuć ⟨po-, ze-⟩ kaputt machen; verderben; **~ się** entzweigehen, kaputtgehen
psychiatra M Psychiater(in) *m(f)* **psychiatria** F Psychiatrie *f* **psychiatryczny** psychiatrisch **psychiczny** psychisch **psychika** F Psyche *f* **psycholog** M Psychologe *m*, Psychologin *f*
pszczelarz M Imker *m*
pszczoła F Biene *f*
pszenica F Weizen *m* **pszenny** Weizen-
ptactwo N Vögel *pl*; **~ domowe** Geflügel *n* **ptak** M Vogel *m*
ptyś M GASTR Windbeutel *m*
publiczność F Publikum *n* **publiczny** öffentlich **publikować ⟨o-⟩** veröffentlichen
puch M Daunen *fpl*
puchacz M Uhu *m*
puchar M Pokal *m*
puchnąć ⟨s-⟩ anschwellen, schwellen
puchowy Daunen-
pudel M Pudel *m*
pudełko N Schachtel *f* **puder** M Puder *m od n* **pudło** N Schachtel *f*, Kasten *m*; *fig umg* Fehlschuss *m*
pukać ⟨za-⟩ klopfen
pula F Menge *f*; *w grze* Einsatz *m* **pulchny** locker; mollig **pulpet** M Fleischklößchen *n* **pulpit** M Pult *n*; Notenständer *m*
puls M Puls *m* **pulsować** pulsieren
pułapka F Falle *f*
pułk M Regiment *n* **pułkownik** M Oberst *m*
pumeks M Bimsstein *m*
punkt M Punkt *m*; Stelle *f* **punktualny** pünktlich
pupa *umg* F Popo *m*
purchawka F Bofist *m*
pustak M Hohlblockstein *m*
pustelnik M Einsiedler *m*
pustka F Leere *f* **pustkowie** N Einöde *f*; Wildnis *f*
pustoszeć ⟨o-⟩ veröden **pustoszyć ⟨s-⟩** verwüsten **pusty (-to)** leer; hohl **pustynia** F Wüste *f* **pustynny** Wüsten-
puszcza F Urwald *m*
puszczać ⟨-ścić⟩ V/T lassen, loslassen, fortlassen; *korzenie* treiben; V/I nachlassen
puszka F Büchse *f*, Dose *f*
puszysty (-ście) flaumig; flauschig; *śnieg* locker
puścić PF → puszczać
pycha F Hochmut *m*; Stolz *m*
pył M Staub *m* **pyłek** M Stäub-

chen *n*; Blütenstaub *m*
pysk M Maul *n*, Schnauze *f* **pyskaty** *umg* frech, vorlaut
pyszny prächtig; hochmütig
pytać się ⟨**s-, za-**⟩ fragen (**o** *akk* nach *dat*) **pytanie** N Frage *f*
pyza F Kartoffelkloß *m*

R

rabarbar M Rhabarber *m*
rabat M Rabatt *m*
rabin M Rabbiner *m*
rabować ⟨**z-**⟩ rauben, ausrauben; stehlen
rachunek M Rechnung *f* **rachunkowość** F Rechnungswesen *n*
racja[1] F Recht *n*; **mieć rację** recht haben; **przyznać rację** recht geben
racja[2] F (*porcja*) Ration *n*
racjonalny rationell, vernünftig
raczej eher, vielmehr
raczkować krabbeln
rad[1] (*zadowolony*) froh (**z** *gen* über *akk*); **~ bym** ich würde gern
rad[2] M CHEM Radium *n*
rada F Rat *m*
radar M Radar *n od m*
radca M: **~ prawny** Rechtsberater(in) *m(f)*
radio N Radio *n*; Rundfunk *m* Funkgerät *n* **radioaktywny** radioaktiv **radiofonia** F Rundfunk *m* **radioodbiornik** M Rundfunkempfänger *m* **radiostacja** F Rundfunksender *m* **radiotelefon** M Sprechfunkgerät *n* **radiowóz** M Streifenwagen *m* **radiowy** Radio-; Funk-
radna F Gemeinderätin *f*; Stadträtin *f* **radny** Gemeinderat *m*; Stadtrat *m*
radosny (**-śnie**) fröhlich **radość** F Freude *f* **radować** ⟨**u-**⟩ **się** sich freuen
radzić ⟨**do-**⟩ raten
rafa F Riff *n*
rafineria F Raffinerie *f*
raj M Paradies *n*
rajd M Fahrt *f*; SPORT Rallye *f*
rajstopy PL Strumpfhose *f*
rak M Krebs *m*
rakieta[1] F Rakete *f*
rakieta[2] F SPORT Tennisschläger *m*
rakotwórczy krebserregend
rama F Rahmen *m*
ramiączko N (*tasiemka*) Träger *m*; Kleiderbügel *m*
ramię N Arm *m*; Schulter *f*
rana F Wunde *f*
randka F Rendezvous *n*
ranek M Morgen *m*
ranić ⟨**z-**⟩ verwunden
ranking M Ranking *n*
ranny[1] (*zraniony*) verwundet, verletzt; SUBST M Verwundete(r) *m*

ranny[2] *godzina, pociąg* Morgen-
rano[1] N → ranek
rano[2] ADV morgens, frühmorgens
raport M Bericht *m*; MIL Meldung *f*
raptem plötzlich **raptowny** heftig; plötzlich
rasa F Rasse *f* **rasowy** Rasse- (-wo) rassig
rata F Rate *f*; **na raty** ratenweise, auf Raten **ratalny** Raten-
ratować ⟨u-⟩ retten, bergen **ratownictwo** N Rettungswesen *n* **ratownik** M Retter(in) *m(f)* **ratunek** M Rettung *f* **ratunkowy** Rettungs-
ratusz M Rathaus *n*
ratyfikować ratifizieren
raz[1] M Mal *n*; **po ~ pierwszy** zum ersten Mal, das erste Mal; (*cios*) Hieb *m*, Schlag *m*
raz[2] ein(s)
raz[3] ADV einmal, mal; **na ~ie** vorläufig; **od ~u** sofort
razem zusammen
razić *światło* blenden; *fig* schockieren; beleidigen
razowiec M *umg* Vollkornbrot *n*
rażący (-co) grell; schrill; krass
rąbać ⟨po-⟩ hacken, zerhacken
rączka F Händchen *n*; Griff *m*
rdza F Rost *m* **rdzawy** rostfarben; rostig
rdzeń M BOT Mark *n*; TECH, *fig* Kern *m*; **~ kręgowy** Rückenmark *n*
rdzewieć ⟨za-⟩ rosten, verrosten
reagować ⟨za-⟩ reagieren **reakcja** F Reaktion *f* **reaktor** M Reaktor *m*
realia PL Tatsachen *fpl* **realistyczny** realistisch **realizować** ⟨z-⟩ realisieren, verwirklichen; FIN einlösen **realny** real, wirklich
rebus M Bilderrätsel *n*
recenzja F Rezension *f*
recepcja F Rezeption *f* **recepcjonista** M Empfangschef *m* **recepcjonistka** F Empfangschefin *f* **recepta** F Rezept *n*
recesja F Rezession *f*
rechotać ⟨za-⟩ *żaba* quaken
redakcja F Redaktion *f* **redaktor(ka)** M(F) Redakteur(in) *m(f)*
redukować ⟨z-⟩ reduzieren
referat M Referat *n*; Bericht *m*; Abteilung *f*
reflektor M Scheinwerfer *m*
reforma F Reform *f*
regał M Regal *n*
regaty PL Regatta *f*
regenerować ⟨z-⟩ regenerieren, wiederherstellen
region M Region *f* **regionalny** regional
regulacja F Regelung *f* **regulamin** M (Haus)Ordnung *f* **regularny** regelmäßig **regulować** regeln ⟨wy-⟩ einstellen;

justieren **reguła** F Regel *f*
rejestr M Register *n* **rejestracja** F Registrierung *f*; AUTO *umg* Nummernschild *n* **rejestracyjny** Anmelde-, Registrations- **rejestrować** ⟨za-⟩ anmelden, registrieren
rejon M Bezirk *m* **rejonowy** Bezirks-
rejs M SCHIFF Fahrt *f*, Überfahrt *f*
rekin M Hai *m*
reklama F Reklame *f* **reklamacja** F Reklamation *f* **reklamować** werben; *(zgłaszać reklamację)* reklamieren **reklamowy** Reklame-, Werbe- **reklamówka** F Werbespot *m*
rekord M Rekord *m* **rekordowy (-wo)** Rekord-
rekreacyjny Erholungs-
relacja F Bericht *m*
relaks M Erholung *f*, Entspannung *f*
religia F Religion *f* **religijny** religiös
remanent M Inventarliste *f*; Inventur *f*; (Waren)Bestand *m*
remis M Remis *n*
remont M Reparatur *f*, Instandsetzung *f* **remontować** ⟨wy-⟩ reparieren
Ren M Rhein *m*; **nad Renem** am Rhein
rencista M Rentner *m* **rencistka** F Rentnerin *f* **renesans** M Renaissance *f* **renta** F Rente *f*
rentgen *umg* M Röntgenapparat *m*
rentowny rentabel
reperować ⟨z-⟩ reparieren
repertuar M Spielplan *m*; Repertoir *n*
reporter(ka) M(F) Reporter(in) *m(f)*
reprezentować repräsentieren, vertreten
republika F Republik *f*
reputacja F Ruf *m*, Leumund *m*
resor M AUTO (Blatt)Feder *f*
resort M Ressort *n*
restauracja F Restaurant *n*; Restaurierung *f*
reszta F Rest *m*
reumatyzm M Rheuma *n*
rewanż M Revanche *f* **rewanżować** ⟨z-⟩ **się** sich revanchieren
rewelacyjny sensationell
rewia F Revue *f*; Schau *f*
rewizja F Revision *f*; (Haus)-Durchsuchung *f*
rewolucyjny revolutionär
rewolwer M Revolver *m*
rezerwa F Reserve *f*; SPORT Ersatzspieler *m* **rezerwacja** F Buchung *f*, Reservierung *f*
rezerwat M Reservat *n* **rezerwować** ⟨za-⟩ reservieren; *miejsce* belegen; *lot* buchen
rezultat M Ergebnis *n*, Resultat *n*
rezydencja F Sitz *m*, Residenz *f*
rezygnować ⟨z-⟩ verzichten

(**z** *gen* auf *akk*)
reżyser M Regisseur(in) *m(f)*
ręcznik M Handtuch *n* **ręczny** Hand-; handgearbeitet
ręczyć ⟨**po-, za-**⟩ bürgen (**za** *akk* für *akk*)
ręka F Hand *f* **rękaw** M Ärmel *m* **rękawiczka** F Handschuh *m*
rękojeść F Griff *m* **rękopis** M Manuskript *n*
robactwo N Ungeziefer *n* **robak** M Wurm *m*
robić ⟨**z-**⟩ machen, tun
roboczy (**-czo**) Arbeits- **robot** M Roboter *m* **robota** F Arbeit *f* **robotnica** F Arbeiterin *f* **robotnik** M Arbeiter *m*
rocznica F Jahrestag *m* **rocznik** M Jahrbuch *n*; Jahrgang *m* **roczny** Jahres-; einjährig
rodaczka F Landsmännin *f* **rodak** M Landsmann *m* **rodowity** gebürtig **rodowód** M Stammbaum *m*
rodzaj M GRAM Geschlecht *n*; BIOL Gattung *f*; Art *f* **rodzajnik** M GRAM Artikel *m*
rodzeństwo N Geschwister *pl* **rodzice** PL Eltern **rodzić** ⟨**u-**⟩ gebären **rodzimy** einheimisch; muttersprachlich; heimatlich **rodzina** F Familie *f* **rodzinny** Familien- **rodzony** leiblich
rodzynek M Rosine *f*
rodzynka F → rodzynek
rogalik M GASTR Hörnchen *n*
rogówka F ANAT Hornhaut *f*
roić się wimmeln; *fig* im Kopf herumschwirren
rok M (PL **lata**) Jahr *n*
rokowanie N MED Prognose *f*; **rokowania** *pl* Verhandlungen *fpl*
rola[1] F Rolle *f*
rola[2] F *pole* Acker *m* **roleta** F Rollladen *m* **rolka** F Rolle *f*; **rolki** *pl* Inlineskates *pl* **rolnictwo** N Landwirtschaft *f* **rolniczka** F Landwirtin *f* **rolniczy** (**-czo**) landwirtschaftlich, Agrar- **rolnik** M Landwirt *m* **rolny** landwirtschaftlich, Agrar-
romans M Romanze *f*; Liebschaft *f* **romantyczny** romantisch
romański romanisch
romb M Rhombus *m*
rondel M Kasserolle *f*
rondo N *kapelusza* Krempe *f*
ropa F Erdöl *n*; MED Eiter *m* **ropieć** ⟨**za-**⟩ eitern **ropień** M Abszess *m*
ropucha F Kröte *f*
rosa F Tau *m*
Rosja F Russland *n* **Rosjanin** M Russe *m* **Rosjanka** F Russin *f*
rosnąć ⟨**u-**⟩ wachsen
rosół M Fleischbrühe *f*
rosyjski (**po -ku**) russisch
roszczenie N Anspruch *m*
roślina F Pflanze *f* **roślinny** Pflanzen-, pflanzlich
rotunda F Rundbau *m*
rowek M Rille *f*; Einschnitt *m*

rower M Fahrrad *n* **rowerowy** (Fahr)Rad- **rowerzysta** M (Fahr)Radfahrer *m* **rowerzystka** F (Fahr)Radfahrerin *f*
rozbawiony lustig, vergnügt
rozbieg M Anlauf *m* **rozbiegać** **⟨-biec⟩ się** auseinanderlaufen **rozbierać ⟨rozebrać⟩** auseinandernehmen; ausziehen (**się** sich) **rozbieżność** F Diskrepanz *f* **rozbijać** **⟨-ić⟩** zerschlagen
rozbiór M Zergliederung *f*; Zerlegung *f*; POL Teilung *f* **rozbiórka** F Abbruch *m*; Demontage *f*
rozbitek M Schiffbrüchige(r) *m/f(m)*
rozbrajać ⟨rozbroić⟩ entwaffnen; *bombę* entschärfen **rozbrojenie** N Abrüstung *f*
rozbrzmiewać ⟨-mieć⟩ tönen, *pf* ertönen
rozbudowa F Ausbau *m* **rozbudowywać ⟨-ować⟩** ausbauen **rozbudzać ⟨-dzić⟩** wecken; beleben
rozchodzić ⟨rozejść⟩ się auseinandergehen **rozchorować się** PF krank werden **rozchód** M Ausgaben *fpl*
rozciąć PF → rozcinać **rozciągać ⟨-gnąć⟩** dehnen, ausdehnen (**się** sich); strecken; *umg* ausleiern
rozcieńczać ⟨-czyć⟩ verdünnen
rozcierać zerreiben **rozcinać** **⟨-ciąć⟩** zerschneiden; aufschneiden
rozczarowanie N Enttäuschung *f* **rozczarowywać** **⟨-ować⟩** enttäuschen
rozdawać ⟨-dać⟩ verteilen, ausgeben **rozdrabniać** **⟨rozdrobnić⟩** zerkleinern **rozdrapywać ⟨-pać⟩** zerkratzen, aufkratzen
rozdrażnienie N Reizung *f* **rozdrażniony** gereizt **rozdrobnić** PF → rozdrabniać **rozdroże** N Kreuzweg *m* **rozdwajać ⟨-dwoić⟩ się** sich spalten
rozdział M *książki* Kapitel *n*; Trennung *f*; Aufteilung *f* **rozdzielać ⟨-lić⟩** teilen; verteilen
rozdzierać ⟨rozedrzeć⟩ zerreißen
rozebrać PF → rozbierać **rozedma** F MED Emphysem *n* **rozedrzeć** PF → rozdzierać **rozegrać** PF → rozgrywać
rozejm M Waffenstillstand *m*
rozejrzeć się PF → rozglądać się **rozejść się** PF → rozchodzić się **rozerwać** PF → rozrywać **rozesłać** PF → rozsyłać **roześmiać się** PF laut auflachen **rozetrzeć** PF → rozcierać
rozgałęziać ⟨-ić⟩ się sich verzweigen **rozgałęzienie** N Verzweigung *f*
rozgardiasz *umg* M Durcheinander *n*
rozginać ⟨-giąć⟩ auseinan-

derbiegen; gerade biegen **rozglądać ⟨rozejrzeć⟩ się** umherblicken, sich umsehen
rozgłos M Aufsehen *n*; Popularität *f* **rozgłośnia** F (Rundfunk)Sender *m*
rozgniatać ⟨-gnieść⟩ zerquetschen **rozgniewać (się)** PF → gniewać (się) **rozgniewany** zornig
rozgoryczony verbittert **rozgotowywać ⟨-ować⟩ się** zerkochen
rozgraniczać ⟨-czyć⟩ abgrenzen **rozgromić** PF zerschmettern **rozgrywać ⟨rozegrać⟩** *mecz, bitwę* austragen; **~ się** sich abspielen **rozgrywka** F Spiel *n*; Intrige *f*
rozgrzeszenie N REL Absolution *f*
rozgrzewać ⟨-grzać⟩ erwärmen (**się** sich)
rozjaśniać ⟨-ić⟩ erhellen; aufhellen (**się** sich)
rozjemca M Schlichter(in) *m(f)*; Vermittler(in) *m(f)* **rozjeżdżać ⟨-jechać⟩** überfahren; **~ się** auseinanderfahren
rozjuszony rasend, wütend
rozkapryszony *dziecko* quengelig; verzogen
rozkaz M Befehl *m* **rozkazywać ⟨-zać⟩** befehlen
rozkład M Einteilung *f*, Verteilung *f*; Plan *m*; **~ jazdy** Fahrplan *m*; **~ lekcji** Stundenplan *m*; BIOL, *fig* Verfall *m*; CHEM Zersetzung *f* **rozkładać ⟨rozłożyć⟩** ausbreiten; einteilen, verteilen; zerlegen; **~ się** verwesen
rozkopywać ⟨-pać⟩ aufgraben
rozkosz F Wonne *f*; **rozkosze** *pl a.* Freuden *fpl* **rozkoszny** entzückend **rozkoszować się** sich ergötzen (*inst* an *dat*); genießen (*akk*)
rozkrajać ⟨-kroić⟩ zerschneiden **rozkręcać ⟨-cić⟩** auseinanderschrauben; *fig* ankurbeln **rozkroić** PF → rozkrajać
rozkwit M *fig* Blütezeit *f* **rozkwitać ⟨-tnąć⟩** aufblühen
rozlać PF → rozlewać **rozlatywać ⟨-lecieć⟩ się** auseinanderfallen **rozlegać ⟨rozlec⟩ się** ertönen **rozległy (-le)** ausgedehnt, weit **rozlewać ⟨-lać⟩** vergießen, verschütten; abfüllen
rozliczać ⟨-czyć⟩ abrechnen, berechnen **rozliczenie** N Abrechnung *f*, Berechnung *f*
rozładowywać ⟨-ować⟩ entladen **rozładunek** M Entladung *f*
rozłam M Bruch *m*; Spaltung *f* **rozłamywać ⟨-mać⟩** brechen, zerbrechen
rozłączać ⟨-czyć⟩ trennen (**się** sich) **rozłąka** F Trennung *f*
rozłożyć PF → rozkładać
rozmach M Schwung *m* **rozmaity (-cie)** mannigfaltig,

verschiedenartig **rozmawiać** sich unterhalten (**o** *lok* über *akk*)
rozmiar M *odzieży* Größe *f*; Ausmaß *n*
rozmieniać 〈**-nić**〉 *pieniądze* wechseln
rozmieszczać 〈**-ścić**〉 unterbringen; verteilen **rozmieszczenie** N Unterbringung *f*
rozmiękać 〈**-knąć**〉 weich werden, aufweichen
rozmnażać 〈**-mnożyć**〉 vermehren (**się** sich); ~ **się** sich fortpflanzen **rozmnażanie** N Vermehrung *f*, ~ **się** Fortpflanzung *f*
rozmowa F Gespräch *n*, Unterhaltung *f* **rozmowny** gesprächig
rozmówca M Gesprächspartner *m* **rozmówczyni** F Gesprächspartnerin *f* **rozmówić się** PF sich verständigen **rozmówki** PL Sprachführer *m*
rozmrażać 〈**-mrozić**〉 auftauen
rozmyślać nachdenken **rozmyślić się** PF sich anders besinnen **rozmyślny** vorsätzlich
rozniecać 〈**-cić**〉 entfachen
roznosić 〈**-nieść**〉 *gazety* austragen; *choroby* verbreiten
rozpacz F Verzweiflung *f* **rozpaczać** verzweifeln **rozpaczliwy** (**-wie**) verzweifelt
rozpad M Zerfall *m* **rozpadać** 〈**-paść**〉 **się** zerfallen
rozpakowywać 〈**-ować**〉 auspacken **rozpalać** 〈**-lić**〉 anzünden **rozpaść się** PF → rozpadać się **rozpatrywać** 〈**-trzyć**〉 prüfen, untersuchen; erörtern
rozpęd M Anlauf *m*, Schwung *m* **rozpędzać** 〈**-dzić**〉 auseinanderjagen **rozpętywać** 〈**-tać**〉 entfesseln
rozpiąć PF → rozpinać **rozpieszczony** verhätschelt, verzogen **rozpiętość** F Spannweite *f* **rozpinać** 〈**-piąć**〉 aufknöpfen **rozpisywać** 〈**-sać**〉 ausschreiben
rozplątywać 〈**-tać**〉 entwirren
rozpłakać się PF in Tränen ausbrechen
rozpływać 〈**-płynąć**〉 **się** zerfließen
rozpoczęcie N Beginn *m* **rozpoczynać** 〈**-cząć**〉 (**się**) beginnen
rozpogodzenie N Aufheiterung *f*
rozporek M Hosenschlitz *m*
rozporządzenie N Verfügung *f*; Anordnung *f*, Verordnung *f*
rozpowszechniać 〈**-ić**〉 verbreiten
rozpoznanie N MED Diagnose *f* **rozpoznawczy** Erkennungs- **rozpoznawać** 〈**-znać**〉 erkennen
rozpraszać 〈**rozproszyć**〉 zerstreuen (**się** sich) **rozprawa** F Debatte *f*, Erörterung *f*;

JUR Verhandlung *f*
rozprawiać[1] debattieren
rozprawiać[2] **⟨-ić⟩ się** fertig werden (**z** *inst* mit *dat*); abrechnen (mit *dat*)
rozprostowywać ⟨-ować⟩ gerade machen; *nogi* strecken, ausstrecken **rozproszyć** PF → rozpraszać **rozprowadzać ⟨-dzić⟩** verteilen
rozpruwać ⟨-uć⟩ *szew* trennen, auftrennen
rozprzestrzeniać ⟨-ić⟩ verbreiten (**się** sich)
rozpusta F Sittenlosigkeit *f*; Völlerei *f* **rozpuszczać ⟨-ścić⟩** auflösen (**się** sich) **rozpuszczalnik** M Lösungsmittel *n* **rozpuszczalny** löslich
rozpylacz M Spritzpistole *f*; Zerstäuber *m* **rozpylać ⟨-lić⟩** zerstäuben, versprühen
rozrabiać anrühren; *umg* stören; Streit suchen **rozrachunek** M Abrechnung *f*
rozróżniać ⟨-ić⟩ unterscheiden
rozruszać *silnik* anlassen; *fig* aufmuntern **rozrusznik** M Anlasser *m*
rozrywać ⟨rozerwać⟩ zerreißen; *fig* unterhalten (**się** sich) **rozrywka** F Unterhaltung *f*, Vergnügen *n* **rozrywkowy** Unterhaltungs-
rozrzucać ⟨-cić⟩ verstreuen **rozrzutność** F Verschwendung *f* **rozrzutny** verschwenderisch
rozsądek M Vernunft *f* **rozsądny** vernünftig
rozstanie (się) N Abschiednehmen *n*, Abschied *m* **rozstawać ⟨-stać⟩ się** sich trennen (**z** *inst* von *dat*)
rozstawiać ⟨-ić⟩ aufstellen
rozstrajać ⟨-stroić⟩ verstimmen **rozstrój** M Zerrüttung *f*; *żołądka* Verstimmung *f*
rozstrzeliwać ⟨-lać⟩ erschießen
rozstrzygać ⟨-gnąć⟩ entscheiden **rozstrzygnięcie** N Entscheidung *f*
rozsuwać ⟨-sunąć⟩ auseinanderrücken; *stół* ausziehen
rozsyłać ⟨rozesłać⟩ versenden **rozsypywać ⟨-pać⟩** verstreuen **rozszarpywać ⟨-pać⟩** zerreißen, zerfleischen **rozszerzać ⟨-rzyć⟩** erweitern, ausdehnen
rozsznurowywać ⟨-ować⟩ aufschnüren
rozścielać ⟨-lić⟩ ausbreiten
rozśmieszać ⟨-szyć⟩ zum Lachen bringen; amüsieren
roztaczać ⟨-toczyć⟩ verbreiten **roztapiać** → topić **roztargniony** zerstreut
rozterka F Zwiespalt *m*
roztocze N BIOL Milbe *f*
roztopy MPL Schneeschmelze *f*; Schneematsch *m*
roztropny besonnen; umsichtig
roztrzaskiwać ⟨-kać⟩ zer-

schmettern, zersplittern
roztwór M CHEM Lösung *f*
rozum M Verstand *m* **rozumieć** ⟨**z-**⟩ verstehen; begreifen **rozumny** klug; vernünftig
rozwaga F Besonnenheit *f*; Umsicht *f* **rozwalać** ⟨**-lić**⟩ *umg* zerstören; **~ się** auseinanderfallen **rozważać** ⟨**-żyć**⟩ überlegen **rozważny** bedächtig; überlegt
rozwiać PF → rozwiewać
rozwiązanie N Lösung *f*; Auflösung *f*; MED Entbindung *f* **rozwiązły** (**-źle**) *fig* locker, lose **rozwiązywać** ⟨**-zać**⟩ lösen; auflösen
rozwiedziony geschieden **rozwieść się** PF → rozwodzić się **rozwiewać** ⟨**-wiać**⟩ auseinanderwehen, zersausen; *fig* zerstreuen
rozwijać ⟨**-inąć**⟩ auswickeln; abrollen; *fig* entwickeln (**się** sich) **rozwikłać** PF entwirren **rozwinąć** PF → rozwijać
rozwlekły (**-le**) weitschweifig
rozwodnik M geschiedener Mann *m* **rozwodowy** Scheidungs- **rozwodzić** ⟨**-wieść**⟩ **się** sich scheiden lassen; sich auslassen (**nad** *inst* über *akk*)
rozwojowy Entwicklungs-
rozwolnienie N Durchfall *m*
rozwód M (Ehe)Scheidung *f* **rozwódka** F geschiedene Frau *f*
rozwój M Entwicklung *f*
rozwścieczony wutentbrannt
rozżalony verbittert
rożen M Bratspieß *m*; Grill *m*
ród M Stamm *m*; (*dynastia*) Geschlecht *n*
róg M Horn *n*; Ecke *f*; **na rogu** an der Ecke
rój M Schwarm *m*
rów M Graben *m*
rówieśniczka F Altersgenossin *f* **rówieśnik** M Altersgenosse *m*
równmierny gleichmäßig
równać ⟨**wy-, z-**⟩ ebnen; ausgleichen; *nur impf* **~ się** gleichkommen (**z** *inst dat*)
równanie N MATH Gleichung *f*
również ebenso, gleichfalls
równik M Äquator *m* **równina** F Ebene *f*
równo → **równy** **równoczesny** (**-śnie**) gleichzeitig
równoległy (**-le**) parallel
równoleżnik M Breitenkreis *m* **równorzędny** gleichrangig **równość** F Gleichheit *f*
równouprawnienie N Gleichberechtigung *f* **równowaga** F Gleichgewicht *n*
równowartość F Gegenwert *m* **równoważnia** F SPORT Schwebebalken *m* **równoważnik** M Äquivalent *n*
równy (**-no**) gleich; eben
róż M Rosa *n*; Rouge *n* **róża** F Rose *f* **różaniec** M Rosenkranz *m*
różnica F Unterschied *m*;

MATH Differenz *f* **różnić się** sich unterscheiden (**od** *gen* von *dat*) **różnie** ADV → różny **różnobarwny** bunt **różnorodny** verschieden, vielfältig **różny** verschieden
różowy rosa; rosig
rtęć F Quecksilber *n*
rubryka F Rubrik *f*
ruch M Bewegung *f*; Betrieb *m*; Gang *m*; *w szachach* Zug *m*; **~ uliczny** Straßenverkehr *m*; **w ruchu** *maszyna* in Betrieb, in Gang **ruchliwy** (**-wie**) rege; belebt **ruchomy** (**-mo**) beweglich
ruda F Erz *n* **rudera** F *umg* Bruchbude *f*, Ruine *f* **rudy** (**-do**) rotbraun; rothaarig
rufa F SCHIFF Heck *n*
ruina F Ruin *m*; Ruine *f*
rujnować ⟨**z-**⟩ ruinieren (**się** sich); zerstören; zugrunde richten
rulon M Rolle *f*
rumianek M Kamille *f* **rumiany** (**-no**) rotbackig **rumienić** GASTR bräunen; **~** ⟨**za-**⟩ **się** erröten **rumieniec** M (Gesichts)Röte *f*
Rumun M Rumäne *m* **Rumunia** F Rumänien *n* **Rumunka** F Rumänin *f* **rumuński** (**po -ku**) rumänisch
runąć PF stürzen; *budynek* einstürzen
runda F SPORT Runde *f*
rupieciarnia F Rumpelkammer *f* **rupieć** M Gerümpel *n*
rura F Röhre *f*, Rohr *n* **rurka** F Röhrchen *n*; **~ z kremem** GASTR Schillerlocke *f* **rurociąg** M Rohrleitung *f*
ruszać ⟨**-szyć**⟩ berühren; bewegen (**się** sich); sich in Bewegung setzen
ruszt M Rost *m*; GASTR Grill *m* **rusztowanie** N Gerüst *n*
rutyna F Routine *f*
rwać ⟨**po-**⟩ reißen, zerreißen ⟨**wy-**⟩ *ząb* ziehen ⟨**ze-**⟩ pflücken
ryba F Fisch *m* **rybacki** Fischer- **rybak** M Fischer *m* **rybny** Fisch-; fischreich **rybołówstwo** N Fischerei *f*
rycerz M Ritter *m*
rycina F Abbildung *f*
rycyna F Rizinus *m*, Rizinusöl *n*
ryczałt M Pauschale *f*
ryczeć ⟨**ryknąć**⟩ brüllen; (*huczeć*) dröhnen; heulen; *krowa* muhen
ryć wühlen
rydz M Reizker *m*
ryj M Rüssel *m*
ryk M Gebrüll *n* **ryknąć** PF → ryczeć
rym M Reim *m*
rynek M Markt *m*; Marktplatz *m*; **~ zbytu** Absatzmarkt *m* **rynkowy** Markt-
rynna F Rinne *f*
rys M Skizze *f*; *fig* Zug *m*; **rysy** *pl* **twarzy** Gesichtszüge *mpl* **rysa** F Riss *m* **rysopis** M Personenbeschreibung *f* **rysować** ⟨**na-**⟩ zeichnen **rysownik**

M Zeichner *m* **rysunek** M Zeichnung *f*
ryś M Luchs *m*
rytm M Rhythmus *m* **rytmiczny** rhythmisch
rytuał M Ritual *n*
rywal M Rivale *m* **rywalka** Rivalin *f*
ryzyko Risiko *n* **ryzykować** ⟨za-⟩ riskieren **ryzykowny** riskant
ryż M Reis *m*
rzadki (-ko) dünn, dünnflüssig; selten
rząd M Reihe *f*; BIOL, MATH Ordnung *f*; POL Regierung *f* **rządowy** Regierungs-
rządzić regieren (*inst akk*), herrschen (über *akk*)
rzec PF sagen
rzecz F Ding *n*, Sache *f* **rzeczniczka** F Beauftragte *f*; Sprecherin *f*;, **rzecznik** *m* Beauftragte(r) *m*; Sprecher *m* **rzeczny** Fluss- **rzeczownik** M Substantiv *n* **rzeczowy** (-wo) sachlich **rzeczoznawca** M Sachverständige(r) *m*/*f*(*m*)
Rzeczpospolita F: ~ **Polska** Republik *f* Polen
rzeczywistość F Wirklichkeit *f* **rzeczywisty** (-ście) wirklich
rzeka F Fluss *m*
rzekomy (-mo) angeblich
rzemieślniczy Handwerks-, Gewerbe- **rzemieślnik** M Handwerker(in) *m*(*f*) **rzemiosło** N Handwerk *n*, Gewerbe *n*
rzep M Klette *f* **rzepa** F Steckrübe *f* **rzepak** M Raps *m*
rzepka F ANAT Kniescheibe *f*
rzesza F (*tłum*) Menge *f*; **Trzecia Rzesza** Drittes Reich *n*
rześki (-ko) munter; rüstig
rzetelny redlich
rzeźba F Skulptur *f*, Plastik *f* **rzeźbiarka** F Bildhauerin *f* **rzeźbiarz** M Bildhauer *m* **rzeźbić** ⟨wy-⟩ schnitzen, meißeln
rzeźnia F Schlachthof *m* **rzeźnik** M Fleischer(in) *m*(*f*), Schlachter(in) *m*(*f*)
rzeżączka F MED Tripper *m*
rzeżucha F BOT Kresse *f*
rzęsa F Wimper *f* **rzęsisty** (-ście) reichlich **rzęzić** röcheln
rzodkiew F Rettich *m* **rzodkiewka** F Radieschen *n*
rzucać ⟨-cić⟩ werfen; *fig* verlassen **rzut** M Wurf *m*; ~ **dyskiem** Diskuswerfen *n*; ~ **młotem** Hammerwerfen *n*
Rzym M Rom *n*
rżnąć ⟨u-⟩ sägen, schneiden ⟨za-⟩ *bydło* schlachten

S

sad M Obstgarten *m*
sadło N Fett *n*; *fig a.* Speck *m*
sadownictwo N Obstbau *m*

adza F Ruß *m* **sadzać ⟨po-sadzić⟩** setzen, hinsetzen **sadzawka** F Weiher *m* **sadzić ⟨po-⟩** pflanzen **sadzonka** F Setzling *m* **sadzony**: **jajka sadzone** PL Spiegeleier *pl*

akrament M Sakrament *n*

aksofon M Saxofon *n*

aksonia F Sachsen *n*

ala F Saal *m*

alaterka F Salatschüssel *f*

alceson M Presskopf *m*

alon M Salon *m*

alowa F Stationshilfe *f*

ałata F Salat *m* **sałatka** F Salat *m*

am[1] PRON allein; selbst; → ten

am[2] *umg* M Selbstbedienungsladen *m*

amica F ZOOL Weibchen *n*

samiec M ZOOL Männchen *n*

amobójca M Selbstmörder *m* **samobójczy (-czo)** selbstmörderisch **samobójczyni** F Selbstmörderin *f* **samobójstwo** N Selbstmord *m*

amochodowy Auto- **samochód** M Auto *n*; **~ ciężarowy** Lastkraftwagen *m*; **~ osobowy** Personenkraftwagen *m*

samodzielny selbstständig

samogłoska F Vokal *m*

samokrytyka F Selbstkritik *f*

samolot M Flugzeug *n*

samolubny selbstsüchtig

samoobrona F Selbstverteidigung *f*

samoobsługowy Selbstbedienungs-

samopoczucie N Allgemeinbefinden *n*

samorząd M Selbstverwaltung *f*

samotność F Einsamkeit *f* **samotny** einsam; allein

samouk M Autodidakt *m*

samowola F Willkür *f* **samowolny** eigenmächtig

sanatorium N Sanatorium *n*

sandacz M Zander *m*

sandał M Sandale *f*

sanie PL Schlitten *m*

sanitariusz(ka) M(F) Sanitäter(in) *m(f)*; (Kranken)Pfleger(in) *m(f)* **sanitarny** sanitär

sankcja F Sanktion *f*; Maßnahme *f*

sanki PL → sanie

sapać schnaufen

saper M MIL Pionier *m*

sardynka F Sardine *f*

sarna F Reh *n*

satelita M Satellit *m* **satelitarny** Satelliten-

satyra F Satire *f* **satyryczny** satirisch

satysfakcja F Befriedigung *f*

sauna F Sauna *f*

sączyć schluckweise trinken; (*wydzielać*) absondern; einflößen; durchgießen

sąd M Gericht *n*; *fig* Urteil *n* **sądownictwo** N Gerichtswesen *n* **sądowy** gerichtlich

sądzić richten, urteilen; (*uważać*) glauben, meinen

sąsiad(ka) M(F) Nachbar(in) *m(f)* **sąsiadować** benachbart

sein **sąsiedni** nachbarlich, Nachbar- **sąsiedztwo** N Nachbarschaft *f*
scena F Szene *f*; Bühne *f* **scenariusz** M Drehbuch *n* **sceniczny** Bühnen-
schab M Schweinsrücken *m* **schabowy**: **kotlet** M **~** Schweinekotelett *n*
schadzka F Rendezvous *n*
scharakteryzować PF → charakteryzować
schemat M Schema *n*
schlebiać schmeicheln
schnąć ⟨**wy-**⟩ trocknen ⟨**u-**⟩ *rośliny* verdorren, vertrocknen
schodek M (Treppen)Stufe *f* **schody** PL Treppe *f* **schodzić** ⟨**zejść**⟩ hinuntergehen, herabsteigen; **~ się** zusammenkommen; sich kreuzen; *termin* fallen (**z** *inst* auf *akk*)
schorowany ausgezehrt **schorzenie** N Erkrankung *f*
schować PF verstecken, verbergen (**się** sich) **schowek** M Versteck *n*
schron M Schutzraum *m*, Bunker *m* **schronić się** PF sich verstecken, sich verbergen **schronienie** N Zuflucht *f*
schronisko N Zufluchtsort *m*; Herberge *f*; **~ górskie** Baude *f*; **~ dla zwierząt** Tierheim *n*
schudnąć PF → chudnąć
schwycić PF → chwytać **schwytać** PF → chwytać
schylać ⟨**-lić**⟩ hinunterbiegen, senken
scyzoryk M Taschenmesser *n*
seans M *filmowy* Vorstellung *f*
sedes M Klosettbrille *f*
sedno N *fig* Kern *m*
segment M (Bestand)Teil *m* Element *n*
sejf M Safe *m od n*
sejm M Sejm *m*
sekator M Baumschere *f*
sekcja F Abteilung *f*, Sektion *f*; Obduktion *f*
sekret M Geheimnis *n* **sekretariat** M Sekretariat *n* **sekretarka** F Sekretärin *f*; *urządzenie* Anrufbeantworter *m* **sekretarz** M Sekretär *m*
seks M Sex *m* **seksualny** sexuell, Sexual-
sekta F Sekte *f* **sektor** M Sektor *m*
sekunda F Sekunde *f* **sekundnik** M Sekundenzeiger *m*
seler M Sellerie *f*
semafor M BAHN Signal *n*
semestr M Semester *n*
seminarium N Seminar *n*
sen M Schlaf *m*; Traum *m* **senat** M Senat *m* **senator** M Senator(in) *m(f)* **senny** schläfrig; verschlafen; Traum-
sens M Sinn *m* **sensacja** F Sensation *f* **sensacyjny** sensationell **sensowny** vernünftig
sentyment M Symphatie *f*, *fig* Schwäche *f*; Sentimentalität *f*
separacja F Trennung *f*; Isolation *f* **separatka** F Isolier-

raum *m*; Einzelzelle *f*
eplenić lispeln
er M Käse *m*; **~ szwajcarski** Schweizer Käse *m*
erce N Herz *n* **serdeczny** herzlich
erdelek M Bockwurst *f*
seria F Serie *f*, Folge *f* **serial** M Fernsehserie *f*
serio ernsthaft; **na ~** ernst, im Ernst
sernik M Käsekuchen *m*
serweta F Tischtuch *n* **serwetka** F Serviette *f* **serwis** M Service *n od m* **serwować** ⟨za-⟩ SPORT aufschlagen **seryjny** Serien-
set M SPORT Satz *m*
setka F Hundert *n*; *umg* Deziliter *n* **setny** hundertste(r)
sezon M Saison *f* **sezonowy** Saison- **(-wo)** saisonal
sędzia M Richter(in) *m(f)*; **~ sportowy** Schiedsrichter(in) *m(f)*; **~ śledczy** Untersuchungsrichter(in) *m(f)*
sęk M Astansatz *m* **sękacz** M Baumkuchen *m* **sękaty** knorrig
sęp M Geier *m*
sfera F Sphäre *f*
sfrustrowany frustriert
siać ⟨po-, za-⟩ säen
siadać ⟨siąść⟩ sich setzen
siano N Heu *n* **sianokosy** MPL Heuernte *f*
siarka F Schwefel *m* **siarkowy** Schwefel-
siatka F Netz *n* **siatkówka** F ANAT Netzhaut *f*; SPORT Volleyball *m*
siąść PF → siadać
sidła NPL Schlinge *f*
siebie sich; **dla ~** für sich; **od ~** von sich; **do ~** zu sich; **u ~** bei sich; → sobą, sobie
sieciowy Netz- **sieć** F Netz *n*; **~ telefonii stacjonarnej** TEL Festnetz *n*
siedem sieben **siedemdziesiąt** siebzig **siedemdziesiąty** siebzigste(r) **siedemnasty** siebzehnte(r) **siedemnaście** siebzehn **siedemset** siebenhundert **siedemsetny** siebenhundertste(r)
siedmioletni siebenjährig
siedmioro sieben
siedzący Sitz- **(-co)** sitzend; **na siedząco** sitzend **siedzenie** N Sitz *m*; *umg* Gesäß *n*
siedziba F Sitz *m* **siedzieć** sitzen
siekacz M Hackmesser *n*; Schneidezahn *m* **siekany** GASTR gehackt, Hack- **siekiera** F Axt *f*, Beil *n*
sielanka F Idylle *f*
sienny Heu-; **katar ~** Heuschnupfen *m*
sierota M(F) Waise *f*
sierpień M August *m*; **w sierpniu** im August
sierść F Fell *n*
sierżant M Feldwebel *m*
siew M Saat *f*
się sich; man; **mówi ~, że** man sagt, dass

sięgać ⟨**-gnąć**⟩ reichen; langen (**po** *akk* nach *dat*)
sikać ⟨**siknąć**⟩ *umg* (*tryskać*) spritzen; *umg* pinkeln
sikorka F Meise *f*
silnik M Motor *m*; FLUG Triebwerk *n* **silny** kräftig, stark
siła F Kraft *f*; Gewalt *f* **siłacz(ka)** M(F) Athlet(in) *m(f)* **siłownia** F Fitnessstudio *n*; Kraftwerk *n*
siniec M *umg* blauer Fleck *m*
siny (**-no**) blau
siodełko N Sattel *m* **siodło** N Sattel *m*
siostra F Schwester *f* **siostrzenica** F Nichte *f* **siostrzeniec** M Neffe *m*
siódemka F Sieben *f* **siódmy** siebte(r)
sitko N Sieb *n* **sito** N Sieb *n*
siusiać *umg* Pipi machen
siwieć ⟨**o-, po-**⟩ ergrauen **siwizna** F graues Haar *n* **siwy** (**-wo**) grau
skafander M Anorak *m*
skakać hüpfen ⟨**skoczyć**⟩ springen
skala F Skala *f*; Maßstab *m*
skaleczenie N Verletzung *f* **skaleczyć** PF verletzen; **~ się** sich verletzen
skalisty felsig **skała** F Felsen *m* **skamieniały** versteinert
skandal M Skandal *m* **skandaliczny** skandalös
Skandynawia F Skandinavien *n* **skandynawski** skandinavisch

skaner M Scanner *m* **skano**wać ⟨**ze-**⟩ scannen, einscannen
skarb M Schatz *m*; **~ państw** Fiskus *m* **skarbiec** M Schatzkammer *f* **skarbniczka** Schatzmeisterin *f* **skarbni** M Schatzmeister *m* **skarbon**ka F Sparbüchse *f* **skarbo**wy: **urząd** M **~** Finanzamt *n*
skarga F Klage *f*; Beschwerd*f*
skarpa F Böschung *f*
skarpetka F Socke *f*
skarżyć ⟨**za-**⟩ verklagen; ⟨**po-**⟩ **się** sich beklagen; sich beschweren
skasować PF → kasować
skaza F Makel *m* **skazywać** ⟨**-zać**⟩ verurteilen **skażać** ⟨**skazić**⟩ entstellen; verseuchen; *fig* vergällen **skażenie** N Verseuchung *f*
skąd woher **skądkolwiek** irgendwoher, woher auch immer
skąpić ⟨**po-**⟩ geizen, knausern (*gen* mit *dat*) **skąpiec** M Geizhals *m* **skąpstwo** N Gei*m* **skąpy** geizig (**-po**) knapp
skierować → kierować **skierowanie** N Einweisung *f*, Überweisung *f*
skinąć PF *głową* nicken; *ręką* winken **skinienie** N Nicken *n*; Wink *m*
skipass M Skipass *m*
sklejać ⟨**-eić**⟩ zusammenkleben; verleimen **sklejka** F

Sperrholz *n*
sklep M Geschäft *n*, Laden *m*
sklepienie N Gewölbe *n*
skład M Zusammensetzung *f*; (*magazyn*) Lager *n*; TYPO Satz *m* **składać ⟨złożyć⟩** zusammenlegen, zusammensetzen; *przysięgę* leisten; *podanie* einreichen; *zeznanie* machen; *sprawozdanie* erstatten; **~ się** sich zusammensetzen (**z** *gen* aus *dat*) **składak** M *rower* Klappfahrrad *n*; *kajak* Faltboot *n* **składany** zusammenlegbar, Klapp- **składka** F Beitrag *m* **składnia** F Syntax *f* **składnik** M Bestandteil *m*; MATH Summand *m* **składować** lagern **składowisko** N Lagerplatz *m*
skłamać PF → kłamać
skłaniać ⟨skłonić⟩ neigen; *fig* bewegen (**do** *gen* zu *dat*)
skłonność F Neigung *f*
skłonny geneigt
sknera M(F) Geizhals *m*
skoczek M Springer *m* **skocznia** F Sprungschanze *f* **skoczyć** PF → skakać
skojarzenie N Assoziation *f*
skok M Sprung *m*; **~ o tyczce** Stabhochsprung *m*; **~ w dal** Weitsprung *m*; **~ wzwyż** Hochsprung *m*
skomleć winseln, jaulen
skomplikowany kompliziert
skompromitować PF → kompromitować **skontaktować** PF → kontaktować
skończyć PF → kończyć
skoro KONJ wenn; (*jak tylko*) sobald **skoroszyt** M Schnellhefter *m* **skorowidz** M Verzeichnis *n*, Register *n*
skorpion M Skorpion *m*
skorupa F Kruste *f*; Schale *f*; *naczynia* Scherbe *f*
skory bereit, geneigt **skorzystać** PF → korzystać
skos M Schräge *f*
skostniały verknöchert; steif
skośny schief, schräg
skowronek M Lerche *f*
skóra F Haut *f*; *zwierzęcia* Fell *n*; *materiał* Leder *n* **skórka** F Haut *f*; Schale *f*; Rinde *f* **skórny** Haut- **skórzany** Leder-
skracać ⟨skrócić⟩ kürzen, abkürzen **skradać się** sich heranschleichen
skraj M Rand *m* **skrajność** F Extrem *n* **skrajny** extrem
skrapiać ⟨skropić⟩ besprengen **skrawek** M Schnitzel *n od m*
skreślać ⟨-lić⟩ streichen, ausstreichen
skręcać ⟨-cić⟩ zusammenschrauben; *nogę* verdrehen; *w ulicę* abbiegen **skrępowanie** N *fig* Verlegenheit *f* **skrępowany** verlegen **skręt** M Drehung *f*; **~ kiszek** Darmverschlingung *f*
skrobać kratzen; schaben
skrobia F BIOL Stärke *f*
skromność F Bescheidenheit *f* **skromny** bescheiden

skroń F Schläfe *f*
skropić PF → skrapiać
skrócić PF → skracać **skrót** M Abkürzung *f*
skrucha F Reue *f*
skrupulatny genau, penibel **skrupuły** MPL Skrupel *m*
skryć PF → kryć, skrywać **skrytka** F Geheimfach *n*; *na poczcie* Schließfach *n* **skryty (-cie)** verschlossen; verborgen **skrytykować** PF → krytykować **skrywać** ⟨**skryć**⟩ verbergen (**się** sich)
skrzat M Knirps *m*; Zwerg *m* **skrzeczeć** kreischen; quaken **skrzep** M Gerinnsel *n* **skrzepły** geronnen
skrzętny emsig, geschäftig
skrzydlaty geflügelt, mit Flügeln; flügelähnlich **skrzydło** N Flügel *m*
skrzynia F Kiste *f*, Kasten *m*; ~ **biegów** AUTO Gangschaltung *f* **skrzynka** F Kasten *m*; ~ **pocztowa** Briefkasten *m*
skrzypaczka F Geigerin *f*, Geigenspielerin *f* **skrzypce** FPL Geige *f* **skrzypek** M Geiger *m*, Geigenspieler *m* **skrzypieć** ⟨**-pnąć**⟩ knarren; *drzwi* quietschen; *śnieg* knirschen
skrzywdzić PF → krzywdzić
skrzywić → krzywić **skrzywiony** krumm, verbogen **skrzyżowanie** N Kreuzung *f*
skubać rupfen; zupfen
skup M Aufkauf *m* **skupiać** ⟨**-ić**⟩ sammeln; konzentrieren (**się** sich) **skupienie** N Konzentration *f*; Zusammenballung *f* **skupisko** N Anhäufung *f* **skupować** ⟨**-pić**⟩ aufkaufen
skurcz M Krampf *m*; Wehe *f* **skurczyć się** PF → kurczyć się **skusić** PF → kusić
skuteczny wirksam **skutek** M Folge *f*; Auswirkung *f*
skuter M Motorroller *m*
skutkować ⟨**po-**⟩ wirken
skwar M Sonnenhitze *f*, Sonnenglut *f* **skwarka** F Griebe *f* **skwer** M Park *m*, Parkanlage *f*
slajd *umg* M Dia *n*
slalom M Slalom *m*
sleeping M → sliping
sliping M BAHN Schlafwagen *m* **slipy** PL Slip *m*
słabnąć ⟨**o-**⟩ schwach *od* schwächer werden **słabość** F Schwäche *f* **słabowity** schwächlich **słaby (-bo)** schwach
słać[1] ⟨**po-**⟩ senden, schicken
słać[2] ⟨**po-**⟩ *łóżko* machen; (*rozścielać*) ausbreiten
sława F Ruhm *m*; Berühmtheit *f* **sławny** berühmt
słodki (-ko) süß **słodkowodny** Süßwasser- **słodycze** PL Süßigkeiten *fpl*
słodzić ⟨**o-, po-**⟩ süßen
słoik M Glas *n*
słoma F Stroh *n* **słomianka** F Strohmatte *f* **słomiany** Stroh- **słomka** F Strohhalm *m*

…onecznik M Sonnenblume *f* **…oneczny** Sonnen-; sonnig **…onina** F Speck *m* **…oniowy** → kość **…ony (-no)** salzig **…oń** M Elefant *m* **…ońce** N Sonne *f* **…ota** F Regenwetter *n* **…owacja** F Slowakei *n* **słowacki (po -ku)** slowakisch **…łowaczka** F Slowakin *f* **Słovak** M Slowake *m* **…owenia** F Slowenien *n* **Słoweniec** M Slowene *m* **Słovenka** F Slowenin *f* **słoweński (po –ku)** slowenisch **…owianin** M Slawe *m* **Słowianka** F Slawin *f* **słowiański** slawisch **…owik** M Nachtigall *f* **…ownie** in Worten **słownik** M Wörterbuch *n* **słowny** ver…bal; *osoba* verlässlich **słowo** N Wort *n*; **~ w ~** Wort für Wort; **co do słowa** wortgetreu **…ód** M Malz *n* **…ój** M Glas *n*; BOT Jahresring *m* **…uch** M Gehör *n* **słuchacz(ka)** M(F) Hörer(in) *m(f)*, Zuhörer(in) *m(f)* **słuchać** ⟨**po-**⟩ hören (*gen akk*), zuhören (*dat*) **słuchawka** F (Kopf)-Hörer *m* **słuchowisko** N Hörspiel *n* **…uga** M(F) Diener(in) *m(f)* **…up** M Säule *f*; Pfahl *m*; Stange *f* **słupek** M Pfosten *m* **…usznie** → słuszny **słuszność** F Richtigkeit *f*; Recht *n*; **mieć ~** recht haben **słuszny** richtig; berechtigt; gerecht **służąca** F Dienstmädchen *n* **służący** M Diener *m* **służba** F Dienst *m* **służbowy** Dienst- **(-wo)** dienstlich **służyć** dienen **słychać**: **~ kroki** es sind Schritte zu hören; **co ~?** was gibt es Neues? **słynąć** bekannt *od* berühmt sein **słynny** berühmt **słyszalny** hörbar **słyszeć** ⟨**u-**⟩ hören **smaczny** wohlschmeckend; **smacznego!** guten Appetit! **smak** M Geschmack *m* **smakołyk** M Leckerbissen *m* **smakosz** M Feinschmecker(in) *m(f)* **smakować** V/I schmecken **smakowity (-cie)** schmackhaft **smalec** M Schmalz *m* **smar** M Schmiermittel *n* **smarkacz** *umg* M Rotzbengel *m* **smarować** ⟨**po-**⟩ schmieren **smażony** gebraten **smażyć** ⟨**u-**⟩ braten **smoczek** M Schnuller *m* **smok** M Drache *m* **smoła** F Pech *n*; Teer *m* **smrodzić** ⟨**na-**⟩ *umg* die Luft verpesten **smród** M *umg* Gestank *m* **smsować** simsen **smucić** ⟨**za-**⟩ betrüben; **~ się** traurig sein **smuga** F Streifen

m; **~ dymu** Rauchfahne *f* **smukły (-ło)** schlank **smutek** M Trauer *f*, Traurigkeit *f* **smutny (-no)** traurig
smycz F Hundeleine *f* **smyczek** M Bogen **smyczkowy** MUS Streich-
smyk M Bengel *m*
snop M *zboża* Garbe *f*; *światła* Strahl *m* **snuć** *przędzę* spinnen; *plany* schmieden; *domysły* anstellen; **~ się** *dym* in Schwaden hängen
sobą sich; **ze ~** mit sich **sobie** sich; **przy ~** bei sich
sobota F Samstag *m*, Sonnabend *m* **sobotni** Samstag-, Sonnabend-
sobowtór M Doppelgänger *m*
sobór M Konzil *n*
socjalistyczny sozialistisch **socjalny** sozial **socjologia** F Soziologie *f*
soczewica F BOT Linse *f* **soczewka** F ANAT, PHYS Linse *f*
soczysty (-ście) saftig
soda F Soda *n*; **~ żrąca** Ätznatron *n*
soja F Soja *f* **sojowy** Soja-
sojusz M Bündnis *n* **sojuszniczka** F Verbündete *f* **sojusznik** M Verbündete(r) *m*
sok M Saft **sokowirówka** F Saftpresse *f*
sokół M Falke *m*
sola F Seezunge *f*
solarium N Solarium *n*
solenizant(ka) M(F) Geburtstagskind *n*
solić ⟨po-⟩ salzen
solidarność F Solidarität
solidarny solidarisch **soli**ny solide
solista M Solist *m* **solistka** Solistin *f*
solniczka F Salzstreuer *m* **s**lony gesalzen
sołtys M Dorfvorsteher *m(f)*, Dorfbürgermeister *m(f)*
sonda F Sonde *f* **sondaż** Umfrage *f*, Befragung *f*
sopel M: **~ lodu** Eiszapfen
sortować ⟨po-⟩ sortieren
sos M Soße *f*, Tunke *f*
sosna F BOT Kiefer *f* **sosnov** Kiefer-
sowa F Eule *f*
sód M Natrium *n*
sól F Salz *n*; **~ kuchenna** Koc salz *n*
spacer M Spaziergang *m* **sp**cerować **⟨po-⟩** spazier
spacerowicz M Spaziergä ger(in) *m(f)*
spać schlafen
spad M Gefälle *n* **spada** **⟨spaść⟩** fallen; herabfalle
spadek M *terenu* Gefälle *cen, ciśnienia* Sturz *m*, Abna me *f*; JUR Erbschaft *f*, Nachla *m*
spadkobierca M Erbe
spadkobierczyni F Erbin
spadkodawca M Erbla ser(in) *m(f)* **spadkowy** Er (schafts)-; sinkend
spadochron M Fallschirm *m*

…adzisty (-to) abschüssig
…akować PF → pakować
…alać ⟨-lić⟩ abbrennen, ver-…ennen **spalanie** N Abbren-…n *n*, Verbrennen *n*; Verbren-…ung *f* **spalenizna** F Brand-…ruch *m* **spalinowy**: **silnik** Verbrennungsmotor *m* **spa-…ny** PL Abgase *npl* **spalony** …rbannt
…araliżować PF → paraliżo-…ać
…arzyć PF verbrühen (**się** sich)
…aść PF → spadać
…awać TECH schweißen
…ecjalista M Spezialist *m*; *le-…arz* Facharzt *m* **specjalistka** Spezialistin *f*; Fachärztin *f*
…pecjalność F Fachgebiet *n*
…pecjalny besondere(r), spe-…ell, Spezial-; ADV *a.* beson-…ers
…ecyficzny spezifisch
…edytor M Spediteur(in) *m(f)*
…ektakl M THEAT Spektakel *n*
…ełniać ⟨-ić⟩ erfüllen (**się** …ch)
…erma F Sperium *n*
…ędzać ⟨-dzić⟩ zusammen-…reiben; *czas, urlop* verbringen
…iąć PF → spinać
…iczasty (-to) spitz
…ierać się streiten; *plama* …ich herauswaschen lassen
…ierzchnięty rissig, aufge-…prungen
…ieszyć → śpieszyć
…ięcie N: **krótkie ~** ELEK …urzschluss *m*

spiker(ka) M(F) RADIO Ansager(in) *m(f)*
spinacz M Büroklammer *f* **spinać ⟨spiąć⟩** zusammenheften **spinka** F Nadel *f*; Spange *f*
spirala F Spirale *f*
spirytus M Spiritus *m*, Sprit *m*
spis M Liste *f*, Verzeichnis *n*; **~ treści** Inhaltsverzeichnis *n*; **~ potraw** Speisekarte *f* **spisek** M Verschwörung *f* **spisywać ⟨-sać⟩** aufschreiben; *protokół* aufnehmen
spiżarnia F Vorratskammer *f*
splatać ⟨spleść⟩ zusammenflechten
spleśniały verschimmelt
splot M Verflechtung *f*
spluwać ⟨-unąć⟩ spucken
spłacać ⟨-cić⟩ abzahlen **spłata** F Abzahlung *f*
spłonąć PF V/I abbrennen, verbrennen
spłuczka F Spülung *f* **spłukiwać ⟨-kać⟩** abspülen, spülen
spływ M: **~ kajakowy** Paddeltour *f* **spływać ⟨-ynąć⟩** abfließen
spocić się PF → pocić się
spocony verschwitzt
spoczywać ⟨-cząć⟩ ruhen
spod (*gen*) unter … (*dat*) hervor, aus … (*dat*) heraus; in der Nähe (*gen*), bei (*dat*)
spodek M Untertasse *f* **spodenki** PL kurze Hose *f* **spodni** Unter- **spodnie** PL Hose *f*
spodobać się PF → podobać

się **spodziewać się** hoffen (*gen* auf *akk*), erwarten (*akk*) **spoglądać** ⟨**spojrzeć**⟩ blicken, schauen **spoina** F Fuge *f*; Lötstelle *f* **spoiwo** N Bindemittel *n* **spojówka** F Bindehaut *f* **spojrzeć** PF → spoglądać **spojrzenie** N Blick *m*
spokojny ruhig **spokój** M Ruhe *f*
spokrewniony verwandt
społeczeństwo N Gesellschaft *f*; Öffentlichkeit *f* **społeczność** F Gemeinschaft *f* **społeczny** gesellschaftlich; sozial, Sozial-
spomiędzy (*gen*) unter (*dat*), aus (*dat*)
sponsor M Sponsor(in) *m(f)* **spontaniczny** spontan
sporny strittig, Streit-
sporo ziemlich viel
sport M Sport *m* **sportowiec** M Sportler(in) *m(f)* **sportowy** Sport- (**-wo**) sportlich
spory beträchtlich
sporządzać ⟨**-dzić**⟩ anfertigen
sposobność F Gelegenheit *f* **sposób** M Art *f*, Weise *f*
spostrzegać ⟨**-ec**⟩ erblicken, wahrnehmen **spostrzeżenie** N Wahrnehmung *f*
spośród (*gen*) aus (*dat*), unter (*dat*)
spotkanie N Begegnung *f* **spotykać** ⟨**-tkać**⟩ begegnen (*akk dat*), treffen (**się** sich)
spowiadać ⟨**wy-**⟩ **się** beichten (**z** *gen akk*) **spowied**
M Beichtvater *m* **spowi**
F Beichte *f*
spowodować PF → powo
wać
spoza (*gen*) hinter … (*dat*)
vor
spożycie N Konsum *m*,
brauch *m*; Verzehr *m* **spo**
wać ⟨**-żyć**⟩ konsumie
verzehren **spożywczy** N
rungs-; Nähr-
spód M Boden *m*, Unterteil
Unterseite *f* **spódnica** F R
m
spójnik M Bindewort *n*
spółdzielczy genossensch
lich, Genossenschafts- **sp**
dzielnia F Genossenschaf
~ mieszkaniowa Wohnur
baugenossenschaft *f*
spółgłoska F Konsonant *m*
spółka F HANDEL Gesellsch
f
spór M Streit *m*
spóźniać ⟨**-ić**⟩ **się** sich v
späten **spóźnienie** N Vers
tung *f*
spragniony durstig
sprawa F Sache *f*, Angeleg
heit *f*; Fall *m* **sprawca** M
ter *m* **sprawczyni** F Täteri
sprawdzać ⟨**-dzić**⟩ nachp
fen; **~ się** sich bewähren; (*sp*
nić się) sich bewahrheit
sprawdzian M Test *m*
sprawiać ⟨**-ić**⟩ verursache
kłopoty bereiten; *radość* m
chen

awiedliwość F Gerechtigt *f*; **ministerstwo** *n* **spraedliwości** Justizministerium **sprawiedliwy (-wie)** gecht
awność F Leistungsfähigit *f*; (*zręczność*) Fertigkeit *f*
rawny (*szybki*) zügig; genickt; leistungsfähig
awować *urząd* ausüben; *dzór* führen; **~ się** sich behmen **sprawowanie** N nehmen *n*
rawozdanie N Bericht *m*
rawozdawca M Berichteratter(in) *m(f)*
ężać ⟨-żyć⟩ komprimien, verdichten **sprężyna** F ECH Feder *f*; *fig* Triebfeder *f*
prężystość F Spannkraft *f*
prężysty (-ście) elastisch; dernd
rostać PF gerecht werden
rostować PF berichtigen
prostowanie N Berichtiung *f*, Richtigstellung *f*
rośny obszön, zotig
rowadzać ⟨-dzić⟩ komen lassen; *pomoc* holen, hereiholen; hinunterführen; ach sich ziehen; **~ się** ziehen, mziehen
róbować PF → próbować
róchniały morsch; kariös
ruć PF → pruć
ryciarz *umg* M Schlaumeier ı, gerissene Person *f*
ryskiwacz M Spritzpistole ; **~ szyb** AUTO Scheibenwaschanlage *f* **spryskiwać ⟨-kać⟩** besprühen
spryt M Cleverness *f*, Gerissenheit *f* **sprytny** gerissen, clever; (*zwinny*) flink
sprząc PF → sprzęgać
sprzączka F Schnalle *f*
sprzątaczka F Putzfrau *f*, Raumpflegerin *f* **sprzątać ⟨-tnąć⟩** aufräumen **sprzątanie** N Putzen *n*, Reinemachen *n*
sprzeciw M Einwand *m*; Einspruch *m* **sprzeciwiać ⟨-wić⟩ się** sich widersetzen
sprzeczać ⟨po-⟩ się (sich) streiten **sprzeczka** F Streit *m*, Zank *m* **sprzeczność** F Widerspruch *m* **sprzeczny** widersprechend
sprzed (*gen*) vor (*dat*)
sprzedawać ⟨-dać⟩ verkaufen **sprzedawca** M Verkäufer *m* **sprzedawczyni** F Verkäuferin *f* **sprzedaż** F Verkauf *m*
sprzęgło N AUTO Kupplung *f*
sprzęt M Gerät *n*; Ausrüstung *f*
sprzyjać begünstigen (*dat akk*) **sprzymierzeniec** M Verbündete(r) *m/f(m)* **sprzymierzony** verbündet **sprzysięgać ⟨-siąc, -gnąć⟩ się** sich verschwören
spuchnąć PF → puchnąć **spuchnięty** geschwollen
spulchniać ⟨-ić⟩ auflockern, lockern
spust M *rewolweru* Abzug *m*;

FOTO Auslöser *m*
spustoszenie N Verwüstung *f*
spuszczać ⟨**-ścić**⟩ herablassen **spuścizna** F Erbe *n*, Nachlass *m*
spychacz M Planierraupe *f*
spychać ⟨**zepchnąć**⟩ schieben; herunterstoßen
spycharka F → spychacz
spytać PF → pytać
srebrny silbern **srebro** N Silber *n* **srebrzysty** silbrig
srogi (**-go**) streng
sroka F Elster *f*
srom M ANAT Scham *f*
ssać saugen; lutschen **ssak** M Säugetier *n*
stabilny fest, stabil
stacja F Station *f*; RADIO Sender *m*; → benzynowy, obsługa **stacjonarny** fest installiert, stationär **stacyjka** *umg* F AUTO Zündschloss *n* **staczać** ⟨**stoczyć**⟩ hinabwälzen, hinabrollen; *walkę* austragen
stać¹ stehen; ~ **się** *pf* geschehen, passieren
stać² imstande sein (**na** *akk* zu), können (*akk*); ~ **mnie na to** ich kann es mir leisten
stadion M Stadion *n* **stadnina** F Gestüt *n* **stado** N Herde *f*; Rudel *n*, Schar *f*
stajnia F Stall *m*
stal F Stahl *m*
stale stets, ständig
stalowy stählern, Stahl-; *kolor* stahlblau

stałość F Beständigkeit *f* **st**…
fest; beständig; ständig, D…
er-
stamtąd von dort; von drüb…
stan M Zustand *m*; Lage *f*; *r*…
gazynowy Bestand *m*; *cyw*…
Stand *m*; **Stany** *pl* **Zjednoc**…
ne Vereinigte Staaten *pl* **st**…
nąć PF → stawać
standard M Standard *m* **sta**…
dardowy (**-wo**) Standard-
stanik M Büstenhalter *m*,
m
stanowczość F Entschied…
heit *f* **stanowczy** (**-czo**) e…
schieden **stanowić** V/T …
den, ausmachen **stanowis**…
N Stellung *f*; Platz *m*;
Standpunkt *m*
stapiać ⟨**stopić**⟩ auftau…
auslassen, schmelzen; ~ …
tauen, auftauen, schmelzen
starać ⟨**po-**⟩ **się** sich bem…
hen (**o** *akk* um *akk*) **staran**…
N Bemühen *n* **staranny** sor…
fältig
starcie N *fig* Zusammenst…
m; SPORT Runde *f* **starcz**…
⟨**-czyć**⟩ ausreichen, reiche…
genügen
starodawny altertümlich **st**…
romodny altmodisch **st**…
rosta M Landrat *m*, Landrät…
f **starostwo** N Landratsamt
starość F Alter *n* **star**…
świecki (**-ko**) altväterlich **st**…
rożytny altertümlich, antik
starówka *umg* F Altstadt *f*
start M Start *m*, Beginn …

:artować ⟨**wy-**⟩ starten, eginnen **aruszek** M → starzec **sta-ıszka** F altes Mütterchen *n*; reisin *f* **stary** (**-ro**) alt; **po :aremu** wie gehabt **arzec** M Greis *m* **starzeć ze-**⟩ **się** altern **starzyzna** Trödel *m* **ıteczny** stabil; *fig* gesetzt **atek** M Schiff *n* **ıtus** M Status *m* **statut** M tatut *n*, Satzung *f* **atysta** M Statist *m* **statyst-a** F Statistin *m* **statystycz-y** statistisch **statystyka** F tatistik *f* **atyw** M Stativ *n* **aw** M Teich *m*; ANAT Gelenk **awać** ⟨**stanąć**⟩ sich hinstel-en; *zegarek* stehen bleiben; *ɔojazd* Halt machen; *nur impf* **się** werden **awiać¹** ⟨**postawić**⟩ stellen **:awiać²** ⟨**-ić**⟩ **się** erschei-ıen; sich widersetzen **stawka** F *gry* Einsatz *m*; Satz *m* **:aż** M Probezeit *f*; Praktikum ı; Dienstalter *n* **stażysta** M ʔraktikant *m* **stażystka** F Praktikantin *f* **tąd** von hier; daher **tąpać** ⟨**-pnąć**⟩ schreiten **tek** M Steak *n* **tempel** M Stempel *m* **stem-plować** ⟨**o-**⟩ stempeln, ab-stempeln **tep** M Steppe *f*

ster M Steuer *n* **sterczeć** herausragen **stereofoniczny** stereophon, Stereo- **stereotyp** M Stereotyp *n* **sternik** M Steuermann *m* **ste-rować** steuern **sterta** F Schober *m*; Stoß *m* **steward** M Steward *m* **ste-wardesa** F Stewardess *f* **stęchły** muffig **stękać** ⟨**-knąć**⟩ stöhnen, äch-zen **stękanie** N Stöhnen *n* **stężenie** N Erstarrung *f*; CHEM Konzentration *f* **stłuc** PF → tłuc **stłuczenie** N Quetschung *f*, Prellung *f* **stłumić** → tłumić **sto** hundert **stocznia** F Werft *f* **stoczyć** PF → staczać **stodoła** F Scheune *f* **stoisko** N Stand *m* **stojak** M Ständer *m* **stojący** (**-co**) Steh-; stehend; **na stojąco** ste-hend **stok** M Abhang *m*; Böschung *f* **stokrotka** F Gänseblümchen *n* **stokrotny** hundertfach **stolarnia** F Tischlerei *f* **sto-larz** M Tischler *m* **stolec** M Stuhlgang *m* **stolica** F Hauptstadt *f* **stolik** M Tischchen *n*, Tisch *m* **stołeczny** hauptstädtisch, Hauptstadt- **stołek** M Hocker *m*, Schemel *m* **stołowy** Ess-, Tafel- **sto-łówka** F Kantine *f*; Mensa *f*

stomatolog F Stomatologe *m*, Stomatologin *f*
stop¹ M Legierung *f*
stop² INT stopp!
stopa F Fuß *m*; **~ procentowa** Zinssatz *m*; **~ życiowa** Lebensstandard *m* **stoper** M Stoppuhr *f* **stopić** PF → stapiać
stopień M Stufe *f*; Grad *n*; *szkolna* Note *f*, Zensur *f*; MIL Rang *m* **stopniowy (-wo)** allmählich; stufenweise
stos M Stapel *m*, Haufen *m*
stosować ⟨za-⟩ anwenden; **~ się** sich anpassen (**do** *gen* an *akk*); sich halten (an *akk*) **stosowny** passend, angebracht
stosunek M Verhältnis *n*; Beziehung *f*; *płciowy* Geschlechtsakt *m* **stosunkowy (-wo)** verhältnismäßig
stowarzyszenie N Verein *m*, Vereinigung *f*
stożek M Kegel *m*
stóg M Schober *m*
stół M Tisch *m*; **~ szwedzki** kaltes Büfett *n*
stracenie N Hinrichtung *f*
strach M Angst *f*, Furcht *f*
stracić PF → tracić
stragan M Marktstand *m*
strajk M Streik *m* **strajkować ⟨za-⟩** streiken
straszak M Schreckschusspistole *f* **straszliwy (-wie)** furchtbar, schrecklich **straszny** furchtbar, schrecklich
straszyć ⟨prze-, wy-⟩ ängstigen, schrecken; *nur impf* drohen (*inst* mit *dat*) **straszyd**
N Schreckgespenst *n*
strata F Verlust *m*
strategia F Strategie *f*
strawić PF → trawić **strawr**
verdaulich; **lekko/ciężko** leicht/schwer verdaulich
straż F Wache *f*; **~ pożarı**
Feuerwehr *f* **strażacki** Feue
wehr- **strażak** M Feuerwel
mann *m* **strażnik** M Wac
mann *m*, Wächter *m*
strącać ⟨-cić⟩ hinabstoße
FLUG abschießen
strączek M Hülse *f*, Schote
strefa F Zone *f* **stres** M Stre
m **stresować ⟨ze-⟩** stresse
Stress machen
streszczenie N Kurzfassur
f; Zusammenfassung *f*
striptiz M Striptease *m od n*
strofować ermahnen; tadelr
stroić ⟨na-⟩ MUS stimme
⟨wy-⟩ schmücken (**się** sich)
stromy (-mo) steil
strona F Seite *f*; JUR Partei
stronica F Seite *f*
stronnictwo N POL Partei
stronniczka F Anhängerin
stronniczy (-czo) parteilic
stronnik M Anhänger *m*
strop M ARCH Decke *f*
strój M Kleid *n*; Tracht *f*
stróż M Wächter(in) *m(f)*
strucla F GASTR Strudel *m*
Striezel *m*
strug M Hobel *m* **struga**
⟨o-⟩ *deskę* hobeln; *figurk*
schnitzen

truktura F Struktur *f*
trumień M Bach *m*; Strahl *m*
truna F Saite *f*; **~ głosowa** Stimmband *n*
trup M Schorf *m*
truś M ZOOL Strauß *m*
trych M Dachboden *m*
tryj M Onkel *m* **stryjenka** F Tante *f*
trzał M Schuss *m*
strzałka F Pfeil *m*
strząsać ⟨-snąć⟩ abschütteln
strzec hüten (*gen akk*); **~ się** sich hüten (vor *dat*)
strzecha F Strohdach *n*
strzelać ⟨-lić⟩ schießen
strzelanina F Schießerei *f*
strzelba F Flinte *f* **strzelec** M Schütze *m*, Schützin *f*
strzelnica F Schießstand *m*
strzemię N Steigbügel *m*
strzepywać ⟨-pać⟩ abschütteln
strzępek M Fetzen *m* **strzępić ⟨po-, wy-⟩** ausfransen
strzyc ⟨o-⟩ *włosy* schneiden; *owcę* scheren; *trawę* mähen
strzykawka F Injektionsspritze *f*; **~ jednorazowa** Einwegspritze *f* **strzyżenie** *włosów* Haarschneiden *n*; *owiec* Schur *f*; *trawy* Mähen *n*
studencki Studenten- **student(ka)** M(F) Student(in) *m(f)*
studia NPL Studium *n* **studio** N Studio *n* **studiować** studieren
studnia F Brunnen *m* **studzić ⟨o-⟩** kühlen, abkühlen **studzienka** F *kanalizacyjna* Gully *m*
stuk M Klopfen *n* **stukać ⟨-knąć⟩** klopfen, pochen
stukot → stuk
stulecie N Jahrhundert *n* **stuletni** hundertjährig
stwarzać ⟨stworzyć⟩ schaffen
stwierdzać ⟨-dzić⟩ feststellen **stwierdzenie** N Feststellung *f*
stworzenie N Geschöpf *n*
stworzyć PF → stwarzać
stwór M Ungeheuer *n* **Stwórca** M REL Schöpfer *m*
styczeń M Januar *m*; **w styczniu** im Januar
styczna F Tangente *f* **styczność** F Berührung *f*, Kontakt *m*
stygnąć ⟨o-⟩ kalt werden
styk M Berührung *f*; ELEK Kontakt *m*; TECH Stoß *m* **stykać ⟨zetknąć⟩ się** sich berühren; begegnen (**z** *inst dat*)
styl M Stil *m* **stylistyczny** stilistisch
stymulator M; **~ serca** MED Herzschrittmacher *m*
stypa F Leichenschmaus *m*
stypendium N Stipendium *n*
sublokator(ka) M(F) Untermieter(in) *m(f)*
substancja F Substanz *f*
subtelny subtil
suchar M Zwieback *m* **suchy (-cho)** trocken
suczka F Hündin *f*

sufit M Decke *f*
sugerować suggerieren
suka F → suczka
sukces M Erfolg *m*
sukienka F Kleid *n* **suknia** F Kleid *n* **sukno** N Tuch *n*
sum M Wels *m*
suma F Summe *f*; Betrag *m*; REL Hochamt *n*
sumienie N Gewissen *n* **sumienny** gewissenhaft **sumować** **⟨z-⟩** summieren
sunąć V/I gleiten; V/T schieben
supeł M Knoten *m*
super super, Super- **supermarket** *umg* M Supermarkt *m*
surowica F Serum *n* **surowiec** M Rohstoff *m* **surowy** **(-wo)** roh; *osoba* streng
surówka F Roheisen *n*; GASTR Rohkost *f*
suseł M ZOOL Ziesel *m*
susza F Dürre *f* **suszarka** F Trockner *m* **suszarnia** F Trockenanlage *f* **suszyć** **⟨wy-⟩** trocknen; dörren
sutek M Brustwarze *f*
sutener M Zuhälter *m* **suterena** F Kellergeschoss *n*; Kellerwohnung *f*
suty **(-to)** reichlich
suwak M *umg* *(zamek błyskawiczny)* Reißverschluss *m*; TECH Schieber *m*
swastyka F Hakenkreuz *n*
swatać vermitteln; *umg* verkuppeln
swąd M Brandgeruch *m*
sweter M Pullover *m*, Pulli *m*
swędzenie N Juckreiz *m* **swędzieć** jucken
swoboda F Freiheit *f* **swobodny** zwanglos, frei
swoisty **(-ście)** eigenartig
swojski **(-ko)** heimisch
swój mein, dein, ihr, sein, unser
syczeć **⟨syknąć⟩** zischen
sygnalizować **⟨za-⟩** signalisieren; andeuten **sygnał** M Signal *n*; Zeichen *n* **sygnet** M Siegelring *m*
syk M Zischen *n* **syknąć** PF → syczeć
sylaba F Silbe *f*
sylwester M Silvester *m od n* **sylwestrowy** Silvester-
sylwetka F Silhouette *f*; Figur *f*
symbol M Symbol *n*; Wahrzeichen *n*
sympatia F Sympathie *f*; Freund *m*, Freundin *f* **sympatyczny** symphatisch
symulować simulieren
syn M Sohn *m* **synowa** F Schwiegertochter *f*
syntetyczny synthetisch
sypać **⟨-pnąć⟩** schütten; streuen **sypiać** schlafen **sypialnia** F Schlafzimmer *n*
sypki **(-ko)** locker **sypnąć** PF → sypać
syrena F Sirene *f*
syrop M Sirup *m*
system M System *n*; **~ nawigacyjny** Navigationssystem *n*

systematyczny systematisch
sytuacja F Situation *f*
syty satt; **najeść się do syta** sich satt essen
szabla F Säbel *m* **szablon** M Schablone *f*
szachista M Schachspieler *m* **szachistka** F Schachspielerin *f* **szachownica** F Schachbrett *n* **szachy** MPL Schach *n*
szacować **⟨o-⟩** schätzen, abschätzen
szacunek M Achtung *f*; Schätzung *f*; **z szacunkiem** hochachtungsvoll **szacunkowy (-wo)** Schätzungs-
szafa F Schrank *m*
szafir M Saphir *m*
szafka F Schränkchen *n*; **~ nocna** Nachtschränkchen *n*
szajka F Bande *f*
szal M Schal *m*
szaleć wüten, toben **szaleniec** M Verrückte(r) *m*/*f*(*m*) **szaleńczy (-czo)** wahnsinnig; rasend **szaleństwo** N Wahnsinn *m*
szalik M → szal
szalony irre; *fig a.* verrückt; → szaleńczy
szał M Raserei *f*; Wahn *m*; **wpaść w ~** einen Tobsuchtsanfall bekommen
szałas M (Laub)Hütte *f*
szambo N Abwassergrube *f*; *fig* Klemme *f*; *fig* Abschaum *m*
szamotać się zappeln; sich balgen
szampan M Champagner *m*, Sekt *m*
szampon M Schampoo *n*
szanować ehren, schätzen; **~ się** sich schonen **szanowny** geehrt
szansa F Chance *f*
szantaż M Erpressung *f* **szantażować** erpressen **szantażysta** M Erpresser *m* **szantażystka** F Erpresserin *f*
szarak M (Feld)Hase *m*
szarańcza F Heuschrecke *f*
szarfa F Schärpe *f*
szarlotka F Apfelkuchen *m*
szarość F Grau *n* **szarotka** F Edelweiß *n* **szarówka** F Abenddämmerung *f*; Morgengrauen *n*
szarpać **⟨-pnąć⟩** reißen, zerren
szaruga F Regenwetter *n*
szary (-ro) grau
szarzeć **⟨po-⟩** grau werden **szarzyzna** F *fig* Einerlei *n*
szaszłyk M Schaschlik *n*
szata F Gewand *n*
szatan M Satan *m*, Teufel *m*
szatnia F Garderobe *f*
szatyn(ka) M(F) Dunkelhaarige(r) *m*/*f*(*m*)
szczaw M Sauerampfer *m*
szczątek M Überrest *m*, Rest *m*
szczebel M Sprosse *f*; *fig*, POL *a.* Ebene *f*
szczebiotać zwitschern
szczecina F Borsten *fpl*
szczególnie besonders

szczególność F Besonderheit *f*; **w szczególności** insbesondere **szczególny** besondere(r)
szczegół M Einzelheit *f* **szczegółowy** (-wo) ausführlich
szczekać ⟨-knąć⟩ bellen, kläffen **szczekanie** N Gebell *n*
szczelina F Spalt *m*; Fuge *f* **szczelny** dicht
szczeniak M Welpe *m*;
szczenię N → szczeniak
szczep M (Volks)Stamm *m*
szczepić ⟨za-⟩ pfropfen; MED impfen **szczepienie** N Pfropfung *f*; MED Impfung *f* **szczepionka** F Impfstoff *m*
szczerość F Aufrichtigkeit *f*, Ehrlichkeit *f* **szczery** (-rze) aufrichtig, ehrlich; echt, rein
szczęk M Geklirr *n*, Gerassel *n*
szczęka F ANAT Kiefer *m*; TECH Backe *f*; **sztuczna ~** künstliches Gebiss *n*
szczęście N Glück *n* **szczęśliwy** (-wie) glücklich
szczodrość F Freigebigkeit *f* **szczodry** (-rze) freigebig
szczoteczka F Bürste *f*; **~ do zębów** Zahnbürste *f* **szczotka** F Bürste *f* **szczotkować** ⟨wy-⟩ bürsten
szczuć ⟨po-⟩ hetzen
szczudła NPL Stelzen *fpl*
szczupak M Hecht *m*
szczupleć ⟨wy-, ze-⟩ schlank werden **szczupły** (-ło) schmächtig; (*mały*) schmal, knapp
szczur M Ratte *f*
szczycić się stolz sein (*inst* auf *akk*)
szczypać ⟨-pnąć⟩ kneifen, zwicken **szczypce** PL Zange *f* **szczypiorek** M Schnittlauch *m* **szczypta** F Prise *f*
szczyt M Gipfel *m*, Spitze *f* **szczytowy** (-wo) Gipfel-, Spitzen-
szef M Chef *m*
szelest M Rauschen *n*; Rascheln *n* **szeleścić** ⟨za-⟩ rauschen; rascheln
szelki FPL Hosenträger *mpl*
szelma M(F) Schelm *m*
szemrać murren
szept M Flüstern *n* **szeptać** ⟨-pnąć⟩ flüstern
szereg M Reihe *f* **szeregować** ⟨u-⟩ ordnen **szeregowiec** M Soldat *m* **szeregowy** (-wo) Reihen-
szermierka F Fechten *n*
szeroki (-ko) breit; *fig* weit **szerokość** F Breite *f*
szerszeń M Hornisse *f*
szerzyć verbreiten; **~ się** sich ausbreiten
szesnasty sechzehnte(r) **szesnaście** sechzehn
sześcian M MATH Kubus *m*, Würfel *m* **sześcienny** Kubik-; **metr ~** Kubikmeter *m od n*
sześć sechs **sześćdziesiąt** sechzig **sześćdziesiąty** sechzehnte(r) **sześćset** sechshun-

dert
szew M Naht *f*
szewc M Schuhmacher(in) *m(f)*
szkapa F Mähre *f*
szkaradny abscheulich
szkarlatyna F MED Scharlach *m* **szkarłatny** scharlachrot
szkatułka F Schatulle *f*
szkic M Skizze *f*; Entwurf *m* **szkicownik** M Skizzenbuch *n*
szkielet M Skelett *n*
szklanka F Glas *n* **szklany** Glas-, gläsern **szklarnia** F Gewächshaus *n* **szklarz** M Glaser(in) *m(f)*
szklić ⟨o-⟩ verglasen **szklisty** (-ście) glasig **szkliwo** N Glasur *f*; (Zahn)Schmelz *m*
szkło N Glas *n*
Szkocja F Schottland *n* **szkocki (po -ku)** schottisch
szkoda F Schaden *m* **szkodliwy** (-wie) schädlich **szkodnik** M Schädling *m* **szkodzić** ⟨za-⟩ schaden
szkolenie N Schulung *f*; Ausbildung *f* **szkolić** schulen
szkolnictwo N Schulwesen *n* **szkolny** Schul-
szkoła F Schule *f*; ~ **podstawowa** Grundschule *f*; ~ **zawodowa** Berufsschule *f*
szkwał M Bö *f*
szlaban M Schranke *f*; Schlagbaum *m*
szlachcianka Adlige *f* **szlachcic** M Edelmann *m*, Adlige(r) *m* **szlachecki** adlig **szlachetny** edel **szlachta** F Adel *m*
szlafrok M Morgenrock *m*
szlak M Weg *m*; ~ **turystyczny** Reiseroute *f*
szlifować ⟨o-⟩ schleifen
szmaciany Lumpen- **szmatka** F Lappen *m*
szmer M Geräusch *n*; Gemurmel *n*
szminka F Schminke *f*; Lippenstift *m*
sznur M Schnur *f*, Strick *m* **sznurek** M Kordel *f*; Bindfaden *m* **sznurować** ⟨za-⟩ schnüren, *pf* zuschnüren **sznurowadło** N Schnürsenkel *m*
sznycel M Schnitzel *n*
szofer M → kierowca **szoferka** F *kabina* Fahrerkabine *f*
szok M Schock *m* **szokować** ⟨za-⟩ schockieren
szopa F Schuppen *m* **szopka** F Krippe *f*
szorować scheuern **szorstki** (-ko) rau; schroff
szorty PL Shorts *pl*
szosa F Chaussee *f*
szóstka F Sechs *f* **szósty** sechste(r)
szpachlować ⟨za-⟩ spachteln, verspachteln **szpachlówka** F Spachtelmasse *f*
szpada F Degen *m*
szpagat M SPORT Spagat *m*; Bindfaden *m*
szpak M ZOOL Star *m* **szpakowaty** grau meliert
szpara F Spalt *m*, Ritze *f*

szparag M Spargel *m* **szparagowy** Spargel-; **fasolka szparagowa** grüne Bohnen *pl*
szpecić **⟨o-⟩** verunstalten
szperać durchstöbern (**w** *lok akk*), kramen (in *dat*)
szpetny hässlich, garstig
szpic M Spitze *f*
szpieg M Spion(in) *m(f)* **szpiegostwo** N Spionage *f* **szpiegować** spionieren
szpik M (Knochen)Mark *n*
szpilka F (Steck)Nadel *f*
szpinak M Spinat *m*
szpital M Krankenhaus *n* **szpitalny**: **leczenie** N **szpitalne** stationäre Behandlung *f*
szpon M Klaue *f*, Kralle *f*
szprotka F Sprotte *f*
szprycha F Speiche *f*
szpula F Spule *f* **szpulka** F Spule *f*
szrama F Schramme *f*
szron M (Rau)Reif *m*
sztab M Stab *m* **sztaba** F *żelazna* Stange *f*; *złota* Barren *m*
sztacheta F Latte *f* **sztaluga** F Staffelei *f*
sztandar M Fahne *f* **sztanga** F Stange *f*; Hantel *f*
sztorm M Sturm *m*
sztruks M Kordsamt *m*
sztuczka F Trick *m* **sztuczny** künstlich, Kunst-
sztućce MPL Besteck *n*
sztuka F Kunst *f*; **~ teatralna** Theaterstück *n* **sztukować** stückeln
szturchać **⟨-chnąć⟩** puffen, stoßen
szturm M Attacke *f*, Angriff *m* **szturmować** stürmen
sztylet M Dolch *m* **sztywnieć** **⟨ze-⟩** steif werden; erstarren **sztywny** **(-no)** steif
szubienica F Galgen *m*
szufelka F Schaufel *f* **szufla** F Schaufel *f* **szuflada** F Schublade *f*
szukać suchen **szukanie** N Suche *f*, Suchen *n*
szuler(ka) M(F) Falschspieler(in) *m(f)*
szum M Rauschen *n* **szumieć** rauschen **szuwary** MPL Schilf *n*
szwaczka F Näherin *f*
szwagier(ka) M(F) Schwager *m*, Schwägerin *f*
Szwajcar M Schweizer *m* **Szwajcaria** F Schweiz *f* **Szwajcarka** F Schweizerin *f* **szwajcarski** schweizerisch, Schweizer
Szwecja F Schweden *n* **Szwed(ka)** M(F) Schwede *m*, Schwedin *f* **szwedzki** **(po -ku)** schwedisch
szyb M BERGB Schacht *f* **szyba** F (Fenster)Scheibe *f*
szybciej schneller **szybki** **(-ko)** schnell; rasch **szybkościomierz** M Geschwindigkeitsmesser *m* **szybkość** F Schnelligkeit *f*; Geschwindigkeit *f* **szybkowar** M Schnellkochtopf *m*
szybowiec M Segelflugzeug *n*

szycie N Nähen *n* **szyć** ⟨**u-**⟩ nähen **szydełko** N Häkelnadel *f*
szyderczy (**-czo**) höhnisch
szydło N Ahle *f*
szydzić verspotten (**z** *gen akk*)
szyfr M Chiffre *f*
szyja F Hals *m* **szyjka** F Hals *m*
szyk M Ordnung *f*; Formation *f*; GRAM Wortfolge *f* **szykować** ⟨**na-, przy-**⟩ vorbereiten (**się** sich) **szykowny** schick, flott
szyld M Schild *n*
szympans M Schimpanse *m*
szyna F Schiene *f*
szynka F Schinken *m*
szyszka F Tannenzapfen *m*

Ś

ściana F Wand *f*
ściąć PF → ścinać
ściągać ⟨**-gnąć**⟩ abziehen; *podatki* einziehen; herbeirufen, herbeiholen; *umg* spicken; zusammenziehen (**się** sich); *umg* klauen **ściągawka** F *umg* Spickzettel *m*
ściec PF → ściekać
ścieg M (Näh)Stich *m*
ściek M Abfluss *m*; **ścieki** *pl* Abwässer *npl* **ściekać** ⟨**ściec**⟩ abfließen
ścielić → słać[2]
ściemniać ⟨**-ić**⟩ verdunkeln
ściemnieć PF → ciemnieć
ścienny Wand-
ścierać ⟨**zetrzeć**⟩ abreiben; abwischen **ścierka** F Wischlappen *m*; (Staub)Tuch *n* **ścierny** Schmirgel-
ścieśniać ⟨**-ić**⟩ verengen (**się** sich)
ścieżka F (Fuß)Pfad *m*; *dźwiękowa* Spur
ścięgno N Sehne *f*
ścigać verfolgen
ścinać ⟨**ściąć**⟩ abschneiden; *drzewo* fällen; *skazanego* enthaupten; **~ się** gerinnen
ścisk M Gedränge *n* **ściskać** ⟨**-snąć**⟩ zusammenpressen, zusammendrücken; umarmen; *dłoń* drücken **ścisłość** F Genauigkeit *f* **ścisły** (**-śle**) genau; exakt **ścisnąć** PF → ściskać
ślad M Spur *f*; **bez śladu** spurlos
Śląsk M Schlesien *n* **śląski** schlesisch
śledczy JUR Untersuchungs-
śledzić nachspüren (*akk dat*); beobachten
śledziona F Milz *f*
śledztwo N Voruntersuchung *f*; Ermittlungsverfahren *n*
śledź M Hering *m*; **~ wędzony** Bückling *m*
ślepiec M Blinde(r) *m/f(m)*
ślepnąć ⟨**o-**⟩ erblinden **ślepota** F Blindheit *f*; **~ kurza**

Nachtblindheit *f* **ślepy (-po)** blind
ślęczeć hocken (**nad** *inst* über *dat*)
śliczny hübsch, niedlich
ślimak M Schnecke *f*
ślina F Speichel *m*, *umg* Spucke *f* **śliniak** M Lätzchen *n*
śliski (-ko) schlüpfrig; glatt
śliwa F Pflaumenbaum *m* **śliwka** F Pflaume *f*
ślizgacz M Gleitboot *n* **ślizgać się** schlittern; *na łyżwach* Schlittschuh laufen **ślizgawka** F Eisbahn *f*
ślub M Trauung *f* **ślubny** Trau-, Ehe-; **ślubna suknia** *f* Hochzeitskleid *n* **ślubować** PF geloben **ślubowanie** N Gelübde *n*
ślusarz M Schlosser(in) *m(f)*
śluz M Schleim *m* **śluza** F Schleuse **śluzówka** F Schleimhaut *f*
śmiać się lachen
śmiałość F Kühnheit *f*, Mut *m* **śmiały (-ło)** kühn, mutig
śmiech M Lachen *n*, Gelächter *n*
śmieci MPL Müll *m* **śmieciarka** F Müllwagen *m* **śmieciarz** M Lumpensammler(in) *m(f)*; *umg* Müllmann *m* **śmiecić** ⟨**na-, za-**⟩ verunreinigen
śmieć wagen; sich erlauben
śmiercionośny todbringend
śmierć F Tod *m*
śmierdzieć stinken (*inst* nach *dat*)
śmiertelność F Sterblichkeit *f* **śmiertelny** sterblich; tödlich
śmieszny lächerlich; komisch **śmieszyć** zum Lachen bringen
śmietana F Rahm *m*, ~ **bita** Schlagsahne *f* **śmietanka** F Sahne *f* **śmietankowy** Sahne-
śmietnik M Müllkasten *m*; Müllhaufen *m* **śmietnisko** N Müllkippe *f*
śmigło N Propeller *m* **śmigłowiec** M Hubschrauber *m*
śniadanie N Frühstück *n*
śniady (-do) dunkelhäutig
śnić träumen (**o** *lok* von *dat*); ~ **się** im Traum erscheinen
śnieg M Schnee *m*; **pada** ~ es schneit
śnieżka F Schneeball *m* **śnieżnobiały** schneeweiß **śnieżyca** F Schneegestöber *n*
śpiący schlafend; schläfrig **śpiączka** F Schlafkrankheit *f*
śpieszyć ⟨**po-**⟩ eilen; ~ **się** sich beeilen
śpiew M Gesang *m* **śpiewaczka** F Sängerin *f* **śpiewać** ⟨**za-**⟩ singen **śpiewak** M Sänger *m* **śpiewnik** M Liederbuch *n*; REL Gesangbuch *n* **śpiewny** *intonacja* singend
śpioch M Langschläfer *m* **śpioszki** MPL Strampelanzug *m*
śpiwór M Schlafsack *m*
średni Mittel- **(-nio)** mittle-

re(r); durchschnittlich **średnica** F Durchmesser *m*
średnik M Semikolon *n*
średniowiecze N Mittelalter *n*
środa F Mittwoch *m*; ~ **popielcowa** Aschermittwoch *m*
środek M Mitte *f*; Mittel *n*; ~ **zapobiegawczy** Vorbeugungsmittel *n*; **środki** *pl* **pieniężne** Geldmittel *npl* **środkowy** Mittel-; Zentral- **środowisko** N Umgebung *f*; Kreis *m*; Umwelt *f*
śródlądowy binnenländisch
śródmieście N Innenstadt *f*
śródziemnomorski Mittelmeer-
śruba F Schraube *f* **śrubokręt** M Schraubenzieher *m*
śrut M Schrot *m od n*
świadczenie N Leistung *f* **świadczyć** zeugen (**o** *lok* von *dat*) **świadectwo** N Zeugnis *n*; Urkunde *f* **świadek** M Zeuge *m*, Zeugin *f*; ~ **naoczny** Augenzeuge *m*, Augenzeugin *f*
świadomość F Bewusstsein *n* **świadomy (-mie)** bewusst
świat M Welt *f*
światło N Licht *n*; **światła** *pl* **drogowe** Fernlicht *n*, **światła** *pl* **mijania** Abblendlicht *n*
światopogląd M Weltanschauung *f* **światowy (-wo)** Welt-
świąteczny festlich; Feiertags-; Fest- **świątynia** F Heiligtum *n*, Tempel *m*
świder M Bohrer *m*
świeca F Kerze *f*; ~ **zapłonowa** Zündkerze *f* **świecić** leuchten, scheinen
świecki weltlich; Laien-
świeczka F → świeca
świecznik M Leuchter *m*
świergot M Gezwitscher *n* **świergotać** zwitschern
świerk M Fichte *f*
świerszcz M Grille *f*
świerzb M MED Krätze *f*
świetlica F Gemeinschaftsraum *m* **świetlny** Leucht-, Licht- **świetlówka** F Leuchtstofflampe *f*
świetność F Herrlichkeit *f*, Glanz *m* **świetny** glänzend, prächtig
świeżość F Frische *f* **świeży (-żo)** frisch
święcić (*świętować*) heiligen, feiern ⟨**po-**⟩ weihen, einweihen **święcony** geweiht
święto N Feiertag *m* **świętokradztwo** N Kirchenraub *m* **świętoszek** M Scheinheilige(r) *m/f(m)*
świętość F Heiligkeit *f*; Heiligtum *n* **świętować** feiern, feierlich begehen **święty (-cie)** heilig; **Wszystkich Świętych** Allerheiligen *n*
świnia F Schwein *n* **świnka** F Schweinchen *n*; ~ **morska** Meerschweinchen *n*; MED Mumps *m*, Ziegenpeter *m*
świństwo N Schweinerei *f*

świsnąć PF *umg* klauen, stibitzen **świst** M Pfiff *m* **świstak** M Murmeltier *n*
świt M Morgendämmerung *f*
świta F Hofstaat *m*, Gefolge *n* **świtać** ⟨**za-**⟩ *dzień* dämmern

T

ta → **ten**
tabaka F Schnupftabak *m*
tabela F Tabelle *f* **tabletka** F Tablette *f* **tablica** F Tafel *f*; ~ **rozdzielcza** Schaltbrett *n*; ~ **rejestracyjna** Nummernschild *n*
tabliczka F Täfelchen *n*; ~ **mnożenia** Einmaleins *n*
tabor M Fuhrpark *m*
taboret M Hocker *m*
tabu N Tabu *n*
tabun M Pferdeherde *f*
taca F Tablett *n*; Kollekte *f*
taczka F Schubkarre *f*
tafla F Oberfläche *f*, *fig* Platte *f*
taić ⟨**za-**⟩ verheimlichen
tajać ⟨**od-**⟩ schmelzen, tauen
tajemnica F Geheimnis *n* **tajemniczy** (**-czo**) geheimnisvoll
tajniak *umg* M Geheimpolizist *m*, Spitzel *m* **tajny** geheim
tak ja; so; **i ~ dalej** und so weiter
taki so ein(er); solch; ~ **sam** genauso ein(er); ~ **sobie** leidlich
taksa F Taxe *f*, Gebühr *f* **taksówka** F Taxi *n* **taksówkarz** M Taxifahrer(in) *m(f)*
takt M Takt *m* **taktowny** taktvoll **taktyczny** taktisch **taktyka** F Taktik *f*
także auch; ebenfalls
talent M Talent *n*, Begabung *f*
talerz M Teller *m* **talerzyk** M kleiner Teller *m*
talia F Taille *f*; ~ **kart** ein Spiel *n* Karten
talk M Talkum *n* **talon** M Talon *m*, Bon *m*
tam da, dort; dorthin; ~ **i z powrotem** hin und zurück
tama F Damm *m*, Deich *m* **tamować** ⟨**za-**⟩ eindämmen; *ruch* behindern; *krew* stillen
tamtejszy dortig **tamten** jene(r) **tamtędy** dort entlang
tamże ebendort
tancerka F Tänzerin *f* **tancerz** M Tänzer *m*
tandeta F Trödel *m*; Schund *m* **tandetny** minderwertig, Schund-
taneczny Tanz-
tango N Tango *m*
tani (**-nio**) billig
taniec M Tanz *m*
tanieć ⟨**po-**⟩ billiger werden
tankować ⟨**za-**⟩ tanken; *fig* saufen **tankowiec** M Tanker *m*

tańczyć ⟨**po-**, **za-**⟩ tanzen
tapczan M Couch *f*, Liege *f*
tapeta F Tapete *f* **tapetować** ⟨**wy-**⟩ tapezieren **tapicerka** F (Polster)Bezug *m*; Polsterei *f*
tarapaty *umg* PL Schwierigkeiten *fpl*
taras M Terrasse *f*
tarcie N Reibung *f*
tarcza F Scheibe *f*; *obronna* Schild *m*; ~ **zegara** Zifferblatt *n* **tarczyca** F Schilddrüse *f*
targ M Markt *m*; **targi** *pl* HANDEL Messe *f* **targać** *umg* (*dźwigać*) schleppen ⟨**-gnąć**⟩ reißen, zerren (**za** *akk* an *dat*)
targować się feilschen, handeln **targowisko** N Markt *m*, Marktplatz *m* **targowy** Markt-; Messe-
tarka F Reibe *f*, Reibeisen *n*
tartak M Sägewerk *n*
taryfa F Tarif *m*
tarzać wälzen (**się** sich)
tasak M Hackmesser *n*
tasiemiec M ZOOL Bandwurm *m* **tasiemka** F Bändchen *n*; Borte *f*, Litze *f*; ~ **gumowa** Gummiband *n*
tasować ⟨**po-**⟩ *karty* mischen
taśma F Band *n*
tata M Vati *m*
taterniczka F Bergsteigerin *f*
taternik M Bergsteiger *m*
Tatry PL Tatra *f* **tatrzański** Tatra-
tato M Vati *m*
tatuaż M Tätowierung *f*, Tatoo *n*
tchawica F Luftröhre *f*
tchnienie N Hauch *m*
tchórz M Feigling *m*; ZOOL Iltis *m* **tchórzliwy** (**-wie**) feige **tchórzostwo** N Feigheit *f*
te PL → **ten**
teatr M Theater *n* **teatralny** Theater-; *gest* theatralisch
techniczny technisch **technik** M Techniker(in) *m(f)* **technika** F Technik *f* **technikum** N Technikum *n*, technische Fachschule *f*
techno N MUS Techno *n od m*
technologia F Technologie *f*
teczka F Aktentasche *f*
tegoroczny diesjährig
tekst M Text *m*
tektura F Karton *m*; ~ **falista** Wellpappe *f* **tekturowy** Karton-, Papp-
telefon M Telefon *n* **telefoniczny** telefonisch; Telefon- **telefonować** ⟨**za-**⟩ telefonieren (**do** *gen* mit *dat*), anrufen (*akk*) **telegazeta** F Teletext *m*
telegram M Telegramm *n* **telekomunikacja** F Fernmeldewesen *n* **teleskop** M Teleskop *n*; Teleskopstoßdämpfer *m* **teleturniej** M Fernsehquiz *n* **telewizja** F Fernsehen *n*; ~ **kablowa** Kabelfernsehen *n* **telewizor** M Fernsehgerät *n* **telewizyjny** Fernseh-
temat M Thema *n* **tematyka** F Thematik *f*
temperament M Tempera-

ment *n*

temperatura F Temperatur *f*

temperować **⟨za-⟩** *ołówek* spitzen **temperówka** F Bleistiftspitzer *m*

tempo N Tempo *n*

ten, ta, to der, die, das; dieser, diese, dieses; **~ sam** derselbe

tendencja F Tendenz *f* **tendencyjny** tendenziös

tenis M Tennis *n*; **~ stołowy** Tischtennis *n* **tenisista** M Tennisspieler *m* **tenisistka** F Tennisspielerin *f*

teoretyczny theoretisch **teoria** F Theorie *f*

terapeuta M Therapeut(in) *m(f)* **terapeutka** F Therapeutin *f* **terapia** F Therapie *f*

teraz jetzt **teraźniejszość** F Gegenwart *f* **teraźniejszy** jetzig, gegenwärtig

teren M Gelände *n*; Gebiet *n* **terenowy** regional, lokal **terenówka** *umg* F Geländefahrzeug *n*

termin M Termin *m*, Frist *f* **terminarz** M Terminkalender *m* **terminowy** **(-wo)** fristgerecht; befristet; dringend

termometr M Thermometer *n* **termos** M Thermosflasche® *f*

terrorysta M Terrorist *m* **terrorystka** F Terroristin *f* **terrorystyczny** Terror-, terroristisch **terroryzm** M Terrorismus *m*

terytorium N Territorium *n*

test M Test *m*

testament M Testament

testować testen

teściowa F Schwiegermutter

teść M Schwiegervater *m*

teza F These *f*

też auch, ebenfalls

tęcza F Regenbogen *m* **tęczówka** F ANAT Iris *f*

tędy hier durch, da durch, hier entlang, hier hinaus **tęgi** beleibt, füllig; *lanie* stark, kräftig

tępak *umg* M Trottel *m* **tępić** **⟨wy-⟩** ausrotten, vertilgen

tępy **(-po)** stumpf

tęsknić sich sehnen (**za** *inst* nach *dat*) **tęsknota** F Sehnsucht *f*; Heimweh *n* **tęskny** **(-no)** sehnsüchtig

tętent M Hufschlag *m* **tętnica** F Pulsader *f*, Schlagader

tętnić dröhnen; pulsieren

tętno N Puls *m*, Pulsschlag *m*

tężec M Wundstarrkrampf *m*

tężeć **⟨s-⟩** fest werden, hart werden; erstarren **tężyzna** F Vitalität *f*, Kraft *f*

tkać **⟨u-⟩** weben **tkanina** F Gewebe *n*, Stoff *m* **tkanka** F BIOL Gewebe *n*

tkliwy **(-wie)** liebevoll, zärtlich

tknąć PF → tykać[1]

tkwić feststecken; stecken (*a. fig*); *fig* lauern, hängen

tlen M Sauerstoff *m* **tlenek** M Oxyd *n*

tlić się glimmen

tło N Hintergrund *m*

łoczyć **⟨wy-⟩** pressen; prägen; **~ się** sich drängen
łok[1] M Gedränge *n*
łok[2] M TECH Kolben *m*
łuc **⟨po-, s-⟩** schlagen, zerschlagen **tłuczek** M Stößel *m*; Stampfer *m* **tłuczeń** M Schotter *m*
łum M Menge *f*
łumacz(ka) M(F) *pisemny* Übersetzer(in) *m(f)*; *ustny* Dolmetscher(in) *m(f)* **tłumaczenie** N Übersetzung *f* **tłumaczyć** **⟨prze-⟩** *pisemnie* übersetzen; *ustnie* dolmetschen **⟨wy-⟩** erklären; auslegen; **~ się** sich entschuldigen (**z** *gen* für *akk*)
tłumić **⟨s-⟩** *dźwięk* dämpfen; *ogień* ersticken; *rewolucję* niederschlagen **tłumik** M Schalldämpfer *m*
tłusty **(-to)** fett **tłuszcz** M Fett *n* **tłuścioch** *umg* M Fettwanst *m*
to das, dies, es; **za ~** dafür; **kto ~?** wer ist das?
toaleta F Toilette *f* **toaletowy** Toiletten-
toast M Toast *m*, Trinkspruch *m*
toczyć rollen, wälzen; TECH drehen; drechseln; *fig* führen; **~ się** rollen; *fig* verlaufen; sich abspielen
tok M Gang *m*, Verlauf *m*
tokarka F Drehbank *f* **tokarz** M Dreher(in) *m(f)*; Drechsler(in) *m(f)*
toksyczny toxisch
tolerancja F Toleranz *f* **tolerować** dulden, tolerieren
tom M TYPO Band *m*
tomografia F Tomografie *f*
ton M Ton *m*, Klang *m*
tona F Tonne *f*
tonacja F Tonart *f*
tonąć **⟨u-⟩** ertrinken **⟨za-⟩** *statek* sinken
tonik M Tonic *n*
topić **⟨u-⟩** ertränken **⟨za-⟩** versenken; **⟨roz-, s-⟩** schmelzen; **~ się** → tonąć
topielec M Ertrunkene(r) *m/f(m)*
topnieć **⟨s-⟩** schmelzen
topola F Pappel *f*
topór M Beil *n*
tor M Gleis *n*; Bahn *f*; **~ wyścigowy** Rennbahn *f*
torba F Tasche *f*; **~ na zakupy** Einkaufstasche *f*
torebka F *damska* Handtasche *f*; (*woreczek*) Beutel *m*; Tüte *f*
torf M Torf *m* **torfowisko** N Torfmoor *n*
tornister M Ranzen *m*
torować **⟨u-⟩** *drogę* bahnen
tors M Oberkörper *m*; *rzeźba* Torso *m*
torsje PL Erbrechen *n*
tort M Torte *f*
tortura F Tortur *f*, Folter *f*
tost M Toast *m*
totalny total; totalitär
towar M Ware *f* **towarowy** Waren-; Güter-, Fracht-; Last-
towarzyski **(-ko)** gesellig; ge-

sellschaftlich **towarzystwo** N Gesellschaft *f* **towarzysz** M Gefährte *m*, Genosse *m* **towarzyszka** F Gefährtin *f*, Genossin *f* **towarzyszyć** begleiten (*dat akk*)

tożsamość F Identität *f*

tracić ⟨s-, u-⟩ verlieren

tradycja F Tradition *f* **tradycyjny** traditionell; konventionell

traf M Zufall *m* **trafiać ⟨-ić⟩** treffen; **~ się** *okazja* sich bieten **trafność** F Richtigkeit *f* **trafny** zutreffend

tragarz M (Gepäck)Träger *m*

tragedia F Tragödie *f* **tragiczny** tragisch

trajkotać *fig* plappern; rattern; schnarren

trakt M (Land)Straße *f*; **w trakcie** im Verlauf

traktat M Traktat *n od m*; Vertrag *m*

traktor M Traktor *m*

traktować ⟨po-⟩ V/T behandeln **traktowanie** N Behandlung *f*

trampki FPL Freizeitschuhe *mpl*, Sportschuhe *mpl*

tramwaj M Straßenbahn *f*

transakcja F Transaktion *f*, Geschäft *n*

transformator M Trafo *m* **transfuzja** F Transfusion *f* **transmisja** F RADIO Übertragung *f* **transmitować** RADIO übertragen **transparent** M Spruchband *n*

transport M Transport *m* **transportować** befördern, transportieren **transportowy** Transport-

tranzystor M Transistor *m* **tranzyt** M Transit *m* **tranzytowy** Transit-

trapić plagen (**się** sich)

trasa F Strecke *f*; Route *f*

tratować ⟨s-⟩ zertreten, zertrampeln

tratwa F Floß *n*

trawa F Gras *n* **trawić ⟨s-⟩** verdauen **trawienie** N Verdauung *f* **trawnik** M Rasen *m*

trąba F Trompete *f*; *słonia* Rüssel *m* **trąbić ⟨za-⟩** trompeten; *auto* hupen **trąbka** F Trompete *f*; Rüssel *m*

trącać ⟨-cić⟩ stoßen, anstoßen, berühren; **~ się** einander *od* sich stoßen; *kieliszkami* anstoßen

trąd M Lepra *f* **trądzik** M Akne *f*

trefl M Treff *n*, Kreuz *n*

trema F Lampenfieber *n*

tren[1] M *utwór* Klagelied *n*

tren[2] M *sukni* Schleppe *f*

trend M Trend *m*

trener(ka) M(F) Trainer(in) *m(f)* **trening** M Training *n* **treningowy** Trainings- **trenować ⟨wy-⟩** trainieren

tresować ⟨wy-⟩ abrichten, dressieren **tresura** F Dressur *f*

treściwy inhaltsreich; gehaltvoll **treść** F Inhalt *m*

trębacz M Trompeter(in) *m(f)*
trik M Trick *m*
triumf M Triumph *m*
trochę ein wenig, etwas; **ani ~** kein bisschen; **po trochu** nach und nach
trociny PL Sägespäne *mpl*
troić ⟨po-⟩ się sich verdreifachen **trojaczki** MPL Drillinge *mpl* **troje** drei
trolejbus M O-Bus *m*
tron M Thron *m*
trop M Spur *f*, Fährte *f* **tropić** verfolgen
tropikalny tropisch
troska F Sorge *f* **troskliwy (-wie)** fürsorglich **troszczyć się** sich kümmern (**o** *akk* um *akk*)
trójbarwny dreifarbig **trójbój** M SPORT Dreikampf *m*
Trójca F **Święta** REL Dreifaltigkeit *f* **trójkąt** M Dreieck *n*
trójkątny dreieckig **trójka** F Drei *f* **trójskok** M SPORT Dreisprung *m* **trójwymiarowy** dreidimensional
trucht M Trab *m*; **biec truchtem** traben; trippeln
trucizna F Gift *n* **truć ⟨o-⟩** vergiften (**się** sich)
trud M Mühe *f*, Strapaze *f* **trudnić się** betreiben (*inst akk*); sich beschäftigen (mit *dat*) **trudność** F Schwierigkeit *f* **trudny (-no)** schwierig, schwer **trudzić** bemühen (**się** sich)
trujący (-co) giftig, Gift-
trumna F Sarg *m*
trunek M Drink *m*, alkoholisches Getränk *n*
trup M Leiche *f*
truskawka F Erdbeere *f*
truteń M Drohne *f*
trutka F Gift *n*
trwać dauern; währen **trwałość** F Beständigkeit *f*; Haltbarkeit *f*, Konsistenz *f* **trwały (-le)** dauerhaft **trwanie** N Fortdauer *f*, Dauer *f*
trwoga F Angst *f*, Furcht *f* **trwonić ⟨roz-⟩** vergeuden
tryb M Art *f*, Weise *f*; GRAM Modus *m*; TECH Zahnrad *n*
trybuna F Tribüne *f* **trybunał** M Tribunal *n*, Gerichtshof *m*
trykot M Trikot *n* **trykotowy** Trikot-
tryskać ⟨-snąć⟩ hervorsprudeln, heraussprudeln, hervorspritzen
trzask M Krachen *n*; *umg* Geknatter *n*; **z trzaskiem** krachend **trzaskać ⟨-snąć⟩** knallen, krachen
trząść ⟨po-, za-⟩ schütteln, rütteln
trzcina F Rohr *n*; **~ cukrowa** Zuckerrohr *n*
trzeba brauchen (*gen akk*); man muss; man soll; **nie ~** es ist nicht nötig
trzebić ⟨wy-⟩ ausmerzen; vertilgen
trzech drei **trzeci** dritte(r)
trzeć ⟨po-⟩ reiben
trzepaczka F (Teppich)Klopfer

m **trzepać ⟨wy-⟩** klopfen, ausklopfen **trzepak** M Teppichstange *f*
trzepnąć *umg* PF hauen, schlagen **trzepot** M Flattern *n*
trzeszczeć ⟨za-⟩ krachen, knarren
trzeźwieć ⟨o-, wy-⟩ munter werden; nüchtern werden **trzeźwy (-wo)** nüchtern
trzęsienie N: **~ ziemi** Erdbeben *n*
trzmiel M Hummel *f*
trzoda F Herde *f*; **~ chlewna** Schweine *npl*
trzon M Stütze *f*; Stiel *m* **trzonek** M Griff *m*, Stiel *m*; ELEK Sockel *m* **trzonowy** → ząb
trzpień M Bolzen *m*; Dorn *m*
trzustka F Bauchspeicheldrüse *f*
trzy drei **trzyczęściowy** dreiteilig **trzydziesty** dreißigste(r) **trzydzieści** dreißig **trzykrotny** dreimalig **trzyletni** dreijährig
trzymać halten (**się** sich)
trzynasty dreizehnte(r) **trzynaście** dreizehn **trzypiętrowy** dreistöckig **trzysta** dreihundert
tu hier; hierher
tubka F Tube *f*
tubylec M Ureinwohner(in) *m(f)*; Einheimische(r) *m/f(m)*
tucznik M Mastschwein *n* **tuczyć ⟨u-⟩** mästen
tulejka F Buchse *f*, Muffe *f*
tulić ⟨przy-⟩ an sich drücken, herzen; **~ się** sich schmiegen (**do** *gen* an *akk*)
tulipan M Tulpe *f*
tułaczka F Wanderleben *n* **tułać się** umherirren
tułów M Rumpf *m*
tuman M *kurzu* Wolke *f*; *umg* Tölpel *m*
tunel M Tunnel *m*; Stollen *m*
tuńczyk M Thunfisch *m*
tupać ⟨-pnąć⟩ aufstampfen, trampeln **tupet** M Dreistigkeit *f* **tupot** M Getrampel *n*
tura F Tour *f*
turbina F Turbine *f*
Turcja F Türkei *f* **Turczynka** F Türkin *f* **turecki (po -ku)** türkisch **Turek** M Türke *m*
turkawka F Turteltaube *f*
turkotać rattern
turniej M Turnier *n* **turnus** M Turnus *m*, Durchgang *m*
turysta M Tourist *m* **turystka** F Touristin *f* **turystyczny** touristisch, Touristen- **turystyka** F Touristik *f*
tusz M Tusche *f*; Dusche *f* **tusza** F Leibesfülle *f*; *wieprzowa* (Schweine)Hälfte *f* **tuszować ⟨za-⟩** *fig* vertuschen
tutaj → tu **tutejszy** hiesig
tuzin M Dutzend *n*
tuż dicht bei, dicht an; **~ obok** gleich hier; nebenan
twardnieć ⟨s-⟩ hart werden **twardość** F Härte *f* **twardy (-do)** hart
twarożek M Quark *m* **twaróg** M Quark *m*

twarz F Gesicht *n* **twarzowy** **(-wo)** kleidsam
twierdza F Festung *f* **twierdzenie** N Lehrsatz *m*; Behauptung *f* **twierdzić** behaupten
twoja, twoje → twój
tworzyć **⟨s-⟩** schaffen **⟨u-⟩** bilden **tworzywo** N Stoff *m*; **~ sztuczne** Kunststoff *m*
twój, twoja, twoje dein
twór M Geschöpf *n*; Gebilde *n* **twórca** M Schöpfer *m*; Gründer *m* **twórczość** F Schaffen *n* **twórczy** **(-czo)** schöpferisch
ty du
tyczka F Stange *f*; SPORT Stab *m*
tyczyć się betreffen (*gen akk*)
tyć **⟨u-⟩** zunehmen, Fett ansetzen
tydzień M Woche *f*; **Wielki Tydzień** Karwoche *f*
tygodnik M Wochenblatt *n* **tygodniowy** **(-wo)** wöchentlich
tygrys M Tiger *m*
tyka F → **tyczka**
tykać[1] **⟨tknąć⟩** (*dotykać*) anrühren, berühren
tykać[2] *umg* duzen
tykać[3] *zegar* ticken
tyle so viel **tylko** nur, bloß; **~ co** soeben
tylny hintere(r); rückwärtig; Hinter-; Heck-
tylu → tyle
tył M Rückseite *f*; Hinterteil *n*; Heck *n*; **w tyle** hinten; **od tyłu, z tyłu** von hinten; **do tyłu** nach hinten; zurück **tyłek** *umg* M Hintern *m*
tym desto; **im ... ~ ...** je... desto...; → ten, to
tymczasem unterdessen, inzwischen **tymczasowy** behelfsmäßig **(-wo)** vorläufig
tymianek M Thymian *m*
tynk M Putz *m* **tynkować** **⟨o-⟩** verputzen
typ M Typ *m*, Typus *m*; TECH *a.* Bauart *f*; Figur *f*; Gattung *f* **typować** tippen **⟨wy-⟩** wählen, auswählen **typowy** **(-wo)** typisch
tyrać *pop* schuften
tyranizować tyrannisieren
tysiąc tausend **tysiąclecie** N Jahrtausend *n*
tytoń M Tabak *m*
tytuł M Titel *m* **tytułować** titulieren **⟨za-⟩** betiteln **tytułowy** Titel-

U

u (*gen*) bei (*dat*), an (*dat*); **~ dołu** unten; **~ góry** oben
uaktualniać **⟨-ić⟩** aktualisieren
ubezpieczać **⟨-czyć⟩** versichern (**od** *gen* gegen *akk*; **się** sich) **ubezpieczenie** N Ver-

sicherung *f*; ~ **bagażu** Gepäckversicherung *f*;; ~ **na życie** Lebensversicherung *f*; ~ **od nieszczęśliwych wypadków** Unfallversicherung *f*; ~ **społeczne** Sozialversicherung *f* **ubezpieczeniowy** Versicherungs-
ubezpieczyciel M Versicherer *m*, Versicherungsanstalt *f*
ubezpieczyć PF → ubezpieczać
ubić PF → ubijać
ubiegać ⟨**ubiec**⟩ PF zuvorkommen (*akk dat*); *nur impf* ~ **się** sich bewerben (**o** *akk* um *akk*) **ubiegłoroczny** des vergangenen Jahres, vorjährig
ubiegły vergangen
ubierać ⟨**ubrać**⟩ anziehen (**się** sich)
ubijać ⟨**ubić**⟩ feststampfen; *śmietanę* schlagen
ubikacja F Toilette *f*
ubiór M Kleidung *f*
ubliżać ⟨**-żyć**⟩ beleidigen (*dat akk*)
ubocze N: **na uboczu** abseits
uboczny Neben-
ubogi (**-go**) arm, ärmlich; schäbig; SUBST M Bedürftige(r) *m*
ubolewać bedauern (**nad** *inst akk*) **ubolewanie** N Bedauern *n*; **godny ubolewania** bedauernswert
ubój M Schlachtung *f*
ubóstwiać vergöttern, anbeten **ubóstwo** N Armut *f*
ubrać PF → ubierać **ubranie** N Kleidung *f*; Anzug *m* **ubrany** angezogen; gekleidet
ubytek M Abnahme *f*, Verlust *m*; *tkanina, ząb* Loch *n* **ubywać** ⟨**-być**⟩ abnehmen
ucałować küssen
ucho N Ohr *n*; Henkel *m*; TECH Öse *f*
uchodzić ⟨**ujść**⟩ entgehen; *powietrze* entweichen; *nur impf* gelten (**za** *akk* als) **uchodźca** M Flüchtling *m*
uchronić PF bewahren; ~ **się** entgehen (**od** *gen dat*)
uchwalać ⟨**-lić**⟩ beschließen; *ustawę* verabschieden
uchwała F Beschluss *m*
uchwycić PF → chwytać
uchwyt M Griff *m* **uchwytny** greifbar; wahrnehmbar
uchybiać ⟨**-ić**⟩ verstoßen (*dat* gegen *akk*) **uchybienie** N Verstoß *m*, Vergehen *n*
uchylać ⟨**-lić**⟩ *kapelusza* lüften; *drzwi* ein wenig öffnen; *ustawę* aufheben; ~ **się** sich entziehen (**od** *gen dat*)
uciąć PF → ucinać **uciążliwy** (**-wie**) beschwerlich; lästig
ucichać → cichnąć
uciec PF → uciekać **uciecha** F Freude *f*; Belustigung *f*
ucieczka F Flucht *f* **uciekać** ⟨**uciec**⟩ fliehen, entfliehen
uciekinier M Flüchtling *m*
ucieleśniać ⟨**-nić**⟩ verkörpern **ucierać** ⟨**utrzeć**⟩ reiben, zerreiben **ucierpieć** PF erleiden

ucinać ⟨**uciąć**⟩ abschneiden **ucisk** M Druck *m*; Unterdrückung *f* **uciskać** drücken; unterdrücken
uciszać ⟨**-szyć**⟩ beruhigen (**się** sich)
uczcić PF → czcić **uczciwość** F Ehrlichkeit *f*; Anständigkeit *f*, Redlichkeit *f* **uczciwy** (**-wie**) ehrlich, anständig, redlich
uczelnia F Lehranstalt *f*; (Hoch)Schule *f* **uczeń** M Schüler *m*; *zawodu* Azubi *m*, Lehrling *m* **uczennica** F Schülerin *f*; *zawodu* Azubi *f*,
uczepiać ⟨**-ić**⟩ befestigen; ~ **się** sich festklammern; nachhängen (*gen dat*); *fig* sich hochziehen (an *dat*)
uczesanie N Frisur *f*
uczestnictwo N Teilnahme *f* **uczestniczka** F Teilnehmerin *f* **uczestniczyć** teilnehmen (**w** *lok* an *dat*) **uczestnik** M Teilnehmer *m*;
uczęszczać besuchen (**do** *gen akk*)
uczona Gelehrte *f* **uczony** M Gelehrte(r) *m*
uczta F Schmaus *m*
uczucie N Gefühl *n*, Empfindung *f* **uczuciowy** (**-wo**) emotional; gefühlvoll
uczulenie N MED Allergie *f* **uczulony** empfänglich (**na** *akk* für *akk*); allergisch (gegen *akk*)
uczyć lehren (*gen akk*), unterrichten (in *dat*); ~ **się** lernen
uczynek M Tat *f*; Werk *n* **uczynny** gefällig, hilfsbereit
udać PF → udawać **udany** gelungen; vorgetäuscht
udar M: MED ~ **mózgu** Schlaganfall *m*; ~ **słoneczny** Sonnenstich *m*
udaremniać ⟨**-ić**⟩ vereiteln
udawać ⟨**udać**⟩ (*naśladować*) nachahmen; vortäuschen; ~ **się** (*powieść się*) gelingen; sich begeben (**do** *gen* nach)
udekorować PF dekorieren; auszeichnen
udeptywać ⟨**-tać**⟩ festtreten
uderzać ⟨**-rzyć**⟩ schlagen; stoßen (**o** *akk* an *akk*, gegen *akk*) **uderzający** (**-co**) frappierend **uderzenie** N Schlag *m*, Stoß *m*, Hieb *m*
udławić się PF ersticken
udo N Schenkel *m*
udobruchać PF besänftigen
udogodnienie N Erleichterung *f*
udokumentować PF dokumentieren
udoskonalać ⟨**-lić**⟩ verbessern, vervollkommnen **udoskonalenie** N Verbesserung *f*, Vervollkommnung *f*
udostępniać ⟨**-ić**⟩ zugänglich machen **udowadniać** ⟨**-wodnić**⟩ beweisen; belegen
udręka F Plage *f*, Qual *f*
udusić PF erdrosseln
udział M Anteil *m*; Teilnahme

f; **brać ~** teilnehmen (**w** *lok* an *dat*) **udziałowiec** M Teilhaber(in) *m(f)*
udzielać ⟨**-lić**⟩ erteilen; gewähren; **~ pomocy** Hilfe leisten
udźwignąć PF → dźwigać
ufać ⟨**za-**⟩ trauen, vertrauen **ufność** F Vertrauen *n* **ufny** vertrauensvoll; vertrauend
ufundować PF sponsern, stiften
uganiać się nachlaufen (**za** *inst dat*)
ugaszczać ⟨**ugościć**⟩ bewirten
uginać ⟨**ugiąć**⟩ biegen (**się** sich)
ugniatać ⟨**ugnieść**⟩ kneten
ugoda F Übereinkommen *n*; Vereinbarung *f*, Abkommen *n*
ugościć PF → ugaszczać
ugotować PF → gotować
ugrupowanie N Gruppierung *f*
ugryźć beißen, abbeißen; *owad* stechen
ugrząźć PF → grzęznąć
uiszczać ⟨**uiścić**⟩ entrichten; begleichen
ujadać bellen **ujadanie** N Gebell *n*
ujawniać ⟨**-ić**⟩ an den Tag bringen, enthüllen; offenbaren; **~ się** zum Vorschein kommen
ująć PF → ujmować
ujemny negativ; nachteilig
ujeżdżać ⟨**ujeździć**⟩ *konia* zureiten **ujeżdżalnia** F Reitbahn *f*
ujma F Nachteil *m*, Schaden *m*
ujmować ⟨**ująć**⟩ ergreifen, fassen **ujmujący** (**-co**) einnehmend
ujrzeć PF erblicken
ujście N Auslauf *m*; *rzeki* Mündung *f* **ujść** PF → uchodzić
ukarać PF → karać
ukazywać ⟨**-zać**⟩ **się** sich zeigen; *książka* erscheinen
ukąsić PF → kąsać **ukąszenie** N Biss *m*; *komara* Stich *m*
uklęknąć PF → klękać
układ M Anordnung *f*; Aufbau *m*; System *n*; Vertrag *m*; POL Pakt *m*; **układy** *mpl* (*pertraktacje*) Verhandlungen *fpl*; *towarzyskie* Beziehungen *fpl* **układać** ⟨**ułożyć**⟩ zurechtlegen, ordnen; stapeln, aufstapeln; *plan* aufstellen; *włosy* legen; **~ się** sich hinlegen; sich gestalten **układanka** F Puzzle *n*
ukłon M Verbeugung *f*; **ukłony** *pl a.* Grüße *mpl* **ukłonić się** PF → kłaniać się
ukłucie N Stich *m*
ukochany geliebt; SUBST M Geliebte(r) *m*
ukojenie N Linderung *f*
ukończenie N Beendigung *f*; Abschluss *m* **ukończyć** PF beenden, beendigen; absolvieren
ukoronowanie N Krönung *f*
ukos M: **na ~** schrägüber; **z ukosa** von der Seite **ukośny** schräg

ukradkiem heimlich, verstohlen
Ukraina F Ukraine *f* **Ukrainiec** M Ukrainer *m* **Ukrainka** F Ukrainerin *f* **ukraiński (po-ku)** ukrainisch
ukrajać abschneiden **ukraść** PF stehlen
ukroić PF → krajać, ukrajać
ukrop M kochendes Wasser *n*
ukrywać ⟨-yć⟩ verbergen (**się** sich)
ukształtować PF → kształtować **ukształtowanie** N Gestaltung *f*
ul M Bienenkorb *m*
ulał: **jak ~** wie angegossen
ulatniać ⟨ulotnić⟩ się sich verflüchtigen; *umg fig* verduften
ulatywać ⟨ulecieć⟩ wegfliegen
ulec PF → ulegać
uleczalny heilbar
ulegać ⟨ulec⟩ erliegen; unterliegen **uległy (-le)** fügsam; nachgiebig
ulepszać ⟨-szyć⟩ verbessern **ulepszenie** N Verbesserung *f*
ulewa F Platzregen *m* **ulewny** *deszcz* stark, heftig
ulga F Erleichterung *f*; Linderung *f* **ulgowy** ermäßigt **(-wo)** mit Ermäßigung; mit halber Kraft
ulica F Straße *f* **uliczka** F Gasse *f*; **~ ślepa** Sackgasse *f*
uliczny Straßen-
ulokować PF → lokować
ulotka F Flyer *m*; Flugblatt *n* **ulotnić się** PF → ulatniać się
ultrasonografia F Ultraschalluntersuchung *f*
ulubienica F Liebling *m* **ulubieniec** M Liebling *m* **ulubiony** Lieblings-
ulżyć PF erleichtern (**w** *lok akk*)
ułamywać ⟨-mać⟩ (się) abbrechen **ułamek** M Bruchstück *n*, Bruchteil *m* **ułamkowy** MATH Bruch-
ułaskawiać ⟨-ić⟩ begnadigen
ułatwiać ⟨-ić⟩ erleichtern **ułatwienie** N Erleichterung *f*
ułomność F Gebrechen *n* **ułomny** gebrechlich
ułożyć PF → układać
umacniać ⟨umocnić⟩ festigen, befestigen; *fig* stärken, bestärken
umarzać ⟨umorzyć⟩ *dług* tilgen; JUR *postępowanie* niederschlagen **umawiać ⟨umówić⟩ się** sich verabreden
umeblowanie N Einrichtung *f*
umiar M Maß *n* **umiarkowany** gemäßigt; maßvoll
umieć können **umiejętność** F Kenntnis *f*; Fertigkeit *f* **umiejętny** sachkundig; geschickt, gekonnt
umiejscawiać ⟨-cowić⟩ lokalisieren
umierać ⟨umrzeć⟩ sterben
umieszczać ⟨-ścić⟩ unter-

bringen
umilknąć PF verstummen; *sprawa* ruhen
umknąć PF → umykać
umniejszać ⟨-szyć⟩ verkleinern; verringern
umocnić PF → umacniać **umocnienie** N Befestigung *f*, Festigung *f* **umocowywać ⟨-ować⟩** befestigen; festmachen **umoczyć** PF → maczać
umorzenie N Tilgung *f*; JUR Niederschlagung *f* **umorzyć** PF → umarzać
umowa F Vertrag *m*; Vereinbarung *f*; **~ o pracę** Arbeitsvertrag *m*; **~ zbiorowa** Tarifvertrag *m* **umowny** vertraglich, Vertrags-
umożliwiać ⟨-wić⟩ ermöglichen, möglich machen
umówić PF → umawiać **umrzeć** PF → umierać **umyć** PF → myć
umykać ⟨umknąć⟩ flüchten
umysł M Geist *m*, Verstand *m* **umysłowy** (-wo) geistig, Geistes-; **pracownik** *m* **~** *a.* Intellektuelle(r) *m*/*f*(*m*)
umyślny vorsätzlich
umywalka F Waschbecken *n* **umywalnia** F Waschraum *m*
unia F Bündnis *n*, Union *f*; **Unia Europejska** Europäische Union *f*
uniemożliwiać ⟨-wić⟩ unmöglich machen; verhindern **unieruchomić** PF bewegungslos machen; stilllegen
unieszczęśliwiać ⟨-wić⟩ unglücklich machen **unieszkodliwiać ⟨-wić⟩** unschädlich machen
unieść się PF → unosić się
unieważniać ⟨-ić⟩ ungültig machen, für ungültig erklären; annullieren **uniewinniać ⟨-ić⟩** freisprechen **uniewinnienie** N Freispruch *m* **uniezależniać ⟨-ić⟩ się** sich selbstständig machen
unijny Unions-
unikać ⟨-knąć⟩ ausweichen (*gen dat*); meiden, vermeiden (*akk*) **unikalny** unikal, einmalig
uniwersalny universell
uniwersytecki Universitäts- **uniwersytet** M Universität *f*
unormować PF normalisieren (**się** sich), normieren
unosić ⟨unieść⟩ się sich erheben; *fig* aufbrausen **unowocześniać ⟨-ić⟩** modernisieren
uodporniać ⟨-ić⟩ widerstandsfähig machen
uogólniać ⟨-ić⟩ verallgemeinern **uogólnienie** N Verallgemeinerung *f*
uosabiać verkörpern **uosobienie** N Verkörperung *f*
upadać ⟨upaść⟩ fallen, stürzen **upadek** M Sturz *m*; Verfall *m*, Niedergang *m* **upadłość** F FIN Konkurs *m*, Bankrott *m*
upajać ⟨upoić⟩ betrunken

machen; **~ się** sich berauschen (*inst* an *dat*)
upalny heiß **upał** M Hitze *f*
upamiętniać ⟨-ić⟩ verewigen, unvergesslich machen
uparciuch *umg* M Dickkopf *m*
uparty (-cie) hartnäckig; starrköpfig
upaść PF → upadać
upewniać ⟨-ić⟩ versichern; **~ się** sich vergewissern
upić się PF → upijać się
upiec PF → piec² **upierać ⟨uprzeć⟩ się** bestehen, beharren (**przy** *lok* auf *dat*)
upierzenie N Gefieder *n*
upiększać ⟨-szyć⟩ verschönern; schmücken, ausschmücken
upijać ⟨upić⟩ się sich betrinken
upiorny gespensterhaft **upiór** M Gespenst *n*
upłynąć PF → upływać
upływ M Abfluss *m*; *czasu* Ablauf *m*; **~ krwi** Blutverlust *m*
upływać ⟨-ynąć⟩ vergehen; fließen; *termin* ablaufen
upodabniać ⟨-dobnić⟩ ähnlich machen, angleichen; **~ się** ähnlich werden, sich angleichen (**do** *gen dat*)
upoić PF → upajać **upokarzać ⟨-korzyć⟩** demütigen (**się** sich) **upokorzenie** N Demütigung *f*
upominać ⟨-mnieć⟩ mahnen, ermahnen; **~ się** zurückfordern (**o** *akk akk*) **upominek** M Geschenk *n*, Andenken *n* **upomnieć** PF → upominać
upomnienie N Mahnung *f*, Ermahnung *f*
uporać się PF fertig werden (**z** *inst* mit *dat*) **uporczywy (-wie)** hartnäckig, zäh; *spojrzenie* starr
uporządkować PF ordnen; regeln **upośledzenie** N MED Behinderung *f*; *fukcjonowania* Beeinträchtigung *f* **upośledzony** behindert, körperbehindert; beeinträchtigt; SUBST M Behinderte(r) *m*
upoważniać ⟨-ić⟩ ermächtigen (**do** *gen* zu *dat*) **upoważnienie** N Ermächtigung *f*; Vollmacht *f*
upowszechniać ⟨-ić⟩ verbreiten **upozorować** PF vortäuschen
upór M Trotz *m*; Hartnäckigkeit *f*; Starrsinn *m*
upragniony ersehnt
upraszczać ⟨uprościć⟩ vereinfachen
uprawa F *roli* Bearbeitung *f*; *zboża* Anbau *m* **uprawiać** *pole* bestellen; *rośliny* anbauen; betreiben; *sport* treiben
uprawniać ⟨-ić⟩ berechtigen (**do** *gen* zu *dat*) **uprawnienie** N Berechtigung *f*
uprościć PF → upraszczać
uprowadzać ⟨-dzić⟩ entführen **uprowadzenie** N Entführung *f*
uprzeć się PF → upierać się

uprzedzać ⟨**-dzić**⟩ zuvorkommen (*akk dat*); warnen (**o** *lok* vor *dat*) **uprzedzenie** N Voreingenommenheit *f*
uprzejmość F Höflichkeit *f*
uprzejmy (**-mie**) höflich
uprzyjemniać ⟨**-ić**⟩ angenehm machen **uprzytomniać** ⟨**-ić**⟩ **sobie** sich vergegenwärtigen **uprzywilejowany** privilegiert
upuścić PF fallen lassen
urabiać ⟨**urobić**⟩ bilden, formen **uradować** PF erfreuen **uratować** PF → ratować
uraz m Verletzung *f*; Trauma *n* **uraza** F Groll *m* **urazić** PF verletzen
uregulować PF regeln; *urządzenie* einstellen; FIN begleichen
urlop M Urlaub *m*; **~ narciarski** Skiurlaub *m* **urlopowicz(ka)** *umg* M(F) Urlauber(in) *m(f)*
urna F Urne *f*
urobić PF → urabiać
uroczy (**-czo**) bezaubernd, reizvoll
uroczystość F Feier *f*; Feierlichkeit *f* **uroczysty** (**-ście**) feierlich
uroda F Schönheit *f*
urodzaj M (gute) Ernte *f* **urodzajny** fruchtbar
urodzenie N Geburt *f*; **data** *f* **urodzenia** Geburtsdatum *n* **urodziny** PL Geburtstag *m* **urodzony** geboren
urojony eingebildet
urok M Reiz *m*, Zauber *m*
urosnąć PF → rosnąć
urozmaicenie N Abwechslung *f* **urozmaicony** abwechslungsreich
uruchamiać ⟨**-chomić**⟩ in Betrieb setzen; *silnik* anlassen **uruchomienie** N Inbetriebnahme *f*
urwać PF → urywać **urwis** M (Lause)Bengel *m* **urwisko** N Abhang *m* **urwisty** (**-to**) steil abfallend
urywać ⟨**urwać**⟩ abreißen (*a.* **się**); abpflücken, pflücken **urywek** M Bruchstück *n*; Fragment *n*
urząd M Amt *n*; Behörde *f*; **~ stanu cywilnego** Standesamt *n*; **~ pracy** Arbeitsamt *n*; **~ skarbowy** Finanzamt *n*; **z urzędu** von Amts wegen
urządzać ⟨**-dzić**⟩ veranstalten; einrichten **urządzenie** N Einrichtung *f*; Vorrichtung *f*
urzeczywistniać ⟨**-ić**⟩ umsetzen, verwirklichen
urzędniczka F Beamtin *f* **urzędnik** M Beamte(r) *m* **urzędować** amtieren **urzędowy** Amts- (**-wo**) amtlich
USA PL USA *pl*
uschnąć PF → usychać
usiąść PF → siadać
usilny dringend, inständig
usiłować PF trachten, versuchen **usiłowanie** N Bemühung *f*; Versuch *m*

skarżać się klagen, sich beklagen (**na** *akk* über *akk*)
słuchać PF hören (*gen* auf *akk*) **usługa** F Dienst *m*; **usługi** *pl a.* Dienstleistungen *fpl*
usługiwać dienen, bedienen
usługowy Dienstleistung-;
słyszeć PF → słyszeć
snąć PF einschlafen
spokajać ⟨**-koić**⟩ beruhigen (**się** sich) **usposobienie** N Wesen *n*; Laune *f*
sprawiedliwiać ⟨**-ić**⟩ entschuldigen (**się** sich) **usprawiedliwienie** N Entschuldigung *f*, Rechtfertigung *f*
sprawniać ⟨**-ić**⟩ verbessern
usprawnienie N Verbesserung *f*
sta PL Mund *m*
stać PF → ustawać **ustalać** ⟨**-lić**⟩ bestimmen, feststellen; festlegen **ustalenie** N Bestimmung *f*, Feststellung *f*; Festlegung *f* **ustanawiać** ⟨**-nowić**⟩ einführen; einsetzen **ustawa** F Gesetz *n* **ustawać** ⟨**ustać**⟩ aufhören; nachlassen
ustawiać ⟨**-ić**⟩ aufstellen, hinstellen **ustawiczny** ständig, fortwährend; ADV *a.* immerfort
ustawodawca M Gesetzgeber *m* **ustawodawstwo** N Gesetzgebung *f* **ustawowy** (**-wo**) gesetzlich
ustąpić PF → ustępować
usterka F Fehler *m*, Mangel *m*

ustęp M *tekstu* Abschnitt *m*; Klosett *n* **ustępliwy** (**-wie**) nachgiebig **ustępować** ⟨**ustąpić**⟩ zurücktreten; zurückweichen, weichen; nachgeben **ustępstwo** N Zugeständnis *n*
ustnik M Düse *f*; Mundstück *n*
ustny mündlich; Mund-
ustosunkowywać ⟨**-ować**⟩ **się** Stellung nehmen (**do** *gen* zu *dat*)
ustronny abgelegen; einsam, ruhig
ustrój M Organismus *m*; System *n*; Struktur *f*; **~ państwowy** Staatsform *f*
usunięcie N Beseitigung *f*
usuwać ⟨**usunąć**⟩ beseitigen, entfernen
usychać ⟨**uschnąć**⟩ austrocknen, eintrocknen; verdorren **usypywać** ⟨**-pać**⟩ aufschütten **usypiać** ⟨**uśpić**⟩ einschläfern
uszczelka F TECH Dichtung *f*
uszczelniać ⟨**-ić**⟩ abdichten
uszczerbek M Schaden *m*, Verlust *m*; Nachteil *m*
uszczęśliwiać ⟨**-ić**⟩ beglücken
uszczypliwy (**-wie**) boshaft; anzüglich **uszczypnąć** PF → szczypać
uszkadzać ⟨**uszkodzić**⟩ beschädigen; verletzen
uszko N Henkel *m*; *igły* Öhr *n*; **uszka** *pl* Tortellini *pl*
uszkodzenie N Beschädigung

f; Schaden *m* **uszkodzić** PF → uszkadzać **uszkodzony** beschädigt; verletzt
uszlachetniać ⟨**-ić**⟩ veredeln
uszyć PF → szyć
uścisk M Umarmung *f*; **~ dłoni** Händedruck *m* **uściskać** ⟨**-snąć**⟩ umarmen; *rękę* drücken
uśmiech M Lächeln *n* **uśmiechać** ⟨**-chnąć**⟩ **się** lächeln **uśmiechnięty** lächelnd
uśmiercać ⟨**-cić**⟩ töten
uśmierzać ⟨**-rzyć**⟩ *ból* lindern
uśpić PF → usypiać
uświadamiać ⟨**-domić**⟩ aufklären; **~ sobie** sich bewusst werden (*akk gen*)
utajony verborgen **utalentowany** begabt, talentiert
utarg M Erlös *m*; **~ dzienny** Tageserlös *m* **utargować** PF einnehmen; herunterhandeln
utarty zerrieben; *fig* gängig, üblich
utknąć PF stecken bleiben **utkwić** PF *spojrzenie* heften; *w pamięci* haften bleiben
utleniony *włosy* blondiert; **woda** *f* **utleniona** Wasserstoffperoxyd *n*
utonąć PF ertrinken **utopić** PF ertränken
utracić PF verlieren **utrapienie** N Ärger *m*; Kummer *m* **utrata** F Verlust *m*
utrudniać ⟨**-ić**⟩ erschweren
utrwalacz M FOTO Fixiersalz *n*
utrwalać ⟨**-lić**⟩ festige FOTO fixieren
utrzeć PF → ucierać
utrzymanie N (Lebens)Unte halt *m*; Verpflegung *f* **utrz mywać** ⟨**-mać**⟩ halten (s sich); *rodzinę* unterhalten; e halten, aufrechterhalten
utworzenie N Bildung Schaffung *f* **utworzyć** PF tworzyć **utwór** M Schöpfu *f*, Werk *n*
utyć PF → tyć
utykać hinken
uwaga F Aufmerksamkeit Beachtung *f*; Bemerkung **~!** Achtung!, Vorsicht!
uwalniać ⟨**uwolnić**⟩ befre en (**się** sich)
uważać aufpassen; halten (z *akk* für *akk*; **się** sich) **uważn** aufmerksam
uwidaczniać ⟨**-docznić** zeigen, sichtbar machen
uwielbiać vergöttern, anb ten **uwielbienie** N Anb tung *f*
uwierzyć PF → wierzyć **uwie rzytelniać** ⟨**-ić**⟩ beglaub gen **uwierzytelnienie** N Be glaubigung *f*
uwieść PF → uwodzić
uwięzić PF einkerkern
uwikłać PF verwickeln (si sich)
uwodziciel(ka) M(F) Verfüh rer(in) *m(f)* **uwodzi** ⟨**uwieść**⟩ verführen
uwolnić PF → uwalnia

uwolnienie N Befreiung *f*
uwydatniać ⟨**-ić**⟩ hervorheben; ~ **się** sich herausheben
uwzględniać ⟨**-ić**⟩ berücksichtigen **uwzględnienie** N Berücksichtigung *f*
uzależniać ⟨**-ić**⟩ abhängig machen (**od** *gen* von *dat*) **uzależnienie** N Abhängigkeit *f*; Abhängigmachen *n* **uzależniony** abhängig
uzasadniać ⟨**-ić**⟩ begründen **uzasadnienie** N Begründung *f*
uzbrajać ⟨**uzbroić**⟩ bewaffnen (**w** *akk* mit *dat*; **się** sich); ausrüsten **uzbrojenie** N Bewaffnung *f*; Ausrüstung *f*
uzda F Zaum *m*
uzdatniać ⟨**-ić**⟩ *wodę* aufbereiten
uzdolnienie N Begabung *f* **uzdolniony** begabt
uzdrawiać ⟨**uzdrowić**⟩ gesund machen, heilen **uzdrowisko** N Kurort *m*
uzębienie N Gebiss *n*
uzgadniać ⟨**uzgodnić**⟩ abstimmen; verabreden
uziemienie N Erdung *f*
uzmysławiać ⟨**-łowić**⟩ veranschaulichen; → uprzytomniać
uznanie N Anerkennung *f*; Ermessen *n* **uznawać** ⟨**uznać**⟩ anerkennen
uzupełniać ⟨**-ić**⟩ ergänzen **uzupełnienie** N Ergänzung *f*
uzyskiwać ⟨**-kać**⟩ erlangen
użycie N Gebrauch *m*, Benutzung *f* **użyć** PF → używać
użyteczny nützlich, Nutz-
użytek M Gebrauch *m* **użytkować** nutzen; verwenden **użytkowanie** N Nutznießung *f* **użytkowniczka** F Benutzerin *f*; Nutznießerin *f* **użytkownik** *m* Benutzer *m*; Nutznießer *m* **używać** ⟨**użyć**⟩ benutzen, gebrauchen; verwenden **używany** gebraucht

W

w (*akk, lok*) in (*dat, akk*); ~ **nocy** bei Nacht, nachts; **dzień** ~ **dzień** Tag für Tag; ~ **domu** zu Hause; **we wtorek** am Dienstag; ~ **podróży** auf Reisen; unterwegs; **grać** ~ **karty** Karten spielen
wabić ⟨**z-**⟩ locken, anlocken
wachlarz M Fächer *m*
wada F *a.* MED Fehler *m*; Mangel *m* **wadliwy** (**-wie**) fehlerhaft, mangelhaft
wafel M Waffel *f*
waga F Waage *f*; *a. fig* Gewicht *n*; **na wagę** nach Gewicht
wagarować die Schule schwänzen
wagon M BAHN Waggon *m*,

Wagen *m*; ~ **restauracyjny** Speisewagen *m*; ~ **sypialny** Schlafwagen *m*
wahać się pendeln; *fig* schwanken **wahadło** N Pendel *n* **wahadłowy (-wo)** Pendel- **wahanie** N Pendeln *n*; *fig* Schwanken *n*, Zögern *n*
wakacje PL Ferien *pl* **wakacyjny** Ferien-
walc M Walzer *m*
walczyć kämpfen
walec M Walze *f*; MATH Zylinder *m* **waleczny** tapfer
walet M *w kartach* Bube *m*
walić hauen, schlagen; → obalać, zwalać; ~ **⟨za-⟩ się** einstürzen, zusammenstürzen
walizka F Koffer *m*
walka F Kampf *m*; ~ **wręcz** Nahkampf *m*; ~ **o wolność** Freiheitskampf *m*
walny Haupt-; **walne zgromadzenie** *n* Generalversammlung *f*
walor M Vorzug *m*; **walory** *pl* *a.* Wertpapiere *npl*
waluta F Währung *f*
wał M Wall *m*; Deich *m*; TECH ~ **napędowy** Antriebswelle *f* **wałek** M Welle *f*; Walze *f*; Rolle *f*; ~ **do ciasta** Nudelholz *n*
wałęsać się sich herumtreiben
wałkować ⟨roz-⟩ *ciasto* ausrollen; *umg problem* wälzen
wanilia F Vanille *f* **waniliowy** Vanille-
wanna F (Bade)Wanne *f*
wapienny Kalk- **wapień** M Kalkstein *m* **wapno** N Kalk *m* **wapń** M Kalzium *n*
warcaby PL Damespiel *n*
warczeć ⟨warknąć⟩ knurren; brummen
warga F Lippe *f*
wariant M Variante *f*
wariat(ka) M(F) Verrückte(r) *m/f(m)* **wariować ⟨z-⟩** verrückt werden, verrückt spielen
warknąć PF → warczeć
warkocz M (Haar)Zopf *m*
warkotać brummen, surren
warownia F Burg *f*, Kastell *n* **warowny** befestigt
warstwa F Schicht *f* (*a. fig*); Lage *f*
warsztat M Werkstatt *f*
wart wert
warta F Wache *f*
wartki (-ko) schnell; reißend
warto es lohnt sich, es wäre gut **wartościowy** wertvoll, Wert- **wartość** F Wert *m*
wartownik M Wachmann *m*
warunek M Bedingung *f* **warunkowy (-wo)** bedingt
warzywny Gemüse- **warzywo** N Gemüse *n*
was euch **wasi** PL eure
wasz, wasza, wasze euer
wata F Watte *f*
wawrzyn M Lorbeer *m*
waza F Vase *f*; *na zupę* Terrine *f*
wazelina F Vaseline® *f*
wazon M Blumentopf *m*

ważka F Libelle *f*
ważki gewichtig **ważniak** *umg* M Wichtigtuer(in) *m(f)* **ważność** F Wichtigkeit *f*; Gültigkeit *f* **ważny** wichtig; gültig
ważyć ⟨*v/t a.* **z-**⟩ wiegen; *fig* wägen
wąchać ⟨**po-**⟩ riechen (*akk* an *dat*)
wągier M Mitesser *m*
wąs M Schnurrbart *m* **wąsaty** mit Schnurrbart
wąski (**-ko**) schmal; eng **wątek** M *fig* Faden *m*; Motiv *n*
wątły (**-ło**) schwächlich, zart; kümmerlich
wątpić zweifeln (**w** *akk* an *dat*) **wątpienie** N: **bez wątpienia** zweifellos **wątpliwość** F Zweifel *m* **wątpliwy** (**-wie**) zweifelhaft; fraglich
wątroba F Leber *f* **wątrobianka** F Leberwurst *f* **wątróbka** F GASTR Leber *f*
wąwóz M Schlucht *f*
wąż M Schlange *f*; TECH Schlauch *m*
wbić PF → wbijać
wbiegać ⟨**wbiec, -gnąć**⟩ hereinlaufen; **~ na górę** hinauflaufen
wbijać ⟨**wbić**⟩ einschlagen
wbrew (*dat*) entgegen (*dat*), trotz (*gen*)
wbudowywać ⟨**-ować**⟩ einbauen
wcale: **~ nie** (ganz und) gar nicht; **~ dobrze** ganz gut
wchłaniać ⟨**wchłonąć**⟩ aufsaugen, resorbieren; *fig* aufnehmen
wchodzić ⟨**wejść**⟩ hereinkommen, eintreten; hineingehen (**do** *gen* in *akk*); betreten (**na** *akk akk*); **~ na górę** hinaufgehen; **~ w życie** in Kraft treten
wciąć PF → wcinać
wciągać ⟨**-gnąć**⟩ hineinziehen
wciąż immerfort; **~ jeszcze** immer noch
wcielać ⟨**-lić**⟩ eingliedern, einverleiben (**do** *gen* in *akk*) **wcielony** leibhaftig
wcierać ⟨**wetrzeć**⟩ einreiben
wcięcie N Einschnitt *m*; TYPO Einzug *m* **wcięty** *suknia* auf Taille gearbeitet
wcinać ⟨**wciąć**⟩ einschneiden; *umg jedzenie umg* verputzen
wciskać ⟨**-snąć**⟩ eindrücken, hineindrängen (**się** sich)
wczasowicz(ka) M(F) Feriengast *m* **wczasowy** Ferien- **wczasy** PL Ferien *pl*, Urlaub *m*
wczesny (**-śnie**) früh, frühzeitig **wcześniak** M Frühchen *n* **wcześniejszy** gestrig
wczoraj gestern
wczuwać ⟨**-uć**⟩ **się** sich einfühlen
wdawać ⟨**wdać**⟩ **się** sich einlassen
wdech M Einatmung *f*
wdepnąć PF treten (**w** *akk* in

akk)

wdmuchiwać ⟨**-chać**⟩ hineinblasen

wdowa F Witwe *f* **wdowiec** M Witwer *m*

wdrapywać ⟨**-pać**⟩ **się** hinaufklettern (**na** *akk* auf *akk*), erklimmen (*akk*)

wdrażać ⟨**wdrożyć**⟩ einarbeiten (**do** *gen* in *akk*); *postępowanie* einleiten

wdychać einatmen

wdzierać się eindringen (**do** *gen* in *akk*)

wdzięczność F Dankbarkeit *f* **wdzięczny** dankbar **wdzięk** M Anmut *f*, Charme *m*

we → w

według (*gen*) nach (*dat*), gemäß (*dat*)

wedrzeć się PF → wdzierać się

weekend M Wochenende *n*

wejście N Eingang *m* **wejściowy** Eingangs-; Eintritts-

wejść PF → wchodzić

weksel M HANDEL Wechsel *m*

wellness M Wellness *f*

welon M Schleier *m*

wełna F Wolle *f* **wełniany** Woll-, wollen

weneryczny: **choroba** F **weneryczna** Geschlechtskrankheit *f*

wentylacja F Lüftung *f* **wentylator** M Ventilator *m*, Lüfter *m*

wepchnąć PF → wpychać

weranda F Veranda *f*

werbować ⟨**z-**⟩ anwerben; rekrutieren **werbunek** M Anwerbung *f*; Rekrutierung *f*

wersalka F Schlafcouch *f*

wersja F Version *f*

wesele N Hochzeit *f* **weselić się** sich amüsieren, lustig sein **weselny** Hochzeits-

wesołość F Fröhlichkeit *f* **wesoły** (**-ło**) fröhlich, lustig

wesprzeć PF → wspierać

wessać PF → wysysać

westchnąć PF → wzdychać **westchnienie** N Seufzer *m*

wesz F Laus *f*

weteran(ka) M(F) Veteran(in) *m(f)*

weterynarz M Tierarzt *m*, Tierärztin *f*

wetknąć PF → wtykać **wetrzeć** PF → wcierać

wewnątrz ADV innen, drinnen; **do/od ~** nach/von innen; PRÄP (*gen*) in (*dat*), innerhalb (*gen*) **wewnętrzny** innere(r); innerlich; Binnen-

wezbrać PF → wzbierać **wezbrany** *rzeka* angeschwollen

wezgłowie N Kopfende *n*

wezwać PF → wzywać **wezwanie** N Aufforderung *f*; *do sądu* Vorladung *f*

węch M Geruch *m*

wędka F Angel *f* **wędkarski** Angel- **wędkarz** M Angler(in) *m(f)* **wędkować** angeln

wędlina F Wurstwaren *fpl*

wędrować wandern **wędrowiec** M Wanderer *m*, Wande-

n *f* **wędrowny** Wander-; wandernd **wędrówka** F Wanderung *f*
ędzić ⟨u-⟩ räuchern
ędzidło N Kandare *f*
ędzonka F Räucherspeck *m*
wędzony geräuchert
ęgiel M Kohle *f*; **~ drzewny** Holzkohle *f* **węgielny**: **kamień** M **~** Grundstein *m*
ęgier(ka) M(F) Ungar(in) *m(f)*
węgierski (po -ku) ungarisch
ęglan M Karbonat *n* **węglowodan** M Kohlenhydrat *n*
węglowy Kohle(n)-
ęgorz M Aal *m*
węgry PL Ungarn *n*
węszyć schnüffeln
węzeł M Knoten *m*
wężowaty (-to) schlangenartig **wężowy** Schlangen-
węższy enger; schmaler
wężyk M kleine Schlange *f*; dünner Schlauch *m*; Schlangenlinie *f*
wgląd M Einblick *m*
wgłębiać ⟨-ić⟩ się sich vertiefen **wgłębienie** N Vertiefung *f*
wiać wehen
wiadomość F Nachricht *f*; **podać do wiadomości** zur Kenntnis geben **wiadomy (-mo)** bekannt
wiadro N Eimer *m*
wiadukt M Viadukt *m*, Talbrücke *f*
wianek M Kranz *m*
wiara F Glaube *m* **wiarygodny** glaubwürdig
wiatr M Wind *m*; → poryw
wiatrak M Windmühle *f* **wiatrówka** F *kurtka* Windjacke *f*; *broń* Luftgewehr *n*
wiąz M Ulme *f*
wiązać ⟨z-⟩ binden (**się** sich)
wiązanie N Bindung *f*; Gebinde *n* **wiązanka** F Strauß *m*; Schimpfwörter *npl* **wiązka** F Bund *n*, Bündel *n*
wicedyrektor M stellvertretende(r) Direktor *m*, stellvertretende Direktorin *f*
wicher M Sturmwind *m* **wichrzyciel** M Unruhestifter(in) *m(f)*
wichura F → wicher
wić winden (**się** sich); *gniazdo* bauen; *wianek* flechten
widać sehen können, zu sehen sein; PARTIKEL offensichtlich
widelec M Gabel *f* **widełki** PL (Telefon)Gabel *f*
wideo N Video *n*; Videorekorder *m* **wideokaseta** F Videokassette *f*
widły PL Forke *f*, Gabel *f*
widmo[1] N Gespenst *n*
widmo[2] N Spektrum *n*
widnieć zu sehen sein **widnokrąg** M Horizont *m* **widny (-no)** hell
widoczność F Sicht *f* **widoczny** sichtbar
widok M Anblick *m*; Ansicht *f*, Aussicht *f* **widokówka** F Ansichtskarte *f* **widowisko** N

Schau *f*, Vorstellung *f* **widownia** F Zuschauerraum *m*; Publikum *n*; *fig* Schauplatz *m* **widywać** ab und zu sehen; **~ się** sich hin und wieder treffen

widz M Zuschauer(in) *m(f)* **widzenie** N Sehen *n*; **punkt widzenia** Gesichtspunkt *m*; **do widzenia!** auf Wiedersehen! **widzialny** sichtbar **widzieć** sehen

wiec M Kundgebung *f*

wieczerza F Abendmahl *n*

wieczność F Ewigkeit *f* **wieczny** ewig; → pióro

wieczorek M Abend *m* **wieczorny** abendlich, Abend- **wieczorowy** abendlich, Abend- **wieczorówka** F *umg* Volkshochschule *f*

wieczór M Abend *m*; **pod ~** gegen Abend; **dobry ~!** guten Abend!; **wieczorem** abends

wieczysty (-ście) ewig; **wieczysta dzierżawa** *f* Erbpacht *f*

Wiedeń M Wien *n*

wiedza F Wissen *n*; Kenntnisse *fpl* **wiedzieć** wissen

wiedźma F Hexe *f*

wiejski (po -ku) ländlich; Land-, Dorf-

wiek M Alter *n*; Jahrhundert *n*; Zeitalter *n* **wieko** N Deckel *m* **wiekowy** jahrhundertealt; Alters-

wielbiciel(ka) M(F) Verehrer(in) *m(f)*; Bewunderer *m*, Bewunderin *f*

wielbłąd M Kamel *n*

wiele viel; **tak ~** so viel; **za** zu viel

wielebny ehrwürdig

Wielkanoc F Ostern *n od p*… **na ~** zu Ostern **wielkanocn**… österlich; Oster-

wielki groß, Groß-, Riesen-

wielkoduszny großherzi… **wielkolud** M Riese *m* **wiel**… **komiejski** großstädtisch… Großstadt- **wielkość** F Größ… *f*

wielobarwny vielfarbig; far… benreich **wielokropek** N… Auslassungspunkte *mpl* **wie**… **lokrotny** mehrmalig; vielfac… **wieloletni** vieljährig **wielo**… **ryb** M Wal *m* **wielostronn**… vielseitig **wieloznaczny** viel… deutig

wieniec M Kranz *m*

wieńcowy MED Herzkranz… **wieńczyć** ⟨**u-, z-**⟩ bekrän… zen; *fig* krönen

wieprz M Eber *m* **wieprzowina** F Schweinefleisch *n* **wieprzowy** Schweins-, Schweine-

wiercić bohren; **~ się** sich winden; *umg* zappeln

wierność F Treue *f* **wierny** treu; SUBST M Gläubige(r) *m*

wiersz M Gedicht *n*; Vers *m*; Zeile *f*

wiertarka F Bohrmaschine *f* **wiertło** N Bohrer *m* **wierzący** gläubig; → *a.* **wierny**

wierzba F BOT Weide *f*

wierzch M Oberteil *n*; **na ~** obendrauf; nach oben

wierzchni Ober- **wierzchołek** M Gipfel *m*, Spitze *f*; MATH Scheitel *m* **wierzchowiec** M Reitpferd *n*
wierzyciel(ka) M(F) Gläubiger(in) *m(f)* **wierzyć** glauben (**w** *akk* an *akk*)
wieszać hängen, aufhängen
wieszak M Kleiderständer *m*; Kleiderbügel *m*; Aufhänger *m*
wieś F Dorf *n*
wieść[1] F Nachricht *f*
wieść[2] **⟨po-⟩** führen
wieśniaczka F Bäuerin *f*
wieśniak M Bauer *m*
wietrzeć ⟨wy-⟩ *zapach* verfliegen **⟨z-⟩** verwittern
wietrzny (-no) windig **wietrzyć ⟨wy-⟩** lüften
wiewiórka F Eichhörnchen *n*
wieźć ⟨od-, za-⟩ fahren, befördern
wieża F Turm *m* **wieżowiec** M Hochhaus *n*
więc also, folglich, mithin; **a ~** und zwar **więcej** mehr
więdnąć ⟨z-⟩ welken, verwelken
większość F Mehrheit *f*; Mehrzahl *f* **większy** größer
więzić gefangen halten **więzienie** N Gefängnis *n*; Haft *f* **więzienny** Gefängnis- **więzień** M Sträfling *m*, Häftling *m* **więznąć ⟨u-⟩** stecken bleiben **więzy** PL: **~ rodzinne** Familienbande *pl* **więź** F Verbindung *f* **więźniarka** F Gefangene *f*, weiblicher Häftling *m*
wigilia F Vorabend *m*; **Wigilia** *f* **Bożego Narodzenia** Heiligabend *m* **wigilijny** Weihnachts-
wikariusz M Vikar *m*
wiklina F BOT Korbweide *f* **wiklinowy** Weiden-
wilczur M Schäferhund *m* **wilczyca** F Wölfin *f*
wilgoć F Feuchtigkeit *f* **wilgotny** feucht
wilk M Wolf *m*
willa F Villa *f*
wina F Schuld *f*
winda F Aufzug *m*; Fahrstuhl *m*
winiak M Weinbrand *m* **winiarnia** F Weinstube *f*
winić beschuldigen **winien** schuldig
winnica F Weinberg *m* **winniczek** M Weinbergschnecke *f*
winny[1] → winien
winny[2] Wein- **wino** N Wein *m* **winobranie** N Weinlese *f* **winogrono** N Weintraube *f* **winorośl** F Weinstock *m*
winowajca M Schuldige(r) *m*, Täter *m* **winowajczyni** F Schuldige *f*, Täterin *f*
winszować ⟨po-⟩ gratulieren
wiolonczela F Cello *n*, Violoncello *n*
wiosenny Frühlings-
wioska → wieś
wiosło N Ruder *n* **wiosłować**

rudern
wiosna F Frühling *m*
wioślarka F Ruderin *f* **wioślarstwo** N Rudersport *m*
wioślarz M Ruderer *m*
wiotki (-ko) schlaff; schlank, grazil
wiór M Span *m*
wir M Strudel *m*, Wirbel *m* **wiraż** M Kurve *f*, Kehre *f* **wirnik** M Rotor *m* **wirować** rotieren; wirbeln **wirówka** F Schleuder *f*, Zentrifuge *f*
wirtualny virtuell
wirus M Virus *n od m*
wisieć hängen
Wisła F Weichsel *f*
wiszący Hänge-
wiśnia F Sauerkirsche *f* **wiśniówka** F Kirschlikör *m*
witać ⟨**po-**⟩ grüßen, begrüßen; ~ ⟨**przy-**⟩ **się** begrüßen (**z** *inst akk od* sich)
witamina F Vitamin *n*
witraż M Fenster *n* mit Glasgemälde **witryna** F Schaufenster *n*
wiza F Visum *n* **wizerunek** M Bildnis *n* **wizja** F Vision *f*, Vorstellung *f* **wizjer** M *w drzwiach* Türspion *m*; FOTO Sucher *m* **wizyta** F Besuch *m* **wizytówka** F Visitenkarte *f*
wjazd M Einfahrt *f*; Einreise *f* **wjazdowy** Einfahrts-; Einreise-
wjeżdżać ⟨**wjechać**⟩ einfahren, hineinfahren
wklejać ⟨**-eić**⟩ einkleben
wklęsły (-ło) konkav, hohl
wkład M Einlage *f*; Beitrag *m* TECH Einsatz *m*; *do długopisu* Mine *f* **wkładać** ⟨**włożyć**⟩ einlegen, hineinlegen; *ubranie* anziehen **wkładka** F Einlage *f*; *do gazety* Beilage *f*
wkoło (*gen*) rings um, rund um (*akk*)
wkraczać ⟨**wkroczyć**⟩ eintreten; einmarschieren (**do** *gen* in *akk*) **wkradać** ⟨**wkraść**⟩ **się** sich einschleichen **wkraplać** ⟨**wkroplić**⟩ einträufeln
wkręcać ⟨**-cić**⟩ einschrauben; eindrehen **wkręt** M Schraube *f*
wkroczyć PF → wkraczać
wkroplić PF → wkraplać
wkrótce in Kürze; ~ **potem** kurz darauf
wkupywać ⟨**-pić**⟩ **się** sich einkaufen
wlać PF → wlewać
wlatywać ⟨**wlecieć**⟩ hineinfliegen; *umg* hineinrennen, hereinstürzen (**do** *gen* in *akk*)
wlec schleppen (**się** sich), ziehen
wlecieć PF → wlatywać **wlewać** ⟨**wlać**⟩ eingießen
wleźć PF → włazić
wliczać ⟨**-czyć**⟩ einrechnen, mitzählen
wlot M Einlass *m*, Eintritt *m*
władać beherrschen (*inst akk*)
władca M Herrscher *m*
władczy (-czo) gebieterisch

władza F Macht *f*, Gewalt *f*
łamać się PF → włamywać
ę **włamanie** N Einbruch *m*
łamywacz(ka) M(F) Einbrecher(in) *m(f)* **włamywać** -mać) **się** einbrechen (**do** *en* in *akk*)
łasnoręczny eigenhändig
własnościowy Eigentums-
własność F Eigentum *n*
własny eigen
łaściciel(ka) M(F) Eigentümer(in) *m(f)* **właściwość** F igenschaft *f* **właściwy** spezisch; zuständig (**-wie**) richtig, echt; eigentlich
łaśnie gerade, eben
łazić ⟨**wleźć**⟩ *umg* hinaufklettern (**na** *akk* auf *akk*); hininkriechen (**do** *gen* in *akk*)
łączać ⟨**-czyć**⟩ einfügen; inverleiben; einbeziehen; *wiatło* einschalten **włącznie** inschließlich
łoch M Italiener *m* **włochay** behaart; zottig; flauschig
Włochy PL Italien *n*
łos M Haar *n* **włoski** (**po ku**) italienisch **włoszczyzna** F Suppengrün *n* **Włoszka** F talienerin *f*
łożyć PF → wkładać
łóczęga¹ M Landstreicher(in) *m(f)*, *pop* Penner(in) *m(f)*
łóczęga² M Umherziehen *n*, Jmherstreifen *n*
łóczka F Strickgarn *n*, Wollgarn *n*

włóczyć schleppen, ziehen; **~ się** umherstreifen, umherziehen; (sich) ziehen
włókienniczy Textil- **włóknisty** (**-to**) faserig **włókno** N Faser *f*
wmawiać ⟨**wmówić**⟩ einreden
wmieszać PF einrühren; **~ się** sich einmischen
wmówić PF → wmawiać
wmurowywać ⟨**-ować**⟩ einmauern **wmuszać** ⟨**-sić**⟩ aufzwingen
wnet bald; sofort
wnęka F Nische *f*
wnętrze N Innere(s) *n*; Innenraum *m*; **do wnętrza** nach innen **wnętrzności** PL Eingeweide *npl*
Wniebowstąpienie N Christi Himmelfahrt *f* **Wniebowzięcie** N Mariä Himmelfahrt *f* **wniebowzięty** *umg fig* hingerissen
wnieść PF → wnosić
wnikać ⟨**-knąć**⟩ eindringen **wnikliwy** (**-wie**) durchdringend; tiefgründig
wniosek M Antrag *m*; (*konkluzja*) Schlussfolgerung *f*, Schluss *m* **wnioskodawca** M Antragsteller(in) *m(f)* **wnioskować** ⟨**wy-**⟩ schließen, folgern (**z** *gen* aus *dat*)
wnosić ⟨**wnieść**⟩ hineintragen (**do** *gen* in *akk*); *fig* einreichen, vorbringen
wnuczka F Enkelin *f* **wnuk** M

Enkel *m*
woalka F Schleier *m*
wobec (*gen*) angesichts (*gen*)
woda F Wasser *n*; **~ pitna** Trinkwasser *n*; **~ święcona** Weihwasser *n*
wodnik M Wassermann *m*
wodnisty wässrig **wodny** Wasser-
wodociąg M Wasserleitung *f*
wodolecznictwo N Wasserheilkunde *f* **wodolot** M Tragflügelboot *n* **wodomierz** M Wasserzähler *m*, Wasseruhr *f* **wodoodporny** wasserfest **wodopój** M Tränke *f* **wodorost** M Wasserpflanze *f* **wodospad** M Wasserfall *m* **wodoszczelny** wasserdicht **wodowstręt** M Wasserscheu *f*
wodór M Wasserstoff *m*
wodzić führen, herumführen
wojenny Kriegs-
wojewoda M Woiwode *m*, Woiwodin *f* **wojewódzki** Woiwodschafts- **województwo** N Woiwodschaft *f*
wojna F Krieg *m*; **~ światowa** Weltkrieg *m*; **~ domowa** Bürgerkrieg *m* **wojować** Krieg führen **wojowniczy** **(-czo)** kriegerisch **wojownik** M Krieger *m* **wojsko** N Militär *n*; Truppe *f*; Armee *f* **wojskowy** militärisch, Militär-; SUBST M Militär *m*, Soldat *m*
wokalista M Sänger *m* **wokalistka** F Sängerin *f*
wokoło → wkoło **wokół** → wkoło
wola F Wille *m*; **siła** *f* **woli** Willensstärke *f* **woleć** lieber haben, lieber mögen, vorziehen
wolno¹ ADV langsam
wolno²: **czy ~?** ist es erlaubt, darf man?
wolnocłowy zollfrei **wolnorynkowy** *cena* Markt-, auf dem freien Markt
wolność F Freiheit *f*
wolny frei; (*powolny*) langsam; (*niezamężna, nieżonaty*) ledig; **~ od opłat** gebührenfrei
wolontariusz(ka) M(F) Volontär(in) *m(f)*
wołać ⟨**za-**⟩ rufen **wołanie** N Rufen *n*; **~ o pomoc** Hilferuf *m*
wołowina F Rindfleisch
wołowy Rind(s)-
wonny wohlriechend **woń** Duft *m*
woreczek M Beutel *m*; **~ żółciowy** Gallenblase *f*
worek M Sack *m*
wosk M Wachs *n* **woskować** wachsen **woskowina** F Ohrenschmalz *n*
wotum N REL Votivgabe *f*; Votum *n*
wozić fahren, transportieren
woźnica M Kutscher *m* **woźny** M *szkolny* Hausmeister *m*, Gerichtsdiener *m*
wódka F Schnaps *m*
wódz M Führer(in) *m(f)*, Häuptling *m*
wójt M Gemeindevorsteher(in

n(f)
-ół M Ochse *m*
-ór M Sack *m*
-ówczas damals, dann
-óz M Wagen *m*; Fuhre *f*; ~ **drabiniasty** Leiterwagen *m*
wózek M Wagen *m*; *elektryczny* Karren *m*
-padać ⟨wpaść⟩ hineinfallen; *rzeka* münden **wpadka** *umg* F Reinfall *m* **wpakowywać ⟨-ować⟩** hineinpacken, hineinstopfen **wpaść** PF → wpadać
-patrywać ⟨-rzyć⟩ się anstarren (**w** *akk akk*)
-pełzać ⟨-znąć⟩ hineinkriechen
-pędzać ⟨-dzić⟩ hineintreiben
-pierw zuvor, zuerst
-pinać ⟨wpiąć⟩ einheften
-pis M Eintrag *m*; Eintragung *f* **wpisowe** N Einschreibegebühr *f* **wpisywać ⟨-sać⟩** eintragen, einschreiben
-plątywać ⟨-tać⟩ verwickeln
-płacać ⟨-cić⟩ einzahlen
wpłata F Einzahlung *f*
-pław schwimmend
-pływ M Einfluss *m*; *pieniędzy* Eingang *m* **wpływać ⟨-ynąć⟩** einfließen; *statek* einlaufen; *poczta* eingehen; beeinflussen (**na** *akk akk*)
wpływowy einflussreich
-pół halb, zur Hälfte; ~ **do drugiej** halb zwei (Uhr)
-prawa F Übung *f*, Fertigkeit *f* **wprawdzie** zwar; allerdings
wprawiać ⟨-ić⟩ *szybę* einsetzen; *w zakłopotanie* versetzen (**w** *akk* in *akk*); ~ **się** sich einüben **wprawny** geübt
wprost geradeaus, gerade; direkt
wprowadzać ⟨-dzić⟩ einführen; ~ **się** einziehen (**do** *gen* in *akk*) **wprowadzenie** N Einführung *f*
wpuszczać ⟨-ścić⟩ hereinlassen
wpychać ⟨wepchnąć⟩ hineinstecken, hineinstopfen, hineinstoßen
wracać ⟨wrócić⟩ zurückkehren, zurückkommen; ~ **do domu** *a.* heimkehren
wrak M Wrack *n*
wrastać ⟨wrosnąć⟩ hineinwachsen
wraz zusammen (**z** *inst* mit *dat*); samt (*dat*)
wrażenie N Eindruck *m*
wrażliwość F Empfindlichkeit *f*; Empfindsamkeit *f* **wrażliwy** empfindlich (**na** *akk* gegen *akk*); empfindsam
wredny gemein; falsch; scheußlich
wreszcie schließlich, endlich
wręcz geradezu; → walka; ~ **przeciwnie** ganz im Gegenteil
wręczać ⟨-czyć⟩ aushändigen, überreichen
wrodzony angeboren
wrogi (-go) feindlich; feindselig **wrogość** F Feindseligkeit

f
wrona F Krähe *f*
wrosnąć PF → wrastać
wrota PL Tor *n* **wrotka** F Rollschuh *m*; **jeździć na wrotkach** Rollschuh laufen
wróbel M Sperling *m*, Spatz *m*
wrócić PF → wracać
wróg M Feind(in) *m(f)*; Gegner(in) *m(f)*
wróżba F Wahrsagung *f* **wróżka** F Wahrsagerin *f*, Kartenlegerin *f*; *w baśniach* Fee *f* **wróżyć ⟨po-⟩** wahrsagen
wrzask M Geschrei *n* **wrzaskliwy (-wie)** schreiend; gellend **wrzasnąć** PF → wrzeszczeć **wrzawa** F Lärm *m*, Krach *m*
wrzący siedend, kochend **wrzątek** M kochendes Wasser *n*
wrzeciono N Spindel *f*
wrzeć VI sieden; *fig walka* toben **wrzenie** N Sieden *n*; *fig* Gärung *f*
wrzesień M September *m*
wrzeszczeć ⟨wrzasnąć⟩ schreien, *umg* brüllen
wrzos M Heidekraut *n* **wrzosowisko** N Heide *f*
wrzód M Geschwür *n*
wrzucać ⟨-cić⟩ einwerfen, hineinwerfen
wsadzać ⟨-dzić⟩ einstecken, hineinstecken
wschodni östlich, Ost-; orientalisch **wschodzić ⟨wzejść⟩** aufgehen
wschód M Osten *m*; Orient
~ **słońca** Sonnenaufgang *m*
wsiadać ⟨wsiąść⟩ einsteig
wsiąkać ⟨-knąć⟩ versicke
einziehen
wskakiwać ⟨wskoczy
hineinspringen, hereinspri
gen; hinaufspringen
wskazać PF → wskazyw
wskazanie N Hinweis
TECH Anzeige *f*; MED Indika
on *f* **wskazany** angebrac
angezeigt, ratsam **wskazów
ka** F *zegara* Zeiger *m*; Hinw
m; *umg* Wink *m* **wskazyw
⟨-zać⟩** zeigen, anzeigen; hi
weisen
wskaźnik M Index *m*; Kennz
fer *f*; Richtwert *m* **wskoczy**
PF → wskakiwać **wskórać**
ausrichten, erreichen
wskrzeszać ⟨-sić⟩ wiederb
leben; *fig* wieder beleben
wskutek (*gen*) infolge (*gen*);
czego wodurch
wsławiać ⟨-ić⟩ się berühm
werden (*inst* durch *akk*)
wsłuchiwać ⟨-chać⟩ si
lauschen (**w** *akk dat*)
wspaniałomyślny großm
tig, großzügig **wspania
(-le)** prächtig, herrlich
wsparcie N Unterstützung
wspiąć się PF → wspina
się **wspierać ⟨wesprzeć**
unterstützen
wspinaczka F Felsklettern
Besteigung *f* **wspina
⟨wspiąć⟩ się** klettern; erkle

tern (**na** *akk akk*)
wspomagać ⟨**-móc**⟩ unterstützen **wspominać** ⟨**-mnieć**⟩ sich erinnern (*akk gen*, an *akk*); erwähnen (**o** *lok akk*) **wspomniany** erwähnt **wspomnienie** N Erinnerung *f*; Erwähnung *f* **wspomóc** PF → wspomagać
wspólniczka F Teilhaberin *f* **wspólnik** M Teilhaber *m* **wspólnota** F Gemeinschaft *f* **wspólny** gemeinsam, gemeinschaftlich; **wspólnymi siłami** mit vereinten Kräften
współczesność F Gegenwart *f* **współczesny** (**-śnie**) zeitgenössisch; modern **współczucie** N Mitgefühl *n*; Beileid *n* **współczuć** mitfühlen (*dat* mit *dat*) **współczynnik** M Koeffizient *m*; MATH Faktor *m* **współdziałanie** N Zusammenwirken *n* **współistnienie** N Koexistenz *f*
współlokator(ka) M(F) Mitbewohner(in) *m(f)* **współmałżonek** M Ehepartner *m* **współpraca** F Zusammenarbeit *f*, Mitarbeit *f* **współpracować** zusammenarbeiten, mitarbeiten **współpracowniczka** F Mitarbeiterin *f* **współpracownik** M Mitarbeiter *m*
współudział M Mitwirkung *f*; Teilnahme *f* **współwinny** mitschuldig **współwłaściciel(ka)** M(F) Miteigentümer(in) *m(f)* **współzawodnictwo** N Wettbewerb *m*, Wettstreit *m* **współżycie** N Zusammenleben *n*
wstawać ⟨**wstać**⟩ aufstehen
wstawiać ⟨**-ić**⟩ hineinstellen; einsetzen; **~ się** sich einsetzen, verwenden (**za** *inst* für *akk*) **wstawiony** *umg* voll, blau
wstąpić PF → wstępować
wstążka F Band *n*, Schleife *f*
wstecz ADV zurück, rückwärts **wsteczny** rückwärtig; rückläufig; rückschrittlich; **bieg** *m* **~** AUTO Rückwärtsgang *m*
wstęga F Band *n*; Streifen *m*
wstęp M Eintritt *m*, Zutritt *m*; Einleitung *f* **wstępny** einleitend, Vor-; **artykuł** *m* **~** Leitartikel *m*; **egzamin** *m* **~** Aufnahmeprüfung *f* **wstępować** ⟨**wstąpić**⟩ eintreten (**do** *gen* in *akk*), beitreten (*dat*); vorbeikommen (bei *dat*)
wstręt M Abscheu *m*, Ekel *m* **wstrętny** abscheulich
wstrząs M Erschütterung *f*; Schock *m*; Stoß *m* **wstrząsać** ⟨**-snąć**⟩ schütteln; erschüttern
wstrzemięźliwy (**-wie**) enthaltsam; zurückhaltend
wstrzykiwać ⟨**-knąć**⟩ einspritzen, injizieren **wstrzymywać** ⟨**-mać**⟩ zurückhalten (**się** sich); anhalten, einstellen
wstyd M Scham *f*; Schande *f*

wstydliwy (-wie) schamhaft **wstydzić się** sich schämen (*gen*, **za** *akk* für *akk*)
wsuwać ⟨-nąć⟩ hineinschieben
wsypywać ⟨-pać⟩ hineinschütten
wsysać ⟨wessać⟩ einsaugen
wszczynać ⟨-cząć⟩ einleiten, beginnen; *umg* anzetteln
wszechobecny allgegenwärtig **wszechstronny** vielseitig, allseitig **wszechświat** M Weltall *n* **wszechwładny** allmächtig
wszelki jede(r), jegliche(r); **wszelkimi sposobami** mit allen Mitteln
wszerz quer; **wzdłuż i ~** kreuz und quer
wszędzie überall
wszystek, wszystka, wszystko all, ganz; PL **wszyscy, wszystkie** alle; **wszystko** alles; Ganze(s) *n*; **przede wszystkim** vor allem
wszywać ⟨wszyć⟩ einnähen
wścibski neugierig
wściekać ⟨wściec⟩ **się** *umg fig* toben, wüten **wścieklizna** F Tollwut *f* **wściekłość** F Wut *f*, Raserei *f* **wściekły** tollwütig (-le) *fig* wütend, rasend
wślizgiwać ⟨-gnąć, -znąć⟩ **się** hineinschlüpfen
wśród (*gen*) inmitten (*gen*)
wtaczać ⟨wtoczyć⟩ hineinrollen, hinaufrollen
wtajemniczać ⟨-czyć⟩ einweihen **wtajemniczony** eingeweiht
wtargnąć PF eindringen (**do** *gen* in *akk*)
wtedy dann; damals
wtem plötzlich
wtłaczać ⟨wtłoczyć⟩ hineindrücken, hineinpressen
wtoczyć PF → wtaczać
wtorek M Dienstag *m*
wtórny sekundär **wtóry**: **po raz wtóry** zum zweiten Mal, **po wtóre** zweitens
wtrącać ⟨-cić⟩ *słowo* einflechten; *do więzienia* werfen; bemerken, sagen; **~ się** sich einmischen
wtryskiwać ⟨-snąć⟩ einspritzen
wtyczka F ELEK Stecker *m* **wtykać** ⟨wetknąć⟩ einstecken, hineinstecken
wuj M Onkel *m* **wujek** M Onkel *m* **wujenka** F Tante *f*
wulgarny ordinär, vulgär
wulkan M Vulkan *m* **wulkanizować** ⟨za-⟩ vulkanisieren
wwozić ⟨wwieźć⟩ einführen, importieren **wwóz** M Einfuhr *f*
wy ihr
wybaczać ⟨-czyć⟩ vergeben, verzeihen **wybaczalny** verzeihlich **wybaczenie** N Verzeihung *f*
wybawca M Retter *m* **wybawiciel** M Retter *m* **wybawiać** ⟨-ić⟩ retten, erlösen **wybawienie** N Rettung *f*, Er-

lösung *f*
wybić PF → wybijać **wybiec** PF → wybiegać
wybieg M Auslauf *m*; *fig* Ausflucht *f* **wybiegać** ⟨**-gnąć, -biec**⟩ hinauslaufen, hinausrennen
wybierać ⟨**-brać**⟩ wählen, auswählen; ~ **się** sich anschicken
wybijać ⟨**-bić**⟩ ausschlagen; *okno* einschlagen **wybitny** bedeutend; prominent
wyblakły ausgebleicht
wybłagać PF erflehen
wyboisty *droga* holprig
wyborca M Wähler(in) *m(f)*
wyborczy Wahl- **wyborny** vorzüglich, ausgezeichnet **wyborowy** erlesen, ausgesucht; HANDEL extrafein **wybory** MPL Wahlen *fpl*
wybój M Schlagloch *n*
wybór M Wahl *f*; Auswahl *f*, Auslese *f*
wybrać PF → wybierać **wybrakowany** aussortiert; ~ **towar** *m* Ausschussware *f* **wybrany** gewählt, ausgewählt
wybredny wählerisch **wybrnąć** PF (heil) herauskommen (**z** *gen* aus *dat*)
wybryk M Streich *m*; ~ **natury** Laune *f* der Natur
wybrzeże N Küste *f*
wybuch M Ausbruch *m*; Explosion *f* **wybuchać** ⟨**-chnąć**⟩ ausbrechen; explodieren, krepieren **wybuchowy** (**-wo**) explosiv, Spreng-; *fig* aufbrausend
wybudować PF bauen **wybujały** üppig, wuchernd; *chłopiec* groß gewachsen **wyburzać** ⟨**-rzyć**⟩ niederreißen **wyceniać** ⟨**-ić**⟩ Preis(e) festsetzen, auspreisen
wychodek *umg* M Klo *n* **wychodzić** ⟨**wyjść**⟩ ausgehen, hinausgehen; herauskommen; *za mąż* heiraten (**za** *akk akk*)
wychować PF → wychowywać **wychowanek** M Schützling *f*, Zögling *m*; Absolvent *m* **wychowanka** F Schützling *f*, Zögling *m*; Absolventin *f* **wychowanie** N Erziehung *f* **wychowawca** M Erzieher *m*; Betreuer *m*; Klassenlehrer *m* **wychowawczy** Erziehungs- (**-czo**) erzieherisch **wychowawczyni** F Erzieherin *f*; Betreuerin *f*; Klassenlehrerin *f* **wychowywać** ⟨**-ować**⟩ großziehen; erziehen
wychudły abgemagert
wychwalać loben, preisen
wychylać ⟨**-lić**⟩ hinausstrecken, herausstrecken; *kieliszek* leeren; ~ **się** sich hinauslehnen
wyciąć PF → wycinać
wyciąg M Auszug *m*, Extrakt *m*; Aufzug *m*; ~ **krzesełkowy** Sessellift *m* **wyciągać** ⟨**-gnąć**⟩ ausziehen; herausziehen; hinaufziehen; stre-

cken; ~ **się** sich lang ausstrecken
wycie N Geheul *n*, Heulen *n*
wyciec PF → wyciekać
wycieczka F Ausflug *m*; Reisegesellschaft *f*; ~ **zorganizowana** Pauschalreise *f* **wycieczkowicz** *umg* M Ausflügler(in) *m(f)* **wycieczkowy** Ausflugs-
wyciek M Ausfluss *m* **wyciekać** ⟨**-knąć**⟩ ausfließen, auslaufen
wycieńczać ⟨**-czyć**⟩ schwächen **wycieńczony** entkräftet
wycieraczka F Fußmatte *f*; AUTO Scheibenwischer *m* **wycierać** ⟨**wytrzeć**⟩ wischen, abwischen; abreiben; *nos* putzen; *buty* abtreten
wycięcie N Ausschnitt *m* **wycinać** ⟨**-ciąć**⟩ ausschneiden; *drzewa* fällen **wycinanka** F Scherenschnitt *m* **wycinek** M Ausschnitt *m*
wyciskać ⟨**-snąć**⟩ auspressen, ausdrücken
wycofywać ⟨**-fać**⟩ zurückziehen (**się** sich)
wyczekiwać ⟨**-kać**⟩ abwarten (*gen akk*) **wyczekujący** (**-co**) abwartend
wyczerpać PF → wyczerpywać **wyczerpanie** N Erschöpfung *f* **wyczerpany** erschöpft; HANDEL vergriffen **wyczerpujący** (**-co**) erschöpfend, umfassend **wyczerpywać** ⟨**-pać**⟩ erschöpfen (**się** sich); schwächen
wyczesywać ⟨**-sać**⟩ auskämmen
wyczuwać ⟨**-uć**⟩ fühlen, herausfühlen; verspüren **wyczuwalny** spürbar
wyczyn M Leistung *f*; Exzess *m* **wyczynowiec** M Leistungssportler(in) *m(f)* **wyczynowy** (**-wo**) SPORT Leistungs-
wyczyszczać → czyścić **wyczytywać** ⟨**-tać**⟩ herauslesen
wyć heulen; schreien, brüllen
wydać PF → wydawać **wydajność** F Ergiebigkeit *f*; Produktivität *f*; Ertrag *m* **wydajny** ergiebig; leistungsfähig **wydalać** ⟨**-lić**⟩ entlassen; ausweisen **wydanie** N Ausgabe *f*; JUR Auslieferung *f*
wydarzać ⟨**-rzyć**⟩ **się** sich ereignen **wydarzenie** N Ereignis *n*, Vorfall *m*
wydatek M Ausgabe *f*, Auslage *f* **wydatkować** ausgeben
wydatny vorstehend; erheblich; maßgeblich
wydawać ⟨**-dać**⟩ ausgeben, herausgeben; veranstalten, geben; *wyrok* fällen; *zbiega* ausliefern; *dźwięk* hervorbringen; ~ **się** scheinen; **wydaje (mi) się** es scheint (mir) **wydawca** M Herausgeber(in) *m(f)*; Redakteur(in) *m(f)* **wydawnictwo** N Verlag *m*; Publikation *f* **wydawniczy** Ver-

lags-
wydech M Ausatmung *f*; TECH Auspuff *m* **wydechowy**: **rura** F **wydechowa** Auspuffrohr *n*
wydłubywać ⟨**-bać**⟩ aushöhlen **wydłużać** ⟨**-żyć**⟩ verlängern; ausdehnen **wydłużony** länglich; verlängert
wydma F Düne *f*
wydmuchiwać ⟨**-chać**⟩ ausblasen
wydobycie N *węgla* Gewinnung *f*, Förderung *f* **wydobywać** ⟨**-być**⟩ herausholen, hervorholen; BERGB fördern; **~ się** herausdringen, hervordringen
wydostawać ⟨**-stać**⟩ herausbekommen; **~ się** herauskommen
wydra F Fischotter *m*
wydrapywać ⟨**-pać**⟩ auskratzen
wydrążony ausgehöhlt, hohl **wydruk** M Ausdruck *m* **wydrukować** ausdrucken **wydrwiwać** ⟨**-drwić**⟩ auslachen **wydrzeć** PF → wydzierać **wydychać** ausatmen
wydział M Abteilung *f*; Dezernat *n*; Fakultät *f* **wydziałowy** Abteilungs-
wydziedziczać ⟨**-czyć**⟩ enterben
wydzielać ⟨**-lić**⟩ austeilen, zuteilen; ausscheiden, aussondern **wydzielanie** N Austeilung *f*; Ausscheidung *f* **wydzielina** F Sekret *n*
wydzierać ⟨**wydrzeć**⟩ herausreißen; entreißen **wydzierżawiać** ⟨**-ić**⟩ verpachten **wydzwaniać** klingeln, *umg* bimmeln
wyeliminować PF → eliminować **wyemigrować** PF auswandern
wygadywać ⟨**-dać**⟩ ausplaudern; **~ się** *pf* sich verplappern **wygadany** schlagfertig
wygajać ⟨**-goić**⟩ (**się**) ausheilen **wygalać** ⟨**-golić**⟩ ausrasieren **wyganiać** ⟨**-gonić**⟩ hinausjagen; vertreiben **wygasać** ⟨**-snąć**⟩ erlöschen **wygaszać** ⟨**-sić**⟩ ausschalten, ausmachen **wygasły** erloschen
wygięty gebogen, gekrümmt **wyginać** ⟨**-giąć**⟩ biegen, krümmen (**się** sich) **wyginąć** PF aussterben
wygląd M Aussehen *n* **wyglądać** ⟨**-wyjrzeć**⟩ V/I hinausschauen, hervorschauen; aussehen; *nur impf* ausschauen (*gen* nach *dat*), erwarten
wygładzać ⟨**-dzić**⟩ glätten
wygłaszać ⟨**-łosić**⟩ *opinię* äußern; *mowę* halten **wygłupiać** ⟨**-ić**⟩ **się** *umg* Faxen machen, herumkaspern
wygnanie N Vertreibung *f*; Verbannung *f*, Exil *n* **wygnaniec** M Vertriebene(r) *m*, *hist* Verbannte(r) *m*
wygniatać ⟨**-nieść**⟩ kneten; auspressen

wygoda F Bequemlichkeit *f*; Komfort *m* **wygodny** bequem **wygoić** PF → wygajać **wygolić** PF → wygalać **wygonić** PF → wyganiać **wygospodarowywać** ⟨**-ować**⟩ herauswirtschaften **wygotowywać** ⟨**-ować**⟩ auskochen
wygórowany übertrieben; *cena* überhöht
wygrać PF → wygrywać **wygrana** F Gewinn *m*; Treffer *m*; Sieg *m* **wygrażać** drohen
wygrywać ⟨**-grać**⟩ gewinnen **wygrzebywać** ⟨**-bać**⟩ ausgraben, *umg* ausbuddeln; *umg fig* hervorkramen **wygrzewać** ⟨**-grzać**⟩ durchwärmen **wygwizdywać** ⟨**-dać**⟩ auspfeifen **wyhodować** PF großziehen, züchten **wyjaławiać** ⟨**-łowić**⟩ sterilisieren
wyjaśniać ⟨**-ić**⟩ erklären; aufklären (**się** sich); klarstellen **wyjaśnienie** N Aufklärung *f*; Erklärung *f*
wyjawiać ⟨**-ić**⟩ enthüllen; offenbaren **wyjazd** M Ausfahrt *f*; Ausreise *f* **wyjąć** PF → wyjmować **wyjąkać** PF stammeln
wyjątek M Ausnahme *f* **wyjątkowo** ausnahmsweise **wyjątkowy** besondere(r); Ausnahme-
wyjeżdżać ⟨**-jechać**⟩ hinausfahren; verreisen
wyjmować ⟨**-jąć**⟩ herausnehmen, herausziehen **wyjrzeć** PF → wyglądać
wyjście N Ausgang *m*; Ausweg *m*; **punkt** *m* **wyjścia** Ausgangspunkt *m* **wyjściowy** Ausgangs- **wyjść** PF → wychodzić
wykałaczka F Zahnstocher *m*
wykańczać ⟨**-kończyć**⟩ beenden; ARCH innen ausbauen; *umg fig* erledigen **wykarmiać** ⟨**-ić**⟩ ernähren; *dziecko* aufziehen
wykaz M Verzeichnis *n*, Aufstellung *f* **wykazywać** ⟨**-zać**⟩ aufweisen; nachweisen; zeigen; **~ się** vorweisen (*inst akk*)
wykąpać PF → kąpać
wykipieć PF überkochen **wyklinać** ⟨**-kląć**⟩ verstoßen **wykluczać** ⟨**-czyć**⟩ ausschließen (**z** *gen* aus *dat*) **wykluczony** ausgeschlossen
wykład M Vortrag *m*, Vorlesung *f* **wykładać** ⟨**wyłożyć**⟩ auslegen; unterrichten **wykładnia** F Auslegung *f* **wykładnik** M Ausdruck *m*; MATH Exponent *m* **wykładowca** M Dozent(in) *m(f)*; Hochschullehrer(in) *m(f)*
wykładzina F (Fußboden)Belag *m*; Auskleidung *f*
wykolejać ⟨**-eić**⟩ **się** BAHN entgleisen **wykolejeniec** M verkrachte Existenz *f*
wykonać PF → wykonywać
wykonalny durchführbar;

JUR vollstreckbar **wykonanie** N Ausführung *f*; Vollstreckung *f* **wykonawca** M Auftragnehmer *m*; JUR Vollstrecker *m*; THEAT Darsteller *m* **wykonawczyni** F Auftragnehmerin *f*; JUR Vollstreckerin *f*; THEAT Darstellerin *f* **wykonywać** ⟨**-nać**⟩ *pracę* ausführen; *wyrok* vollstrecken; darbieten, darbringen
wykończyć PF → wykańczać
wykop M Ausschachtung *f*; Grube *f*; Graben *m* **wykopać** PF → wykopywać **wykopalisko** N Fund *m*; **wykopaliska** *pl a.* Ausgrabungen *fpl* **wykopki** PL: **~ ziemniaków** Kartoffelernte *f* **wykopywać** ⟨**-pać**⟩ ausgraben
wykorzeniać ⟨**-ić**⟩ *fig* ausrotten **wykorzystywać** ⟨**-tać**⟩ ausnutzen; verwerten **wykorzystanie** N Ausnutzung *f*; Verwertung *f*
wykraczać ⟨**-kroczyć**⟩ hinausgehen (**poza** *akk* über *akk*); verstoßen (**przeciw** *dat* gegen *akk*) **wykradać** ⟨**-kraść**⟩ wegstehlen; entführen **wykrajać** → wykrawać **wykraść** PF → wykradać **wykrawać** ⟨**-kroić**⟩ ausschneiden, herausschneiden; *fig* abzweigen
wykres M Diagramm *n* **wykreślać** ⟨**-lić**⟩ ausstreichen; aufzeichnen
wykręcać ⟨**-cić**⟩ herausschrauben, herausdrehen; umdrehen (**się** sich) **wykręt** M Ausflucht *f* **wykrętny** *odpowiedź* ausweichend
wykroczenie N Ordnungswidrigkeit *f*; Vergehen *n* **wykroczyć** PF → wykraczać
wykroić PF → wykrawać **wykrój** M Ausschnitt *m*
wykruszać ⟨**-szyć**⟩ (**się**) abbröckeln **wykrycie** N Aufdeckung *f* **wykrywać** ⟨**-yć**⟩ aufdecken, aufspüren **wykrztusić** PF herauswürgen; *fig* hervorbringen
wykrzykiwać ⟨**-knąć**⟩ schreien, rufen, ausrufen **wykrzyknik** M Ausrufungszeichen *n* **wykrzywiać** ⟨**-ić**⟩ krümmen, verbiegen; *twarz* verziehen
wykształcać ⟨**-cić**⟩ bilden, ausbilden **wykształcenie** N Bildung *f*; Ausbildung *f* **wykształcony** gebildet
wykup M Einlösung *f*; Lösegeld *n* **wykupywać** ⟨**-pić**⟩ aufkaufen; einlösen
wykusz M Erker *m*
wykwalifikowany gelernt, ausgebildet
wykwintny fein, raffiniert
wylać PF → wylewać **wylatywać** ⟨**-lecieć**⟩ herausfliegen; *umg fig* hinausstürzen; → odlatywać **wylądować** PF landen **wylecieć** PF → wylatywać
wyleczyć PF heilen, kurieren;

~ się geheilt werden (**z** *gen* von *dat*)
wylegitymować PF Personalien feststellen (*akk gen*); **~ się** sich ausweisen
wylew M Hochwasser *n*; MED Erguss *m* **wylewać** ⟨**-lać**⟩ ausgießen; vergießen; *rzeka* über die Ufer treten **wyleźć** PF → wyłazić
wylęgać ⟨**-gnąć**⟩ ausbrüten
wylękniony verängstigt
wyliczać ⟨**-czyć**⟩ aufzählen; errechnen
wylosowywać ⟨**-ować**⟩ auslosen
wylot M → odlot; *ulicy* Mündung *f*; **na ~** *fig* bis ins Kleinste, gründlich
wyludniony entvölkert
wyładowywać ⟨**-ować**⟩ ausladen, entladen; SCHIFF löschen **wyładunek** M Abladen *n*, Ausladen *n*; SCHIFF Löschung *f* **wyłamywać** ⟨**-mać**⟩ herausbrechen; *drzwi* einschlagen **wyłaniać** ⟨**-łonić**⟩ **się** auftauchen **wyławiać** ⟨**-łowić**⟩ einfangen; herausfischen **wyłazić** ⟨**wyleźć**⟩ *umg* herauskriechen, herauskommen; hinaufklettern
wyłączać ⟨**-czyć**⟩ ausschalten; *silnik* abstellen; *fig* ausschließen **wyłącznik** M Schalter *m* **wyłączny** ausschließlich; Allein-
wyłonić się PF → wyłaniać się
wyłowić PF → wyławiać **wyłożyć** PF → wykładać
wyłudzać ⟨**-dzić**⟩ abgaunern (**od** *gen dat*) **wyłuszczać** ⟨**-czyć**⟩ darlegen
wymacywać ⟨**-cać**⟩ ertasten
wymachiwać schwingen (*inst akk*); herumwedeln (mit *dat*)
wymagać verlangen; erfordern **wymagający** anspruchsvoll; streng; (*gen*) -bedürftig, -pflichtig **wymaganie** N Forderung *f*; **wymagania** *pl a.* Ansprüche *mpl*
wymarły ausgestorben
wymarsz M Abmarsch *m*
wymarzać ⟨**-znąć**⟩ erfrieren
wymarzony erträumt, ideal, Wunsch-
wymawiać ⟨**-mówić**⟩ aussprechen; *pracę* kündigen **wymazywać** ⟨**-zać**⟩ tilgen; ausradieren **wymeldować** PF abmelden (**się** sich)
wymiana F Austausch *m*; Umtausch *m*; Wechsel *m*; **punkt** *m* **wymiany waluty** Wechselstube *f*
wymiar M Abmessung *f*; Ausmaß *n*, Größe *f*; **~ sprawiedliwości** Rechtsprechung *f*; **podstawa** *f* **wymiaru** Bemessungsgrundlage *f*
wymiatać ⟨**-mieść**⟩ ausfegen
wymieniać ⟨**-ić**⟩ austauschen, umtauschen; wechseln; (*podać*) aufzählen, anführen
wymienny auswechselbar; Tausch-
wymierać

⟨-mrzeć⟩ aussterben **wymierny** messbar **wymierzać ⟨-rzyć⟩** ausmessen, vermessen; *wartość* festsetzen
wymieszać PF durchmischen
wymieść PF → wymiatać
wymię N Euter *n*
wymigiwać ⟨-gać⟩ się sich drücken (**od** *gen* vor *dat*) **wymijać** → mijać **wymijający (-co)** ausweichend
wymiotować ⟨z-⟩ sich übergeben **wymioty** PL Erbrechen *n*
wymknąć się PF entwischen
wymoczyć PF befeuchten, nass machen, einweichen **wymowa** F Aussprache *f* **wymowny** redegewandt; beredt
wymóc PF abnötigen (**na** *lok dat*); erpressen (von *dat*) **wymóg** Anforderung *f* **wymówić** PF → wymawiać **wymówienie** N Kündigung *f* **wymówka** F Ausrede *f*
wymrzeć PF → wymierać
wymuszać ⟨-sić⟩ erzwingen; → wymóc **wymuszenie** N Erpressung *f* **wymuszony** gezwungen, gekünstelt
wymyć PF → wymywać **wymysł** M Erfindung *f* **wymyślać** beschimpfen (*dat akk*) **⟨-ślić⟩** erfinden; sich ausdenken **wymyślny** geistreich; raffiniert **wymywać ⟨-myć⟩** auswaschen
wynagradzać ⟨-rodzić⟩ bezahlen; ersetzen, kompensieren **wynagrodzenie** N Belohnung *f*; Entgelt *n*, Vergütung *f*; Gehalt *n*
wynająć PF → wynajmować
wynajdywać ⟨wynaleźć⟩ ausfindig machen; erfinden
wynajem M *komuś* Vermietung *f*; *od kogoś* Miete *f* **wynajęcie** N: **do wynajęcia** zu vermieten **wynajmować ⟨-jąć⟩** vermieten; mieten (**od** *gen* von *dat*)
wynalazca M Erfinder(in) *m(f)*
wynalazek M Erfindung *f*
wynaleźć PF → wynajdywać
wynegocjować PF aushandeln
wynieść PF → wynosić
wynik M Ergebnis *n* **wynikać ⟨-knąć⟩** sich ergeben, hervorgehen (**z** *gen* aus *dat*); **z tego wynika** daraus folgt
wyniosły (-śle) hochmütig; arrogant
wyniszczać ⟨-czyć⟩ ausrotten; ruinieren (**się** sich) **wyniszczony** *osoba* abgezehrt
wynosić ⟨-nieść⟩ hinaustragen; betragen, ausmachen
wynotowywać ⟨-ować⟩ (sich) notieren
wynurzać ⟨-rzyć⟩ się auftauchen (*a. fig*)
wyobraźnia F Einbildungskraft *f* **wyobrażać ⟨-zić⟩** vorstellen (**sobie** sich); darstellen **wyobrażenie** N Vorstellung *f*
wyodrębniać ⟨-ić⟩ abson-

dern **wyolbrzymiać** ⟨**-ić**⟩ *fig* aufbauschen, übertreiben
wypaczać ⟨**-czyć**⟩ entstellen, verzerren
wypad M Abstecher *m*; Ausfall *m*, Vorstoß *m* **wypadać** ⟨**-paść**⟩ herausfallen **wypadek** M Ereignis *n*; Fall *m*; ~ **drogowy** Verkehrsunfall *m*, ~ **przy pracy** Arbeitsunfall *m*; **na wszelki wypadek** für alle Fälle
wypalać ⟨**-lić**⟩ ausbrennen; verfeuern
wyparowywać ⟨**-ować**⟩ verdampfen **wyparzać** ⟨**-rzyć**⟩ ausbrühen
wypas M Weideplatz *m* **wypasać** ⟨**wypaść**[1]⟩ weiden lassen; mästen (**się** sich) **wypaść**[2] PF → wypadać
wypatroszyć PF ausweiden **wypatrywać** Ausschau halten (*akk* nach *dat*) **wypatrzyć** PF erspähen; ausersehen
wypchnąć PF → wypychać **wypełniać** ⟨**-ić**⟩ ausfüllen; erfüllen **wypędzać** ⟨**-dzić**⟩ hinausjagen; rausschmeißen
wypić PF → wypijać **wypiek** M Backen *n*; Gebäck *n* **wypiekać** ⟨**-piec**⟩ backen **wypierać** ⟨**-przeć**⟩ hinausdrängen, verdrängen; ~ **się** leugnen (*gen akk*) **wypijać** ⟨**-pić**⟩ austrinken
wypis M Auszug *m* **wypisywać** ⟨**-sać**⟩ ausschreiben
wyplatany geflochten **wypleniać** ⟨**-ić**⟩ ausmerzen **wypluwać** ⟨**-uć**⟩ ausspucken
wypłacać ⟨**-cić**⟩ auszahlen **wypłacalny** zahlungsfähig **wypłata** F Auszahlung *f*, Zahlung *f*
wypłukiwać ⟨**-kać**⟩ ausspülen, spülen
wypływać ⟨**-ynąć**⟩ herausfließen, ausströmen; *statek* auslaufen
wypocić PF ausschwitzen
wypocząć → wypoczywać **wypoczynek** M Erholung *f*; Rast *f* **wypoczynkowy** Erholungs- **wypoczywać** ⟨**-cząć**⟩ ausruhen; sich erholen
wypogadzać ⟨**-godzić**⟩ **się** sich aufheitern **wypominać** ⟨**-mnieć**⟩ vorhalten, vorwerfen **wypompowywać** ⟨**-ować**⟩ auspumpen
wyposażać ⟨**-żyć**⟩ ausstatten (**w** *akk* mit *dat*) **wyposażenie** N Ausstattung *f*, Ausrüstung *f*
wypowiadać ⟨**-wiedzieć**⟩ aussprechen; äußern (**się** sich); *pracę* kündigen; *wojnę* erklären **wypowiedzenie** N *umowy* Kündigung *f* **wypowiedź** F Äußerung *f*, Aussage *f*
wypożyczać ⟨**-czyć**⟩ ausleihen **wypożyczalnia** F Verleih *m*; ~ **książek** (Leih)Bücherei *f*
wypracowanie N Ausarbeitung *f*; Aufsatz *m* **wypraco-**

wywać ⟨**-ować**⟩ ausarbeiten **wyprać** PF → prać **wypraszać** ⟨**-prosić**⟩ erbitten; *z pokoju* weisen; *nur impf* ~ **sobie** sich verbitten

wyprawa F Expedition *f*, Reise *f* **wyprawiać** ⟨**-ić**⟩ aussenden, schicken; *przyjęcie* ausrichten; (*wyczyniać*) treiben, anstellen; *skórę* gerben **wyprawka** F Säuglingserstausstattung *f*

wyprężać ⟨**-żyć**⟩ spannen, straffen (**się** sich) **wyprodukować** PF → produkować

wyprosić PF → wypraszać

wyprostowywać → prostować; aufrichten (**się** sich)

wyprowadzać ⟨**-dzić**⟩ hinausführen; ~ **się** ausziehen, fortziehen

wypróbowany bewährt **wypróżniać** ⟨**-ić**⟩ ausleeren; entleeren (**się** sich)

wyprzeć PF → wypierać **wyprzedawać** ⟨**-dać**⟩ ausverkaufen **wyprzedaż** F Ausverkauf *m*

wyprzedzać ⟨**-dzić**⟩ überholen; zuvorkommen (*akk dat*)

wypukły (**-ło**) gewölbt, konvex **wypuszczać** ⟨**-ścić**⟩ herauslassen; freilassen; in Umlauf bringen; → *a.* **puszczać**

wypychać ⟨**-pchnąć**⟩ vollstopfen; ausstopfen; hinausdrängen **wypytywać** ⟨**-tać**⟩ ausfragen

wyrabiać ⟨**-robić**⟩ erzeugen, herstellen **wyrachowany** berechnend **wyradzać** ⟨**-rodzić**⟩ **się** entarten **wyrafinowany** raffiniert **wyrastać** ⟨**-rosnąć**⟩ wachsen, herauswachsen; heranwachsen (**na** *akk* zu *dat*)

wyraz M Ausdruck *m*; (*słowo*) Wort *n*; ~ **obcy** Fremdwort *n* **wyrazić** PF → wyrażać **wyrazisty** (**-ście**) ausdrucksstark **wyraźny** deutlich **wyrażać** ⟨**-zić**⟩ ausdrücken; ~ **się** *a.* sich äußern **wyrażenie** N Ausdruck *m*

wyrąbywać ⟨**-bać**⟩ *dziurę* aushauen; *las* abholzen

wyremontować PF → remontować

wyręczać ⟨**-czyć**⟩ aushelfen (*akk dat*), einspringen (für *akk*)

wyrobić PF → wyrabiać

wyrocznia F Orakel *n*

wyrodny missraten **wyrodzić się** PF → wyradzać się

wyrok M JUR Urteil *n*; ~ **skazujący** Schuldspruch *m*, ~ **uniewinniający** Freispruch *m* **wyrokować** ⟨**za-**⟩ ein Urteil fällen; → decydować

wyrosnąć PF → wyrastać **wyrost** M: **na wyrost** zum Hineinwachsen, eine Nummer größer **wyrostek** M Halbwüchsige(r) *m*; ANAT Fortsatz *m*

wyrośnięty ausgewachsen

wyrozumiałość F Verständnis *n* **wyrozumiały** (**-le**) ein-

sichtig, verständnisvoll
wyrób M Erzeugung *f*; Erzeugnis *n*
wyrównanie N Ausgleich *m*; Restzahlung *f* **wyrównawczy** Ausgleichs- **wyrównywać** ⟨-nać⟩ glätten, ebnen; ausgleichen; *dług* begleichen
wyróżniać ⟨-ić⟩ auszeichnen **wyróżnienie** N Auszeichnung *f*
wyruszać ⟨-szyć⟩ aufbrechen, losziehen
wyrwa F Loch *n*, Lücke *f* **wyrywać** ⟨-rwać⟩ ausreißen, herausreißen; losreißen (**się** sich)
wyrządzać ⟨-dzić⟩ anrichten; zufügen, antun
wyrzec PF aussprechen; → wyrzekać **wyrzeczenie** N Entsagung *f*; ~ **się** Verzicht *m* (*gen* auf *akk*) **wyrzekać** ⟨-rzec⟩ **się** entsagen (*gen dat*)
wyrznąć PF → wyrzynać; *pop* hauen, werfen; killen, schlachten
wyrzucać ⟨-cić⟩ hinauswerfen, *umg* rausschmeißen **wyrzut** M *fig* Vorwurf *m*; **wyrzuty sumienia** Gewissensbisse *mpl* **wyrzutnia** F Abschussrampe *f*
wyrzynać ⟨-rznąć⟩ herausschneiden, herausschnitzen; ~ **się** *ząb* durchbrechen
wysadzać ⟨-dzić⟩ *z samochodu* absetzen, aussteigen lassen; *sadzonki* pflanzen; *w powietrze* sprengen
wyschnąć PF → wysychać
wysiać PF → wysiewać **wysiadać** ⟨-siąść⟩ aussteigen
wysiedlać ⟨-lić⟩ aussiedeln
wysiedleniec M Aussiedler(in) *m(f)* **wysiewać** ⟨-siać⟩ aussäen
wysilać ⟨-lić⟩ anstrengen (**się** sich) **wysiłek** M Anstrengung *f*, Kraftaufwand *m*
wyskakiwać ⟨-skoczyć⟩ herausspringen **wyskok** M Sprung *m*; Ausschweifung *f*; Ausflug *m* **wyskrobywać** ⟨-bać⟩ auskratzen, ausschaben
wysłać PF → wysyłać, wyściełać **wysłanniczka** F Abgesandte *f* **wysłannik** M Abgesandte(r) *m* **wysławiać** ⟨-łowić⟩ **się** sich ausdrücken
wysłuchiwać ⟨-chać⟩ (sich) anhören **wysługa** F: ~ **lat** Dienstzeit *f* **wysłużony** altgedient
wysmarować PF schmieren, bestreichen (*inst* mit *dat*) **wysmukły** (**-ło**) schlank **wysoce** hoch-, sehr **wysoki** (**-ko**) hoch
wysokogatunkowy hochwertig **wysokogórski** Hochgebirgs- **wysokoprężny** TECH Hochdruck- **wysokoprocentowy** hochprozentig
wysokościomierz M Höhenmesser *m* **wysokościo-**

viec M Hochhaus *n* **wysokość** F Höhe *f*
yspa F Insel *f*
yspać się PF (sich) ausschlafen
yspiarka F Inselbewohnerin *f*; Insulanerin *f* **wyspiarz** M Inselbewohner *m*; Insulaner *m*
yspecjalizowany spezialisiert **wysportowany** durchtrainiert **wysprzedany** ausverkauft
yssać PF → wysysać
ystający hinausragend, vorspringend **wystarczać** ⟨**-czyć**⟩ ausreichen **wystartować** PF → startować
ystawa F Ausstellung *f*; Schaufenster *n* **wystawać** vorspringen, herausragen **wystawca** M Aussteller(in) *m(f)*
wystawiać ⟨**-ić**⟩ herausstellen; ausstellen; errichten; THEAT aufführen **wystawny** prachtvoll **wystawowy** Ausstellungs-
ystąpić PF → występować
wystąpienie N Austritt *m*; Auftritt *m*; Rede *f*
występ M THEAT Auftritt *m*; ARCH Vorsprung *m*; ~ **gościnny** Gastspiel *n* **występek** M Vergehen *n*; Verfehlung *f* **występny** verbrecherisch **występować** ⟨**-stąpić**⟩ VI auftreten; *z wnioskiem* stellen; austreten (**z** *gen* aus *dat*) **występowanie** N Auftreten *n*; Vorkommen *n*

wystraszyć PF aufschrecken, erschrecken **wystraszony** erschrocken **wystroić** PF → stroić **wystrojony** herausgeputzt **wystrój** M Einrichtung *f* **wystrzał** M Schuss *m*
wystrzegać się sich in Acht nehmen (*gen* vor *dat*) **wystrzelić** PF abfeuern (**z** *gen akk*); → strzelać
wystrzępiony ausgefranst
wystudzać → studzić **wystygnąć** PF → stygnąć **wysunąć** PF → wysuwać **wysuszyć** PF → suszyć
wysuwać ⟨**-unąć**⟩ vorschieben; herausziehen; herausstrecken; ~ **się** herauskommen, hervorkommen; sich vorwagen
wysychać ⟨**-schnąć**⟩ trocknen, austrocknen **wysyłać** ⟨**-słać**⟩ absenden, entsenden, schicken **wysyłka** F Versand *m*; Sendung *f*
wysypać PF → wysypywać **wysypiać** ⟨**-spać**⟩ **się** ausschlafen **wysypisko** N Kippe *f*; Halde *f* **wysypka** F Ausschlag *m* **wysypywać** ⟨**-pać**⟩ ausschütten; bestreuen (*inst* mit *dat*) **wysysać** ⟨**wyssać**⟩ aussaugen; absaugen
wyszarpywać ⟨**-pać, -pnąć**⟩ herauszerren, ausreißen
wyszczególniać ⟨**-ić**⟩ einzeln aufführen **wyszczególnienie** F (genaue) Aufzählung

f, Spezifikation *f*
wyszeptać PF flüstern, zwischen den Zähnen herauspressen
wyszkolić PF ausbilden, schulen **wyszkolony** geschult
wyszperać PF ausfindig machen
wyszukany → wytworny **wyszukiwać** ⟨**-kać**⟩ aussuchen, heraussuchen; herausfinden
wyszukiwarka *f* IT Suchprogramm *n*
wyszyć PF → haftować **wyszydzać** ⟨**-dzić**⟩ verspotten
wyszywać → haftować
wyściełać ⟨**-słać, -elić**⟩ auspolstern **wyściełany** gepolstert, Polster-
wyścig M Wettlauf *m*; ~ **kolarski** Radrennen *n*; ~ **zbrojeń** Wettrüsten *n*; **wyścigi** *pl* **konne** Pferderennen *n* **wyścigowy** Renn-
wyśledzić PF aufspüren **wyślizgiwać** ⟨**-gnąć, -znąć**⟩ **się** entschlüpfen; *z ręki* rutschen, herausrutschen **wyśmienity** (**-cie**) ausgezeichnet, vorzüglich **wyśmiewać** ⟨**-śmiać**⟩ auslachen
wyświadczać ⟨**-czyć**⟩ *przysługę* erweisen **wyświechtany** *umg* abgewetzt; abgedroschen **wyświetlać** ⟨**-lić**⟩ *sprawę* aufklären; *film, przezrocza* zeigen
wyświęcać ⟨**-cić**⟩ weihen **wyświęcenie** N Priesterweihe *f*
wytaczać ⟨**-toczyć**⟩ hinausrollen (*a.* **się**); *proces* anstrengen; TECH ausdrehen, ausdrechseln **wytapiać** ⟨**-topić**⟩ ausschmelzen **wytargować** PF abhandeln, herunterhandeln **wytarty** *garnitur* abgetragen; *dywan* abgetreten
wytchnienie N Ruhe *f*, Rast *f*; **bez wytchnienia** rastlos, unermüdlich
wytępiać → tępić **wytężać** ⟨**-żyć**⟩ *wzrok* anstrengen; *siły* aufbieten **wytężony** angestrengt
wytknąć PF → wytykać
wytłaczać ⟨**-tłoczyć**⟩ *sok*, *olej* auspressen; → *a.* **tłoczyć**
wytłuc PF *naczynia* zerschlagen; *szybę* einschlagen
wytłumaczenie N Erklärung *f* **wytłumaczyć** PF erklären
wytoczyć PF → wytaczać **wytopić** PF → wytapiać
wytrawny *wino* trocken; *fig* erfahren
wytrącać ⟨**-cić**⟩ *z ręki* schlagen; *z równowagi* bringen; *ze snu* reißen
wytrwać PF ausharren **wytrwałość** F Beharrlichkeit *f*, Ausdauer *f* **wytrwały** (**-le**) ausdauernd; standhaft
wytrych M Dietrich *m*
wytryskać ⟨**-snąć**⟩ → tryskać
wytrząsać ⟨**-snąć**⟩ herausschütteln; ausschütten

wytrzeć PF → wycierać **wytrzepywać** ⟨**-pać**⟩ ausklopfen **wytrzymać** PF → wytrzymywać **wytrzymałość** F Widerstandsfähigkeit *f*; TECH *a.* Festigkeit *f* **wytrzymały** widerstandsfähig; → wytrwały **wytrzymywać** ⟨**-mać**⟩ aushalten; *próbę* bestehen **wytwarzać** ⟨**-tworzyć**⟩ erzeugen; *towar a.* herstellen **wytworny** fein, vornehm **wytwór** M Erzeugnis *n*, Produkt *n*, Werk *n* **wytwórca** M Produzent(in) *m(f)*, Hersteller(in) *m(f)* **wytwórczość** F Herstellung *f* **wytwórczy** Herstellungs- **wytwórnia** F Betrieb *m*, Fabrik *f* **wytyczać** ⟨**-czyć**⟩ *drogę* markieren; *fig* bestimmen **wytyczna** F Richtlinie *f* **wytykać** ⟨**-tknąć**⟩ herausstrecken; *fig* vorhalten, vorwerfen **wytypować** PF → typować **wyuczać** ⟨**-czyć**⟩ lehren (**k-o** *gen* j-n *akk*); beibringen (j-m *akk*); ~ **się** erlernen (*gen akk*) **wyuczony** ausgelernt; angelernt **wyuzdany** zügellos; ausschweifend **wywabiacz** M: ~ **plam** Fleckentferner *m* **wywabiać** ⟨**-ić**⟩ herauslocken; *plamę* entfernen **wywalać** ⟨**-lić**⟩ rausschmeißen; auskippen; *drzwi* einschlagen **wywalczać** ⟨**-czyć**⟩ erkämpfen, erringen **wywar** M Brühe *f*; ~ **z kości** Knochenbrühe *f* **wyważać** ⟨**-żyć**⟩ aufbrechen; abwiegen; TECH auswuchten **wywęszyć** PF wittern; *umg fig* herausbekommen **wywiad** M Interview *n*; Geheimdienst *m* **wywiadowca** M Geheimagent(in) *m(f)* **wywiadowczy** Aufklärungs-; Ermittlungs-; Geheimdienst- **wywiadówka** F Elternabend *m* **wywiązywać** ⟨**-zać**⟩ **się** sich entwickeln; nachkommen (**z** *gen dat*), erfüllen (*akk*) **wywichnąć** PF ausrenken, verrenken **wywierać** ⟨**-wrzeć**⟩ *nacisk* ausüben; *wrażenie* hervorrufen **wywieszać** ⟨**-sić**⟩ aushängen **wywieszka** F Schild *n*; Aushang *m* **wywieść** PF → wywodzić **wywietrzać** ⟨**-rzyć**⟩ lüften **wywietrznik** M Lüfter *m* **wywieźć** PF → wywozić **wywijać** ⟨**-inąć**⟩ (nach außen) umbiegen, umkrempeln; (*machać, tańczyć*) schwingen; ~ **się** sich herauswinden **wywłaszczać** ⟨**-czyć**⟩ enteignen **wywodzić** ⟨**-wieść**⟩ herleiten (**się** sich); ~ **się** (**z** *gen*) abstammen (von) **wywołać** PF → wywoływać **wywołanie** N FOTO Entwick-

lung *f* **wywoływacz** M FOTO Entwickler *m* **wywoływać** herausrufen; hervorrufen; FOTO entwickeln
wywozić ⟨**-wieźć**⟩ wegfahren, wegschaffen; *towary* ausliefern **wywozowy** Ausfuhr-
wywóz M Abfuhr *f*, Transport *m* **wywózka** F Abfuhr *f*
wywracać → przewracać
wywrotka F Kippwagen *m*, Kipper *m* **wywrotny** kippbar, Kipp- **wywrotowiec** M Umstürzler(in) *m(f)* **wywrotowy** umstürzlerisch **wywrócić** PF → wywracać
wywrzeć PF → wywierać
wywyższać ⟨**-szyć**⟩ erheben
wyzbywać ⟨**-być**⟩ **się** sich entledigen **wyzdrowieć** PF genesen
wyznać PF → wyznawać **wyznaczać** ⟨**-czyć**⟩ bestimmen; festsetzen, festlegen
wyznanie N *a.* REL Bekenntnis *n*; Geständnis *n* **wyznawać** ⟨**-znać**⟩ *nur* IMPF (sich) bekennen; gestehen **wyznawca** M Gläubige(r) *m*; Anhänger *m* **wyznawczyni** F Gläubige *f*; Anhängerin *f*
wyzwać PF → wyzywać **wyzwalacz** M FOTO Auslöser *m* **wyzwalać** ⟨**-zwolić**⟩ befreien **wyzwanie** N Herausforderung *f* **wyzwisko** N Schimpfwort *n* **wyzwolenie** N Befreiung *f* **wyzwoleńczy** Befreiungs- **wyzwolić** PF → wyzwalać **wyzwolony** b[…] freit
wyzysk M Ausbeutung *f* **wy**[…]**zyskiwacz** M Ausbeuter(i[…] *m(f)* **wyzyskiwać** ⟨**-ka**[…] ausbeuten
wyzywać ⟨**-zwać**⟩ herausfo[…]dern; beschimpfen **wyzyw**[…]**jący** (**-co**) herausfordernd
wyż M *pogoda* Hoch *n* **wyżą**[…] PF → wyżymać **wyżej** höhe[…] weiter oben
wyżerać ⟨**-żreć**⟩ ausfresse[…] **wyżłabiać** ⟨**-łobić**⟩ aushöh[…]len **wyżłobienie** N Rille Rinne *f* **wyżreć** PF → wyżera[…] **wyższość** F Überlegenheit **wyższy** höher; Ober-
wyżyć PF überleben **wyży**[…]**mać** ⟨**-żąć**⟩ *pranie* wringe[…] auswringen
wyżyna F Hochebene *f* **wy**[…]**żynny** Hochland-
wyżywiać ⟨**-ić**⟩ ernähren (si[…] sich) **wyżywienie** N Ernäh[…]rung *f*; Verpflegung *f*
wzajemnie gegenseitig, ei[…]ander; gleichfalls **wzajemn**[…] gegenseitig
wzbierać ⟨**wezbrać**⟩ *rzek*[…] anschwellen **wzbijać** ⟨**-bić**⟩ (**się**) sich emporschwinge[…] aufsteigen
wzbogacać ⟨**-cić**⟩ bere[…]chern (**się** sich)
wzbraniać ⟨**wzbronić**⟩ ve[…]bieten; *nur impf* ~ **się** sich we[…]gern **wzbroniony** verboten
wzbudzać ⟨**-dzić**⟩ erwecke[…]

zazdrość erregen **wzburzać** **⟨-rzyć⟩** erregen, aufregen **wzburzenie** N Erregung *f*, Empörung *f* **wzburzony** erregt, aufgeregt
wzdąć PF → wzdymać
wzdłuż ADV längs; PRÄP (*gen*) längs (*gen*), entlang (*akk*)
wzdrygać **⟨-gnąć⟩** **się** erschauern **wzdychać** **⟨westchnąć⟩** seufzen **wzdymać** **⟨wzdąć⟩** **się** sich blähen; sich bauschen
wzejść PF → wschodzić
wzgarda F Verachtung *f* **wzgardliwy** **(-wie)** verächtlich **wzgardzać** **⟨-dzić⟩** verschmähen (*inst akk*)
wzgląd M Hinsicht *f*, Rücksicht *f*; **pod każdym względem** in jeder Hinsicht; **względy** *pl* Gunst *f*; PL Umstände *mpl* **względnie** verhältnismäßig; beziehungsweise **względny** relativ
wzgórek M Hügel *m* **wzgórze** N Anhöhe *f*
wziąć PF → brać
wziernik M TECH Schauloch *n*; MED Endoskop *n*
wzięcie N Nehmen *n*; Entnahme *f*; **~ do niewoli** Gefangennahme *f* **wzięty** *fig* beliebt, populär
wzlot M FLUG Aufstieg *m*
wzmacniacz M Verstärker *m*
wzmacniać **⟨wzmocnić⟩** verstärken; kräftigen **wzmagać** verstärken, steigern (**się** sich)
wzmianka F Erwähnung *f*, Notiz *f*
wzmocnić PF → wzmacniać **wzmożony** verstärkt **wzmóc** PF → wzmagać
wznak: **na ~** auf dem Rücken, rücklings
wznawiać **⟨wznowić⟩** wieder aufnehmen; THEAT wieder aufführen **wzniesienie** N Anhöhe *f*; Errichtung *f*
wznieść PF → wznosić
wzniosły **(-śle)** erhaben
wznosić **⟨wznieść⟩** emporheben; errichten; *toast* ausbringen; **~ się** sich emporschwingen; hochsteigen
wznowić PF → wznawiać
wznowienie N Wiederaufnahme *f*; Neuauflage *f*; Wiederaufführung *f*
wzorcowy Modell-, Standard- **wzorować się** sich zum Vorbild nehmen (**na** *lok akk*) **wzorowy** Muster- **(-wo)** beispielhaft, vorbildlich **wzór** M Muster *n*; Vorlage *f*; Vorbild *n*; MATH, CHEM Formel *f*
wzrastać **⟨wzrosnąć⟩** wachsen, anwachsen, steigen, ansteigen
wzrok M Sehkraft *f*; Blick *m*
wzrosnąć PF → wzrastać
wzrost M Wuchs *m*, Körpergröße *f*; Wachstum *n*; Anstieg *m*; Steigerung *f*
wzruszać **⟨-szyć⟩** *fig* bewegen, rühren **wzruszający**

(-co) rührend, ergreifend **wzruszenie** N Rührung *f*, Ergriffenheit *f* **wzruszyć** PF → wzruszać

wzwyż hinauf, empor; → skok

wzywać ⟨**wezwać**⟩ rufen; vorladen; auffordern (**do** *gen* zu *dat*)

wżenić się *umg* PF einheiraten

Z

z, ze PRÄP (*gen, inst*) aus (*dat*), von (*dat*); vor (*dat*); mit (*dat*); nach (*dat*); ; ~ **żelaza** aus Eisen; ~ **Berlina** aus Berlin; ~ **krzesła** vom Stuhl; **ze ściany** von der Wand; ~ **radości** vor Freude; ~ **przyjemnością** mit Vergnügen; ~ **tobą** mit dir; ~ **nazwiska** dem Namen nach; ~ **urzędu** von Amts wegen; ADV etwa; ~ **godzinę** etwa eine Stunde

za PRÄP (*akk, inst*) hinter (*akk, dat*); für (*akk*); in (*dat*); an (*dat*); nach (*dat*); gegen (*akk*); mit (*dat*); als (*nom*); ~ **nami** hinter uns; **przemawiać** ~ **kimś** für j-n sprechen; ~ **rok** in einem Jahr; **trzymać** ~ **rękę** an der Hand halten; **jeden** ~ **drugim** einer nach dem anderen; ~ **stołem** am (*od* hinter dem) Tisch; ~ **rogiem** um die Ecke; ~ **opłatą** gegen Gebühr; ~ **pomocą** mit Hilfe, mithilfe; ~ **panowania** während der Herrschaft; ~ **moich czasów** zu meiner Zeit; **przebrać się** ~ ... sich verkleiden als ...; **służyć** ~ ... als ... dienen; ADV zu, allzu; ~ **młody** zu jung; ~ **mało** zu wenig

zaaferowany sehr beschäftigt **zaakceptować** PF → akceptować **zaangażować** PF engagieren **zaatakować** PF → atakować

zaawansowany fortgeschritten

zabarwienie N Färbung *f*

zabawa F Spiel *n*; ~ **taneczna** Tanzvergnügen *n*, ~ **ludowa** Volksfest *n* **zabawiać** ⟨**-ić**⟩ unterhalten, amüsieren (**się** sich) **zabawka** F Spielzeug *n* **zabawny** amüsant; drollig

zabezpieczać ⟨**-czyć**⟩ sichern; sicherstellen **zabezpieczenie** N Sicherung *f*; Sicherstellung *f* **zabezpieczony** gesichert

zabić PF → zabijać

zabieg M Maßnahme *f*; MED Eingriff *m* **zabiegać** sich bemühen (**o** *akk* um *akk*)

zabierać ⟨**zabrać**⟩ wegnehmen, mitnehmen; *głos* ergreifen; ~ **się** beginnen (**do** *gen* mit *dat*), anpacken (*akk*)

zabijać ⟨**zabić**⟩ töten, umbringen (**się** sich); schlachten **zabijaka** *umg* M Raufbold

m, Schläger m **zabity** getötet; SUBST M Gefallene(r) m, Tote(r) m
zabliźniać ⟨**-ić**⟩ **się** vernarben
zablokować PF → blokować
zabłądzić PF sich verirren **zabłąkać się** PF sich verirren
zabłąkany verirrt
zabobonny abergläubisch
zaborca M Eindringling m, Aggressor m **zaborczy** (**-czo**) räuberisch; *fig* habgierig
zabójca M Mörder m, Totschläger m **zabójczyni** F Mörderin f, Totschlägerin f **zabójczy** (**-czo**) tödlich **zabójstwo** N Tötung f; Totschlag m
zabór M Annexion f; Aneignung f; HIST annektiertes Gebiet n **zabrać** PF → zabierać
zabraknąć PF zur Neige gehen; fehlen **zabraniać** ⟨**zabronić**⟩ verbieten, untersagen
zabrudzać ⟨**-dzić**⟩ beschmutzen
zabrzmieć PF erklingen; ertönen
zabudowa F ARCH Bebauung f **zabudowania** NPL Gebäude *npl*, Bauten *mpl* **zabudowywać** ⟨**-ować**⟩ bebauen; *widok* verbauen
zaburzenie N Störung f
zabytek M Baudenkmal n; **zabytki** *pl a.* Sehenswürdigkeiten *fpl* **zabytkowy** altertümlich; historisch wertvoll
zachcianka F Laune f, Gelüst n **zachciewać** ⟨**-chcieć**⟩ **się** Lust bekommen *od* haben (*gen* auf *akk*)
zachęcać ⟨**-cić**⟩ aufmuntern, anspornen **zachęta** F Ermutigung f, Ansporn m
zachłanny habgierig
zachmurzać się → chmurzyć się **zachmurzenie** N Bewölkung f **zachmurzony** bewölkt; (*smutny*) betrübt, traurig
zachodni westlich, West-
zachodzić ⟨**zajść**⟩ *słońce* untergehen; *pytanie* sich ergeben, auftauchen; *zmiana* eintreten; *pomyłka* unterlaufen; einkehren, vorbeikommen (**do** *gen* bei *dat*); **~ w ciążę** schwanger werden
zachorować PF krank werden; erkranken (**na** *akk* an *dat*) **zachowanie** N Wahrung f; Erhaltung f; (**się**) Benehmen n
zachowywać ⟨**-ować**⟩ bewahren; einhalten; **~ się** erhalten bleiben; sich benehmen
zachód M Westen m; (*staranie*) Mühe f; **Zachód** der Westen, das Abendland n; **~ słońca** Sonnenuntergang m
zachrypnięty heiser
zachwalać anpreisen
zachwiać PF erschüttern, ins Wanken bringen; bewegen (*inst akk*)
zachwycać ⟨**-cić**⟩ entzücken;

~ **się** entzückt sein (*inst* von *dat*) **zachwycający (-co)** bezaubernd, entzückend **zachwyt** M Entzücken *n*, Begeisterung *f*
zaciąć PF → zacinać **zaciągać ⟨-gnąć⟩** *zasłony* zuziehen; *pasek* festziehen; hineinziehen (**do** *gen* in *akk*); ~ **się** *niebo* sich bedecken; *papierosem* inhalieren
zaciek M Wasserfleck *m* **zaciekać ⟨-ciec⟩** hineinregnen
zaciekawiać ⟨-ić⟩ neugierig machen **zaciekawienie** N Neugierde *f*, Interesse *n*
zaciekły (-le) verbissen
zaciemniać ⟨-ić⟩ verdunkeln
zacierać ⟨zatrzeć⟩ verwischen (**się** sich); ~ **się** TECH sich festfressen
zacieśniać ⟨-ić⟩ enger machen, *fig* enger knüpfen **zacietrzewiony** grimmig; verbohrt
zacięcie N Einschnitt *m*, Kerbe *f*; *umg fig* Begabung *f* **zaciętość** F Verbissenheit *f* **zacięty (-cie)** verbissen; *walka* erbittert
zacinać ⟨-ciąć⟩ einschneiden; ~ **się** sich schneiden; klemmen
zacisk M Klemme *f* **zaciskać ⟨-snąć⟩** *pięść* ballen; *zęby* zusammenbeißen; TECH einklemmen
zacisze N stiller Winkel *m*, stiller Ort *m*; Abgeschiedenheit *f*
zaciszny windgeschützt; r hig; gemütlich
zacny brav, ehrbar
zacofanie N Rückständigkei **zacofany** rückständig
zaczarowany verzaubert
zacząć PF → zaczynać **zacz kać** PF → czekać
zaczep M (Anhänge)Haken **zaczepiać ⟨-ić⟩** anhänge *umg* belästigen, anmach **zaczepny** aggressiv; MIL c fensiv
zaczerpywać ⟨-pnąć schöpfen (*gen akk*)
zaczerwienić PF → czerwi nić
zaczesywać ⟨-sać⟩ kämme
zaczynać ⟨-cząć⟩ (się) a fangen, beginnen
zaćmienie N Finsternis *f*
zad M Hinterteil *n*
zadać PF → zadawać **zadani** N Aufgabe *f* **zadatek** M Ar zahlung *f* **zadawać ⟨-dać** *pytanie* stellen; *pracę domow zagadkę* aufgeben; *cios* verse zen; *ból* bereiten
zadawniony *choroba* ve schleppt **zadbać** PF sich küm mern (**o** *akk* um *akk*) **zadecy dować** PF beschließen; en scheiden; beeinflussen **zade klarować** PF → deklarowa
zadłużenie N Verschuldun *f* **zadłużony** verschuldet **za domowić się** PF heimisc werden
zadośćuczynić PF befriedige

(*dat akk*), genügen (*dat*) **zadośćuczynienie** N Genugtuung *f*
zadowalać ⟨**zadowolić**⟩ befriedigen; **~ się** sich zufriedengeben (*inst* mit *dat*) **zadowalający** (**-co**) befriedigend **zadowolenie** N Befriedigung *f*; Zufriedenheit *f* **zadowolić** PF → zadowalać **zadowolony** zufrieden
zadra F (Holz)Splitter *m* **zadrapywać** ⟨**-pać**⟩ aufkratzen
zadrzeć PF → zadzierać
zaduch M schlechte Luft *f*, *umg* Mief *m*
zaduma F Nachdenklichkeit *f*; Grübeln *n* **zadumany** gedankenvoll
zadusić PF (**się**) ersticken **Zaduszki** FPL Allerseelen *n* **zaduszny** Allerseelen-
zadymiony voll(er) Rauch, *umg* verqualmt **zadymka** F Schneetreiben *n* **zadyszany** außer Atem, keuchend **zadyszka** F Atembeschwerden *pl*; Kurzatmigkeit *f*
zadzierać ⟨**-drzeć**⟩ *skórkę* aufreißen; *głowę* in die Höhe recken; *ogon* aufrichten; *umg* sich verkrachen (**z** *inst* mit *dat*)
zadziwiać ⟨**-ić**⟩ in Erstaunen versetzen, verblüffen **zadziwiający** (**-co**) erstaunlich
zadzwonić PF → dzwonić
zafascynowany fasziniert
zafundować PF → fundować
zagadka F Rätsel *n* **zagadkowy** (**-wo**) rätselhaft **zagadnienie** N Frage *f*, Problem *n*
zagadywać ⟨**-dnąć**⟩ ansprechen
zagajać ⟨**zagaić**⟩ eröffnen
zagajnik M Gehölz *n*
zagapić się PF *umg* mit offenen Augen schlafen, träumen; → gapić
zagarniać ⟨**-nąć**⟩ zusammenraffen; an sich reißen
zagęszczać ⟨**-ścić**⟩ eindicken
zagiąć PF → zaginać **zagięcie** N Krümmung *f*, Knick *m*; Beuge *f* **zaginać** ⟨**-giąć**⟩ umbiegen **zaginąć** PF → przepadać **zaginiony** vermisst, verschollen
zaglądać ⟨**zajrzeć**⟩ hereinschauen, *umg* reingucken
zagłada F Vernichtung *f*
zagłębiać ⟨**-ić**⟩ **się** eindringen; *fig* sich vertiefen **zagłębie** N Revier *n*; Produktionsstätte *f* **zagłębienie** N Vertiefung *f*
zagłuszać ⟨**-szyć**⟩ übertönen; RADIO stören; *fig* betäuben
zagmatwany verworren **zagniewany** erzürnt
zagnieżdżać ⟨**-ździć**⟩ **się** sich einnisten
zagoić się PF abheilen
zagorzały (**-le**) fanatisch
zagospodarowywać ⟨**-ować**⟩ bewirtschaften,

wirtschaftlich erschließen; **~ się** sich einrichten **zagotować (się)** PF aufkochen, kochen

zagrać PF → grać **zagradzać ⟨-grodzić⟩** abzäunen; *drogę* versperren

zagranica F Ausland *n* **zagraniczny** ausländisch, Auslands-; HANDEL, POL Außen-

zagrażać bedrohen, gefährden (*dat akk*); → grozić

zagroda F Gehöft *n*; Pferch *m*; Sperre *f* **zagrodzić** PF → zagradzać

zagrozić PF drohen (*inst* mit *dat*) **zagrożenie** N Gefährdung *f* **zagrożony** bedroht

zagrzać PF → zagrzewać **zagrzebywać ⟨-bać⟩** verscharren **zagrzewać ⟨-grzać⟩** aufwärmen

zagubić PF verlieren **zagubiony** verloren

zagwarantować PF → gwarantować

zahaczać ⟨-czyć⟩ aufhängen; *fig* hängen bleiben (**o** *akk* an *dat*); *fig umg* anhauen (um *akk*); **~ się** sich festhaken, hängen bleiben

zahamować PF bremsen, stoppen **zahamowanie** N Hemmung *f* **zahartowany** abgehärtet

zaimek M Pronomen *n*, Fürwort *n*; **~ dzierżawczy** Possessivpronomen *n*; **~ osobowy** Personalpronomen *n*

zainstalować PF → instalować

zainteresować PF interessieren **zainteresowanie** N Interesse *n* **zainteresowany** interessiert

zainwestować PF → inwestować

zaistnieć PF *fig* eintreten

zajadać essen, *umg* futtern **zajadłość** F Verbissenheit *f*, Erbitterung *f* **zajadły (-le)** verbissen; eingefleischt; → zapamiętały

zajazd M Herberge *f*

zając M Hase *m*

zająć PF → zajmować

zajeżdżać ⟨-jechać⟩ vorfahren; einkehren (**do** *gen* bei *dat*)

zajęcie N Besetzung *f*; Beschäftigung *f*; JUR Pfändung *f*; **zajęcia** *pl* Unterricht *m* **zajęty** beschäftigt; besetzt

zajmować ⟨-jąć⟩ einnehmen; besetzen; JUR pfänden; **~ się** sich beschäftigen (*inst* mit *dat*)

zajmujący (-co) unterhaltend; spannend **zajrzeć** PF → zaglądać **zajście** N Vorfall *m*; Auftritt *m* **zajść** PF → zachodzić

zakalec M Schlief *m*

zakamarek M Winkel *m*

zakańczać ⟨-kończyć⟩ beenden **zakasywać ⟨-sać⟩** hochkrempeln **zakatarzony** verschnupft

zakaz M Verbot *n* **zakazany**

verboten **zakazić** PF → zakażać **zakazywać** ⟨**-zać**⟩ verbieten
zakaźny MED ansteckend **zakażać** ⟨**-zić**⟩ anstecken (**się** sich) **zakażenie** N Ansteckung *f*; ~ **krwi** Blutvergiftung *f*
zakąska F Vorspeise *f*; **na zakąskę** als Vorspeise *od* Appetithappen
zakątek M *fig* Winkel *m*
zakląć PF → kląć
zaklejać ⟨**-kleić**⟩ zukleben; verkleben
zaklęcie N Beschwörung *f*; Zauberspruch *m* **zaklęty** verzaubert; Zauber- **zaklinać** beschwören; verzaubern; ~ **się** schwören (**na** *akk* bei *dat*)
zakład M Betrieb *m*, Werk *n*; Anstalt *f*; Wette *f* (**o** *akk* um *akk*); ~ **pracy** Arbeitsstätte *f*
zakładać ⟨**założyć**⟩ anlegen; gründen, errichten; *okulary* aufsetzen; *telefon* legen, anschließen; (*przyjmować*) annehmen, voraussetzen; ~ **się** wetten **zakładka** F Falte *f*; Lesezeichen *n* **zakładniczka** F Geisel *f* **zakładnik** M Geisel *f* **zakładowy** Betriebs-, Werks-
zakłamany verlogen
zakłopotanie N Verlegenheit *f* **zakłopotany** verlegen
zakłócać ⟨**-kłócić**⟩ stören
zakłócenie N Störung *f*; ~ **spokoju publicznego** Störung der öffentlichen Ruhe
zakochać się PF sich verlieben **zakochany** verliebt
zakon M Orden *m* **zakonnica** F Nonne *f* **zakonnik** M Mönch *m* **zakonny** Ordens-
zakończenie N Beendigung *f*; Abschluss *m* **zakończyć** PF → zakańczać
zakopywać ⟨**-pać**⟩ eingraben, vergraben **zakorkowany** verkorkt; verstopft **zakorzeniony** verwurzelt **zakotwiczyć się** PF vor Anker gehen
zakradać ⟨**-kraść**⟩ **się** sich einschleichen **zakratowany** vergittert
zakres M Bereich *m*
zakreślać ⟨**-lić**⟩ durchstreichen; *koło* beschreiben
zakręcać ⟨**-cić**⟩ zudrehen, zuschrauben **zakręt** M Kurve *f* **zakrętka** F Schraubverschluss *m*
zakrwawiony blutig, blutbeschmiert
zakryć PF → zakrywać **zakrystia** F Sakristei *f* **zakrywać** ⟨**-kryć**⟩ verdecken; zudecken
zakrzep M Blutpfropf *m*
zakrztusić się PF sich verschlucken
zaksięgować PF verbuchen
zakup M Einkauf *m* **zakupywać** ⟨**-pić**⟩ ankaufen,einkaufen
zakurzony staubig

zakwalifikować PF qualifizieren
zakwaterowanie N Einquartierung *f*; Unterkunft *f*
zalać PF → zalewać
zalążek M Keim *m*
zalecać ⟨**-cić**⟩ empfehlen; **~ się** den Hof machen (**do** *gen dat*) **zalecenie** N Empfehlung *f*
zaledwie kaum; knapp
zalegać im Rückstand sein (**z** *inst* mit *dat*) **zaległość** F Rückstand *m* **zaległy** rückständig
zalepiać ⟨**-ić**⟩ zukleben
zalesiać ⟨**-ić**⟩ aufforsten
zaleta F Vorzug *m*
zalew M Überschwemmung *f*; Haff *n* **zalewa** F Lake *f*; Marinade *f* **zalewać** ⟨**-lać**⟩ übergießen; *rzeka* überfluten
zależeć abhängen (**od** *gen* von *dat*) **zależnie** je nachdem (**od** *gen* wie, ob) **zależność** F Abhängigkeit *f* **zależny** abhängig
zaliczać ⟨**-czyć**⟩ anrechnen; zählen, rechnen (**do** *gen* zu *dat*) **zaliczenie** N Anrechnung *f*; **za zaliczeniem** per Nachnahme **zaliczka** F Vorschuss *m* **zaliczyć** PF → zaliczać
zalotny kokett
zaludniać ⟨**-ić**⟩ bevölkern (**się** sich) **zaludnienie** N Bevölkerung *f*
załadowywać ⟨**-ować**⟩ verladen **załadunek** M Verladung *f*
załamanie N Knick *m*, Bruch *m*; Zusammenbruch *m* **załamywać** ⟨**-mać**⟩ **się** zusammenbrechen; *lód* einbrechen; *światło* sich brechen
załatwiać ⟨**-ić**⟩ erledigen
załączać ⟨**-czyć**⟩ beifügen **załączenie** N: **w załączeniu** beiliegend, in der Anlage **załącznik** M Anlage *f*
załoga F Besatzung *f*, Mannschaft *f*; Belegschaft *f*
założenie N Gründung *f*; Grundsatz *m*; Annahme *f* **założyciel(ka)** M(F) Gründer(in) *m(f)* **założyć** PF → zakładać
zamach M Anschlag *m*, Attentat *n*; **~ stanu** Staatsstreich *m* **zamachowiec** M Attentäter(in) *m(f)* **zamachowy**: TECH **koło zamachowe** Schwungrad *n*
zamaczać ⟨**-moczyć**⟩ einweichen
zamalowywać ⟨**-ować**⟩ übermalen
zamarzać ⟨**-rznąć**⟩ gefrieren; zufrieren; erfrieren **zamarznięty** zugefroren, eingefroren; erfroren
zamaskowany getarnt, maskiert
zamaszysty (**-ście**) schwungvoll
zamawiać ⟨**-mówić**⟩ bestellen; anmelden
zamążpójście N Heirat *f*

ımek M Schloss *n*; Burg *f*; ~ **łyskawiczny** Reißverschluss *n*
ımeldować PF anmelden (**się** sich) **zameldowanie** N Anmeldung *f*, Meldung *f*
ımęczać ⟨**-czyć**⟩ plagen, quälen (**się** sich)
ımęt M Wirrwarr *m*, Durcheinander *n*
ımężna verheiratet
ımglony neblig, dunstig; *spojrzenie* verschleiert
ımian: **w ~ za** an Stelle (*akk gen*); im Austausch (für *akk*)
zamiana F Tausch *m*, Umtausch *m*
amiar M Absicht *f*
amiast (*gen*) statt, anstatt (*gen*)
amiatać ⟨**-mieść**⟩ kehren, auskehren, ausfegen
amieć F Schneesturm *m*
amiejscowy auswärtig; **rozmowa** *f* **zamiejscowa** Ferngespräch *n*
amieniać ⟨**-ić**⟩ umtauschen, vertauschen; auswechseln **zamienny** Tausch-; Ersatz-; **część zamienna** Ersatzteil *n*
amierać ⟨**-mrzeć**⟩ ersterben; erstarren **zamierzać** beabsichtigen, vorhaben **zamierzchły** uralt, längst vergangen **zamierzenie** N Vorhaben *n* **zamieszanie** N → zamęt **zamieszany** *fig* verwickelt **zamieszczać** ⟨**-ścić**⟩ *ogłoszenie* aufgeben; drucken
zamieszkać PF sich niederlassen, eine Wohnung beziehen **zamieszkały** wohnhaft (**w** *lok* in *dat*); bewohnt **zamieszkanie** N → miejsce **zamieszki** PL Unruhen *fpl* **zamieszkiwać** bewohnen, wohnen
zamieścić PF → zamieszczać
zamieść PF → zamiatać
zamiłowanie N Vorliebe *f* (**do** *gen* für *akk*); Neigung *f* (zu *dat*) **zamiłowany** passioniert
zamknąć PF → zamykać **zamknięcie** N Schließung *f*; Sperrung *f* **zamknięty** geschlossen
zamkowy Burg-, Schloss-
zamoczyć PF → zamaczać **zamontować** PF → montować **zamordować** PF ermorden
zamorski überseeisch, Übersee-
zamożny wohlhabend
zamówić PF → zamawiać **zamówienie** N Bestellung *f*
zamrażać ⟨**-mrozić**⟩ einfrieren, gefrieren lassen **zamrażarka** F Gefrierschrank *m*, Gefriertruhe *f*
zamroczenie N Bewusstseinstrübung *f*; Rausch *m* **zamroczony** benommen; berauscht **zamroczyć** PF benebeln; trüben **zamrozić** PF → zamrażać
zamrzeć PF → zamierać
zamsz M Wildleder *n*

zamurowywać ⟨**-ować**⟩ zumauern
zamykać ⟨**-mknąć**⟩ schließen (**się** sich); zumachen; einsperren; sperren
zamysł M Vorhaben *n*
zamyślać ⟨**-lić**⟩ vorhaben, planen; **~ się** in Gedanken versinken **zamyślony** in Gedanken versunken, nachdenklich
zanadto zu sehr; zu viel
zaniechać PF fallen lassen, aufgeben (*gen akk*)
zanieczyszczać ⟨**-ścić**⟩ verunreinigen **zanieczyszczenie** N Verschmutzung *f*, Verunreinigung *f*
zaniedbywać ⟨**-bać**⟩ vernachlässigen **zaniedbanie** N Vernachlässigung *f*
zaniemówić PF die Sprache verlieren
zaniepokoić beunruhigen (**się** sich) **zaniepokojenie** N Beunruhigung *f*, Besorgnis *f* **zanieść** PF → zanosić
zanik M Schwund *m*; Minderung *f* **zanikać** ⟨**-knąć**⟩ schwinden, schrumpfen; vergehen
zanim bevor, ehe
zaniżony *cena* (zu) stark herabgesetzt **zanosić** ⟨**-nieść**⟩ hinbringen, bringen hintragen; **zanosi się na …** es sieht nach … aus (*akk dat*) **zanotować** PF → notować
zanurzać ⟨**-rzyć**⟩ (**się**) eintauchen, untertauchen **zanurzenie** N Tiefgang *m*
zaobserwować PF beobachten
zaocznie ADV JUR in Abwesenheit **zaoczny**: **studia** NPL **zaoczne** Fernstudium *n*
zaoferować PF → oferować
zaokrąglony rund; *suma* abgerundet, aufgerundet
zaopatrywać ⟨**-rzyć**⟩ versorgen **zaopatrzenie** N Versorgung *f*; Beschaffung *f*
zaopiekować się PF sich kümmern, sich sorgen (*ins* um *akk*); versorgen
zaostrzać ⟨**-rzyć**⟩ schärfen, anspitzen; *fig* verschärfen, zuspitzen (**się** sich)
zaoszczędzać ⟨**-dzić**⟩ sparen, einsparen; ersparen (**sobie** sich)
zapach M Geruch *m*, Duft *m*
zapachowy Geruchs-
zapadać ⟨**-paść**⟩ fallen, sinken; **~ się** einsinken, versinken
zapadły eingesunken; eingefallen; *miejscowość* abgelegen
zapakowywać ⟨**-ować**⟩ einpacken
zapalać ⟨**-lić**⟩ anzünden; *silnik* anlassen; **~ się** sich entzünden; *światło* angehen; *fig* Feuer und Flamme sein (**do** *gen* für *akk*) **zapalczywy** (**-wie**) unbeherrscht **zapalenie** N Entzündung *f* **zapalić** PF → zapalać **zapalniczka** F Feuerzeug *n* **zapalnik** M Zünder *m* **zapalny** entzündbar; MED Ent-

zündungs- **zapalony** passioniert
apał M Eifer *m*, Begeisterung
f **zapałka** F Streichholz *n*, Zündholz *n*
apamiętać PF sich merken, (im Gedächtnis) behalten **zapamiętały (-le)** fanatisch, besessen
apanować PF herrschen (**nad** *inst* über *akk*); beherrschen (**nad sobą** sich); eintreten
aparcie N MED Verstopfung *f*; **z zaparciem** mit Hingabe
aparkować PF parken
aparzać ⟨-rzyć⟩ aufbrühen; *kawę, herbatę a.* kochen
apas M Vorrat *m*; Reserve *f*; **zapasy** *pl* SPORT Ringen *n*; Ringkampf *m* **zapasowy** Ersatz-, Reserve-
apaść¹ F MED Kollaps *m* **zapaść²** PF → zapadać **zapaśnik** M Ringkämpfer(in) *m(f)*, Ringer(in) *m(f)*
apatrywać ⟨-rzyć⟩ się betrachten (**na** *akk akk*) **zapatrywanie** N Auffassung *f*, Ansicht *f*
apchać PF → zapychać **zapełniać ⟨-ić⟩** füllen, auffüllen (**się** sich); ausfüllen **zapewne** sicher, sicherlich **zapewniać ⟨-ić⟩** garantieren versichern (**o** *lok gen*)
apędzać ⟨-dzić⟩ hineintreiben
apiąć PF → zapinać
apiekać ⟨-piec⟩ überbacken
zapiekanka F GASTR Auflauf *m*
zapinać ⟨-piąć⟩ zuknöpfen; **~ pas bezpieczeństwa** den Sicherheitsgurt anlegen
zapis M Aufzeichnung *f*; Einschreibung *f* **zapisać** PF → zapisywać **zapisek** M Notiz *f*
zapisywać ⟨-sać⟩ notieren; eintragen, einschreiben (**się** sich); *obraz* aufzeichnen; *majątek* vermachen; *lekarstwo* verordnen **zaplanować** PF → planować **zaplanowany** geplant, eingeplant
zaplatać ⟨-pleść⟩ flechten
zaplątywać ⟨-tać⟩ verwickeln; verwirren (**się** sich)
zaplecze N Hinterland *n*, Basis *f* **zapleść** PF → zaplatać
zaplombowany verplombt; *ząb* plombiert
zapłacić PF bezahlen **zapładniać ⟨zapłodnić⟩** befruchten **zapłakany** verweint **zapłata** F Bezahlung *f*, Zahlung *f*; Lohn *m* **zapłodnić** PF → zapładniać **zapłodnienie** N Befruchtung *f*
zapłon M Zündung *f*
zapobiegać ⟨-biec⟩ vorbeugen; verhüten (*dat akk*) **zapobieganie** N Verhütung *f* **zapobiegawczy (-czo)** vorbeugend, präventiv **zapobiegliwy (-wie)** vorsorglich
zapoczątkowywać ⟨-ować⟩ einleiten, *umg* starten

zapominać ⟨**-mnieć**⟩ vergessen; verlernen **zapomoga** F Unterstützung *f*, Beihilfe *f*
zapora F Sperre *f*; Staudamm *m*; *fig* Hindernis *n*
zapotrzebowanie N Bedarf *m*; Nachfrage *f*; Anforderung *f*
zapowiadać ⟨**-wiedzieć**⟩ ankündigen; ansagen **zapowiedź** F Ankündigung *f*; Aufgebot *n*; **dać na zapowiedzi** das Aufgebot bestellen
zapoznawać ⟨**-znać**⟩ bekannt machen (**z** *inst* mit *dat*); **~ się** kennen lernen (*akk*, sich)
zapożyczać ⟨**-czyć**⟩ übernehmen, *lingwistyka* entlehnen; **~ się** Schulden machen
zapracowywać ⟨**-ować**⟩ erarbeiten; → zarabiać **zapragnąć** PF → pragnąć **zapraszać** ⟨**-prosić**⟩ einladen
zaprawa F Mörtel *m*; GASTR Zutat *f*; Training *n* **zaprawiać** ⟨**-ić**⟩ GASTR anmachen (*inst* mit *dat*)
zaprezentować PF → prezentować **zaprojektować** PF → projektować **zaproponować** PF → proponować
zaprosić PF → zapraszać **zaproszenie** N Einladung *f*
zaprowadzać ⟨**-dzić**⟩ hinführen; einführen; *porządek* schaffen
zaprząg M → zaprzęg
zaprzeczać ⟨**-czyć**⟩ verneinen **zaprzeczenie** N Verneinung *f*
zaprzestawać ⟨**-stać**⟩ aufhören (*gen* mit *dat*), einstellen (*akk*)
zaprzęg M Gespann *n* **zaprzęgać** ⟨**-gnąć, zaprząc**⟩ *konia* anspannen
zaprzyjaźnić się PF sich anfreunden, Freundschaft schließen **zaprzyjaźniony** befreundet
zaprzysięgać ⟨**-siąc**⟩ vereidigen **zaprzysiężony** vereidigt
zapukać PF anklopfen, klopfen
zapuszczać ⟨**-ścić**⟩ hineinstecken; herunterlassen; vernachlässigen; *brodę* wachsen lassen; *silnik* anlassen
zapychać ⟨**-pchać**⟩ verstopfen **zapytanie** N Anfrage *f*
zapytywać → pytać
zarabiać ⟨**-robić**⟩ verdienen
zaradczy abhelfend, vorbeugend **zaradny** findig, wendig
zaradzać ⟨**-dzić**⟩ Abhilfe schaffen, helfen (*dat* bei *dat*)
zarastać ⟨**-rosnąć**⟩ zuwachsen
zaraz sofort, gleich
zaraza F Seuche *f* **zarazek** M Krankheitserreger *m* **zaraźliwy** (**-wie**) ansteckend **zarażać** ⟨**-zić**⟩ anstecken, infizieren (**się** sich) **zarażony** infiziert (*inst* mit *dat*); verseucht
zardzewiały verrostet
zareagować PF → reagować
zarejestrować PF → rejes-

rować **zarezerwować** PF → ezerwować
ręczać ⟨-czyć⟩ → **ręczyć**; ersichern; **~ się** sich verloben
aręczynowy Verlobungs-
aręczyny PL Verlobung *f*
arobek M Verdienst *m*, Lohn n **zarobić** PF → zarabiać **za-obkowy** Erwerbs-
arodek M Keim *m*
arosnąć PF → zarastać **za-ost** M Bartwuchs *m* **zarośla** NPL Gestrüpp *n*, Dickicht *n*
arozumiały (-le) eingebil-det, überheblich
arówno sowohl, ebenso wie
arumieniony → rumiany
arys M Umriss *m*; Abriss *m*
zarysowywać ⟨-ować⟩ się Kratzer bekommen; sich ab-zeichnen
aryzykować PF → ryzyko-wać
arząd M Verwaltung *f*; Ge-schäftsleitung *f*; Vorstand *m*
zarządca M Verwalter(in) *m(f)* **zarządzać ⟨-dzić⟩** an-ordnen; *nur impf* verwalten (*inst akk*) **zarządzenie** N An-ordnung *f*
arzewie N Glut *f*; *fig* Fackel *f*
arzucać ⟨-cić⟩ (*rzucić*) schleudern; vorwerfen **zarzut** M Vorwurf *m*; Einwand *m*; **bez zarzutu** tadellos, einwand-frei
asada F Grundsatz *m*; CHEM Base *f*; → *a.* **reguła** **zasadni-czy (-czo)** grundsätzlich **za-sadowy** alkalisch
zasadzać ⟨-dzić⟩ pflanzen, bepflanzen **zasadzka** F Hin-terhalt *m*
zasapać się PF außer Atem kommen
zasądzać ⟨-dzić⟩ zuspre-chen, zuerkennen
zaschnąć PF → zasychać
zasępiony düster
zasiać PF → zasiewać **zasia-dać ⟨-siąść⟩** sich setzen; sit-zen **zasiedlać ⟨-lić⟩** besie-deln **zasiewać ⟨-siać⟩** säen, besäen
zasięg M Reichweite *f*; Be-reich *m* **zasięgać ⟨-gnąć⟩** *rady, informacji* einholen
zasilacz M: **~ sieciowy** Netz-teil *n* **zasilać ⟨-lić⟩** TECH ver-sorgen, beschicken, zuführen
zasiłek M Beihilfe *f*; **~ choro-bowy** Krankengeld *n*; **~ dla bezrobotnych** Arbeitslosen-geld *n*
zaskakiwać ⟨-skoczyć⟩ überraschen **zaskakujący (-co)** überraschend **zaskar-żać ⟨-żyć⟩** *do sądu* verkla-gen; *wyrok* anfechten
zaskoczenie N Überraschung *f* **zaskoczony** überrascht, verblüfft **zaskoczyć** PF → za-skakiwać
zaskroniec M Ringelnatter *f*
zasłabnąć PF ohnmächtig werden
zasłaniać ⟨-łonić⟩ *twarz* ver-hüllen; *okno* verhängen; ab-

schirmen, schützen **zasłona** F Vorhang *m*; Abdeckung *f*; SPORT Deckung *f*
zasługa F Verdienst *n* **zasługiwać** ⟨**-użyć**⟩ verdienen (**na** *akk akk*) **zasłużony** (**-żenie**) verdient
zasmucony → smutny
zasnąć PF → zasypiać
zasobnik M Behälter *m*; Silo *m od n*; Speicher *m* **zasobny** gut ausgestattet, wohlversorgt
zasób M Vorrat *m*; **~ słów** Wortschatz *m*; **zasoby** *pl* Ressourcen *fpl*
zaspa F (Schnee)Wehe *f*
zaspać PF verschlafen **zaspany** verschlafen
zaspokajać ⟨**-koić**⟩ befriedigen; *pragnienie* stillen
zastać PF → zastawać **zastanawiać** ⟨**-nowić**⟩ **się** sich überlegen (**nad** *inst akk*), nachdenken (über *akk*) **zastaw** M Pfand *n*; **dać w ~** verpfänden
zastawa F (Tafel)Service *n*
zastawać ⟨**-stać**⟩ antreffen; ertappen **zastawiać** ⟨**-ić**⟩ verstellen; *przedmiot* verpfänden **zastawka** F Herzklappe *f*; TECH Schütze *f*
zastąpić PF → zastępować
zastęp M Schar *f* **zastępca** M Stellvertreter *m* **zastępczyni** F Stellvertreterin *f* **zastępczo** vertretungsweise
zastępczy Ersatz-; Behelfs-
zastępować ⟨**-stąpić**⟩ ersetzen; *osobę a.* vertreten **zastępstwo** N Vertretung *f*
zastosowanie N Anwendung *f*, Verwendung *f* **zastosowywać** ⟨**-ować**⟩ anwenden, verwenden, einsetzen
zastój M Stagnation *f*
zastraszać ⟨**-szyć**⟩ einschüchtern **zastraszający** (**-co**) erschreckend
zastrzegać ⟨**-rzec**⟩ vorbehalten (**sobie** sich); **~ się** sich verwahren **zastrzelić** PF erschießen **zastrzeżenie** N Vorbehalt *m*; Einwand *m* **zastrzeżony** geschützt; vorbehalten
zastrzyk M Injektion *f*, *umg* Spritze *f* **zasuwa** F Riegel *m*, Schieber *m* **zasuwać** ⟨**-sunąć**⟩ zuschieben; *zasłonę* zuziehen
zasychać ⟨**-schnąć**⟩ eintrocknen, vertrocknen; verdorren **zasypiać** ⟨**-snąć**⟩ einschlafen **zasypka** F (Körper)Puder *m* **zasypywać** ⟨**-pać**⟩ zuschütten
zaszczepiać → szczepić
zaszczycać ⟨**-cić**⟩ beehren
zaszczyt M Ehre *f* **zaszczytny** ehrenvoll
zaszeregowywać ⟨**-ować**⟩ einstufen **zaszkodzić** PF Schaden zufügen, schaden **zaszywać** ⟨**-yć**⟩ zunähen; einnähen
zaślepiać ⟨**-ić**⟩ blenden, verblenden
zaśmiać się PF zu lachen anfangen, in Gelächter ausbre-

chen **zaśpiewać** PF singen **aśniedziały** mit Grünspan überzogen; *fig* rückständig **zaśnieżony** schneebedeckt, verschneit **aświadczać** **⟨-czyć⟩** bescheinigen; bezeugen **zaświadczenie** Bescheinigung *f*; Attest *n* **aświaty** PL Jenseits *n* **ataczać** **⟨-toczyć⟩** einen Kreis ziehen; im Kreis verlaufen; rollen; **~ się** taumeln, torkeln **atajać** **⟨-taić⟩** verheimlichen **zatamowywać** → tamować **zatapiać** **⟨-topić⟩** versenken; überschwemmen **atarg** M Konflikt *m*, Streit *m* **atelefonować** PF → telefonować **atem** demnach, folglich **zatkać** PF → zatykać **zatknąć** PF → wtykać **zatłoczony** voll, überfüllt **atoczyć** PF → zataczać **zatoka** F Bucht *f*, Meerbusen *m* **zatonąć** PF untergehen; ertrinken **zatonięcie** N Ertrinken *n*; *statku* Untergang *m* **zatopić** PF → zatapiać **zator** M Stau *m* **zatrucie** N Vergiftung *f* **zatruć** PF → zatruwać **zatrudniać** **⟨-ić⟩** beschäftigen **zatrudnienie** N Beschäftigung *f* **zatrudniony** beschäftigt (**w** *lok* in *dat*, bei *dat*)

zatruty vergiftet **zatruwać** **⟨-uć⟩** vergiften **zatrzask** M Schnappschloss *n*; Druckknopf *m* **zatrzaskiwać** **⟨-snąć⟩** zuschlagen; einschnappen lassen **zatrzeć** PF → zacierać **zatrzymanie** N JUR Festnahme *f* **zatrzymywać** **⟨-mać⟩** anhalten (*a.* **się**), aufhalten (**się** sich); JUR festnehmen **zatwardzenie** N MED Verstopfung *f* **zatwierdzać** **⟨-dzić⟩** *plan* billigen, zustimmen **zatwierdzenie** N Billigung *f*, Zustimmung *f* **zatyczka** F Stöpsel *m*, Spund *m* **zatykać** **⟨-tknąć⟩** zustopfen, verstopfen (**się** sich); → wtykać **zatytułować** PF → tytułować **zaufać** PF vertrauen **zaufanie** N Vertrauen *n* **zaufany** vertraut **zaułek** M Gasse *f* **zauważać** **⟨-żyć⟩** bemerken **zawadzać** **⟨-dzić⟩** im Wege sein, behindern; anstoßen (**o** *akk* an *akk*); anfahren (*akk*) **zawahać się** PF zögern **zawalać** **⟨-lić⟩** zuschütten, zudecken; **~ się** einstürzen **zawał** M Infarkt *m*; **~ serca** Herzinfarkt *m* **zawarcie** N *umowy* Abschluss *m*; *małżeństwa* Schließung *f* **zawartość** F Inhalt *m*; Gehalt *m*

zawczasu beizeiten, rechtzeitig
zawdzięczać verdanken **zawezwać** PF → wzywać **zawiać** PF → zawiewać
zawiadamiać ⟨**-domić**⟩ benachrichtigen **zawiadomienie** N Benachrichtigung *f*
zawiadowca M: ~ **stacji** Bahnhofsvorsteher(in) *m(f)*
zawias M (Tür)Angel *f*; Scharnier *n*
zawiązywać ⟨**-zać**⟩ binden, verbinden, verknüpfen; *spółkę* gründen; *rozmowę* beginnen; BOT ausbilden
zawiedziony enttäuscht
zawieja F Schneesturm *m* **zawierać** ⟨**-wrzeć**⟩ enthalten; *umowę, małżeństwo* schließen
zawierucha F → zawieja; ~ **wojenna** Kriegswirren *pl* **zawieruszyć się** PF abhandenkommen
zawiesić PF → zawieszać **zawiesisty** dickflüssig; sämig **zawieszać** ⟨**-sić**⟩ aufhängen, hängen; *fig* aussetzen; suspendieren; ~ **się** *komputer* abstürzen **zawieszenie** N Aufhängung *f*; Aussetzung *f*; Suspendierung *f*; MIL ~ **broni** Waffenruhe *f*
zawieść PF → zawodzić **zawiewać** ⟨**zawiać**⟩ *drogę* zuwehen **zawieźć** PF → zawozić
zawijać ⟨**-winąć**⟩ einwickeln; *statek* anlaufen (**do** *gen akk*), einlaufen (in *akk*) **zawi**… (**-le**) verworren; komplizie… *umg* knifflig **zawinąć** PF … zawijać **zawiniątko** N Bü…del *n* **zawinić** PF V/T verschu…den (*akk*); V/I sich schuldig m…chen **zawisać** ⟨**-snąć**⟩ hä…gen; schweben
zawistny neidisch **zawiść** … Neid *m*
zawitać PF beehren; sich ei…stellen
zawodniczka F Wettkämpf…rin *f*, Wettkampfteilnehmer… *f* **zawodnik** M SPORT Wet…kämpfer *m*, Wettkampfteilne…mer *m* **zawodny** unzuverlä…sig; trügerisch **zawodowie**… M Profi *m*; SPORT Berufsspor…ler(in) *m(f)* **zawodowy** B…rufs- (**-wo**) beruflich; ADV … berufsmäßig **zawody** M… Wettkampf *m*
zawodzić ⟨**-wieść**⟩ V/I vers… gen; enttäuschen
zawozić ⟨**-wieźć**⟩ hinfahre… bringen
zawołać PF → wołać
zawód[1] M Beruf *m*, Fach *n*
zawód[2] (*rozczarowanie*) Enttäu…schung *f*
zawór M Ventil *n*
zawracać ⟨**-wrócić**⟩ umkeh…ren, kehrtmachen **zawrotn**… schwindelerregend **zawró**… M: **zawroty głowy** ME… Schwindel *m*
zawrzeć PF → zawierać
zawstydzony beschämt

zawsze immer; **na ~** für immer
zawzięty (-cie) hartnäckig; → zacięty
zazdrosny (-śnie) neidisch; eifersüchtig **zazdrościć** neiden (*gen akk*), beneiden (j-n um *akk*) **zazdrość** F Neid *m*; Eifersucht *f*
zazębiać ⟨-ić⟩ się ineinandergreifen
zaziębiać ⟨-ić⟩ się sich erkälten **zaziębienie** N Erkältung *f*
zaznaczać ⟨-czyć⟩ markieren; vermerken; hervorheben
zaznajamiać ⟨-jomić⟩ bekannt machen (**się** sich)
zazwyczaj gewöhnlich
zażalenie N Beschwerde *f*
zażartość F Verbissenheit *f*
zażarty (-cie) verbissen, heftig
zażądać PF → żądać
zażenowany verlegen **zażyłość** F Vertrautheit *f* **zażywać ⟨-żyć⟩** *lekarstwo* einnehmen; *fig* (genießen (*gen akk*)
ząb M Zahn *m*; **~ mądrości** Weisheitszahn *m*; **~ trzonowy** Backenzahn *m* **ząbkować** *dziecko* zahnen
zbaczać ⟨zboczyć⟩ abbiegen (**z** *gen* von *dat*)
zbadać PF → badać
zbawca M Retter(in) *m(f)* **zbawiciel(ka)** M(F) Erlöser(in) *m(f)*; Retter(in) *m(f)* **zbawienie** N Rettung *f*; Erlösung *f*
zbawienny heilsam; rettend
zbędny entbehrlich; → zbyteczny
zbić PF → zbijać; zusammenschlagen
zbiec PF → zbiegać
zbieg[1] M (*uciekinier*) Flüchtling *m*, Ausbrecher(in) *m(f)*
zbieg[2] M *okoliczności* Zufall *m*; *ulic* Kreuzung *f*, Einmündung *f*
zbiegać ⟨zbiec⟩ hinablaufen, herunterlaufen; (*uciec*) entlaufen, ausbrechen; **~ się** zusammenlaufen; *materiał* einlaufen
zbiegowisko N Auflauf *m*
zbieracz(ka) M(F) Sammler(in) *m(f)* **zbierać ⟨zebrać⟩** sammeln (**się** sich)
zbieżny übereinstimmend
zbijać ⟨zbić⟩ abschlagen; zusammennageln; **~ z nóg** niederschlagen; **~ z tropu** irremachen
zbiornik M Behälter *m*, Tank *m* **zbiornikowiec** M Tanker *m* **zbiorowisko** N Ansammlung *f* **zbiorowy** Sammel- **(-wo)** kollektiv; → umowa
zbiór M Sammlung *f*; (*plon*) Ernte *f*, Lese *f* **zbiórka** F Sammlung *f*; MIL Appell *m*
zbliżać ⟨-żyć⟩ näherbringen; verständlich machen; **~ się** sich nähern, nahen **zbliżenie** N Annäherung *f*; Nahaufnahme *f*, Großaufnahme *f* **zbliżony** ähnlich (**do** *gen dat*) **zbliżyć** PF → zbliżać
zbłądzić PF sich verirren
zbocze N Abhang *m* **zbocze-**

nie N Abweichung *f*; Perversität *f* **zboczeniec** Perverse(r) *m* **zboczyć** PF → zbaczać
zbolały schmerzend; *fig* schmerzerfüllt
zboże N Getreide *n*, Korn *n*
zbójnik M Bandit(in) *m(f)*; Räuber(in) *m(f)*
zbrodnia F Verbrechen *n* **zbrodniarka** F Verbrecherin *f* **zbrodniarz** M Verbrecher *m* **zbrodniczy** (**-czo**) verbrecherisch
zbroić → uzbrajać; PF → broić
zbroja F Rüstung *f* **zbrojenie** N Bewaffnung *f*; rRüstung *f*, Aufrüstung *f*; → wyścig **zbrojny** bewaffnet
zbudować PF → budować
zbudzić PF → budzić **zbuntować** PF → buntować
zburzenie N Zerstörung *f*
zbutwiały verrottet
zbyt[1] ADV zu, allzu, über-
zbyt[2] M HANDEL Absatz *m*; **cena** *f* **zbytu** Abgabepreis *m* **zbyteczny** überflüssig **zbytek** M Aufwand *m*, Luxus *m* **zbytni** (**-nio**) übertrieben
zdać PF → zdawać; *egzamin* bestehen
zdalny TECH Fern-; **zdalnie sterowany** ferngesteuert
zdanie N GRAM Satz *m*; Meinung *f*; **moim zdaniem** meiner Meinung nach
zdarty abgerissen; abgetreten
zdarzać ⟨**-rzyć**⟩ **się** sich ereignen; vorkommen; zustoßen (*j-m*) **zdarzenie** N Ereigni
n; Begebenheit *f*
zdatny tauglich, geeignet (**d**
gen für *akk*, zu *dat*), fähig **zda**
wać ⟨**zdać**⟩ übergeben; *eg*
zamin, raport ablegen; **~ si**
sich verlassen (**na** *akk* au
akk); → przydawać się, wyda
wać się
zdążać → nadążać, podążać
cel verfolgen (**do** *gen akk*); stre
ben (nach *dat*) **zdążyć** P
rechtzeitig fertig werden (**z**
inst mit *dat*); Zeit haben (fü
akk, zu *dat*); rechtzeitig kom
men (**na** *akk* zu *dat*); *pociąg* er
reichen; **nie ~** *a.* verpassen
zdechnąć PF → zdychać
zdecydować PF → decydować **zdecydowanie** N Entschlossenheit *f* **zdecydowany** entschlossen; entschieden
zdejmować ⟨**zdjąć**⟩ abnehmen; herunternehmen; *ubranie* ausziehen
zdenerwować PF → denerwować **zdenerwowany** aufgeregt, nervös
zderzać ⟨**-rzyć**⟩ **się** zusammenstoßen, zusammenprallen **zderzak** M AUTO Stoßstange *f* **zderzenie** N Zusammenstoß *m*
zdjąć PF → zdejmować **zdjęcie** N FOTO Aufnahme *f*, Bild *n*
zdobić ⟨**o-**⟩ schmücken; verzieren **zdobnictwo** N dekorative Kunst *f*

zdobycz F Beute *f*; Errungenschaft *f* **zdobywać** **⟨-być⟩** erobern; erringen; *wiedzę* erwerben; *bramkę* erzielen **zdobywca** M Eroberer *m*; *medalu* Gewinner *m* **zdobywczyni** F Eroberin *f*; Gewinnerin *f*
zdolność F Fähigkeit *f*; Begabung *f* **zdolny** begabt; fähig
zdołać PF schaffen
zdrada F Verrat *m*; **~ stanu** Hochverrat *m*; **~ małżeńska** Ehebruch *m* **zdradzać** **⟨-dzić⟩** verraten; *partnera* betrügen **zdradziecki** **(-cko)** verräterisch, tückisch **zdrajca** M Verräter *m* **zdrajczyni** F Verräterin *f*
zdrętwiały *fig* erstarrt; *noga* taub, eingeschlafen **zdrętwieć** PF erstarren; *noga* taub werden, einschlafen
zdrobnienie N *lingwistyka* Verkleinerungsform *f*
zdrowie N Gesundheit *f*; **jak ~?** wie geht's?; **na ~!** zum Wohl!, prosit!
zdrowotny gesundheitlich, Gesundheits- **zdrowy** **(-wo)** gesund; bekömmlich, zuträglich
zdrożeć PF teurer werden, sich verteuern
zdrój M Quelle *f*
zdrów → zdrowy
zdumienie N Erstaunen *n* **zdumiewać** **⟨-mieć⟩** verblüffen; **~ się** staunen, verblüfft sein **zdumiewający** **(-co)** erstaunlich **zdumiony** verblüfft
zdychać **⟨zdechnąć⟩** *pop* krepieren, verrecken
zdyscyplinowany diszipliniert **zdyskwalifikowany** disqualifiziert **zdyszany** außer Atem **zdziczały** verwildert
zdzierać abreißen, herunterreißen
zdziwaczały wunderlich **zdziwić** PF **dziwić** **zdziwienie** N Verwunderung *f* **zdziwiony** verwundert
ze → z
zebra F Zebra *n*
zebrać PF → zbierać **zebranie** N Versammlung *f*
zecer M TYPO Setzer(in) *m(f)*
zechcieć PF wollen **zedrzeć** PF → zdzierać
zejść PF → schodzić
zegar M Uhr *f* **zegarek** M Uhr *f*; **~ naręczny** Armbanduhr *f* **zegarmistrz** M Uhrmacher *m*
zelować **⟨pod-⟩** besohlen
zelówka F Schuhsohle *f*
zemdleć PF → mdleć **zemdlenie** N Ohnmacht *f* **zemdlony** ohnmächtig
zemsta F Rache *f* **zemścić się** PF sich rächen
zepchnąć PF → spychać
zepsucie N Verdorbenheit *f*
zepsuć PF → psuć **zepsuty** entzwei, kaputt; verdorben; → psuć

zero N Null *f*; **powyżej/poniżej zera** über/unter Null
zerwać PF → zrywać
zeskakiwać ⟨**-skoczyć**⟩ abspringen, herunterspringen
zeskrobywać ⟨**-bać**⟩ abschaben
zesłać PF → zsyłać **zesłanie** N Verbannung *f* **zesłaniec** M Verbannte(r) *m*
zespalać ⟨**zespolić**⟩ verbinden, vereinigen (**się** sich) **zespawać** PF zusammenschweißen **zespołowy** (**-wo**) gemeinsam; Team- **zespół** M Gruppe *f*, Team *n*; *budynków* Komplex *m*; THEAT, MUS Ensemble *n*
zestarzeć się PF alt werden
zestaw M Satz *m*, Garnitur *f* **zestawiać** ⟨**-ić**⟩ *fig* zusammenstellen; gegenüberstellen **zestawienie** N Zusammenstellung *f*; Gegenüberstellung *f*; Aufstellung *f*
zestrzelić PF abschießen
zeszłoroczny vorjährig **zeszły** vergangen, vorig
zeszpecony entstellt
zeszyt M Heft *n*
ześlizgiwać ⟨**-znąć, -gnąć**⟩ **się** abrutschen, abgleiten
zetknąć się PF → stykać się **zetknięcie** N (**się**) Berührung *f* **zetrzeć** PF → ścierać
zewnątrz außerhalb; **z ~** von außen, von draußen (her); **na ~** nach außen, nach draußen **zewnętrzny** äußerlich
zewsząd von überallher
zez M: **mieć zeza** schielen
zeznawać ⟨**-znać**⟩ aussagen **zeznanie** N Aussage *f*
zezować schielen **zezowaty** schielend
zezwalać → pozwalać **zezwolenie** N Genehmigung *f*
zębaty gezahnt, Zahn-
zgadywać ⟨**-dnąć**⟩ raten; PF erraten
zgadzać ⟨**zgodzić**⟩ **się** übereinstimmen; stimmen; einverstanden sein (**na** *akk* mit *dat*); zustimmen (**z** *inst dat*); **nie ~** *a.* abweichen (von *dat*)
zgaga F Sodbrennen *n*
zganić PF tadeln **zgarniać** ⟨**-nąć**⟩ zusammenscharren, zusammenrechen
zgasić PF löschen, auslöschen **zgasnąć** PF erlöschen
zgęszczać ⟨**-ścić**⟩ eindicken
zgiąć PF → zginać
zgiełk M Lärm *m*
zgięty verbogen; krumm **zginać** ⟨**zgiąć**⟩ biegen; beugen (**się** sich)
zginąć PF → ginąć
zgładzać ⟨**-dzić**⟩ töten; ausrotten **zgłaszać** ⟨**zgłosić**⟩ melden, anmelden (**się** sich)
zgłodniały ausgehungert **zgłoska** F Silbe *f* **zgłoszenie** N Anmeldung *f*; Anzeige *f*
zgniatać ⟨**zgnieść**⟩ zerquetschen
zgnilizna F Fäulnis *n* **zgniły** verfault

zgoda F Eintracht *f*; Einverständnis *n*; Einigung *f* **zgodność** F Übereinstimmung *f*; Einmütigkeit *f* **zgodnie** -gemäß; **zgodnie z prawdą** wahrheitsgemäß; **zgodnie z prawem** rechtmäßig **zgodny** einträchtig; entsprechend (**z** *inst dat*); übereinstimmend **zgodzić się** PF → zgadzać się
zgolić PF abrasieren
zgoła gänzlich; ganz und gar
zgon M Ableben *n*, Tod *m*
zgorszenie N öffentliches Ärgernis *n*; **ze zgorszeniem** mit Entrüstung *f*; **wywołać ~** Anstoß *m* erregen
zgorszony empört, schockiert
zgorzel F MED Gangrän *f od n*
zgorzkniały bitter; ranzig; *fig* verbittert
zgrabny graziös; gewandt
zgraja F Bande *f*; Meute *f*
zgromadzać → gromadzić **zgromadzenie** N Versammlung *f*
zgroza F Grausen *n*
zgrubiały *dłonie* rau **zgrubienie** N Verdickung *f*
zgryzota F Kummer *m* **zgryźliwy** (-wie) gehässig; griesgrämig, brummig
zgrzać się PF sich erhitzen
zgrzybiały altersschwach
zgrzyt M Knirschen *n*; Quietschen *n* **zgrzytać** ⟨-tnąć⟩ knirschen; quietschen
zguba F Verderben *n*; Verlust *m*, verlorener Gegenstand *m* **zgubić** PF → gubić **zgubny** verhängnisvoll
zgwałcić PF → gwałcić
ziarenko N → ziarnko **ziarnisty** körnig **ziarnko** N Körnchen *n* **ziarno** N Korn *n*; *kawy* Bohne *f*
ziele N Kraut *n*; **zioła** *pl* **lecznicze** Heilkräuter *npl* **zielenić** ⟨**za-**⟩ **się** grünen, *pf* ergrünen
zielenieć grün schimmern
zielenina F Grünzeug *n* **zieleń** F Grün *n*
zielonkawy (-wo) grünlich
zielony (-no) grün; **Zielone Świątki** *pl* Pfingsten *n* **zielsko** N Unkraut *n*
ziemia F Erde *f*; Boden *m*
ziemniaczany Kartoffel-
ziemniak M Kartoffel *f*
ziemny Erd- **ziemski** irdisch; **kula** *f* **ziemska** Erdkugel *f*
ziewać ⟨**-wnąć**⟩ gähnen
zięba F (Buch)Fink *m*
zięć M Schwiegersohn *m*
zima F Winter *m* **zimno** N Kälte *f* **zimnokrwisty** kaltblütig **zimny** (-no) kalt; **~ jak lód** eiskalt **zimować** ⟨**prze-**⟩ überwintern **zimowy** winterlich, Winter-
zioła NPL → ziele **ziołowy** Kräuter-
ziomek M Landsmann *m*, Landsmännin *f*
ziółka NPL Kräutertee *m*
zjadać ⟨**zjeść**⟩ aufessen

zjadliwy **(-wie)** gehässig, boshaft
zjawiać **⟨-ić⟩** **się** erscheinen **zjawisko** N Erscheinung *f*
zjazd M Kongress *m*; Abfahrt *f*; SPORT Abfahrtslauf *m*
zjechać PF → zjeżdżać
zjednać PF → zjednywać **zjednoczenie** N Vereinigung *f* **zjednoczyć** PF → jednoczyć **zjednywać** **⟨-dnać⟩** gewinnen (**sobie** für sich)
zjeść PF → zjadać
zjeżdżać **⟨zjechać⟩** hinabfahren, hinunterfahren; **~ się** zusammenkommen
zlać PF → zlewać
zlecać **⟨-cić⟩** beauftragen (**k-u** *akk* j-n mit *dat*) **zlecenie** N Auftrag *m* **zleceniodawca** M Auftraggeber(in) *m(f)*
zlew M Ausguss *m* **zlewać** **⟨zlać⟩** abgießen **zlewozmywak** M Spülbecken *n*
zleźć PF → złazić
zlęknąć się PF erschrecken
zlikwidować PF → likwidować
zlokalizować PF lokalisieren, ausfindig machen
zlot M Treffen *n*; **~ młodzieżowy** Jugendtreffen *n*
złagodzenie N Milderung *f* **złagodzić** PF → łagodzić
złamać PF → łamać **złamanie** N Bruch *m* **złamany** gebrochen
złapać PF → łapać
złazić **⟨zleźć⟩** herunterklettern, herabsteigen
złączyć PF → łączyć
zło N Böse *n*, Übel *n*
złocić **⟨po-⟩** vergolden **złocisty** **(-ście)** goldig, goldglänzend
złoczyńca M Übeltäter(in) *m(f)*
złodziej(ka) M(F) Dieb(in) *m(f)*
złom M Schrott *m*
złościć **⟨roz-⟩** ärgern (**się** sich) **złość** F Ärger *m*; Zorn *m* **złośliwy** **(-wie)** boshaft
złoto N Gold *n* **złotówka** F I-Zloty-Stück *n*
złoty[1] **(-to)** golden
złoty[2] M Zloty *m*
złowić PF einfangen, fangen
złowrogi **(-go)** unheimlich; drohend
złoże N Lagerstätte *f*, Vorkommen *n*, **~ rudy** Erzlager *n* **złożony** zusammengesetzt **złożyć** PF → składać
złudny trügerisch **złudzenie** N Trugbild *n*, Täuschung *f*
zły böse; schlecht, übel
zmagać się ringen, kämpfen
zmaleć PF kleiner werden; sich verringern, sinken
zmarły verstorben; SUBST M Verstorbene(r) *m* **zmarniały** verkümmert **zmarnować** PF → marnować
zmarszczka F Falte *f*; Runzel *f* **zmarszczony** faltig; runzelig **zmarszczyć** PF → marszczyć
zmartwić PF → martwić

zmartwienie N Sorge *f*, Kummer *m* **zmartwiony** besorgt; sorgenvoll
zmartwychwstanie N Auferstehung *f*
zmarznąć PF → marznąć
zmęczenie N Ermüdung *f*; Müdigkeit *f* **zmęczony** müde, ermüdet **zmęczyć** (**się**) PF ermüden
zmiana F Änderung *f*, Veränderung *f*; Wandel *m*; Wechsel *m*; *na stanowisku* Ablösung *f*; Schicht *f*
zmiatać ⟨**zmieść**⟩ abfegen, wegfegen
zmiażdżyć PF zermalmen
zmieniać ⟨**-nić**⟩ ändern, verändern (**się** sich) **zmienny** veränderlich, unbeständig; ELEK Wechsel-
zmierzać abzielen (**do** *gen* auf *akk*), anstreben (*akk*)
zmierzch M (Abend)Dämmerung *f*
zmierzyć PF → mierzyć
zmieszać PF → mieszać **zmieszany** vermischt; *fig* verlegen **zmieścić** PF → mieścić **zmieść** PF → zmiatać
zmiękczać ⟨**-czyć**⟩ weich machen
zmiotka F Handfeger *m*
zmniejszać ⟨**-szyć**⟩ verkleinern; vermindern (**się** sich)
zmniejszenie N Verkleinerung *f*; Verminderung *f*
zmora F Albtraum *m*· (*zjawa*) Gespenst *n*
zmowa F Komplott *n*
zmrok M → zmierzch, mrok
zmurszały morsch
zmuszać ⟨**-sić**⟩ zwingen
zmyć PF → zmywać **zmykać** sich aus dem Staube machen
zmylić PF irreführen
zmysł M BIOL Sinn *m* **zmysłowy** (**-wo**) sinnlich, Sinnes-
zmyślać ⟨**-lić**⟩ erfinden, *umg* spinnen **zmyślny** gescheit
zmyślony erfunden, frei erfunden
zmywacz M Lösungsmittel *n*
zmywać ⟨**zmyć**⟩ abwaschen; wegspülen **zmywalny** abwaschbar
znaczek M Zeichen *n*; **~ pocztowy** Briefmarke *f* **znaczenie** N Bedeutung *f*; Geltung *f*
znaczny bedeutend **znaczyć** bedeuten ⟨**o-**⟩ kennzeichnen
znać kennen (**się** sich); **dać ~** benachrichtigen; **~ się** sich verstehen (**na** *lok* auf *dat*)
znad (*gen*) von (*dat*) (… her); aus … (*dat*) hervor
znajdować ⟨**znaleźć**⟩ finden; **~ się** sich befinden
znajomość F Kenntnis *f*; Bekanntschaft *f* **znajomy** bekannt; SUBST M Bekannte(r) *m*
znak M Zeichen *n*; *fabryczny* Marke *f*
znakomity (**-cie**) ausgezeichnet, vortrefflich
znalazca M Finder(in) *m(f)*
znaleziony: **biuro** N **rzeczy**

znalezionych Fundbüro *n* **znaleźć** → znajdować **znaleźne** N Finderlohn *m*
znamienny bezeichnend
znamię N Muttermal *n*; Merkmal *n*, Kennzeichen *n*
znany bekannt **znawca** M Fachmann *m*; Kenner *m* **znawczyni** F Fachfrau *f*; Kennerin *f*
znęcać się quälen, misshandeln (**nad** *inst akk*)
znicz M Grablicht *n*; **~ olimpijski** Olympisches Feuer *n*
zniechęcać ⟨**-cić**⟩ entmutigen; **~ się** die Lust verlieren (**do** *gen* an *dat*) **zniechęcony** entmutigt; überdrüssig (**do** *gen gen*)
zniecierpliwienie N Ungeduld *f* **zniecierpliwiony** ungeduldig
znieczulać ⟨**-lić**⟩ MED betäuben **znieczulenie** N MED Betäubung *f*
zniedołężniały altersschwach
zniekształcać ⟨**-cić**⟩ entstellen; verzerren **zniekształcony** entstellt; verzerrt
znienacka plötzlich
znienawidzony verhasst
zniesienie N *fig* Abschaffung *f*, Aufhebung *f* **zniesławienie** N üble Nachrede *f*, Verleumdung *f* **znieść** PF → znosić
zniewaga F Beleidigung *f*
znieważać ⟨**-żyć**⟩ beleidigen; verunglimpfen
znikać ⟨**-knąć**⟩ verschwinden
znikąd von nirgendwoher
zniknięcie N Verschwinden *n* **znikomy** (**-mo**) winzig; geringfügig
zniszczenie N Zerstörung *f*; Vernichtung *f* **zniszczony** zerstört; abgenutzt; zerschlissen
zniweczyć PF zunichtemachen
zniżać ⟨**-żyć**⟩ senken, herabsetzen **zniżka** F Ermäßigung *f* **zniżkowy** ermäßigt, verbilligt; fallend
znosić ⟨**znieść**⟩ hinuntertragen; *ustawę* abschaffen; *cierpienie* ertragen; *jaja* legen
znośny erträglich
znowu wieder, wiederum
znów → znowu
znudzenie N: **aż do znudzenia** bis zum Überdruss **znudzić (się)** PF → nudzić (się)
znużony müde, erschöpft
zobaczyć PF sehen; **~ się** *pf* sehen, wiedersehen (**z** *inst akk*)
zobojętnieć PF gleichgültig werden
zobowiązanie N Verpflichtung *f*; Verbindlichkeit *f* **zobowiązywać** ⟨**-zać**⟩ verpflichten (**się** sich)
zodiak M Tierkreis *m*
zoo N Zoo *m* **zoologiczny** zoologisch; **ogród ~** zoologischer Garten *m*, Zoo *m*
zorganizować PF → organi-

zować **zorganizowany** organisiert
zorientować PF → orientować
zorza F: **~ poranna** Morgenrot *n*; **~ wieczorna** Abendrot *n*; **~ polarna** Polarlicht *n*
zostawać ⟨**-stać**⟩ bleiben; werden (*inst nom*) **zostawiać** ⟨**-ić**⟩ lassen, zurücklassen
zranić PF verwunden; **~ się** sich verletzen **zranienie** N Verwundung *f*; Verletzung *f*
zrastać ⟨**zrosnąć**⟩ **się** zusammenwachsen
zraz M Frikadelle *f*
zrażać ⟨**-zić**⟩ einnehmen (**do** *gen* gegen *akk*)
zrealizować PF → realizować **zredukować** PF → redukować **zreperować** PF → reperować
zresztą übrigens
zrezygnować PF verzichten (**z** *gen* auf *akk*)
zręczność F Geschicklichkeit *f* **zręczny** geschickt
zrobić PF → robić
zrosnąć się PF → zrastać się **zrośnięty** zusammengewachsen
zrozpaczony verzweifelt
zrozumiały (-le) verständlich **zrozumieć** PF → rozumieć **zrozumienie** N Verständnis *n*
zrównoważony ausgeglichen **zrównywać** → równać
zrujnowany zerstört; ruiniert
zryć PF durchwühlen
zrywać ⟨**zerwać**⟩ abreißen, zerreißen; pflücken; *fig* brechen, abbrechen; **~ się** reißen, zerreißen; losbrechen; aufspringen, auffahren
zrządzenie N Fügung *f*
zrzeczenie N **(się)** Verzicht *m* **zrzekać** ⟨**zrzec**⟩ **się** verzichten (*gen* **auf** *akk*)
zrzucać ⟨**-cić**⟩ abwerfen; hinunterwerfen
zsiadać ⟨**zsiąść**⟩ *z roweru* absteigen **zsiadły**: **zsiadłe mleko** N Dickmilch *f*
zsuwać ⟨**zsunąć**⟩ **się** abrutschen, herunterrutschen; sich zusammenschieben
zsyłać ⟨**zesłać**⟩ senden; verbannen
zsyp M Halde *f*, Haufen *m*; Müllschlucker *m* **zsypywać** ⟨**-pać**⟩ hineinschütten
zszyć PF → zszywać **zszywacz** M Tacker *m* **zszywać** ⟨**zszyć**⟩ zusammennähen; zusammenheften, tackern
zszywka F Heftklammer *f*
zubożały verarmt
zuch M Pfadfinder(in) *m(f)*
zuchwałość F Verwegenheit *f*, Dreistigkeit *f* **zuchwały (-le)** verwegen; dreist
zupa F Suppe *f*
zupełny völlig, ganz
zużycie N Verbrauch *m*; Abnutzung *f* **zużytkować** PF verwerten **zużyty** verbraucht; abgenutzt **zużywać** ⟨**-żyć**⟩

verbrauchen; abnutzen
zwać nennen (**się** sich)
zwalać ⟨**-lić**⟩ auskippen; umstürzen; **~ się** herabfallen; stürzen **zwalczać** ⟨**-czyć**⟩ bekämpfen; niederkämpfen **zwalniać** ⟨**zwolnić**⟩ verlangsamen; *z pracy* entlassen; freilassen; befreien (**od** *gen* von *dat*); *mieszkanie* räumen
zwarcie N ELEK Kurzschluss *m*
zwariować PF verrückt werden **zwariowany** verrückt
zwarty (**-cie, -to**) dicht; *fig* geschlossen
zważać achtgeben (**na** *akk* auf *akk*); berücksichtigen (*akk*); **nie ~** nicht beachten **zważyć** PF wiegen, abwiegen
zwąchać PF wittern
zwątpienie N Zweifel *m*
zwęglony verkohlt
zwężać ⟨**-zić**⟩ enger machen
zwiać PF → zwiewać
zwiad M Spähtrupp *m* **zwiadowca** M Kundschafter(in) *m(f)*
zwiastować ankündigen **zwiastun** M Vorbote *m*
związek M Verband *m*; Bund *m*; Verbindung *f*; **~ zawodowy** Gewerkschaft *f* **związkowiec** M Gewerkschaftsmitglied *n* **związkowy** Verbands-; Bundes-; Gewerkschafts- **związywać** ⟨**-zać**⟩ zusammenbinden, binden
zwichnąć PF verrenken **zwichnięcie** N Verrenkung *f*
zwiedzać ⟨**-dzić**⟩ besichtigen, besuchen **zwiedzanie** N Besichtigung *f*
zwierciadło N Spiegel *m*
zwierzać ⟨**-rzyć**⟩ **się** sich anvertrauen
zwierzchni Ober- **zwierzchniczka** F Vorgesetzte *f* **zwierzchnik** M Vorgesetzte(r) *m*
zwierzę N Tier *n* **zwierzęcy** (**-co**) tierisch **zwierzyna** F Wild *n*
zwieszać ⟨**-sić**⟩ hängen lassen **zwieść** PF → zwodzić **zwietrzały** verwittert; schal **zwiewać** ⟨**zwiać**⟩ wegblasen; *umg* abhauen
zwiędły welk
zwiędnięty → zwiędły
zwiększać ⟨**-szyć**⟩ vergrößern; erhöhen, steigern
zwięzły (**-źle**) bündig, knapp
zwijać ⟨**zwinąć**⟩ aufrollen, zusammenrollen; *fig* aufgeben
zwilżać ⟨**-żyć**⟩ anfeuchten
zwinąć PF → zwijać **zwinny** flink
zwiotczały schlaff, welk
zwisać herabhängen
zwlekać zögern; **nie zwlekając** unverzüglich, ohne zu zögern
zwłaszcza insbesondere
zwłoka F Verzögerung *f*; Aufschub *m*
zwłoki PL Leichnam *m*
zwodzić ⟨**zwieść**⟩ täuschen
zwolenniczka F Anhängerin

f **zwolennik** M Anhänger *m*
:wolnić PF → zwalniać **zwolnienie** N Verlangsamung *f*; Nachlassen *n*; Entlassung *f*; Befreiung *f*; Räumung *f*; **zwolnienie lekarskie** Krankenschein *m*
zwoływać ⟨**-łać**⟩ zusammenrufen; einberufen
zwój M Rolle *f*
zwracać ⟨**zwrócić**⟩ zurückgeben; zurückzahlen; **~ się** sich wenden (**do** *gen* an *akk*)
zwrot M Rückgabe *f*; Rückzahlung *f*; Wendung *f* **zwrotka** F Strophe *f* **zwrotnica** F BAHN Weiche *f* **zwrotnik** M Wendekreis *m* **zwrotny** wendig; Rück-; Wende-
zwrócić PF → zwracać
zwycięski (**-ko**) siegreich **zwycięstwo** N Sieg *m* **zwycięzca** M Sieger *m* **zwyciężczyni** F Siegerin *f* **zwyciężać** ⟨**-żyć**⟩ siegen; besiegen
zwyczaj M Sitte *f*, Brauch *m* **zwyczajny** einfach, gewöhnlich
zwykły (**-le**) gewöhnlich **zwyrodniały** entartet
zwyżka F Erhöhung *f*; Anstieg *m*
zysk M Gewinn *m* **zyskiwać** ⟨**-kać**⟩ gewinnen (**na** *lok* an *dat*) **zyskowny** gewinnbringend
zza (*gen*) hinter ... (*dat*) hervor
zziajany außer Atem
zziębnięty durchfroren
zżółknąć PF → żółknąć
zżywać ⟨**zżyć**⟩ **się** sich gewöhnen (**z** *inst* an *akk*), Kontakt finden (zu *dat*)

Ź

źdźbło N Halm *m*
źle schlecht; schlimm
źrebak M Fohlen *n*, Füllen *n*
źrebię N → źrebak
źrenica F Pupille *f*
źródlany Quell- **źródło** N Quelle *f* **źródłowy** Quellen-

Ż

żaba F Frosch *m*
żabka F *do zasłon* Klemme *f*; **pływać żabką** brustschwimmen
żaden, żadna, żadne kein(e)
żagiel M Segel *n* **żaglowiec** M Segelschiff *n* **żaglowy** Segel- **żaglówka** F Segelboot *n*
żakiet M Jacke *f*
żal M Leid *n*, Schmerz *m*; **~ mi go** er tut mir leid **żalić** ⟨**po-**⟩ **się** sich beklagen (**na** *akk* über *akk*)
żaluzja F Jalousie *f*

żałoba F Trauer *f* **żałobny** Trauer- **żałosny (-śnie)** kläglich; wehmütig **żałować ⟨po-⟩** bedauern; bemitleiden; bereuen (*gen akk*); nicht gönnen
żar M Glut *f*
żarcie *umg* N Fressen *n*, Fraß *m*
żarliwy (-wie) inbrünstig; leidenschaftlich
żarłocznie gierig **żarłoczny** gefräßig **żarłok** M Vielfraß *m*
żarówka F Glühbirne *f*
żart M Scherz *m* **żartobliwy (-wie)** scherzhaft **żartować ⟨po-, za-⟩** scherzen; einen Spaß machen **żartowniś** M Spaßvogel *m*
żarzyć się glühen
żądać ⟨za-⟩ fordern, verlangen (*gen akk*) **żądanie** N Forderung *f*
żądło N Stachel *m*
żądny (*gen*) -begierig
żądza F Begierde *f*; Gier *f*
że dass; **dlatego, ~ …** weil
żeberka NPL GASTR Rippchen *npl*
żebrać betteln **żebraczka** F Bettlerin *f* **żebrak** M Bettler *m*
żebro N Rippe *f*
żeby dass; damit; um zu
żeglarski Seemanns-; SPORT Segel- **żeglarstwo** N Segelsport *m* **żeglarka** F SPORT Seglerin *f* **żeglarz** M SPORT Segler *m* **żeglować** segeln
żegluga F Schifffahrt *f*
żegnać ⟨po-⟩ verabschieden (**się** sich) **⟨prze-⟩** bekreuzigen (**się** sich)
żel M Gel *n* **żelatyna** F Gelatine *f*
żelazko N Bügeleisen *n* **żelazny** eisern, Eisen- **żelazo** N Eisen *n* **żeliwo** N Gusseisen *n*
żenić ⟨o-⟩ verheiraten; **~ się** heiraten
żenujący (-co) peinlich
żeński weiblich, Frauen-
żer M Futter *n*, Nahrung *f*
żerdź F Stange *f*; Holm *m*
żłobek M (Kinder)Krippe *f*
żłób M Futtertrog *m*, Krippe *f*
żmija F Otter *f*, Viper *f*
żmudny mühselig
żniwa NPL (Getreide)Ernte *f*
żniwiarka F Mähmaschine *f*
żołądek M Magen *m* **żołądkowy** Magen-
żołądź F Eichel *f*
żołd M Sold *m* **żołnierz** M Soldat(in) *m(f)*
żona F (Ehe)Frau *f* **żonaty** verheiratet
żółciowy Gallen- **żółć** F Galle *f* **żółknąć ⟨po-, z-⟩** gelb werden **żółtaczka** F Gelbsucht *f* **żółtawy (-wo)** gelblich **żółtko** N Eigelb *n* **żółty (-to)** gelb
żółw M Schildkröte *f*
żrący (-co) ätzend
żreć ⟨po-, ze-⟩ fressen
żubr M Wisent *m*

uchwa F Unterkiefer *m*
uć ⟨prze-⟩ kauen, durchkauen
uk M Käfer *m*
urek M saure Mehlsuppe *f*
uraw M Kranich *m*; Kran *m*
użel M Schlacke *f*
wawy (-wo) munter, lebhaft
wir M Kies *m*; Schotter *m*
ycie N Leben *n* **życiorys** M Lebenslauf *m* **życiowy** Lebens-
yczenie N Wunsch *m*; Glückwunsch *m* **życzliwość** F Wohlwollen *n* **życzliwy (-wie)** wohlwollend **życzyć** wünschen (*gen akk*)
yć leben
yd M Jude *m* **żydowski (po -ku)** jüdisch **Żydówka** F Jüdin *f*
yjący lebend **żyjątko** N Lebewesen *n*
ylak M Krampfader *f* **żylasty** sehnig
yletka F Rasierklinge *f*
żyła F Vene *f*; Ader *f* **żyłka** F Äderchen *n*; Angelschnur *f*; *fig* Ader *f*
żyrafa F Giraffe *f*
żyrandol M Kronleuchter *m*
żytni Roggen- **żyto** N Roggen *m*
żywcem lebend; **spalić ~** bei lebendigem Leibe verbrennen
żywica F Harz *n* **żywiciel(ka)** M(F) Ernährer(in) *m(f)*
żywić ⟨wy-⟩ ernähren **żywienie** N Verpflegung *f* **żywioł** M Element *n*; Naturgewalt *f* **żywiołowy (-wo)** heftig; spontan **żywnościowy** Lebensmittel- **żywność** F Nahrung *f*
żywot M Dasein *n* **żywotność** F Lebenskraft *f* **żywotny** lebenskräftig; lebenswichtig
żywy lebend **(-wo)** lebendig; lebhaft
żyzny fruchtbar

[illegible]

[illegible]

[illegible]

Deutsch – Polnisch

A

Aachen N Akwizgran *m*
Aal M węgorz *m*
ab PRÄP (*dat*) od (*gen*) ; **~ heute** od dziś; ADV **~ und zu** od czasu do czasu
abändern zmieniać ⟨-ić⟩
Abbau M (*Zerlegung*) demontaż *m*; BERGB eksploatacja *f*; *fig* redukcja *f* **abbauen** (*zerlegen*) ⟨z⟩demontować; BERGB eksploatować; *fig* ⟨z⟩redukować
abbeißen odgryzać ⟨-yźć⟩
abberufen odwoływać ⟨-łać⟩ **abbestellen** cofać ⟨-fnąć⟩ zamówienie
abbiegen V/I skręcać ⟨-cić⟩
Abbiegespur F pas *m* skrętu
Abbildung F ilustracja *f*
abblasen zdmuchiwać ⟨-chnąć⟩; *umg* (*absagen*) odwoływać ⟨-łać⟩
abblenden AUTO przygaszać ⟨-sić⟩ światła **Abblendlicht** N światła *npl* mijania
abbrechen odłamywać ⟨-mać⟩
abbrennen V/I spłonąć *pf* **abbringen** odwodzić ⟨-wieść⟩ (**von** *dat* od *gen*) **abbröckeln** kruszyć się, wykruszać ⟨-szyć⟩ się
Abbruch M rozbiórka *f*; *fig* zerwanie *n*
abbuchen odpisywać ⟨-sać⟩ z konta **abbürsten** ⟨wy⟩szczotkować
abdecken odkrywać ⟨-yć⟩
abdichten uszczelniać ⟨-ić⟩
abdrehen zakręcać ⟨-cić⟩, wyłączać ⟨-czyć⟩
Abdruck M odcisk *m*, odbicie *n*; TYPO odbitka *f*
Abend M wieczór *m*; **gestern ~** wczoraj wieczorem; **guten ~!** dobry wieczór!; **am ~** wieczorem; **gegen ~** pod wieczór; **zu ~ essen** ⟨z⟩jeść kolację
Abendbrot N kolacja *f*
Abenddämmerung F zmrok *m* **abendlich** wieczorny **Abendmahl** N Ostatnia Wieczerza *f*; komunia *f*
abends wieczorem; **von morgens bis ~** od rana do wieczora
Abendschule F szkoła *f* wieczorowa **Abendvorstellung** F przedstawienie *n* wieczorne
Abenteuer N przygoda *f*

aber ale
Aberglaube M zabobon *m* **abergläubisch** zabobonny
abfahren V/I odjeżdżać ‹-jechać› **Abfahrt** F odjazd *m*; *Autobahn* zjazd *m*
Abfahrtslauf M SPORT bieg *m* zjazdowy **Abfahrtszeit** F czas *m* odjazdu
Abfall M *(Reste)* odpadki *mpl*; *(Abnahme)* spadek *m* **Abfalleimer** M kosz *m* na śmieci **abfallen** odpadać ‹-paść›
abfällig negatywny, ujemny
abfangen *Brief* przejmować ‹-jąć› **abfärben** V/I farbować
abfertigen odprawiać ‹-ić›; obsługiwać ‹-użyć› **Abfertigung** F odprawa *f* **Abfertigungsschalter** M punkt *m* odprawy
abfeuern V/T wystrzelić *pf (akk z gen)*; odpalać ‹-lić›
abfinden: **sich ~** ‹po›godzić się (**mit** *dat* z *inst*) **Abfindung** F rekompensata *f*; odprawa *f*
abfliegen V/I odlatywać ‹-lecieć›, wylatywać ‹-lecieć› **abfließen** spływać ‹-ynąć›
Abflug M odlot *m* **Abflughalle** F hala *f* odlotów **Abflugzeit** F czas *m* odlotu
Abfluss M odpływ *m* **Abflussrohr** N rura *f* odpływowa
abführen V/T odprowadzać ‹-dzić› **Abführmittel** N środek *m* na przeczyszczenie
abfüllen rozlewać ‹-lać›; *in Flaschen* butelkować
Abgabe F *(Steuer)* opłata podatek *m* **abgabenfrei** wc ny od podatku **abgabenpflichtig** podlegający poda kowi
Abgang M odejście *n* **Abgangszeugnis** N świade two *n* ukończenia szkoły w ni pełnym zakresie
abgasarm AUTO wydzielając zredukowaną ilość spalin **Abgase** NPL AUTO spaliny *pl* **Abgasuntersuchung** F bad nie *n* emisji spalin
abgeben oddawać ‹-dać› **sich ~** zajmować ‹-jąć› s (**mit** *dat inst*)
abgebrannt spalony; *umg* f bez grosza **abgedrosche** *fig* oklepany **abgehärtet** z hartowany
abgehen odchodzić ‹odejść› **von der Schule ~** odchodzi ‹odejść› ze szkoły
abgelaufen *Visum* nieważn
abgelegen odległy, ustronn
abgemacht uzgodniony; ~ zgoda! **abgenutzt** zużyty
Abgeordnete F posłanka
Abgeordnete(r) M poseł *m*
abgeschieden samotny, oc osobniony **abgeschlosse** skończony **abgeschnitte** odcięty
abgesehen: **~ von** pomijają *(dat akk)*
abgespannt wyczerpany **ab**
gestorben obumarły **abge**

tragen znoszony **abgewöhnen** odzwyczajać ⟨-czaić⟩ (**j-m** *akk* k-o od *gen*; **sich** się) **abgießen** odlewać ⟨-lać⟩ **abgrenzen** odgraniczać ⟨-czyć⟩ **Abgrund** M przepaść *f*, otchłań *f*

abhaken odfajkowywać ⟨-ować⟩ **abhalten** powstrzymywać ⟨-mać⟩ (**von** *dat* od *gen*); *Sitzung* odbywać ⟨-być⟩

abhandenkommen zawieruszać ⟨-szyć⟩ się

Abhang M zbocze *n*, stok *m*

abhängen VI zależeć (**von** *dat* od *gen*); VT odczepiać ⟨-ić⟩ **abhängig** zależny **Abhängigkeit** F zależność *f*

abhärten ⟨za⟩hartować (**sich** się) **abhauen** odrąbywać ⟨-bać⟩; VI *umg* zwiewać ⟨-iać⟩ **abheben** VT zdejmować ⟨zdjąć⟩; *Geld* podejmować ⟨podjąć⟩ **abhetzen** zmęczyć *pf* (**sich** się)

Abhilfe F: **~ schaffen** zapobiegać ⟨-biec⟩, zaradzać ⟨-dzić⟩

abholen iść ⟨pójść⟩, ⟨po⟩jechać (*akk* po *akk*); odbierać ⟨odebrać⟩; **~ lassen** posyłać ⟨-słać⟩ (*akk* po *akk*) **Abholmarkt** M sklep *m* typu cash and carry

abhorchen MED osłuchiwać ⟨-chać⟩ **abhören** *Aufnahme* przesłuchiwać ⟨-chać⟩

Abitur N matura *f*

abkaufen odkupywać ⟨-pić⟩

abklopfen otrzepywać ⟨-pać⟩; MED opukiwać ⟨-kać⟩ **abknöpfen** *umg* naciągać ⟨-gnąć⟩ (**j-m** *akk* k-o na *akk*)

abkommen *vom Weg a. fig* zbaczać ⟨zboczyć⟩ **Abkommen** N układ *m*

abkoppeln odczepiać ⟨-ić⟩ **abkratzen** zdrapywać ⟨-pać⟩; *umg fig* wykitować *pf* **abkühlen** ochładzać ⟨-łodzić⟩; VI ⟨o⟩stygnąć **abkürzen** skracać ⟨-rócić⟩ **Abkürzung** F skrót *m*

abladen wyładowywać ⟨-ować⟩

Ablage F skład *m*; (*Archiv*) archiwum *n*

ablassen VT spuszczać ⟨-ścić⟩; VI zaniechać *pf* (**von** *dat gen*)

Ablauf M upływ *m* **ablaufen** *Zeit* upływać ⟨-ynąć⟩; *Pass, Visum* ⟨s⟩tracić ważność; *Wasser* spływać ⟨-ynąć⟩

ablecken oblizywać ⟨-zać⟩ **ablegen** *Prüfung* zdawać; *Mantel* zdejmować ⟨zdjąć⟩ **ablehnen** odrzucać ⟨-cić⟩ **ableiten** odprowadzać ⟨-dzić⟩; wywodzić ⟨-wieść⟩ (**sich** się) **ablenken** rozpraszać, odwracać ⟨-rócić⟩ uwagę **Ablenkung** F (*Zerstreuung*) rozrywka *f*, relaks *m* **ablesen** odczytywać ⟨-tać⟩

abliefern odstawiać ⟨-ić⟩; oddawać ⟨-dać⟩

ablösen *Tapete* odrywać ⟨od-

erwać⟩ (**sich** się); *Wache* zastępować ⟨-tąpić⟩, zmieniać ⟨-nić⟩ **Ablösung** F zmiana *f*; *pers* zmiennik *m*
abmachen usuwać ⟨-unąć⟩, zdejmować ⟨zdjąć⟩ **Abmachung** F umowa *f*
abmagern ⟨s⟩chudnąć **Abmagerungskur** F kuracja *f* odchudzająca
abmelden wymeldowywać ⟨-ować⟩ (**sich** się) **abmessen** odmierzać ⟨-rzyć⟩
abmühen: **sich ~** ⟨na⟩męczyć się
abnagen ogryzać ⟨-yźć⟩
Abnahme F (*Rückgang*) spadek *m*, zmiejszenie *n*; TECH, HANDEL odbiór *m*
abnehmen V/T *Sache, Eid* odbierać ⟨odebrać⟩; *Mühe* wyręczać ⟨-czyć⟩; V/I *Mond* ubywać ⟨-yć⟩ (*nom gen*) **Abnehmer(in)** M(F) odbiorca *m*, nabywca *m*, odbiorczyni *f*, nabywczyni *f*
Abneigung F niechęć *f*
Abnutzung F zużycie *n* (się)
Abonnement N abonament *m*; prenumerata *f* **Abonnent(in)** M(F) abonent(ka) *m(f)*
abonnieren ⟨za⟩prenumerować
Abordnung F delegacja *f*
abpacken paczkować **abpflücken** obrywać ⟨oberwać⟩ **abprallen** odbijać ⟨-ić⟩ się
abraten odradzać ⟨-dzić⟩ **abräumen** sprzątać ⟨-tnąć⟩ **den Tisch ~** sprzątnąć ze stoł
abrechnen odliczać ⟨-czyć⟩ V/I rozliczać ⟨-czyć⟩ się (**mi** *dat* z *inst*) **Abrechnung** rozliczenie *n* **abreiben** wycierać ⟨wytrzeć⟩
Abreise F odjazd *m* **abreise** odjeżdżać ⟨-jechać⟩
abreißen V/T odrywać ⟨oderwać⟩; zrywać ⟨zerwać⟩; *Hau* ⟨z⟩burzyć **abrichten** *Tie* ⟨wy⟩tresować **abriegeln** *Straße* zamykać ⟨-mknąć⟩
Abriss M zburzenie *n*; *fig* szki *m*, zarys *m*
abrücken odsuwać ⟨-unąć⟩ V/I wymaszerowywać ⟨-ować⟩ *fig* odstępować ⟨-tąpić⟩ (**vor** *dat* od *gen*) **abrunden** zaokrąglać ⟨-lić⟩ **abrutschen** zsuwać ⟨-unąć⟩ się, ześlizgiwać ⟨-znąć⟩ się
ABS N system *m* antypoślizgowy, ABS *m*
Absage F odmowa *f* **absagen** odmawiać ⟨-mówić⟩
absägen odpiłowywać ⟨-ować⟩
Absatz M obcas *m*; *Text* ustęp *m*; HANDEL zbyt *m*
abschaffen *Mängel* usuwać ⟨-unąć⟩; znosić ⟨znieść⟩ **abschalten** wyłączać ⟨-czyć⟩
abschätzen oceniać ⟨-ić⟩, ⟨o⟩szacować **abschätzig** pogardliwy (-wie)
Abscheu M odraza *f*, wstręt *m*
abscheulich wstrętny, ohyd-

ny
bschicken wysyłać ⟨-słać⟩
bschieben odsuwać ⟨-unąć⟩; *pers* wydalać ⟨-lić⟩
Abschiebung F wydalenie *n*
bschied M pożegnanie *n*; **~nehmen** ⟨po⟩żegnać się (**von** *dat* z *inst*)
bschießen *Flugzeug* zestrzelić *pf*
bschlag M SPORT wykop *m*; HANDEL zaliczka *f* **abschlagen** SPORT odbijać ⟨-ić⟩; *Bitte* odmawiać ⟨-mówić⟩
bschleppdienst M służba *f* holownicza **abschleppen** odholowywać ⟨-ować⟩ **Abschleppseil** N linka *f* holownicza **Abschleppwagen** M samochód *m* holowniczy
bschließen zamykać ⟨-mknąć⟩; *Vertrag* zawierać ⟨-wrzeć⟩
Abschluss M zamknięcie *n*; zawarcie *n* **Abschlussprüfung** F egzamin *m* końcowy
abschminken zmywać ⟨-yć⟩ makijaż **abschneiden** odcinać ⟨-ciąć⟩
Abschnitt M odcinek *m*; (*Zeitabschnitt*) okres *m*
abschrauben *Verschluss* odkręcać ⟨-cić⟩ **abschrecken** odstraszać ⟨-szyć⟩ **abschreiben** odpisywać ⟨-sać⟩
Abschrift F odpis *m*
Abschürfung F otarcie *n*
abschütteln strząsać ⟨-snąć⟩
abschwächen osłabiać ⟨-ić⟩ **abschwellen** ⟨s⟩tęchnąć
absehbar dający się przewidzieć **absehen** ⟨z⟩rezygnować (**von** *dat* z *gen*)
abseits na uboczu, z boku **Abseits** N SPORT spalony *m*
absenden wysyłać ⟨-słać⟩
Absender(in) M(F) nadawca *m*, nadawczyni *f*
absetzen *Hut* zdejmować ⟨zdjąć⟩; *Last* postawić *pf*; *Fahrgast* wysadzać ⟨-dzić⟩; *Beamten* usuwać ⟨-unąć⟩, ⟨z⟩dymisjonować
Absicht F zamiar *m*; **mit ~** umyślnie **absichtlich** umyślny
absitzen *Strafe* odsiadywać ⟨-siedzieć⟩
absolut absolutny
absolvieren *Schule* ⟨u⟩kończyć **absondern** (*isolieren*) oddzielać ⟨-lić⟩; wydzielać ⟨-lić⟩ (**sich** się) **abspalten** odłupywać ⟨-pać⟩ **abspecken** *umg* odchudzać ⟨-dzić⟩ się **abspeichern** IT zapisywać ⟨-sać⟩
Absperrung F zamknięcie *n*; (*Sperre*) bariera *f*
abspielen odgrywać ⟨odegrać⟩; *Platte* odtwarzać ⟨-worzyć⟩
Absprache F umowa *f* **absprechen** omawiać ⟨-mówić⟩
abspringen zeskakiwać ⟨-skoczyć⟩ **abspülen** opłukiwać ⟨-kać⟩, zmywać ⟨-yć⟩

abstammen pochodzić (**von** *dat* z *gen*, od *gen*)
Abstand M odstęp *m*
Abstecher M wypad *m*, wycieczka *f*
absteigen zsiadać ‹zsiąść›; *im Hotel* zatrzymywać ‹-mać› się
abstellen odstawiać ‹-ić›; TECH wyłączać ‹-czyć› **Abstellraum** M pomieszczenie *n* gospodarcze
Abstieg M zejście *n*; SPORT spadek *m*
abstimmen V/I ‹prze›głosować; V/T *fig* uzgadniać ‹-godnić› **Abstimmung** F głosowanie *n*
abstoßen odpychać ‹odepchnąć›; V/I odbijać ‹-ić› **abstoßend** odpychający (-co)
abstottern *umg* spłacać ‹-cić› ratami **abstreifen** ściągać ‹-gnąć› **abstreiten** V/T wypierać ‹-przeć› się (*akk gen*)
Abstrich M MED rozmaz *m*
abstumpfen V/I ‹z›obojętnieć
Absturz M FLUG rozbicie *n* się **abstürzen** runąć *pf*, spadać ‹spaść›; FLUG rozbić się *pf*; IT zawieszać ‹-sić› się
absuchen przeszukiwać ‹-kać›
absurd absurdalny
Abszess M ropień *m*, wrzód *m*
Abt M opat *m*
abtauen V/T odmrażać ‹-rozić›; V/I ‹roz›tajać, topnieć
Abtei F opactwo *n*
Abteil N przedział *m* **Abteilung** F wydział *m*, dział *m* oddział *m*
abtragen *Erde, Kleid* znosić ‹znieść›; *Haus* ‹z›burzyć
abtreiben usunąć ciążę **Abtreibung** F przerwanie *n* ciąży, aborcja *f*
abtrennen oddzielać ‹-lić›; *Knopf* odpruwać ‹-uć› **abtrocknen** osuszać ‹-szyć›
abtropfen kapać; ociekać ‹-ciec› **abwägen** rozważać ‹-żyć› **abwarten** odczekiwać ‹-kać›
abwärts w dół
Abwasch M zmywanie *n* **abwaschen** zmywać ‹-myć›
Abwässer NPL ścieki *mpl*
abwechseln: **sich ~** zmieniać ‹-nić› się **abwechselnd** na przemian **Abwechslung** F urozmaicenie *n*
Abwehr F obrona *f* **abwehren** odpierać ‹odeprzeć›
abweichen odbiegać ‹-biec› (**von** *dat* od *gen*) **abweichend** odmienny **abweisen** odrzucać ‹-cić› **abweisend** nieprzychylny
abwenden odwracać ‹-rócić› (**sich** się) **abwerfen** zrzucać ‹-cić›; *Gewinn* przynosić ‹-nieść› **Abwertung** F dewaluacja *f*
abwesend nieobecny **Abwesenheit** F nieobecność *f*
abwiegen odważać ‹-żyć›
abwischen obcierać ‹obe-

zeć⟩ **abzahlen** spłacać
cić⟩ **abzählen** odliczać
czyć⟩
zeichen N odznaka *f* **ab-
eichnen**: **sich ~** ⟨za⟩ryso-
ać się
ziehen V/T ściągać ⟨-gnąć⟩;
ATH odejmować ⟨odjąć⟩;
om *Lohn* potrącać ⟨-cić⟩; V/I
dchodzić ⟨odejść⟩ **Abzug**
 MIL wymarsz *m*; HANDEL
otrącenie *n*; FOTO, TYPO od-
itka *f*; *Waffe* spust *m*; **nach**
po potrąceniu **abzüglich**
o potrąceniu
zweig M odgałęzienie *n*
bzweigen V/I odgałęziać
-ić⟩ się **Abzweigung** F
/eg rozwidlenie *n*; *Leitung* od-
ałęzienie *n*
cessoirs NPL modne dodat-
i *mpl*
h: **~ so!** ach tak!; **~ was!** coś
akiego!
chse F oś *f*
chsel F ramię *n* **Achsel-
öhle** F pacha *f*
cht osiem; **~ Uhr** ósma godzi-
a; **in ~ Tagen** za tydzień
cht F ósemka *f*
chten V/T poważać; V/I zważać
auf *akk* na *akk*)
chte(r) ósmy **Achter** M
semka *f* **achtfach** ośmio-
rotny
chtgeben uważać
chtjährig ośmioletni
chtsam uważny
chtung F poważanie *n*, sza-
cunek *m*; **~!** uwaga!
achtzehn osiemnaście **acht-
zehnte(r)** osiemnasty **acht-
zig** osiemdziesiąt **achtzigs-
te(r)** osiemdziesiąty
ächzen stękać ⟨-knąć⟩
Acker M rola *f*, pole *m* upraw-
ne
Adapter M łącznik *m*, adapter
m
addieren dodawać ⟨-dać⟩
Adel M szlachta *f*
Ader F żyła *f*
Adjektiv N GRAM przymiotnik
m
Adler M orzeł *m*
adoptieren ⟨za⟩adoptować
Adoption F adopcja *f* **Ad-
optiveltern** PL rodzice *pl*
adopcyjni **Adoptivkind** N
adoptowane dziecko *n*
Adressbuch N książka *f* adre-
sowa; (*Notizbuch*) notatnik *m*
Adresse F adres *m* **adres-
sieren** ⟨za⟩adresować
Adria F Adriatyk *m*
Advent M adwent *m* **Ad-
ventskranz** M wieniec *m* ad-
wentowy
Adverb N GRAM przysłówek *m*
Affäre F afera *f*
Affe M małpa *f*
Afrika N Afryka *f* **afrika-
nisch** afrykański
After M ANAT odbyt *m*
Aftershave N płyn *m* po gole-
niu
Agent(in) M(F) agent(ka) *m(f)*
Agentur F agencja *f*

Aggression F agresja *f*

Ägypten N Egipt *m* **Ägypter(in)** M(F) Egipcjanin *m*, Egipcjanka *f* **ägyptisch** egipski

ähneln być podobnym (*dat* do *gen*)

ahnen przeczuwać ⟨-uć⟩

ähnlich podobny **Ähnlichkeit** F podobieństwo *n*

Ahnung F przeczucie *n*; **keine ~!** nie mam pojęcia!

Ahorn M klon *m*

Ähre F kłos *m*

Aids N AIDS *m od n* **aidskrank** chory na AIDS

Airbag M poduszka *f* powietrzna

Akademie F akademia *f* **Akademiker(in)** M(F) absolwent(ka) *m(f)* szkoły wyższej, osoba *f* z wyższym wykształceniem **akademisch** akademicki

akklimatisieren ⟨za⟩aklimatyzować (**sich** się)

Akkordarbeit F praca *f* na akord

Akku M akumulator *m*

Akkusativ M GRAM biernik *m*

Akne F MED trądzik *m*

Akt M akt *m* **Akte** F dokument *m* **Aktenkoffer** M teczka *f* na dokumenty

Aktie F akcja *f* **Aktiengesellschaft** F spółka *f* akcyjna

Aktion F akcja *f*

aktiv aktywny, czynny

aktuell aktualny

akustisch akustyczny

akut MED ostry

Alarm M alarm *m* **Alarma**
lage F system *m* alarmow
AUTO autoalarm *m* **alarmi**
ren *Polizei* wzywać ⟨wezwać

albern bzdurny

Albtraum M koszmar *m*

Alge F glon *m*

Alibi N alibi *n*

Alimente PL alimenty *pl*

alkoholfrei bezalkoholow
Alkoholiker(in) M(F) alkoh
lik *m*, alkoholiczka *f* **alkoh**
lisch alkoholowy

all wszelki; (*ganz*) cały; ~
Gute! wszystkiego dobreg
alle wszyscy, wszystkie

Allee F aleja *f*

allein sam **alleinerziehen**
samotnie wychowujący dzie
ko **alleinig** jedyny **allei**
stehend samotny

allerdings wprawdzie

allergisch alergiczny; *pe*
uczulony

Allerheiligen N Wszystkic
Świętych *pl*

allgemein ogólny; *Wohl* p
wszechny; **im Allgemeinen**
ogóle, na ogół **Allgemein**
heit F ogół *m*

alljährlich coroczny **allmäh**
lich stopniowy (-wo) **allsei**
tig wszechstronny

Alltag M dzień *m* powszedn
alltäglich codzienny, po
wszedni

allzu zbyt; **~ viel** zbyt wiele

Alm F pastwisko *n* górskie
Alpen PL Alpy *pl*
alpin alpejski
als kiedy, gdy; (*wie*) jako; *nach Komparativ* niż (*nom*), od (*gen*); *nach Negation* tylko, jak; **~ ob** jak gdyby
also więc
alt stary (-ro); **wie ~ bist du?** ile masz lat?; **~ werden** ⟨ze⟩starzeć się
Altar M ołtarz *m*
Altenheim N dom *m* starców
Alter N starość *f*; (*Lebensalter*) wiek; **im ~ von** w wieku
älter starszy
Altersgrenze F granica *f* wieku
altertümlich starożytny
altmodisch staromodny
Altstadt F stare miasto *n*
Altweibersommer M babie lato *n*
Alufolie F folia *f* aluminiowa
am: **~ besten** najlepiej
Amateur(in) M(F) amator(ka) *m(f)*
ambulant *Handel* obwoźny; MED ambulatoryjny
Ameise F mrówka *f* **Ameisenhaufen** M mrowisko *n*
Amerika N Ameryka *f* **Amerikaner(in)** M(F) Amerykanin *m*, Amerykanka *f* **amerikanisch** amerykański
Ampel F *Verkehr* sygnalizacja *f* świetlna
amputieren amputować
Amsel F kos *m*
Amt N urząd *m* **amtlich** urzędowy (-wo)
Amtsarzt M lekarz *m* urzędowy **Amtsgericht** N sąd *m* rejonowy **Amtssiegel** N pieczęć *f* urzędowa
amüsieren bawić, zabawiać ⟨-ić⟩ (**sich** się)
an PRÄP (*dat, akk*) przy (*lok*); nad (*akk, inst*); na (*akk, lok*); u (*gen*); do (*gen*); **~ der Weichsel** nad Wisłą; **~ die Küste** na wybrzeże; **~ Herrn X** do pana X; **am 1. Mai** pierwszego maja; **am Sonntag** w niedzielę
analog (*entsprechend*) analogiczny, odpowiadający; IT analogowy
Analyse F analiza *f* **analysieren** ⟨z⟩analizować
Ananas F ananas *m*
Anbau M AGR uprawa *f*; ARCH przybudówka *f* **anbauen** uprawiać; dobudowywać ⟨-ować⟩
anbehalten nie zdejmować (*akk gen*)
anbei w załączeniu
anbeißen nadgryźć *pf*; *Fische* brać
Anbetracht: **in ~** z uwagi (*gen* na *akk*)
anbieten V/T ⟨za⟩oferować; ⟨za⟩ofiarować; *Speisen* ⟨po⟩częstować (*akk inst*) **anbinden** przywiązywać ⟨-zać⟩
Anblick M widok *m*
anbrechen nadłamywać ⟨-mać⟩; *Verpackung* napoczy-

nać ⟨-cząć⟩; V/I *Tag, Nacht* nastawać ⟨-tać⟩ **anbrennen** *Essen* przypalać ⟨-lić⟩ się

Anbruch M: **bei ~** z nastaniem

Andacht F nabożeństwo *n*; skupienie *n*

andauern trwać, nie ustawać

Andenken N pamięć *f*; pamiątka *f*; **zum ~** na pamiątkę

andere(r) inny; **ein anderes Mal** innym razem; **unter anderem** między innymi **andererseits** z drugiej strony

ändern zmieniać ⟨-nić⟩ (**sich** się)

andernfalls w przeciwnym razie

anders inaczej; **jemand ~** ktoś inny **anderswo** gdzie indziej

anderthalb półtora

Änderung F zmiana *f*; *Kleid* przeróbka *f*

andeuten napomykać ⟨-mknąć⟩ **Andeutung** F napomknienie *n*; aluzja *f*

Andrang M (*Zuströmen*) napływ *m*; (*Gedränge*) ścisk *m*

androhen ⟨za⟩grozić (**j-m** *akk* k-u *inst*)

aneignen: **sich ~** przywłaszczać ⟨-czyć⟩ sobie; *Wissen* przyswajać ⟨-swoić⟩ sobie

aneinander: **~ vorbeifahren** wymijać ⟨-inąć⟩ się; **~ denken** myśleć o sobie nawzajem

anerkennen uznawać ⟨-nać⟩ (**als** *akk* za *akk*) **anerkennend** z uznaniem **Anerkennung** F uznanie *n*, akceptac *f*

anfahren V/T zwozić ⟨zwieźć (*rammen*) najeżdżać ⟨-jechać (*akk* na *akk*); V/I ruszać ⟨-szyć z miejsca **Anfahrt** F dojazd

Anfall M MED napad *m*

Anfang M początek *m*; **am** na początku **anfangen** zaczy nać ⟨-cząć⟩ (się)

Anfänger(in) M(F) początkuj cy *m*, początkująca *f* **Anfangszeit** F godzina *f* rozpo częcia; początkowy okres *m*

anfassen dotykać ⟨-tknąć⟩

anfechten ⟨za⟩kwestionowa *Urteil* zaskarżać ⟨-żyć⟩ **anfertigen** sporządzać ⟨-dzić⟩; *Anzug* ⟨u⟩szyć **anfeuchte** zwilżać ⟨-żyć⟩ **anfeuern** *f* zagrzewać ⟨-rzać⟩ (**zu** *dat* d *gen*)

Anflug M FLUG podejście *n* d lądowania

anfordern ⟨za⟩żądać (*ak gen*)

Anfrage F zapytanie *n* **anfragen** ⟨za⟩pytać (się)

anfreunden: **sich ~** zaprzy jaźnić się *pf* (**mit** *dat* z *inst*)

anfügen dołączać ⟨-czyć⟩

anführen (*erwähnen*) przyta czać ⟨-toczyć⟩; (*leiten*) dowo dzić (*akk inst*) **Anführer(in** M(F) dowódca *m* **Anführungszeichen** N cudzysłów *m*

Angabe F podawanie *n*, po danie *n*; **Angaben** *pl* dane *pl*

angeben VT podawać ⟨-dać⟩; VI przechwalać się **Angeber(in)** M(F) samochwała *m u. f* **angeblich** rzekomy (-mo)
angeboren wrodzony
Angebot N oferta *f*; HANDEL podaż *f*
angebracht wskazany
angefault nadpsuty
angehen dotyczyć (*akk gen*)
angehören należeć (*dat* do *gen*) **Angehörige** F *Familie* członek *m* rodziny; (*Mitglied*) członkini *f* **Angehörige(r)** M *Familie* członek *m* rodziny; (*Mitglied*) członek *m*
Angeklagte F oskarżona *f* **Angeklagte(r)** M oskarżony *m*
Angel F wędka *f*; *Tür* zawias *m*
Angelegenheit F sprawa *f*
Angelhaken M haczyk *m* **angeln** wędkować, ⟨z⟩łowić na wędkę **Angelrute** F wędzisko *n* **Angelschein** M karta *f* wędkarska
angemessen stosowny **angenehm** przyjemny **angenommen** przyjęty; **~ dass** przyjąwszy, że **angesehen** poważany, ceniony
Angestellte F pracownica *f* umysłowa **Angestellte(r)** M pracownik *m* umysłowy
angetan: **von etwas ~ sein** być zachwyconym czymś
angetrunken podpity
angewöhnen przyzwyczajać ⟨-czaić⟩ (**j-m** *akk* k-o do *gen*; **sich** się) **Angewohnheit** F przyzwyczajenie *n*, nawyk *m*
angezogen ubrany
angleichen zrównywać ⟨-nać⟩ (*dat* z *inst*); upodabniać ⟨-dobnić⟩ (do *gen*; **sich** się)
Angler(in) M(F) wędkarz *m*
angreifen ⟨za⟩atakować **Angreifer(in)** M(F) napastnik *m*, napastniczka *f*
angrenzen graniczyć (**an** *akk* z *inst*) **angrenzend** przyległy, ościenny
Angriff M atak *m*, natarcie *n*; *fig a.* napaść *f*
Angst F strach *m*; (*Sorge*) obawa *f*; **~ haben** bać się; **j-m ~ machen** napędzić komuś stracha
ängstlich lękliwy (-wie)
angurten: **sich ~** zapinać ⟨-iąć⟩ pas bezpieczeństwa
anhaben VT mieć na sobie
anhalten zatrzymywać ⟨-mać⟩ (*v/i* się) **anhaltend** ciągły (-le), bezustanny **Anhalter(in)** M(F) autostopowicz(ka) *m(f)*; **per Anhalter** autostopem
Anhang M dodatek *m*; IT załącznik *m*
anhängen przyczepiać ⟨-ić⟩ (**an** *akk* do *gen*) **Anhänger** M zwolennik *m*; AUTO przyczepa *f*; *Schmuck* wisiorek *m* **Anhängerin** F zwolenniczka *f* **anhänglich** przywiązany
anhäufen ⟨na⟩gromadzić **anheben** unosić ⟨-nieść⟩

Anhöhe F wzgórze *f*
anhören ⟨wy⟩słuchać
Animateur(in) M(F) animator(ka) *m(f)*
Ankauf M kupno *n*, zakup *m*
ankaufen zakupywać ⟨-pić⟩
Anker M kotwica *f*
Anklage F oskarżenie *n* **Anklagebank** F ława *f* oskarżonych **anklagen** oskarżać ⟨-żyć⟩ (*gen* o *akk*) **Ankläger(in)** M(F) oskarżyciel(ka) *m(f)*
ankleben przyklejać ⟨-eić⟩
anklicken IT klikać ⟨-knąć⟩
anklopfen ⟨za⟩pukać **anknüpfen** *fig* nawiązywać ⟨-zać⟩ (**an** *akk* do *gen*) **ankommen** przybywać ⟨-yć⟩; przyjeżdżać ⟨-jechać⟩; *fig* być przyjmowanym **ankreuzen** zaznaczać ⟨-czyć⟩ krzyżykiem
ankündigen zapowiadać ⟨-wiedzieć⟩ (**sich** się) **Ankündigung** F zapowiedź *f*
Ankunft F przybycie *n*; nadejście *n*; przyjazd *m*; FLUG przylot *m*
anlächeln uśmiechać ⟨-chnąć⟩ się (*akk* do *gen*)
Anlage F TECH urządzenie *n*; instalacja *f*; (*Beilage*) załącznik *m*; (*Neigung*) skłonność *f*
Anlass M powód *m*; okazja *f*
anlassen *Motor* uruchamiać ⟨-chomić⟩ **Anlasser** M rozrusznik *m*
anlässlich z okazji
Anlauf M rozbieg *m*; *Motor* rozruch *m* **anlaufen** *Hafen* zawijać ⟨-inąć⟩ (*akk* do *gen*)
anlegen *Garten, Verband* zakładać ⟨założyć⟩; *Geld* ⟨u⟩lokować; przykładać ⟨przyłożyć⟩ (**an** *akk* do *gen*); *Schiff* przybijać ⟨-ić⟩ do brzegu **anlehnen** opierać ⟨oprzeć⟩ (**sich** się); *Tür* przymykać ⟨-mknąć⟩
Anleihe F pożyczka *f*
anleiten wdrażać ⟨-rożyć⟩ (**bei, zu** *dat* do *gen*) **Anleitung** F wdrażanie *n*; (*Gebrauchsanleitung*) instrukcja *f*
anlernen przyuczać ⟨-czyć⟩
anliegen *Kleid* przylegać **Anliegen** N prośba *f*, sprawa *f* **Anlieger(in)** M(F) mieszkaniec *m*, mieszkanka *f*
anlocken przyciągać ⟨-gnąć⟩, ⟨z⟩wabić **anmachen** *Feuer* rozniecać ⟨-cić⟩; *Salat* przyrządzać ⟨-dzić⟩; *Licht* włączać ⟨-czyć⟩; *fig umg* zaczepiać, podrywać
anmaßen: **sich** ~ *Recht* rościć sobie prawo, przywłaszczać ⟨-czyć⟩ sobie **anmaßend** arogancki (-ko)
Anmeldeformular N formularz *m* meldunkowy **anmelden** zgłaszać ⟨-łosić⟩ (**sich** się); ⟨za⟩meldować (**sich** się) **Anmeldung** F zgłoszenie *n*; zameldowanie *n* (się)
anmerken poznawać ⟨-znać⟩ (*dat* po *lok*); (*sagen*) zauważyć *pf*, dodać *pf* **Anmerkung** F uwaga *f*

annähen przyszywać ⟨-yć⟩
annähernd w przybliżeniu, około
Annahme F przyjęcie *n*; *fig* przypuszczenie *n*
annehmbar (możliwy) do przyjęcia **annehmen** przyjmować ⟨-jąć⟩; *fig* przypuszczać ⟨-puścić⟩
Annonce F ogłoszenie *n*
annullieren unieważniać ⟨-ić⟩, anulować
anonym anonimowy
Anorak M skafander *m*
anordnen zarządzać ⟨-dzić⟩
Anordnung F zarządzenie *n*
anpacken chwytać ⟨-ycić⟩
anpassen dopasowywać ⟨-ować⟩; dostosowywać ⟨-ować⟩ (**sich** się)
anpfeifen: **das Spiel ~** dać gwizdkiem sygnał do rozpoczęcia gry
Anprobe F przymiarka *f* **anprobieren** przymierzać ⟨-rzyć⟩
anrechnen policzyć *pf*; zaliczać ⟨-czyć⟩ (**auf** *akk* na poczet *gen*)
Anrecht N prawo *n* (**auf** *akk* do *gen*)
Anrede F forma *f* zwracania się
anregen zachęcać ⟨-cić⟩; *Projekt* ⟨za⟩inicjować; *Appetit* pobudzać ⟨-dzić⟩ **anregend** pobudzający (-co) **Anregung** F impuls *m*, inspiracja *f*
Anreise F (*Ankunft*) przyjazd *m*; podróż *f* w tę stronę **anreisen** przyjeżdżać ⟨-jechać⟩, przybywać ⟨-być⟩
Anreiz M bodziec *m*
anrichten *Schaden* wyrządzać ⟨-dzić⟩; *Essen* podawać ⟨-dać⟩
Anruf M zawołanie *n*; telefon *m* **Anrufbeantworter** M automatyczna sekretarka *f* **anrufen** ⟨za⟩wołać; ⟨za⟩dzwonić (*akk* do *gen*)
anrühren dotykać ⟨-tknąć⟩; *Teig, Farbe* rozrabiać ⟨-robić⟩
Ansage F zapowiedź *f* **ansagen** zapowiadać ⟨-wiedzieć⟩
Ansager(in) M(F) RADIO spiker(ka) *m(f)*
ansammeln ⟨na⟩zbierać; ⟨na⟩gromadzić (**sich** się)
ansässig osiadły, zamieszkały
anschaffen sprawiać ⟨-ić⟩ (**sich** sobie) **Anschaffung** F nabycie *n*; *Sache* nabytek *m*
anschauen oglądać ⟨obejrzeć⟩ **anschaulich** jasny (-no), plastyczny, zrozumiały (-le) **Anschauung** F pogląd *m*
Anschein M pozór *m* **anscheinend** widocznie
anschieben popychać ⟨-pchnąć⟩
Anschlag M uderzenie *n*; (*Mordanschlag*) zamach *m*; (*Plakat*) afisz *m*, ogłoszenie *n*
anschlagen VI *Kur* ⟨po⟩skutkować
anschließen przyłączać ⟨-czyć⟩ (**sich** się); *Gas, Wasser*

podłączać ⟨-czyć⟩ **anschließend** następnie **Anschluss** M przyłączenie *n*; BAHN, TEL połączenie *n*; **im ~ an** bezpośrednio po (*akk lok*) **Anschlussflug** M połączenie *n* lotnicze z przesiadką **anschmiegen**: **sich ~** ⟨przy⟩tulić się (**an** *akk* do *gen*) **anschnallen** przypinać ⟨-iąć⟩; **sich ~** zapinać ⟨-iąć⟩ pas bezpieczeństwa **anschneiden** nacinać ⟨-iąć⟩; *Brot* napoczynać ⟨-cząć⟩; *Frage* poruszać ⟨-szyć⟩ **anschrauben** przyśrubowywać ⟨-ować⟩ **Anschreiben** N pismo *n* przewodnie **Anschrift** F adres *m* **anschweißen** przyspawać *pf* **anschwellen** *Fluss* wzbierać ⟨wezbrać⟩; MED ⟨s⟩puchnąć, nabrzmiewać ⟨-eć⟩ **ansehen** ⟨po⟩patrzeć, spojrzeć *pf* (*akk* na *akk*); uważać, mieć (**als, für** *akk* za *akk*) **ansehnlich** pokaźny **anseilen** przywiązywać ⟨-zać⟩ liną **ansengen** przypalać ⟨-lić⟩ **ansetzen** przystawiać ⟨-ić⟩; *Termin* wyznaczać ⟨-czyć⟩; V/I szykować się (**zu** *dat* do *gen*) **Ansicht** F widok *m*; *fig* pogląd *m*, zdanie *n* **Ansichtskarte** F widokówka *f* **anspannen** *Kräfte* wytężać ⟨-żyć⟩ **Anspannung** F naprężenie *n*; (*Anstrengung*) napięcie *n* **Anspiel** N SPORT zagrywka **anspielen** SPORT zagrywać ⟨z⟩robić aluzję (**auf** *akk* do *gen*) **Anspielung** F aluzja *f* **anspitzen** ⟨za⟩ostrzyć **Ansporn** M zachęta *f*, bodziec *m* **anspornen** zachęcać ⟨-cić⟩ **Ansprache** F przemowa *f* **ansprechen** zagadywać ⟨-dnąć⟩ **Ansprechpartner(in)** M(F) osoba *f* kontaktowa **anspringen** *Motor* zapalać ⟨-lić⟩ **Anspruch** M roszczenie *n*; (*Recht*) prawo *n*; **in ~ nehmen** ⟨s⟩korzystać (*akk* z *gen*) **anspruchslos** niewymagający **anspruchsvoll** wymagający **Anstand** M przyzwoitość *f* **anständig** przyzwoity (-cie) **anstandslos** bez problemu **anstarren** wpatrywać się (*akk* w *akk*) **anstatt** zamiast **anstecken** przypinać ⟨-piąć⟩, MED zarażać ⟨-zić⟩; *Zigarette* zapalać ⟨-lić⟩; *Haus* podpalać ⟨-lić⟩ **ansteckend** zaraźliwy (-wie) **Ansteckung** F zarażenie *n* **ansteigen** wznosić ⟨wznieść⟩ się; *Preise* wzrastać ⟨-rosnąć⟩ **anstelle** zamiast **anstellen** *pers* zatrudniać ⟨-ić⟩; **sich ~** stawać ⟨stanąć⟩ w kolejce **Anstellung** F posada *f*, zatrud-

nienie *n*
Anstieg M wznoszenie *n* się; (*Preisanstieg*) wzrost *m*
anstiften namawiać ⟨-mówić⟩ (**zu** *dat* do *gen*)
Anstoß M podnieta *f*; SPORT pierwsze zagranie *n* piłki; **~ nehmen** ⟨z⟩gorszyć się (**an** *dat inst*) **anstoßen** V/I uderzać ⟨-rzyć⟩ (**an, gegen** *akk* o, w *akk*); wznosić toast (**auf** *akk* za *akk*)
anstößig gorszący (-co)
anstreben dążyć (*akk* do *gen*)
anstrengen wytężać ⟨-żyć⟩ (**sich** się) **Anstrengung** F wysiłek *m*
Ansturm M sturm *m*
Anteil M udział *m*; **~ nehmen** brać udział (**an** *dat* w *lok*) **Anteilnahme** F (*Mitgefühl*) współczucie *n*; (*Interesse*) zainteresowanie *n*
Antenne F antena *f*
Antibabypille F pigułka *f* antykoncepcyjna
Antibiotikum N antybiotyk *m*
antik antyczny
Antiquariat N antykwariat *m* **Antiquität** F antyk *m* **Antiquitätenhändler(in)** M(F) antykwariusz(ka) *m(f)*
Antrag M wniosek *m*, podanie *n* **Antragsteller(in)** M(F) wnioskodawca *m*, wnioskodawczyni *f*
antreffen zastawać ⟨-tać⟩
antreiben popędzać ⟨-dzić⟩ (**zu** *dat* do *gen*); TECH napędzać
antreten *Dienst* obejmować ⟨objąć⟩; MIL ustawiać ⟨-ić⟩ się, stawać ⟨stanąć⟩ w szeregu
Antrieb M pobudka *f*; TECH napęd *m*
antrocknen V/I przysychać ⟨-schnąć⟩
antun → zufügen
Antwort F odpowiedź *f* **antworten** odpowiadać ⟨-wiedzieć⟩
anvertrauen powierzać ⟨-rzyć⟩; **sich ~** zwierzać ⟨-rzyć⟩ się
anwachsen wzrastać ⟨-rosnąć⟩
Anwalt M adwokat *m* **Anwältin** F adwokatka *f*
anweisen polecać ⟨-cić⟩; *Platz* wyznaczać ⟨-czyć⟩; *Geld* przekazywać ⟨-zać⟩ **Anweisung** F (*Befehl*) polecenie *n*; instrukcja *f*
anwenden używać ⟨-yć⟩, ⟨za⟩stosować **Anwender(in)** M(F) użytkownik *m*, użytkowniczka *f* **Anwendung** F użycie *n*, zastosowanie *n*
anwesend obecny **Anwesenheit** F obecność *f*
Anzahl F ilość *f* **anzahlen** zadatkować *pf*, wpłacać ⟨-cić⟩ zaliczkę **Anzahlung** F zadatek *m*
Anzeichen N oznaka *f*; objaw *m*
Anzeige F ogłoszenie *n*; JUR doniesienie *n* **anzeigen** ogła-

szać ⟨-łosić⟩; *Diebstahl* zgłaszać ⟨-łosić⟩ **Anzeigetafel** F tablica *f* ogłoszeń
anziehen *Kleid* wkładać ⟨włożyć⟩; ubierać ⟨ubrać⟩ (**sich** się); *Magnet, Knie* przyciągać ⟨-gnąć⟩; *Schraube* przykręcać ⟨-cić⟩ **anziehend** pociągający (-co) **Anziehungskraft** F siła *f* przyciągania; *fig* atrakcyjność *f*
Anzug M garnitur *m* **anzüglich** uszczypliwy (-wie)
anzünden zapalać ⟨-lić⟩; *Haus* podpalać ⟨-lić⟩ **anzweifeln** powątpiewać (*akk* w *akk*)
Apfel M jabłko *n* **Apfelbaum** M jabłoń *f* **Apfelkuchen** M jabłecznik *m* **Apfelsaft** M sok *m* jabłkowy **Apfelsine** F pomarańcza *f*
Apotheke F apteka *f* **Apotheker(in)** M(F) aptekarz *m*, aptekarka *f*
Apparat M aparat *m*
Appartement N apartament *m*
Appetit M apetyt *m*; **guten ~!** smacznego!, **appetitlich** apetyczny
Applaus M oklaski *pl*
Aprikose F morela *f*
April M kwiecień *m* **Aprilscherz** M żart *m* primaaprilisowy
Aquaplaning N poślizg *m* na mokrej nawierzchni **Aquarium** N akwarium *n*
Äquator M równik *m*
Äquivalent N ekwiwalent *m*
Arbeit F praca *f*, robota *f* **arbeiten** pracować **Arbeiter(in)** M(F) robotnik *m*, robotnica *f* **Arbeitgeber(in)** M(F) pracodawca *m*, pracodawczyni *f* **Arbeitnehmer(in)** M(F) pracobiorca *m*
Arbeitsamt N urząd *m* pracy *od* zatrudnienia **Arbeitserlaubnis** F pozwolenie *n* na pracę **arbeitsfähig** zdolny do pracy **Arbeitsgericht** N sąd *m* pracy **Arbeitskraft** F siła *f* robocza
arbeitslos bezrobotny **Arbeitslose** F bezrobotna *f* **Arbeitslose(r)** M bezrobotny *m* **Arbeitslosengeld** N zasiłek *m* dla bezrobotnych **Arbeitslosenversicherung** F ubezpieczenie *n* na wypadek bezrobocia **Arbeitslosigkeit** F bezrobocie *n*
Arbeitsplatz M miejsce *n* pracy **Arbeitsspeicher** M IT pamięć *f* operacyjna **Arbeitstag** M dzień *m* roboczy **arbeitsunfähig** niezdolny do pracy **Arbeitsunfall** M wypadek *m* przy pracy
Arbeitsvermittlung F pośrednictwo *n* pracy **Arbeitsvertrag** M umowa *f* o pracę **Arbeitszeit** F czas *m* pracy **Arbeitszimmer** N gabinet *m*, pracownia *f*
Archäologe M archeolog *m* **Archäologie** F archeologia *f*

Archäologin F archeolog *m*
Architekt(in) M(F) architekt(ka) *m(f)* **Architektur** F architektura *f*
Archiv N archiwum *n*
Ärger M złość *f*; ~ **haben** mieć nieprzyjemności **ärgerlich** przykry (-ro) **ärgern** <roz>gniewać (**sich** się) **Ärgernis** N przykrość *f*
Argument N argument *m*
argwöhnisch podejrzliwy (-wie)
arm biedny, ubogi (-go)
Arm M ramię *n*, ręka *f*
Armaturenbrett N tablica *f* rozdzielcza
Armband N bransoletka *f* **Armbanduhr** F zegarek *m* na rękę **Armbinde** F opaska *f* na ramię
Armee F armia *f*
Ärmel M rękaw *m* **ärmellos** bez rękawów
ärmlich ubogi (-go)
armselig nędzny
Armut F bieda *f*, ubóstwo *n*
Aroma N aromat *m*
arrogant arogancki
Arsch M *vulg* dupa *f* **Arschloch** N *vulg* dupek *m*
Art F rodzaj *m*; (*Weise*) sposób *m*
Arterie F tętnica *f*
artig grzeczny
Artikel M artykuł *m*; GRAM rodzajnik *m*
Artischocke F karczoch *m*
Artist(in) M(F) artysta *m* cyrkowy, artystka *f* cyrkowa
Arznei F lekarstwo *n*, lek *m*
Arzt M lekarz *m* **Arzthelferin** F asystentka *f* lekarza **Ärztin** F lekarka *f* **ärztlich** lekarski
Arztpraxis F gabinet *m* lekarski
Asche F popiół *m* **Aschenbahn** F bieżnia *f* żużlowa **Aschenbecher** M popielniczka *f*
Aschermittwoch M środa *f* popielcowa
Asiat(in) M(F) Azjata *m*, Azjatka *f* **asiatisch** azjatycki
Asien N Azja *f*
asozial aspołeczny
Asphalt M asfalt *m*
Assistent(in) M(F) asystent(ka) *m(f)*
Ast M gałąź *f*, konar *m*
Asthma N astma *f*
Asyl N azyl *m* **Asylant(in)** M(F) azylant(ka) *m(f)* **Asylrecht** N prawo *n* azylu
Atelier N pracownia *f*
Atem M oddech *m*; **außer ~ kommen** zdyszeć się *pf* **atemlos** zdyszany, bez tchu **Atemnot** F duszność *f* **Atemzug** M oddech *m*, wdech *m*
Äther M eter *m*
Athletik F atletyka *f*
Atlas M GEOG atlas *m*
atmen oddychać **Atmung** F oddychanie *n*, oddech *m*
Atom N atom *m* **Atomkraftwerk** N elektrownia *f* atomowa

Attentat N zamach *m* **Attentäter(in)** M(F) zamachowiec *m*
Attest N zaświadczenie *n* lekarskie
ätzend żrący (-co)
Aubergine F bakłażan *m*
auch także
auf PRÄP (*dat, akk*) na (*lok, akk*); **~ Polnisch** po polsku; **~ der Reise** w podróży; **~ einmal** nagle; **~ diese Weise** w ten sposób; **~ dein Wohl** (za) twoje zdrowie; **bis ~** (aż) do
aufatmen odetchnąć *pf*
Aufbau M budowa *f*; (*Wiederaufbau*) odbudowa *f* **aufbauen** budować; odbudowywać ‹-ować›
aufbewahren przechowywać ‹-ować› **aufblasen** nadmuchiwać ‹-chać› **aufbleiben** czuwać, nie kłaść się spać **aufblenden** AUTO włączyć *pf* światła drogowe **aufblitzen** ‹roz›błysnąć
aufbrechen wyłamywać ‹-mać›; VI wyruszać ‹-szyć› **Aufbruch** M wyruszenie *n*, wymarsz *m*
aufdecken odkrywać ‹-yć› **aufdrängen** narzucać ‹-cić› (**sich** się) **aufdrehen** odkręcać ‹-cić›
aufdringlich natrętny
Aufdruck M nadruk *m*
aufeinander jeden po *od* za drugim **aufeinanderfolgen** następować ‹-stąpić› po sobie **aufeinanderprallen** zderzać ‹-rzyć› się
Aufenthalt M pobyt *m*; BAHN postój *m* **Aufenthaltserlaubnis** F zezwolenie *n* na pobyt **Aufenthaltsort** M miejsce *n* pobytu
auferlegen nakładać ‹nałożyć› (**j-m** *akk* na k-o *akk*);
Auferstehung F zmartwychwstanie *n*
aufessen zjadać ‹zjeść›
auffahren wjeżdżać ‹-jechać› **Auffahrt** F *Autobahn* wjazd *m*; podjazd *m* **Auffahrtunfall** M stłuczka *f*
auffallen VI rzucać ‹-cić› się w oczy **auffallend** rzucający się w oczy
auffällig rzucający się w oczy, podejrzany
auffangen ‹z›łapać
auffassen pojmować ‹-jąć› **Auffassung** F zapatrywanie *n* **Auffassungsgabe** F pojętność *f*
auffinden odnajdywać ‹-naleźć›
auffordern wzywać ‹wezwać› **Aufforderung** F wezwanie *n*
auffrischen odświeżać ‹-żyć›
aufführen *Drama* wystawiać ‹-ić›; **sich unmöglich ~** nieznośnie się zachowywać **Aufführung** F THEAT przedstawienie *n*
Aufgabe F zadanie *n*; *Post* nadanie *n*; (*Verzicht*) rezygnacja *f*
Aufgang M klatka *f* schodo-

wa; ASTRON wschód *m*
aufgeben (*verzichten*) zaniechać *pf* (*akk gen*); ⟨z⟩rezygnować (z *gen*); *Rätsel* zadawać ⟨-dać⟩; *Brief* nadawać ⟨-dać⟩
aufgeblasen nadęty; *fig* napuszony
aufgehen ASTRON, AGR wschodzić ⟨wzejść⟩; *Tür* otwierać ⟨-worzyć⟩ się; *Vorhang* podnosić ⟨-nieść⟩ się
aufgeklärt uświadomiony **aufgelegt** usposobiony (**zu** *dat* do *gen*) **aufgeregt** podniecony **aufgeschlossen** otwarty **aufgeweckt** rozgarnięty, bystry
aufgießen *Tee* zaparzać ⟨-rzyć⟩
aufgrund z powodu
aufhalten zatrzymywać ⟨-mać⟩; **sich ~** przebywać **aufhängen** wieszać ⟨powiesić⟩ (**sich** się)
aufheben podnosić ⟨-nieść⟩; JUR uchylać ⟨-lić⟩, ⟨s⟩kasować; (*aufbewahren*) przechowywać ⟨-ować⟩ **aufheitern** rozweselać ⟨-lić⟩; **sich ~** rozjaśniać ⟨-ić⟩ się **aufhetzen** podżegać, podburzać ⟨-rzyć⟩ **aufholen** nadganiać ⟨-gonić⟩ **aufhören** przestawać ⟨-stać⟩
aufkaufen skupować ⟨-pić⟩
aufklären wyjaśniać ⟨-ić⟩; uświadamiać ⟨-domić⟩ **Aufklärung** F (*Klärung*) wyjaśnienie *n*; *sexuell* uświadomienie *n*; HIST oświecenie *n*
Aufkleber M naklejka *f*
aufknöpfen rozpinać ⟨-piąć⟩ **aufkommen** *Kosten* pokrywać ⟨-yć⟩ (**für** *akk akk*)
aufladen ⟨na⟩ładować
Auflage F TYPO nakład *m*; (*Ausgabe*) wydanie *n*
Auflauf M zbiegowisko *n*; GASTR zapiekanka *f*
aufleben odżywać ⟨-yć⟩ **auflegen** nakładać ⟨nałożyć⟩; *Platte* nastawiać ⟨-ić⟩; *Hörer* odkładać ⟨odłożyć⟩ **auflehnen**: **sich ~** ⟨z⟩buntować się **auflesen** ⟨po⟩zbierać
auflösen rozwiązywać ⟨-zać⟩; CHEM rozpuszczać ⟨-ścić⟩; *Geschäft* ⟨z⟩likwidować **Auflösung** F *Vertrag, Rätsel* rozwiązanie *n*; likwidacja *f*
aufmachen otwierać ⟨-worzyć⟩ **Aufmachung** F wygląd *m* zewnętrzny; opakowanie *n*
aufmerksam uważny; **~ machen** zwrócić uwagę **Aufmerksamkeit** F uwaga *f*
aufmuntern rozweselać ⟨-lić⟩; (*ermutigen*) zachęcać ⟨-cić⟩
Aufnahme F przyjęcie *n*; (*Beginn*) podjęcie *n*; FOTO zdjęcie **Aufnahmeprüfung** F egzamin *m* wstępny
aufnehmen *Arbeit* podejmować ⟨podjąć⟩; *Gast* przyjmować ⟨-jąć⟩; *Musik* nagrywać ⟨-rać⟩; FOTO ⟨s⟩fotografować
aufpassen uważać; pilnować

Aufprall M zderzenie *n* **aufprallen** uderzać ‹-rzyć› (**auf** *akk* o *akk*)
Aufpreis M narzut *m*
aufpumpen ‹na›pompować
Aufputschmittel N środek *m* pobudzający
aufräumen ‹po›sprzątać
aufrecht prosty (-to) **aufrechterhalten** podtrzymywać ‹-mać›
aufregen ‹z›denerwować (**sich** się) **aufregend** emocjonujący (-co) **Aufregung** F zdenerwowanie *n*, irytacja *f*
aufreiben ścierać ‹zetrzeć› **aufreißen** *Tür* (gwałtownie) otwierać ‹-worzyć›; *Verpackung* rozrywać ‹-zerwać›; *Straße* rozkopywać ‹-pać›
aufrichten wyprostowywać ‹-ować› (**sich** się) **aufrichtig** szczery (-rze)
aufrollen rozwijać ‹-inąć›
aufrücken posuwać ‹-unąć› się do przodu; *beruflich* awansować
Aufruf M wezwanie *n*; (*Appell*) odezwa *f* **aufrufen** wywoływać ‹-łać›; wzywać ‹wezwać› (**zu** *dat* do *gen*)
Aufruhr M bunt *m*
aufrunden zaokrąglać ‹-lić›
aufsagen ‹wy›recytować
aufsässig krnąbrny
Aufsatz M *Schule* wypracowanie *n*; TECH nasadka *f*
aufsaugen wchłaniać ‹-łonąć› **aufscheuern** *Haut* ocierać ‹otrzeć› **aufschieben** *Tür* rozsuwać ‹-unąć›; *fig* przesuwać ‹-unąć›, odraczać ‹-roczyć›
Aufschlag M uderzenie *n*; HANDEL podwyżka *f*; SPORT serwis *m* **aufschlagen** *Buch, Augen* otwierać ‹-worzyć›; *Lager* rozbijać ‹-ić›; SPORT serwować
aufschließen otwierać ‹-worzyć›
Aufschluss M wyjaśnienie *n* **aufschlussreich** pouczający (-co)
aufschneiden rozcinać ‹-ciąć›; *fig umg* blagować **Aufschneider** M *umg* blagier *m*
Aufschnitt M wędlina *f* w plasterkach
aufschrauben odkręcać ‹-cić› **aufschreiben** zapisywać ‹-sać›
Aufschrift F napis *m* **Aufschub** M zwłoka *f*; odroczenie *n* **Aufschwung** M *fig* wzlot *m*; HANDEL ożywienie *n*
Aufsehen N sensacja *f* **Aufseher(in)** M(F) dozorca *m*, dozorczyni *f*
Aufsicht F nadzór *m* **Aufsichtsbehörde** F organ *m* nadzorczy **Aufsichtspflicht** F obowiązek *m* nadzoru
aufspannen rozpinać ‹-piąć› **aufspringen** *vor Freude* podskakiwać ‹-skoczyć›; *auf den Zug* wskakiwać ‹-skoczyć›;

Haut ⟨po⟩pękać
Aufstand M powstanie *m*
aufstehen wstawać ⟨-tać⟩
aufsteigen wznosić ⟨-nieść⟩ się; *fig* awansować **aufstellen** ustawiać ⟨-ić⟩; wystawiać ⟨-ić⟩; *Kandidaten* wysuwać ⟨-unąć⟩; *Zelt* rozbijać ⟨-ić⟩; *Rekord* ustanawiać ⟨-nowić⟩
Aufstieg M wzlot *m*; *Berg.* wspinaczka *f*; *fig* awans *m*
aufstoßen V/I odbijać ⟨-ić⟩ się
Auftakt M wstęp *m*
auftauchen wynurzać ⟨-rzyć⟩ się; *fig* zjawiać ⟨-ić⟩ się **auftauen** V/T rozmrażać ⟨-rozić⟩; V/I ⟨od⟩tajać **aufteilen** rozdzielać ⟨-lić⟩
Auftrag M zlecenie *n*; **im ~** na zlecenie **auftragen** *Farbe* nakładać ⟨nałożyć⟩; *Essen* podawać ⟨-dać⟩ **Auftraggeber(in)** M(F) zleceniodawca *m*, zleceniodawczyni *f*
auftrennen rozpruwać ⟨-uć⟩, odpruwać ⟨-uć⟩
auftreten V/I *fig* występować ⟨-tąpić⟩ **Auftritt** M THEAT występ *m*
aufwachen ⟨o⟩budzić się
aufwachsen wyrastać ⟨-rosnąć⟩
Aufwand M nakład *m*; (*Ausgaben*) wydatek *m*; (*Prunk*) zbytek *m* **aufwändig** kosztowny
aufwärmen odgrzewać ⟨-rzać⟩
aufwärts w górę
aufwaschen zmywać ⟨-yć⟩
aufwecken ⟨o⟩budzić **aufweichen** V/T rozmiękczać ⟨-czyć⟩ **aufwenden** *Mühe* wkładać ⟨włożyć⟩; *Zeit* poświęcać ⟨-cić⟩; *Geld* wykładać ⟨wyłożyć⟩
aufwickeln nawijać ⟨-inąć⟩
aufwischen wycierać ⟨wytrzeć⟩ **aufzählen** wyliczać ⟨-czyć⟩
aufzeichnen ⟨na⟩rysować; *Sendung* zapisywać ⟨-sać⟩ **Aufzeichnung** F zapis *m*
aufziehen *Uhr* nakręcać ⟨-cić⟩; *Kind* wychowywać ⟨-ować⟩; *Tier* ⟨wy⟩hodować
Aufzug M winda *f*; wyciąg *m*; THEAT akt *m*, odsłona *f*
aufzwingen narzucać ⟨-cić⟩ (**sich** się)
Augapfel M gałka *f* oczna
Auge N oko *n*
Augenarzt M okulista *m* **Augenärztin** F okulistka *f* **Augenblick** M chwila *f* **augenblicklich** (*sofortig*) natychmiastowy (-wo); chwilowy (-wo)
Augenbraue F brew *f* **Augenfarbe** F kolor *m* oczu **Augenlid** N powieka *f* **Augenzeuge** M świadek *m* naoczny
August M sierpień *m*; **im ~** w sierpniu
Auktion F aukcja *f*
aus PRÄP (*dat*) z, ze (*gen*); ADV **~ sein** być wyłączonym
Aus N SPORT aut *m*
ausarbeiten wypracowywać

⟨-ować⟩ **ausarten** przekształcać ⟨-cić⟩ się (**in** *akk* w *akk*) **ausatmen** wydychać

Ausbau M rozbudowa *f* **ausbauen** rozbudowywać ⟨-ować⟩

Ausbeute F zysk *m*; BERGB urobek *m* **ausbeuten** wyzyskiwać ⟨-kać⟩ **Ausbeutung** F wyzysk *m*; BERGB eksploatacja *f*

ausbilden ⟨wy⟩kształcić, ⟨wy⟩szkolić **Ausbildung** F wykształcenie *n*; (*Berufsausbildung*) szkolenie *n*

ausbleiben nie przychodzić ⟨-yjść⟩, nie następować ⟨-stąpić⟩

Ausblick M widok *m*

ausbrechen V/T wyłamywać ⟨-mać⟩; V/I *Krieg* wybuchać ⟨-chnąć⟩; *Häftling* zbiec *pf*

ausbreiten rozpościerać ⟨-postrzeć⟩, rozkładać ⟨rozłożyć⟩; **sich ~** rozprzestrzeniać ⟨-ić⟩ się

Ausbruch M wybuch *m*; *fig* wyłamanie *n* się, ucieczka *f*

ausbrüten wysiadywać ⟨-siedzieć⟩ **ausbuhen** okazywać ⟨-zać⟩ niezadowolenie bucząc **ausbürsten** ⟨wy⟩czyścić szczotką

Ausdauer F wytrwałość *f* **ausdauernd** wytrwały (-le)

ausdehnen rozciągać ⟨-gnąć⟩ (**sich** się) **Ausdehnung** F rozciągłość *f*

ausdenken wymyślać ⟨-lić⟩

Ausdruck M wyraz *m*; (*Wendung*) wyrażenie *n* **ausdrucken** ⟨wy⟩drukować

ausdrücken *Zitrone* wyciskać ⟨-snąć⟩; *Zigarette* ⟨z⟩gasić; *fig* wyrażać ⟨-razić⟩ (**sich** się) **ausdrücklich** wyraźny

Ausdrucksweise F sposób *m* wyrażania się

Ausdünstung F wyziew *m*

auseinander: **~ sein** nie być razem

auseinanderbrechen rozłamywać ⟨-mać⟩ **auseinanderbringen** rozłączać ⟨-czyć⟩ **auseinanderfallen** rozpadać ⟨-paść⟩ się **auseinandergehen** rozchodzić ⟨-zejść⟩ się **auseinanderhalten** *fig* odróżniać ⟨-ić⟩ **auseinandernehmen** rozkładać ⟨rozłożyć⟩, rozbierać ⟨rozebrać⟩

auseinandersetzen *fig* ⟨wy⟩tłumaczyć; **sich ~** rozprawiać ⟨ić⟩ się **Auseinandersetzung** *f* (*Streit*) spór *m*

Ausfahrt F wyjazd *m*; *Autobahn* zjazd *m*

Ausfall M (*Panne*) awaria *f*; *Arbeit* przestój *m*; SPORT, MIL wypad *m* **ausfallen** wypadać ⟨-paść⟩; *Vortrag* nie odbyć się **ausfallend** napastliwy (-wie), obraźliwy (-wie) **Ausfallstraße** F ulica *f* wylotowa

ausfegen wymiatać ⟨-mieść⟩

ausfindig: **~ machen** wyszukiwać ⟨-kać⟩

ausflippen *umg* wychodzić

wyjść⟩ z siebie
usflucht F wykręt *m* **Aus-**
'ug M wycieczka *f* **Ausfluss**
I MED wydzielina *f*, wyciek *m*
usfragen wypytywać ⟨-tać⟩
usfuhr F eksport *m* **ausfüh-**
en *Auftrag* wykonywać
-nać⟩; eksportować **Aus-**
uhrgenehmigung F ze-
wolenie *n* na wywóz
usführlich szczegółowy (-wo)
usführung F wykonanie *n*
Ausführungsbestimmung
przepis *m* wykonawczy
usfuhrverbot N zakaz *m*
wywozu **Ausfuhrzoll** M cło
wywozowe
usfüllen wypełniać ⟨-ić⟩
usgabe F wydawanie *n*;
YPO wydanie *n*; (*Geldausgabe*)
wydatek *m* **Ausgang** M wyj-
cie *n*; *fig* zakończenie *n* **Aus-**
gangspunkt M punkt *m* wyj-
ciowy
usgeben wydawać ⟨-dać⟩
usgebucht wyprzedany, bez
wolnych miejsc **ausgedehnt**
rozległy **ausgefallen** nie-
zwykły
usgehen wychodzić ⟨wyjść⟩;
alle sein) zabraknąć *pf* (*nom*
gen)
usgelassen rozbrykany, we-
soły (-ło) **ausgenommen** z
wyjątkiem (*akk gen*) **ausge-**
rechnet akurat; ~ **du** akurat
ty **ausgeschlafen** wyspany
ausgeschlossen wykluczony
ausgesprochen wyjątkowo;
~ **gut** wyjątkowo dobrze **aus-**
gezeichnet wyborny, dosko-
nały (-le)
ausgiebig obfity (-icie)
ausgießen wylewać ⟨-lać⟩
Ausgleich M wyrównanie *n*
ausgleichen wyrównywać
⟨-nać⟩
Ausgrabungen FPL wykopali-
ska *npl*
Ausguss M zlew *m*
aushalten wytrzymywać
⟨-mać⟩ **aushändigen** wrę-
czać ⟨-czyć⟩
Aushang M ogłoszenie *n*,
afisz *m* **aushängen** V/T wy-
wieszać ⟨-sić⟩; V/I być wywie-
szonym
ausharren wytrwać *pf* **aus-**
helfen pomagać ⟨-móc⟩
Aushilfe F *pers* pomocnik *m*
aushorchen wypytywać
⟨-tać⟩
auskehren wymiatać ⟨-mieść⟩
auskennen: **sich** ~ oriento-
wać się **ausknipsen** *Licht*
⟨z⟩gasić **auskratzen** wydra-
pywać ⟨-pać⟩; wyskrobywać
⟨-bać⟩ **auskundschaften**
⟨wy⟩szpiegować, ⟨wy⟩badać
Auskunft F informacja *f*; TEL
biuro *m* numerów
auskuppeln V/I wyłączać
⟨-czyć⟩ sprzęgło **auslachen**
wyśmiewać ⟨-iać⟩ **ausladen**
wyładowywać ⟨-ować⟩
Auslage F wystawa *f*; **Ausla-**
gen *pl* wydatki *mpl*
Ausland N zagranica *f*; **im** ~

za granicą
Ausländer(in) M(F) obcokrajowiec *m*, cudzoziemiec *m*, cudzoziemka *f* **ausländerfeindlich** ksenofobiczny
ausländisch zagraniczny
Auslandsgespräch N rozmowa *f* zagraniczna **Auslandsreise** F podróż *f* za granicę
auslassen wypuszczać ⟨-uścić⟩; *Wort* opuszczać ⟨-uścić⟩; *Butter* rozpuszczać ⟨-uścić⟩
auslaufen wyciekać ⟨-ciec⟩; SCHIFF wypływać ⟨-ynąć⟩ **Ausläufer** M odnoga *f*; METEO klin *m* **auslegen** wykładać ⟨wyłożyć⟩; *Geld* zakładać ⟨założyć⟩ (**für** *akk* za *akk*)
ausleihen wypożyczać ⟨-czyć⟩ **auslernen** ⟨u⟩kończyć naukę, wyuczyć się *pf* (zawodu)
Auslese F wybór *m*, selekcja *f*
ausliefern dostarczać ⟨-czyć⟩, wysyłać ⟨-słać⟩ **ausloggen** IT wylogowywać ⟨-ować⟩ **auslosen** wylosowywać ⟨-ować⟩
Auslöser M FOTO wyzwalacz *m*
ausmachen (*vereinbaren*) ustalać ⟨-lić⟩; *Radio* wyłączać ⟨-czyć⟩
Ausmaß N rozmiar *m*, wielkość *f* **ausmessen** wymierzać ⟨-rzyć⟩
Ausnahme F wyjątek *m*; **mit ~** z wyjątkiem **Ausnahmezustand** M stan *m* wyjątkowy
ausnahmslos bez wyjątk
ausnahmsweise wyjątkow
ausnutzen wykorzystyw ⟨-tać⟩ **auspacken** rozpak wywać ⟨-ować⟩ **auspfeife** wygwizdywać ⟨-dać⟩ **au plündern** ⟨s⟩plądrowa
auspressen wyciska ⟨-snąć⟩ **ausprobieren** w próbowywać ⟨-ować⟩
Auspuff M AUTO wydech
Auspuffgase NPL spaliny
Auspuffrohr N rura *f* wyd chowa
ausradieren wycierać ⟨w trzeć⟩ (gumką) **ausraube** obrabowywać ⟨-ować⟩ **aus räumen** wyprzątać ⟨-tnąć⟩ (*leeren*) opróżniać ⟨-ić⟩ **aus rechnen** wyliczać ⟨-czyć⟩
Ausrede F wymówka *f* **ausre den** V/I skończyć *pf* mówić; V/ wyperswadować *pf*
ausreichen wystarcza ⟨-czyć⟩ **ausreichend** wystar czający (-co), dostateczny
Ausreise F wyjazd *m* **Ausrei seerlaubnis** F zezwolenie na wyjazd **ausreisen** wyje dżać ⟨-jechać⟩ **Ausreisevi sum** N wiza *f* wyjazdowa
ausreißen V/T wyrywa ⟨-rwać⟩; V/I *umg* wyrwać się, zwiewać ⟨zwiać⟩ **ausren ken** zwichnąć *pf* **ausrichte** *Grüße* przekazywać ⟨-zać⟩
ausrotten ⟨wy⟩tępić
Ausruf M okrzyk *m* **ausrufe** V/I ⟨wy⟩krzyknąć *pf* **Ausrufe**

zeichen N wykrzyknik *m* **usruhen** odpoczywać ⟨-cząć⟩ **usrüsten** wyposażać ⟨-żyć⟩ **Ausrüstung** F wyposażenie *n*; sprzęt *m* **usrutschen** poślizgnąć się *pf* **ussaat** F wysiew *m*, zasiew *m* **ussage** F oświadczenie *n*; JUR zeznanie *n* **aussagen** zeznawać ⟨-nać⟩ **usschalten** wyłączać ⟨-czyć⟩ **usschank** M wyszynk *m*; sprzedaż *f* napojów alkoholowych **usscheiden** V/T wydzielać ⟨-lić⟩; V/I odpadać ⟨-paść⟩ (*a.* SPORT) **Ausscheidung** F wydalanie *n*, wydzielanie *n*; MED wydzielina *f*; SPORT eliminacje *fpl* **usscheren** V/I *Auto* zarzucać **ausschimpfen** ⟨z⟩besztać **ausschlafen** wysypiać ⟨-spać⟩ się **Ausschlag** M MED wysypka *f* **ausschlagen** *Zahn* wybijać ⟨-ić⟩; *fig* odrzucać ⟨-cić⟩; *Pferd* wierzgać ⟨-gnąć⟩ **ausschlaggebend** decydujący (-co) **ausschließen** wykluczać ⟨-czyć⟩ **ausschließlich** wyłączny **Ausschluss** M wykluczenie *n*; **unter ~ der Öffentlichkeit** przy drzwiach zamkniętych **ausschneiden** wycinać ⟨-ciąć⟩ **Ausschnitt** M wycinek *m*; *Kleid* dekolt *m* **ausschöpfen** wyczerpywać ⟨-pać⟩ **Ausschreitung** F eksces *m*, wybryk *m* **Ausschuss** M komitet *m*, komisja *f*; TECH, HANDEL produkt *m* wybrakowany, brak *m* **ausschütten** wysypywać ⟨-pać⟩; *Wasser* wylewać ⟨-lać⟩ **aussehen** wyglądać **Aussehen** N wygląd *m* **außen** na zewnątrz **Außenhandel** M handel *m* zagraniczny **Außenminister(in)** M(F) minister *m* spraw zagranicznych **Außenpolitik** F polityka *f* zagraniczna **Außenseite** F strona *f* zewnętrzna **Außenseiter(in)** M(F) outsider(ka) *m(f)* **Außenspiegel** M lusterko *n* zewnętrzne **Außenstelle** F ekspozytura *f* **außer** PRÄP (*dat*) poza (*inst*); oprócz (*gen*); **~ Dienst** emerytowany, były; KONJ **~ dass, ~ wenn** chyba że **außerdem** poza tym, oprócz tego **außerdienstlich** pozasłużbowy (-wo) **äußere(r)** zewnętrzny **Äußere(s)** N wygląd *m* zewnętrzny, powierzchowność *f* **außerehelich** pozamałżeński, nieślubny **außergewöhnlich** niezwykły (-le) **außerhalb** PRÄP (*gen*) poza (*inst*); ADV na zewnątrz, poza obrębem; **von ~** z zewnątrz

äußerlich zewnętrzny
äußern wypowiadać ‹-wiedzieć› (**sich** się); *Meinung* wyrażać ‹-razić›
außerordentlich nadzwyczajny **außerplanmäßig** nadplanowy
äußerst skrajny; ostateczny; ADV nadzwyczaj, skrajnie
außerstande: ~ **sein** nie być w stanie
Äußerung F wypowiedź *f*
aussetzen *Fahrgast* wysadzać ‹-dzić›; *Belohnung* wyznaczać ‹-czyć›; JUR zawieszać ‹-sić›; V/I *Motor* przestać pracować; **nichts daran auszusetzen haben** nie mieć nic do zarzucenia
Aussicht F widok *m* **aussichtslos** beznadziejny **Aussichtsplattform** F taras *m* widokowy
aussiedeln wysiedlać ‹-lić› **Aussiedler(in)** M(F) wysiedleniec *m*, wysiedlona *f*
ausspannen wyprzęgać ‹-rząc›; V/I *fig* odpocząć *pf* **ausspielen** *Karte* zagrywać ‹-rać›
Aussprache F wymowa *f*; (*Unterredung*) wymiana *f* zdań **aussprechen** wymawiać ‹-mówić›; (*äußern*) wypowiadać ‹-wiedzieć› **Ausspruch** M sentencja *f*
ausspucken wypluwać ‹-uć› **ausspülen** wypłukiwać ‹-kać›
Ausstand M strajk *m*
ausstatten wyposażać ‹-ży… (**mit** *dat* w *akk*) **Ausstattun…** F wyposażenie *n*
ausstehen: **nicht ~ könne…** nie znosić ‹znieść›, nie cie… pieć
aussteigen wysiadać ‹-siąś… **Aussteiger(in)** M(F) out… der(ka) *m(f)*
ausstellen wystawiać ‹-i… **Aussteller(in)** M(F) wystaw… *m*, wystawczyni *f* **Ausste…lung** F wystawa *f* **Ausste…lungshalle** F pawilon *m* w…stawowy
aussterben wymiera… ‹-mrzeć›
Ausstieg M wyjście *n*
ausstoßen wybijać ‹-ić›; *f…* wyrzucać ‹-cić›; *Schrei* wyd…wać ‹-dać›
ausstrahlen promieniowa… (*akk inst*); RADIO nadawa… ‹-dać› **Ausstrahlung** F em…sja *f*; *fig* urok *m*
ausstrecken wyciąga… ‹-gnąć› (**sich** się) **ausstre…chen** wykreślać ‹-lić› **au…streuen** rozsypywać ‹-pać… **ausströmen** V/I wycieka… ‹-ciec›; *Gas* ulatniać ‹-lotnić… się **aussuchen** wyszukiwa… ‹-kać›
Austausch M wymiana *f* **au…tauschbar** wymienny **au…tauschen** wymieniać ‹-nić… (**gegen** *akk* na *akk*)
austeilen rozdzielać ‹-lić›; *B…fehle* wydawać ‹-dać›

Auster F ostryga *f* **austragen** roznosić ⟨-nieść⟩; *Spiel* rozgrywać ⟨-zegrać⟩ **austreten** *Feuer* zadeptywać ⟨-tać⟩; *Weg* wydeptywać ⟨-tać⟩; V/I występować ⟨-stąpić⟩ **austrinken** wypijać ⟨-ić⟩ **ausüben** *Beruf* wykonywać; *Druck* wywierać ⟨-wrzeć⟩ **Ausverkauf** M wyprzedaż *f* **ausverkauft** wyprzedany **Auswahl** F wybór *m*; SPORT reprezentacja *f* **auswählen** wybierać ⟨-brać⟩ **Auswanderer** M emigrant *m*, wychodźca *m* **Auswanderin** F emigrantka *f* **auswandern** ⟨wy⟩emigrować **Auswanderung** F emigracja *f* **auswärtig** zamiejscowy; **Auswärtiges Amt** *n* ministerstwo *n* spraw zagranicznych **auswärts** na zewnątrz; **~ spielen** grać na wyjeździe **Auswärtsspiel** N mecz *m* wyjazdowy **auswaschen** wymywać ⟨-myć⟩; *Wäsche* wyprać *pf* **auswechseln** wymieniać ⟨-nić⟩ **Ausweg** M *fig* wyjście *n* **ausweichen** wymijać ⟨-minąć⟩ (*dat akk*); ustępować ⟨ustąpić⟩ z drogi **ausweichend** wymijający (-co) **Ausweis** M dowód *m*, legitymacja *f* **ausweisen** wydalać ⟨-lić⟩; **sich ~** ⟨wy⟩legitymować się **Ausweiskontrolle** F kontrola *f* dokumentów **Ausweispapiere** PL dokumenty *mpl* **Ausweisung** F wydalenie *n* **auswendig** na pamięć **auswickeln** rozwijać ⟨-inąć⟩ **auswirken**: **sich ~** wpływać ⟨-nąć⟩ (**auf** *akk* na *akk*), mieć konsekwencje **Auswirkung** F skutek *m*, następstwo *n* **auswringen** wyżymać ⟨-żąć⟩ **Auswuchs** M narośl *f*; **Auswüchse** *pl fig* wypaczenia *npl* **Auswurf** M MED plwocina *f* **auszahlen** wypłacać ⟨-cić⟩ **Auszahlung** F wypłata *f* **auszeichnen** odznaczać ⟨-czyć⟩ (**sich** się) **Auszeichnung** F (*Orden*) odznaczenie *n*; (*Preis*) wyróżnienie *n* **ausziehbar** rozsuwany, wysuwany, rozkładany **ausziehen** wyciągać ⟨-gnąć⟩; *Tisch* rozsuwać ⟨-unąć⟩; *Kleid, Schuh* zdejmować ⟨zdjąć⟩; V/I wyprowadzać ⟨-dzić⟩ się (**aus** *dat* z *gen*) **Auszubildende** F uczennica *f* **Auszubildende(r)** M uczeń *m* **Auszug** M wyprowadzka *f*; (*Kontoauszug*) wyciąg *m* **Auto** N samochód *m* **Autobahn** F autostrada *f* **Autobahnauffahrt** F wjazd *m* na autostradę **Autobahnausfahrt** F zjazd *m* z autostrady **Autobahnkreuz** N skrzyżowanie *n* autostrad **Autobus** M autobus *m* **Auto-**

diebstahl M kradzież *f* samochodu **Autofähre** F prom *m* samochodowy **Autofahrer(in)** M(F) kierowca *m* **Autofahrt** F jazda *f* samochodem **Autokarte** F mapa *f* samochodowa
automatisch automatyczny
autonom autonomiczny
Autonummer F numer *m* rejestracyjny samochodu **Autoradio** N radio *n* samochodowe **Autoreifen** M opona *f* samochodowa
autoritär autorytarny **Autorität** F autorytet *m*
Autoschlüssel M kluczyki *mpl* do samochodu **Autounfall** M wypadek *m* samochodowy **Autovermietung** F wypożyczalnia *f* samochodów **Autowaschanlage** F myjnia *f* (samochodowa) **Autowerkstatt** F warsztat *m* samochodowy **Autozubehör** N akcesoria *npl* samochodowe
Axt F siekiera *f* **Azubi** M *od* F → Auszubildende, Auszubildende(r)

B

Baby N niemowlę *n*, *umg* bobas *m* **Babysitter(in)** M(F) opiekun(ka) *m(f)* do dziecka
Bach M potok *m*, strumień *m*
Backe F policzek *m*; (*Pobacke*) pośladek *m*
backen ⟨u⟩piec
Backenknochen M kość *f* policzkowa **Backenzahn** M ząb *m* trzonowy
Bäcker(in) M(F) piekarz *m* **Bäckerei** F piekarnia *f*
Backobst N suszone owoce *mpl* **Backofen** M piekarnik *m* **Backpulver** N proszek *m* do pieczenia **Backwaren** FPL pieczywo *n*
Bad N kąpiel *f*; (*Raum*) łazienka *f*; (*Ort*) kąpielisko *n*
Badeanzug M kostium *m* kąpielowy **Badehose** M kąpielówki *pl* **Badekappe** F czepek *m* kąpielowy **Bademantel** M płaszcz *m* kąpielowy **Bademeister** M ratownik *m*
baden ⟨wy⟩kąpać (*v/i* się)
Badesachen PL przybory *mpl* kąpielowe **Badestrand** M plaża *f* **Badetuch** N ręcznik *m* kąpielowy **Badewanne** F wanna *f*
Bagger M koparka *f* **Baggersee** M sztuczne jezioro *n*
Bahn F tor *m*; SPORT bieżnia *f*; BAHN kolej *f*; ASTRON orbita *f* **Bahncard®** F karta *f* zniżkowa Niemieckich Kolei Państwowych **Bahndamm** M nasyp *m* kolejowy **Bahnhof** M dworzec *m*, stacja *f* **Bahnhofsrestaurant** N restauracja *f* dworcowa **Bahnsteig** M pe-

…on *m* **Bahnübergang** M przejazd *m* kolejowy
…alance F równowaga *f*
…ald wkrótce; **bis ~!** na razie!; **…o ~ wie möglich** możliwie jak najszybciej
…aldriantropfen MPL krople *pl* walerianowe
…alken M belka *f*
…alkon M balkon *m*
…all M piłka *f*; (*Tanz*) bal *m*
…allen *Faust* zaciskać ⟨-snąć⟩
Ballen M bela *f*
…allett N balet *m* **Balletttänzer(in)** M(F) baletmistrz *m*, baletnica *f*
…allon M balon *m*
…anal banalny
…anane F banan *m*
…and¹ M (*Buch*) tom *m*
…and² N wstęga *f*, taśma *f*; RADIO pasmo *f*
…andage F bandaż *m* **bandagieren** ⟨za⟩bandażować
…ande F banda *f*
…änderriss M przerwanie *n* więzadła
…andit(in) M(F) bandyta *m*
…andmaß N taśma *f* miernicza **Bandscheibe** F ANAT krążek *m* międzykręgowy **Bandwurm** M tasiemiec *m*
…ank F ławka *f*; FIN bank *m* **Bankautomat** M bankomat *m* **Bankkonto** N konto *n* bankowe **Bankleitzahl** F kod *m* bankowy **Banknote** F banknot *m*
…ar: **in ~** gotówką; **gegen ~** za gotówkę
Bar F bar *m*
Bär M niedźwiedź *m*
Baracke F barak *m*
barbarisch barbarzyński
barfuß bosy (-so)
Bargeld N gotówka *f* **bargeldlos** bezgotówkowy
Bärin F niedźwiedzica *f*
Barkeeper M barman *m*
barmherzig miłosierny
barock barokowy
Barometer N barometr *m*
Barren M sztaba *f*; SPORT poręcze *fpl*
Barsch M ZOOL okoń *m*
Bart M broda *f* **bärtig** brodaty
Barzahlung F płatność *f* gotówką
Baseballmütze F bejsbolówka *f*
Basis F baza *f*
Basketball M koszykówka *f* **Basketballspieler(in)** M(F) koszykarz *m*, koszykarka *f*
Bass M bas *m*
Bast M łyko *n*
basteln majsterkować
Batterie F bateria *f*; akumulator *m*
Bau M budowa *f*; (*Gebäude*) budynek *m*, budowla *f*; (*Tierbau*) nora *f* **Bauarbeiten** PL prace *fpl* budowlane **Bauarbeiter** M robotnik *m* budowlany
Bauch M brzuch *m* **Bauchfellentzündung** F zapalenie *n* otrzewnej **Bauchnabel** M

pępek *m* **Bauchschmerzen** MPL bóle *mpl* brzucha **Bauchspeicheldrüse** F trzustka *f*
Baudenkmal N zabytek *m* architektoniczny
bauen ⟨wy⟩budować
Bauer M chłop *m*, rolnik *m*; *Schach* pionek *m* **Bäuerin** F chłopka *f*, rolniczka *f* **bäuerlich** chłopski **Bauernhof** M zagroda *f*
baufällig grożący zawaleniem
Baugerüst N rusztowanie *n* **Bauherr(in)** M(F) inwestor *m* **Bauingenieur(in)** M(F) inżynier *m* budowlany **Baujahr** N rok *m* budowy; *Auto* rok *m* produkcji
Baum M drzewo *n*
Baumarkt M *Geschäft* sklep *m* z materiałami budowlanymi; rynek *m* budowlany
Baumwolle F bawełna *f*
Bauplatz M działka *f* budowlana
Baustelle F budowa *f*; plac *m* budowy **Baustoff** M materiał *m* budowlany **Bauunternehmer(in)** M(F) przedsiębiorca *m* budowlany **Bauwesen** N budownictwo *n*
Bayer(in) M(F) Bawarczyk *m*, Bawarka *f* **bayerisch** bawarski (po -ku) **Bayern** N Bawaria *f*
beabsichtigen zamierzać
beachten zważać (*akk* na *akk*) **beachtenswert** godny uwagi **beachtlich** poważny, znaczny **Beachtung** F uwa… *f*; *Vorschriften* przestrzeganie
Beamte(r) M urzędnik *m* **B…amtin** F urzędniczka *f*
beanspruchen wymagać, d… magać się (*akk gen*) **bea…standen** ⟨za⟩kwestionow…
beantragen składać ⟨z… żyć⟩ wniosek (*akk* o *akk*) **b…antworten** odpowiad… ⟨-wiedzieć⟩ (*akk* na *akk*)
bearbeiten *Metall* obrabi… ⟨-robić⟩; *Text, Thema* oprac… wywać ⟨-ować⟩ **Bearbe…tung** F opracowanie *n*; TEC… obróbka *f* **Bearbeitungsg…bühr** F opłata *f* manipulacy…na
beatmen ⟨za⟩stosow… sztuczne oddychanie **Bea…mung** F: **künstliche ~** sztuc…ne oddychanie *n*
beaufsichtigen nadzorowa…
beauftragen zlecać ⟨-ci… (*akk dat*) **Beauftragte** F pe… nomocniczka *f* **Beauftra…te(r)** M pełnomocnik *m*
beben trząść się, drżeć
Becher M kubek *m*
Becken N miednica *f* (*a.* ANA…); *WC* muszla *f*; (*Schwimmb…cken*) basen *m*
bedächtig rozważny
bedanken: **sich ~** ⟨po⟩dzi…kować (**bei** *dat dat*)
Bedarf M potrzeba *f*; HANDE… zapotrzebowanie *n*, popyt *m* … **nach ~** w miarę potrzeby **Be…darfshaltestelle** F przysta…

nek *m* na żądanie
bedauerlich przykry (-ro), godny pożałowania **bedauerlicherweise** niestety **bedauern** żałować (*akk gen*); **ich bedauere** przykro mi **Bedauern** N ubolewanie *n*, żal *m*
bedeckt *Himmel* pochmurny
bedenken rozważać ⟨-żyć⟩ **Bedenken** N wątpliwość *f*, zastrzeżenie *n* **bedenklich** wątpliwy (-wie); *Lage* budzący obawy **Bedenkzeit** F czas *m* do namysłu
bedeuten oznaczać, znaczyć **bedeutend** znaczny, znacząco (-co); *pers* wybitny **Bedeutung** F znaczenie *n* **bedeutungslos** bez znaczenia
bedienen obsługiwać ⟨-łużyć⟩; **sich ~** posługiwać ⟨-łużyć⟩ się (*gen inst*) **Bedienung** F obsługa *f* **Bedienungsanleitung** F instrukcja *f* obsługi
bedingt warunkowy (-wo) **Bedingung** F warunek *m* **bedingungslos** bezwarunkowy (-wo)
bedrängen nalegać (*akk* na *akk*) **Bedrängnis** F opresja *f*
bedrohen zagrażać, grozić (*akk dat*) **Bedrohung** F zagrożenie *n*
bedrücken gnębić, trapić
Bedürfnis N potrzeba *f* **bedürftig** potrzebujący
Beefsteak N befsztyk *m*
beeilen: **sich ~** ⟨po⟩spieszyć się
beeinflussen wpływać ⟨-ynąć⟩ (*akk* na *akk*)
Beeinträchtigung F *pers* pokrzywdzenie *n*, *Freiheit* naruszenie *n*, uszczerbek *m*
beenden ⟨za⟩kończyć
beerben ⟨o⟩dziedziczyć (*akk* po *lok*)
beerdigen ⟨po⟩chować **Beerdigung** F pogrzeb *m*
Beere F jagoda *f*
Beet N grządka *f*
Befähigung F uzdolnienie *n*
befahrbar przejezdny **befahren** V/T jeździć (*akk* po *lok*); **viel ~** ruchliwy, bardzo uczęszczany
befallen ogarniać ⟨-nąć⟩; *Pflanze* ⟨za⟩atakować
befangen skrępowany **Befangenheit** F skrępowanie *n*; JUR stronniczość *f*
Befehl M rozkaz *m* **befehlen** rozkazywać ⟨-zać⟩ **Befehlshaber(in)** M(F) dowódca *m*
befestigen umacniać ⟨umocnić⟩; przymocowywać ⟨-ować⟩ (**an** *dat* do *gen*) **Befestigung** F przymocowanie *n*; MIL fortyfikacja *f*
befinden: **sich ~** znajdować się
Befinden N stan *m* zdrowia; samopoczucie *n*
befolgen *Rat, Vorschriften* ⟨za⟩stosować się (*akk* do *gen*)
befördern transportować; *Post* przesyłać ⟨-słać⟩; awanso-

wać *pf* (**zu** *dat* na *akk*) **Beförderung** F transport *m*; *Post* przesłanie *n*; awans *m*
befragen *Zeugen* przesłuchiwać ‹-chać›; *Arzt* ‹po›radzić się (*akk gen*)
befreien uwalniać ‹-wolnić›; (*freistellen*) zwalniać ‹-wolnić› **Befreiung** F uwolnienie *n*; (*Freistellung*) zwolnienie *n*; POL wyzwolenie *n*
befreundet: **~ sein** być zaprzyjaźnionym (**mit** *dat* z *inst*)
befriedigen zadowalać ‹-wolić› **befriedigend** zadowalający (-co) **Befriedigung** F zadowolenie *n*, satysfakcja *f*
befristet terminowy; ograniczony czasowo
befruchten zapładniać ‹-płodnić› **Befruchtung** F zapłodnienie *n*
Befugnis F uprawnienie *n*, upoważnienie *n*
Befund M wynik *m* badania, orzeczenie *n*; MED **ohne ~** bez zmian chorobowych
befürchten obawać się (*akk gen*) **Befürchtung** F obawa *f*
befürworten popierać ‹-przeć›
begabt uzdolniony **Begabung** F uzdolnienie *n*
begeben: **sich ~** udawać ‹-dać› się (**nach** *dat* do *gen*)
begegnen spotykać ‹-tkać› (*dat akk*) **Begegnung** F spotkanie *n*
begehen *Fest* obchodzić; *Verbrechen* popełniać ‹-ić›
begehrenswert pożądany
begeistern: **sich ~** zachwycać ‹-cić› się, entuzjazmować się (**für** *akk inst*) **begeistert** zachwycony **Begeisterung** F entuzjazm *m*; zachwyt *m*
begierig żądny
begießen podlewać ‹-lać›
Beginn M początek *m* **beginnen** zaczynać ‹-cząć› (*v/i* się)
beglaubigen uwierzytelniać ‹-ić› **Beglaubigung** F uwierzytelnienie *n*
begleichen wyrównywać ‹-nać›
begleiten towarzyszyć (*akk dat*); odprowadzać ‹-dzić› (**nach, zu** *dat* do *gen*) **Begleiter(in)** M(F) towarzysz(ka) *m(f)*, osoba *f* towarzysząca **Begleitschreiben** N pismo *n* przewodnie **Begleitung** F towarzystwo *n*; MUS akompaniament *m*
beglückwünschen ‹po›gratulować (**j-n zu** *dat* k-u *gen*)
begnügen: **sich ~** zadowalać ‹-wolić› się (**mit** *dat inst*)
begraben ‹po›chować **Begräbnis** N pogrzeb *m*
begreifen pojmować ‹-jąć›
begrenzen ograniczać ‹-niczyć› **begrenzt** ograniczony
Begriff M pojęcie *n*; **im ~ sein** zamierzać
begründen uzasadniać ‹-ić› **Begründung** F uzasadnienie *n*

begrüßen ⟨po⟩witać **Begrüßung** F powitanie *n*
begünstigen sprzyjać (*akk dat*) **Begünstigung** F faworyzowanie *n*; JUR poplecznictwo *n*
begutachten wydawać ⟨-dać⟩ opinię (*akk* o *lok*)
begütert majętny
behaart owłosiony
behalten zatrzymywać ⟨-mać⟩
Behälter M zbiornik *m*, pojemnik *m*
behandeln traktować ; obchodzić ⟨obejść⟩ się (*akk* z *inst*); MED leczyć **Behandlung** F traktowanie *n*, obchodzenie *n* się; MED leczenie *n*
Behandlungszimmer N pokój *m* zabiegowy
beharren obstawać (**auf** *dat* przy *lok*) **beharrlich** wytrwały (-le)
behaupten twierdzić; **sich ~** utrzymywać ⟨-mać⟩ się **Behauptung** F twierdzenie *n*
beheben *Schaden* usuwać ⟨-unąć⟩
behelfen: **sich ~** posiłkować się, ⟨po⟩radzić sobie **behelfsmäßig** prowizoryczny
beherbergen V/T przenocować
beherrschen *Sprache* władać (*akk inst*); **sich ~** opanowywać ⟨-ować⟩ się
behilflich: **~ sein** być pomocnym
behindern V/T utrudniać; przeszkadzać (**j-n bei** *dat* k-u w *lok*) **behindert** *pers* upośledzony **Behinderung** F utrudnianie *n*; *pers* upośledzenie *n*
Behörde F urząd *m* **behördlich** urzędowy (-wo)
bei PRÄP (*dat*) przy (*lok*), w (*lok*); u (*gen*); pod (*inst*); **~ Tisch** przy stole; **~ Nacht** w nocy; **~ uns** u nas
beibehalten zachowywać ⟨-ować⟩ **beibringen** nauczyć *pf* (**j-m** *akk* k-o *gen*)
Beichte F spowiedź *f* **beichten** ⟨wy⟩spowiadać się
Beichtstuhl M konfesjonał *m*
beide obu, obie, oba, oboje
beiderseitig obustronny **beiderseits** PRÄP z obu stron, po obu stronach; ADV obustronnie
Beifahrer(in) M(F) (*Fahrgast*) pasażer(ka) *m(f)*; pomocnik *m* kierowcy, pomocnica *f* kierowcy
Beifall M oklaski *pl*
beifügen załączać ⟨-czyć⟩
beige beżowy (-wo)
Beigeschmack M posmak *m*
Beihilfe F zapomoga *f*, zasiłek *m*; JUR współudział *m*
Beil N topór *m*
Beilage F załącznik *m*; GASTR, *Zeitung* dodatek *m*; *Werbung* wkładka *f*
beiläufig wtrącony; ADV mimochodem, na marginesie
beilegen załączać ⟨-czyć⟩;

Streit zakończyć *pf*
Beileid N współczucie *n*
beiliegend załączony
beimischen domieszać *pf*
Bein N noga *f*
beinahe prawie, niemal, o mało co nie
Beinbruch M złamanie *n* nogi
beinhalten zawierać
Beipackzettel M ulotka *f* informacyjna
beisammen razem **Beisammensein** N obcowanie *n* ze sobą, bycie *n* razem; spotkanie *n* towarzyskie
beiseite na bok **beiseitelassen** nie brać pod uwagę
beisetzen ⟨po⟩grzebać **Beisetzung** F pogrzeb *m*
Beisitzer(in) M(F) JUR ławnik *m*, ławniczka *f*; (*Mitglied*) członek *m*, członkini *f* (komisji, rady *usw*)
Beispiel N przykład *m*; **zum ~** na przykład **beispielhaft** wzorowy (-wo) **beispiellos** bezprzykładny
beißen ⟨u⟩gryźć; *Schlange* kąsać ⟨ukąsić⟩ **beißend** żrący; *a. fig* gryzący; piekący
Beistand M pomoc *f* **beistehen** pomagać ⟨-móc⟩, wspierać ⟨wesprzeć⟩
Beitrag M składka *f*; *fig* przyczynek *m* **beitragen** przyczyniać ⟨-ić⟩ się (**zu** *dat* do *gen*)
beitreten przystępować ⟨-stąpić⟩ (*dat* do *gen*)
beizeiten zawczasu
bejahen przytakiwać; ⟨-taknąć⟩ **bejahend** twierdzący (-co)
bejahrt leciwy
bekämpfen zwalczać
bekannt znany; **~ geben** podawać ⟨-dać⟩ do wiadomości; **~ machen** ogłaszać ⟨-łosić⟩; zapoznawać ⟨-nać⟩ (**mit** *dat* z *inst*) **Bekannte** F znajoma *f* **Bekannte(r)** M znajomy *m* **bekanntlich** jak wiadomo **Bekanntmachung** F ogłoszenie *n* **Bekanntschaft** F znajomość *f*
bekennen REL wyznawać ⟨-nać⟩; **sich schuldig ~** przyznawać ⟨-nać⟩ się do winy **Bekenntnis** N wyznanie *n*
beklagen ubolewać (*akk* nad *inst*) **Beklagte** F JUR pozwana *f* **Beklagte(r)** M JUR pozwany *m*
bekleiden ubierać ⟨-brać⟩; *Amt* piastować **Bekleidung** F odzież *f*
beklemmend przygniatający (-co)
bekommen otrzymywać ⟨-mać⟩, dostawać ⟨-tać⟩; **gut ~** służyć
bekömmlich zdrowy; *Essen* lekkostrawny
beköstigen żywić, stołować
bekräftigen potwierdzać ⟨-dzić⟩
bekreuzigen: **sich ~** ⟨prze⟩żegnać się
bekunden okazywać ⟨-zać⟩

eladen ‹za›ładować
elag M powłoka *f*, nalot *m*
elanglos nieważny, błahy
elasten obciążać ‹-żyć›
elästigen V/T dokuczać, naprzykrzać się (*akk dat*); nagabywać **Belästigung** F dokuczanie *n*; nagabywanie *n*
elastung F obciążenie *n* **Belastungszeuge** M świadek *m* oskarżenia
elaufen: **sich ~** wynosić ‹-nieść› (**auf** *akk akk*)
eleben ożywiać ‹-ić› **belebt** ożywiony; *Straße* ruchliwy
eleg M dowód *m* **belegen** *Platz* zajmować ‹-jąć›; *Kursus* zapisywać ‹-sać› się (*akk* na *akk*); (*beweisen*) ‹u›dokumentować **Belegschaft** F załoga *f* **belegt**: **~es Brötchen** kanapka *f*
elehren pouczać ‹-czyć›
eleibt otyły
eleidigen obrażać ‹-zić› **beleidigend** obraźliwy (-wie) **Beleidigung** F obraza *f*
eleuchten oświetlać ‹-lić› **Beleuchtung** F oświetlenie *n*
elichten naświetlać ‹-lić› **Belichtung** F naświetlanie *n* **Belichtungsmesser** M światłomierz *m*
elieben N: **nach ~** wedle uznania **beliebig** dowolny; **jeder Beliebige** którykolwiek, kto bądź **beliebt** lubiany, popularny **Beliebtheit** F popularność *f*
beliefern zaopatrywać ‹-rzyć›
bellen szczekać
belohnen wynagradzać ‹-rodzić› **Belohnung** F nagroda *f*; wynagrodzenie *n*
Belüftung F wentylacja *f*
belügen okłamywać ‹-mać›
bemalen ‹po›malować
bemängeln wytykać ‹-tknąć›, zarzucać ‹-cić›
bemerkbar dostrzegalny; **sich ~ machen** zwracać ‹-rócić› na siebie uwagę **bemerken** zauważać ‹-żyć› **bemerkenswert** godny uwagi **Bemerkung** F uwaga *f*; *Notiz* adnotacja *f*
bemitleiden współczuć
bemühen trudzić; **sich ~** starać się **Bemühung** F staranie *n*, trud *m*
benachbart sąsiedni
benachrichtigen zawiadamiać ‹-domić› **Benachrichtigung** F zawiadomienie *n*
benachteiligen dyskryminować **Benachteiligung** F dyskryminacja *f*
benehmen: **sich ~** zachowywać ‹-ować› się **Benehmen** N zachowanie *n* (się)
beneiden ‹po›zazdrościć (**j-n um** *akk* k-u *gen*) **beneidenswert** godny pozazdroszczenia
Bengel *umg* M pętak *m*
benommen zamroczony
benötigen potrzebować (*akk*

gen)

benutzen używać ⟨użyć⟩ (*akk gen*) **Benutzer(in)** M(F) użytkownik *m*, użytkowniczka *f* **benutzerfreundlich** przyjazny dla użytkownika **Benutzerhandbuch** N podręcznik *m* użytkownika **Benutzung** F korzystanie *n*, używanie *n* **Benutzungsgebühr** F opłata *f* za korzystanie

Benzin N benzyna *f* **Benzinkanister** M kanister *m* na benzynę **Benzintank** M zbiornik *m* benzyny

beobachten obserwować **Beobachtung** F obserwacja *f*

bequem wygodny; **es sich ~ machen** rozgościć się *pf* **Bequemlichkeit** F wygoda *f*

beraten doradzać ⟨-dzić⟩ (*akk dat*); **sich ~** naradzać ⟨-dzić⟩ się **Berater(in)** M(F) doradca *m*, doradczyni *f* **Beratung** F narada *f*; (*Rat*) porada *f* **Beratungsstelle** F poradnia *f*

berauscht upojony

berechenbar obliczalny **berechnen** obliczać ⟨-czyć⟩ **berechnend** wyrachowany **Berechnung** F obliczenie *n*; *fig* wyrachowanie *n*

berechtigen uprawniać (**zu** *dat* do *gen*) **berechtigt** uprawniony **Berechtigung** F uprawnienie *n*, prawo *n*

Bereich M zakres *m*; (*Gebiet*) obręb *m*, zasięg *m* **bereichern** wzbogacać ⟨-cić⟩ (**sich** się)

bereisen objeżdżać ⟨-jechać⟩

bereit gotowy **bereiten** przygotowywać ⟨-ować⟩; *Kumme…* sprawiać ⟨-ić⟩

bereits już

Bereitschaft F gotowość … **Bereitschaftsarzt** M lekarz… *m* dyżurny (pogotowia ratunkowego) **Bereitschaftsdienst** M dyżur *m* lekarza pogotowia

bereitwillig chętny

bereuen żałować (*akk gen*)

Berg M góra *f* **bergab** w dó… **bergauf** w górę **Bergbau** M górnictwo *n*

bergen ⟨u⟩ratować, zabezpieczać ⟨-czyć⟩; kryć

Bergführer(in) M(F) przewodnik *m* górski, przewodniczka *f* górska **bergig** górzysty (-ście…) **Bergmann** M górnik *m* **Bergspitze** F szczyt *m* górski **Bergsteiger(in)** M(F) alpinista *m*, alpinistka *f* **Bergtour** F wycieczka *f* w góry

Bergung F uratowanie *n*, ocalenie *n*

Bergwacht F pogotowie *n* górskie **Bergwerk** N kopalnia *f*

Bericht M sprawozdanie *n* **berichten** donosić ⟨-nieść⟩; ⟨z⟩referować **Berichterstatter(in)** M(F) sprawozdawca *m*

berichtigen ⟨s⟩prostować **Berichtigung** F sprostowanie *n*

Berliner M berlińczyk *m*; ADJ berliński **Berlinerin** F berlinianka *f*
Bermudashorts PL bermudy *pl*
Bernstein M bursztyn *m*
berüchtigt osławiony
berücksichtigen uwzględniać ‹-ić›
Beruf M zawód *m* **beruflich** zawodowy (-wo)
Berufsausbildung F wykształcenie *n* zawodowe **Berufsberatung** F poradnictwo *n* zawodowe **Berufs(fach)schule** F szkoła *f* zawodowa **Berufskrankheit** F choroba *f* zawodowa **berufstätig** czynny zawodowo; **~ sein** pracować zawodowo **Berufsverkehr** M godziny *fpl* szczytu komunikacyjnego
Berufung F powołanie *n*; JUR odwołanie *n*; **~ einlegen** wnosić ‹wnieść› apelację
beruhigen uspokajać ‹-koić› (**sich** się) **beruhigend** uspokajający (-co) **Beruhigungsmittel** N środek *m* uspokajający
berühmt sławny, słynny
berühren dotykać ‹-tknąć› (**sich** się) **Berührung** F dotknięcie *n*; styczność *f*
besänftigen udobruchać *pf*
Besatzung F załoga *f*; MIL okupacja *f*
besaufen *pop*: **sich ~** spić się
beschädigen uszkadzać ‹-kodzić› **Beschädigung** F uszkodzenie *n*
beschaffen wystarać się *pf* (*akk* o *akk*)
beschäftigen zatrudniać ‹-ić›; **sich ~** zajmować ‹-jąć› się (**mit** *dat inst*) **Beschäftigung** F zatrudnienie *n*; zajęcie *n*
beschämt zawstydzony
Bescheid M *amtlich* decyzja *f*, orzeczenie *n*; **~ geben** ‹po›informować; **~ wissen** orientować się, wiedzieć
bescheiden skromny
bescheinigen poświadczać ‹-czyć›, zaświadczać ‹-czyć› **Bescheinigung** F zaświadczenie *n*
bescheißen *pop* ‹o›kantować
beschimpfen obrzucać ‹-cić› wyzwiskami, ‹z›wymyślać
Beschlag M okucie *n*; **mit ~ belegen** zajmować ‹-jąć›, zagarniać ‹-nąć› **Beschlagnahme** F konfiskata *f* **beschlagnahmen** ‹s›konfiskować
beschleunigen przyśpieszać ‹-szyć›
beschließen postanawiać ‹-nowić› **Beschluss** M postanowienie *n*, uchwała *f*
beschmutzen ‹po›brudzić (**sich** się)
beschneiden podcinać ‹-iąć›; *a. fig* okrawać ‹-roić›
beschönigen upiększać

⟨-szyć⟩
beschränken ograniczać ⟨-czyć⟩ (**sich** się) **beschränkt** ograniczony
beschreiben opisywać ⟨-sać⟩ **Beschreibung** F opis *m*
beschuldigen obwiniać ⟨-nić⟩ (*gen* o *akk*) **Beschuldigung** F obwinienie *n*, posądzenie *n*
beschützen ⟨o⟩chronić **Beschützer(in)** M(F) opiekun(ka) *m(f)*; protektor(ka) *m(f)*
Beschwerde F zażalenie *n*; MED dolegliwość *f* **beschweren** obciążać ⟨-żyć⟩; **sich ~** uskarżać się (**über** *akk* na *akk*) **beschwerlich** uciążliwy (-wie)
beschwichtigen uspokajać ⟨-koić⟩
beschwipst *umg* podpity
beschwören przysięgać ⟨-siąc⟩; (*anflehen*) błagać
beseitigen usuwać ⟨-unąć⟩
Besen M miotła *f*
besessen opętany (**von** *dat dat*)
besetzen obsadzać ⟨-dzić⟩ **besetzt** zajęty **Besetztzeichen** N sygnał *m* zajęty **Besetzung** F obsadzenie *n*; MIL okupacja *f*; THEAT obsada *f*
besichtigen zwiedzać ⟨-dzić⟩ **Besichtigung** F zwiedzanie *n*
besiegen pokonywać ⟨-nać⟩
besinnen: **sich ~** przypominać ⟨-mnieć⟩ sobie (**auf** *akk akk*) **besinnungslos** nieprzytomny
Besitz M własność *f*; posiadanie *n* **besitzen** posiadać **Besitzer(in)** M(F) właściciel(ka) *m(f)*, posiadacz(ka) *m(f)*
besoffen *pop* pijany
besondere(r) specjalny szczególny **Besonderheit** F osobliwość *f*; szczególność *f* **besonders** szczególnie, zwłaszcza
besonnen rozważny
besorgen postarać się *pf* (*akk* o *akk*), załatwiać ⟨-ić⟩ **Besorgnis** F niepokój *m* **Besorgung** F załatwienie *n*; **~en machen** załatwiać sprawunki
besprechen omawiać ⟨omówić⟩ **Besprechung** F narada *f*; (*Besprechen*) omówienie *n*
bespritzen opryskiwać ⟨-kać⟩
besser lepszy (-piej) **bessern**: **sich ~** poprawiać ⟨-ić⟩ się **Besserung** F poprawa *f*, polepszenie *n*; **gute ~!** szybkiego powrotu do zdrowia!
Bestand M istnienie *n*; (*Vorrat*) stan *m*, zapas *m* **beständig** trwały (-le), stały (-le) **Bestandteil** M składnik *m*
bestätigen potwierdzać ⟨-dzić⟩ **Bestätigung** F potwierdzenie *n*; (*Bescheinigung*) zaświadczenie *n*
Bestattungsinstitut N zakład *m* pogrzebowy
bestechen przekupywać ⟨-pić⟩ **bestechlich** przekup-

ɪy **Bestechung** F przekup-
ːwo *n* **Bestechungsgeld** N
ɪpówka *f*
ɜsteck N sztućce *mpl*
ɜstehen V/I istnieć; V/T *Prü-*
ung zdać *pf*; *Probe* przejść
f; obstawać (**auf** *akk* przy
ɔk); składać się (**aus** *dat* z *gen*)
ɜstehlen okradać ⟨-raść⟩
ɜsteigen wspinać ⟨-piąć⟩ się
ɪkk na *akk*)
estellen zamawiać ⟨-mó-
*ɪ*ić⟩; *Feld* uprawiać; *Gruß* prze-
ɪzywać ⟨-zać⟩ **Bestellnum-**
mer F numer *m* zamówienia
Bestellung F zamówienie *n*;
AGR uprawa *f*
estenfalls w najlepszym ra-
ie **bestens** (jak) najlepiej
este(r) najlepszy; **der erste**
Beste pierwszy lepszy; **am bes-**
ːen najlepiej
esteuern opodatkowywać
⟨-ować⟩
estie F *fig* bestia *f*
estimmen określać ⟨-lić⟩
bestimmt pewny, określony;
Ton stanowczy (-czo); ADV na
pewno **Bestimmung** F prze-
znaczenie *n* **Bestimmungs-**
ort M miejsce *n* przeznacze-
nia
estrafen ⟨u⟩karać (**für** *akk* za
akk) **Bestrafung** F ukaranie *n*
estrahlung F naświetlanie *n*
estreben N dążenie *n*
estreiten V/T zaprzeczać
⟨-czyć⟩ (*akk dat*); *Kosten* pokry-
wać ⟨-yć⟩ **bestürzt** wytrąco-
ny z równowagi, wstrząśnięty
Besuch M odwiedziny *pl*;
zwiedzenie *n* **besuchen** od-
wiedzać ⟨-dzić⟩; *Schule* uczęsz-
czać (*akk* do *gen*) **Besu-**
cher(in) M(F) gość *m*; zwiedza-
jący *m*, zwiedzająca *f* **Be-**
suchszeit F czas *m* odwie-
dzin
betagt leciwy
betätigen uruchamiać ⟨-cho-
mić⟩; *Taste* naciskać ⟨-snąć⟩
betäuben ogłuszać ⟨-szyć⟩;
MED znieczulać ⟨-lić⟩ **Betäu-**
bungsmittel N środek *m*
znieczulający
Bete F: **Rote ~** bura(cz)ki *mpl*
ćwikłowe
beteiligen: **sich ~** brać udział
(**an** *dat* w *lok*) **Beteiligung** F
udział *m*
beten ⟨po⟩modlić się
Beton M beton *m*
betonen ⟨za⟩akcentować **Be-**
tonung F akcent *m*; *fig* na-
cisk *m*
Betracht M: **in ~ ziehen** brać
pod uwagę **betrachten** V/T
oglądać ⟨obejrzeć⟩; uważać
(**als** *akk* za *akk*; **sich** się)
beträchtlich znaczny
Betrag M kwota *f*, suma *f* **be-**
tragen V/T wynosić ⟨-nieść⟩
Betragen N sprawowanie *n*,
zachowanie *n* (się)
betreffen dotyczyć (*akk gen*)
betreffend dotyczący (*akk*
gen) **betreffs** w sprawie, od-
nośnie (*gen*)

betreiben uprawiać; trudnić się (*akk inst*)
betreten wchodzić˙ ⟨wejść⟩ (*akk* do *gen*)
betreuen opiekować się (*akk inst*) **Betreuung** F opieka *f*
Betrieb M (*Unternehmen*) zakład *m*; ruch *m*; eksploatacja *f*; **außer ~** nieczynny **betriebsbereit** gotowy do użytku **Betriebsleiter(in)** M(F) kierownik *m* zakładu, kierowniczka *f* zakładu **Betriebsrat** M rada *f* zakładowa **Betriebssystem** N IT system *m* operacyjny
betrinken: **sich ~** upijać ⟨-ić⟩ się
betrübt zmartwiony
Betrug M oszustwo *n*
betrügen oszukiwać ⟨-kać⟩ **Betrüger(in)** M(F) oszust(ka) *m(f)* **betrügerisch** oszukańczy (-czo)
betrunken pijany
Bett N łóżko *n*; (*Bettzeug*) pościel *f*; **das ~ machen** ⟨po⟩słać łóżko **Bettdecke** F kołdra *f*
betteln żebrać
bettlägerig obłożnie chory
Bettlaken N prześcieradło *n*
Bettler(in) M(F) żebrak *m*, żebraczka *f*
Bettruhe F leżenie *n* w łóżku
Bettwäsche F bielizna *f* pościelowa
Beule F guz *m*
beunruhigen ⟨za⟩niepokoić (**sich** się)
beurlauben udzielać ⟨-li urlopu; *Schüler* zwalniać ⟨zw nić⟩
beurteilen oceniać ⟨-ić⟩ **B urteilung** F ocena *f*; opinia
Beute F łup *m*, zdobycz *f*
Beutel M torebka *f*, worek *n* woreczek *m*
Bevölkerung F ludność *f*
bevollmächtigen upowa niać ⟨-ić⟩ **Bevollmächtigt** F pełnomocniczka *f* **Bevol mächtigte(r)** M pełnomo nik *m*
bevor zanim
bevorstehen zanosić się (*no* na *akk*) **bevorstehend** zbl żający się, nadchodzący
bevorzugen faworyzowa woleć
bewachen pilnować, strze **bewacht** strzeżony **Bewa chung** F ochrona *f*
bewaffnen uzbrajać ⟨-roić **bewaffnet** uzbrojony
bewahren zachowywa ⟨-ować⟩
bewährt wypróbowany **Be währung** F: JUR **mit ~** w za wieszeniu
bewältigen pokonywa ⟨-nać⟩
bewandert biegły (**in** *dat* w *lok*)
bewässern nawadniać ⟨-wod nić⟩
bewegen poruszać ⟨-szyć⟩ (**sich** się); *fig* wzruszać ⟨-szyć⟩

skłaniać ⟨-łonić⟩ (**zu** *dat* do *gen*) **Beweggrund** M pobudka *f* **beweglich** ruchomy (-mo); ruchliwy (-wie) **Bewegung** F ruch *m* **bewegungslos** nieruchomy (-mo)
Beweis M dowód *m* **beweisen** dowodzić ⟨-wieść⟩ (*akk gen*)
bewerben: **sich ~** ubiegać się (**um** *akk* o *akk*) **Bewerber(in)** M(F) kandydat(ka) *m(f)* **Bewerbung** F ubieganie *n* się; (*Gesuch*) podanie *n* o przyjęcie do pracy **Bewerbungsunterlagen** PL dokumenty *mpl* dołączone do podania o przyjęcie do pracy
bewerten oceniać ⟨-ić⟩; SPORT punktować
bewilligen *Kredit* przyznawać ⟨-nać⟩; zatwierdzać ⟨-dzić⟩
bewirken sprawiać ⟨-ić⟩
bewirten ⟨po⟩częstować, podejmować ⟨-djąć⟩
bewohnbar nadający się do zamieszkania **Bewohner(in)** M(F) mieszkaniec *m*, mieszkanka *f*
bewölken: **sich ~** zachmurzać ⟨-rzyć⟩ się **bewölkt** zachmorzony **Bewölkung** F zachmurzenie *n*
bewundern podziwiać **Bewunderung** F podziw *m*
bewusst świadomy (-mie) **bewusstlos** nieprzytomny **Bewusstsein** N przytomność *f*; świadomość *f*

bezahlen ⟨za⟩płacić **Bezahlung** F zapłata *f*
bezaubernd czarujący (-co)
bezeichnen oznaczać ⟨-czyć⟩ **bezeichnend** znamienny **Bezeichnung** F oznaczenie *n*; nazwa *f*
bezeugen poświadczać ⟨-czyć⟩
bezichtigen posądzać (*gen* o *akk*)
beziehen *Bett* powlekać ⟨-lec⟩; *Wohnung* wprowadzać ⟨-wadzić⟩ się (*akk* do *gen*); *Rente* pobierać; *Waren* otrzymywać ⟨-mać⟩, sprowadzać ⟨-dzić⟩; *Zeitung* ⟨za⟩prenumerować; **sich ~** odnosić ⟨-nieść⟩ się (**auf** *akk* do *gen*) **Beziehung** F związek *m*; stosunki *mpl*; **~en haben** mieć znajomości **beziehungsweise** względnie
Bezirk M okręg *m*, obwód *m*; (*Stadtbezirk*) dzielnica *f*
Bezug M *Möbel* pokrycie *n*, obicie *n*; HANDEL zakup *m*; prenumerata *f*; **in ~** odnośnie (**auf** *akk* do *gen*); **mit ~** powołując się (**auf** *akk* na *akk*); **Bezüge** *pl* pobory *pl* **bezüglich** odnośnie
bezwecken mieć na celu
bezweifeln V/T powątpiewać (*akk* w *akk*)
bezwingen pokonywać ⟨-nać⟩
BH M biustonosz *m*
Biathlon M SPORT biatlon *m*

Bibel F biblia *f*
Biber M bóbr *m*
Bibliothek F biblioteka *f* **Bibliothekar(in)** M(F) bibliotekarz *m*, bibliotekarka *f*
biegen ⟨z⟩giąć; V/I skręcać ⟨-cić⟩ **biegsam** giętki (-ko)
Biene F pszczoła *f*
Bier N piwo *n* **Biergarten** M ogródek *m* piwny
Biest *umg* N bestia *f*
bieten *Preis* ⟨za⟩oferować; **sich ~** nadarzać ⟨-rzyć⟩ się; *Anblick* przedstawiać się
Bikini M bikini *n*
Bilanz F bilans *m*
Bild N obraz *m*, obrazek *m* **Bildband** M album *m*
bilden ⟨u⟩tworzyć (**sich** się); (*sein*) stanowić; **sich ~** kształcić się
Bilderbuch N książka *f* z obrazkami **Bildhauer(in)** M(F) rzeźbiarz *m*, rzeźbiarka *f* **bildlich** obrazowy (-wo) **Bildschirm** M ekran *m*
Bildung F tworzenie *n* (się); (*Ausbildung*) wykształcenie *n*, kształcenie *n*
billig tani (-nio) **billigen** ⟨za⟩aprobować
Bimsstein M pumeks *m*
Binde F opaska *f*; MED bandaż *m* **Bindehaut** F spojówka *f* **Bindehautentzündung** F zapalenie *n* spojówek
binden ⟨z⟩wiązać; *fig* obowiązywać; *Buch* oprawiać ⟨-ić⟩
Bindestrich M łącznik *m*
Bindfaden M sznurek *m*
Bindung F TECH, SPORT w… zanie *n*; *fig* więź *f*
binnen w ciągu (*dat*, *gen* ge… **Binnenhandel** M handel wewnętrzny **Binnenschif… fahrt** F żegluga *f* śródlądow…
Bioladen M sklep *m* ze zdrow… żywnością **Biologe** M biol… *m* **Biologie** F biologia *f* **Bi… login** F biolog *m* **biologisc…** biologiczny
Birke F brzoza *f*; *Holz* brzezi… *f*
Birnbaum M grusza *f* **Birn…** F gruszka *f*; ELEK żarówka *f*
bis PRÄP (*akk*) do (*gen*); **~ an, in, ~ zu** aż do; KONJ aż, dopó… nie
Bisamratte F piżmak *m*
Bischof M biskup *m*
bisher dotąd **bisherig** d… tychczasowy
Biss M ukąszenie *n*
bisschen: **ein ~** trochę; **kei… ~** ani trochę
Bissen M kęs *m*
bissig kąśliwy; *fig* zgryźliw… (-wie)
Bistum N biskupstwo *n*
bisweilen niekiedy
bitte proszę **Bitte** F prośba **bitten** ⟨po⟩prosić (**um** *akk* *akk*)
bitter gorzki (-ko)
Bittschrift F petycja *f*
Blähung F wzdęcie *n*
blamieren ⟨s⟩kompromito… wać (**sich** się)

blank lśniący (-co); *fig* goły
Blase F pęcherz *m*; (*Hautblase*) bąbel *m*
blasen dmuchać ‹-chnąć›; *Wind* dąć, wiać
blass blady (-do); ~ **werden** ‹z›blednąć
Blatt N liść *m*; *Papier* arkusz *m*; (*Seite*) strona *f*; (*Zeitung*) gazeta *f*
blättern przeglądać, wertować (**in** *dat akk*)
Blätterteig M ciasto *n* francuskie
blau niebieski (-ko), błękitny **Blaulicht** N: **mit** ~ na sygnale
Blech N blacha *f* **Blechdose** F puszka *f* blaszana
Blei[1] N ołów *m*
Blei[2] M ZOOL leszcz *m*
bleiben zostawać ‹-tać›; ~ **lassen** zaniechać *pf* (*akk gen*) **bleibend** trwały
bleich blady (-do)
bleifrei *Benzin* bezołowiowy
Bleistift M ołówek *m* **Bleistiftspitzer** M temperówka *f*
Blende F FOTO przesłona *f* **blenden** oślepiać ‹-ić› **blendend** *fig* świetny
Blick M spojrzenie *n*; **auf den ersten** ~ od pierwszego wejrzenia **blicken** ‹po›patrzeć, spoglądać ‹spojrzeć›; **sich** ~ **lassen** pokazywać ‹-zać› się **Blickfeld** N pole *n* widzenia
blind ślepy (-po)
Blinddarm M wyrostek *m* robaczkowy **Blinddarmentzündung** F zapalenie *n* wyrostka (robaczkowego)
Blinde F niewidoma *f* **Blinde(r)** M niewidomy *m* **Blindheit** F ślepota *f*
blinken VI *Sterne* lśnić; *Licht* błyskać ‹-snąć›; migać ‹-gnąć› **Blinker** M AUTO kierunkowskaz *m*
blinzeln mrugać ‹-gnąć›
Blitz M błyskawica *f*, piorun *m*; FOTO błysk *m* **Blitzableiter** M piorunochron *m* **blitzartig** błyskawiczny **blitzen** błyskać ‹-snąć› **Blitzlicht** N lampa *f* błyskowa
Block M blok *m*
blockieren ‹za›blokować
blöd(e) *umg* głupkowaty (-to) **Blödsinn** *umg* M nonsens *m*, bzdury *fpl* **blödsinnig** *umg* idiotyczny
Blog M IT blog *m* **bloggen** pisać bloga
blond blond
bloß goły; *Füße* bosy; ADV tylko, jedynie
Blöße F nagość *f*; *fig* słaby punkt *m*
bloßstellen ‹s›kompromitować (**sich** się)
Blue Jeans PL dżinsy *pl*
blühen kwitnąć
Blume F kwiat *m*
Blumengeschäft N kwiaciarnia *f* **Blumenkohl** M kalafior *m* **Blumenstrauß** M bukiet *m* **Blumentopf** M doniczka *f*

Bluse F bluzka *f*; bluza *f*
Blut N krew *f* **Blutbild** N morfologia *f* krwi **Blutdruck** M ciśnienie *n* krwi
Blüte F kwiat *m*
bluten krwawić **Bluterguss** M krwiak *m* **Blutgruppe** F grupa *f* krwi **blutig** krwawy (-wo) **Blutprobe** F badanie *n* krwi na obecność alkoholu **Blutspender(in)** M(F) krwiodawca *m*, krwiodawczyni *f* **blutstillend** tamujący krew **Bluttransfusion** F transfuzja *f* krwi **Blutung** F krwawienie *n* **Blutvergiftung** F zakażenie *n* krwi **Blutwurst** F kaszanka *f*
Bö F poryw *m* wiatru, szkwał *m*
Bock M kozioł *m* **Bockwurst** F serdelek *m*
Boden M ziemia *f*; AGR *a.* gleba *f*, grunt *m*; *Gefäß* dno *n* **bodenlos** bezdenny **Bodenpersonal** N obsługa *f* naziemna **Bodenschätze** MPL bogactwa *npl* naturalne
Bodybuilding N kulturystyka *f*
Bogen M łuk *m*; MUS smyczek *m*; *Papier* arkusz *m* **Bogenschütze** M łucznik *m* **Bogenschützin** F łuczniczka *f*
Böhmen N Czechy *pl* **böhmisch** czeski
Bohne F fasola *f* **Bohnenkaffee** M kawa *f* naturalna **Bohnensuppe** F zupa *f* fasolowa
bohren ⟨wy⟩wiercić **Bohrer** M wiertło *n* **Bohrmaschine** F wiertarka *f* **Bohrung** F wiercenie *n*; (*Loch*) otwór *m* wiercony
böig porywisty, wietrzny
Boje F boja *f*
Bombe F bomba *f*
Bonbon M *od* N cukierek *m*
Bonus M *Rabatt* zniżka *f*; premia *f*
Boot N łódź *f* **Bootsverleih** M wypożyczalnia *f* łodzi
Bord M SCHIFF burta *f*; **an ~** na pokładzie **Bordcomputer** M komputer *m* pokładowy
Bordell N dom *m* publiczny
borgen pożyczać ⟨-czyć⟩
Borke F kora *f*; *auf einer Wunde* strup *m*
Börse F FIN giełda *f*
Borsten FPL szczecina *f*
bösartig złośliwy (-wie)
Böschung F skarpa *f*
böse zły (źle); **~ sein** gniewać się (*dat* na *akk*) **boshaft** złośliwy (-wie) **Bosheit** F złośliwość *f* **böswillig** złośliwy (-wie)
botanisch botaniczny
Bote M posłaniec *m*; (*Bürobote*) goniec *m*
Botschaft F wiadomość *f*; POL ambasada *f* **Botschafter(in)** M(F) ambasador(ka) *m(f)*
Bouillon F bulion *m*
Boutique F butik *m*
Bowle F kruszon *m*
Box F (*Pferdebox*) boks *m*; (*Behälter*) skrzynka *f*, pojemnik *m*

boxen boksować się **Boxer(in)** M(F) pięściarz *m*, pięściarka *f*; *Hund* bokser *m* **Boxershorts** PL bokserki *pl*
Boykott M bojkot *m*
brachliegen leżeć odłogiem
Branche F gałąź *f*, branża *f*
Brand M pożar *m*; MED gangrena *f*; **in ~ stecken** podpalać ⟨-lić⟩ **Brandblase** F pęcherz *m* od oparzenia **Brandsalbe** F maść *f* na oparzenia **Brandstätte** F pogorzelisko *n* **Brandstiftung** F podpalenie *n*
Brandung F kipiel *f* (morska)
Brandwunde F oparzelina *f*, oparzenie *n*
Branntwein M wódka *f*
brasilianisch brazylijski
Brasilien N Brazylia *f*
braten ⟨u⟩smażyć; *im Backofen* ⟨u⟩piec **Braten** M pieczeń *f* **Brathähnchen** N pieczony kurczak *m* **Bratkartoffeln** FPL; smażone ziemniaki *mpl* **Bratpfanne** F patelnia *f*
Bratsche F altówka *f*
Brauch M obyczaj *m* **brauchbar** zdatny, nadający się (**für** *akk*, **zu** *dat* do *gen*) **brauchen** potrzebować (*akk gen*)
Braue F brew *f*
Brauerei F browar *m*
braun brązowy (-wo), brunatny; **~ gebrannt** opalony na brązowo **Bräune** F opalenizna *f* **bräunen** ⟨przy⟩rumienić; **sich (in der Sonne) ~** opalać ⟨-lić⟩ się
Braunkohle F węgiel *m* brunatny
Brause F prysznic *m*; *Gießkanne* sitko *n* do konewki
brausen V/I szumieć, huczeć
Braut F narzeczona *f*
Bräutigam M narzeczony *m*
brav dzielny; *Kind* grzeczny
bravo brawo
Brecheisen N łom *m* **brechen** ⟨po⟩łamać, ⟨z⟩łamać (*v/i* się); V/I MED ⟨z⟩wymiotować **Brechmittel** N środek *m* na wymioty
Brei M papka *f*, kaszka *f*
breit szeroki (-ko) **Breite** F szerokość *f* **breitschultrig** barczysty
Bremsbelag M okładzina *f* hamulcowa **Bremse** F hamulec *m* **bremsen** ⟨za⟩hamować **Bremsflüssigkeit** F płyn *m* hamulcowy **Bremslicht** N światło *n* stop **Bremsspur** F ślad *m* hamowania
brennbar palny **brennen** palić (*v/i* się); *Sonne* prażyć; *Wunde* piec
Brennholz N drewno *n* na opał **Brennnessel** F pokrzywa *f* **Brennspiritus** M denaturat *m* **Brennstoff** M paliwo *n* **Brennweite** F ogniskowa *f*
Breslau N Wrocław *m*
Brett N deska *f* **Brettspiel** N gra *f* planszowa
Brezel F obwarzanek *m*
Brief M list *m* **Briefkasten** M

skrzynka *f* pocztowa **brieflich** listowny **Briefmarke** F znaczek *m* pocztowy **Briefpapier** N papier *m* listowy **Briefträger(in)** M(F) listonosz(ka) *m(f)* **Briefumschlag** M koperta *f* **Briefwechsel** M korespondencja *f*
Brillant M brylant *m*
Brille F okulary *pl*
bringen (*herbringen*) przynosić ‹-nieść›; (*fortbringen*) odnosić ‹-nieść›; *fahrend* przywozić ‹-wieźć›; odwozić ‹-wieźć›; **in Ordnung ~** ‹u›porządkować
Brise F bryza *f*
bröckeln kruszyć
Brocken M kawał *m*, odłamek *m*
brodeln wrzeć, kipieć
Brombeere F jeżyna *f*
Bronchitis F zapalenie *n* oskrzeli
Brosche F broszka *f*
Broschüre F broszura *f*
Brot N chleb *m* **Brötchen** N bułka *f*, bułeczka *f* **Brotscheibe** F kromka *f* chleba
Brotzeit F przerwa *f* na posiłek; przekąska *f*
Browser M IT przeglądarka *f*
Bruch M złamanie *n*; *fig a.* rozłam *m*; (*Leistenbruch*) przepuklina *f*; MATH ułamek *m* **brüchig** łamliwy, kruchy **Bruchstück** N odłamek *m*; *fig* fragment *m*, urywek *m*
Brücke F most *m*; SCHIFF, SPORT, TECH mostek *m*; (*Tep*pich) dywanik *m*
Bruder M brat *m* **brüderlic**h braterski (po-ku)
Brühe F GASTR rosół *m*, bulio*n* *m* **Brühwürfel** M kostka *f* bulionowa
brüllen ryczeć ‹ryknąć›
brummen mruczeć ‹mruknąć› **brummig** zrzędliw(y) (-wie), gderliwy (-wie)
brünett ciemnowłosy **Brünette** F brunetka *f*
Brunnen M studnia *f*
brüsk opryskliwy (-wie), szorstki (-ko)
Brust F pierś *f* **Brustkorb** M klatka *f* piersiowa
Brüstung F balustrada *f*
Brustwarze F brodawka *f* piersiowa
brüten wysiadywać ‹-siedzieć› jaja; *fig* głowić się (**über** *da*…) nad *inst*)
Bruthenne F kwoka *f*
brutto brutto **Bruttogewicht** N waga *f* brutto
BSE F BSE, choroba *f* szalonych krów
Bube M (*Karte*) walet *m*
Buch N książka *f*; (*Geschäftsbuch*) księga *f*
Buche F buk *m*
buchen ‹za›księgować; *Platz* ‹za›rezerwować
Bücherei F biblioteka *f* **Bücherschrank** M biblioteczka *f*, szafa *f* na książki
Buchführung F księgowość *f*

Buchhalter(in) M(F) księgowy *m*, księgowa *f* **Buchhändler(in)** M(F) księgarz *m* **Buchhandlung** F księgarnia *f*
Büchse F puszka *f*; (*Waffe*) strzelba *f*
Büchsenmilch F mleko *n* skondensowane **Büchsenöffner** M otwieracz *m* do puszek
Buchstabe M litera *f* **buchstabieren** ⟨prze⟩literować **buchstäblich** dosłowny
Bucht F GEOG zatoka *f*
Buchung F (za)księgowanie *n*; *Hotel* rezerwacja *f*
Buchweizen M gryka *f*
Buckel M garb *m* **bücken**: **sich ~** schylać ⟨-lić⟩ się **bucklig** garbaty (-to) **Bückling** M GASTR pikling *m*
buddeln *umg* kopać
Budget N budżet *m*
Büfett N: **kaltes ~** szwedzki stół *m*
Büffel M bawół *m* **büffeln** *umg* wkuwać, kuć
Bug M SCHIFF dziób *m*, przód *m*
Bügel M wieszak *m*; pałąk *m* **Bügelbrett** N deska *f* do prasowania **Bügeleisen** N żelazko *n* **bügelfrei** niewymagający prasowania **bügeln** ⟨wy⟩prasować
Bühne F scena *f* **Bühnenbild** N sceneria *f*, dekoracje *fpl* **Bühnenstück** N sztuka *f* sceniczna
Bulette F kotlet *m* mielony
Bulgare M Bułgar *m* **Bulgarien** N Bułgaria *f* **Bulgarin** F Bułgarka *f* **bulgarisch** bułgarski (po -ku)
Bulle M byk *m*
Bummel *umg* M spacer *m* **bummeln** *umg* (*langsam machen*) guzdrać się
Bund[1] N wiązka *f*; pęczek *m*, pęk *m*
Bund[2] M związek *m*; federacja *f*
Bündel N wiązka *f*; tobół *m*
Bundeskanzler(in) M(F) kanclerz *m* federalny **Bundesland** N kraj *m* związkowy **Bundesliga** F Bundesliga *f* **Bundespräsident(in)** M(F) prezydent *m* federalny **Bundesregierung** F rząd *m* federalny **Bundesrepublik** F republika *f* federalna **Bundesstaat** M państwo *n* związkowe, federacja *f*
Bündnis N sojusz *m*
bunt (różno)barwny; *fig* mieszany **Buntstift** M kredka *f*
Burg F zamek *m*, gród *m*
Bürge M poręczyciel *m* **bürgen** poręczać ⟨-czyć⟩, ręczyć (**für** *akk* za *akk*)
Bürger(in) M(F) obywatel(ka) *m(f)* **Bürgerkrieg** M wojna *f* domowa **bürgerlich** mieszczański; JUR cywilny **Bürgermeister(in)** M(F) burmistrz *m* **Bürgersteig** M chodnik *m*
Bürgschaft F poręczenie *n*,

gwarancja *f*
Büro N biuro *n* **Bürohaus** N biurowiec *m* **Büroklammer** F spinacz *m*
Bürste F szczotka *f* **bürsten** ⟨wy⟩szczotkować
Bus M autobus *m* **Busbahnhof** M dworzec *m* autobusowy
Busch M krzak *m*, krzew *m*
Büschel M pęk *m*; (*Haarbüschel*) kosmyk *m*
Busen M piersi *fpl*, biust *m*
Bushaltestelle F przystanek *m* autobusowy
Business Class F klasa *f* biznesowa
Bussard M myszołów *m*
Buße F REL pokuta *f* **büßen** ⟨od⟩pokutować **Bußgeld** N grzywna *f*
Büste F popiersie *n* **Büstenhalter** M biustonosz *m*
Butter F masło *n* **Butterbrot** N chleb *m* z masłem **Buttermilch** F maślanka *f* **Butterpilz** M maślak *m*

C

Cabrio N kabriolet *m*
Café N kawiarnia *f*
Call-Center N call center *m*
Camping N kempingowanie *n* **Campingplatz** M kemping *m*
Cappuccino M cappuccino *n*
CD F płyta *f* CD **CD-Brenner** M nagrywarka *f* płyt kompaktowych **CD-Player** M odtwarzacz *m* płyt kompaktowych
CD-ROM F CD-ROM *m*
Cello N wiolonczela *f*
Champagner M szampan *m*
Champignon M pieczarka *f*
Chance F szansa *f*
Chaos N chaos *m* **chaotisch** chaotyczny
Charakter M charakter *m* **charakteristisch** charakterystyczny
Charterflug M lot *m* czarterowy
Chassis N AUTO podwozie *n*
chatten IT rozmawiać na czacie
Chaussee F szosa *f*
Chef(in) M(F) szef *m*, szefowa *f* **Chefarzt** M ordynator *m* **Chefärztin** F ordynator *m*
Chemie F chemia *f*
Chemikalien FPL chemikalia *pl* **chemisch** chemiczny **Chemotherapie** F chemoterapia *f*
Chiffre F szyfr *m*; kod *m*
Chile N Chile *n*
China N Chiny *pl* **Chinese** M Chińczyk *m* **Chinesin** F Chinka *f* **chinesisch** chiński (po -ku)
Chip M chip *m*; **Chips** *pl* chipsy *mpl* **Chipkarte** F karta *f* chipowa

Chirurg(in) M(F) chirurg *m*
Chor M chór *m*
Christ(in) M(F) chrześcijanin *m*, chrześcijanka *f* **Christbaum** M choinka *f* **Christentum** N chrześcijaństwo *n* **Christkind** N Dzieciątko *n* Jezus **christlich** chrześcijański (po -ku)
Christus M Chrystus *m*
Chronik F kronika *f* **chronisch** MED przewlekły (-le)
clever bystry; sprytny
Clique F *Freunde* paczka *f*; klika *f*
Clown M klown *m*
Club M klub *m*
Cognac M koniak *m*
Compact Disc F płyta *f* kompaktowa
Computer M komputer *m* **computergesteuert** sterowany komputerowo **Computerspiel** N gra *f* komputerowa
Container M kontener *m*, pojemnik *m*
Couch F tapczan *m*
Cousin M kuzyn *m* **Cousine** F kuzynka *f*
Creme F krem *m*
Curry M *od* N curry **Currywurst** F kiełbasa *f* z curry
Cursor M kursor *m*

D

da ADV (*hier*) tu; (*dort*) tam; KONJ (*weil*) ponieważ; **es ist kein(e) … ~, … ist nicht ~** nie ma … (*gen*); **von ~ an, von ~ ab** odtąd, stąd; **~ ist es** tam jest, oto jest; **~ sein** egzystować; być obecnym
dabei obok; przy tym; **~ sein** uczestniczyć (**bei** *dat* w *lok*); być obecnym (przy *lok*)
dableiben pozostawać ⟨-tać⟩
Dach N dach *m* **Dachdecker** M dekarz *m* **Dachgeschoss** N poddasze *n* **Dachrinne** F rynna *f* **Dachziegel** M dachówka *f*
Dackel M jamnik *m*
dadurch przez to; w taki sposób
dafür za to; **ich bin ~** jestem za tym; **er kann nichts ~** on nie jest temu winien, on nic na to nie poradzi
dagegen ADV przeciw temu; KONJ natomiast
daheim w domu
daher ADV stamtąd; KONJ dlatego
dahin tam; do tego; **bis ~** dotąd **dahinten** tam z tyłu, w tyle **dahinter** za tym
damals wtedy
Dame F dama *f*, pani *f*; *Spiel*

warcaby *pl*; *Schach* królowa *f*, hetman *m* **Damenbinde** F podpaska *f* higieniczna
damit ADV tym, tym samym; KONJ aby
Damm M tama *f*; BAHN nasyp *m*
dämmern: **es dämmert** *abends* zmierzcha (się); *morgens* świta **Dämmerung** F *abends* zmierzch *m*, zmrok *m*; *morgens*świt *m*
Dampf M para *f* **Dampfbad** N łaźnia *f* parowa **dampfen** parować
dämpfen *Stimme* ściszać ⟨-szyć⟩; GASTR ⟨u⟩dusić
Dampfer M parowiec *m*
Dampfheizung F ogrzewanie *n* parowe **Dampfkochtopf** M szybkowar *m*
danach potem, następnie
Däne M Duńczyk *m*
daneben obok; oprócz tego
Dänemark N Dania *f* **Dänin** F Dunka *f* **dänisch** duński (po -ku)
dank (*dat, gen*) dzięki (*dat*)
Dank M podziękowanie *n*; **herzlichen ~!** serdeczne dzięki! **dankbar** wdzięczny **danke** dziękuję; **~ schön!** bardzo dziękuję! **danken** ⟨po⟩dziękować (**für** *akk* za *akk*)
dann wtedy; potem; **bis ~!** na razie!
daran przy tym, na tym **darauf** potem, następnie; na tym, na to **daraus** z tego; stąd
Darbietung F przedstawienie *n*
darin w tym; co do tego
darlegen wyłuszczać ⟨-czyć⟩, wyjaśniać ⟨-ić⟩
Darlehen N pożyczka *f*
Darm M jelito *n* **Darmgrippe** F grypa *f* jelitowa
darstellen przedstawiać ⟨-ić⟩ (**sich** się) **Darsteller(in)** M(F) wykonawca *m*, wykonawczyni *f*
darüber o tym; **~ hinaus** ponadto **darum** o to; KONJ dlatego **darunter** pod tym, pod to; poniżej; pomiędzy
das *Art. fehlt im Poln.*; PRON to; *relativ* które
dass że; *Zweck, Absicht* aby; **es sei denn, ~ …** chyba że …
Datei F IT plik *m*
Daten PL dane *pl* **Datenbank** F bank *m* danych **Datenschutz** M ochrona *f* danych **Datenträger** M nośnik *m* danych **Datenverarbeitung** F przetwarzanie *n* danych
datieren datować
Dativ M GRAM celownik *m*
Dattel F daktyl *m*
Datum N data *f*
Dauer F trwanie *n*; czas *m*; *begrenzt* okres; **auf die ~** na dłuższy czas **Dauerauftrag** M zlecenie *n* stałe
dauerhaft trwały (-le) **dauern** ⟨po⟩trwać **dauernd** ciągły (-le)
Dauerwelle F trwała *f*, trwała

ondulacja *f*
Daumen M kciuk *m*
Daunendecke F kołdra *f* puchowa
davon z tego **davonlaufen** uciekać ‹-ec›
davor przed tym
dazu do tego, na to; przy tym, (po)nadto **dazugehören** należeć do (*gen*) **dazutun** dodawać ‹-dać› (**zu** *dat* do *gen*)
dazwischen pomiędzy **dazwischenkommen** stawać ‹stanąć› na przeszkodzie **dazwischenreden** przerywać ‹-rwać›; wtrącać ‹-cić› się (do *gen*)
dealen handlować narkotykami **Dealer(in)** M(F) dealer(ka) *m(f)* narkotyków
Debatte F dyskusja *f*
Deck N SCHIFF pokład *m*
Decke F przykrycie *n*, nakrycie *n*; (*Schneedecke usw*) pokrywa *f*; ARCH sufit *m*
Deckel M pokrywka *f*
decken *Kosten, Dach* pokrywać ‹-yć›; *Tisch* nakrywać ‹-yć›
Deckung F pokrycie *n*; osłona *f*
defekt uszkodzony **Defekt** M defekt *m*; wada *f*
definieren ‹z›definiować **Definition** F definicja *f*
deftig *umg* porządny, tęgi (-go)
dehnen rozciągać ‹-gnąć› (**sich** się)
Deich M grobla *f*, tama *f*
dein twój, twoja, twoje; PL twoi, twoje; swój, swoja, swoje; PL swoi, swoje; **die Deinen** twoi **deinerseits** z twojej strony **deinetwegen** z twojego powodu, ze względu na ciebie
deklarieren ‹za›deklarować
Deklination F GRAM deklinacja *f*
Dekoration F dekoracja *f* **dekorieren** ‹u›dekorować
Delegation F delegacja *f*
delikat delikatny **Delikatesse** F smakołyk *m*, specjał *m*
Delikt N wykroczenie *m*
dementsprechend stosownie do tego, zgodnie z tym **demgemäß** odpowiednio do tego **demnach** zatem **demnächst** wkrótce
Demokratie F demokracja *f* **demokratisch** demokratyczny
Demonstration F demonstracja *f* **demonstrieren** demonstrować
demütig pokorny **demütigen** upokarzać ‹-korzyć›
demzufolge wskutek tego
denkbar wyobrażalny, możliwy **denken** ‹po›myśleć (**an** *akk* o *lok*); **sich ~** wyobrażać ‹-razić› sobie
Denkmal N pomnik *m* **Denkmalschutz** M ochrona *f* zabytków
denn bo

dennoch jednakże, jednak, przecież
Denunziant(in) M(F) donosiciel(ka) *m(f)* **denunzieren** ⟨za⟩denuncjować
Deodorant N dezodorant *m* **Deoroller** M dezodorant *m* w kulce **Deospray** N dezodorant *m* w sprayu
deponieren ⟨z⟩deponować
Depot N skład(nica) *m(f)*; depozyt *m*
der *Art. fehlt im Poln.*; PRON ten; *relativ* który
derart → dermaßen
derb ordynarny; mocny (-no); *Essen* prosty
dergleichen (temu) podobny **derjenige** ten **dermaßen** do tego stopnia **derselbe** ten sam **derzeitig** obecny; (*damalig*) ówczesny
Deserteur M dezerter *m*
desgleichen podobnie, tak samo **deshalb** dlatego
Desinfektionsmittel N środek *m* odkażający **desinfizieren** ⟨z⟩dezynfekować, odkażać ⟨-zić⟩
dessen tego; *relativ* którego
Dessert N deser *m*
desto tym; **~ mehr** tym więcej, tym bardziej
deswegen dlatego
Detail N detal *m*, szczegół *m* **detailliert** szczegółowy (-wo)
deuten objaśniać ⟨-ić⟩, ⟨wy⟩tłumaczyć; (*zeigen*) wskazywać ⟨-zać⟩
deutlich wyraźny
deutsch niemiecki (po -ku) **Deutsch** N niemiecki *m*, język *m* niemiecki; **auf ~** po niemiecku **Deutsche** F Niemka *f* **Deutsche(r)** M Niemiec *m* **Deutschkenntnisse** FPL znajomość *f* (języka) niemieckiego **Deutschkurs** M kurs *m* (języka) niemieckiego **Deutschland** N Niemcy *pl*
Devisen PL dewizy *pl* **Devisenkurs** M kurs *m* dewiz **Dezember** M grudzień *m*; **im ~** w grudniu
dezent delikatny, subtelny
Dezernat N wydział *m*, dział *m*
dezimal dziesiętny
Dia *umg* N slajd *m*
Diabetes M cukrzyca *f* **Diabetiker(in)** M(F) diabetyk *m*, diabetyczka *f*
Diagnose F diagnoza *f* **Diagonale** F przekątna *f* **Diagramm** N wykres *m* **Dialekt** M dialekt *m*, gwara *f* **Dialog** M dialog *m* **Dialyse** F dializa *f*
Diät F dieta *f*; **Diäten** *pl* diety *fpl* **Diätkost** F dania *npl* dietetyczne
dich ciebie, cię
dicht gęsty (-to); *Verschluss* szczelny; **~ bei** tuż przy (*lok*), tuż obok (*gen*) **Dichte** F gęstość *f*
dichten pisać wiersze; TECH uszczelniać ⟨-nić⟩ **Dich-**

ter(in) M(F) poeta *m*, poetka *f*
Dichtung F poezja *f*; TECH uszczelka *f*
dick gruby (-bo); (*geschwollen*) spuchnięty; *Suppe* gęsty
Dickdarm M jelito *m* grube
Dicke F grubość *f*; gęstość *f*
Dickicht N zarośla *pl*
Dickkopf M uparciuch *m*
dickköpfig uparty
die *Art. fehlt im Poln.*; PRON ta; PL te, ci; *relativ* która; PL którzy, które
Dieb(in) M(F) złodziej(ka) *m(f)*
Diebstahl M kradzież *f*
Diebstahlsicherung F zabezpieczenie *n* od kradzieży
Diele F (*Raum*) sień *f*, korytarz *m*
dienen służyć (**zu** *dat* do *gen*; **als** jako) **dienlich** przydatny
Dienst M dyżur *m*; *pers* służba *f*; (*Hilfe*) przysługa *f*; usługa *f*; **~ haben** mieć dyżur
Dienstag M wtorek *m*; **am ~** we wtorek
dienstbereit dyżurny; usłużny
dienstlich służbowy (-wo)
Dienstreise F podróż *f* służbowa **Dienststelle** F urząd *m* **Dienstvorschrift** F przepis *m* służbowy **Dienstwagen** M samochód *m* służbowy
Dienstweg M droga *f* służbowa
dies to **diesbezüglich** odnoszący się (*od adv* odnośnie) do tego
Diesel M diesel *m*
dieselbe ta sama
Dieselöl N olej *m* napędowy
dieser, diese, dieses ten, ta, to; PL ci, te
diesjährig tegoroczny **diesmal** tym razem **diesseits** z tej strony
Dietrich M wytrych *m*
Differenz F różnica *f*
digital cyfrowy **Digitalkamera** F aparat *m* cyfrowy
Diktat N dyktando *n*
Diktatur F dyktatura *f*
Diktiergerät N dyktafon *m*
Dill M koper *m*
Ding N rzecz *f*; **vor allen Dingen** przede wszystkim
Diplom N dyplom *m* **Diplomat(in)** M(F) dyplomata *m*, dyplomatka *f* **diplomatisch** dyplomatyczny **Diplomingenieur(in)** M(F) inżynier *m* dyplomowany
dir tobie, ci; **von ~** od ciebie; **mit ~** z tobą; **zu ~** do ciebie
direkt bezpośredni (-nio) **Direktflug** M lot *m* bezposredni
Direktion F dyrekcja *f* **Direktor(in)** M(F) dyrektor(ka) *m(f)*
Dirigent(in) M(F) dyrygent(ka) *m(f)* **dirigieren** dyrygować
Discjockey M disc jockey *m*
Diskette F IT dyskietka *f*
Diskothek F dyskoteka *f*
diskret dyskretny
diskriminieren dyskryminować **Diskriminierung** F dyskryminacja *f*

Diskussion F dyskusja *f* **Diskuswerfen** N rzut *m* dyskiem
diskutieren dyskutować
Display N wyświetlacz *m*
Dissertation F rozprawa *f* doktorska
Distanz F dystans *m*
Distel F oset *m*
Disziplin F dyscyplina *f*
dividieren ⟨po⟩dzielić
doch jednak; przecież
Docht M knot *m*
Dogge F dog *m*
dogmatisch dogmatyczny
Doktor(in) M(F) doktor *m*; lekarz *m*, lekarka *f*
Dokument N dokument *m*
dolmetschen ⟨prze⟩tłumaczyć (ustnie) **Dolmetscher(in)** M(F) tłumacz(ka) *m(f)*
Dom M katedra *f*
Donau F Dunaj *m*
Donner M grzmot *m* **donnern** ⟨za⟩grzmieć
Donnerstag M czwartek *m*; **am ~** w czwartek
Doping N doping *m*
Doppel N odpis *m*; SPORT debel *m* **Doppelbett** N łóżko *n* małżeńskie **Doppelgänger(in)** M(F) sobowtór *m* **Doppelpunkt** M dwukropek *m*
doppelt podwójny; **~ so viel** dwa razy tyle **Doppelzimmer** N pokój *m* dwuosobowy
Dorf N wieś *f*
Dorn M cierń *m*, kolec *m*
Dorsch M dorsz *m*
dort tam **dorther** stamtąd **dorthin** tam
Dose F puszka *f* **Dosenöffner** M otwieracz *m* do puszek
Dosis F dawka *f*
Dotter M *od* N żółtko *n*
downloaden IT ściągać ⟨-gnąć⟩
Drache M smok *m* **Drachen** M latawiec *m*; SPORT lotnia *f*
Draht M drut *m* **Drahtseilbahn** F kolejka *f* linowa
Drama N dramat *m*
dran: **ich bin ~** moja kolej
Drang M MED parcie *n*
drängeln pchać się **drängen** napierać; *zur Eile* ponaglać ⟨-lić⟩; **sich ~** pchać się
drastisch drastyczny
Draufgänger(in) M(F) śmiałek *m*
draußen na zewnątrz; na dworze; **nach ~** na dwór; **von ~** z zewnątrz
Dreck M brud *m*; (*Schlamm*) błoto *n* **dreckig** brudny (-no); zabłocony
Drehbank F tokarka *f* **drehbar** obrotowy **Drehbuch** N scenariusz *m* **drehen** obracać ⟨-rócić⟩ (**sich** się); *Film* nakręcać ⟨-cić⟩ **Dreher(in)** M(F) tokarz *m* **Drehtür** F drzwi *pl* obrotowe **Drehung** F obrót *m* **Drehzahlmesser** M obrotomierz *m*
drei trzy **Drei** F trójka *f* **Dreieck** N trójkąt *m* **dreieckig** trójkątny **dreieinhalb** trzy i

›ół **dreifach** potrójny **dreijährig** trzyletni **dreimal** trzy razy **dreimalig** trzykrotny **dreimonatig** trzymiesięczny **Dreirad** N rower(ek) *m* trójkołowy **Dreisprung** M SPORT trójskok *m*
dreißig trzydzieści **dreißigste(r)** trzydziesty
dreist zuchwały (-le)
dreistöckig trzypiętrowy
dreizehn trzynaście **dreizehnte(r)** trzynasty
dresche *umg* F lanie *n* **dreschen** ⟨wy⟩młócić **Dreschmaschine** F młocarnia *f*
Dresden N Drezno *n*
dressieren ⟨wy⟩tresować
Drillinge PL trojaczki *mpl*
drin → darin
dringen przenikać ⟨-knąć⟩; wydobywać ⟨-yć⟩ się (**aus** *dat* z *gen*); *fig* nalegać **dringend** pilny, naglący; *Bitte* usilny
drinnen wewnątrz
dritte(r) trzeci **Drittel** N jedna trzecia **drittens** po trzecie
Droge F narkotyk *m*; **Drogen nehmen** zażywać ⟨-yć⟩ narkotyki **Drogerie** F drogeria *f*
drohen grozić, zagrażać
dröhnen huczeć; dudnić
Drohung F groźba *f*, pogróżka *f*
drollig pocieszny, zabawny
Drossel F drozd *m*; ELEK dławik *m*
drosseln *Tempo* ograniczać ⟨-czyć⟩, *Heizung* przykręcać ⟨-cić⟩
drüben po tamtej stronie, z tamtej strony; **von ~** stamtąd
Druck M nacisk *m*, ucisk *m*; (*Luftdruck, Blutdruck*) ciśnienie *n*; TYPO druk *m* **drucken** ⟨wy⟩drukować
drücken V/T naciskać ⟨-snąć⟩; przyciskać ⟨-snąć⟩ (**an** *akk* do *gen*); V/I *Schuh* cisnąć, uciskać; **sich ~** uchylać ⟨-lić⟩ się (**vor** *dat* od *gen*)
Drucker M drukarz *m*; IT drukarka *f* **Druckerei** F drukarnia *f* **Druckertreiber** M napęd *m* drukarki **Druckknopf** M zatrzask *m*; ELEK przycisk *m*, guzik *m* **Druckluft** F powietrze *n* sprężone **Drucksache** F druk *m*
Drüse F gruczoł *m*
Dschungel M dżungla *f*
du ty
Dübel M kołek *m*
ducken: **sich ~** schylić się *pf*
Duell N pojedynek *m*
Duett N duet *m*
Duft M zapach *m*, woń *f* **duften** pachnieć (**nach** *dat inst*) **duftend** wonny, pachnący
dulden znosić ⟨znieść⟩ **duldsam** cierpliwy (-wie), wyrozumiały (-le)
dumm głupi (-pio) **Dummheit** F głupota *f*; głupstwo *n* **Dummkopf** M głupiec *m*
dumpf *Laut* głuchy (-cho); *Schmerz* tępy (-po)
Düne F wydma *f*

düngen nawozić **Dünger** M nawóz *m*
dunkel ciemny (-no); **es wird ~** robi się ciemno **dunkelblau** ciemnoniebieski **dunkelhaarig** ciemnowłosy
Dunkelheit F ciemność *f*; **in der ~** w ciemnościach, po ciemku **Dunkelkammer** F ciemnia *f*
dünn cienki (-ko) **dünnflüssig** rzadki (-ko), rozrzedzony
Dunst M opar *m*; mgiełka *f*
dünsten ⟨u⟩dusić
dunstig mglisty (-to)
durch PRÄP (*akk*) przez (*akk*); ADV **~ und ~** na wskroś
durcharbeiten przerabiać ⟨-robić⟩
durchaus zupełnie, całkiem; **~ nicht** bynajmniej, wcale nie
durchbeißen przegryzać ⟨-gryźć⟩ **durchblättern** ⟨prze⟩wertować **durchbrechen** przełamywać ⟨-mać⟩ (*v/i* się); *Loch* przebijać ⟨-ić⟩ **durchbrennen** przepalać ⟨-lić⟩ (*v/i* się)
Durchbruch M przełom *m*
durchdacht przemyślany **durchdenken** rozważać ⟨-żyć⟩, przemyśleć *pf*
durchdrehen *umg fig* ⟨s⟩fiksować
durchdringend przejmujący (-co)
durcheinander ADV bezładnie **Durcheinander** N bałagan *m* **durcheinanderbringen** ⟨z⟩robić bałagan; *pe*
⟨z⟩dezorientować; *Begrif*
⟨po⟩mylić, ⟨po⟩plątać
durchfahren przejeżdża
⟨-jechać⟩ (*akk* przez *ak*
Durchfahrt F przejazd *m*
Durchfall M biegunka *f*; *f*
klapa *f* **durchfallen** *fig* prz
paść *pf* **durchfließen** prze
pływać ⟨-płynąć⟩ (*akk* prze
akk) **durchführen** przepro
wadzać ⟨-dzić⟩ **Durchfüh
rung** F przeprowadzenie *n*
wykonanie *n*
Durchgang M przejście
Durchgangsverkehr M
ruch *m* tranzytowy
durchgehen VI przechodzi
⟨przejść⟩; *Pferde* ponosi
⟨-nieść⟩; **durchgehend geöff
net** otwarty bez przerwy
durchgreifen ⟨za⟩interwe
niować **durchhalten** wytrzy
mywać ⟨-mać⟩ **durchkom
men** przedostawać ⟨-tać
się; *Prüfling* zdać *pf* egzami
durchkreuzen ⟨po⟩krzyżo
wać **durchlassen** przepusz
czać ⟨-uścić⟩ **durchlaufen**
przebiegać ⟨-biec⟩; *Wasse*
przeciekać ⟨-ciec⟩ **durchle
sen** przeczytać *pf* **durchma
chen** VI *fig* przeżywać ⟨-yć⟩
Durchmesser M średnica *f*
durchnässt przemokły
durchqueren przecina
⟨-ciąć⟩, przemierzać ⟨-rzyć⟩
przechodzić ⟨przejść⟩
Durchreise F: **auf der ~** prze

jazdem **urchrosten** przerdzewieć *pf* **urchsage** F komunikat *m*, informacja *f* **lurchschauen** VIT przejrzeć *pf* **durchscheuern** przecierać ⟨przetrzeć⟩ (**sich** się) **durchschlafen** przesypiać ⟨-spać⟩ **)urchschlag** M (*Kopie*) odbitka *f*, kopia *f* **lurchschlüpfen** prześliznąć się *pf* **durchschneiden** przecinać ⟨-ciąć⟩ **)urchschnitt** M *fig* przeciętna *f*; **im ~** przeciętnie, średnio **durchschnittlich** przeciętny, średni (-nio) **lurchschwimmen** przepływać ⟨-ynąć⟩ (*akk* przez *akk*) **durchsehen** przeglądać ⟨przejrzeć⟩ **durchsetzen** przeforsować *pf* **lurchsichtig** przezroczysty (-ście); *fig* przejrzysty (-ście) **lurchsickern** przesiąkać ⟨-knąć⟩; *fig* przeciekać ⟨-ciec⟩ **durchstechen** przekłuwać ⟨-uć⟩ **durchstehen** *fig* przetrzymywać ⟨-mać⟩; wytrwać *pf* **durchstellen** *Telefongespräch* przełączać ⟨-czyć⟩ **durchstoßen** przebijać ⟨-ić⟩; przeszywać ⟨-yć⟩ **durchstreichen** przekreślać ⟨-lić⟩ **durchsuchen** przeszukiwać ⟨-kać⟩ **Durchsuchung** F przeszukanie *n*; JUR rewizja *f*

durchtrieben przebiegły (-le) **Durchwahl** F ⟨po⟩łączenie *n* bezpośrednie; (*Durchwahlnummer*) numer *m* wewnętrzny **durchwühlen** przekopywać ⟨-pać⟩; *fig* przetrząsać ⟨-snąć⟩ **durchzählen** przeliczać ⟨-czyć⟩ **durchziehen** przeciągać ⟨-gnąć⟩ **Durchzug** M (*Luftzug*) przeciąg *m* **dürfen** móc, śmieć, mieć pozwolenie; **darf ich?** czy mogę?; czy można?; **man darf nicht** nie wolno **dürftig** marny, nędzny **dürr** suchy (-cho), wyschnięty; *pers* chudy **Dürre** F susza *f* **Durst** M pragnienie *n*; **~ haben** mieć pragnienie **durstig** spragniony **Dusche** F prysznic *m* **duschen** brać ⟨wziąć⟩ prysznic **Duschgel** N żel *m* pod prysznic **Düse** F dysza *f* **Düsenflugzeug** N odrzutowiec *m* **düster** mroczny (-no); *fig a.* ponury (-ro) **Dutzend** N tuzin *m* **duzen** być na ty (*akk* z *inst*) **DVD** F DVD *n* **DVD-Brenner** M nagrywarka *f* DVD **D-Zug** M pociąg *m* pośpieszny

E

Ebbe F odpływ *m*
eben płaski (-ko); równy (-no); ADV właśnie; (*erst*) przed chwilą **Ebene** F równina *f*; MATH płaszczyzna *f*
ebenfalls również
ebenso tak samo; ~ **sehr (wie)** w tym samym stopniu (co); ~ **viel** równie dużo; ~ **wenig** równie mało
Eber M knur *m*
Eberesche F jarzębina *f*
ebnen wyrównywać ‹-nać›
EC M EuroCity *m*
Echo N echo *n*
echt prawdziwy (-wie)
EC-Karte F karta *f* EC
Eckball M SPORT rzut *m* rożny **Ecke** F róg *m*, kąt *m*; SPORT korner *m*; **um die ~** za rogiem **Eckhaus** N dom *m* narożny **eckig** kanciasty (-to) **Eckzahn** M kieł *m*
edel szlachetny **Edelstein** M kamień *m* szlachetny **Edelweiß** N szarotka *f*
EDV F (**elektronische Datenverarbeitung**) elektroniczne przetwarzanie *n* danych
Efeu M bluszcz *m*
Effekt M efekt *m* **effektvoll** efektowny
egal obojętny; **ganz ~** wszystko jedno
Egge F brona *f*
egoistisch egoistyczny
ehe zanim
Ehe F małżeństwo *n* **Ehebruch** M zdrada *f* małżeńs… **Ehefrau** F żona *f* **Eheleut…** PL małżonkowie *mpl* **ehelic…** małżeński; *Kind* ślubny
ehemalig były **ehemals** ni… gdyś, dawniej
Ehemann M mąż *m* **Ehepa…** N para *f* małżeńska
eher wcześniej; raczej (**als** ni…
Ehering M obrączka *f* **Eheschließung** F zawarcie małżeństwa
Ehre F honor *m*; zaszczyt *m*
ehren czcić, szanować **ehrenamtlich** honorowy (-wo) **Ehrenmitglied** N członek honorowy **ehrenvoll** z… szczytny, chlubny **Ehrenwo…** N słowo *n* honoru
Ehrfurcht F głęboki szacun… *m*
Ehrgeiz M ambicja *f*
ehrlich uczciwy (-wie) **Ehrlichkeit** F uczciwość *f*
Ehrung F uczczenie *n*; za… szczyt *m*
Ei N jajko *n*, jajo *n*
Eibe F cis *m*
Eiche F dąb *m* **Eichel** F żołą… *f* **Eichhörnchen** N wiewió… ka *f*
Eid M przysięga *f*
Eidechse F jaszczurka *f*
eidesstattlich: **eidesstattl…**

che **Erklärung** oświadczenie *n* w miejsce przysięgi
Eierbecher M kieliszek *m* do jaj **Eierkocher** M urządzenie *n* do gotowania jaj **Eierkuchen** M naleśnik *m* **Eierstock** M jajnik *m*
Eifer M gorliwość *f*, zapał *m* **Eifersucht** F zazdrość *f* **eifersüchtig** zazdrosny (-śnie)
eifrig gorliwy (-wie)
Eigelb N żółtko *n*
eigen własny; właściwy **eigenartig** swoisty (-ście); osobliwy (-wie) **Eigenbedarf** M własne potrzeby *fpl* **eigenhändig** własnoręczny **Eigenheim** N własny dom *m* jednorodzinny **eigenmächtig** samowolny
eigens specjalnie
Eigenschaft F właściwość *f*, cecha *f* **eigensinnig** uparty (-cie) **eigenständig** samodzielny
eigentlich właściwy (-wie)
Eigentum N własność *f* **Eigentümer(in)** M(F) właściciel(ka) *m(f)* **eigentümlich** osobliwy (-wie) **Eigentumswohnung** F mieszkanie *n* własnościowe
eignen: **sich ~** nadawać się (**zu** *dat* do *gen*)
Eilbrief M list *m* priorytetowy
Eile F pośpiech *m* **eilen** śpieszyć (się), pędzić; ... **eilt** ... nagli **eilig** spieszny, pilny **Eilzug** M pociąg *m* przyspieszony
Eimer M wiadro *n*
ein, eine, ein *Art. fehlt im Poln.; Num.* jeden, jedna, jedno **einander** wzajemnie, nawzajem
einarbeiten wdrażać ⟨wdrożyć⟩ (**in** *akk* w *akk*), zapoznawać ⟨-nać⟩ (z *inst*; **sich** się)
einäschern *Leiche* spalać ⟨-lić⟩, poddawać ⟨-dać⟩ kremacji
einatmen wdychać
Einbahnstraße F ulica *f* jednokierunkowa
Einband M oprawa *f*
einbauen wbudowywać ⟨-ować⟩; ⟨za⟩instalować **Einbauküche** F zabudowa *f* kuchenna
einberufen zwoływać ⟨-łać⟩; MIL powoływać ⟨-łać⟩
einbeziehen włączać ⟨-czyć⟩
einbiegen skręcać ⟨-cić⟩ (**in** *akk* w *akk*)
einbilden: **sich ~** wyobrażać ⟨-razić⟩ sobie, ⟨u⟩roić sobie **Einbildung** F urojenie *n*; (*Dünkel*) zarozumiałość *f*
Einblick M wgląd *m*
einbrechen włamywać ⟨-mać⟩ się (**in** *akk* do *gen*); *Nacht* zapadać ⟨-paść⟩ **Einbrecher(in)** M(F) włamywacz(ka) *m(f)*
einbringen *Ernte* zwozić ⟨zwieźć⟩
Einbruch M włamanie *n* (się)
Einbürgerung F nadanie *n*

obywatelstwa, naturalizacja *f*
Einbuße F strata *f*, uszczerbek *m* **einbüßen** ⟨s⟩tracić
eindämmen *fig* ukrócać ⟨-cić⟩
eindeutig jednoznaczny
eindringen przenikać ⟨-knąć⟩, przedostawać ⟨-tać⟩ się (**in** *akk* do *gen*)
Eindruck M *fig* wrażenie *n* **eindrucksvoll** imponujący (-co)
eineinhalb półtora
Einer M jedynka *f*; MATH jednostka *f*
einerlei jednakowy **einerseits** z jednej strony
einfach prosty (-to); *Fahrkarte* w jedną stronę
Einfahrt F wjazd *m*
Einfall M *fig* pomysł *m*; MIL najazd *m* **einfallen** *Licht* wpadać ⟨-paść⟩; *Feind* wtargnąć *pf*; *fig* przychodzić ⟨-yjść⟩ na myśl
Einfamilienhaus N dom(ek) *m* jednorodzinny
einfarbig jednobarwny
einfetten natłuszczać ⟨-uścić⟩
einfinden: **sich ~** zjawiać ⟨-ić⟩ się (**bei** *dat* u *gen*)
Einfluss M wpływ *m* **einflussreich** wpływowy
einförmig jednostajny, monotonny
einfrieren V/I zamarzać ⟨-znąć⟩; V/T zamrażać ⟨-rozić⟩
einfügen wstawiać ⟨-ić⟩
Einfuhr F import *m* **Einfuhrbestimmungen** PL przepisy *pl* importowe **einführen** wprowadzać ⟨-dzić⟩; *Ware* importować; *Ordnung* zaprowadzać ⟨-dzić⟩ **Einführung** F wprowadzenie *n* **Einfuhrverbot** N zakaz *m* wwozu
Eingabe F IT wprowadzenie *n*, podanie *n* **Eingabetaste** F IT klawisz *m* enter
Eingang M wejście *n*
eingebildet urojony; zarozumiały (-le)
eingefroren zamrożony
eingehen *Vertrag* zawierać ⟨-wrzeć⟩; *Brief* nadchodzić ⟨-dejść⟩; *Geld* wpływać ⟨-ynąć⟩; *Tier* zdechnąć *pf*; *Pflanze* obumrzeć *pf*; przystawać ⟨-tać⟩ (**auf** *akk* na *akk*)
eingehend szczegółowy (-wo)
eingelegt marynowany
Eingemachte(s) N przetwory *mpl*
eingeschrieben *Brief* polecony
Eingeständnis N przyznanie *n* się; wyznanie *n* **eingestehen** przyznawać ⟨-nać⟩ się (*akk* do *gen*)
Eingeweide N wnętrzności *pl*
eingeweiht wtajemniczony
eingießen nalewać ⟨-lać⟩
eingravieren ⟨wy⟩grawerować
eingreifen ingerować; *Polizei* ⟨za⟩interweniować **Eingriff** M MED zabieg *m*
einhalten V/T (*erfüllen*) dotrzy-

mywać ⟨-mać⟩ (*akk gen*); VI przerywać ⟨-rwać⟩ (**mit** *dat akk*)
inheimisch rodzimy, krajowy **Einheimische** F miejscowa *f* **Einheimische(r)** M tubylec *m*, miejscowy *m*
inheit F jedność *f*; (*Maßeinheit*), MIL jednostka *f* **einheitlich** jednolity (-icie)
inholen doganiać ⟨-gonić⟩; *Genehmigung* ⟨po⟩starać się (*akk* o *akk*); *Rat* zasięgać ⟨-gnąć⟩ (*gen*); zakupywać ⟨-pić⟩
einig zgodny **einige** PL kilka, kilku **einigen** ⟨z⟩jednoczyć; **sich ~** dochodzić ⟨dojść⟩ do porozumienia **einigermaßen** poniekąd, do pewnego stopnia **einiges** nieco, trochę
Einigkeit F jedność *f*; zgodność *f* **Einigung** F zjednoczenie *n*; zgoda *f*
einjährig (jedno)roczny
einkassieren ⟨za⟩inkasować
Einkauf M zakup *m*, kupno *n*
einkaufen kupować ⟨-pić⟩, ⟨z⟩robić zakupy; **~ gehen** iść ⟨pójść⟩ na zakupy **Einkaufsbummel** M spacer *m* połączony z zakupami **Einkaufstüte** F torba *f* na zakupy
Einkaufswagen M wózek *m* na zakupy **Einkaufszentrum** N centrum *n* handlowe
einkehren wstępować ⟨-tąpić⟩; zajeżdżać ⟨-jechać⟩ (**bei** *dat* do *gen*)
einklagen *Schuld* dochodzić sądownie; zaskarżać ⟨-żyć⟩
Einklang M: **in ~ bringen** zharmonizować *pf*
einkleben wklejać ⟨-eić⟩
einklemmen *Finger* przycisnąć *pf* (**sich** sobie)
Einkommen N dochód *m*
Einkommensteuer F podatek *m* dochodowy
Einkünfte PL dochody *mpl*; przychody *mpl*
einladen zapraszać ⟨-prosić⟩
Einladung F zaproszenie *n*
Einlage F wkładka *f*; (*Spareinlage*) wkład *m*
Einlass M wstęp *m* **einlassen** wpuszczać ⟨-uścić⟩
einlaufen *Schiff* wpływać ⟨-ynąć⟩ (do portu)
einleben: **sich ~** ⟨za⟩aklimatyzować się
einlegen wkładać ⟨włożyć⟩; *Gang* włączyć *pf*; GASTR ⟨za⟩marynować; **eine Pause ~** zrobić przerwę
Einlegesohle F wkładka *f* do buta
einleiten zapoczątkowywać ⟨-ować⟩; JUR wszczynać ⟨wszcząć⟩, wdrażać ⟨-rożyć⟩
Einleitung F wstęp *m*, rozpoczęcie *n*
einleuchtend przekonywający (-co), jasny (-no)
Einlieferung F dostarczenie *n* **Einlieferungsschein** M dowód *m* dostawy
einloggen: **sich ~** IT ⟨za⟩lo-

gować się
einlösen *Wechsel* wykupywać ⟨-pić⟩; *Scheck* ⟨z⟩realizować; *Wort* dotrzymywać ⟨-mać⟩
einmachen *Obst* ⟨za⟩wekować
einmal (jeden) raz; **auf ~** naraz; **nicht ~** nawet nie **einmalig** jednorazowy
einmischen: **sich ~** ⟨w⟩mieszać się (**in** *akk* w *akk*, do *gen*)
einmonatig (jedno)miesięczny **einmütig** jednomyślny
Einnahme F wpływy *mpl*, utarg *m*; dochód *m* **einnehmen** *Geld* ⟨za⟩inkasować; *Arznei* zażywać ⟨-żyć⟩; *Platz* zajmować ⟨-jąć⟩ **einnehmend** ujmujący (-co)
Einöde F pustkowie *n*
einordnen ⟨u⟩porządkować (**nach** *dat* według *gen*) **einpacken** ⟨za⟩pakować **einparken** zaparkować *pf* **einpflanzen** zasadzać ⟨-dzić⟩ **einplanen** zaplanować *pf*
einprägen: **sich ~** wpajać ⟨wpoić⟩ sobie; utrwalać ⟨-lić⟩ się (w pamięci)
einquartieren zakwaterować *pf* **einrahmen** oprawiać ⟨-ić⟩ w ramy **einräumen** układać ⟨ułożyć⟩; *Möbel* ⟨po⟩ustawiać
einreden wmawiać ⟨wmówić⟩ (**sich** sobie) **einreiben** nacierać ⟨natrzeć⟩ **einreichen** składać ⟨złożyć⟩; *Klage* wnosić ⟨wnieść⟩ **einreihen** zaliczać ⟨-czyć⟩ **einreihig** jednorzędowy
Einreise F wjazd *m*, przyja… *m* **Einreisebestimmunge…** FPL przepisy *mpl* wjazdo… **Einreiseerlaubnis** F pozw…lenie *n* na wjazd **einreise…** przybywać ⟨-być⟩ **Einreisev…sum** N wiza *f* wjazdowa
einrichten urządzać ⟨-dzi…⟩ (**sich** się) **Einrichtung** urządzenie *n*; umeblowanie …
einrücken wkraczać ⟨-roczy…⟩
eins jedno; *beim Zählen* jede… raz
Eins F jedynka *f*
einsalzen zasalać ⟨-solić⟩
einsam samotny **Einsamke…** F samotność *f*
einsammeln zbierać ⟨zebra…⟩
Einsatz M wstawka *f*; *Spi…* stawka *f*; zaangażowanie *n*
einschalten włączać ⟨-czyć⟩ (**sich** się) **einschätzen** oc…niać ⟨-ić⟩ **einschenken** n…lewać ⟨-lać⟩ (*akk gen*)
einschlafen zasypiać ⟨-snąć⟩ **einschläfern** usypia… ⟨uśpić⟩ **einschlagen** *Nag…* wbijać ⟨-ić⟩; *Tür* wybija… ⟨-ić⟩; VI *Blitz* uderzać ⟨-rzyć⟩
einschleichen: **sich ~** wkra…dać ⟨wkraść⟩ się
einschließen zamyka… ⟨-mknąć⟩; MIL okrążyć *pf* **ein…schließlich** łącznie (*gen* *inst*); ADV włącznie
einschmelzen przetapia… ⟨-topić⟩ **einschmuggel…**

przemycać ⟨-cić⟩ **einschneiden** nacinać ⟨-ciąć⟩
Einschnitt M nacięcie *n*; wcięcie *n*; *fig* przełomowy moment *m*
einschränken ograniczać ⟨-czyć⟩ (**sich** się)
einschrauben wkręcać ⟨-cić⟩
Einschreibebrief M list *m* polecony **Einschreibegebühr** F wpisowe *n*; *Post* opłata *f* za przesyłkę poleconą **einschreiben** zapisywać ⟨-sać⟩ (**sich** się) **Einschreiben** N przesyłka *f* polecona
einschreiten wkraczać ⟨-roczyć⟩; występować ⟨-stąpić⟩
einschüchtern zastraszać ⟨-szyć⟩; onieśmielać ⟨-lić⟩
einsehen zaglądać ⟨zajrzeć⟩ (*akk* do *gen*) **einseifen** namydlać ⟨-lić⟩
einseitig jednostronny
einsetzen wstawiać ⟨-ić⟩; **sich ~** wstawiać ⟨-ić⟩ się (**für** *akk* za *inst*)
Einsicht F wgląd *m* **einsichtig** wyrozumiały (-le)
Einsiedler(in) M(F) pustelnik *m*, pustelnica *f*
einsilbig jednosylabowy; *fig* małomówny; lakoniczny
einsperren zamykać ⟨-mknąć⟩
Einspruch M sprzeciw *m*; zastrzeżenie *n*; **~ erheben** wnosić ⟨wnieść⟩ sprzeciw
einspurig *Straße* jednopasmowy
einst kiedyś, dawniej
einstecken wtykać ⟨wetknąć⟩; *fig Kritik* znosić ⟨znieść⟩ **einsteigen** wsiadać ⟨wsiąść⟩ **einstellen** nastawiać ⟨-ić⟩; *Leute* zatrudniać ⟨-ić⟩, przyjmować ⟨-jąć⟩; *Zahlungen* zawieszać ⟨-sić⟩; *Arbeit* wstrzymywać ⟨-mać⟩; *Verfahren* umarzać ⟨-morzyć⟩
Einstellung F przyjęcie *n* do pracy; wstrzymanie *n*; (*Meinung*) stosunek *m*
einstimmig *Wahl* jednogłośny (-śnie)
einstöckig jednopiętrowy
einstufen zaszeregowywać ⟨-ować⟩
Einsturz M zawalenie *n* się **einstürzen** zawalić się *pf*, runąć *pf*
einstweilen tymczasem **einstweilig** tymczasowy (-wo)
eintauchen V/T zanurzać ⟨-rzyć⟩ (*v/i* się)
eintauschen zamieniać ⟨-ić⟩ (**gegen** *akk* na *akk*)
einteilen ⟨po⟩dzielić (**in** *akk* na *akk*) **Einteilung** F podział *m*
eintönig jednostajny, monotonny
Eintopf N potrawa *f* jednogarnkowa
Eintracht F zgoda *f*
eintragen ⟨za⟩rejestrować; wpisywać ⟨-sać⟩; nanosić ⟨-nieść⟩

eintreffen przybywać ‹-yć› **eintreten** następować ‹-stąpić›; wchodzić ‹wejść›; *fig* wstępować ‹-tąpić› (**in** *akk* do *gen*); wstawiać ‹-ić› się (**für** *akk* za *inst*)
Eintritt M wejście *n*, wstęp *m* **Eintrittsgeld** N opłata *f* za wstęp **Eintrittskarte** F bilet *m* wstępu
eintrocknen V/I wysychać ‹-schnąć›
einverstanden: ~ **sein** zgadzać ‹zgodzić› się (**mit** *dat* z *inst*, na *akk*) **Einverständnis** N zgoda *f*
Einwand M zarzut *m*
Einwanderer M imigrant *m* **Einwanderin** F imigrantka *f* **einwandern** imigrować (**nach** *dat*, **in** *akk* do *gen*) **Einwanderung** F imigracja *f*
einwandfrei bez zarzutu
Einwegspritze F MED strzykawka *f* jednorazowa **Einwegverpackung** F opakowanie *n* jednorazowe
einweichen ‹na›moczyć
einweihen poświęcać ‹-cić›; *Bauwerk* uroczyście otwierać ‹-worzyć›; *umg* oblewać ‹-lać› **einwerfen** wrzucać ‹-cić›
einwickeln owijać ‹-winąć›, zawijać ‹-winąć› **einwilligen** zgadzać ‹-godzić› się **einwirken** oddziaływać
Einwohner(in) M(F) mieszkaniec *m*, mieszkanka *f* **Einwohnermeldeamt** N urząd *m* meldunkowy
Einwurf M SPORT wrzut *m*; (*Öffnung*) otwór *m* wrzutowy
Einzahl F GRAM liczba *f* pojedyncza
einzahlen wpłacać ‹-cić› **Einzahlung** F wpłata *f*
einzäunen ogradzać ‹-rodzić›
Einzel N SPORT gra *f* pojedyncza **Einzelgänger(in)** M(F) samotnik *m*, samotniczka *f* **Einzelhaft** F areszt *m* odosobniony **Einzelhandelspreis** M cena *f* detaliczna **Einzelheit** F szczegół *m* **Einzelkind** N jedynak *m*, jedynaczka *f*
einzeln pojedynczy (-czo); **im Einzelnen** szczegółowo
Einzelzimmer N pokój *m* jednoosobowy **Einzelzimmerzuschlag** M dopłata *f* do pokoju jednoosobowego
einziehen V/T wciągać ‹-gnąć›; *Erkundigungen* zasięgać ‹-gnąć›; JUR ‹s›konfiskować; V/I wprowadzać ‹-dzić› się (**in** *akk* do *gen*)
einzig jedyny; **kein Einziger** żaden; **kein ~es Mal** ani razu **einzigartig** jedyny w swoim rodzaju
Einzimmerwohnung F mieszkanie *n* jednopokojowe
Einzug M wprowadzenie *n* się **Einzugsermächtigung** F zgoda *f* na obciążenie rachun-

ku, polecenie *n* zapłaty
Eis N lód *m*; (*Speiseeis*) lody *pl* **Eisbahn** F ślizgawka *f*, lodowisko *n* **Eisbär** M niedźwiedź *m* polarny **Eisbecher** M puchar *m* lodów **Eisbein** N golonka *f* **Eisbrecher** M SCHIFF lodołamacz *m* **Eisdiele** F lodziarnia *f*
Eisen N żelazo *n* **Eisenbahn** F kolej *f* **Eisenbahnverkehr** M komunikacja *f* kolejowa
eisern żelazny
Eishockey N hokej *m* na lodzie **eisig** lodowaty (-to) **Eiskaffee** N kawa *f* mrożona **eiskalt** lodowaty (-to), zimny (-no) **Eiskunstlauf** M łyżwiarstwo *n* figurowe **Eislauf** M łyżwiarstwo *n*
Eistee M herbata *f* mrożona **Eisverkäufer(in)** M(F) lodziarz *m*, lodziarka *f* **Eiswürfel** M kostka *f* lodu **Eiszapfen** M sopel *m* lodu
eitel próżny
Eiter M ropa *f* **eitern** ropieć
Eiweiß N białko *n*
Ekel M wstręt *m*, obrzydzenie *n* **ekelhaft** obrzydliwy (-wie), wstrętny
Ekzem N MED egzema *f*
Elan M zapał *m*, werwa *f*
elastisch elastyczny
Elbe F Łaba *f*; **an der ~** nad Łabą
Elch M łoś *m*
Elefant M słoń *m*
elegant elegancki (-ko)
Elektriker(in) M(F) elektryk *m* **elektrisch** elektryczny **Elektrizität** F elektryczność *f* **Elektrizitätswerk** N elektrownia *f*
Elektrogerät N urządzenie *n* elektryczne **Elektroherd** M kuchnia *f* elektryczna **Elektromotor** M silnik *m* elektryczny
Elektronik F elektronika *f* **elektronisch** elektroniczny **Elektrotechnik** F elektrotechnika *f*
Element N element *m*; CHEM pierwiastek *m*
elend nędzny **Elend** N nędza *f*, bieda *f*
elf jedenaście **Elf** F jedenastka *f*
Elfenbein N kość *f* słoniowa
elfjährig jedenastoletni **Elfmeter** M SPORT rzut *m* karny
elfte(r) jedenasty
Ellbogen M łokieć *m*
Elster F sroka *f*
Eltern PL rodzice *pl*
E-Mail F e-mail *m* **E-Mail-Adresse** F adres *m* e-mailowy
emotional emocjonalny
Empfang M przyjęcie *n*; RADIO odbiór *m* **empfangen** przyjmować ⟨-jąć⟩; odbierać ⟨odebrać⟩
Empfänger M odbiorca *m*; RADIO odbiornik *m* **Empfängerin** F odbiorczyni *f*
Empfängnisverhütung F

zapobieganie *n* ciąży
empfehlen polecać ⟨-cić⟩ (**sich** się) **Empfehlung** F polecenie *n*, rekomendacja *f*
empfinden odczuwać ⟨-czuć⟩
empfindlich wrażliwy **Empfindlichkeit** F wrażliwość *f*; TECH, FOTO czułość *f* **Empfindung** F uczucie *n*; wrażenie *n*
empor w górę, do góry
empören: **sich ~** oburzać ⟨-rzyć⟩ się **empörend** oburzający (-co)
emporkommen wybić *pf* się, odnieść *pf* sukces, zrobić *pf* karierę **emporragen** górować
Empörung F oburzenie *n*
Ende N koniec *m*; zakończenie *n*; **am ~** na końcu; **zu ~ sein** ⟨s⟩kończyć się **enden** V/I ⟨s⟩kończyć się **Endergebnis** N wynik *m* końcowy **endgültig** ostateczny **endlich** nareszcie **endlos** nieskończony (-czenie), bez końca
Endspurt M SPORT finisz *m*
Endstation F stacja *f* końcowa **Endung** F GRAM końcówka *f*
Energie F energia *f* **energisch** energiczny
eng ciasny (-no); *fig* bliski (-ko)
engagieren ⟨za⟩angażować
Enge F ciasnota *f*
Engel M anioł *m*
England N Anglia *f* **Engländer(in)** M(F) Anglik *m*, Angielka *f* **englisch** angielski (po -ku)
Engpass M *fig* wąskie gardło *n*
Enkel(in) M(F) wnuk *m*, wnuczka *f*
enorm ogromny
Ensemble N zespół *m* (artystyczny)
entbehren V/T obywać ⟨-yć⟩ się bez (*akk gen*); odczuwać brak **entbehrlich** zbędny
Entbindung F MED poród *m*
entblößt obnażony
entdecken odkrywać ⟨-yć⟩
Entdeckung F odkrycie *n*
Ente F kaczka *f*
Entenbraten M kaczka *f* pieczona
enterben wydziedziczać ⟨-czyć⟩ **entfallen** wypadać ⟨-paść⟩ z pamięci; przypadać ⟨-paść⟩ (**auf** *akk dat*) **entfalten** rozwijać ⟨-winąć⟩ (**sich** się)
entfernen usuwać ⟨-unąć⟩; **sich ~** oddalać ⟨-lić⟩ się **Entfernung** F usunięcie *n*; odległość *f* **Entfernungsmesser** M dalmierz *m*
entfliehen uciekać ⟨-ciec⟩
entführen uprowadzać ⟨-dzić⟩, porywać ⟨-rwać⟩ **Entführer(in)** M(F) porywacz(ka) *m(f)* **Entführung** F uprowadzenie *n*, porwanie *n*
entgegen ADV *u.* PRÄP (*dat*) naprzeciw, ku (*dat*); *Gegensatz* wbrew (*dat*) **entgegengesetzt** przeciwny **entgegenkommend** *fig* przychylny, uprzejmy

ntgegennehmen odbierać ⟨odebrać⟩; przyjmować ⟨-jąć⟩ **entgegentreten** występować ⟨-tąpić⟩ (*dat* przeciw *dat*) **entgegenwirken** przeciwdziałać
ntgegnen odpowiadać ⟨-wiedzieć⟩ **entgehen** uniknąć *pf* (*dat gen*); ujść *pf* (*dat*)
ntgelt N wynagrodzenie *n*
ntgiften odkażać ⟨-zić⟩ **entgleisen** wykolejać ⟨-eić⟩ się
nthalten zawierać; **sich ~** ⟨po⟩wstrzymywać ⟨-mać⟩ się (*gen* od *gen*) **enthaltsam** wstrzemięźliwy (-wie)
nthüllen odsłaniać ⟨-łonić⟩; *fig* odkrywać ⟨-yć⟩ **entkommen** uchodzić ⟨ujść⟩ (**aus** *dat* z *gen*) **entkorken** odkorkowywać ⟨-ować⟩ **entkräftet** osłabiony **entladen** wyładowywać ⟨-ować⟩
ntlang wzdłuż
ntlassen zwalniać ⟨zwolnić⟩ **Entlassung** F zwolnienie *n*
ntlasten odciążać ⟨-żyć⟩ **entleeren** wypróżniać ⟨-ić⟩ **entlegen** odległy, ustronny **entlohnen** wynagradzać ⟨-rodzić⟩ **entmutigen** zniechęcać ⟨-cić⟩ **entnehmen** pobierać ⟨-brać⟩ **entreißen** wyrywać ⟨-rwać⟩ **entrichten** uiszczać ⟨uiścić⟩
ntrüstet oburzony
ntsagen wyrzekać ⟨-rzec⟩ się (*dat gen*), zrzekać ⟨zrzec⟩ się
ntschädigen ⟨z⟩rekompensować (**für** *akk akk*) **Entschädigung** F rekompensata *f*, odszkodowanie *n*
Entscheid M decyzja *f*, orzeczenie *n* **entscheiden** rozstrzygać ⟨-gnąć⟩; **sich ~** ⟨z⟩decydować się (**für** *akk* na *akk*) **entscheidend** decydujący (-co) **Entscheidung** F rozstrzygnięcie *n*
entschieden stanowczy (-czo)
entschließen: **sich ~** zdecydować się *pf*
entschlossen zdecydowany
entschlüpfen wymykać ⟨-mknąć⟩ się
Entschluss M decyzja *f*
entschuldigen usprawiedliwiać ⟨-wić⟩ (**sich** się); **sich ~** przepraszać ⟨-rosić⟩ (**bei** *dat akk*); **~ Sie!** przepraszam! **Entschuldigung** F usprawiedliwienie *n* (się); przeprosiny *pl*
Entsetzen N przerażenie *n*
entsetzlich okropny, przerażający (-co)
entsinnen: **sich ~** przypominać ⟨-mnieć⟩ sobie (*gen akk*)
entsorgen usuwać ⟨-unąć⟩ odpady, oczyszczać ⟨-czyścić⟩
entspannen: **sich ~** odprężać ⟨-żyć⟩ się; ⟨z⟩relaksować się
Entspannung F odprężenie *n*; relaks *m*
entsprechen odpowiadać
entsprechend odpowiedni (-nio), stosowny
entspringen *Fluss* wypływać
entstehen powstawać

⟨-tać⟩ **entstellen** zniekształcać ⟨-cić⟩; (*hässlich machen*) ⟨ze⟩szpecić
enttäuschen rozczarowywać ⟨-ować⟩ (**sich** się) **Enttäuschung** F rozczarowanie *n*, zawód *m*
entwaffnen rozbrajać ⟨-broić⟩ **entwässern** odwadniać ⟨-wodnić⟩
entweder: **~ … oder** albo … albo
entweichen *Dampf* uchodzić ⟨ujść⟩; *Gas* ulatniać ⟨ulotnić⟩ się **entwenden** ⟨u⟩kraść
entwerfen ⟨na⟩szkicować; ⟨za⟩projektować; *Plan* opracowywać ⟨-ować⟩
entwerten ⟨z⟩deprecjonować; *Geld* ⟨z⟩dewaluować (**sich** się); *Fahrschein* ⟨s⟩kasować **Entwerter** M kasownik *m*
entwickeln rozwijać ⟨-inąć⟩ (**sich** się); FOTO wywoływać ⟨-łać⟩ **Entwicklung** F rozwój *m*; FOTO wywoływanie *n* **Entwicklungshelfer(in)** M(F) wolontariusz(ka) *m(f)* w krajach rozwijających się **Entwicklungsland** N kraj *m* rozwijający się
entwirren rozplątywać ⟨-tać⟩; rozwikłać *pf* **entwischen** *umg* umykać ⟨umknąć⟩
Entwurf M szkic *m*, zarys *m*; projekt *m*
entziehen odbierać ⟨odebrać⟩; pozbawiać ⟨-ić⟩ (**j-m** *akk* k-o *gen*) **Entziehungskur** F kuracja *f* odwykowa
entziffern odcyfrowywa… ⟨-ować⟩
entzückend zachwycając… (-co)
Entzug M odebranie *n*
entzünden zapalać ⟨-lić… (**sich** się) **Entzündung** F MED zapalenie *n*
entzweigehen rozpada… ⟨-paść⟩ się; *Glas* stłuc się *pf*
Enzian M goryczka *f*
Enzyklopädie F encyklopedi… *f*
Epidemie F epidemia *f*
Epilepsie F epilepsja *f*
Epoche F epoka *f*
er on
Erbarmen N litość *f* **erbärmlich** nędzny **erbarmungslos** bezlitosny (-śnie)
Erbe[1] M spadkobierca *m*
Erbe[2] N spadek *m*, dziedzictwo *n* **erben** ⟨o⟩dziedziczyć **Erbin** F spadkobierczyni *f*
erbitten V/T ⟨po⟩prosić (*akk* o *akk*)
erbittert *Kampf* zacięty (-cie)
erblich dziedziczny
erblicken spostrzec *pf*, ujrzeć *pf* **erblinden** oślepnąć *pf*
erbrechen (sich) ⟨z⟩wymiotować **Erbrechen** N wymioty *pl*
Erbschaft F spadek *m*
Erbse F groch *m* **Erbsensuppe** F grochówka *f*
Erdbeben N trzęsienie *n* zie-

mi
Erdbeere F truskawka *f*
Erde F ziemia *f*; ASTRON Ziemia *f*
Erdgas N gaz *m* ziemny **Erdgeschoss** N parter *m* **Erdkunde** F geografia *f* **Erdnuss** F orzech *m* ziemny **Erdöl** N ropa *f* naftowa
erdrosseln udusić *pf* **erdrücken** przygniatać ⟨-gnieść⟩
Erdrutsch M obsunięcie *n* się ziemi **Erdteil** M część *f* świata
ereignen: **sich** ~ zdarzać ⟨-rzyć⟩ się **Ereignis** N zdarzenie *n*
erfahren[1] dowiadywać ⟨-wiedzieć⟩ się (*akk* o *lok*)
erfahren[2] ADJ doświadczony **Erfahrung** F doświadczenie *n*
erfassen (*begreifen*) pojmować ⟨-jąć⟩; ⟨za⟩rejestrować
erfinden wynajdywać ⟨-naleźć⟩ **Erfinder(in)** M(F) wynalazca *m*, wynalazczyni *f* **erfinderisch** pomysłowy **Erfindung** F wynalazek *m*
Erfolg M sukces *m*, powodzenie *n*
erfolgen następować ⟨-stąpić⟩
erfolglos bezowocny, bezskuteczny; ADV daremnie **erfolgreich** owocny, skuteczny; odnoszący sukcesy
erforden wymagać **erforderlich** wymagany, konieczny
erforschen ⟨z⟩badać
erfreuen ucieszyć *pf* (**sich** się)
erfreulich radosny (-śnie), pomyślny **erfreulicherweise** na szczęście
erfrieren zamarznąć *pf*; **sich etwas** ~ odmrozić coś sobie
Erfrierung F odmrożenie *n*
erfrischen odświeżać ⟨-żyć⟩, orzeźwiać ⟨-ić⟩ **Erfrischung** F orzeźwienie *n*; (*Getränk*) napój *m* orzeźwiający **Erfrischungstuch** N chusteczka *f* odświeżająca
erfüllen spełniać ⟨-ić⟩ (**sich** się)
ergänzen uzupełniać ⟨-ić⟩ (**sich** się) **Ergänzung** F uzupełnienie *n*; TYPO suplement *m*
ergeben wykazywać ⟨-zać⟩; **sich** ~ MIL poddawać ⟨-dać⟩ się; wynikać ⟨-knąć⟩ (**aus** *dat* z *gen*) **Ergebnis** N wynik *m*, rezultat *m* **ergebnislos** bezskuteczny
ergiebig wydajny; obfity
ergießen: **sich** ~ ⟨po⟩lać się, lunąć *pf*
ergreifen chwytać ⟨-ycić⟩; *Dieb* schwytać *pf*; *Beruf* wybrać *pf*; *Angst* ogarniać ⟨-nąć⟩ **ergreifend** wzruszający (-co)
ergriffen *fig* wzruszony
erhaben *fig* wzniosły (-śle)
erhalten otrzymywać ⟨-mać⟩; zachowywać ⟨-wać⟩; **gut** ~ w dobrym stanie
erhältlich do nabycia, dostępny (**in** *dat* w *lok*, **bei** *dat* u *gen*)

erheben podnosić ⟨-nieść⟩ (**sich** się); *Zoll* pobierać ⟨-brać⟩; *Klage* wnosić ⟨wnieść⟩ **erheblich** znaczny
erheitern rozweselać ⟨-lić⟩ **erhellen** rozjaśniać ⟨-ić⟩; *fig* wyjaśniać ⟨-ić⟩, wyświetlić *pf*
erhitzen rozgrzewać ⟨-rzać⟩ (**sich** się)
erhöhen podwyższać ⟨-szyć⟩ **Erhöhung** F podwyższenie *n*; podwyżka *f*
erholen: **sich ~** wypoczywać ⟨-cząć⟩; *Kranke* odzyskiwać ⟨-kać⟩ siły **erholsam** relaksujący **Erholung** F wypoczynek *m* **Erholungsurlaub** M urlop *m* wypoczynkowy
erinnern przypominać ⟨-mnieć⟩ (**j-n an** *akk* **k-u** *akk*); **sich ~** przypominać ⟨-mnieć⟩ sobie **Erinnerung** F wspomnienie *n*; (*Andenken*) pamięć *f*
erkälten: **sich ~** przeziębiać ⟨-ić⟩ się **erkältet** przeziębiony **Erkältung** F przeziębienie *n*
erkämpfen wywalczyć *pf*
erkennen poznawać ⟨-nać⟩; *Fehler* uznawać ⟨-nać⟩ **erkenntlich**: **sich ~ zeigen** odwdzięczać (-czyć) się **Erkennungszeichen** N znak *m* rozpoznawczy
Erker M ARCH wykusz *m*
erklären objaśniać ⟨-ić⟩; (*äußern*) oświadczać ⟨-czyć⟩; *Krieg* wypowiadać ⟨-wiedzieć⟩ **Erklärung** F objaśnienie *n*; oświadczenie *n*
erkranken zachorować *pf*
erkundigen: **sich ~** ⟨za⟩pytać, dowiadywać się (**nach** *dat* o *akk*) **Erkundigung** F dowiadywanie *n* się
erlangen osiągać ⟨-gnąć⟩
Erlass M rozporządzenie *n*; *Strafe* umorzenie *n*, darowanie *n* **erlassen** *Verfügung* wydawać ⟨-dać⟩; *Strafe* umorzyć *pf*
erlauben pozwalać ⟨-wolić⟩ **Erlaubnis** F zezwolenie *n*
erläutern objaśniać ⟨-ić⟩
Erle F olcha *f*
erleben przeżywać ⟨-yć⟩; (*miterleben*) dożyć *pf* (*akk gen*) **Erlebnis** N przeżycie *n*; (*Abenteuer*) przygoda *f*
erledigen załatwiać ⟨-ić⟩
erleichtern ułatwiać ⟨-ić⟩ **Erleichterung** F ulga *f*
erleiden ponosić ⟨-nieść⟩; doznawać ⟨-nać⟩ (*akk gen*) **erlernen** ⟨wy⟩uczyć się (*akk gen*)
erlogen zmyślony
Erlös M utarg *m*, dochód *m*
erlöschen ⟨z⟩gasnąć; wygasać ⟨-snąć⟩
erlösen wybawiać ⟨-ić⟩ **Erlöser** M REL Zbawiciel *m*
ermächtigen upoważniać ⟨-ić⟩
ermahnen napominać ⟨-mnieć⟩ **Ermahnung** F napomnienie *n*
ermäßigen obniżać ⟨-żyć⟩ **ermäßigt** po obniżonej cenie

Ermäßigung F zniżka *f* **Ermessen** N uznanie *n* **ermitteln** ustalać ⟨-lić⟩ **Ermittlung** F ustalenie *n*; JUR dochodzenie *n*
ermöglichen umożliwiać ⟨-ić⟩ **ermorden** zamordować *pf* **ermüden** ⟨z⟩męczyć (się) **ermuntern** zachęcać ⟨-cić⟩ **ermutigen** zachęcać ⟨-cić⟩, dodawać ⟨-dać⟩ odwagi (*akk dat*)
ernähren odżywiać (**sich** się) **Ernährung** F odżywianie *n* (się); pożywienie *n*
ernennen mianować (**zu** *dat inst*) **Ernennung** F nominacja *f*
erneuern odnawiać ⟨-nowić⟩ **erneut** ponowny; ADV znowu **erniedrigen** poniżać ⟨-żyć⟩ **ernst** poważny **Ernst** M powaga *f* **ernsthaft** poważny
Ernte F żniwa *npl*; (*Lese*) zbiór *m*; (*Ertrag*) zbiory *mpl* **Erntedankfest** N dożynki *pl* **ernten** zbierać ⟨zebrać⟩ **Erntezeit** F okres *m* żniw
erobern zdobywać ⟨-być⟩; podbijać ⟨-ić⟩
eröffnen otwierać ⟨otworzyć⟩; *Gespräch* rozpoczynać ⟨-cząć⟩ **Eröffnung** F otwarcie *n*
erörtern rozważać ⟨-żyć⟩, rozpatrywać ⟨-trzyć⟩
Erotik F erotyka *f* **erotisch** erotyczny
erpressen szantażować **Erpresser(in)** M(F) szantażysta *m*, szantażystka *f* **Erpressung** F szantaż *m*, wymuszenie *n*
erproben wypróbowywać ⟨-ować⟩ **erraten** odgadywać ⟨-dnąć⟩
erregen podniecać ⟨-cić⟩; *fig* wzbudzać ⟨-dzić⟩, wywoływać ⟨-łać⟩ **Erreger** M MED zarazek *m* **erregt** podniecony
erreichbar osiągalny **erreichen** osiągać ⟨-gnąć⟩
errichten zakładać ⟨założyć⟩; *Denkmal* stawiać ⟨postawić⟩, wznosić ⟨-nieść⟩ **erringen** *Sieg* odnosić ⟨-nieść⟩ **erröten** ⟨za⟩rumienić się
Errungenschaft F zdobycz *f*, osiągnięcie *n*
Ersatz M namiastka *f*; *pers* zastępca *m*; (*Ersetzen*) zamiana *f* **Ersatzreifen** M opona *f* zapasowa **Ersatzteil** N *od* M część *f* zapasowa
erschaffen stworzyć *pf* **erschallen** zabrzmieć *pf*
erscheinen zjawiać ⟨-ić⟩ się; *Buch* ukazywać ⟨-zać⟩ się **Erscheinung** F pojawienie *n* się; *fig* zjawisko *n*
erschießen zastrzelić *pf* (**sich** się); JUR rozstrzeliwać ⟨-lać⟩
erschlagen zabijać ⟨-ić⟩
erschöpfen wyczerpywać ⟨-pać⟩ (**sich** się) **erschöpft** wyczerpany **Erschöpfung** F wyczerpanie *n*
erschrecken przestraszyć *pf*

(się) **erschreckend** przerażający (-co) **erschrocken** przestraszony
Erschütterung F wstrząs *m*
erschweren utrudniać ⟨-ić⟩
erschwinglich przystępny, osiągalny
ersetzen zastępować ⟨-stąpić⟩ (**durch** *akk inst*); *Schaden* ⟨z⟩rekompensować, wynagradzać ⟨-rodzić⟩
Ersparnis F oszczędność *f*
erst najpierw; dopiero
erstarken wzmacniać ⟨-mocnić⟩ się **erstarren** ⟨z⟩drętwieć **erstatten** *Kosten* zwracać ⟨zwrócić⟩; *Anzeige* składać ⟨złożyć⟩
Erstaufführung F premiera *f*
Erstaunen N zdziwienie *n*, zdumienie *n* **erstaunlich** zadziwiający (-co) **erstaunt** zdumiony
erstbeste(r) pierwszy lepszy
erste(r) pierwszy; **zum ersten Mal** po raz pierwszy; **in erster Linie** w głównej mierze, przede wszystkim; **Erste Hilfe** pierwsza pomoc *f*
erstehen V/T nabywać ⟨-być⟩
erstens po pierwsze
ersticken V/T ⟨s⟩tłumić; V/I ⟨u⟩dusić się
erstklassig pierwszorzędny
erstmals po raz pierwszy
erstrecken: **sich ~** rozciągać się
ersuchen ⟨po⟩prosić (**um** *akk* o *akk*) **Ersuchen** N prośba *f*
ertappen przyłapywać ⟨-pać⟩
erteilen udzielać ⟨-lić⟩ (*akk gen*); *Befehl* wydawać ⟨-dać⟩
Ertrag M AGR plon *m*; (*Gewinn*) dochód *m*
ertragen znosić ⟨-nieść⟩ **erträglich** znośny
ertrinken ⟨u⟩tonąć **erwachen** ⟨o⟩budzić się
erwachsen dorosły **Erwachsene** F dorosła *f* **Erwachsene(r)** M dorosły *m*
erwägen rozważać ⟨-żyć⟩ **Erwägung** F: **in ~ ziehen** brać ⟨wziąć⟩ pod uwagę
erwähnen wspominać ⟨-mnieć⟩ (*akk* o *lok*) **erwärmen** ogrzewać ⟨-rzać⟩
erwarten oczekiwać **Erwartung** F oczekiwanie *n*
erwecken *fig* wzbudzać ⟨-dzić⟩ **erweichen** zmiękczać ⟨-czyć⟩ **erweisen** V/T wykazywać ⟨-zać⟩; *Dienst* wyświadczać ⟨-czyć⟩; **sich ~** okazywać ⟨-zać⟩ się
erweitern rozszerzać ⟨-rzyć⟩
Erwerb M nabycie *n* **erwerben** nabywać ⟨-być⟩ **erwerbsfähig** zdolny do pracy zarobkowej **erwerbslos** bezrobotny **erwerbstätig** pracujący
erwidern odeprzeć *pf*, odpowiadać ⟨-wiedzieć⟩ **erwischen** *umg* złapać *pf*
erwünscht pożądany
Erz N ruda *f*, kruszec *m*
erzählen opowiadać ⟨-wie-

dzieć〉 **Erzählung** F opowiadanie *n*
Erzbischof M arcybiskup *m*
erzeugen wytwarzać 〈-worzyć〉 **Erzeuger(in)** M(F) wytwórca *m* **Erzeugnis** N wyrób *m*, produkt *m*
erziehen wychowywać 〈-ować〉 **Erzieher(in)** M(F) wychowawca *m*, wychowawczyni *f* **Erziehung** F wychowanie *n* **Erziehungsurlaub** M urlop *m* wychowawczy
erzielen osiągać 〈-gnąć〉 **erzwingen** wymuszać 〈-musić〉
es ono; to; ~ **gibt** jest, *pl* są; ~ **gibt nicht** nie ma; ~ **ist kalt** jest zimno
Esche F jesion *m*
Esel M osioł *m*
Espresso M espresso *n*
essbar jadalny **essen** 〈z〉jeść **Essen** N jedzenie *n*
Essig M ocet *m* **Essiggurke** F ogórek *m* konserwowy
Esszimmer N jadalnia *f*
Estland N Estonia *f*
Etage F piętro *n*
Etappe F etap *m*
Etat M budżet *m*
ethnisch etniczny
Etikett N etykietka *f*, etykieta *f*
etliche kilku, kilka, kilkoro; niektórzy, niektóre **etliches** niejedno; nieco
Etui N futerał *m*
etwa ADV około **etwaig** ewentualny
etwas coś; (*ein wenig*) nieco, cokolwiek; ~ **mehr** trochę więcej
EU F UE *f*
euch *dat* wam; *akk* was; **mit** ~ z wami
euer wasz, wasza, wasze; PL wasi, wasze; swój, swoja, swoje; PL swoi, swoje
Eule F sowa *f*
Euro M euro *n* **Eurocent** M eurocent *m* **Eurocity** M EuroCity *m*
Europa N Europa *f* **Europäer(in)** M(F) Europejczyk *m*, Europejka *f* **europäisch** europejski; **Europäische Union** Unia *f* Europejska **Europameister(in)** M(F) mistrz(yni) *m(f)* Europy
Euter N wymię *n*
evangelisch ewangelicki
ewig wieczny **Ewigkeit** F wieczność *f*
Ex- eks-
Examen N egzamin *m*
Exemplar N egzemplarz *m*
Ex-Frau F była żona *f*
Exil N wygnanie *n*, emigracja *f*
Existenz F istnienie *n*, egzystencja *f* **existieren** istnieć, egzystować
exklusiv ekskluzywny; wyłączny
exotisch egzotyczny
Experte M ekspert *m* **Expertin** F ekspertka *f* **Expertise** F ekspertyza *f*
explodieren wybuchać 〈-chnąć〉 **Explosion** F wy-

buch *m*
Export M eksport *m* **exportieren** ⟨wy⟩eksportować
Express M ekspres *m*
extra specjalny; ekstra
extrem skrajny
exzellent wspaniały (-le)
Eyeliner M konturówka *f* do oczu

F

Fabel F bajka *f*, baśń *f* **fabelhaft** bajeczny
Fabrik F fabryka *f* **Fabrikat** N wyrób *m* **Fabrikmarke** F znak *m* fabryczny
Fach N półka *f*, przegródka *f*; *Beruf* fach *m*, specjalność *f*; (*Schulfach*) przedmiot *m* **Facharzt** M lekarz *m* specjalista **Fachärztin** F lekarz *m* specjalista
Fächer M wachlarz *m*
Fachfrau F specjalistka *f* **Fachgebiet** N dziedzina *f* **Fachgeschäft** N sklep *m* specjalistyczny **Fachhochschule** F wyższa szkoła *f* zawodowa **Fachmann** M fachowiec *m* **Fachschule** M technikum *n* **Fachwerkhaus** N dom *m* z muru pruskiego
Fackel F pochodnia *f*
fade mdły (-ło); *fig* nudny (-no)
Faden M nić *f*, nitka *f*
fähig zdolny (**zu** *dat* do *gen* **Fähigkeit** F zdolność *f*
fahnden ścigać (**nach** *dat akk* **Fahndung** F ściganie *n*
Fahne F *Land* flaga *f*; *Schule* sztandar *m*
Fahrausweis M bilet *m* (na przejazd)
Fahrbahn F jezdnia *f*
Fähre F prom *m*
fahren V/I jeździć, ⟨po⟩jechać V/T wozić, ⟨za⟩wieźć; *Auto* prowadzić **Fahrer(in)** M(F) kierowca *m* **Fahrerflucht** F ucieczka *f* kierowcy z miejsca wypadku **Fahrerlaubnis** F prawo *n* jazdy **Fahrgast** M pasażer(ka) *m(f)*
Fahrkarte F bilet *m* (na przejazd) **Fahrkartenautomat** M automat *m* biletowy **Fahrkartenschalter** M kasa *f* biletowa
fahrlässig niedbały (-le), nieuważny
Fahrlehrer(in) M(F) instruktor(ka) *m(f)* jazdy **Fahrplan** M rozkład *m* jazdy
Fahrpreis M opłata *f* za przejazd **Fahrpreisermäßigung** F zniżka *f* na przejazd
Fahrrad N rower *m* **Fahrradweg** M ścieżka *f* rowerowa
Fahrschule F ośrodek *m* szkolenia kierowców; nauka *f* jazdy
Fahrstuhl M winda *f* **Fahrt** F jazda *f*; (*Reise*) podróż *f*
Fahrverbot N zakaz *m* pro-

wadzenia pojazdów
Fahrzeug N pojazd *m* **Fahrzeugbrief** M dowód *m* rejestracyjny **Fahrzeughalter(in)** M(F) użytkownik *m* pojazdu, użytkowniczka *f* pojazdu
fair uczciwy (-wie), fair
Fakultät F wydział *m*
Falke M sokół *m*
Fall M upadek *m*; GRAM, *fig* przypadek *m*; **für alle Fälle** na wszelki wypadek; **auf keinen ~** w żadnym wypadku
Falle F pułapka *f*
fallen padać ⟨paść⟩, upadać ⟨upaść⟩; (*sinken*) spadać ⟨spaść⟩
fällen *Baum* ścinać ⟨ściąć⟩; *Urteil* wydawać ⟨-dać⟩
fällig płatny
falls jeśli
Fallschirm M spadochron *m* **Fallschirmspringer(in)** M(F) spadochroniarz *m*, spadochroniarka *f*
falsch fałszywy (-wie); (*nachgemacht*) podrobiony; (*irrig*) błędny
fälschen podrabiać ⟨-robić⟩ **Fälscher(in)** M(F) fałszerz *m* **Falschgeld** N fałszywe pieniądze *mpl* **Falschheit** F fałsz *m*, obłuda *f* **fälschlich** mylny, błędny **Fälschung** F fałszerstwo *n*; falsyfikat *m*
Faltboot N składany kajak *m*
Falte F fałda *f*, zakładka *f* **falten** składać ⟨złożyć⟩; ⟨s⟩fałdować
Falter M motyl *m*
Familie F rodzina *f* **Familienangehörige** F członek *m* rodziny **Familienangehörige(r)** M członek *m* rodziny **Familienname** M nazwisko *n* **Familienstand** M stan *m* cywilny
Fan M fan *m*
Fang M połów *m* **fangen** ⟨z⟩łapać, *Fisch* ⟨z⟩łowić
Fantasie F fantazja *f* **fantastisch** fantastyczny
Farbe F barwa *f*, kolor *m*; (*Malfarbe*) farba *f* **farbecht** o trwałych barwach
färben ⟨po⟩farbować
Farbfilm M film *m* kolorowy **farbig** barwny, kolorowy (-wo) **Farbkopierer** M kopiarka *f* kolorowa **farblos** bezbarwny **Farbstoff** M barwnik *m* **Farbton** M odcień *m*
Farn M paproć *f*
Fasan M bażant *m*
Fasching M karnawał *m*
Faschismus M faszyzm *m*
Faser F włókno *n* **faserig** włóknisty; *Fleisch* żylasty
Fass N beczka *f* **Fassbier** N piwo *n* beczkowe
fassen chwytać ⟨-ycić⟩; (*enthalten*) ⟨po⟩mieścić; **sich kurz ~** streszczać ⟨-ścić⟩ się
Fassung F TECH oprawa *f*, oprawka *f*; (*Textfassung*) wersja *f*; **aus der ~ bringen** wyprowadzić *pf* z równowagi **fas-**

sungslos zdumiony, ze zdumieniem
fast prawie
fasten pościć **Fasten** N post *m*; *kath. Kirche* Wielki Post *m* **Fastenzeit** F post *m*; *kath. Kirche* Wielki Post *m*
Fastfood N fast food *m*
Fastnacht F ostatki *pl*
faul zgniły; *pers* leniwy (-wie) **faulen** ⟨z⟩gnić; ⟨z⟩butwieć
faulenzen próżnować, lenić się **Faulenzer(in)** M(F) leń *m*, leniuch *m* **Faulheit** F lenistwo *n*
Fäulnis F zgnilizna *f*
Faust F pięść *f* **Faustregel** F ogólna zasada *f* **Faustschlag** M cios *m* pięścią
Fax N faks *m* **faxen** ⟨prze⟩faksować **Faxgerät** N faks *m* **Faxnummer** M numer *m* faksu
Februar M luty *m*; **im ~** w lutym
Fechten N szermierka *f*
Feder F pióro *n*; (*Schreibfeder*) stalówka *f*; TECH sprężyna *f*; resor *m* **Federball** M SPORT badminton *m* **Federbett** N pierzyna *f* **Federung** F AUTO zawieszenie *n*
Fee F czarodziejka *f*
fegen zamiatać ⟨-mieść⟩
Fehlbestand M brak *m*, niedobór *m* **Fehlbetrag** M deficyt *m*, manko *n*
fehlen brakować ⟨zabraknąć⟩; *pers* być nieobecnym; **was fehlt Ihnen?** *Arzt* co panu o[d]/pani dolega?
Fehler M błąd *m* **fehlerfre[i]** bezbłędny **fehlerhaft** wadli[]wy (-wie); błędny **Fehlermel[]dung** F IT komunikat *m* błędu
Fehlgeburt F poronienie *n*
Fehlschlag M fiasko *n*, FIN krach *m* **Fehlzündung** F przerwa *f* w zapłonie
Feier F uroczystość *f* **Feierabend** M *umg* fajrant *m*, koniec *m* pracy **feierlich** uroczysty (-ście) **feiern** (uroczyście) obchodzić, świętować **Feiertag** M święto *n*
feige tchórzliwy (-wie)
Feige F figa *f*
Feigheit F tchórzostwo *n*
Feigling M tchórz *m*
Feile F pilnik *m* **feilen** piłować
feilschen *umg* targować się
fein drobny; delikatny; *pers umg* fajny
Feind(in) M(F) wróg *m* **feindlich** wrogi (-go)
Feinheit F delikatność *f* **Feinkost** F delikatesy *mpl* **Feinkostladen** M delikatesy *pl* **Feinschmecker(in)** M(F) smakosz *m* **Feinwaschmittel** N delikatny środek *m* piorący
Feld N pole *n*; SPORT *a.* boisko *n* **Feldarbeit** F prace *fpl* polowe **Feldstecher** M lornetka *f* polowa **Feldweg** M droga *f* polna

Felge F felga *f*
Fell N (*Pelz*) futro *n*
Felsen M skała *f* **felsig** skalisty **Felswand** F ściana *f* skalna
Fenchel M koper *m* włoski
Fenster N okno *n* **Fensterbrett** N parapet *m* **Fensterplatz** M miejsce *n* przy oknie **Fensterscheibe** F szyba *f*
Ferien PL ferie *pl*, wakacje *pl*; wczasy *pl* **Feriengast** M wczasowicz(ka) *m(f)*, urlopowicz(ka) *m(f)* **Ferienhaus** N dom *m* wczasowy **Ferienort** M miejscowość *f* wypoczynkowa **Ferienwohnung** F mieszkanie *n* wakacyjne
Ferkel N prosię *n*
fern daleki (-ko)
Fernbedienung F pilot *m*
Ferne F dal *f*; **aus der ~** z daleka **Fernfahrer(in)** M(F) kierowca *m* jeżdżący na długich trasach **Fernflug** M lot *m* długodystansowy **Ferngespräch** N rozmowa *f* zamiejscowa **Fernglas** N lornetka *f* **Fernlicht** N światła *npl* drogowe
fernsehen oglądać ⟨obejrzeć⟩ telewizję
Fernsehen N telewizja *f*
Fernseher M telewizor *m*
Fernsehkanal M kanał *m* telewizyjny **Fernsehprogramm** N program *m* telewizyjny **Fernsehturm** M wieża *f* telewizyjna **Fernsehzuschauer(in)** M(F) telewidz *m*

Fernstraße F droga *f* główna
Fernstudium N studia *pl* zaoczne **Fernverkehr** M ruch *m* dalekobieżny
Ferse F pięta *f*
fertig gotowy; **~ machen** przygotowywać ⟨-ować⟩ (**sich** się)
Fertiggericht N danie *n* gotowe
Fertigkeit F biegłość *f*, wprawa *f*
Fertigung F produkcja *f*
fesch szykowny
Fessel F ANAT kostka *f* (u nogi), dolna część *f* łydki; (*Kette*) kajdany *pl* **fesseln** ⟨s⟩krępować; *fig* ⟨za⟩fascynować
fest mocny (-no); twardy (-do)
Fest N uroczystość *f*, święto *n*
festbinden przywiązywać ⟨-zać⟩ **festhalten** (mocno) trzymać (**sich** się)
Festigkeit F TECH wytrzymałość *f* **Festland** N stały ląd *m*
festlich świąteczny
festmachen V/T przymocowywać ⟨-ować⟩
Festnahme F aresztowanie *n*
festnehmen ⟨za⟩aresztować
Festnetz N TEL sieć *f* telefonii stacjonarnej **Festplatte** F IT twardy dysk *m*
festsetzen ustanawiać ⟨-nowić⟩; *Termin* wyznaczać ⟨-czyć⟩
Festspiele NPL festiwal *m*
feststellen stwierdzać ⟨-dzić⟩
Feststellung F ustalenie *n*, stwierdzenie *n*

Festtag M dzień *m* świąteczny **Festung** F twierdza *f*, forteca *f* **Fete** *umg* F impreza *f*, przyjęcie *n*
fett tłusty (-to) **Fett** N tłuszcz *m* **fettarm** niskotłuszczowy **Fettfleck** M tłusta plama *f* **fettig** tłusty
Fetzen M strzęp *m*; *umg Kleidungsstück* szmata *f*
feucht wilgotny (-no) **Feuchtigkeit** F wilgoć *f*
Feuer N ogień *m*; *(Brand)* pożar *m* **Feueralarm** M alarm *m* pożarowy **feuerfest** ogniotrwały **feuergefährlich** łatwopalny **Feuerlöscher** M gaśnica *f* **Feuermelder** M sygnalizator *m* pożarowy **Feuertreppe** F schody *pl* pożarowe **Feuerwehr** F straż *f* pożarna **Feuerwerk** N sztuczne ognie *mpl* **Feuerzeug** N zapalniczka *f*
Fichte F świerk *m*
Fieber N gorączka *f* **fieberhaft** gorączkowy (-wo) **Fiebermittel** N środek *m* przeciwgorączkowy **Fieberthermometer** N termometr *m*
fiebrig gorączkowy
fies ohydny, obrzydliwy (-wie)
Figur F figura *f*; postać *f*
Filet N filet *m*; polędwica *f*
Filiale F filia *f*
Film M film *m* **filmen** ⟨s⟩filmować **Filmkamera** F kamera *f* filmowa **Filmprojektor** M projektor *m* filmowy
Filter M *od* N filtr *m* **Filterkaffee** M kawa *f* filtrowana **Filterpapier** N bibuła *f* filtracyjna **Filterzigarette** F papieros *m* z filtrem
Filz M filc *m* **Filzstift** M flamaster *m*
Finale N finał *m*
Finanzamt N urząd *m* skarbowy **finanziell** finansowy (-wo) **finanzieren** ⟨s⟩finansować **Finanzminister(in)** M(F) minister *m* finansów
finden znajdować ⟨znaleźć⟩, odszukać *pf* **Finderlohn** M znaleźne *n*
Finger M palec *m* **Fingerhut** M naparstek *m* **Fingernagel** M paznokieć *m*
Fink M zięba *f*
Finne M Fin *m* **Finnin** F Finka *f* **finnisch** fiński (po -ku) **Finnland** N Finlandia *f*
finster ciemny (-no); *fig* ponury (-ro) **Finsternis** F ciemność *f*; ASTRON zaćmienie *n*
Firma F firma *f*
Firnis M pokost *m*
Fisch M ryba *f* **fischen** łowić ryby **Fischer(in)** M(F) rybak *m*, rybaczka *f* **Fischerei** F rybołówstwo *n* **Fischgericht** N danie *n* rybne **Fischreiher** M czapla *f* siwa **Fischstäbchen** NPL paluszki *mpl* rybne
Fitness F sprawność *f* fizyczna **Fitnesscenter** N klub *m* fitness
fix stały; *umg* szybki

Fixer(in) *umg* M(F) narkoman(ka) *m(f)*
FKK F naturyzm *m* **FKK-Strand** M plaża *f* naturystów
flach płaski (-ko); *Wasser* płytki (-ko)
Flachbildschirm M płaski ekran *m*
Fläche F płaszczyzna *f*; (*Oberfläche*) powierzchnia *f*
Flachland N równina *f*
Flachs M len *m*
flackern ⟨za⟩migotać
Flagge F flaga *f*; SCHIFF bandera *f*
Flamme F płomień *m*
Flanke F bok *m*
Flasche F butelka *f* **Flaschenbier** N piwo *n* butelkowe **Flaschenöffner** M otwieracz *m* do butelek **Flaschenpfand** M kaucja *f* za butelkę
flattern *Vogel* fruwać; *Fahne* powiewać, trzepotać
flau słaby (-bo)
Flaum M puch *m*; *Pfirsich* meszek *m*
Flaute F flauta *f*
Flechte F porost *m*; MED liszaj *m* **flechten** ⟨s⟩pleść; *Kranz* ⟨u⟩wić
Fleck M plama *f* **Fleckentferner** M wywabiacz *m* plam **fleckig** poplamiony; plamisty
Fledermaus F nietoperz *m*
Flegel M gbur *m*, cham *m* **flegelhaft** chamski (po -ku)
flehen błagać
Fleisch N mięso *n*; (*Fruchtfleisch*) miąższ *m* **Fleischbrühe** F bulion *m* **Fleischer(in)** M(F) rzeźnik *m*, rzeźniczka *f*
Fleischerei F sklep *m* rzeźniczy **Fleischgericht** N danie *n* mięsne **Fleischvergiftung** F zatrucie *n* mięsem
Fleiß M pilność *f* **fleißig** pilny
flexibel giętki (-ko), elastyczny
flicken ⟨za⟩łatać **Flicken** M łata *f*, łatka *f* **Flickzeug** N zestaw *m* do łatania dętek
Flieder M bez *m*
Fliege F mucha *f*
fliegen latać, ⟨po⟩lecieć; *Vogel* fruwać **Fliegenklatsche** F łapka *f* na muchy **Fliegenpilz** M muchomor *m* **Flieger** M lotnik *m*
fliehen uciekać ⟨uciec⟩
Fliese F płytka *f*, glazura *f*
Fließband N taśma *f* produkcyjna **fließen** płynąć **fließend** *Wasser* bieżący; *Stil* płynny
flink zwinny
flirten flirtować
Flitterwochen FPL miesiąc *m* miodowy
Flocke F płatek *m*; kłaczek *m*
Floh M pchła *f* **Flohmarkt** M pchli targ *m*
Flop M *umg* klapa *f*, niepowodzenie *n*
florieren kwitnąć, prosperować
Floß N tratwa *f*
Flosse F płetwa *f*

Floßfahrt F spływ *m* tratwą **Flöte** F flet *m* **flott** szybki (-ko), żwawy (-wo), *Musik a.* skoczny; *pers* modny, elegancki (-ko) **Flotte** F flota *f* **Fluch** M przekleństwo *n* **fluchen** ⟨za⟩kląć; przeklinać ⟨-kląć⟩ (*dat*, **auf, über** *akk akk*) **Flucht** F ucieczka *f* **flüchten** uciekać ⟨uciec⟩ **flüchtig** *fig* pobieżny; CHEM lotny **Flüchtling** M zbieg *m*; uciekinier *m*, *a.* POL uchodźca *m* **Flüchtlingslager** N obóz *m* dla uchodźców **Flug** M lot *m* **Flugbegleiter(in)** M(F) steward(esa) *m(f)* **Flügel** M skrzydło *n*; MUS fortepian *m* **Fluggast** M pasażer(ka) *m(f)* samolotu **Flughafen** M port *m* lotniczy **Fluglinie** F linia *f* lotnicza **Flugplan** M rozkład *m* lotów **Flugplatz** M lotnisko *n* **Flugticket** N bilet *m* lotniczy **Flugverkehr** M komunikacja *f* lotnicza **Flugzeug** N samolot *m* **Flunder** F flądra *f* **Flur** M sień *f*, korytarz *m* **Fluss** M rzeka *f* **flussabwärts** z prądem **flussaufwärts** pod prąd **Flussbett** N koryto *m* rzeki **flüssig** płynny **Flüssigkeit** F płyn *m*, ciecz *f* **flüstern** szeptać ⟨-pnąć⟩ **Flut** F przypływ *m*; *fig* potok *m*, zalew *m* **Flutlicht** N światło *n* reflektorów **Fohlen** N źrebię *n* **Föhn** M fen *m*, wiatr *m* halny; (*Haartrockner*) suszarka *f* do włosów **föhnen** suszyć włosy suszarką **Folge** F następstwo *n*, skutek *m*; (*Reihe*) ciąg *m* **folgen** iść ⟨pójść⟩ (*dat* za *inst*); *als nächstes* następować ⟨-tąpić⟩ (po *lok*); **daraus folgt** z tego wynika **folgend** następujący **folgendermaßen** w następujący sposób **folgerichtig** konsekwentny **folgern** ⟨wy⟩wnioskować (**aus** *dat* z *gen*) **folglich** więc **Folie** F folia *f* **Folter** F tortury *fpl* **foltern** torturować **fordern** ⟨za⟩żądać, wymagać (*akk gen*) **fördern** protegować, popierać ⟨-przeć⟩, wspierać ⟨wesprzeć⟩ **Forderung** F żądanie *n*, wymaganie *n*; (*Anspruch*) roszczenie *n*; FIN wierzytelność *f* **Forelle** F pstrąg *m* **Form** F forma *f*, kształt *m* **Formalität** F formalność *f* **Format** N format *m* **formatieren** IT ⟨s⟩formatować **Formel** F formuła *f*, formułka *f*; MATH wzór *m* **Formular** N formularz *m* **formulieren** ⟨s⟩formułować **forschen** prowadzić badania naukowe; poszukiwać (**nach**

dat gen) **Forscher(in)** M(F) badacz(ka) *m(f)* **Forschung** F badania *npl*
Forst M las *m* **Förster(in)** M(F) leśniczy *m*
fort precz; (*weiter*) dalej
fortbestehen istnieć dalej **fortbilden** dokształcać ⟨-cić⟩ (**sich** się) **fortbringen** → fortschaffen **fortfahren** V/I odjeżdżać ⟨-jechać⟩; *fig* kontynuować (**mit** *dat akk*) **fortgehen** → weggehen
fortgeschritten zaawansowany **fortlaufend** bieżący (-co), ciągły (-le)
Fortpflanzung F rozmnażanie *n* się
fortschaffen usuwać ⟨-unąć⟩, wynosić ⟨-nieść⟩, wywozić ⟨-wieźć⟩
fortschreiten postępować ⟨-stąpić⟩ naprzód **Fortschritt** M postęp *m* **fortschrittlich** postępowy (-wo)
fortsetzen kontynuować **Fortsetzung** F ciąg *m* dalszy; kontynuacja *f*
fortwährend ustawiczny
Foto N zdjęcie *n* **Fotoapparat** M aparat *m* fotograficzny **Fotograf(in)** M(F) fotograf *m* **fotografieren** ⟨s⟩fotografować **Fotokopie** F kserokopia *f* **fotokopieren** ⟨s⟩kserować
Foul N SPORT faul *m*
Fracht F ładunek *m*; (*Preis*) koszt *m* przewozu, fracht *m* **Frachtbrief** M list *m* przewozowy
Frage F pytanie *n*; (*Problem*) kwestia *f* **Fragebogen** M ankieta *f*, kwestionariusz *m* **fragen** ⟨za⟩pytać (się) **Fragezeichen** N znak *m* zapytania **fraglich** wątpliwy; dany **fragwürdig** wątpliwy (-wie)
Franken M: **Schweizer ~** frank *m* szwajcarski
frankieren ⟨o⟩frankować
Frankreich N Francja *f*
Franse F frędzla *f*
Franzose M Francuz *m* **Französin** F Francuzka *f* **französisch** francuski (po -ku)
Frau F kobieta *f*; *Anrede* pani *f* **Frauenarzt** M ginekolog *m* **Frauenärztin** F ginekolog *m* **Frauenklinik** F klinika *f* ginelogiczno-położnicza
frech bezczelny **Frechheit** F bezczelność *f*
frei wolny; *Gelände* otwarty; **unter ~em Himmel** pod gołym niebem
Freibad N pływalnia *f* otwarta
Freiberufler(in) M(F) osoba *f* wykonująca wolny zawód **freiberuflich** w wolnym zawodzie
freigeben V/I *umg* dawać ⟨dać⟩ wolne **freigebig** hojny
freihaben *umg* mieć wolne
Freiheit F wolność *f*, swoboda *f* **Freiheitsstrafe** F kara *f* pozbawienia wolności
Freikarte F bilet *m* bezpłatny
freilassen wypuszczać ⟨-ścić⟩

na wolność
Freilichtbühne F teatr *m* letni **Freilichtmuseum** N skansen *m*
freimachen ⟨o⟩frankować; **sich ~** zwolnić się *pf* **freimütig** szczery (-rze) **freinehmen**: **sich ~** brać ⟨wziąć⟩ sobie wolne
Freisprechanlage F zestaw *m* głośnomówiący
freisprechen JUR uniewinniać ⟨-nić⟩ **Freispruch** M wyrok *m* uniewinniający
Freistoß M SPORT rzut *m* wolny
Freitag M piątek *m*
freiwillig dobrowolny **Freiwillige** F ochotniczka *f* **Freiwillige(r)** M ochotnik *m*
Freizeit F czas *m* wolny, *umg* wolne *n* **Freizeitkleidung** F odzież *f* sportowa **Freizeitpark** M park *m* rozrywki
Freizügigkeit F swoboda *f*; (*Großzügigkeit*) hojność *f*
fremd obcy (-co); (*anderen gehörig*) cudzy
Fremde[1] F obczyzna *f*
Fremde[2] F obca *f*; cudzoziemka *f* **Fremde(r)** M obcy *m*; cudzoziemiec *m*
Fremdenführer(in) M(F) przewodnik *m*, przewodniczka *f* **Fremdenverkehrsamt** N urząd *m* do spraw turystyki
Fremdsprache F język *m* obcy **Fremdsprachenkenntnisse** PL znajomość *f* języków obcych
Fremdwort N wyraz *m* obcy
Frequenz F częstotliwość *f*
fressen ⟨po⟩żreć
Freude F radość *f* **freudig** radosny (-śnie) **freuen**: **sich ~** ⟨u⟩cieszyć się (**über** *akk* z *gen*); **es freut mich** cieszę się, cieszy mnie
Freund(in) M(F) przyjaciel *m*, przyjaciółka *f* **freundlich** uprzejmy (-mie); przyjazny (-źnie) **freundlicherweise** w uprzejmy sposób, uprzejmie **Freundschaft** F przyjaźń *f* **freundschaftlich** przyjacielski
Frieden M pokój *m* **Friedensbewegung** F ruch *m* pacyfistyczny
Friedhof M cmentarz *m*
friedlich spokojny; pokojowy (-wo)
frieren ⟨z⟩marznąć; **mich friert** zimno mi
Frikadelle F kotlet *m* mielony **Frikassee** N potrawka *f*
frisch świeży (-żo); *Wäsche* czysty (-to) **Frische** F świeżość *f* **Frischhaltefolie** F folia *f* do żywności **Frischkäse** M serek *m* kremowy
Friseur(in) M(F) fryzjer(ka) *m(f)* **frisieren** ⟨u⟩czesać
Frist F termin *m* **fristgerecht** terminowy (-wo) **fristlos**: **fristlose Entlassung** zwolnienie bez zachowania okresu wypowiedzenia

Frisur F fryzura *f*
frittieren smażyć w głębokim tłuszczu
froh: **ich bin ~** cieszę się
fröhlich wesoły (-ło)
fromm pobożny
Fronleichnam M Boże Ciało *n*
Front F front *m* **Frontantrieb** M napęd *m* przedni
Frosch M żaba *f*
Frost M mróz *m*
frösteln: **mich fröstelt** zimno mi
frostfrei bezmroźny **Frostschutzmittel** N środek *m* przeciw zamarzaniu
Frottiertuch N ręcznik *m* frotté
Frucht F owoc *m* **fruchtbar** płodny; *Boden* żyzny **Fruchteis** N lody *pl* owocowe **fruchtig** owocowy **Fruchtsaft** M sok *m* owocowy
früh wczesny (-śnie); *morgens* wcześnie rano; **morgen ~** jutro rano
früher wcześniejszy; były; ADV wcześniej; *(einst)* dawniej
Frühling M wiosna *f*; **im ~** na wiosnę
Frühmesse F msza *f* poranna **Frühschicht** F ranna zmiana *f*
Frühstück N śniadanie *n*; **zum ~** na śniadanie **frühstücken** ⟨z⟩jeść śniadanie **Frühstücksbüfett** N bufet *m* śniadaniowy
Frust M *umg* frustracja *f*
Fuchs M lis *m*
Fuge F szczelina *f*; MUS fuga *f*
fühlbar wyczuwalny **fühlen** czuć (**sich** się); *innerlich* odczuwać ⟨-uć⟩; dotykać ⟨-tknąć⟩, ⟨po⟩macać; *Puls* ⟨z⟩badać
Fühler M ZOOL czułek *m*
führen ⟨po⟩prowadzić; *Betrieb, Auto* kierować (*akk inst*); *Titel, Waren* mieć, posiadać; **bei sich ~** mieć przy sobie
Führer(in) M(F) wódz *m*; *(Reiseführer)* przewodnik *m*, przewodniczka *f* **Führerschein** M prawo *n* jazdy **Führung** F *(Leitung)* kierownictwo *n*; oprowadzanie *n* (zwiedzających) **Führungszeugnis** N świadectwo *n* niekaralności
Fülle F obfitość *f* **füllen** napełniać ⟨-ić⟩ **Füllfederhalter** M wieczne pióro *n* **Füllung** F GASTR nadzienie *n*, farsz *m*; MED plomba *f*
Fund M znalezisko *n*, odkrycie *n*
Fundament N fundament *m*
Fundbüro N biuro *n* rzeczy znalezionych **Fundsache** F przedmiot *m* znaleziony
fünf pięć **Fünf** F piątka *f* **fünfeckig** pięciokątny **fünfhundert** pięćset **fünfhundertste(r)** pięćsetny **fünfjährig** pięcioletni **Fünfkampf** M SPORT pięciobój *m*
fünfte(r) piąty **Fünftel** N jedna piąta

fünfzehn piętnaście **fünfzehnte(r)** piętnasty **fünfzig** pięćdziesiąt **fünfzigste(r)** pięćdziesiąty
Funk M: **per ~** przez radio
Funke M iskra *f* **funkeln** ⟨za⟩błyszczeć
Funker(in) M(F) radiotelegrafista *m*, radiotelegrafistka *f* **Funkgerät** N radiostacja *f* **Funktaxi** N radiotaxi *n*
Funktion F funkcja *f* **Funktionär(in)** M(F) działacz(ka) *m(f)* **funktionieren** działać, funkcjonować
für PRÄP (*akk*) dla (*gen*); na (*akk*); za (*akk*); **~ mich** dla mnie; **~ zwei Personen** na dwie osoby, dla dwóch osób; **~ zwei Euro** za dwa euro
Furche F bruzda *f*
Furcht F lęk *m*, obawa *f* **furchtbar** straszny, okropny
fürchten: **sich ~** bać się, obawiać się (**vor** *dat gen*)
fürchterlich → furchtbar
furchtlos nieustraszony **furchtsam** bojaźliwy (-wie)
Fürsorge F piecza *f*, opieka *f* **Fürsprache** F wstawienie *n* się, wstawiennictwo *n*
Fürst(in) M(F) książę *m*, księżna *f* **Fürstentum** N księstwo *n*
Furt F bród *m*
Furunkel M *od* N czyrak *m*
Furz M *umg* bąk *m* **furzen** *umg* puszczać bąki ⟨-ścić bąka⟩
Fusion F fuzja *f*
Fuß M stopa *f*
Fußball M piłka *f* nożna **Fußballmannschaft** F drużyna *f* piłki nożnej **Fußballplatz** M boisko *m* do piłki nożnej **Fußballspieler(in)** M(F) piłkarz *m*, piłkarka *f*
Fußboden M podłoga *f* **Fußbremse** F hamulec *m* nożny
fußen *fig* opierać się
Fußgänger(in) M(F) pieszy *m*, piesza *f* **Fußgängerüberweg** M przejście *n* dla pieszych **Fußgängerzone** F strefa *f* ruchu pieszego
Fußgelenk N staw *m* skokowy **Fußnote** F przypis *m* **Fußpilz** M grzybica *f* stóp **Fußsohle** F podeszwa *f* **Fußtritt** M kopniak *m* **Fußweg** M ścieżka *f*
Futter[1] N pokarm *m*, karma *f*; AGR *a.* pasza *f*
Futter[2] N (*Stoff*) podszewka *f*
füttern ⟨na⟩karmić; *Kleid* podszywać ⟨-yć⟩
Futur N GRAM czas *m* przyszły

G

Gabel F widelec *m*; (*Heugabel*) widły *pl*
gabeln: **sich ~** rozwidlać się **Gabelung** F rozwidlenie *n*
gackern gdakać

gaffen *umg* gapić się
Gage F gaża *f*
gähnen ziewać
Galerie F galeria *f*
Galgen M szubienica *f*
Galle F żółć *f* **Gallenblase** F woreczek *m* żółciowy **Gallensteine** PL kamienie *mpl* żółciowe
Galopp M cwał *m*, galop *m* **galoppieren** galopować, cwałować
Gammler(in) *umg* M(F) łazęga *m u. f*
Gämse F kozica *f*
Gang M chód *m*; ARCH przejście *n*; korytarz *m*; AUTO bieg *m*; GASTR danie *n*; **in ~ setzen** uruchamiać ⟨-chomić⟩ **Gangschaltung** F zmiana *f* biegów
Gans F gęś *f*
Gänseblümchen N stokrotka *f* **Gänsebraten** M gęś *f* pieczona **Gänsehaut** F gęsia skórka *f*; **eine ~ bekommen** dostać gęsiej skórki
ganz cały; *(völlig)* zupełny; ADV całkowicie, zupełnie; **das Ganze** całość *f*; **~ gut** dość dobry *od* dobrze; **~ und gar nicht** wcale nie
Ganzheit F całość *f* **ganzjährig** całoroczny
gar ADJ GASTR gotowy, ugotowany; ADV **~ nichts** absolutnie nic, zupełnie nic
Garage F garaż *m*
Garantie F gwarancja *f* **garantieren** ⟨za⟩gwarantować
Garbe F snopek *m*
Garderobe F garderoba *f*; *Raum* szatnia *f*
Gardine F firanka *f*
gären fermentować
Garn N nić *f*; przędza *f*
garnieren GASTR garnirować
garstig wstrętny, brzydki (-ko)
Garten M ogród *m* **Gartenbau** M ogrodnictwo *n*
Gärtner(in) M(F) ogrodnik *m*, ogrodniczka *f* **Gärtnerei** F zakład *m* ogrodniczy
Gas N gaz *m* **Gasflasche** F butla *f* gazowa **Gasheizung** F ogrzewanie *n* gazowe **Gasherd** M kuchenka *f* gazowa **Gasleitung** F przewód *m* gazowy **Gaspedal** N pedał *m* gazu
Gasse F uliczka *f*
Gast M gość *m*; **zu ~ sein** być w gościnie **Gastfreundschaft** F gościnność *f* **Gastgeber(in)** M(F) pan(i) *m(f)* domu **Gasthof** N zajazd *m*
Gastronomie F gastronomia *f* **Gastspiel** N występ *m* gościnny **Gaststätte** F lokal *m* gastronomiczny, restauracja *f*
Gastwirt(in) M(F) restaurator(ka) *m(f)*
Gaswerk N gazownia *f* **Gaszähler** N licznik *m* gazowy
Gatte M małżonek *m* **Gattin** F małżonka *f*
Gattung F rodzaj *m*
Gaul M szkapa *f*

Gaumen M podniebienie *n*
Gauner(in) M(F) oszust(ka) *m(f)*, *umg* kanciarz *m* **Gaunerei** F oszustwo *n*, *umg* kant *m*
Gebäck N pieczywo *n*
Gebärde F ruch *m*, gest *m*
gebären ⟨u⟩rodzić **Gebärmutter** F macica *f*
Gebäude N budynek *m*, gmach *m*
geben dawać ⟨dać⟩; *Rat, Unterricht* udzielać ⟨-lić⟩ (*akk gen*); *Karten* rozdawać ⟨-dać⟩; **es gibt** jest, *pl* są; **es gibt nicht** nie ma
Gebet N modlitwa *f* **Gebetbuch** N modlitewnik *m*
Gebiet N obszar *m*; *fig* dziedzina *f*
Gebilde N twór *m*, wytwór *m*
gebildet wykształcony
Gebirge N góry *fpl* **gebirgig** górzysty
Gebiss N uzębienie *n*; *künstlich* proteza *f* zębowa; *am Zaum* wędzidło *n* **Gebissreiniger** M środek *m* do czyszczenia protez zębowych
geboren urodzony; **geborene** ... z domu ...
geborgen bezpieczny
Gebot N nakaz *m*; REL przykazanie *n*; HANDEL oferta *f*
gebraten pieczony; *in der Pfanne* smażony
Gebrauch M użycie *n*, użytek *m* **gebrauchen** używać ⟨-yć⟩ (*akk gen*)
gebräuchlich używany, zwykły, utarty
Gebrauchsanweisung F sposób *m* użycia; instrukcja *f* obsługi
gebraucht używany **Gebrauchtwagen** M samochód *m* używany
Gebrechen N ułomność *f*, kalectwo *n* **gebrechlich** niedołężny; ułomny
gebrochen złamany; **~ Deutsch sprechen** mówić łamaną niemczyzną
Gebrüder PL bracia *mpl*
Gebrüll N ryk *m*
Gebühr F opłata *f* **gebührenfrei** wolny od opłat, bezpłatny **gebührenpflichtig** płatny
Geburt F narodziny *pl*; MED poród *m*; **von ~ an** od urodzenia **gebürtig** rodem z (**aus** *dat gen*); rodowity
Geburtsdatum N data *f* urodzenia **Geburtsname** M nazwisko *n* rodowe **Geburtsort** M miejsce *n* urodzenia **Geburtstag** M urodziny *pl* **Geburtsurkunde** F akt *m* urodzenia, metryka *f*
Gebüsch N zarośla *pl*
Gedächtnis N pamięć *f*
gedämpft stłumiony
Gedanke M myśl *f* **gedankenlos** nierozważny; bezmyślny
Gedeck N nakrycie *n*; menu *n*
gedeihen rozwijać się; rosnąć; *fig* kwitnąć

gedenken wspominać ⟨-mnieć⟩ *(gen akk)* **Gedenken** N: **zum ~** dla uczczenia pamięci **Gedenkmünze** F moneta *f* pamiątkowa **Gedenkstätte** F miejsce *n* pamięci **Gedenktafel** F tablica *f* pamiątkowa

Gedicht N wiersz *m*

gediegen solidny

Gedränge N tłok *m*, ścisk *m* **gedrängt** stłoczony

Geduld F cierpliwość *f* **geduldig**: **sich ~** ⟨za⟩czekać cierpliwie **geduldig** cierpliwy (-wie)

geehrt szanowny

geeignet właściwy, odpowiedni

Gefahr F niebezpieczeństwo *n*; **auf eigene ~** na własne ryzyko; **außer ~ sein** nie być zagrożonym

gefährden narażać ⟨-zić⟩ (na niebezpieczeństwo) **gefährlich** niebezpieczny

Gefälle N spadek *m*, pochyłość *f*

gefallen ⟨s⟩podobać się; **sich nicht ~ lassen** nie pozwalać ⟨-wolić⟩ *(akk* na *akk)*

Gefallen N: **~ finden** upodobać *pf* sobie, polubić *pf* (**an** *dat akk)*

Gefallene(r) M poległy *m*

gefällig usłużny, uczynny **Gefälligkeit** F przysługa *f*

gefangen: **~ nehmen** brać ⟨wziąć⟩ do niewoli **Gefangene** F więźniarka *f*; MIL jeniec *m* **Gefangene(r)** M więzień *m*; MIL jeniec *m* **Gefangenschaft** F niewola *f*

Gefängnis N więzienie *n* **Gefängnisstrafe** F kara *f* więzienia

Gefäß N naczynie *n*

gefasst opanowany; przygotowany; **auf alles ~** przygotowany na wszystko

Gefieder N upierzenie *n*

Geflecht N plecionka *f*

gefleckt cętkowany; *Kuh* łaciaty

Geflügel N drób *m* **Geflügelzucht** F hodowla *f* drobiu

Gefolge N świta *f*, orszak *m*

gefragt *Ware* poszukiwany

gefräßig żarłoczny

Gefreite(r) M starszy szeregowiec *m*

Gefrierbeutel M torebka *f* do zamrażania

gefrieren V/I zamarzać ⟨-znąć⟩

Gefrierfach N zamrażalnik *m* **Gefrierpunkt** M punkt *m* zamarzania **Gefrierschrank** M zamrażarka *f* **Gefriertruhe** F zamrażarka *f*

gefügig posłuszny, uległy

Gefühl N czucie *n*; uczucie *n* **gefühllos** bez czucia; *fig* nieczuły **gefühlvoll** uczuciowy (-wo)

gefüllt napełniony; GASTR nadziewany

gegen PRÄP *(akk)* przeciw(ko),

wbrew (*dat*); *wohin?* ku (*dat*); wobec (*gen*); ~ **Husten** na kaszel; ~ **Mittag** koło południa; ~ **Quittung** za pokwitowaniem
Gegend F okolica *f*
gegeneinander przeciw sobie, jeden przeciw drugiemu; wobec siebie (nawzajem)
Gegenfahrbahn F przeciwny pas *m* ruchu **Gegengift** N odtrutka *f* **Gegenleistung** F odpłata *f*, odwdzięczenie *n* się **Gegenmittel** N środek *m* przeciwdziałający (**gegen** *akk dat*), środek *m* (przeciw *dat*)
Gegensatz M przeciwieństwo *n* **Gegenseite** F strona *f* przeciwna **gegenseitig** wzajemny **Gegenstand** M przedmiot *m* **Gegenteil** N przeciwieństwo *n*; **im** ~ przeciwnie
gegenüber naprzeciw(ko) (*dat gen*) **gegenüberliegend** przeciwległy **gegenüberstellen** ⟨s⟩konfrontować (*dat z inst*)
Gegenwart F teraźniejszość *f*; obecność *f*; GRAM czas *m* teraźniejszy **gegenwärtig** teraźniejszy, obecny; ADV teraz
Gegenwert M równowartość *f*
Gegenwind M wiatr *m* przeciwny
Gegner(in) M(F) przeciwnik *m*, przeciwniczka *f*
Gehackte(s) N mięso *n* siekane *od* mielone
Gehalt[1] N pensja *f*
Gehalt[2] M zawartość *f*
gehässig złośliwy (-wie), uszczypliwy (-wie)
Gehäuse N TECH korpus *m*, obudowa *f*; (*Uhrgehäuse*) koperta *f*; ZOOL skorupa *f*
gehbehindert upośledzony ruchowo
geheim tajny; ADV potajemnie; ~ **halten** zachowywać ⟨-ować⟩ w tajemnicy **Geheimnis** N tajemnica *f* **geheimnisvoll** tajemniczy (-czo) **Geheimzahl** F szyfr *m*
gehen *zur Schule* chodzić; (*sich begeben*) iść ⟨pójść⟩; *Zug* odchodzić ⟨odejść⟩; **wie geht es Ihnen?** jak się panu *od* pani powodzi?; **es geht um** ... chodzi o ...; **es geht nicht** (to) niemożliwe, nie da rady
Gehilfe M pomocnik *m*; asystent *m* **Gehilfin** F pomocnica *f*; asystentka *f*
Gehirn N mózg *m* **Gehirnerschütterung** F wstrząśnienie *n* mózgu
Gehöft N zagroda *f*
Gehör N słuch *m*
gehorchen ⟨u⟩słuchać (*dat gen*)
gehören należeć (*dat*, **zu** *dat* do *gen*); **dazu gehört viel** ... to wymaga wiele ...
gehorsam posłuszny
Gehweg M chodnik *m*
Geige F skrzypce *pl* **Geiger(in)** M(F) skrzypek *m*, skrzypaczka *f*

Geisel F zakładnik *m*, zakładniczka *f* **Geiselnehmer(in)** M(F) porywacz(ka) *m(f)*
Geist M duch *m*
Geisterbahn F tunel *m* strachu **Geisterfahrer(in)** M(F) kierowca *m* jadący pod prąd
geisteskrank umysłowo chory
geistig duchowy (-wo); umysłowy (-wo)
Geistlicher M duchowny *m*
geistreich błyskotliwy (-wie)
Geiz M skąpstwo *n* **Geizhals** M skąpiec *m* **geizig** skąpy (-po)
gekocht gotowany
gekränkt urażony
Gel N żel *m*
Gelächter N śmiech *m*; pośmiewisko *n*
geladen ELEK naładowany; *Waffe* nabity
Gelage N uczta *f*, biesiada *f*
Gelände N teren *m* **Geländer** N poręcz *f* **Geländewagen** M samochód *m* terenowy
gelangen dostawać ‹-tać› się (**nach** *dat*, **in** *akk* do *gen*)
gelassen spokojny, opanowany **Gelassenheit** F opanowanie *n*
Gelatine F żelatyna *f*
geläufig: **mir ist … ~** znam …
gelaunt: **gut** *od* **schlecht ~** w dobrym *od* złym humorze
gelb żółty (-to); **~ werden** ‹z›żółknąć
Gelbsucht F żółtaczka *f*
Geld N pieniądze *mpl* **Geldautomat** M bankomat *m*
Geldschein M banknot *m*
Geldschrank M sejf *m*
Geldstrafe F kara *f* grzywny
Geldwechsel M wymiana *f* pieniędzy
Gelee N *od* M galaretka *f*; *salzig* galareta *f*
gelegen położony; dogodny **Gelegenheit** F sposobność *f*, okazja *f* **Gelegenheitsarbeit** F praca *f* dorywcza **gelegentlich** okazjonalny, przy okazji
gelehrig pojętny **Gelehrte** F uczona *f* **Gelehrte(r)** M uczony *m*
Geleit N orszak *m*; eskorta *f* **geleiten** towarzyszyć; eskortować
Gelenk N staw *m*, przegub *m* (*a.* TECH) **gelenkig** giętki (-ko), gibki (-ko)
gelernt *Arbeiter* wykwalifikowany
Geliebte F kochanka *f* **Geliebte(r)** M kochanek *m*
geliehen wypożyczony
gelingen udawać ‹-dać› się
geloben ślubować
gelten V/T mieć wartość; V/I być ważnym; *Gesetz* obowiązywać **geltend** *Recht* obowiązujący **Geltung** F moc *f* prawna; ważność *f*
gelungen udany
Gemälde N obraz *m* **Gemäldegalerie** F galeria *f* obra-

zów

gemäß (*dat*) stosownie do (*gen*); według (*gen*); zgodnie z (*inst*)

gemäßigt umiarkowany

gemein podły (-le)

Gemeinde F gmina *f* **Gemeinderat** M rada *f* gminy

Gemeinheit F podłość *f*

gemeinsam wspólny **Gemeinschaft** F wspólnota *f*

gemietet wynajęty

Gemisch N mieszanina *f*, mieszanka *f*

Gemurmel N pomruk *m*

Gemüse N jarzyny *fpl*, warzywa *npl* **Gemüsesuppe** F zupa *f* jarzynowa

Gemüt N usposobienie *n* **gemütlich** przytulny, przyjemny

Gen N gen *m*

genau dokładny, ścisły (-le) **Genauigkeit** F dokładność *f* **genauso** tak samo

genehmigen zezwalać ⟨-wolić⟩; zatwierdzać ⟨-dzić⟩ **Genehmigung** F zezwolenie *n*; zatwierdzenie *n*

geneigt pochyły (-ło), pochylony; skłonny (**zu** *dat* do *gen*)

General M generał *m* **Generaldirektor** M dyrektor *m* naczelny **Generalüberholung** F TECH remont *m* kapitalny

Generation F pokolenie *n*

genesen wyzdrowieć *pf* **Genesung** F powrót *m* do zdrowia

genial genialny

Genick N kark *m*

Genie N geniusz *m*

genieren: **sich ~** krępować się

genießbar jadalny **genießen** V/T spożywać ⟨-yć⟩; *fig* cieszyć się (*akk inst*); rozkoszować się; *Recht* korzystać (z *gen*)

Genitiv M GRAM dopełniacz *m*

Genosse M towarzysz *m* **Genossenschaft** F spółdzielnia *f*

genug dosyć

genügen wystarczać; **es genügt** (wy)starczy **genügend** dostateczny, wystarczający (-co)

Genugtuung F zadośćuczynienie *n*, satysfakcja *f*

Genuss M spożywanie *n*, spożycie *n*; korzystanie *n*; przyjemność *f*, rozkosz *f* **Genussmittel** N używka *f*

Geografie F geografia *f* **Geometrie** F geometria *f*

geordnet uporządkowany

Gepäck N bagaż *m* **Gepäckaufbewahrung** F przechowalnia *f* bagażu **Gepäckausgabe** F wydawanie *n* bagażu **Gepäckschein** M kwit *m* bagażowy **Gepäckstück** N bagaż *m* **Gepäckträger** M bagażnik *m*; *pers* bagażowy *m* **Gepäckwagen** M wagon *m* bagażowy

gerade prosty (-to); *Zahl* parzysty; ADV (*soeben*) właśnie, akurat **geradeaus** prosto

geradeheraus otwarcie, bez ogródek **geradezu** wprost; wręcz
geradlinig prostolinijny
Gerät N przyrząd *m*, aparat *m*, urządzenie *n*; KOLL sprzęt *m*
geraten V/I popadać ⟨-paść⟩; dostawać ⟨-tać⟩ się, trafiać ⟨-ić⟩ (**in** *akk* do *gen*)
Geräteturnen N gimnastyka *f* przyrządowa
geräuchert wędzony
geräumig przestronny
Geräusch N odgłos *m*; *leise* szmer *m* **geräuschlos** bezszelestny
gerecht sprawiedliwy (-wie) **Gerechtigkeit** F sprawiedliwość *f*
Gerede N gadanie *n*; plotki *fpl*
gereizt rozdrażniony
Gericht[1] N GASTR potrawa *f*, danie *n*
Gericht[2] N JUR sąd *m* **gerichtlich** sądowy (-wnie)
Gerichtsurteil N wyrok *m* sądowy **Gerichtsverfahren** N postępowanie *n* sądowe **Gerichtsverhandlung** F rozprawa *f* sądowa **Gerichtsvollzieher** M komornik *m*
gering drobny, niewielki **geringfügig** nieznaczny **geringschätzig** lekceważący (-co)
gerinnen ⟨s⟩krzepnąć; *Milch* zsiadać ⟨zsiąść⟩ się
Gerippe N szkielet *m*
gern(e) ADV chętnie; ~ **haben** lubić
Gerste F jęczmień *m* **Gerstenkorn** N MED jęczmień *m*
Gerte F rózga *f*, witka *f*
Geruch M *Sinn* węch *m*; *Duft* zapach *m*, woń *f* **geruchlos** bezwonny
Gerücht N pogłoska *f*
Gerümpel N graty *mpl*, rupiecie *mpl*
Gerüst N rusztowanie *n*
gesamt całkowity, cały; wszystek
Gesamtbetrag M łączna kwota *f* **Gesamtheit** F całość *f* **Gesamtschule** F szkoła *f* zbiorcza
Gesang M śpiew *m* **Gesangbuch** N śpiewnik *m*
Gesäß N pośladki *mpl*
Geschäft N interes *m*; (*Laden*) sklep *m* **geschäftig** zajęty, gorliwy (-wie) **geschäftlich** handlowy; służbowy (-wo); ADV w interesach
Geschäftsführer(in) M(F) prezes(ka) *m(f)*; dyrektor(ka) *m(f)* **Geschäftsinhaber(in)** M(F) właściciel(ka) *m(f)* firmy **Geschäftsmann** M człowiek *m* interesu, biznesmen *m* **Geschäftsordnung** F regulamin *m* **Geschäftsschluss** M godzina *f* zamknięcia (sklepu *od* biura) **Geschäftszeit** F godziny *fpl* otwarcia
geschehen dziać się; **was ist ~?** co się stało?
gescheit mądry (-rze), rozum-

ny
Geschenk N prezent *m*; **als ~** w podarunku
Geschichte F historia *f*; (*Erzählung*) opowieść *f*
Geschicklichkeit F zręczność *f* **geschickt** zręczny
geschieden rozwiedziony
Geschirr N naczynia *npl* **Geschirrspülmaschine** F zmywarka *f* do naczyń **Geschirrtuch** N ścierka *f* do naczyń
Geschlecht N płeć *f*; GRAM rodzaj *m* **geschlechtlich** płciowy (-wo)
Geschlechtskrankheit F choroba *f* weneryczna **Geschlechtsverkehr** M stosunek *m* płciowy
geschlossen zamknięty
Geschmack M smak *m*; *fig* gust *m* **geschmacklos** bez smaku; *fig* niegustowny **Geschmackssache** F kwestia *f* gustu **geschmackvoll** gustowny; ADV ze smakiem
geschmeidig gładki (-ko); elastyczny
Geschöpf N stworzenie *n*
Geschoss N ARCH piętro *n*; MIL pocisk *m*
Geschrei N krzyk *m*
Geschwätz N gadanina *f* **geschwätzig** gadatliwy
Geschwindigkeit F prędkość *f*, szybkość *f* **Geschwindigkeitsbegrenzung** F ograniczenie *n* prędkości

Geschwister PL rodzeństwo *n*
geschwollen spuchnięty, o brzmiały
Geschwulst F guz *m*, nowotwór *m* **Geschwür** N wrzód *m*
Geselle M czeladnik *m* **gesellen**: **sich ~** przyłączać ‹-czyć› się (**zu** *dat* do *gen*) **Gesellenbrief** M świadectwo *n* czeladnicze **Gesellenprüfung** F egzamin *m* czeladniczy **gesellig** towarzyski (-ko) **Gesellin** F czeladnik *m*
Gesellschaft F towarzystwo *n*; HANDEL spółka *f*; POL społeczeństwo *n* **gesellschaftlich** społeczny **Gesellschaftsordnung** F ustrój *m* społeczny **Gesellschaftsspiel** N gra *f* towarzyska
Gesetz N JUR ustawa *f* **Gesetzblatt** N dziennik *m* ustaw **Gesetzbuch** N kodeks *m* **Gesetzgebung** F ustawodawstwo *n*
gesetzlich ustawowy (-wo), prawny **gesetzlos** bezprawny **gesetzwidrig** sprzeczny z prawem
Gesicht N twarz *f*; (*Miene*) mina *f* **Gesichtsausdruck** M wyraz *m* twarzy **Gesichtscreme** F krem *m* do twarzy **Gesichtspunkt** M punkt *m* widzenia
Gesindel N hołota *f*, motłoch *m*
Gesinnung F przekonania *npl*, zapatrywania *npl*

gespannt napięty, naprężony; **ich bin ~, ob** … ciekawy jestem, czy …
Gespenst N widmo *n*, upiór *m*
Gespräch N rozmowa *f* **gesprächig** rozmowny **Gesprächspartner(in)** M(F) rozmówca *m*, rozmówczyni *f*
Gestalt F kształt *m*; *a. pers* postać *f* **gestalten** ⟨u⟩kształtować; nadawać ⟨-dać⟩ kształt (*akk dat*)
Geständnis N przyznanie *n* (się)
Gestank M smród *m*
gestatten pozwalać ⟨-wolić⟩ (*akk* na *akk*)
gestehen przyznawać ⟨-nać⟩ się (*akk* do *gen*)
Gestein N skała *f*
Gestell N podstawa *f*, podpora *f*; rama *f*
gestern wczoraj
gestreift w paski
gestrig wczorajszy
Gestüt N stadnina *f*
Gesuch N podanie *n*
gesund zdrowy (-wo); **~ werden** wyzdrowieć *pf* **Gesundheit** F zdrowie *n* **gesundheitlich** zdrowotny
Gesundheitsamt N urząd *m* zdrowia **gesundheitsschädlich** szkodliwy dla zdrowia **Gesundheitswesen** N służba *f* zdrowia **Gesundheitszustand** M stan *m* zdrowia
Getränk N napój *m*
Getreide N zboże *n*
getrennt rozdzielny; odrębny
Getriebe N przekładnia *f*, AUTO skrzynia *f* biegów
Gewächs N roślina *f* **Gewächshaus** N cieplarnia *f*
Gewähr F rękojmia *f*, gwarancja *f* **gewähren** *Asyl, Rabatt* przyznawać ⟨-nać⟩, udzielać ⟨-lić⟩ (*akk gen*); *Wunsch* spełniać ⟨-ić⟩ **gewährleisten** ⟨za⟩gwarantować
Gewalt F (*Macht*) władza *f*; przemoc *f*; **höhere ~** siła wyższa; **mit ~** siłą **gewaltig** potężny **gewalttätig** brutalny
Gewand N szata *f*
gewandt zręczny, zwinny
Gewässer NPL wody *fpl*
Gewebe N tkanina *f*; BIOL tkanka *f*
Gewehr N karabin *m*
Geweih N rogi *mpl*; poroże *n*
Gewerbe N rzemiosło *n*; wytwórczość *f* **Gewerbegebiet** N teren *m* przemysłowy
Gewerkschaft F związek *m* zawodowy **gewerkschaftlich** związkowy
Gewicht N ciężar *m*; HANDEL, *fig* waga *f*; *zum Wiegen* odważnik *m* **Gewichtheben** N SPORT podnoszenie *n* ciężarów
Gewinde N gwint *m*
Gewinn M zysk *m*; (*Spielgewinn*) wygrana *f* **gewinnen** uzyskiwać ⟨-kać⟩; BERGB ⟨wy⟩dobywać; *Spiel* wygrywać

〈-rać〉 **Gewinner(in)** M(F) zwycięzca *m*, zwyciężczyni *f*
gewiss pewny
Gewissen N sumienie *n* **gewissenhaft** sumienny **Gewissensbisse** MPL wyrzuty *mpl* sumienia
gewissermaßen poniekąd, w pewnym stopniu
Gewissheit F pewność *f*
Gewitter N burza *f*
gewöhnen przyzwyczajać 〈-czaić〉 (**an** *akk* do *gen*; **sich** się) **Gewohnheit** F przyzwyczajenie *n*; *üble* nałóg *m* **gewöhnlich** zwyczajny, normalny; ADV zazwyczaj **gewohnt** zwykły (-le)
Gewölbe N sklepienie *n*
Gewühl N tłok *m*, ścisk *m*
Gewürz N przyprawa *f* **Gewürzgurke** F ogórek *m* konserwowy
Gezeiten PL pływy *mpl*
geziert sztuczny
gezwungenermaßen z konieczności
Giebel M szczyt *m* dachu
gierig chciwy (-wie)
gießen lać, nalewać 〈-lać〉, wlewać 〈wlać〉; *Blume* podlewać 〈-lać〉; TECH odlewać 〈-lać〉; **es gießt** leje **Gießkanne** F konewka *f*
Gift N trucizna *f*; *Schlange*, jad *m* (*a. fig*) **giftig** trujący (-co), *a. fig* jadowity (-cie)
Gigabyte N gigabajt *m*
Gipfel M szczyt *m* (*a. fig*), wierzchołek *m*
Gips M gips *m* **Gipsverband** M opatrunek *m* gipsowy
Giraffe F żyrafa *f*
Girokonto N rachunek *m* oszczędnościowo-rozliczeniowy
Gischt F piana *f*
Gitter N krata *f*
Glanz M połysk *m*; blask *m*
glänzen błyszczeć, lśnić **glänzend** błyszczący (-co); *fig* świetny
Glas N szkło *n*; (*Trinkglas*) szklanka *f*; (*Weinglas, Schnapsglas*) kieliszek *m* **Glascontainer** M pojemnik *m* na odpady szklane **Glaser** M szklarz *m* **Glasscheibe** F szyba *f*
glatt gładki (-ko); *Straße* śliski (-ko) **Glatteis** N gołoledź *f*
glätten 〈wy〉gładzić
Glatze F łysina *f*
Glaube M wiara *f* **glauben** wierzyć (**an** *akk* w *akk*); sądzić
gläubig wierzący **Gläubiger(in)** M(F) FIN wierzyciel(ka) *m(f)*
glaubwürdig wiarygodny
gleich równy (-no), jednakowy (-wo); ADV tak samo; (*sofort*) zaraz; **~ lautend** równobrzmiący; **ganz ~** obojętnie
Gleichberechtigung F równouprawnienie *n*
gleichen równać się; (*ähnlich sein*) być podobnym **gleichfalls** również, nawzajem
Gleichgewicht N równowaga *f* **gleichgültig** obojętny

gleichmäßig równomierny **gleichstellen** zrównywać ⟨-nać⟩ (*dat* z *inst*) **Gleichstrom** M prąd *m* stały **Gleichung** F MATH równanie *n* **gleichwertig** równoważny **gleichzeitig** równoczesny
Gleis N BAHN tor *m*
gleiten ślizgać się; *in der Luft* szybować **Gleitflug** M lot *m* ślizgowy **Gleitschirmfliegen** N paralotniarstwo *n*
Gletscher M lodowiec *m*
Glied N ANAT członek *m*, kończyna *f*; TECH ogniwo *n*, człon *m* **gliedern** ⟨roz⟩dzielić (**sich** się) **Gliedmaßen** PL kończyny *fpl*
glimmen żarzyć się
glitzern błyszczeć, lśnić
Glocke F dzwon *m*; (*Glasglocke*) klosz *m* **Glockenspiel** N kuranty *mpl* **Glockenturm** M dzwonnica *f*
Glotze *umg* F telewizor *m* **glotzen** *umg* gapić się; oglądać telewizję
Glück N szczęście *n*; **viel ~!** pomyślności!, powodzenia!
glücklich szczęśliwy (-wie) **glücklicherweise** na szczęście
Glücksspiel N gra *f* hazardowa
Glückwunsch M powinszowania *pl*, gratulacje *pl*; **herzlichen ~!** serdeczne gratulacje!
Glühbirne F żarówka *f* **glühen** V/I żarzyć się **glühend** rozżarzony **Glühwein** M wino *n* grzane
Glut F żar *m*
GmbH F sp. z o.o. *f*
Gnade F łaska *f*
gnädig łaskawy (-wie)
Gold N złoto *n* **golden** złoty **Goldmedaille** F złoty medal *m* **Goldschmied(in)** M(F) złotnik *m*
Golf[1] M zatoka *f*
Golf[2] N SPORT golf *m* **Golfplatz** M pole *n* golfowe **Golfschläger** M kij *m* golfowy
Gondel F gondola *f*
gönnen nie zazdrościć (*akk gen*), nie żałować, życzyć; pozwalać ⟨-wolić⟩ **gotisch** gotycki
Gott M bóg *m*; REL Bóg *m*; **~ sei Dank!** dzięki Bogu!
Gottesdienst M nabożeństwo *n*
Göttin F bogini *f* **göttlich** boski (-ko), boży **gottlos** bezbożny
Grab N grób *m* **graben** kopać **Graben** M rów *m*; (*Schlossgraben*) fosa *f*; MIL okop *m* **Grabmal** N nagrobek *m*; grób *m*, grobowiec *m* **Grabstein** M kamień *m* nagrobny
Grad M stopień *m*
Graf M hrabia *m*
Graffiti PL graffiti *n*
Grafik F grafika *f* **Grafiker(in)** M(F) grafik *m* **Grafikkarte** F IT karta *f* graficzna
Gräfin F hrabina *f*

Gramm N gram *m*
Grammatik F gramatyka *f* **grammatisch** gramatyczny
Granate F granat *m*
Grapefruit F grejpfrut *m*
Gras N trawa *f* **grasen** paść się **Grashüpfer** M konik *m* polny
grässlich potworny
Grat M *Berg* grań *f*
Gräte F ość *f*
gratis gratis, za darmo
gratulieren ⟨po⟩gratulować (**zu** *dat gen*)
grau szary (-ro); *Haar* siwy; **~ werden** ⟨po⟩szarzeć; ⟨po⟩siwieć
Grauen N zgroza *f* **grauenhaft** okropny, koszmarny **grauenvoll** → grauenhaft
Graupen FPL GASTR kasza *f*
grausam okrutny **Grausamkeit** F okrucieństwo *n*
greifbar w zasięgu ręki; namacalny **greifen** chwytać ⟨-wycić⟩
Greis(in) M(F) starzec *m*, staruszka *f*
grell *Licht, Farbe* jaskrawy (-wo); (*blendend*) rażący (-co)
Grenzbahnhof M stacja *f* graniczna **Grenze** F granica *f*
grenzen graniczyć (**an** *akk* z *inst*) **grenzenlos** bezgraniczny
Grenzgebiet N pogranicze *n* **Grenzkontrolle** F kontrola *f* graniczna **Grenzübergang** M przejście *n* graniczne
Griebe F skwarek *m*
Grieche M Grek *m* **Griechenland** N Grecja *f* **Griechin** [F] Greczynka *f* **griechisch** grec[ki] (po -ku)
Grieß M grysik *m* **Grießbre[i]** M kaszka *f* manna
Griff M chwyt *m*; (*Heft*) rękojeść *f*, uchwyt *m*; trzonek *m*; (*Türgriff*) klamka *f*
Grill M grill *m*, ruszt *m*
Grille F świerszcz *m*
grillen grillować **Grillfete** [F] grill party *n* **Grillkohle** F węgiel *m* do grilla
Grimasse F grymas *m*
grinsen *umg* szczerzyć zęby
Grippe F grypa *f* **Grippeschutzimpfung** F szcze[pionka] *f* przeciw grypie
grob gruby (-bo); *fig* grubiańsk[i] (-ko) **Grobheit** F grubiaństw[o] *n*
Groll M uraza *f* **grollen** żywi[ć] urazę (*dat* do *gen*), dąsać się (na *akk*)
groß wielki, duży; (*hoch*) wyso[ki]; **im Großen und Ganzen** ogólnie rzecz biorąc **großartig** wspaniały (-le)
Großbritannien N Wielka Brytania *f*
Größe F wielkość *f*; rozmiar *m*
Großeltern PL dziadkowie *pl*
Großhandel M handel *m* hurtowy **Großmutter** F babka *f* **Großstadt** F wielkie miasto *n*
größtenteils przeważnie, w[...]

większej części
Großvater M dziadek *m*
großzügig wspaniałomyślny
Grotte F grota *f*, jaskinia *f*
Grube F dół *m*, jama *f*; BERGB kopalnia *f*
grübeln rozmyślać
Gruft F grobowiec *m*; krypta *f*
grün zielony (-no); **~ werden** zazielenić się *pf* **Grün** N zieleń *f*; **im ~en** na łonie natury
Grund M *Gewässer* dno *n*; *Boden* grunt *m*; *Ursache* powód *m*, przyczyna *f*
Grundbesitz M posiadłość *f* ziemska **Grundbuch** N księga *f* wieczysta
gründen zakładać ⟨założyć⟩ **Gründer(in)** M(F) założyciel(ka) *m(f)*
Grundlage F podstawa *f*
gründlich gruntowny
Grundriss M rzut *m* poziomy; zarys *m* **Grundsatz** M zasada *f*
grundsätzlich zasadniczy (-czo)
Grundschule F szkoła *f* podstawowa **Grundsteuer** F podatek *m* gruntowy **Grundstück** N działka *f*, parcela *f*
Gründung F założenie *n*
Grüne F członkini *f* Partii Zielonych
grünen ⟨za⟩zielenić się
Grüne(r) M członek *m* Partii Zielonych; **die Grünen** Partia *f* Zielonych
grunzen chrząkać
Gruppe F grupa *f* **Gruppenermäßigung** F zniżka *f* dla grup
Gruß M pozdrowienie *n*; **Grüße an …** pozdrowienia dla …
grüßen V/T pozdrawiać ⟨-rowić⟩, kłaniać ⟨ukłonić⟩ się *(akk dat)*
Grütze F kasza *f*
gucken *umg* spoglądać ⟨spojrzeć⟩
Gulasch M gulasz *m*
gültig ważny, obowiązujący
Gummi N guma *f* **Gummistiefel** M kalosz *m*
Gunst F: **zu meinen ~en** na moją korzyść
günstig przychylny; pomyślny; korzystny
Gurgel F gardło *n* **gurgeln** płukać gardło
Gurke F ogórek *m* **Gurkensalat** M mizeria *f*
Gurt M pas *m*
Gürtel M pasek *m* **Gürtelrose** F półpasiec *m*
Guss M odlew *m*; *Regen* ulewa *f* **Gusseisen** N żeliwo *n*
gut dobry (-rze)
Gut N majątek *m*; HANDEL towar *m*
Gutachten N orzeczenie *n*, ekspertyza *f* **Gutachter(in)** M(F) rzeczoznawca *m*
Güte F dobroć *f*; HANDEL jakość *f*
Güterbahnhof M dworzec *m* towarowy **Güterzug** M pociąg *m* towarowy

Guthaben N saldo *n* dodatnie; (*Schuld*) należność *f*
gutmütig dobroduszny
Gutschein M bon *m*
gutwillig dobrowolny
Gymnasium N liceum *n*
Gymnastik F gimnastyka *f*
Gynäkologe M ginekolog *m* **Gynäkologin** F ginekolog *m*

H

Haar N włos *m*; KOLL włosy *mpl*; (*Tierhaar*) sierść *f*, włosie *n*
Haarausfall M wypadanie *n* włosów **Haarbürste** F szczotka *f* do włosów **Haareschneiden** N strzyżenie *n* (włosów) **Haarfestiger** M preparat *m* do układania włosów **Haargel** N żel *m* do włosów **Haarschnitt** M fryzura *f* **Haarspray** M *od* N lakier *m* do włosów
haarsträubend niesłychany; straszny
Haarwasser N płyn *m* do włosów
Hab(e) F mienie *n*, dobytek *m*; **Hab und Gut** cały dobytek
haben mieć; **ich habe** mam; **zu ~** do nabycia
Habgier F chciwość *f* **habgierig** chciwy (-wie)
Habicht M jastrząb *m*
Hackbraten M pieczeń rzymska, klops *m*
Hacke¹ F graca *f*, motyka *f*
Hacke² F ANAT pięta *f*
hacken ⟨po⟩rąbać
Hacken M → Hacke²
Hackfleisch N mięso *n* mielone *od* siekane
Hafen M port *m* **Hafenarbeiter** M doker *m*
Hafer M owies *m* **Haferflocken** FPL płatki *mpl* owsiane
Haff N zalew *m*
Haft F areszt *m* **Haftanstalt** F więzienie *n* **Haftbefehl** M nakaz *m* aresztowania
haften przylegać (**an** *dat* do *gen*); odpowiadać, ręczyć (**für** *akk* za *akk*)
Häftling M więzień *m*
Haftpflicht F odpowiedzialność *f* cywilna **Haftversicherung** F ubezpieczenie *n* od odpowiedzialności cywilnej
Hagebutte F owoc *m* dzikiej róży
Hagel M grad *m* **hageln**: **es hagelt** pada grad
hager szczupły (-ło)
Hahn M kogut *m*; TECH kurek *m* **Hähnchen** N kurczak *m*
Hai M rekin *m*
häkeln szydełkować **Häkelnadel** F szydełko *n*
Haken M hak *m* **Hakenkreuz** N swastyka *f*
halb pół; wpół; ADV na pół, w połowie

Halbfinale N półfinał *m* **halbieren** ⟨po⟩dzielić na pół **Halbinsel** F półwysep *m* **Halbjahr** N półrocze *n* **Halbkreis** M półkole *n* **Halbkugel** F półkula *f* **Halbschuh** M półbut *m* **Halbzeit** F połowa *f* gry

Halde F hałda *f*

Hälfte F połowa *f*; **zur ~** do połowy, w połowie; **in zwei Hälften** na pół

Halle F hala *f*

Hallenbad N pływalnia *f* kryta

Halm M źdźbło *n*

Halogenlampe F lampa *f* halogenowa

Hals M szyja *f*; gardło *n* **Halsausschnitt** M dekolt *m* **Halsband** N naszyjnik *m*; (*Hundehalsband*) obroża *f* **Halsentzündung** F zapalenie *n* gardła **Hals-Nasen-Ohren-Arzt** M laryngolog *m* **Halsschmerzen** MPL ból *m* gardła **Halstuch** N apaszka *f*

Halt M oparcie *n* **haltbar** trwały

halten trzymać (**sich** się); *Vertrag, Wort* dotrzymywać ⟨-mać⟩; *Kurs, Ordnung* utrzymywać ⟨-mać⟩; *Rede* wygłaszać ⟨-łosić⟩; uważać (**für** *akk* za *akk*); VI (*stoppen*) zatrzymywać ⟨-mać⟩ się

Haltestelle F przystanek *m*; *S-Bahn, U-Bahn* stacja *f* **Halteverbot** N zakaz *m* zatrzymywania się; zakaz *m* postoju

Haltung F postawa *f*

Hammel M baran *m* **Hammelbraten** M pieczeń *f* barania **Hammelfleisch** N baranina *f*

Hammer M młotek *m*, młot *m* **Hammerwerfen** N SPORT rzut *m* młotem

Hämorrhoiden PL hemoroidy *pl*

Hamster M chomik *m*

Hand F ręka *f*; **flache ~** dłoń *f* **Handarbeit** F praca *f* ręczna; (*Nadelarbeit*) robótka *f* **Handball** M piłka *f* ręczna **Handbremse** F hamulec *m* ręczny **Handbuch** N podręcznik *m* **Handcreme** F krem *m* do rąk

Händedruck M uścisk *m* dłoni

Handel M handel *m*

handeln postępować ⟨-stąpić⟩; handlować (**mit** *dat inst*); **es handelt sich um** chodzi o

Handelsbeziehungen FPL stosunki *mpl* handlowe **Handelsgesellschaft** F spółka *f* handlowa **Handelsvertrag** M umowa *f* handlowa

Handfläche F dłoń *f* **handgearbeitet** ręcznie wykonany **Handgelenk** N przegub *m* ręki **Handgepäck** N bagaż *m* podręczny **Handkuss** M pocałunek *m* w rękę

Händler(in) M(F) handlarz *m*, handlarka *f*, handlowiec *m*

handlich poręczny

Handlung F czyn *m*, postępek *m*, działanie *n*; (*Aktion*) akcja *f*
Handpflege F manikiur *m* **Handschellen** FPL kajdanki *pl* **Handschrift** F charakter *m* pisma; (*Schriftstück*) rękopis *m* **Handschuh** M rękawiczka *f* **Handschuhfach** N schowek *m* podręczny **Handtasche** F torebka *f* **Handtuch** N ręcznik *m* **Handvoll** F garść *f* **Handwerk** N rzemiosło *n* **Handwerker(in)** M(F) rzemieślnik *m*
Handy N telefon *m* komórkowy
Hang M stok *m*; *fig* skłonność *f*, pociąg *m* (**zu** *dat* do *gen*)
Hängebrücke F most *m* wiszący **Hängematte** F hamak *m*
hängen wieszać ⟨powiesić⟩; V/I wisieć
hantieren majstrować (**an** *dat* przy *lok*)
Happen M kęs *m*
Hardware F sprzęt *m* komputerowy
Harke F grabie *pl* **harken** grabić
harmlos nieszkodliwy
harmonisch harmonijny
Harn M mocz *m* **Harnblase** F pęcherz *m* moczowy **Harnröhre** F cewka *f* moczowa
hart twardy (-do)
Härte F twardość *f*
Hartgeld N bilon *m*
hartnäckig uporczywy (-wie), uparty (-cie)
Harz M żywica *f*
Haschisch N *od* M haszysz *m*
Hase M zając *m*
Haselnuss F orzech *m* laskowy
Hasenbraten M pieczeń *f* zająca
Hass M nienawiść *f* **hassen** nienawidzić
hässlich brzydki (-ko)
Hast F pośpiech *m* **hastig** szybki (-ko); ADV *a.* pospiesznie
hätscheln pieścić
Haube F czepek *m*; TECH kołpak *m*; AUTO maska *f*
Hauch M tchnienie *n*, dech *m* **hauchen** V/I chuchać ⟨-chnąć⟩; V/T ⟨wy⟩szeptać
hauen *umg* (*schlagen*) bić, uderzać ⟨-rzyć⟩ **Hauer** *umg* M *Zahn* kieł *m*
Haufen M sterta *f* **häufen** ⟨na⟩gromadzić (**sich** się) **haufenweise** co niemiara
häufig częsty (-to) **Häufigkeit** F częstotliwość *f*, częstość *f*
Hauptbahnhof M dworzec *m* główny **Haupteingang** M wejście *n* główne **Hauptgewinn** M główna wygrana *f*
Häuptling M kacyk *m*, wódz *m*
Hauptrolle F główna rola *f*
Hauptsache F rzecz *f* najważniejsza **hauptsächlich** główny; ADV *a.* przede wszystkim
Hauptschule F szkoła *f* głów-

na **Hauptstadt** F stolica *f*
Hauptstraße F główna ulica *f*
Haus N dom *m*; **nach Hause** do domu; **zu Hause** w domu
Hausarzt M lekarz *m* rodzinny
Hausärztin F lekarz *m* rodzinny **Hausaufgabe** F praca *f* domowa **Hausbesitzer(in)** M(F) właściciel(ka) *m(f)* domu **Hausfrau** F pani *f* domu, gospodyni *f* domowa
Haushalt M gospodarstwo *n* domowe; *(Etat)* budżet *m*
haushalten gospodarować (**mit** *dat inst*) **Haushaltshilfe** F pomoc *f* domowa **Hausherr** M pan *m* domu, gospodarz *m*
häuslich domowy; *pers* będący domatorem
Hausmeister(in) M(F) dozorca *m*, dozorczyni *f* **Hausnummer** F numer *m* domu **Hausrat** M sprzęty *mpl* domowe
Hausschlüssel M klucz *m* od domu **Hausschuhe** MPL pantofle *mpl* domowe **Haustier** N zwierzę *n* domowe
Haustür F drzwi *pl* wejściowe
Hauswirt(in) M(F) właściciel(ka) *m(f)* domu
Haut F skóra *f* **Hautarzt** M dermatolog *m* **Hautausschlag** M MED wysypka *f*
Hautfarbe F kolor *m* skóry
Hautkrankheit F choroba *f* skórna
Hebamme F położna *f*
Hebel M dźwignia *f*
heben podnosić ⟨-nieść⟩ (**sich** się)
Hebräisch N język *m* hebrajski
Hecht M szczupak *m*
Heck N SCHIFF rufa *f*; FLUG ogon *m*; AUTO tył *m* pojazdu
Heckantrieb M AUTO napęd *m* na tylne koła
Hecke F żywopłot *m*
Heckscheibe F tylna szyba *f*
Heckscheibenheizung F ogrzewanie *n* tylnej szyby
Heer N armia *f*, wojsko *n*
Hefe F drożdże *pl*
Heft N zeszyt *m*
heften przypinać ⟨-iąć⟩ (**an** *akk* do *gen*) **Hefter** M *Mappe* skoroszyt *m*; zszywacz *m*
heftig gwałtowny
Heftpflaster N przylepiec *m*
Hehler(in) M(F) paser(ka) *m(f)*
Hehlerei F paserstwo *n*
Heide[1] M poganin *m*
Heide[2] F wrzosowisko *n* **Heidekraut** N wrzos *m*
Heidelbeere F borówka *f*
Heidin F poganka *f*
heikel drażliwy; delikatny
heil cały (-ło); zdrowy (-wo)
Heil N szczęście *n*, dobro *n*
heilbar uleczalny **heilen** ⟨wy⟩leczyć (**von** *dat* z *gen*); V/I ⟨za⟩goić się
heilig święty **Heiligabend** M Wigilia *f* Bożego Narodzenia
Heilige F święta *f* **Heilige(r)** M święty *m* **Heiligtum** N

świętość *f*; (*Tempel*) świątynia *f* **Heilmittel** N środek *m* leczniczy **Heilpraktiker(in)** M(F) uzdrowiciel(ka) *m(f)* **Heilquelle** F źródło *n* lecznicze **heilsam** zbawienny **Heilung** F ⟨wy⟩leczenie *n*; zagojenie *n* (się)

heim ADV do domu

Heim N dom *m* **Heimarbeit** F praca *f* chałupnicza **Heimarbeiter(in)** M(F) chałupnik *m*, chałupniczka *f*

Heimat F ojczyzna *f*, kraj *m* rodzinny **Heimatkunde** F krajoznawstwo *n* **heimatlich** ojczysty, rodzinny

heimfahren ⟨po⟩jechać do domu **Heimfahrt** F powrót *m* do domu, droga *f* powrotna **heimgehen** iść ⟨pójść⟩ do domu **heimisch**: **sich ~ fühlen** czuć się jak w domu **Heimkehr** F powrót *m* do domu

heimlich tajemny, potajemny; ADV skrycie

Heimreise F podróż *f* do domu **Heimspiel** N mecz *m* na własnym boisku **heimtückisch** podstępny **Heimweg** M droga *f* do domu **Heimweh** N tęsknota *f* za domem; tęsknota *f* za krajem

Heirat F małżeństwo *n*; *e-s Mannes* ożenek *m*; *e-r Frau* zamążpójście *n* **heiraten** *Mann* ⟨o⟩żenić się (*akk* z *inst*); *Frau* wychodzić ⟨wyjść⟩ za mąż (za *akk*)

Heiratsantrag M oświadczyny *pl* **Heiratsurkunde** F akt *m* ślubu

heiser ochrypły (-le) **Heiserkeit** F chrypka *f*

heiß gorący (-co)

heißen V/I nazywać się; **das heißt** to znaczy

heiter *Wetter* pogodny; *Mensch* wesoły (-ło)

heizen ogrzewać ⟨-rzać⟩, opalać; palić (**mit** *dat inst*) **Heizer** M palacz *m* **Heizkissen** N poduszka *f* elektryczna **Heizkörper** M kaloryfer *m*, grzejnik *m* **Heizöl** N olej *m* opałowy **Heizung** F ogrzewanie *n*

Held M bohater *m* **heldenhaft** bohaterski (-ko) **Heldenmut** M bohaterstwo *n* **Heldentat** F czyn *m* bohaterski

helfen pomagać ⟨-móc⟩ **Helfer(in)** M(F) pomocnik *m*, pomocnica *f*

hell jasny (-no); *Zimmer* widny **hellblau** jasnobłękitny **Helligkeit** F jasność *f* **Hellseher(in)** M(F) jasnowidz *m*

Helm M hełm *m*; kask *m* **Helmpflicht** F obowiązek *m* noszenia kasku

Hemd N koszula *f*

hemmen ⟨za⟩hamować **Hemmung** F hamowanie *n* **hemmungslos** niepohamowany

Hengst M ogier *m*

Henkel M ucho *n*, uszko *n*
Henne F kura *f*
her ADV *örtlich* tu; **von oben ~** z góry; **von weit ~** z daleka
herab na dół, w dół **herablassen** spuszczać ⟨-uścić⟩ na dół (**sich** się) **herablassend** protekcjonalny
herabsehen patrzeć z góry (**auf** *akk* na *akk*) **herabsteigen** zstępować ⟨zstąpić⟩
heran ADV bliżej, tu bliżej **herangehen** przystępować ⟨-stąpić⟩ (**an** *akk* do *gen*) **herankommen** przybliżać ⟨-żyć⟩ się **heranmachen**: **sich ~** zabierać ⟨-brać⟩ się (**an** *akk* do *gen*); *fig* zbliżać ⟨-żyć⟩ się, dobierać ⟨-brać⟩ się **herantreten** przystępować ⟨-stąpić⟩ (**an** *akk* do *gen*) **heranwachsen** dorastać ⟨-rosnąć⟩ **heranziehen** V/T przyciągać ⟨-gnąć⟩; *Buch usw* korzystać (*akk* z *gen*), uwzględniać ⟨-ić⟩
herauf w górę, na górę, pod górę **heraufbeschwören** wywoływać ⟨-łać⟩; przywoływać ⟨-łać⟩ **heraufkommen** wchodzić ⟨wejść⟩ (na górę) **heraufziehen** wciągać ⟨-gnąć⟩
heraus na zewnątrz; **von innen ~** z wewnątrz
herausbekommen wydostawać ⟨-tać⟩; *Fleck* wywabiać ⟨-ić⟩ **herausbrechen** wyłamywać ⟨-mać⟩ **herausfallen** wypadać ⟨-paść⟩ **herausfinden** V/T wyszukać *pf*; V/I znaleźć *pf* **herausfordern** ⟨s⟩prowokować **herausgeben** wydawać ⟨-dać⟩ **herausholen** wyciągać ⟨-gnąć⟩ **herauskommen** wychodzić ⟨wyjść⟩ **herauslassen** wypuszczać ⟨-ścić⟩ **herausnehmen** wyjmować ⟨wyjąć⟩ **herausragen** wznosić się; sterczeć
herausreden: **sich ~** wymawiać ⟨-mówić⟩ się (**mit** *dat inst*) **herausstellen** wystawiać ⟨-ić⟩; **sich ~** okazywać ⟨-zać⟩ się **herausziehen** wyciągać ⟨-gnąć⟩
herb cierpki (-ko); *Wein* wytrawny
herbei tu **herbeieilen** przybiegać ⟨-biec⟩ **herbeirufen** przywoływać ⟨-łać⟩ **herbeischaffen** → holen, besorgen
Herberge F schronisko *n* młodzieżowe
Herbst M jesień *f*; **im ~** jesienią **herbstlich** jesienny
Herd M piec *m*; MED, *fig* ognisko *n*
Herde F stado *n*
herein do wnętrza; do środka; **~!** proszę (wejść)! **hereinbringen** wnosić ⟨wnieść⟩ (do środka) **hereinfallen** wpadać ⟨wpaść⟩; *umg fig* dać się nabrać (**auf** *akk* na *akk*) **hereinkommen** wchodzić ⟨wejść⟩ **hereinlassen**

wpuszczać ⟨-ścić⟩ **hereinlegen** nabierać ⟨-brać⟩ kogoś
Herfahrt F podróż *f* w tę stronę
Hering M śledź *m* **Heringssalat** M sałatka *f* śledziowa
herkommen przychodzić ⟨przyjść⟩, podchodzić ⟨-dejść⟩; (*stammen*) pochodzić; **komm her!** chodź tu!
Herkunft F pochodzenie *n*
Hermelin M gronostaj *m*
Heroin N heroina *f*
Herpes M opryszczka *f*
Herr M pan *m*
Herrenanzug M garnitur *m* męski **herrenlos** bezpański **Herrentoilette** F toaleta *f* męska
Herrgott M Pan Bóg *m*
herrichten ⟨przy⟩szykować
herrisch władczy (-czo)
herrlich wspaniały (-le), świetny
Herrschaft F panowanie *n*, władza *f*; **~en** *pl Anrede* państwo *pl* **herrschen** panować **Herrscher(in)** M(F) władca *m*, władczyni *f*
herstellen wytwarzać ⟨-tworzyć⟩, ⟨wy⟩produkować **Hersteller(in)** M(F) producent(ka) *m(f)* **Herstellung** F wytwarzanie *n*, produkcja *f*
herüber tu, w tę stronę
herum naokoło, dokoła **herumdrehen** obracać ⟨-rócić⟩ (**sich** się) **herumfahren** objeżdżać ⟨-jechać⟩ **herumführen** oprowadzać ⟨-dzić⟩ wodzić **herumtreiben** *umg* **sich ~** wałęsać się
herunter na dół; w dół **herunterbringen** znosić ⟨znieść⟩ **herunterkommen** schodzić ⟨zejść⟩ na dół; *fig* podupadać **herunterladen** IT ściągać ⟨-gnąć⟩, pobierać ⟨-brać⟩ **herunterlassen** spuszczać ⟨-ścić⟩ **herunternehmen** zdejmować ⟨zdjąć⟩ **herunterreißen** zdzierać ⟨zedrzeć⟩
hervor z, spod, zza, spoza (*gen*); do przodu **hervorbrechen** wybuchać ⟨-chnąć⟩ **hervorgehen** wynikać ⟨-knąć⟩; wypływać ⟨-płynąć⟩ (**aus** *dat* z *gen*) **hervorheben** uwydatniać ⟨-ić⟩
hervorragend znakomity (-cie); *pers* wybitny **hervorrufen** wywoływać ⟨-łać⟩
Herz N serce *n*; *Karten* kier *m* **Herzanfall** M atak *m* serca
herzhaft *Essen* pożywny; *Geschmack* pikantny
Herzinfarkt M zawał *m* serca **Herzklopfen** N bicie *n* serca; kołatanie *n* serca
herzkrank chory na serce **herzlich** serdeczny **herzlos** bez serca, nieczuły
Herzog(in) M(F) książę *m*, księżna *f*
Herzschlag M ANAT bicie *n* serca; MED udar *m* serca **Herzschrittmacher** M roz-

rusznik *m* serca
heterosexuell heteroseksualny
Hetze F nagonka *f* (**gegen** *akk* na *akk*) **hetzen** ⟨po⟩szczuć
Heu N siano *n*
Heuchelei F obłuda *f* **heucheln** udawać ⟨udać⟩ **Heuchler(in)** M(F) obłudnik *m*, obłudnica *f* **heuchlerisch** obłudny
Heuernte F sianokosy *mpl* **Heugabel** F widły *pl* do siana
heulen *Wind, Sirene* wyć; ryczeć; *umg* beczeć
Heuschnupfen M katar *m* sienny **Heuschober** M stóg *m* siana **Heuschrecke** F szarańcza *f*
heute dzisiaj, dziś; ~ **Morgen** dziś rano; **von** ~ dzisiejszy **heutig** dzisiejszy **heutzutage** obecnie
Hexe F wiedźma *f* **Hexenschuss** M MED postrzał *m*, lumbago *n*
Hieb M cios *m*, uderzenie *n*
hier tutaj, tu; ~! jestem!; ~ **bleiben** pozostawać ⟨-tać⟩ tu; **von** ~ stąd; **von** ~ **aus** odtąd
hierauf po tym, następnie; na tym **hieraus** z tego **hierbei** przy tym **hierfür** za to; na to **hierhin** tu, w tę stronę **hiermit** niniejszym; przez to **hierzulande** *in diesem Land* w tym kraju; *in dieser Gegend* w tej okolicy
hiesig tutejszy, miejscowy
Hi-Fi-Anlage F wieża *f* hi-fi
Hilfe F pomoc *f*; (**zu**) ~! na pomoc!, ratunku!; **mit** ~ przy pomocy (**von** *dat, gen gen*) **hilflos** bezradny
Hilfsaktion F akcja *f* pomocy **Hilfsarbeiter(in)** M(F) robotnik *m* niewykwalifikowany, robotnica *f* niewykwalifikowana **hilfsbedürftig** potrzebujący pomocy **Hilfsmittel** N środek *m* pomocniczy
Himbeere F malina *f* **Himbeergeist** M malinówka *f*
Himmel M niebo *n* **himmelblau** błękitny **Himmelfahrt** F: **Christi** ~ Wniebowstąpienie *n* **Himmelskörper** M ciało *n* niebieskie **Himmelsrichtung** F strona *f* świata
hin tam, w tamtą stronę; ~ **und wieder** niekiedy; ~ **und her**, ~ **und zurück** tam i z powrotem
hinab na dół, w dół; **bis** ~ **zu** aż do (*dat gen*) **hinabsteigen** schodzić ⟨zejść⟩
hinauf na górę, w górę, pod górę; **bis** ~ **zu** aż do (*dat gen*) **hinaufgehen** wchodzić *od* iść ⟨wejść⟩ na górę **hinaufziehen** wciągać ⟨-gnąć⟩ (na górę)
hinaus na zewnątrz; **über** ... ~ poza **hinausgehen** wychodzić ⟨wyjść⟩ **hinauslehnen** wychylać ⟨-lić⟩ (**sich** się) **hinausschieben** wysuwać ⟨-unąć⟩ **hinaustragen** wynosić ⟨-nieść⟩ **hinauswer-**

fen wyrzucać ⟨-cić⟩ **hinauszögern** zwlekać

Hinblick M: **im ~** ze względu (**auf** *akk* na *akk*)

hinbringen zanosić ⟨-nieść⟩; *Zeit* spędzać ⟨-dzić⟩

hinderlich: **~ sein** przeszkadzać **hindern** przeszkadzać ⟨-szkodzić⟩ (**j-n an** *dat* k-u w *lok*) **Hindernis** N przeszkoda *f* **Hindernislauf** M SPORT bieg *m* z przeszkodami

hindurch przez, poprzez

hinein w, do (wnętrza, środka) **hineingehen** wchodzić ⟨wejść⟩ **hineinpassen** pasować (**in** *akk* do *gen*), mieścić się **hineintun** wkładać ⟨włożyć⟩ **hineinziehen** wciągać ⟨-gnąć⟩

hinfahren zawozić ⟨-wieźć⟩; VI ⟨po⟩jechać **Hinfahrt** F: **auf der ~** po drodze w tamtą stronę

hinfallen upaść *pf* **hinführen** ⟨za⟩prowadzić (**zu** *dat* do *gen*) **hingehen** iść ⟨pójść⟩ (do *gen*), iść ⟨pójść⟩ tam

hinken utykać, kuleć

hinlegen kłaść ⟨położyć⟩ (**sich** się) **hinnehmen** *fig* ⟨po⟩godzić się (*akk* z *inst*);

hinreißend zachwycający (-co), porywający (-co)

hinsetzen → setzen

Hinsicht F wzgląd *m*; **in dieser ~** pod tym względem **hinsichtlich** (*gen*) odnośnie do, co do (*gen*)

hinten w tyle; **von ~** z tyłu **nach ~** do tyłu

hinter (*dat, akk*) za (*inst, akk*)

Hinterachse F oś *f* tylna

Hinterbliebene(n) PL rodzin… *f* osoby zmarłej

hintere(r) tylny **hintereinander** jeden za drugim

Hintergrund M tło *n* **Hinterhaus** N oficyna *f*

hinterher (*dat*) za, po (*inst*), *zeitlich* potem

hinterlassen pozostawia… ⟨-ić⟩ (**als Erbe** w spadku) **hinterlegen** ⟨z⟩deponować

hinterlistig podstępny

Hintern *umg* M tyłek *m*

Hinterrad N tylne koło … **Hinterseite** F tylna strona … **Hinterteil** N *umg* tyłek *m*

hinüber na tamtą stronę **hinüberfahren** przejeżdżać ⟨-jechać⟩ na tamtą stronę

Hin- und Rückfahrt F podróż *f* od jazda *f* tam i z powrotem

hinunter na dół, w dół **hinuntergehen** schodzić ⟨zejść⟩ **hinunterschlucken** przełykać ⟨-łknąć⟩

Hinweg M droga *f* w tamtą stronę

hinwegsetzen: **sich über etwas ~** nie zważać na coś

Hinweis M wskazówka *f* **hinweisen** wskazywać ⟨-zać⟩ **Hinweiszeichen** N AUTO znak *m* informacyjny

hinziehen: **sich ~** ciągnąć się;

przeciągać ⟨-gnąć⟩ się
hinzu do tego; nadto **hinzufügen** doda(wa)ć; dołączać ⟨-czyć⟩ (**zu** *dat* do *gen*) **hinzukommen** dochodzić ⟨dojść⟩ **hinzutreten** podchodzić ⟨-dejść⟩ (bliżej) **hinzuzählen** doliczać ⟨-czyć⟩ (**zu** *dat* do *gen*) **hinzuziehen** V/T zasięgać ⟨-gnąć⟩ rady (*akk gen*)
Hirn N mózg *m* **Hirnhautentzündung** F zapalenie *n* opon mózgowych
Hirsch M jeleń *m*
Hirse F proso *n*
Hirte M pasterz *m*
hissen *Flagge* podnosić ⟨-nieść⟩
historisch historyczny
Hit M przebój *m*, hit *m* **Hitliste** F lista *f* przebojów **Hitparade** F → Hitliste
Hitze F gorąco *n*; (*Sommerhitze*) upał *m* **hitzebeständig** żaroodporny **Hitzewelle** F fala *f* gorąca **Hitzschlag** M udar *m* cieplny
HIV N HIV *m* **HIV-positiv** zarażony HIV
H-Milch F mleko *n* UHT
Hobby N hobby *n*
Hobel M strug *m*, hebel *m*
hoch wysoki (-ko) **hochachtungsvoll** z poważaniem
Hochbetrieb M wzmożony ruch *m*; gorący okres *m* **Hochdeutsch** N niemiecki język *m* literacki **Hochdruck** M wysokie ciśnienie *n* **Hochebene** F płaskowyż *m* **Hochgebirge** N góry *fpl* wysokie
hochhackig na wysokim obcasie
Hochhaus N wieżowiec *m*
hochklappen *Stuhl* składać ⟨złożyć⟩
hochmütig wyniosły (-śle)
Hochsaison F pełnia *f* sezonu **Hochschule** F szkoła *f* wyższa **Hochsommer** M środek *m* lata **Hochspannung** F ELEK wysokie napięcie *n* **Hochsprung** M SPORT skok *m* wzwyż
höchst najwyższy (-żej); maksymalny; ADV *a.* nadzwyczaj
Hochstapler(in) M(F) hochsztapler(ka) *m(f)*
Höchstbetrag M maksymalna kwota *f* **Höchstgeschwindigkeit** F prędkość *f* maksymalna **Höchstpreis** M najwyższa cena *f*
höchstwahrscheinlich ADV najprawdopodobniej
Hochverrat M zdrada *f* stanu
Hochwasser N powódź *f*
hochwertig pełnowartościowy, najwyższej jakości
Hochzeit F wesele *n* **Hochzeitskleid** N suknia *f* ślubna **Hochzeitsreise** F podróż *f* poślubna **Hochzeitstag** M dzień *m* ślubu; (*Jahrestag*) rocznica *f* ślubu
hocken ślęczeć (**über** *dat* nad *inst*); siedzieć w kucki **Hocker** M stołek *m*, taboret *m*

Höcker M garb *m*
Hockey N hokej *m*
Hoden M ANAT jądro *n*
Hof M podwórze *n*, dziedziniec *m*; (*Bauernhof*) zagroda *f*
hoffen mieć nadzieję; spodziewać się (**auf** *akk gen*)
hoffentlich: **~ kommt er** mam nadzieję, że przyjdzie
Hoffnung F nadzieja *f* **hoffnungslos** beznadziejny
höflich grzeczny, uprzejmy
hohe(r) → hoch
Höhe F wysokość *f*; (*Hügel*) wzniesienie *n*
Hoheitsgebiet N terytorium *n* państwa
Höhenangst F lęk *m* wysokości **Höhenklima** N klimat *m* górski
Höhepunkt M punkt *m* kulminacyjny, szczyt *m*
höher wyższy (-żej)
hohl pusty (-to); *Ton* głuchy (-cho); *Wangen* zapadły
Höhle F jaskinia *f*; (*Tierhöhle*) jama *f*, nora *f*
Hohlmaß N miara *f* objętości **Hohlraum** M pusta przestrzeń *f*
Hohn M szyderstwo *n* **höhnisch** szyderczy (-czo)
holen iść ⟨pojść⟩ (*akk* po *akk*); **~ lassen** posyłać ⟨-słać⟩ (*akk* po *akk*)
Holland N Holandia *f* **Holländer(in)** M(F) Holender(ka) *m(f)* **holländisch** holenderski (po -ku)
Hölle F piekło *n* **höllisch** piekielny
holprig *Weg* wyboisty
Holunder M czarny bez *m*
Holz N drewno *n*
hölzern drewniany
Holzfäller M drwal *m* **holzig** zdrewniały **Holzkohle** F węgiel *m* drzewny **Holzspäne** MPL wióry *mpl* **Holzsplitter** M drzazga *f*
Homebanking N home banking *m* **Homepage** F IT strona *f* domowa
homöopathisch homeopatyczny
homosexuell homoseksualny
Honig M miód *m*
Honorar N honorarium *n*
Hopfen M chmiel *m*
hörbar słyszalny
horchen nasłuchiwać
hören słuchać; ⟨u⟩słyszeć **Hörer** M słuchacz *m*; TEL słuchawka **Hörerin** F słuchaczka *f* **Hörgerät** N aparat *m* słuchowy
Horizont M horyzont *m*
Horn N róg *m*
Hörnchen N rogalik *m*
Hornhaut F ANAT rogówka *f*; (*Schwiele*) odcisk *m*
Hornisse F szerszeń *m*
Horoskop N horospkop *m*
Horrorfilm M horror *m*
Hörsaal M sala *f* wykładowa **Hörspiel** N słuchowisko *n* **Hörsturz** M MED nagłe osłabienie *n* słuchu

horten ⟨na⟩gromadzić
Hose F spodnie *pl* **Hosenanzug** M spodnium *n*, garnitur *m* damski **Hosenbein** N nogawka *f* **Hosenschlitz** M rozporek *m* **Hosentasche** F kieszeń *f* w spodniach **Hosenträger** M szelki *fpl*
Hotel N hotel *m* **Hoteldirektor(in)** M(F) dyrektor(ka) *m(f)* hotelu **Hotelkette** F sieć *f* hoteli **Hotelzimmer** N pokój *m* hotelowy
Hotline F gorąca linia *f*
Hubraum M AUTO objętość *f* skokowa
hübsch ładny
Hubschrauber M helikopter *m*
Huf M kopyto *n* **Hufeisen** N podkowa *f*
Hüfte F biodro *n*
Hügel M pagórek *m*, wzgórze *n* **hügelig** pagórkowaty (-to)
Huhn N kura *f* **Hühnchen** N kurczak *m*, kurczę *n*
Hühnerauge N odcisk *m*
Hühnerbrühe F rosół *m* z kury **Hühnerstall** M kurnik *m*
Hülle F powłoka *f*; osłona *f*
Hülse F łuska *f*; łupina *f*; (*Schote*) strączek *m* **Hülsenfrüchte** PL rośliny *fpl* strączkowe
human humanitarny; ludzki (po -ku) **humanitär** humanitarny
Hummel F trzmiel *m*
Hummer M homar *m*
Humor M humor *m* **humorvoll** dowcipny
humpeln *umg* utykać, kuleć
Hund M pies *m* **Hundeleine** F smycz *f*
hundert sto **hundertfach** stokrotny **hundertjährig** stuletni **hundertprozentig** stuprocentowy **hundertste(r)** setny
Hündin F suka *f*, suczka *f*
Hüne M olbrzym *m*
Hunger M głód *m*; **~ haben** być głodnym **hungern** głodować **Hungerstreik** M strajk *m* głodowy **hungrig** głodny
Hupe F klakson *m* **hupen** trąbić, dawać ⟨dać⟩ sygnał
Hüpfburg F zamek *m* do skakania **hüpfen** podskakiwać
Hürde F *Sport* płotek *m* **Hürdenlauf** M bieg *m* przez płotki
Hure F *pop* dziwka *f*
husten ⟨za⟩kaszlać
Husten M kaszel *m* **Hustenbonbon** M *od* N cukierek *m* na kaszel **Hustenmittel** N środek *m* przeciwkaszlowy
Hut M kapelusz *m*
hüten pilnować; **sich ~** strzec się
Hütte F chata *f*; szałas *m*; TECH huta *f*
hygienisch higieniczny
hysterisch histeryczny

ICE® M Intercity Express *m*
ich ja
ideal idealny
Ideal N ideał *m*
Idee F idea *f*; myśl *f*
identisch identyczny **Identität** F tożsamość *f*
Idiot(in) M(F) idiota *m*, idiotka *f* **idiotisch** idiotyczny
Idol N idol *m*
Idylle F idylla *f* **idyllisch** idylliczny
Igel M jeż *m*
ignorieren ⟨z⟩ignorować
ihm jemu, mu; **mit ~** z nim
ihn jego, go **ihnen** im; **mit ~** z nimi **Ihnen** pani, panu, państwu
ihr wy; *dat von* **sie** jej; *possessiv* jej; PL ich; swój, swoja, swoje; PL swoi, swoje **Ihr** pana, pani, państwa; swój, swoja, swoje; PL swoi, swoje **ihretwegen** z jej powodu; PL z ich powodu
illegal nielegalny
Illusion F iluzja *f* **illusorisch** iluzoryczny
Illustrierte F czasopismo *n* ilustrowane
Iltis M tchórz *m*
Imbiss M przekąska *f* **Imbissstube** F bufet *m*, bar *m*
Imitation F imitacja *f*
Imker M pszczelarz *m*
immer zawsze; **~ besser** coraz lepiej; **~ wieder** wciąż na nowo; **für ~** na zawsze
immerhin bądź co bądź **immerzu** nieustannie
Immigrant(in) M(F) imigrant(ka) *m(f)*
Immobilien FPL nieruchomości *fpl* **Immobilienmakler(in)** M(F) agent(ka) *m(f)* nieruchomości
immun odporny (**gegen** *akk* na *akk*)
Immunschwäche F osłabienie *n* układu immunologicznego **Immunschwächekrankheit** F choroba *f* immunokigiczna **Immunsystem** N układ *m* immunologiczny
impfen ⟨za⟩szczepić **Impfpass** M karta *f* szczepień **Impfstoff** M szczepionka *f* **Impfung** F szczepienie *n*
imponieren ⟨za⟩imponować
Import M import *m* **importieren** importować
impotent cierpiący na impotencję
imstande: **~ sein** być w stanie
in (*dat, akk*) w (*lok*); do (*gen*), na (*akk*)
inbegriffen łącznie z (*akk inst*)
Inbetriebnahme F uruchomienie *n*
inbrünstig żarliwy (-wie)
indem podczas gdy; przez to, że
Inder(in) M(F) Hindus(ka) *m(f)*

Index M FIN wskaźnik *m*; (*Register*) indeks *m*
Indianer(in) M(F) Indianin *m*, Indianka *f*
Indien N Indie *pl*
indirekt pośredni (-nio)
indisch indyjski
individuell indywidualny **Individuum** N jednostka *f*
Industrie F przemysł *m* **Industrie-** przemysłowy **Industriezweig** M gałąź *f* przemysłu
Infektion F infekcja *f*, zakażenie *n* **Infektionskrankheit** F choroba *f* zakaźna
infolge wskutek **infolgedessen** wskutek tego
Informatik F informatyka *f* **Informatiker(in)** M(F) informatyk *m*
Information F informacja *f*
informieren ⟨po⟩informować
Ingenieur(in) M(F) inżynier *m*
Inhaber(in) M(F) właściciel(ka) *m(f)*
inhaftieren ⟨za⟩aresztować
Inhalt M *Buch* treść *f*; *Tasche* zawartość *f*; *Glas* pojemność *f* **Inhaltsverzeichnis** N *Buch* spis *m* treści; spis *m* rzeczy
Injektion F zastrzyk *m*
inklusive włącznie
Inkrafttreten N wejście *n* w życie
Inland N: **im ~** w kraju
Inliner PL SPORT łyżworolki *fpl*
inmitten pośród
innen wewnątrz; **nach ~** do wewnątrz; **von ~** od wewnątrz
Innenminister M minister *m* spraw wewnętrznych **Innenseite** F strona *f* wewnętrzna **Innenstadt** F śródmieście *n*
innere(r) wewnętrzny **Innere(s)** N wnętrze *n* **innerhalb** wewnątrz; *zeitlich* w ciągu **innerlich** wewnętrzny
Innovation F innowacja *f*
inoffiziell nieoficjalny
insbesondere w szczególności; zwłaszcza
Inschrift F napis *m*
Insekt N owad *m* **Insektenschutzmittel** N środek *m* owadobójczy **Insektenstich** M ukąszenie *n* owada **Insektenstift** M sztyft *m* na ukąszenia owadów
Insel F wyspa *f*
Inserat N ogłoszenie *n*
insgeheim potajemnie
Insider(in) M(F) wtajemniczony *m*, wtajemniczona *f*
insofern (*falls*) o ile
Installateur M instalator *m*
installieren ⟨za⟩instalować
instand: **~ halten** utrzymywać ⟨-mać⟩ w dobrym stanie; **~ setzen** naprawiać ⟨-ić⟩, doprowadzać ⟨-dzić⟩ do porządku
Institut N instytut *m* **Institution** F instytucja *f*
Instruktion F instrukcja *f*
Instrument N instrument *m*
Inszenierung F inscenizacja *f*

intakt w dobrym stanie, nienaruszony
intellektuell intelektualny **intelligent** inteligentny **Intelligenz** F inteligencja *f*
intensiv intensywny **Intensivkurs** M intensywny kurs *m* **Intensivstation** F oddział *m* intensywnej terapii
interessant interesujący (-co), ciekawy (-wie) **Interesse** N zainteresowanie *n* **interessieren** ⟨za⟩interesować (**sich** się)
international międzynarodowy
Internet N internet *m* **Internetcafé** N kawiarnia *f* internetowa **Internetseite** F strona *f* internetowa
Interview N wywiad *m* **interviewen** przeprowadzać ⟨-dzić⟩ wywiad
Inventur F inwentaryzacja *f*; remanent *m*
investieren ⟨za⟩inwestować **Investition** F inwestycja *f*
inzwischen tymczasem
Irak M Irak *m*
Iran M Iran *m*
irgendein jakikolwiek, jakiś **irgendjemand** ktokolwiek, ktoś **irgendwann** kiedykolwiek, kiedyś **irgendwas** cokolwiek, coś **irgendwelche(r)** którykolwiek **irgendwie** jakoś **irgendwo** gdziekolwiek, gdzieś **irgendwohin** dokądkolwiek
ironisch ironiczny
irre obłąkany **Irre** F obłąkana *f* **Irre(r)** M obłąkany *m* **irreführen** wprowadzać ⟨-dzić⟩ w błąd **irren**: **sich ~** ⟨po⟩mylić się **Irrenanstalt** *umg* F dom *m* wariatów **Irrsinn** M obłęd *m*; *fig* szaleństwo *n* **Irrtum** M pomyłka *f*, błąd *m* **irrtümlich** błędny, mylny; ADV przez pomyłkę
Islam M islam *m* **islamisch** islamski
Isolierband N taśma *f* izolacyjna
Italien N Włochy *pl* **Italiener(in)** M(F) Włoch *m*, Włoszka *f* **italienisch** włoski (po -ku)

J

ja tak
Jacht F jacht *m*
Jacke F kurtka *f*; bluza *f*; żakiet *m* **Jackett** N marynarka *f*
Jagd F polowanie *n* **Jagdhund** M pies *m* myśliwski **Jagdrevier** N teren *m* łowiecki
jagen polować; gonić
Jäger(in) M(F) myśliwy *m*, łowczyni *f*
Jahr N rok *m*; **Jahre** *pl* lata *pl* **Jahrestag** M rocznica *f* **Jahreszeit** F pora *f* roku

Jahrgang M rocznik *m* **Jahrhundert** N wiek *m*, stulecie *n*
jährlich (co)roczny
jähzornig porywczy (-czo)
jämmerlich żałosny (-śnie)
jammern lamentować
Januar M styczeń *m*; **im ~** w styczniu
Japan N Japonia *f* **Japaner(in)** M(F) Japończyk *m*, Japonka *f* **japanisch** japoński (po -ku)
jäten pleć
jawohl tak jest
je kiedykolwiek; **~ zwei** co dwa; po dwa; **~ ... desto** im ... tym; **~ nach** zależnie od
Jeans F dżinsy *pl*
jedenfalls w każdym razie
jeder, jede, jedes każdy, każda, każde; **jedes Mal** za każdym razem
jederzeit o każdej porze
jedoch jednak, jednakże
jeglich wszelki, każdy
jeher: **von ~** od dawna
jemals kiedyś, kiedykolwiek
jemand ktoś
jener, jene, jenes tamten, tamta, tamto; PL tamci, tamte; ów, owa, owe; PL owi, owe
jenseits z tamtej strony, po tamtej stronie
jetzig teraźniejszy
jetzt teraz, obecnie; **bis ~** dotychczas
jeweils każdorazowo
Job M praca *f* **jobben** pracować
joggen uprawiać jogging **Jogging** F jogging *m*
Joghurt M *od* N jogurt *m*
Johannisbeere F porzeczka *f*
Journal N dziennik *m*; żurnal *m* **Journalist(in)** M(F) dziennikarz *m*, dziennikarka *f*
Joystick M joystick *m*
jubeln radować się głośno; wiwatować
Jubilar(in) M(F) jubilat(ka) *m(f)*
Jubiläum N jubileusz *m*
jucken swędzieć **Juckreiz** M swędzenie *n*
Jude M Żyd *m* **Jüdin** F Żydówka *f* **jüdisch** żydowski (po -ku)
Jugend F młodość *f*; *pers* młodzież *f* **Jugendamt** N urząd *m* do spraw młodzieży **Jugendherberge** F schronisko *n* młodzieżowe **Jugendliche** F nastolatka *f*; JUR nieletnia *f*
Jugendliche(r) M nastolatek *m*; JUR nieletni *m*
Juli M lipiec *m*; **im ~** w lipcu
jung młody (-do)
Junge M chłopiec *m*, chłopak *m*
jünger młodszy (-dziej)
Jungfrau F dziewica *f* **Junggeselle** M kawaler *m*
jüngst najmłodszy; ADV niedawno, ostatnio
Juni M czerwiec *m*; **im ~** w czerwcu
Jurist(in) M(F) prawnik *m*, prawniczka *f* **juristisch** prawniczy

Justiz F sądownictwo *n* **Justizminister(in)** M(F) minister *m* sprawiedliwości **Justizministerium** N ministerstwo *n* sprawiedliwości
Juwelen FPL biżuteria *f* **Juwelier(in)** M(F) jubiler *m*

K

Kabel N kabel *m* **Kabelfernsehen** N telewizja *f* kablowa
Kabeljau M dorsz *m*
Kabine F kabina *f*; *Schiff* kajuta *f*
Kachel F kafel *m*
Käfer M chrząszcz *m*
Kaffee M kawa *f* **Kaffeemaschine** F ekspres *m* do kawy **Kaffeetasse** F filiżanka *f* do kawy
Käfig M klatka *f*
kahl goły (-ło); *pers* łysy
Kahn M łódka *f*; (*Lastkahn*) barka *f*
Kai M nabrzeże *n*
Kaiser(in) M(F) cesarz(owa) *m(f)*
Kaiserschnitt M MED cesarskie cięcie *n*
Kajüte F kajuta *f*
Kaktus M kaktus *m*
Kalb N cielę *n*, cielak *m* **Kalbfleisch** N cielęcina *f* **Kalbsbraten** M pieczeń *f* cielęca
Kalender M kalendarz *m*
Kalk M wapno *n* **Kalkstein** M wapień *m*
Kalorie F kaloria *f*
kalt zimny (-no); **es ist ~** zimno; **~ werden** ⟨o⟩stygnąć; *Wetter* oziębiać ⟨-ić⟩ się
kaltblütig zimnokrwisty
Kälte F zimno *n*; *fig* oziębłość *f*
Kaltschale F chłodnik *m*
Kalzium N wapń *m*
Kamel N wielbłąd *m*
Kamera F kamera *f*; (*Fotoapparat*) aparat *m* fotograficzny
Kamerad(in) M(F) kolega *m*, koleżanka *f*, towarzysz(ka) *m(f)* **kameradschaftlich** koleżeński (po -ku)
Kamille F rumianek *m*
Kamin M kominek *m*
Kamm M grzebień *m*; (*Bergkamm*) grzbiet *m* (górski), grań *f*
kämmen ⟨u⟩czesać (**sich** się)
Kammer F izba *f* **Kammermusik** F muzyka *f* kameralna
Kampf M walka *f*
kämpfen walczyć (**um, für** *akk* o *akk*) **Kämpfer(in)** M(F) bojownik *m*, bojowniczka *f*
kampflustig wojowniczy (-czo) **Kampfrichter(in)** M(F) SPORT sędzia *m* **Kampfsport** M sport *m* walki
kampieren obozować
Kanada N Kanada *f* **Kanadier(in)** M(F) Kanadyjczyk *m*, Kanadyjka *f* **kanadisch** kanadyjski
Kanal M kanał *m*; ANAT prze-

wód *m*
Kanarienvogel M kanarek *m*
Kandidat(in) M(F) kandydat(ka) *m(f)*
kandiert: **kandierte Früchte** owoce *mpl* kandyzowane
Kaninchen N królik *m*
Kanister M kanister *m*
Kanne F bańka *f*; (*Kaffeekanne*) dzbanek *m*
Kannibale M ludożerca *m*
Kanone F armata *f*
Kante F krawędź *f*, kant *m*
Kantine F stołówka *f*; kantyna *f*
Kanu N kanu *n*; kajak *m*
Kanzlei F kancelaria *f*
Kanzler(in) M(F) kanclerz *m*
Kap N przylądek *m*
Kapelle F kaplica *f*; MUS kapela *f* **Kapellmeister(in)** M(F) kapelmistrz *m*
kapieren *umg* ‹s›kapować
Kapital N kapitał *m* **kapitalistisch** kapitalistyczny
Kapitän M kapitan *m*
Kapitel N rozdział *m*
kapitulieren ‹s›kapitulować
Kaplan M wikariusz *m*; kapelan *m*
Kappe F czapka *m*
Kapsel F MED kapsułka *f*
kaputt zepsuty; *Glas* rozbity; *Hose* podarty; *pers* skonany; **~ machen** ‹po›psuć; ‹s›tłuc; podrzeć *pf* **kaputtgehen** ‹po›psuć się; ‹s›tłuc się
Kapuze F kaptur *m*
Karaffe F karafka *f*
Karambolage F *umg* kraksa *f*
Karate N karate *n*
Kardinal M kardynał *m*
Karfreitag M Wielki Piątek *m*
kariert w kratkę
Karies F próchnica *f*
Karneval M karnawał *m*
Karosserie F karoseria *f*
Karotte F marchew *f*, marchewka *f*
Karpaten PL Karpaty *pl*
Karpfen M karp *m*
Karre F taczka *f*
Karriere F kariera *f*
Karte F karta *f*; **Karten spielen** ‹za›grać w karty
Kartei F kartoteka *f*
Kartenspiel gra *f* w karty; talia *f* kart
Kartentelefon N automat *m* telefoniczny na karty
Kartoffel F ziemniak *m*, kartofel *m* **Kartoffelpüree** N purée *n* ziemniaczane **Kartoffelsalat** M sałatka *f* ziemniaczana **Kartoffelsuppe** F zupa *f* ziemniaczana, kartoflanka *f*
Karton M karton *m*
Karussell N karuzela *f*
Karwoche F Wielki Tydzień *m*
Käse M ser *m* **Käsekuchen** M sernik *m*
Kaserne F koszary *pl*
Kaskoversicherung F ubezpieczenie *n* autocasco
Kasse F kasa *f*
Kassenarzt M lekarz *m* kasy chorych **Kassenbon** M para-

gon *m*
Kasserolle F rondel *m*
Kassette F kaseta *f*; kasetka *f* **Kassettenrecorder** M magnetofon *m* kasetowy
kassieren ⟨za⟩inkasować **Kassierer(in)** M(F) kasjer(ka) *m(f)*
Kastanie F kasztan *m*
Kasten M skrzynia *f*, pudło *n*
Katalog M katalog *m*
Katalysator M katalizator *m*
Kater M kocur *m*, kot *m*; *umg fig* kac *m*
Kathedrale F katedra *f*
Katholik(in) M(F) katolik *m*, katoliczka *f* **katholisch** katolicki
Katze F kot *m*; *weiblich* kotka *f*
kauen żuć, przeżuwać
Kauf M kupno *n* **kaufen** kupować ⟨-pić⟩
Käufer(in) M(F) kupujący *m*, kupująca *f*; *(Kunde)* klient(ka) *m(f)*
Kauffrau F handlowiec *m* **Kaufhaus** N dom *m* towarowy **Kaufkraft** F siła *f* nabywcza **Kaufmann** M handlowiec *m* **Kaufvertrag** M umowa *f* sprzedaży
Kaugummi M *od* N guma *f* do żucia
kaum prawie nie; chyba nie; **~ zu glauben** trudno uwierzyć
Kaution F kaucja *f*; **gegen ~** za kaucją
Kaviar M kawior *m*
Kegel M MATH stożek *m*; *Spiel* kręgiel *m* **Kegelbahn** F kręgielnia *f* **kegeln** ⟨za⟩grać w kręgle
Kehle F gardło *n* **Kehlkopf** M krtań *f*
kehren zamiatać ⟨-mieść⟩
Kehrseite F odwrotna strona *f*
Keil M klin *m*
Keiler M odyniec *m*
Keilriemen M pas *m* klinowy
Keim M zarodek *m* **keimfrei** jałowy, sterylny
kein żaden, żadna, żadne; PL żadni, żadne; **das ist ~ ...** to nie jest ...; **ich habe keine Zeit** nie mam czasu
keinesfalls w żadnym razie **keineswegs** bynajmniej **keinmal** ani razu
Keks M *od* N ciastko *n*, herbatnik *m*
Kelle F kielnia *f*; GASTR łyżka *f* wazowa
Keller M piwnica *f* **Kellergeschoss** N suterena *f*
Kellner(in) M(F) kelner(ka) *m(f)*
kennen znać (**sich** się, siebie); **~ lernen** poznawać ⟨-nać⟩ (**sich** się)
Kenner(in) M(F) znawca *m*, znawczyni *f* **Kenntnis** F wiadomość *f*; **~se** *pl* znajomość *f*, wiedza *f* **Kennzeichen** N znak *m*, cecha *f*, oznaka *f*; AUTO numer *m* rejestracyjny **kennzeichnen** ⟨o⟩znakować; cechować
kentern wywracać ⟨-wrócić⟩ się (do góry dnem)
Keramik F ceramika *f*

Kerbe F karb *m*, nacięcie *n*
Kerl M *umg* facet *m*, chłop *m*
Kern M jądro *n*; (*Obstkern*) ziarnko *n*, pestka *f* **Kernenergie** F energia *f* jądrowa **kerngesund** zdrowy jak rydz **Kernkraft** F energia *f* jądrowa
Kerze F świeca *f*
Kessel M kocioł *m*
Ketchup M *od* N keczup *m*
Kette F łańcuch *m*; *Schmuck* łańcuszek *m* **Kettenglied** N ogniwo *n* (łańcucha) **Kettenraucher** M nałogowy palacz *m*
keuchen dyszeć, sapać **Keuchhusten** M koklusz *m*, krztusiec *m*
Keule F maczuga *f*; GASTR udziec *m*
Keyboard N keyboard *m*
Kfz N samochód *m*, pojazd *m* mechaniczny **Kfz-Brief** M książka *f* pojazdu
kichern ⟨za⟩chichotać
Kiefer[1] M ANAT szczęka *f*
Kiefer[2] F sosna *f*
Kiemen FPL skrzela *npl*
Kies M żwir *m* **Kiesgrube** F żwirownia *f*
kiffen *umg* palić trawkę
Kilo N kilo *n* **Kilogramm** N kilogram *m*
Kilometer M kilometr *m* **Kilometerzähler** M licznik *m* kilometrów
Kind N dziecko *n*
Kinderarzt M pediatra *m*
Kinderermäßigung F zniżka *f* dla dzieci **Kindergarten** M przedszkole *n* **Kindergeld** N zasiłek *m* na dzieci **Kinderkrankheit** F choroba *f* dziecięca **Kinderkrippe** F żłobek *m* **Kindernahrung** F produkty *mpl* żywnościowe dla dzieci **Kindersicherung** F zabezpieczenie *n* przed dziećmi **Kindersitz** M fotelik *m* samochodowy **Kinderwagen** M wózek *m* dziecięcy **Kinderzimmer** N pokój *m* dziecięcy
Kindheit F dzieciństwo *n* **kindisch** dziecinny
Kinn N podbródek *m*, broda *f*
Kino N kino *n*
Kirche F kościół *m* **kirchlich** kościelny **Kirchturm** M wieża *f* kościelna
Kirmes F odpust *m*
Kirsche F wiśnia *f*; (*Süßkirsche*) czereśnia *f* **Kirschlikör** M likier *m* wiśniowy
Kissen N poduszka *f*
Kiste F skrzynia; *umg fig* (*Fahrzeug*) pudło *n*
kitschig kiczowaty (-to)
Kitt M kit *m* **kitten** ⟨za⟩kitować
kitzeln ⟨po⟩łaskotać **kitzlig** wrażliwy na łaskotanie
Kiwi F kiwi *n*
Klage F skarga *f*; JUR pozew *m*, powództwo *n* **klagen** ⟨za⟩skarżyć; żalić się, skarżyć się (**über** *akk* na *akk*)
Kläger(in) M(F) powód(ka) *m(f)*

kläglich żałosny (-śnie); (*dürftig*) marny
Klammer F klamra *f*; GRAM, MATH nawias *m*; (*Heftklammer*) spinacz *m*; (*Wäscheklammer*) klamerka *f* do bielizny **klammern**: **sich ~** uczepić *pf* się (**an** *akk gen*)
Klang M dźwięk *m*
Klappbett N składane łóżko *n* **Klappe** F klapa *f*, przykrywka *f* **Klapper** F grzechotka *f* **klappern** grzechotać; (*Storch*) klekotać **Klappstuhl** M składane krzesło *n*
klar przejrzysty (-ście); (*rein*) czysty (-to); *Himmel* jasny (-no); *umg* **alles ~!** (wszystko) jasne!
Kläranlage F oczyszczalnia *f* ścieków
klären oczyszczać ⟨-ścić⟩; *fig* wyjaśniać ⟨-ić⟩ (**sich** się)
Klarheit F jasność *f* **klarkommen** ⟨po⟩radzić sobie **klarstellen** wyjaśniać ⟨-ić⟩ **Klärung** F wyjaśnienie *n*
klasse! super, extra
Klasse F klasa *f* **Klassenarbeit** F klasówka *f* **Klassenlehrer(in)** M(F) wychowawca *m* (klasy), wychowawczyni *f* (klasy) **Klassenzimmer** N klasa *f*, sala *f* lekcyjna
klassisch klasyczny
Klatsch *umg* M *fig* plotki *fpl* **klatschen** klaskać ⟨-snąć⟩; *umg fig* plotkować; obgadywać
Klaue F szpon *m*, pazur *m*; *Huf* racica *f*
klauen *umg* buchnąć *pf*, zwędzić *pf*
Klausel F klauzula *f*
Klavier N pianino *n*; **~ spielen** grać na pianinie
Klebeband N taśma *f* samoprzylepna **kleben** V/T kleić; przylepiać ⟨-ić⟩ (*v/i* się) **klebrig** lepki (-ko) **Klebstoff** M klej *m*
Klecks M plama *f*, kleks *m*
Klee M koniczyna *f*
Kleid N suknia *f*, sukienka *f* **kleiden** ubierać ⟨ubrać⟩ (**sich** się); **j-n gut ~** być komuś do twarzy
Kleiderbügel M wieszak *m* **Kleiderschrank** M szafa *f* na ubrania **Kleidung** F odzież *f*
klein mały
Kleingeld N drobne *pl* **Kleinigkeit** F drobnostka *f* **Kleinkind** N małe dziecko *n*
kleinlich małostkowy (-wo)
kleinschreiben pisać małą literą
Kleinstadt F miasteczko *n*
Klemme F zacisk *m*; *umg* **in der ~ sitzen** być w tarapatach **klemmen** V/I zacinać ⟨-ciąć⟩ się
Klempner M blacharz *m*; hydraulik *m*
klettern wspinać ⟨-iąć⟩ się **Klettertour** F wspinaczka *f*
Klettverschluss® M zapięcie *n* na rzep

klicken IT klikać ⟨-knąć⟩
Klient(in) M(F) klient(ka) *m(f)*
Klima N klimat *m* **Klimaanlage** F klimatyzacja *f* **klimatisiert** klimatyzowany
Klinge F ostrze *n*
Klingel F dzwonek *m* **klingeln** ⟨za⟩dzwonić
klingen dźwięczeć; brzmieć
Klinik F klinika *f*
Klinke F klamka *f*
Klippe F skała *f* podwodna, rafa *f*
klirren ⟨za⟩brzęczeć
Klo *umg* N klozet *m* **Klobrille** *umg* F klapa *f* od sedesu
klopfen stukać, pukać; *Herz* bić; **auf die Schulter ~** ⟨po⟩klepać po ramieniu
Klops M klops *m*, klopsik *m*
Kloß M knedel *m*; pyza *f*
Kloster N klasztor *m*
Klotz M kloc *m*, kłoda *f*
Klub M klub *m*
klug mądry (-rze) **Klugheit** F mądrość *f*
Klumpen M bryła *f*, gruda *f*
knabbern chrupać
Knäckebrot N pieczywo *n* chrupkie
knacken V/T *Nuss* rozłupywać ⟨-pać⟩; V/I trzeszczeć
Knall M huk *m*, trzask *m* **knallen** trzaskać ⟨-snąć⟩
knapp ciasny (-no); *Kleid* obcisły (-śle); ADV ledwo; prawie
knarren *Tür* skrzypieć
Knast *umg* M kryminał *m*, paka *f*
knattern terkotać
Knäuel M *od* N kłębek *m*
Knauf M gałka *f*
knausern *umg* skąpić (**mit** *dat gen*)
kneifen szczypać ⟨uszczypnąć⟩ **Kneifzange** F obcęgi *pl*
Kneipe F knajpa *f*
kneten *Teig* ⟨za⟩gnieść; ⟨u⟩lepić
Knick M załom *m*, zgięcie *n*
Knie N kolano *n* **Kniegelenk** N staw *m* kolanowy
knien klęczeć; **sich ~** klękać ⟨-knąć⟩
Kniescheibe F ANAT rzepka *f* **Knieschützer** MPL ochraniacze *mpl* na kolana **Kniestrümpfe** MPL podkolanówki *fpl*
Kniff M *fig* chwyt *m*, fortel *m*
knipsen *umg Fahrkarte* ⟨prze⟩dziurkować; FOTO pstrykać ⟨-knąć⟩
Knirps M malec *m*, brzdąc *m*
knirschen *Sand* chrzęścić; skrzypieć; *mit den Zähnen* zgrzytać
knistern szeleścić
knitterfrei niegniotący się **knittern** ⟨z⟩miąć (*v/i* się)
Knoblauch M czosnek *m*
Knöchel M kostka *f*
Knochen M kość *f* **Knochenbruch** M złamanie *n* kości **Knochenmark** N szpik *m* kostny
Knödel M knedel *m*
Knolle F bulwa *f*
Knopf M guzik *m* **Knopf-**

druck M naciśnięcie *n* guzika **Knopfloch** N dziurka *f* od guzika
Knorpel M chrząstka *f*
Knospe F pąk *m*, pączek *m*
Knoten M węzeł *m*, supeł *m*; MED guz *m* **Knotenpunkt** M węzeł *m* komunikacyjny
Knowhow N know-how *n*
knüllen ⟨z⟩miąć **Knüller** *umg* M przebój *m*
Knüppel M kij *m*, pałka *f*
knurren warczeć; *Magen* burczeć
knusprig chrupiący
knutschen *umg* obściskiwać się
Koch M kucharz *m* **Kochbuch** N książka *f* kucharska **kochen** ⟨u⟩gotować (*v/i* się)
Köchin F kucharka *f*
Kochnische F aneks *m* kuchenny **Kochrezept** N przepis *m* kucharski **Kochtopf** M garnek *m*
Kode M kod *m*
Köder M przynęta *f*
koffeinfrei bezkofeinowy
Koffer M walizka *f* **Kofferraum** M bagażnik *m*
Kognak M koniak *m*
Kohl M kapusta *f*
Kohle F węgiel *m*
Kohlendioxyd N dwutlenek *m* węgla **Kohlengrube** F kopalnia *f* węgla **Kohlenhydrat** N węglowodan *m* **Kohlensäure** F kwas *m* węglowy **Kohlenstoff** M CHEM węgiel *m* **Kohlenwasserstoff** M węglowodór *m*
Kohlrabi M kalarepa *f* **Kohlroulade** F gołąbek *m* **Kohlrübe** F brukiew *f*
Kokain N kokaina *f*
Kokerei F koksownia *f*
Kokosnuss F orzech *m* kokosowy
Koks M koks *m*
Kolben M kolba *f*; TECH tłok *m*
Kolik F kolka *f*
Kolleg N wykład *m* **Kollege** M kolega *m* **Kollegin** F koleżanka *f*
Kollektion F kolekcja *f*
Köln N Kolonia *f*
Kolonne F kolumna *f*
Koma N śpiączka *f*
Kombi M kombi *m*
Kombination F kombinacja *f* **kombinieren** ⟨s⟩kombinować, ⟨po⟩łączyć
komfortabel komfortowy (-wo)
Komiker(in) M(F) komik *m* **komisch** komiczny; (*seltsam*) dziwny
Komma N przecinek *m*
Kommando N dowództwo *n*; (*Befehl*) komenda *f*
kommen nadchodzić ⟨nadejść⟩, przychodzić ⟨przyjść⟩; *fig a.* zbliżać się; (*fahrend*) nadjeżdżać ⟨-jechać⟩, przyjeżdżać ⟨-jechać⟩; wchodzić ⟨wejść⟩ (**in** *akk* do *gen*)
Kommentar M komentarz *m*

kommerziell komercyjny
Kommilitone M kolega *m* ze studiów **Kommilitonin** F koleżanka *f* ze studiów
Kommissar(in) M(F) komisarz *m*
Kommission F komisja *f*
Kommunikation F komunikacja *f*
Kommunion F komunia *f*
Kommunismus M komunizm *m* **kommunistisch** komunistyczny
Komödie F komedia *f*
Kompagnon M wspólnik *m*, wspólniczka *f*
Kompass M kompas *m*
komplett kompletny
Kompliment N komplement *m*
Komplize M współsprawca *m*, pomocnik *m* przestępcy
kompliziert skomplikowany
Komplizin F współsprawczyni *f*, pomocnica *f* przestępcy
Komplott N spisek *m*, zmowa *f*
Komponist(in) M(F) kompozytor(ka) *m(f)*
Kompost M kompost *m* **Komposthaufen** M pryzma *f* kompostowa
Kompott N kompot *m*
Kompresse F kompres *m*
Kompromiss M kompromis *m*
Kondensmilch F mleko *n* skondensowane
Kondition F kondycja *f*
Konditor(in) M(F) cukiernik *m* **Konditorei** F cukiernia *f*
Kondom N kondom *m*
Konfektion F konfekcja *f* **Konfektionsgröße** F rozmiar *m* odzieży
Konferenz F konferencja *f*
Konfession F wyznanie *n*, religia *f*
Konfirmation F konfirmacja *f*
konfiszieren ⟨s⟩konfiskować
Konfitüre F konfitury *fpl*
Konflikt M konflikt *m*
konfus zmieszany
Kongress M kongres *m*
König(in) M(F) król(owa) *m(f)* **Königreich** N królestwo *n*
Konkurrenz F konkurencja *f*
können móc; umieć; **ich kann (nicht)** (nie) mogę; **man kann** można; **es kann sein** może być; **er kann Deutsch** on zna niemiecki
konsequent konsekwentny
konservativ konserwatywny
Konserve F konserwa *f* **Konservendose** F puszka *f* do konserw
Konsonant M spółgłoska *f*
Konsul(in) M(F) konsul *m* **Konsulat** N konsulat *m*
Konsum M konsumpcja *f* **Konsument(in)** M(F) konsument(ka) *m(f)*
Kontakt M kontakt *m* **Kontaktlinse** F szkło *n* kontaktowe, soczewka *f* kontaktowa
Konto N konto *n*, rachunek *m* **Kontoauszug** M wyciąg *m* z

konta **Kontoinhaber(in)** M(F) właściciel(ka) *m(f)* konta **Kontonummer** F numer *m* konta
Kontrolle F kontrola *f* **kontrollieren** ⟨s⟩kontrolować
Konzentration F koncentracja *f* **Konzentrationslager** N obóz *m* koncentracyjny
konzentrieren ⟨s⟩koncentrować (**sich** się)
Konzept N koncepcja *f*, projekt *m*
Konzert N koncert *m* **Konzertsaal** N sala *f* koncertowa
Konzession F koncesja *f*
koordinieren koordynować
Kopf M głowa *f*; (*Nagelkopf*) główka *f* **Kopfbedeckung** F nakrycie *n* głowy **Kopfhörer** M słuchawka *f* **Kopfkissen** N poduszka *f* **Kopfsalat** M sałata *f* głowiasta **Kopfschmerzen** F ból *m* głowy **Kopftuch** N chustka *f* na głowę
Kopie F kopia *f* **kopieren** ⟨s⟩kopiować **Kopierer** M kopiarka *f*
Koralle F koral *m*
Koran M Koran *m*
Korb M kosz *m*, koszyk *m* **Korbball** M koszykówka *f* **Korbwaren** FPL wyroby *mpl* koszykarskie
Korken M korek *m* **Korkenzieher** M korkociąg *m*
Korn[1] M wódka *f* żytnia
Korn[2] N ziarno *n*, ziarnko *n*; (*Getreide*) zboże *n* **Kornblume** F bławatek *m*
körnig ziarnisty (-ście)
Körper M ciało *n* **körperbehindert** niepełnosprawny
Körpergeruch M zapach *m* ciała **Körpergröße** F wzrost *m* **Körperpflege** F higiena osobista **Körperteil** M część *f* ciała **Körperverletzung** F uraz *m* ciała
korrekt poprawny
Korrespondent(in) M(F) korespondent(ka) *m(f)* **Korrespondenz** F korespondencja *f*
Korridor M korytarz *m*
korrigieren ⟨s⟩korygować
Korruption F korupcja *f*
Kosmetik F kosmetyka *f* **Kosmetiksalon** M salon *m* kosmetyczny
kosmisch kosmiczny
Kost F pożywienie *n*, wikt *m*
kostbar kosztowny
kosten V/T *Speise* ⟨s⟩kosztować; V/I kosztować; **was kostet ...?** ile kosztuje ...?
Kosten PL koszt *m*, koszty *pl* **kostenlos** bezpłatny **kostenpflichtig** płatny **Kostenvoranschlag** M kosztorys *m*
köstlich wyborny
kostspielig kosztowny
Kostüm N kostium *m*
Kot M błoto *n*; (*Exkremente*) kał *m*
Kotelett N kotlet *m*
Kotflügel M błotnik *m*
kotzen *pop* rzygać

Krach M trzask *m*, hałas *m*, łoskot *m*; (*Streit*) awantura *f*; **~ machen** hałasować **krachen** trzeszczeć; huknąć *pf*; trzaskać ⟨-snąć⟩
Kraft F siła *f*, moc *f*; **in ~ treten** wejść w życie **Kraftfahrer(in)** M(F) kierowca *m* **Kraftfahrzeug** N samochód *m*, pojazd *m* mechaniczny **Kraftfahrzeugversicherung** F ubezpieczenie *n* pojazdu
kräftig silny, mocny
Kraftstoff M paliwo *n* silnikowe
Kragen M kołnierz(yk) *m*
Krähe F wrona *f*
Kralle F szpon *m*, pazur *m*; (*Lenkradkralle*) blokada *f* na kierownicę
Kram M rupiecie *mpl*
Krampf M kurcz *m*, spazm *m* **Krampfader** F żylak *m* **krampfhaft** kurczowy (-wo)
Kran M dźwig *m*, żuraw *m*
Kranich M ZOOL żuraw *m*
krank chory; **~ sein** być chorym; **~ werden** zachorować *pf* **Kranke** F chora *f* **Kranke(r)** M chory *m*
kränken dotykać ⟨-tknąć⟩, urażać ⟨-zić⟩
Krankengeld N zasiłek *m* chorobowy **Krankengymnastik** F gimnastyka *f* lecznicza **Krankenhaus** N szpital *m* **Krankenkasse** F kasa *f* chorych **Krankenpfleger(in)** M(F) pielęgniarz *m*, pielęgniarka *f* **Krankenschein** M książeczka *f* zdrowia **Krankenschwester** F pielęgniarka *f* **Krankenversicherung** F ubezpieczenie *n* zdrowotne **Krankenwagen** M karetka *f* pogotowia
krankhaft chorobliwy (-wie)
Krankheit F choroba *f*
Kränkung F zniewaga *f*, obraza *f*
Kranz M wieniec *m*, wianek *m*
Krapfen M pączek *m*
krass jaskrawy (-wo)
kratzen ⟨po⟩drapać; (*schaben*) skrobać **Kratzer** M zadrapanie *n*
Kraut N ziele *n*
Kräuterbutter F masło *n* ziołowe **Kräutertee** M herbata *f* ziołowa
Krawall M awantura *f*, burda *f*
Krawatte F krawat *m*
Krebs M ZOOL, MED rak *m*
Kredit M kredyt *m* **Kreditkarte** F karta *f* kredytowa
Kreide F kreda *f*
Kreis M koło *n*; *fig* grono *n*; *Gebiet* okręg *m*, powiat *m*
kreischen piszczeć ⟨-snąć⟩
Kreisel M bąk *m*
Kreislauf M *Blut* krążenie *n* **Kreislaufkollaps** M zapaść *f* **Kreislaufstörung** F zaburzenia *npl* krążenia
Kreisstadt F miasto *n* okręgowe, miasto *n* powiatowe
Kreisverkehr M ruch *m* okrężny

krepieren *umg Tier* zdychać ⟨zdechnąć⟩

Kreuz N krzyż *m*; *Karte* trefl *m* **kreuzen** ⟨s⟩krzyżować (**sich** się) **Kreuzfahrt** F rejs *m* statkiem **Kreuzotter** F żmija *f* zygzakowata **Kreuzung** F *Straße* skrzyżowanie *n* **Kreuzworträtsel** N krzyżówka *f*

kriechen pełzać, czołgać się **Kriechtier** N gad *m*

Krieg M wojna *f*

kriegen *umg* dostawać ⟨-tać⟩

Kriegsfolgen FPL skutki *mpl* wojny **Kriegsgefangene(r)** M jeniec *m* **Kriegsverbrecher** M zbrodniarz *m* wojenny

Krimi M kryminał *m* **Kriminalität** F przestępczość *f* **Kriminalpolizei** F policja *f* kryminalna

kriminell przestępczy, kryminalny

Krippe F żłób *m*; (*Kinderkrippe*) żłobek *m*

Krise F kryzys *m*

Kristallglas N szkło *n* kryształowe

Kritik F krytyka *f* **Kritiker(in)** M(F) krytyk *m*

kritisch krytyczny **kritisieren** ⟨s⟩krytykować

Kroate M Chorwat *m* **Kroatien** N Chorwacja *f* **Kroatin** F Chorwatka *f* **kroatisch** chorwacki (po -ku)

Krokodil N krokodyl *m*

Krone F korona *f* **krönen** ⟨u⟩koronować

Kronleuchter M żyrandol *m*

Krönung F koronacja *f*

Kröte F ropucha *f*

Krücke F kula *f*; **an Krücken gehen** chodzić o kulach

Krug M dzban *m*, dzbanek *m*

Krümel M okruszyna *f*, okruszek *m*

krumm krzywy (-wo); **~ werden** ⟨wy⟩krzywić się

krümmen ⟨za⟩krzywić; **sich ~** wić się (**vor** *dat* z *gen*)

Krüppel M kaleka *m u. f*

Kruste F skorupa *f*; (*Brotkruste*) skórka *f*

Kuba N Kuba *f* **kubanisch** kubański

Kübel M kubeł *m*

Kubikmeter M *od* N metr *m* sześcienny **Kubus** M sześcian *m*

Küche F kuchnia *f*

Kuchen M ciasto *n*

Küchenchef M szef *m* kuchni **Küchenhilfe** F pomoc *f* kuchenna **Küchenschrank** M szafa *f* kuchenna

Kuckuck M kukułka *f*

Kufe F płoza *f*

Kugel F kula *f* **kugelförmig** kulisty **Kugellager** N łożysko *n* kulkowe **Kugelschreiber** M długopis *m* **Kugelstoßen** N pchnięcie *n* kulą

Kuh F krowa *f*

kühl chłodny (-no) **Kühlbox** F lodówka *f* turystyczna **Kühle** F chłód *m* **kühlen** ⟨o⟩chłodzić **Kühler** M chłodnica *f*

Kühlschrank M lodówka *f* **Kühltasche** F torba *f* termoizolacyjna **Kühltruhe** F zamrażarka *f* **Kühlung** F chłodzenie *n* **Kühlwasser** N AUTO płyn *m* chłodniczy
Kuhstall M obora *f*
Küken N pisklę *n*
Kultur F kultura *f* **kulturell** kulturalny **Kulturtasche** F torba *f* na przybory toaletowe, kosmetyczka *f*
Kultusministerium N ministerstwo *n* oświaty
Kümmel M kminek *m*
Kummer M zmartwienie *n*
kümmern: **sich** ~ troszczyć się (**um** *akk* o *akk*)
Kunde M klient *m*
Kundenberatung F poradnictwo *n* dla klientów **Kundendienst** M serwis *m*, obsługa *f* klientów **Kundenkarte** F karta *f* klienta **Kundennummer** F numer *m* klienta
Kundgebung F manifestacja *f*
kündigen wypowiadać ⟨-wiedzieć⟩ **Kündigung** F wypowiedzenie *n*, wymówienie *n* **Kündigungsschutz** M ochrona *f* przed wypowiedzeniem
Kundin F klientka *f* **Kundschaft** F klientela *f*
künftig przyszły; na przyszłość
Kunst F sztuka *f* **Kunstausstellung** F wystawa *f* dzieł sztuki **Kunstdünger** M nawóz *m* sztuczny **Kunstfaser** F włókno *n* syntetyczne **Kunstgewerbe** N rzemiosło *n* artystyczne **Kunsthandel** M handel *m* dziełami sztuki **Kunstleder** M imitacja *f* skóry
Künstler(in) M(F) artysta *m*, artystka *f* **künstlerisch** artystyczny
künstlich sztuczny
Kunstsammlung F zbiór *m* dzieł sztuki **Kunststoff** M tworzywo *n* sztuczne **Kunststück** N sztuczka *f*, wyczyn *m* **Kunstwerk** N dzieło *n* sztuki
Kupfer N miedź *f* **Kupfer-** miedziany **Kupferstich** M miedzioryt *m*
Kuppel F kopuła *f*
kuppeln AUTO sprzęgać ⟨sprząc⟩ **Kupplung** F AUTO sprzęgło *n*
Kur F kuracja *f*; **eine ~ machen** przechodzić kurację
Kurbel F korba *f* **Kurbelwelle** F wał *m* korbowy
Kürbis M dynia *f*
Kurgast M kuracjusz(ka) *m(f)*
Kurierdienst M serwis *m* kurierski
Kurort M uzdrowisko *n*
Kurpfuscher(in) M(F) znachor(ka) *m(f)*
Kurs M kurs *m* **Kursbuch** N rozkład *m* jazdy
Kursleiter(in) M(F) prowadzący *m* kurs, prowadząca *f* kurs

Kursteilnehmer(in) M(F) uczestnik *m* kursu, uczestniczka *f* kursu
Kurtaxe F opłata *f* uzdrowiskowa
Kurve F zakręt *m*; MATH krzywa *f* **kurvenreich** kręty
kurz krótki (-ko); **vor Kurzem** niedawno; **seit Kurzem** od niedawna; **~ nach** zaraz po
Kurzarbeit F praca *f* w niepełnym wymiarze godzin
Kürze F krótkość *f*; *fig* zwięzłość *f*; **in ~** wkrótce **kürzen** skracać ⟨skrócić⟩
Kurzfilm M film *m* krótkometrażowy **kurzfristig** krótkoterminowy
kürzlich niedawno
Kurznachrichten FPL skrót *m* wiadomości **Kurzschluss** M zwarcie *n*, krótkie spięcie *n* **Kurzsichtige** F krótkowidz *m* **Kurzsichtige(r)** M krótkowidz *m* **Kurzurlaub** M krótki urlop *m* **Kurzwellen** FPL fale *fpl* krótkie
Kusine F kuzynka *f*
Kuss M pocałunek *m* **küssen** ⟨po⟩całować (**sich** się)
Küste F wybrzeże *n* **Küstenwache** F straż *f* przybrzeżna
Küster M kościelny *m*
Kutte F habit *m*
Kutteln FPL flaki *mpl*
Kuvert N koperta *f*

L

Labor N laboratorium *n*
Lache F kałuża *f*
lächeln uśmiechać ⟨-chnąć⟩ się **Lächeln** N uśmiech *m*
lachen śmiać się (**über** *akk* z *gen*) **Lachen** N śmiech *m*
lächerlich śmieszny; **~ machen** ośmieszać ⟨-szyć⟩ (**sich** się)
Lachs M łosoś *m* **Lachsschinken** M polędwica *f* wędzona
Lack M lakier *m* **lackieren** ⟨po⟩lakierować **Lackschaden** M uszkodzenie *n* lakieru
Ladegerät N ładowarka *f*
laden ładować; *Waffe* nabijać ⟨-ić⟩
Laden M sklep *m* **Ladendieb(in)** M(F) złodziej *m* sklepowy, złodziejka *f* sklepowa
Ladendiebstahl F kradzież *f* sklepowa
Ladung F ładunek *m*
Lage F położenie *n*, stan *m*; (*Schicht*) warstwa *f*; **in der ~ sein** być w stanie
Lager N obóz *m*; HANDEL skład *m*, magazyn *m*; TECH łożysko *n* **Lagerfeuer** N ognisko *n* **lagern** V/T ⟨z⟩magazynować; przechowywać; V/I obozować

lahm kulawy
lähmen ⟨s⟩paraliżować **Lähmung** F porażenie *n*, paraliż *m*
Laib M bochenek *m*, bochen *m*
Laich M ikra *f*
Laie M laik *m*
Laken N prześcieradło *n*
Lakritze F lukrecja *f*
lallen bełkotać
Lamm N jagnię *n*, baranek *m* **Lammbraten** M pieczeń *f* jagnięca
Lampe F lampa *f*
Lampenfieber N trema *f* **Lampenschirm** M abażur *m*
Land N kraj *m*; (*Festland*) ląd *m*; (*Acker*) ziemia *f*
Landebahn F pas *m* lądowania **landen** ⟨wy⟩lądować
Landenge F przesmyk *m*
Länderspiel N mecz *m* międzypaństwowy
Landesgrenze F granica *f* państwa
Landgericht N sąd *m* okręgowy **Landhaus** N dworek *m* **Landkarte** F mapa *f* **Landkreis** M powiat *m*, okręg *m*
ländlich wiejski, sielski
Landschaft F krajobraz *m*, pejzaż *m*
Landstraße F szosa *f*; droga *f* lokalna
Landung F lądowanie *n*
Landwirt(in) M(F) rolnik *m*, rolniczka *f* **Landwirtschaft** F rolnictwo *n*; *Besitz* gospodarstwo *n* rolne **landwirtschaftlich** rolniczy, rolny
lang długi (-go); **zwei Meter ~** długi na dwa metry; **drei Tage ~** przez trzy dni
lange *zeitlich* długi (-go); **wie ~?** jak długo?; **seit Langem** od dawna
Länge długość *f* **Längengrad** M stopień *m* długości geograficznej
länger dłuższy (-żej)
Langeweile F nuda *f*
langfristig długoterminowy **langjährig** długoletni
länglich podłużny
längs wzdłuż
langsam powolny (-li); ADV *a.* wolno
längst ADV dawno **längste(r)** najdłuższy; **am ~en** *zeitlich* najdłużej
Langstreckenflug M lot *m* długodystansowy
langweilen nudzić (**sich** się) **langweilig** nudny (-no)
langwierig długotrwały (-le); przewlekły (-le)
Lappen M szmata *f*; ścierka *f*
Laptop M *od* N laptop *m*
Lärche F modrzew *m*
Lärm M hałas *m*, zgiełk *m* **lärmen** hałasować
Laserdrucker M drukarka *f* laserowa
lassen zostawiać ⟨-ić⟩, pozostawiać ⟨-ić⟩; ⟨na⟩kazać; (*erlauben*) pozwalać ⟨-wolić⟩, dawać ⟨dać⟩; **lass das!** przestań!

lässig niedbały (-le)
Last F ciężar *m*; brzemię *n* **lasten** ciążyć **Laster** N nałóg *m*
lästern obmawiać (**über** *akk* *akk*)
lästig uciążliwy (-wie)
Lastkahn M barka *f* **Lastkraftwagen** M samochód *m* ciężarowy, ciężarówka *f* **Lastwagen** M → Lastkraftwagen
Latein N łacina *f* **lateinisch** łaciński (po -ku)
Laterne F latarnia *f*
Latte F listwa *f*
lau letni; *fig* zobojętniały
Laub N listowie *n*, liście *mpl* **Laubbaum** M drzewo *n* liściaste
Laube F altana *f*, altanka *f*
Lauch M warzywo *n* cebulowe; (*Porree*) por *f*
lauern czatować
Lauf M bieg *m*; (*Verlauf*) ciąg *m*, tok *m*, przebieg *m*; (*Gewehrlauf*) lufa *f*; **im Laufe** w ciągu **Laufbahn** F kariera *f*; SPORT bieżnia *f*
laufen biegać, ⟨po⟩biec, ⟨po⟩biegnąć; *Motor* pracować; *Gefäß* przeciekać, ciec **laufend** bieżący; *Nummer* porządkowy
Läufer M SPORT biegacz *m*; chodnik *m*; *Schach* goniec *m*
Läuferin F SPORT biegaczka *f*
Laufwerk N IT stacja *f* dysków
Laufzeit F SPORT, TECH czas *m* biegu; okres *m* ważności
Laufzettel M karta *f* obiegowa
Laune F humor *m*; kaprys *m*
launisch kapryśny
Laus F wesz *f*
lauschen słuchać; *heimlich* podsłuchiwać ⟨-chać⟩
laut[1] głośny (-no), donośny
laut[2] PRÄP (*gen*) według (*gen*), zgodnie z (*inst*)
Laut M dźwięk *m*; GRAM głoska *f*
lauten brzmieć
läuten ⟨za⟩dzwonić
lauter (*rein*) czysty; (*nichts als*) sam, sama, samo; PL same, sami
Lautsprecher M głośnik *m* **Lautstärke** F głośność *f*
lauwarm letni
Lawine F lawina *f*
Lazarett N lazaret *m*, szpital *m* wojskowy
leasen brać ⟨wziąć⟩ w leasing **Leasing** N leasing *m*
leben żyć; **lebe wohl!** bądź zdrów!, żegnaj! **Leben** N życie *n* **lebendig** żywy; ADV żywcem
Lebensalter N wiek *m* **Lebenserfahrung** F doświadczenie *n* życiowe **Lebensgefahr** F zagrożenie *n* życia **lebensgefährlich** zagrażający życiu **Lebensgefährte** M towarzysz *m* życia **Lebensgefährtin** F towarzyszka *f* życia **Lebenshaltungskosten** PL koszty *mpl* utrzymania
lebenslänglich dożywotni

Lebenslauf M życiorys *m* **Lebensmittel** NPL artykuły *mpl* żywnościowe **Lebensmittelgeschäft** N sklep *m* spożywczy **Lebensstandard** M stopa *f* życiowa **Lebensunterhalt** M utrzymanie *n* **Lebensversicherung** F ubezpieczenie *n* na życie
Leber F wątroba *f*; GASTR wątróbka *f* **Leberfleck** M plama *f* wątrobowa **Leberwurst** F pasztetowa *f*, wątrobianka *f*
Lebewesen N istota *f* żyjąca
lebhaft żywy (-wo); ożywiony; *Kind* ruchliwy (-wie)
Lebkuchen M piernik *m*
leblos bez życia
Leck N przeciek *m*
lecken V/T *Eis* lizać; V/I przeciekać
lecker smaczny **Leckerbissen** M smakołyk *m*
Leder N skóra *f* **ledern** skórzany **Lederwaren** FPL wyroby *mpl* skórzane
ledig *Mann* nieżonaty; *Frau* niezamężna
leer pusty (-to), próżny **Leere** F pustka *f* **leeren** opróżniać ⟨-ić⟩ (**sich** się) **Leerlauf** M bieg *m* jałowy
legal legalny
legen kłaść ⟨położyć⟩ (**sich** się); *Eier* znosić ⟨znieść⟩
Legierung F stop *m*
Lehm M glina *f*
Lehne F poręcz *f*, oparcie *n*
lehnen opierać ⟨oprzeć⟩ (**sich** się)
Lehrbuch N podręcznik *m*
Lehre F nauka *f*; *fig* nauczka *f*
lehren V/T uczyć (*akk gen*); wykładać (**an** *dat* na *lok*)
Lehrer(in) M(F) nauczyciel(ka) *m(f)* **Lehrfach** N przedmiot *m* nauczania **Lehrgang** M kurs *m* **Lehrling** M uczeń *m*, uczennica *f*, praktykant(ka) *m(f)* **Lehrplan** M program *m* nauczania **Lehrstelle** F miejsce *n* dla uczącego się zawodu
Leibesvisitation F rewizja *f* osobista
leiblich cielesny; *Bruder* rodzony
Leibwächter(in) M(F) straż *f* przyboczna
Leiche F trup *m*, zwłoki *pl* **Leichenhalle** F kostnica *f* **Leichenwagen** M karawan *m*
leicht lekki (-ko); (*mühelos*) łatwy (-wo)
Leichtathlet(in) M(F) lekkoatleta *m* (-tka *f*) **Leichtathletik** F lekkoatletyka *f*
leichter lżejszy (lżej); łatwiejszy (łatwiej) **leichtfertig** lekkomyślny **leichtgläubig** łatwowierny **leichtsinnig** lekkomyślny
Leid N ból *m*, cierpienie *n*
leiden znosić ⟨znieść⟩, doznawać ⟨-nać⟩; cierpieć (**an** *dat* na *akk*); **ich kann ihn nicht ~** nie cierpię go **Leiden** N cierpie-

nie *n*; choroba *f* **leidend** cierpiący
Leidenschaft F namiętność *f* **leidenschaftlich** namiętny
leider niestety **leidlich** znośny
leidtun: **es tut mir leid** przykro mi; **er tut mir leid** żal mi go
Leihbücherei F wypożyczalnia *f* książek **leihen** ⟨wy⟩pożyczać ⟨-czyć⟩ **Leihgebühr** F opłata *f* za wypożyczenie **Leihhaus** N lombard *m* **Leihwagen** M wynajęty samochód *m* **leihweise** tytułem pożyczki
Leim M klej *m* **leimen** ⟨s⟩kleić
Lein M len *m*
Leine F linka *f*; sznur *m*; (*Hundeleine*) smycz *f*
leinen lniany **Leinen** N płótno *n*; len *m* **Leinsamen** M siemię *n* lniane **Leinwand** F *Kino* ekran *m*
Leipzig N Lipsk *m*
leise cichy (-cho); *Schlaf* lekki (-ko)
Leiste F listwa *f*; ANAT pachwina *f*
leisten dokonywać ⟨-nać⟩; *Eid* składać ⟨złożyć⟩; *Hilfe* udzielać ⟨-lić⟩; **sich ~** pozwalać ⟨-wolić⟩ sobie (*akk* na *akk*)
Leistenbruch M MED przepuklina *f* pachwinowa
Leistung F osiągnięcie *n*; *Geld, Sache* świadczenie *n*; *Schule* wyniki *mpl*; TECH wydajność *f*; *Motor* moc *f* **Leistungssport** M sport *m* wyczynowy
Leitartikel M artykuł *m* wstępny
leiten V/T kierować (*akk inst*); prowadzić (*akk*)
Leiter[1] M ELEK przewodnik *m*; *pers* kierownik *m*
Leiter[2] F drabina *f*
Leitfaden M zarys *m*, kompendium *n* **Leitplanke** F poręcz *f* drogowa **Leitung** F kierownictwo *n*; ELEK przewód *m*; TEL linia *f* **Leitungswasser** N woda *f* z wodociągu, woda *f* bieżąca
Lektion F lekcja *f*
Lektüre F Lektüre *f*
Lendenbraten M pieczeń *f* z polędwicy
lenken V/T ⟨s⟩kierować; *Fahrzeug* kierować (*akk inst*), prowadzić (*akk*) **Lenkrad** N kierownica *f* **Lenkradschloss** N blokada *f* kierownicy
Leopard M lampart *m*
Lerche F skowronek *m*
lernen ⟨na⟩uczyć się (*akk gen*)
lesbar czytelny
lesbisch lesbijski
lesen ⟨prze⟩czytać **Lesen** N czytanie *n* **Leser(in)** M(F) czytelnik *m*, czytelniczka *f* **Lesezeichen** N zakładka *f* do książki
lettisch łotewski (po -ku) **Lettland** N Łotwa *f*

letzte(r) ostatni; **letzte Woche** w ubiegłym tygodniu; **bis zum Letzten** do ostatka **letztens** ostatnio
leuchten świecić **Leuchtreklame** F reklama *f* świetlna **Leuchtstoffröhre** F świetlówka *f* **Leuchtturm** M latarnia *f* morska
leugnen V/T zaprzeczać ⟨-czyć⟩ (*akk dat*); wypierać ⟨wyprzeć⟩ się (*gen*)
Leukämie F białaczka *f*
Leute PL ludzie *pl*
Leutnant M podporucznik *m*
Lexikon N leksykon *m*
Libelle F ważka *f*
liberal liberalny
licht jasny (-no); *Wald, Haar* rzadki (-ko)
Licht N światło *n* **lichtempfindlich** światłoczuły
lichten *Anker* podnosić ⟨-nieść⟩
Lichthupe F sygnał *m* świetlny **Lichtmaschine** F AUTO prądnica *f* **Lichtschalter** M wyłącznik *m* światła **Lichtschranke** F zapora *f* świetlna (fotokomórkowa) **Lichtschutzfaktor** M współczynnik *m* ochrony przeciwsłonecznej
Lichtung F polana *f*
Lid N powieka *f* **Lidschatten** M cień *m* do powiek
lieb miły (-le); (*geliebt*) kochany; **~ gewinnen** polubić *pf* **Liebe** F miłość *f* **lieben** kochać; **ich liebe dich** kocham cię
liebenswürdig uprzejmy (-mie) **Liebenswürdigkeit** F uprzejmość *f*
lieber raczej, chętniej; **ich trinke** *usw* **~ ...** wolę ...
Liebesbrief M list *m* miłosny **Liebeskummer** M zawód *m* miłosny **Liebespaar** N para *f* zakochanych
liebevoll czuły (-le) **Liebhaber(in)** M(F) kochanek *m*, kochanka *f*; (*Fan*) miłośnik *m*, miłośniczka *f*, amator(ka) *m(f)*
lieblich *Geschmack* przyjemny
Liebling M ulubieniec *m*; *Anrede* kochanie *n* **Lieblings-** ulubiony
Lied N pieśń *f*, piosenka *f*
liederlich niedbały (-le)
Lieferant M dostawca *m* **lieferbar**: **~ sein** być na składzie, być dostępnym **liefern** dostarczać ⟨-czyć⟩ **Lieferschein** M potwierdzenie *n* dostawy **Lieferung** F dostawa *f*
Liege F leżanka *f*
liegen leżeć; znajdować się; **~ lassen** zostawiać ⟨-ić⟩
Liegestuhl M leżak *m* **Liegestütz** M SPORT pompka *f* **Liegewagen** M BAHN kuszetka *f*
Lift M winda *f*
Liga F SPORT liga *f*
Likör M likier *m*
lila lila, liliowy (-wo)
Lilie F lilia *f*
Linde F lipa *f*

lindern ⟨z⟩łagodzić, uśmierzać ⟨-rzyć⟩ **Linderung** F uśmierzenie *n*; ulga *f*
Lineal N linijka *f*, liniał *m*
Linie F linia *f*
Linienflug M lot *m* rejsowy **Linienrichter** M sędzia *m* liniowy **Linienverkehr** M regularny ruch *m* na trasie
liniert w linie **liniiert** → liniert
linke(r) lewy **Linke** F POL lewica *f*
links po lewej (stronie); **von ~** z lewej (strony); **nach ~** na lewo, w lewo
Linkshänder(in) M(F) mańkut *m*
Linse F soczewica *f*; FOTO soczewka *f*
Lippe F warga *f* **Lippenstift** M pomadka *f* do ust
lispeln seplenić
List F chytrość *f*; *konkret* podstęp *m*
Liste F lista *f*, spis *m*
listig chytry (-rze)
Litauen N Litwa *f* **Litauer(in)** M(F) Litwin(ka) *m(f)* **litauisch** litewski (po -ku)
Liter M *od* N litr *m*
literarisch → Literatur-
Literatur F literatura *f* **Literatur-** literacki
Litfaßsäule F słup *m* ogłoszeniowy
live live, na żywo
Lizenz F licencja *f*
Lkw M samochód *m* ciężarowy
Lob N pochwała *f* **loben** ⟨po⟩chwalić **lobenswert** chwalebny, godny pochwały
Loch N dziura *f*; (*Erdloch*) jama *f*, dół *m* **lochen** dziurkować **Locher** M dziurkacz *m*
löcherig dziurawy
Locke F lok *m*, kędzior *m*
locken zwabiać ⟨-ić⟩
Lockenwickel M wałek *m* do włosów
locker luźny (-no); *Sand* sypki; *Boden* pulchny; *Zahn* chwiejący się **lockern** rozluźniać ⟨-ić⟩ (**sich** się); *Boden* spulchniać ⟨-ić⟩
lockig kędzierzawy, kręcony
lodern płonąć
Löffel M łyżka *f*
Loge F loża *f*
logisch logiczny
Lohn M płaca *f*; *fig* nagroda *f*
lohnen: **sich ~** opłacać się; **das lohnt sich nicht** to się nie opłaca **lohnend** opłacalny, zyskowny
Lohnerhöhung F podwyżka *f* płac(y) **Lohnsteuer** F podatek *m* od wynagrodzenia
lokal miejscowy
Lokal N lokal *m*
Lokführer(in) M(F) maszynista *m* **Lokomotive** F lokomotywa *f*
Lorbeer M laur *m* **Lorbeerblatt** N liść *m* laurowy
los: **~!** naprzód!; **was ist ~?** co się dzieje?, co się stało?
Los N los *m*

osbinden odwiązywać ⟨-zać⟩ **öschen¹** ⟨z⟩gasić; *Tonträger* ⟨s⟩kasować **öschen²** SCHIFF wyładowywać ⟨-ować⟩ **.öschgerät** N sprzęt *m* gaśniczy **Löschkalk** M wapno *n* gaszone **ose** luźny (-no); *Ware* luzem **.ösegeld** N okup *m* **osen** losować **ösen** *Knoten, Vertrag usw* rozwiązywać ⟨-zać⟩; *Fahrkarte* kupować ⟨kupić⟩ **osfahren** wyjeżdżać ⟨-echać⟩, ⟨wy⟩ruszać ⟨-yć⟩ w drogę **losgehen** wychodzić ⟨wyjść⟩, wyruszać ⟨-szyć⟩; **es geht los** zaczyna się **loslassen** wypuszczać ⟨-ścić⟩ **öslich** rozpuszczalny **oslösen**: **sich ~** odłączać ⟨-czyć⟩ się **losreißen** odrywać ⟨oderwać⟩ (**sich** się) **Losung** F hasło *n* **Lösung** F rozwiązanie *n*; CHEM roztwór *m* **loswerden** pozbywać ⟨-być⟩ się; (*verkaufen*) sprzedawać ⟨-dać⟩; (*verlieren*) ⟨z⟩gubić **Lot** N *Metall* lut *m*; (*Senklot*) pion *m* **löten** lutować **Lötkolben** M lutownica *f* **Lotse** M SCHIFF pilot *m* **Lotsin** F SCHIFF pilot *m* **Lotterie** F loteria *f* **Lotto** N totolotek *m* **Lottoschein** M kupon *m* totolotka

Löwe M lew *m* **Löwin** F lwica *f* **Luchs** M ryś *m* **Lücke** F luka *f* **lückenhaft** niepełny, niekompletny **lückenlos** kompletny **Luft** F powietrze *n* **Luftballon** M balon *m* **luftdicht** hermetyczny **Luftdruck** M ciśnienie *n* powietrza **lüften** wietrzyć **Lüfter** M wentylator *m* **Luftfahrt** F lotnictwo *n* **Luftfeuchtigkeit** F wilgotność *f* powietrza **Luftfilter** M filtr *m* powietrza **luftig** przewiewny **Luftmatratze** F materac *m* nadmuchiwany **Luftpost** F poczta *f* lotnicza **Luftpumpe** F pompa *f* próżniowa **Luftröhre** F ANAT tchawica *f* **Lüftung** F wentylacja *f* **Luftverkehr** M komunikacja *f* lotnicza **Luftverschmutzung** F zanieczyszczenie *n* powietrza **Luftwaffe** F lotnictwo *n* wojskowe **Luftzug** M przeciąg *m* **Lüge** F kłamstwo *n* **lügen** ⟨s⟩kłamać **Lügner(in)** M(F) kłamca *m*, kłamczucha *f* **Luke** F właz *m*; SCHIFF luk *m* **Lumpen** M gałgan *m*, szmata *f* **Lunge** F płuco *n* **Lungenentzündung** F zapalenie *n* płuc **Lungenkrebs** M rak *m* płuc **Lupe** F lupa *f* **Lust** F ochota *f*, chęć *f*; roz-

kosz *f*; ~ **haben** mieć ochotę (**auf** *akk* na *akk*); **ich habe keine** ~ nie mam ochoty
lustig wesoły (-ło); **sich ~ machen** wyśmiewać się (**über** *akk* z *gen*)
Lustspiel N komedia *f*
lutschen ssać, lizać **Lutscher** M lizak *m*
luxuriös luksusowy (-wo)
Luxus M luksus *m*
Lymphdrüse F węzeł *m* chłonny **Lymphe** F chłonka *f*
Lymphknoten M → Lymphdrüse
Lyrik F liryka *f***machbar** realny, możliwy

M

machen ⟨z⟩robić; *Reise* odbywać ⟨-yć⟩; **wie viel macht das?** ile to wynosi?; **das macht nichts!** nie szkodzi!
Macht F siła *f*, moc *f*; władza *f*; (*Staat*) mocarstwo *n*
mächtig potężny
machtlos bezsilny
Mädchen N *klein* dziewczynka *f*; dziewczyna *f* **Mädchenname** M imię *n* żeńskie; (*Geburtsname*) nazwisko *n* panieńskie
Made F czerw *m*
Magen M żołądek *m* **Magen-Darm-Infektion** F infekcja *f* żołądkowo-jelitowa **Magengeschwür** N wrzód *m* żołądka **Magenschmerzen** MPL bóle *mpl* żołądka
mager chudy (-do) **Magermilch** F mleko *n* odtłuszczone **magersüchtig** chory na anoreksję
Magnet M magnes *m* **magnetisch** magnetyczny
Mahagoni N mahoń *m*
Mähdrescher M kombajn *m* zbożowy **mähen** ⟨s⟩kosić
mahlen ⟨ze⟩mleć
Mahlzeit F posiłek *m*; **~!** smacznego!
Mähmaschine F kosiarka *f*
Mähne F grzywa *f*
mahnen monitować; przypominać ⟨-mnieć⟩ (**an** *akk dat*) **Mahnung** F upomnienie *n*, monit *m*
Mai M maj *m* **Maiglöckchen** N konwalia *f* **Maikäfer** M chrabąszcz *m*
Mail F mail *m* **Mailbox** F skrzynka *f* mailowa **mailen** mailować
Mais M kukurydza *f* **Maiskolben** M kolba *f* kukurydzy
Majoran M majeranek *m*
Makel M skaza *f* **makellos** nieskazitelny
Make-up N makijaż *m*
Makkaroni PL makaron *m*
Makler(in) M(F) makler *m*, pośrednik *m*, pośredniczka *f*
Maklergebühr F prowizja *f* maklerska

mal raz; **drei ~ zwei** trzy razy dwa
Mal¹ N raz; **das erste ~** po raz pierwszy
Mal² N znamię *n*, znak *n*
malen ⟨na⟩malować **Maler(in)** M(F) malarz *m*, malarka *f* **Malerei** F malarstwo *n*; *konkret* malowidło *n* **malerisch** malowniczy (-czo)
Malz N słód *m* **Malzbier** N piwo *n* słodowe
Mama F mama *f*
man: **~ sagt** mówi się; **~ muss** należy, trzeba; **wie macht ~ das?** jak to się robi?
Management N zarządzanie *n* **managen** zarządzać **Manager(in)** M(F) menadżer *m*, menedżer *m*
manche(r) niejeden, niektóry **manchmal** nieraz, czasem
Mandant(in) M(F) klient(ka) *m(f)* adwokata
Mandarine F mandarynka *f*
Mandel F migdał *m* **Mandelentzündung** F zapalenie *n* migdałków
Mangel¹ F magiel *m*
Mangel² M brak *m*, niedostatek *m*; wada *f*; **aus ~** z braku (**an** *dat gen*) **mangelhaft** wadliwy (-wie); *Zensur* niedostateczny **mangeln**: **es mangelt an** brakuje (*dat gen*)
Manieren PL maniery *pl*
Maniküre F manikiur *m*
Manipulation F manipulacja *f* **manipulieren** manipulować
Manko N manko *n*
Mann M mężczyzna *m*; (*Ehemann*) mąż *m* **Männchen** N ZOOL samiec *m* **Männer-** *in Zssgn* męski
mannigfaltig rozmaity (-cie)
männlich męski (po -ku)
Mannschaft F załoga *f*; SPORT drużyna *f* **Mannschaftssieg** M zwycięstwo *n* drużynowe
Manöver N manewr *m* **manövrieren** manewrować
Mansarde F mansarda *f*
Manschette F mankiet *m*
Manschettenknopf M spinka *f* do mankietów
Mantel M płaszcz *m*
manuell ręczny
Manuskript N rękopis *m*
Mappe F teczka *f*
Maracuja F marakuja *f*
Marathon M maraton *m* **Marathonläufer(in)** M(F) maratończyk *m*
Märchen N baśń *f*, bajka *f* **märchenhaft** bajeczny
Marder M kuna *f*
Margarine F margaryna *f*
Marienkäfer M biedronka *f*
Marine F marynarka *f*
mariniert marynowany
Marionette F marionetka *f*
Mark¹ N BOT rdzeń *m*; (*Knochenmark*) szpik *m*
Mark² F HIST *Geld* marka *f*
Marke F marka *f*; *in der Garderobe* numerek *m*; (*Spielmarke*)

żeton *m* **markieren** ⟨o⟩znakować; zaznaczać ⟨-czyć⟩ **Markierung** F oznakowanie *n*

Markt M targ *m*; rynek *m* **Markthalle** F hala *f* targowa **Marktplatz** M rynek *m* **Marktstand** M stragan *m* **Marktwirtschaft** F gospodarka *f* rynkowa

Marmelade F marmolada *f*

Marmor M marmur *m* **Marmorkuchen** M ciasto *n* marmurkowe

Mars M Mars *m*

Marsch M marsz *m* **marschieren** maszerować

Märtyrer(in) M(F) męczennik *m*, męczennica *f*

März M marzec *m*; **im ~** w marcu

Marzipan N marcepan *m*

Masche F oczko *n*

Maschine F maszyna *f*; **~ schreiben** pisać na maszynie

Maschinenbau M budowa *f* maszyn **Maschinengewehr** N karabin *m* maszynowy

Masern PL MED odra *f*

Maske F maska *f* **Maskenball** M bal *m* maskowy **maskieren** ⟨za⟩maskować

Maskottchen N maskotka *f*

Maß N miara *f*; (*Größe*) rozmiar *m*

Massage F masaż *m*

Masse F masa *f*

Maßeinheit F jednostka *f* miary

Massenartikel M artykuł *m* masowego użytku **massenhaft** masowo **Massenkarambolage** F karambol *m* **Massenmedien** NPL środki *mpl* masowego przekazu

Masseur(in) M(F) masażysta *m*, masażystka *f*

maßgebend miarodajny

maßhalten zachowywać ⟨-ować⟩ umiar

massieren masować

mäßig umiarkowany; mierny **mäßigen**: **sich ~** zachowywać ⟨-ować⟩ umiar; zmniejszać ⟨-yć⟩ się

massiv masywny

maßlos bez umiaru **Maßnahme** F środek *m*, krok *m* **Maßstab** M skala *f* **maßvoll** umiarkowany, pełen umiaru

Mast M maszt *m*

Mastdarm M odbytnica *f*

mästen ⟨u⟩tuczyć

Material N materiał *m*

Materie F materia *f* **materiell** materialny

Mathematik F matematyka *f* **Mathematiker(in)** M(F) matematyk *m*, matematyczka *f*

Matjeshering M matjes *m*

Matratze F materac *m*

Matrose M marynarz *m*

Matsch M błoto *n*; (*Schneematsch*) roztopy *mpl* **matschig** błotnisty; rozmokły

matt matowy (-wo); *fig* słaby (-bo)

Matte F mata *f*

Mauer F mur *m* **mauern** ⟨wy⟩murować
Maul N pysk *m*; *pop* gęba *f* **Maulkorb** M kaganiec *m* **Maulwurf** M kret *m* **Maulwurfshügel** M kretowisko *n*
Maurer M murarz *m*
Maus F ZOOL, IT mysz *f* **Mausefalle** F pułapka *f* na myszy **Mausklick** M IT kliknięcie *n* myszy
Mautgebühr F opłata *f* drogowa **mautpflichtig** podlegający opłacie drogowej **Mautstraße** F droga *f* odpłatna
Mayonnaise F majonez *m*
Mechanik F mechanika *f* **Mechaniker(in)** M(F) mechanik *m* **mechanisch** mechaniczny **Mechanismus** M mechanizm *m*
meckern beczeć; *umg fig* gderać (**über** *akk* na *akk*)
Mecklenburg-Vorpommern N Meklemburgia-Pomorze *n* Przednie
Medaille F medal *m*
Medien PL media *pl*
Medikament N lek *m* **Medizin** F medycyna *f*; lek *m* **medizinisch** medyczny; *Hilfe* lekarski
Meer N morze *n* **Meerbusen** M zatoka *f* (morska) **Meerenge** F cieśnina *f* (morska) **Meeresfrüchte** FPL owoce *mpl* morza **Meeresspiegel** M poziom *m* morza
Meerrettich M chrzan *m* **Meerschweinchen** N świnka *f* morska
Megabyte N megabajt *m*
Mehl N mąka *f* **Mehlspeise** F potrawa *f* mączna; *süß* legumina *f*
mehr więcej; bardziej; **nicht ~** już nie; **immer ~** coraz bardziej; **um so ~** tym bardziej
mehrdeutig wieloznaczny
mehrere kilka, kilku, kilkoro **mehrfach** kilkakrotny **Mehrheit** F większość *f* **mehrmals** wielokrotnie
Mehrwertsteuer F podatek *m* od wartości dodanej, VAT *m* **Mehrzahl** F większość *f*; GRAM liczba *f* mnoga **Mehrzweck-** uniwersalny
meiden unikać (*akk gen*)
Meile F mila *f*
mein mój, moja, moje; PL moi, moje; swój, swoja, swoje; PL swoi, swoje
Meineid M krzywoprzysięstwo *n*
meinen uważać, sądzić
Meinung F zdanie *n*, opinia *f*; **meiner ~ nach** moim zdaniem **Meinungsumfrage** F badanie *n* opinii publicznej **Meinungsverschiedenheit** F różnica *f* zdań
Meise F sikorka *f*
Meißel M przecinak *m*; dłuto *n*
meist: **am ~en** najwięcej; **die ~en** większość *f* **meistens**

przeważnie, najczęściej **Meister(in)** M(F) mistrz(yni) *m(f)*, majster *m* **meisterhaft** mistrzowski (po -ku) **Meisterschaft** F mistrzostwo *n* **Meisterwerk** N arcydzieło *n*
Meldeamt N urząd *m* meldunkowy **melden** ⟨za⟩meldować (**sich** się); zgłaszać ⟨-łosić⟩ (*akk akk;* **bei** *dat* do *gen*, w *lok;* **sich** się) **Meldepflicht** F obowiązek *m* zgłoszenia, obowiązek *m* zameldowania (się) **Meldung** F doniesienie *n;* meldunek *m*
melken ⟨wy⟩doić
Melodie F melodia *f*
Melone F melon *m*
Menge F ilość *f;* (*viel*) mnóstwo *n; Leute* tłum *m*
Mensch M człowiek *m* **menschenleer** bezludny **Menschenmenge** F tłum *m* **Menschenrechte** NPL prawa *npl* człowieka **Menschenwürde** F godność *f* ludzka
Menschheit F ludzkość *f* **menschlich** ludzki (po -ku)
Menstruation F menstruacja *f*
Mentalität F mentalność *f*
Menü N menu *n* **Menüleiste** F IT pasek *m* menu
Merkblatt N wskazówki *fpl*, instrukcja *f* **merken** spostrzegać ⟨-rzec⟩; **sich ~** zapamiętać *pf*
Merkmal N znak *m;* cecha *f*
merkwürdig osobliwy (-wie), dziwny
Messband N taśma *f* miernicza **messbar** wymierny
Messbuch N REL mszał *m*
Messe F REL msza *f;* HANDEL targi *mpl*
messen ⟨z⟩mierzyć
Messer N nóż *m*
Messestand M stoisko *n* na targach
Messing N mosiądz *m*
Messung F pomiar *m*, mierzenie *n*
Metall N metal *m* **Metall-** metalowy **Metallarbeiter** M metalowiec *m*
Meteorologe M meteorolog *m* **Meteorologin** F meteorolog *m* **meteorologisch** meteorologiczny
Meter M *od* N metr *m* **Metermaß** N taśma *f* miernicza
Methode F metoda *f*
Mettwurst F metka *f*
Metzger(in) M(F) rzeźnik *m*
Meuterei F bunt *m* **meutern** ⟨z⟩buntować się
mich mnie; *reflexiv* siebie, się; **über ~** o mnie
Miene F mina *f*
mies *umg* lichy (-cho); podły (-le)
Miete F najem *m; Wohnung* czynsz *m* **mieten** wynajmować ⟨-jąć⟩ **Mieter(in)** M(F) najemca *m; Wohnung* lokator(ka) *m(f)* **Mietvertrag** M umowa *f* najmu **Mietwagen** M wynajęty samochód *m*

Mietwohnung F wynajęte mieszkanie *n*
Migräne F migrena *f*
Mikrofon N mikrofon *m* **Mikrowelle** F PHYS mikrofala *f*; *umg* mikrofalówka *f* **Mikrowellenherd** M kuchenka *f* mikrofalowa
Milch F mleko *n* **Milcherzeugnisse** NPL nabiał *m* **Milchkaffee** M kawa *f* z mlekiem **Milchreis** M ryż *m* na mleku **Milchzahn** M ząb *m* mleczny
mild łagodny **mildern** ⟨z⟩łagodzić
Militär N wojsko *n* **militärisch** militarny, wojskowy **Militärmission** F misja *f* wojskowa
Milliarde F miliard *m*
Milligramm N miligram *m*
Millimeter M *od* N milimetr *m*
Million F milion *m* **Millionär(in)** M(F) milioner(ka) *m(f)*
Milz F śledziona *f*
Minderheit F mniejszość *f*
minderjährig małoletni
minderwertig pośledni
mindest najmniejszy; minimalny **mindestens** przynajmniej, co najmniej **Mindestlohn** M płaca *f* minimalna
Mine F MIL Mina *f*; BERGB kopalnia *f*; (*Schreibmine*) wkład *m*
Mineral N minerał *m* **Mineralwasser** N woda *f* mineralna
Minimum N minimum *n*
Minirock M minispódniczka *f*
Minister(in) M(F) minister *m* **Ministerium** N ministerstwo *n* **Ministerpräsident(in)** M(F) premier *m*
minus minus
Minute F minuta *f*
Minze F mięta *f*
mir mnie; *reflexiv* sobie; **von ~** ode mnie; o mnie; **mit ~** ze mną
mischen ⟨z⟩mieszać; *Karten* ⟨prze⟩tasować
Mischung F mieszanka *f*
miserabel lichy, nędzny
missachten ⟨z⟩lekceważyć
missbilligen nie pochwalać (*akk gen*)
Missbrauch M nadużycie *n* **missbrauchen** nadużywać ⟨-yć⟩ (*akk gen*); (*vergewaltigen*) wykorzystywać ⟨-tać⟩ seksualnie
Misserfolg M niepowodzenie *n* **Missernte** F nieurodzaj *m* **missfallen** nie podobać się **Missfallen** N niezadowolenie *n* **Missgeschick** N niepowodzenie *n* **missglücken** nie udawać ⟨udać⟩ się **missgönnen** zazdrościć (**j-m** *akk* k-u *gen*) **misshandeln** znęcać się (*akk* nad *inst*), maltretować (*akk*) **Misshandlung** F znęcanie *n* się, maltretowanie *n*; (*Prügel*) pobicie *n*
Mission F misja *f*

misslingen nie udawać ⟨udać⟩ się **missmutig** markotny **misstrauen** nie ufać, nie dowierzać **Misstrauen** N nieufność *f* **misstrauisch** nieufny, podejrzliwy (-wie) **Missverständnis** N nieporozumienie *n* **missverstehen** źle ⟨z⟩rozumieć **Mist** M obornik *m*, nawóz *m*; *umg* **~!** cholera! **Mistel** F jemioła *f* **Misthaufen** M gnojowisko *n* **mit** PRÄP (*dat*) z (*inst*); *oft nur inst*: **~ der Hand** ręką; **~ Gewalt** siłą **Mitangeklagte** F współoskarżona *f* **Mitangeklagte(r)** M współoskarżony *m* **Mitarbeit** F współpraca *f* **Mitarbeiter(in)** M(F) współpracownik *m*, współpracowniczka *f* **Mitbewohner(in)** M(F) współlokator(ka) *m(f)* **mitbringen** przynosić ⟨-nieść⟩ *im Fahrzeug* przywozić ⟨-wieźć⟩ ze sobą **Mitbringsel** N upominek *m* **Mitbürger(in)** M(F) współobywatel(ka) *m(f)* **Miteigentümer(in)** M(F) współwłaściciel(ka) *m(f)* **miteinander** razem, wspólnie; z(e) sobą **Mitesser** M wągier *m* **mitfahren** ⟨po⟩jechać razem (**mit** *dat* z *inst*) **Mitfahrzentrale** F centrala *f* współjazdy

Mitgefühl N współczucie *n* **mitgehen** iść ⟨pójść⟩ razem z **Mitglied** N członek *m* **mithilfe**: **~ von** z pomocą (*da*… *gen*) **mitkommen** iść ⟨pójść⟩ razem z, towarzyszyć **Mitleid** N litość *f* **mitleidig** litościwy (-wie); ADV *a.* z politowaniem **mitmachen** brać ⟨wziąć⟩ udział (*akk* w *lok*) **mitnehmen** zabierać ⟨-brać⟩ (ze sobą) **Mitreisende(r)** M(F) towarzysz(ka) *m(f)* podróży **Mitschüler(in)** M(F) kolega *m* szkolny, koleżanka *f* szkolna **Mitspieler(in)** M(F) partner(ka) *m(f)* (w grze) **Mittag** M południe *n*; **zu ~ essen** jeść obiad; **am ~** w południe **Mittagessen** N obiad *m* **mittags** w południe **Mittagspause** F przerwa *f* obiadowa **Mittagszeit** F pora *f* obiadowa **Mitte** F środek *m*; **~ Mai** w połowie maja; **in der ~** pośrodku **mitteilen** zakomunikować *pf*; zawiadamiać ⟨-domić⟩ (**j-m** *akk* k-o o *lok*) **Mitteilung** F wiadomość *f* **Mittel** N środek *m*; MATH średnia *f* **Mittelalter** N średniowiecze *n* **Mittelfeld** N SPORT środek *m* pola **Mittelfinger** M palec *m* środkowy

mittelgroß średniej wielkości; *pers* średniego wzrostu **mittelmäßig** mierny, średni (-nio)
Mittelmeer N Morze *n* Śródziemne **Mittelohrentzündung** F zapalenie *n* ucha środkowego **Mittelpunkt** M punkt *m* środkowy, centrum *n*
Mittelstreifen M pas *m* rozdzielający jezdnie **Mittelstürmer(in)** M(F) SPORT środkowy napastnik *m*, środkowa napastniczka *f* **Mittelwelle** F fala *f* średnia
mitten: **~ in** pośrodku (*dat gen*); w sam środek (*akk gen*); **~ durch** przez sam środek (*akk gen*)
mittendrin w samym środku **mittendurch** na wskroś
Mitternacht F północ *f*; **um ~** o północy
mittlere(r) środkowy; *fig* średni **mittlerweile** tymczasem
Mittwoch M środa *f*
mitwirken współdziałać **Mitwirkung** F współudział *m*
mixen *Getränk* ⟨z⟩miksować
Mixer M mikser *m*
mobben stosować mobbing
Möbel N mebel *m* **Möbelgeschäft** N sklep *m* meblowy **Möbelwagen** M meblowóz *m*
mobil ruchomy **Mobiltelefon** N telefon *m* komórkowy
möbliert umeblowany
Mode F moda *f* **Model** N model(ka) *m(f)*
Modell N model *m*, wzór *m*
Modem N IT modem *m*
Modenschau F pokaz *m* mody
Moderator(in) M(F) moderator(ka) *m(f)*
modern nowoczesny; modny **modisch** modny
mogeln *umg* szachrować
mögen lubić
möglich możliwy (-wie) **Möglichkeit** F możliwość *f*
mohammedanisch mahometański
Mohn M mak *m*
Möhre F marchew *f*
Mohrrübe F → Möhre
Mole F molo *n*
mollig pulchny, przy sobie
Moment M chwila *f*, moment *m* **momentan** chwilowy (-wo), obecny
Monarchie F monarchia *f*
Monat M miesiąc *m* **monatlich** miesięczny
Monatsgehalt M pensja *f* miesięczna **Monatskarte** F bilet *m* miesięczny **Monatsrate** F rata *f* miesięczna
Mönch M mnich *m*
Mond M księżyc *m* **Mondfinsternis** F zaćmienie *n* Księżyca **Mondschein** M blask *m* księżyca
Monitor M monitor *m*
Montag M poniedziałek *m*
Montage F montaż *m* **Monteur(in)** M(F) monter(ka) *m(f)*

montieren ⟨z⟩montować
Moor N torfowisko *n*, bagno *n*
Moorbad N kąpiel *f* borowinowa
Moos N mech *m*
Moral F moralność *f* **moralisch** moralny
Morast M błoto *n*, bagno *n*
Mord M morderstwo *n* **Mörder(in)** M(F) morderca *m*, morderczyni *f*
morgen jutro; ~ **früh** jutro rano
Morgen M ranek *m*, poranek *m*; **am** ~ rankiem, z rana; **guten** ~! dzień dobry!
Morgendämmerung F świt *m* **Morgenmantel** M podomka *f*, szlafrok *m*
morgens rano
morgig jutrzejszy
Morphium N morfina *f*
morsch spróchniały
Mörtel M zaprawa *f*
Moschee F meczet *m*
Moskau N Moskwa *f*
Moslem(in) M(F) muzułmanin *m*, muzułmanka *f* **moslemisch** muzułmański
Most M moszcz *m*
Motel N motel *m*
Motivation F motywacja *f* **motivieren** motywować
Motor M silnik *m*, motor *m* **Motorboot** N motorówka *f*
Motorrad N motocykl *m* **Motorradfahrer(in)** M(F) motocyklista *m*, motocyklistka *f*
Motorroller M skuter *m* **Motorschaden** M uszkodzenie *n* silnika **Motorschiff** N motorowiec *m*
Motte F mól *m*
Mountainbike N rower *m* górski
Möwe F mewa *f*
Mücke F komar *m* **Mückenstich** M ukąszenie *n* komara
müde zmęczony; ~ **werden** ⟨z⟩zmęczyć się **Müdigigkeit** F zmęczenie *n*
muffig stęchły
Mühe F trud *m* **mühelos** ADV bez trudu
Mühle F młyn *m*
mühsam uciążliwy (-wie); mozolny, żmudny
Mulde F niecka *f*
Müll N śmieci *mpl* **Müllabfuhr** F wywóz *m* śmieci
Mullbinde F bandaż *m* z gazy
Müllcontainer M kontener *m* na śmieci
Mülleimer M wiadro *n* na śmieci **Müllhaufen** M śmietnik *m* **Müllkippe** F wysypisko *n* śmieci **Mülltonne** F pojemnik *m* na śmieci
Multiplikation F mnożenie *n* **multiplizieren** ⟨po⟩mnożyć (**mit** *dat* przez *akk*)
München N Monachium *n*
Mund M usta *pl*
münden *Fluss* wpadać, uchodzić
Mundgeruch M zapach *m* z ust **Mundharmonika** F harmonijka *f* ustna **Mundhöhle**

F jama *f* ustna
mündig pełnoletni
mündlich ustny
Mündung F *Fluss* ujście *n*
Munition F amunicja *f*
munter żywy (-wo); rześki (-ko)
Münze F moneta *f* **Münztelefon** N automat *m* telefoniczny na monety **Münzwechsler** M automat *m* do rozmieniania pieniędzy
mürbe kruchy; **~ werden** ⟨s⟩kruszeć; *fig* ⟨z⟩mięknąć
murren szemrać
mürrisch ponury (-ro); *Ton* mrukliwy (-wie)
Mus N mus *m*
Muschel F muszla *f*; ZOOL małż *m*
Museum N muzeum *n*
Musical N musical *m*
Musik F muzyka *f* **musikalisch** muzyczny; *pers* muzykalny **Musiker(in)** M(F) muzyk *m*
Musikinstrument N instrument *m* muzyczny **Musikstück** N utwór *m* muzyczny
Muskatnuss F gałka *f* muszkatołowa
Muskel M mięsień *m* **Muskelkater** M ból *m* mięśni **Muskelriss** M rozerwanie *n* mięśnia
muskulös muskularny
Muße F wolny czas *m*
müssen musieć; **ich muss mal** *umg* muszę się załatwić
Muster N wzór *m*; HANDEL próbka *f*; deseń *m*
mustern mierzyć wzrokiem, lustrować
Mut M odwaga *f*, męstwo *n*
mutig mężny, odważny **mutlos** przygnębiony
Mutter F matka *f*; TECH nakrętka *f*
mütterlich macierzyński; matczyny **mütterlicherseits** ze strony matki
Muttermal N znamię *n* **Muttersprache** F język *m* ojczysty
Mütze F czapka *f*
mysteriös tajemniczy (-czo)

N

na: **~ also!** no więc?; **~ bitte!** no proszę!; **~ und?** no i co?
Nabel M pępek *m*
nach (*dat*) do (*gen*); po (*lok*); za (*inst*); według (*gen*); **~ Berlin** do Berlina; **~ dem Essen** po jedzeniu; **~ und ~** stopniowo; **~ wie vor** nadal
nachahmen naśladować
Nachbar(in) M(F) sąsiad(ka) *m(f)* **Nachbarschaft** F sąsiedztwo *n*; *pers* sąsiedzi *mpl*
nachbestellen zamawiać ⟨-mówić⟩ dodatkowo
nachdem skoro, gdy; **je ~** zależnie od
nachdenken zastanawiać

⟨-nowić⟩ się (**über** *akk* nad *inst*), rozmyślać (o *inst*) **nachdenklich** zamyślony
Nachdruck M nacisk *m* **nachdrücklich** dobitny
nacheifern starać się dorównać
nacheinander jeden po drugim, po kolei
Nachfolger(in) M(F) następca *m*, następczyni *f*
nachforschen badać, sprawdzać ⟨-dzić⟩ **Nachforschungen** FPL badania *npl*, dociekania *npl*
Nachfrage F HANDEL popyt *m*
nachfühlen odczuwać ⟨-uć⟩, wczuwać ⟨-uć⟩ się
nachfüllen dolewać ⟨-lać⟩ **Nachfüllpack** N opakowanie *n* uzupełniające
nachgeben V/I ulegać ⟨ulec⟩, ustępować ⟨-tąpić⟩ **nachgehen** *Uhr* spóźniać się **nachgemacht** podrobiony, sfałszowany
Nachgeschmack M posmak *m*
nachgiebig uległy (-le), ustępliwy (-wie) **nachhaltig** trwały (-le), długotrwały (-le)
nachher potem
Nachhilfeunterricht M korepetycje *fpl*
nachholen nadrabiać ⟨-robić⟩
nachkommen przychodzić ⟨przyjść⟩ później; *fig* spełniać ⟨-ić⟩ (*dat akk*)
Nachkommenschaft F potomstwo *n*
Nachlass M HANDEL opust *m*; (*Erbe*) spuścizna *f*
nachlassen V/I słabnąć; *Schmerz* ustępować; opuszczać ⟨-uścić⟩ się (**in** *dat* **w** *lok*)
nachlässig niedbały (-le), niestaranny
nachlaufen biegać za, *umg* latać za (*dat inst*) **nachmachen** podrabiać ⟨-robić⟩
Nachmittag M popołudnie *n* **nachmittags** po południu
Nachnahme F: **per ~** za pobraniem **Nachname** M nazwisko *n*
nachprüfen sprawdzać ⟨-dzić⟩ **nachrechnen** przeliczać ⟨-czyć⟩
Nachricht F wiadomość *f* **Nachrichten** FPL RADIO wiadomości *fpl* **Nachrichtenagentur** F agencja *f* prasowa **Nachrichtendienst** M wywiad *m*
Nachruf M nekrolog *m*
nachschauen ⟨po⟩patrzeć za (*dat inst*) **nachschlagen** *im Buch* sprawdzać ⟨-dzić⟩, ⟨po⟩szukać **Nachschlüssel** M dorobiony klucz *m* **nachsenden** dosyłać ⟨-słać⟩
Nachsicht F pobłażliwość *f* **nachsichtig** pobłażliwy (-wie)
nachsprechen powtarzać ⟨-tórzyć⟩ (*dat* za *inst*)

nächst najbliższy; *(folgend)* następny, przyszły; PRÄP *(dat)* tuż obok *(gen)*; tuż po *(lok)*; ADV **am ~en** najbliżej
nachstellen *Uhr* cofać ‹-fnąć›
Nacht F noc *f*; **gute ~!** dobranoc! **bei ~** nocą, w nocy **Nachtclub** M klub *m* nocny **Nachtdienst** M dyżur *m* nocny
Nachteil M niekorzyść *f*
Nachtfalter M ćma *f* **Nachtfrost** M przymrozek *m* nocny **Nachthemd** N koszula *f* nocna
Nachtigall F słowik *m*
Nachtisch M deser *m*
Nachtrag M dopisek *m*; uzupełnienie *n*; *zum Vertrag* aneks *m* **nachträglich** dodatkowy (-wo), późniejszy (później)
Nachtruhe F nocny spoczynek *m*
nachts w nocy
Nachtschicht F nocna zmiana *f* **Nachttisch** M stolik *m* nocny **Nachtwächter** M stróż *m* nocny
Nachweis M stwierdzenie *n*; dowód *m* **nachweisen** V/T wykazywać ‹-zać›; stwierdzać ‹-dzić›
Nachwuchs M narybek *m*, potomstwo *n*
nachzahlen dopłacać ‹-cić› **nachzählen** przeliczać ‹-czyć› **Nachzahlung** F dopłata *f*
Nacken M kark *m*
nackt nagi (-go), goły (-ło)
Nadel F igła *f* **Nadelbaum** M drzewo *n* iglaste **Nadelöhr** N ucho *n* igielne
Nagel M gwóźdź *m*; ANAT paznokieć *m* **Nagelfeile** F pilniczek *m* do paznokci **Nagellack** M lakier *m* do paznokci **Nagellackentferner** M zmywacz *m* do paznokci **Nagelschere** F nożyczki *pl* do paznokci
nagen obgryzać (**an** *dat akk*) **Nagetier** N gryzoń *m*
nah bliski **nahe** PRÄP blisko *(dat gen)*
Nähe F bliskość *f*; **in der ~** w pobliżu; **aus der ~** z bliska
nähen ‹u›szyć
näher bliższy (-żej); **Näheres** bliższe informacje *fpl*, szczegóły *mpl* **nähern**: **sich ~** zbliżać ‹-żyć› się
Nähgarn N nić *f* do szycia **Nähmaschine** F maszyna *f* do szycia **Nähnadel** F igła *f* do szycia
nahrhaft pożywny
Nahrung F pokarm *m*, pożywienie *n* **Nahrungsmittel** N środek *m* spożywczy
Naht F szew *m* **nahtlos** bez szwów
Nahverkehr M komunikacja *f* miejscowa
Nähzeug N przybory *mpl* do szycia
naiv naiwny
Name M *(Vorname)* imię *n*;

(Nachname) nazwisko *n*; *(Benennung)* nazwa *f* **Namenstag** M imieniny *pl*
namentlich imienny; ADV zwłaszcza **namhaft** znany, wybitny
nämlich ADV mianowicie
Napf M miska *f* **Napfkuchen** M babka *f*
Narbe F blizna *f*
Narkose F narkoza *f*
Narr M błazen *m*; głupiec *m*
naschen łasować, podjadać **naschhaft** łakomy
Nase F nos *m* **Nasenbluten** N krwawienie *n* z nosa **Nasenloch** N nozdrze *n* **Nasentropfen** MPL krople *fpl* do nosa
Nashorn N nosorożec *m*
nass mokry (-ro); ~ **machen** ⟨z⟩moczyć
Nässe F wilgoć *f*
Nation F naród *m*
national narodowy **Nationalhymne** F hymn *m* narodowy **Nationalität** F narodowość *f* **Nationalmannschaft** F kadra *f* narodowa **Nationalpark** M park *m* narodowy **Nationalspieler(in)** M(F) członek *m* kadry narodowej, członkini *f* kadry narodowej
Natrium N sód *m*
Natter F żmija *f*
Natur F przyroda *f*; natura *f* **Naturdenkmal** N zabytek *m* przyrody **Naturkatastrophe** F klęska *f* żywiołowa **Naturkunde** F przyrodoznawstwo *n*
natürlich naturalny; ADV *a.* oczywiście
Naturschutz M ochrona *f* przyrody **Naturschutzgebiet** N rezerwat *m* przyrody
Naturseide F jedwab *m* naturalny
Naturwissenschaften FPL nauki *fpl* przyrodnicze **Naturwissenschaftler(in)** M(F) przyrodnik *m*, przyrodniczka *f*
Navigationssystem N system *m* nawigacyjny
Nebel M mgła *f* **Nebelscheinwerfer** MPL światła *npl* przeciwmgielne
neben *(dat, akk)* obok *(gen)*, przy *(lok)* **nebenan** tuż obok **nebenbei** dodatkowo; mimochodem
Nebenbeschäftigung F dodatkowe zajęcie *n*
nebeneinander obok siebie
Nebenfach N przedmiot *m* dodatkowy **Nebenkosten** PL koszty *mpl* uboczne **Nebensache** F rzecz *f* mniejszej wagi **Nebenstraße** F boczna ulica *f* **Nebenverdienst** M dodatkowy zarobek *m* **Nebenwirkung** F działanie *n* uboczne
neblig mglisty (-to)
necken drażnić; żartować *(akk z gen)*; **sich** ~ przekomarzać się *(akk z inst)*

Neffe M (*Sohn des Bruders*) bratanek *m*; (*Sohn der Schwester*) siostrzeniec *m*
negativ negatywny
Negativ N FOTO negatyw *m*
nehmen brać ⟨wziąć⟩; *Arznei* zażywać ⟨-yć⟩; **zu sich ~** spożywać ⟨-yć⟩; **Platz ~** siadać ⟨usiąść⟩
Nehrung F mierzeja *f*
Neid M zazdrość *f*, zawiść *f* **neidisch** zazdrosny (-śnie), zawistny
neigen schylać ⟨-lić⟩ (**sich** się) **Neigung** F pochyłość *f*; *fig* skłonność *f*
nein nie
Neiße F Nysa *f*
Nelke F goździk *m*
nennen nazywać ⟨-zwać⟩ (**sich** się)
Nenner M MATH mianownik *m*
Nerv M nerw *m* **Nervenzusammenbruch** M załamanie *n* nerwowe
nervös nerwowy (-wo)
Nervosität F nerwowość *f*
Nerz M norka *f*
Nessel F pokrzywa *f*
Nest N gniazdo *n*
nett miły (-ło)
netto netto
Netz N sieć *f* (*a. fig*) **Netzanschluss** M przyłączenie *n* do sieci **Netzhaut** F ANAT siatkówka *f*
neu nowy; **von Neuem** od nowa **Neubau** M nowy budynek *m*; KOLL nowe budownictwo *n*
neuerdings ostatnio **Neuerung** F innowacja *f*
Neugier F ciekawość *f* **neugierig** ciekawy
Neuheit F nowość *f* **Neuigkeit** F nowina *f*
Neujahr N Nowy Rok *m*; **Prosit ~!** Szczęśliwego Nowego Roku!
neulich niedawno **Neuling** M nowicjusz *m* **neumodisch** nowomodny **Neumond** M nów *m*
neun dziewięć **Neun** F dziewiątka *f* **neunhundert** dziewięćset **neunhundertste(r)** dziewięćsetny **neunmal** dziewięć razy **neunte(r)** dziewiąty **neunzehn** dziewiętnaście **neunzehnte(r)** dziewiętnasty **neunzig** dziewięćdziesiąt **neunzigste(r)** dziewięćdziesiąty
Neuralgie F nerwoból *m*
neurotisch neurotyczny
neutral neutralny
nicht nie; **~ mehr** już nie; **~ viel** niewiele
Nichte F (*Tochter des Bruders*) bratanica *f*; (*Tochter der Schwester*) siostrzenica *f*
nichtig błahy; JUR nieważny, niebyły
Nichtraucher(in) M(F) niepalący *m*, niepaląca *f* **Nichtraucherabteil** N BAHN przedział *m* dla niepalących
nichts nic; **das macht ~** nic

nie szkodzi
Nichtschwimmer(in) M(F) osoba *f* nie umiejąca pływać
nichtsdestoweniger niemniej
Nickel N nikiel *m*
nicken skinąć *pf*, przytakiwać ‹-knąć›
nie nigdy
nieder niski; ADV na dół **niederbrennen** spalić *pf* (*v/i* się) **niederdrücken** naciskać ‹-snąć›; *fig* przygnębiać ‹-ić›
Niedergang M *fig* upadek *m*
niedergeschlagen przygnębiony **niederknien** klęczeć; **sich ~** klękać ‹uklęknąć›
Niederlage F porażka *f*, klęska *f*
Niederlande PL Holandia *f*
Niederländer(in) M(F) Holender(ka) *m(f)* **niederländisch** niderlandzki (po -ku)
niederlassen: **sich ~** osiedlać ‹-lić› się **Niederlassung** F HANDEL filia *f*
niederlegen kłaść ‹położyć› (**sich** się); *Kranz* składać ‹złożyć›; *Arbeit* przerywać ‹-rwać›
Niedersachsen N Dolna Saksonia *f*
Niederschläge MPL opady *mpl* **niederschlagen** zwalać ‹-lić› z nóg; JUR umarzać ‹-morzyć›
niederträchtig podły (-le), nikczemny
niedlich śliczny
niedrig niski (-ko); *Zahl* mały
niemals nigdy **niemand** nikt
Niere F nerka *f*; GASTR **Nieren** *pl* cynaderki *fpl* **Nierenkolik** F kolka *f* nerkowa **Nierensteine** MPL kamienie *mpl* nerkowe
nieseln mżyć **Nieselregen** M mżawka *f*
niesen kichać ‹kichnąć›
Niete F pusty los *m*
Nilpferd N hipopotam *m*
nirgends nigdzie
Nische F wnęka *f*, nisza *f*
nisten gnieździć się
Niveau N poziom *m*
noch jeszcze; **immer ~** wciąż jeszcze; **weder … ~** ani … ani
nochmals jeszcze raz
Nomade M koczownik *m*, nomada *m*
Nonne F zakonnica *f*
Norddeutschland N północne Niemcy *pl*
Norden M północ *f*; **im ~** na północy
nördlich północny; na północ (**von** *dat* od *gen*)
Nordpol M biegun *m* północny
Nordrhein-Westfalen N Nadrenia-Westfalia *f*
Nordsee F Morze *n* Północne **Nordwind** M wiatr *m* północny
nörgeln zrzędzić
Norm F norma *f*; reguła *f* **normal** normalny **normalerweise** zwykle, zazwyczaj
Norwegen N Norwegia *f*

Norweger(in) M(F) Norweg *m*, Norweżka *f* **norwegisch** norweski (po -ku)
Not F nędza *f*, bieda *f*; **~ leidend** cierpiący biedę
Notar(in) M(F) notariusz(ka) *m(f)*
Notarzt M lekarz *m* pogotowia **Notärztin** F lekarka *f* pogotowia **Notarztwagen** M karetka *f* pogotowia
Notausgang M wyjście *n* awaryjne **Notbremse** F hamulec *m* bezpieczeństwa **Notdienst** M pogotowie *n*
notdürftig prowizoryczny
Note F MUS nuta *f*; *Schule* stopień *m*
Notebook N notebook *m*
Notfall M pilna potrzeba *f*, nagły wypadek *m* **notfalls** w razie potrzeby
notieren ⟨za⟩notować **Notierung** F notowania *npl*
nötig potrzebny; **es ist ~** trzeba, potrzeba
nötigen zmuszać ⟨-usić⟩ **Nötigung** F JUR wymuszenie *n*
Notiz F notatka *f* **Notizblock** M notatnik *m* **Notizbuch** N notes *m*
notlanden ⟨wy⟩lądować awaryjnie **Notlandung** F lądowanie *n* awaryjne **Notlüge** F kłamstwo *n* z konieczności
Notruf M TEL wywołanie *n* alarmowe **Notruftelefon** N telefon *m* awaryjny
Notwehr F obrona *f* konieczna
notwendig konieczny
November M listopad *m*; **im ~** w listopadzie
nüchtern na czczo; (*nicht betrunken*) trzeźwy (-wo); **auf ~en Magen** na czczo, na pusty żołądek
Nudeln FPL makaron *m*, kluski *fpl* **Nudelsuppe** F zupa *f* z makaronem
null zero; **eins zu ~** jeden do zera
Null F zero *n*; **unter ~** poniżej zera
Nulltarif M: **zum ~** bezpłatnie
Nummer F numer *m* **nummerieren** ⟨po⟩numerować **Nummernschild** N AUTO tablica *f* rejestracyjna
nun teraz; więc; **von ~ an** odtąd; **was ~?** co dalej?
nur tylko
Nuss F orzech *m* **Nuss-** orzechowy **Nussbaum** M orzech *m* **Nussknacker** M dziadek *m* do orzechów
Nüstern FPL nozdrza *npl*
Nutte *pop* F dziwka *f*
nutzen V/T wykorzystywać ⟨-tać⟩; użytkować; V/I przydawać ⟨-dać⟩ się (**zu** *dat* na *akk*)
nützen → nutzen
Nutzen M korzyść *f*, pożytek *m*
nützlich pożyteczny, przydatny **nutzlos** bezużyteczny
Nutznießer(in) M(F) użytkownik *m*, użytkowniczka *f*

O

Oase F oaza *f*
ob czy; **als ~** jak gdyby
obdachlos bezdomny
oben na górze, w górze, u góry; **nach ~** do góry, pod górę; **von ~** z góry, od góry
Ober M kelner *m*; **Herr ~!** kelner! **Oberarm** M ramię *n* **Oberbekleidung** F odzież *f* wierzchnia
obere(r) górny; wierzchni; *fig* wyższy, starszy
Oberfläche F powierzchnia *f* **oberflächlich** powierzchowny
Obergeschoss N piętro *n*
oberhalb powyżej
Oberhaupt N *fig* głowa *f* **Oberkörper** M górna część *f* ciała **Oberlippe** F górna warga *f* **Oberschenkel** M udo *n* **Oberschwester** F siostra *f* przełożona
oberste(r) górny; *fig* najwyższy, naczelny
Oberteil N górna *f* część **Oberweite** F obwód *m* klatki piersiowej
obgleich → obwohl
Obhut M opieka *f*
Objekt N obiekt *m*, przedmiot *m*
objektiv obiektywny
Objektiv N obiektyw *m*
obligatorisch obowiązkowy
Obst N owoce *mpl* **Obstgarten** M sad *m* **Obstkuchen** M ciasto *n* z owocami **Obstsaft** M sok *m* owocowy **Obstsalat** M sałatka *f* owocowa
obszön sprośny
obwohl chociaż
Ochse M wół *m*; *fig* dureń *m*
öde pusty (-to), odludny
oder lub
Oder F Odra *f*
Ofen M piec *m* **Ofenheizung** F ogrzewanie *n* piecowe
offen otwarty (-cie); **~ lassen** pozostawiać ⟨-ić⟩ otwartym
offenbar widoczny
Offenheit F otwartość *f* **offenherzig** prostoduszny, otwarty (-cie)
offensichtlich jawny, oczywisty; ADV niewątpliwie
offensiv ofensywny
öffentlich *Meinung* publiczny; *Verfahren* jawny; *Wohl* powszechny **Öffentlichkeit** F publiczność *f*, jawność *f*
offerieren ⟨za⟩oferować
offiziell oficjalny
Offizier M oficer *m*
offline off line
öffnen otwierać ⟨-worzyć⟩ **Öffnung** F otwarcie *n*; *konkret* otwór *m* **Öffnungszeiten** FPL godziny *fpl* otwarcia
oft często **öfter** częściej **öfters** często, nieraz **oftmals** często, nieraz

ohne *(akk)* bez *(gen)*
Ohnmacht F omdlenie *n*; *fig* bezsilność *f* **ohnmächtig** omdlały, *fig* bezsilny; **~ werden** zemdleć *pf*
Ohr N ucho *n*
Ohrenarzt M laryngolog *m* **Ohrenärztin** F laryngolog *m* **Ohrenschmalz** M woskowina *f* **Ohrenschmerzen** MPL ból *m* ucha
Ohrfeige F policzek *m* **Ohrläppchen** N płatek *m* małżowiny usznej **Ohrring** M kolczyk *m*
okay okej
ökologisch ekologiczny
ökonomisch ekonomiczny
Ökosystem N ekosystem *m*
Oktober M październik *m*; **im ~** w październiku
Öl N olej *m* **ölen** ⟨na⟩oliwić **Ölfarbe** F farba *f* olejna **Ölfilter** M filtr *m* olejowy **Ölgemälde** N obraz *m* olejny **Ölheizung** F ogrzewanie *n* olejowe
oliv oliwkowy (-wo)
Olive F oliwka *f* **Olivenöl** N oliwa *f*
Ölsardinen FPL sardynki *fpl* w oleju
Ölteppich M plama *f* ropy **Ölwechsel** M wymiana *f* oleju
Olympiade F olimpiada *f* **olympisch** olimpijski; **Olympische Spiele** *npl* igrzyska *npl* olimpijskie
Oma F babcia *f*
Omelett N omlet *m*
Omnibus M autobus *m*
Onkel M *(Bruder der Mutter)* wuj *m*; *(Bruder des Vaters)* stryj *m*
online on line
Opa M dziadek *m*
Openairkonzert N koncert *m* na wolnym powietrzu
Oper F opera *f*
Operation F operacja *f*
Operette F operetka *f*
operieren ⟨z⟩operować
Opernsänger(in) M(F) śpiewak *m* operowy, śpiewaczka *f* operowa
Opfer N ofiara *f* **opfern** ofiarować *pf*
Opposition F opozycja *f*
Optiker(in) M(F) optyk *m*
optimal optymalny
Optimist(in) M(F) optymista *m*, optymistka *f* **optimistisch** optymistyczny
oral doustny; oralny **Oralverkehr** M stosunek *m* oralny
orange pomarańczowy (-wo)
Orange F pomarańcza *f* **Orangensaft** M sok *m* pomarańczowy
Orchester N orkiestra *f*
Orchidee F orchidea *f*, storczyk *m*
Orden M order *m*; REL zakon *m*
ordentlich porządny; *Professor* zwyczajny
ordinär ordynarny
ordnen ⟨u⟩porządkować

Ordner M *pers* porządkowy *m*; segregator *m*; IT katalog *m*
Ordnung F porządek *m* **Ordnungswidrigkeit** F wykroczenie *n*
Organ N narząd *m*; organ *m* (*a. fig*)
Organisation F organizacja *f*
organisieren ⟨z⟩organizować
Organismus M organizm *m*
Orgasmus M orgazm *m*
Orgel F organy *pl*
Orient M Wschód *m*, Orient *m*
orientalisch wschodni, orientalny
orientieren: **sich ~** ⟨z⟩orientować się **Orientierung** F orientacja *f*
original oryginalny **Original** N oryginał *m*
Orkan M huragan *m*
Ort M (*Platz*) miejsce *n*; (*Ortschaft*) miejscowość *f*
Orthografie F ortografia *f*
örtlich miejscowy
Ortschaft F miejscowość *f*
Ortsgespräch N rozmowa *f* miejscowa
Öse F uszko *n*
Ostdeutschland N Niemcy *pl* Wschodnie **Osten** M wschód *m*; **von ~** ze wschodu
Osterei N jajko *n* wielkanocne
Osterhase M zając *m* wielkanocny
Ostern N Wielkanoc *f*; **Frohe ~!** Wesołych Świąt (Wielkanocnych)!
Österreich N Austria *f* **Österreicher(in)** M(F) Austriak *m*, Austriaczka *f* **österreichisch** austriacki
östlich wschodni; na wschód (**von** *dat* od *gen*)
Ostsee F Bałtyk *m*, Morze *n* Bałtyckie
Otter M (*Schlange*) żmija *f*; (*Fischotter*) wydra *f*
outen: **sich ~** przyznawać ⟨-nać⟩ się do homoseksualizmu
Overheadprojektor M rzutnik *m*
Oxyd N tlenek *m*
Ozean M ocean *m*
Ozon N ozon *m* **Ozonloch** N dziura *f* ozonowa

P

paar: **ein ~** parę, kilka **Paar** N para *f* **paarweise** parami
Pacht F dzierżawa *f* **pachten** ⟨wy⟩dzierżawić
Pächter(in) M(F) dzierżawca *m*
Pachtvertrag M umowa *f* dzierżawy
Päckchen N paczka *f*, paczuszka *f*
packen ⟨s⟩pakować; chwytać ⟨-ycić⟩ (**an** *dat* za *akk*)
Packpapier N papier *m* pakowy **Packung** F paczka *f*; MED

okład *m*
Pädagoge M pedagog *m* **Pädagogin** F pedagog *m* **pädagogisch** pedagogiczny
Paddelboot N kajak *m*
Page M boy *m* (hotelowy)
Paket N paczka *f*; pakiet *m* **Paketannahme** F nadawanie *n* paczek **Paketkarte** F etykieta *f* adresowa
Palast M pałac *m*
Palästina N Palestyna *f*
Palme F palma *f*
Panik F panika *f*
Panne F awaria *f* **Pannenhilfe** F pogotowie *n* techniczne, autopomoc *f*
Panzer M pancerz *m*, zbroja *f* (*a.* ZOOL); MIL czołg *m*
Papa M tata *m*
Papagei M papuga *f*
Papier N papier *m*; **Papiere** *pl* dokumenty *mpl* **Papierkorb** M kosz(yk) *m* na papier **Papiertonne** F pojemnik *m* na papier
Pappbecher M kubek *m* papierowy **Pappe** F tektura *f*
Pappel F topola *f*
Paprika M papryka *f*
Papst M papież *m*
Paradies N raj *m*
parallel równoległy (-le)
Parasit M pasożyt *m*
Parfüm N perfumy *pl*
Park M park *m*
parken ⟨za⟩parkować
Parkett N parkiet *m*; THEAT parter *m*
Parkhaus N garaż *m* parkingowy **Parklücke** F (wolne) miejsce *n* do parkowania **Parkplatz** M parking *m* **Parkscheibe** F karta *f* parkingowa **Parkscheinautomat** M parkomat *m* **Parkuhr** F parkometr *m* **Parkverbot** N zakaz *m* parkowania
Parlament N parlament *m*
Partei F POL partia *f*; JUR strona *f* **parteiisch** stronniczy (-czo) **Parteimitglied** N członek *m* partii
Parterre N parter *m*
Partner(in) M(F) partner(ka) *m(f)* **Partnerschaft** N partnerstwo *n*
Party F przyjęcie *n*, party *n* **Partyservice** M *od* N firma *f* cateringowa
Parzelle F działka *f*, parcela *f*
Pass M przełęcz *f*; (*Reisepass*) paszport *m*
Passage F pasaż *m*
Passagier(in) M(F) pasażer(ka) *m(f)*
Passant(in) M(F) przechodzień *m*
Passbild N zdjęcie *n* paszportowe
passen pasować (**zu** *dat* do *gen*); **das passt mir** to mi odpowiada
passend odpowiedni, stosowny
passieren V/T przechodzić ⟨przejść⟩; *Grenze* przekraczać ⟨-roczyć⟩; V/I zdarzać ⟨-rzyć⟩

się; **was ist passiert?** co się stało?
Passierschein M przepustka *f*
passiv bierny
Passkontrolle F kontrola *f* paszportowa **Passwort** N hasło *n*
Paste F pasta *f*
Pastor(in) M(F) pastor *m*
Pate M ojciec *m* chrzestny **Patenkind** N chrześniak *m*, chrześniaczka *f*
Patient(in) M(F) pacjent(ka) *m(f)*
Patin F matka *f* chrzestna
Patrone F MIL nabój *m*
patzig *umg* opryskliwy (-wie)
Pauke F MUS kocioł *m*
pauschal ryczałtowy **Pauschale** F ryczałt *m* **Pauschalreise** F wycieczka *f* zorganizowana
Pause F *Schule* przerwa *f*; pauza *f*
Pazifik M Pacyfik *m*
PC M komputer *m* osobisty
Pech N smoła *f*; *fig* pech *m* **Pechvogel** *umg* M pechowiec *m*
Pedal N pedał *m*
Pegel M wodowskaz *m*; poziom *m* wody
peinlich przykry (-ro), kłopotliwy (-wie)
Peitsche F bat *m*, bicz *m*
Pellkartoffeln FPL ziemniaki *mpl* w mundurkach
Pelz M futro *n*; (*Schafpelz*) kożuch *m* **Pelzmantel** M futro *n* **Pelzmütze** F czapka *f* futrzana
Pendel N wahadło *n* **pendeln** wahać się; *fig* jeździć tam i z powrotem **Pendelverkehr** M ruch *m* wahadłowy **Pendler(in)** M(F) osoba *f* dojeżdżająca do pracy *od* szkoły
Penis M penis *m*
Pension F (*Unterkunft*) pensjonat *m*; (*Rente*) emerytura *f* **Pensionär(in)** M(F) emeryt(ka) *m(f)* **pensioniert** emerytowany
perfekt doskonały (-le)
Pergament N pergamin *m*
Periode F okres *m* **periodisch** periodyczny
Perle F perła *f* **Perlmutt** N masa *f* perłowa
Person F osoba *f* **Personal** N personel *m* **Personalabteilung** F dział *m* kadr **Personalausweis** M dowód *m* osobisty **Personenzug** M pociąg *m* osobowy
persönlich osobisty (-ście) **Persönlichkeit** F osobowość *f*; *pers* osobistość *f*
Perücke F peruka *f*
pervers perwersyjny
pessimistisch pesymistyczny
Pest F dżuma *f*
Petersilie F pietruszka *f*
Petroleum N nafta *f*
Pfad M ścieżka *f* **Pfadfinder(in)** M(F) harcerz *m*, harcerka *f*

Pfahl M pal *m*
Pfand N zastaw *m*
pfänden zajmować ⟨-jąć⟩
Pfandflasche F butelka *f* zwrotna
Pfändung F JUR zajęcie *n*
Pfanne F patelnia *f* **Pfannkuchen** M naleśnik *m*; (*Krapfen*) pączek *m*
Pfarrei F parafia *f* **Pfarrer(in)** M(F) proboszcz *m*
Pfau M paw *m*
Pfeffer M pieprz *m* **Pfefferkuchen** M piernik *m* **Pfefferminze** F mięta *f* pieprzowa
Pfeife F gwizdek *m*; (*Tabakspfeife*) fajka *f*
pfeifen ⟨za⟩gwizdać, gwizdnąć *pf*
Pfeil M strzała *f*; (*Richtungspfeil*) strzałka *f* **Pfeiler** M słup *m*, filar *m*
Pferd N koń *m* **Pferdeschwanz** M koński ogon *m*
Pfiff M gwizd *m*, świst *m*
Pfifferling M kurka *f*
Pfingsten N Zielone Świątki *pl* **Pfingstmontag** M poniedziałek *m* Zielonych Świątek Zielonych Świątek **Pfingstrose** F peonia *f* **Pfingstsonntag** M niedziela *f*
Pfirsich M brzoskwinia *f*
Pflanze F roślina *f* **pflanzen** ⟨po⟩sadzić
Pflaster N bruk *m*; MED plaster *m*
Pflaume F śliwka *f*; *Baum* śliwa *f* **Pflaumenmus** N powidła *pl* śliwkowe
Pflege F pielęgnacja *f*; (*Fürsorge*) opieka *f* **pflegen** pielęgnować; opiekować się (*akk inst*) **Pfleger(in)** M(F) pielęgniarz *m*, pielęgniarka *f* **Pflegeversicherung** F ubezpieczenie *n* pielęgnacyjne
Pflicht F obowiązek *m* **pflichtbewusst** obowiązkowy
Pflock M kołek *m*, palik *m*
pflücken zrywać ⟨zerwać⟩; *Beeren* zbierać ⟨zebrać⟩
pflügen ⟨za⟩orać
Pförtner(in) M(F) portier(ka) *m(f)*, dozorca *m*, dozorczyni *f*
Pfosten M słup *m*, słupek *m*
Pfote F łapa *f*
Pfropfen M korek *m*, zatyczka *f*
pfui! fe!
Pfund N funt *m*
pfuschen *umg* ⟨s⟩partaczyć
Pfütze F kałuża *f*
Phantasie F → Fantasie **phantastisch** → fantastisch
Phase F faza *f*
Philosophie F filozofia *f*
Photo *usw* → Foto
Phrase F fraza *f*; *fig* frazes *m*
Physik F fizyka *f* **physikalisch** fizyczny, fizykalny
physisch fizyczny
Pianist(in) M(F) pianista *m*, pianistka *f*
Pickel M pryszcz *m*
picken dziobać ⟨-bnąć⟩

Picknick N piknik *m*
piepsen piszczeć
Piercing N piercing *m*
pikant pikantny
Pilger M pielgrzym *m* **Pilgerfahrt** F pielgrzymka *f*
Pille F pigułka *f*
Pilot(in) M(F) pilot(ka) *m(f)*
Pils N pilzner *m*
Pilz M grzyb *m* **Pilzkrankheit** F grzybica *f* **Pilzvergiftung** F zatrucie *n* grzybami
PIN F PIN *m*
pink różowy (-wo)
pinkeln *umg* sikać
Pinsel M pędzel *m*
Pinzette F pęseta *f*
Piste F SPORT stok *m* (narciarski); szlak *m*, trasa *f*
Pizza F pizza *f* **Pizzaservice** M pizzeria *f* oferująca pizze z dostawą
Plage F plaga *f* **plagen**: **sich ~** męczyć się (**mit** *dat* nad *inst*)
Plakat N plakat *m*
Plan M plan *m*
Plane F plandeka *f*
planen ⟨za⟩planować
Planet M planeta *f*
planlos bezplanowy (-wo) **planmäßig** planowy (-wo) **Planung** F planowanie *n*
plappern paplać
Plastik¹ N plastik *m*
Plastik² F rzeźba *f*
plastisch plastyczny
Platin N platyna *f*
plätschern pluskać się; *Bach* szemrać
platt płaski (-ko); spłaszczony
plattdeutsch dolnoniemiecki
Platte F płyta *f*; GASTR półmisek *m*
Plattform F pomost *m*, platforma *f* **Plattfuß** M płaskostopie *n*; *umg* AUTO guma *f*
Platz M miejsce *n*; plac *m* SPORT boisko *n*
platzen pękać ⟨-knąć⟩
Platzkarte F miejscówka **Platzregen** M ulewa *f*, oberwanie *n* chmury **Platzreservierung** F rezerwacja *f* miejsca **Platzwunde** F pęknięcie *n* skóry
plaudern gawędzić
pleite: **~ sein** zbankrutować **Pleite** *umg* F plajta *f*
Plombe F plomba *f* **plombieren** ⟨za⟩plombować
Plötze F płoć *f*, płotka *f*
plötzlich nagły (-le)
plump niezgrabny
Plüsch M plusz *m* **Plüschtier** N pluszowe zwierzątko *n*
pöbeln *umg* zaczepiać ⟨-ić⟩ po chamsku
pochen pukać, kołatać
poetisch poetyczny
Pokal M puchar *m* **Pokalspiel** N SPORT mecz *m* o puchar
Pökelfleisch N mięso *n* peklowane
Pol M biegun *m*
polar polarny
Pole M Polak *m* **Polen** N Polska *f*

Police F polisa *f*
polieren ⟨wy⟩polerować
Polin F Polka *f*
Politik F polityka *f* **Politiker(in)** M(F) polityk *m* **politisch** polityczny
Politur F politura *f*
Polizei F policja *f* **Polizeirevier** N komisariat *m* policji **Polizeistreife** F patrol *m* policyjny
Polizist(in) M(F) policjant(ka) *m(f)*
polnisch polski (po -ku) **Polnisch** N polski *m*, język *m* polski; ~ **sprechen** mówić po polsku
Polstermöbel NPL meble *mpl* tapicerowane
Polterabend M wieczór *m* kawalersko-panieński
poltern gruchotać, łomotać
Pommern N Pomorze *n*
Pommes frites PL frytki *fpl*
Pony M grzywka *f*
Popcorn N popcorn *m*
Popmusik F muzyka *f* pop
populär popularny
Pore F *in der Haut* por *m*
pornografisch pornograficzny
porös porowaty (-to)
Porree M por *m*
Portal N brama *f*, portal *m*; IT portal *m*
Portemonnaie N portmonetka *f*
Portion F porcja *f*
Porto N porto *n*, opłata *f* pocztowa
Porträt N portret *m*
Portugal N Portugalia *f* **Portugiese** M Portugalczyk *m* **Portugiesin** F Portugalka *f* **portugiesisch** portugalski (po -ku)
Portwein M porto *n*
Porzellan N porcelana *f*
Posaune F puzon *m*
Pose F poza *f*
Position F pozycja *f*; (*Beruf*) stanowisko *n*
positiv pozytywny
Post® F poczta *f* **Postamt** N urząd *m* pocztowy **Postbank** F bank *m* pocztowy
Posten M posada *f*; MIL posterunek *m*; *Rechnung* pozycja *f*
Poster N *od* M plakat *m*
Postfach N skrytka *f* pocztowa **Postkarte** F pocztówka *f* **postlagernd** poste restante **Postleitzahl** F kod *m* pocztowy **Postscheckkonto** N pocztowe konto *n* czekowe **Poststempel** M stempel *m* pocztowy
Potenz F MED potencja *f*
potenzieren ⟨s⟩potęgować
Pracht F przepych *m*
prächtig okazały (-le)
Prädikat N GRAM orzeczenie *n*
prahlen chełpić się (**mit** *dat inst*) **prahlerisch** chełpliwy (-wie)
Praktik F praktyka *f* **Praktikant(in)** M(F) praktykant(ka)

m(f) **Praktikum** N staż m, praktyki fpl **praktisch** praktyczny **praktizieren** praktykować
Praline F pralinka f
prall wypchany; jędrny
prallen wpadać ⟨wpaść⟩ (**gegen** *akk* na *akk*), uderzać ⟨-rzyć⟩ (w *akk*)
Prämie F premia f
Präposition F GRAM przyimek m
Präservativ N prezerwatywa f
Präsident(in) M(F) prezydent m
Praxis F praktyka f
präzise precyzyjny
predigen wygłaszać ⟨-łosić⟩ kazanie **Predigt** F kazanie n
Preis M cena f; nagroda f **Preisausschreiben** N konkurs m z nagrodami
Preiselbeere F brusznica f
Preiserhöhung F podwyżka f cen, wzrost m cen **preisgünstig** niedrogi (-go) **Preisliste** F cennik m **Preisnachlass** M rabat m **Preissenkung** F obniżka f cen
Preisträger(in) M(F) laureat(ka) m(f)
Premiere F premiera f
Presse F prasa f (*a. Tech*)
Pressekonferenz F konferencja f prasowa
pressen TECH ⟨wy⟩tłoczyć; (*drücken*) przyciskać ⟨-snąć⟩
Pressluft F sprężone powietrze n
Preußen N Prusy *pl* **preußisch** pruski
Priester(in) M(F) kapłan(ka) m(f), ksiądz m
prima świetny, fajny; **~!** świetnie!
Primel F pierwiosnek m
primitiv prymitywny
Prinz M książę m **Prinzessin** F księżniczka f
Prinzip N zasada f **prinzipiell** zasadniczy (-czo)
Priorität F priorytet m
Prise F *Salz* szczypta f
Prisma N pryzmat m
privat prywatny
pro: **~ Person** na osobę; **~ Stück** za sztukę
Probe F próba f; HANDEL próbka f **Probefahrt** F jazda f próbna **probeweise** na próbę **Probezeit** F okres m próbny
probieren ⟨s⟩próbować (*akk gen*)
problematisch problematyczny
Produkt N produkt m; MATH iloczyn m **Produktion** F produkcja f **produktiv** wydajny
produzieren ⟨wy⟩produkować
Professor(in) M(F) profesor m
Profi M profesjonalista m
Profit M zysk m **profitieren** profitować
Prognose F prognoza f
Programm N program m
programmieren ⟨za⟩progra-

mować **Programmierer(in)** M(F) programista *m*, programistka *f*
Projekt N projekt *m*
prominent prominentny
Propeller M śmigło *n*
prophezeien przepowiadać ⟨-wiedzieć⟩
Prospekt M prospekt *m*
prost! na zdrowie!
Prostituierte F prostytutka *f*
Protest M protest *m* **protestieren** ⟨za⟩protestować
Prothese F proteza *f*
Protokoll N protokół *m*
protzen chełpić się
Provider M provider *m*
Provinz F prowincja *f*
Provision F prowizja *f*
provisorisch prowizoryczny
provozieren ⟨s⟩prowokować
Prozent N procent *m*
Prozess M proces *m* **prozessieren** procesować się
Prozession F procesja *f*
Prozessor M IT procesor *m*
prüde pruderyjny
prüfen ⟨z⟩badać, sprawdzać ⟨-dzić⟩; *pers* ⟨prze⟩egzaminować **Prüfung** F egzamin *m*
Prügelei F bójka *f* **prügeln** bić, tłuc (**sich** się)
PS N koń *m* mechaniczny
Psychiater(in) M(F) psychiatra *m*
psychisch psychiczny
Psychologe M psycholog *m*
Psychologin F psycholog *m*
psychologisch psychologiczny **psychosomatisch** psychosomatyczny
Pubertät F okres *m* dojrzewania
Publikum N publiczność *f*
Pudding M budyń *m*
Puder M puder *m*; MED zasypka *f* **pudern** pudrować (**sich** się)
Pullover M sweter *m*
Puls M tętno *n* **Pulsader** F tętnica *f* **Pulsschlag** M tętno *n*
Pulver N proszek *m*; (*Schießpulver*) proch *m*
Pumpe F pompa *f* **pumpen** pompować; *umg fig* pożyczać ⟨-czyć⟩
Pumps PL czółenka *npl*
Punkt M punkt *m*; *im Satz* kropka *f*
pünktlich punktualny
Pupille F źrenica *f*
Puppe F lalka *f*; ZOOL poczwarka *f*
pur czysty
Püree N piure *n*, purée *n*
Purzelbaum M koziołek *m*
pusten dmuchać ⟨-chnąć⟩
Pute(r) F(M) indyczka *f*, indyk *m*
Putz M ARCH tynk *m*
putzen ⟨wy⟩czyścić; **sich die Nase ~** wycierać ⟨wytrzeć⟩ (sobie) nos **Putzfrau** F sprzątaczka *f* **Putzlappen** M ścierka *f* **Putzmittel** F środek *m* czyszczący
Puzzle N puzzle *pl*
Pyjama M piżama *f*, pidżama *f*

Q

Quadrat N kwadrat *m* **quadratisch** kwadratowy (-wo) **Quadratmeter** M *od* N metr *m* kwadratowy
quaken rechotać; skrzeczeć
Qual F męka *f* **quälen** dręczyć, męczyć (**sich** się)
Qualität F jakość *f*
Qualle F meduza *f*
Qualm M dym *m* **qualmen** *Kerze* dymić; *umg* (*rauchen*) kopcić
Quantität F ilość *f*
Quarantäne F kwarantanna *f*
Quark M twaróg *m* **Quarkkuchen** M sernik *m*
Quartett N kwartet *m*
Quartier N kwatera *f*
Quatsch *umg* M bzdura *f* **quatschen** *umg* gadać, pleść
Quecksilber N rtęć *f*
Quelle F źródło *n* **quellen** VI ⟨na⟩pęcznieć; tryskać ⟨-snąć⟩
quer ADV w poprzek; wszerz **querfeldein** na przełaj
Querschnitt M przekrój *m* poprzeczny **querschnittsgelähmt** z porażeniem poprzecznym
Quetschung F MED zgniecenie *n*, zmiażdżenie *n*
quietschen piszczeć; *Tür* skrzypieć
Quirl M trzepaczka *f*
quitt: **wir sind ~** jesteśmy kwita
quittieren ⟨po⟩kwitować **Quittung** F pokwitowanie *n*, kwit *m*
Quiz N kwiz *m*, teleturniej *m*
Quote F udział *m*, ilość *f*

R

Rabatt M rabat *m*
Rabbi M rabbi *m*
Rabbiner M rabin *m*
Rabe M kruk *m*
rabiat rozjuszony; brutalny
Rache F zemsta *f*
Rachen M gardło *n*; *Tier* paszcza *f*
rächen ⟨po⟩mścić; **sich ~** ⟨ze⟩mścić się (**an** *dat* na *lok*)
Rachitis F krzywica *f*
Rad N koło *n*; (*Fahrrad*) rower *m*; **~ fahren** jeździć na rowerze
Radarkontrolle F kontrola *f* radarowa
Radfahrer(in) M(F) rowerzysta *m*, rowerzystka *f*
radieren wycierać ⟨-trzeć⟩ gumką **Radiergummi** N gumka *f* do wycierania **Radierung** F akwaforta *f*
Radieschen N rzodkiewka *f*
radikal radykalny

Radio N radio *n* ; **im ~** w radiu
radioaktiv promieniotwórczy
Radius M promień *m*
Radkappe F kołpak *m* koła **Radlerhose** F spodenki *pl* kolarskie **Radrennen** N wyścig *m* kolarski **Radsportler(in)** M(F) kolarz *m* **Radtour** F wycieczka *f* rowerowa **Radweg** M ścieżka *f* rowerowa
raffiniert *fig* wyrafinowany
Ragout N potrawka *f*
Rahm M śmietana *f*
Rahmen M rama *f*
Rakete F rakieta *f*
rammen wbijać ⟨-ić⟩; *Auto* ⟨s⟩taranować
ramponieren uszkadzać ⟨-dzić⟩, ⟨z⟩niszczyć
Ramsch *umg* M tandeta *f*
Rand M brzeg *m*, krawędź *f*, skraj *m*; margines *m*
randalieren awanturować się
Randstreifen M pobocze *n*
Rang M ranga *f*, stopień *m*; THEAT balkon *m*
rangieren V/I zajmować pozycję
ranken: **sich ~** piąć się
Ranzen M (*Schulranzen*) tornister *m*
ranzig zjełczały
Rappe M kary *m*
Raps M rzepak *m*
rar rzadki **Rarität** F rzadkość *f*, rarytas *m*
rasant bardzo szybki (-ko)
rasch szybki (-ko)
rascheln ⟨za⟩szeleścić
rasen szaleć; (*eilen*) pędzić, gnać
Rasen M murawa *f*; trawnik *m* **Rasenmäher** M kosiarka *f* do trawy
Rasierapparat M maszynka *f* do golenia **Rasiercreme** F krem *m* do golenia **rasieren** ⟨o⟩golić (**sich** się) **Rasierklinge** F żyletka *f* **Rasierwasser** N płyn *m* po goleniu
Raspel F tarka *f* **raspeln** GASTR ⟨u⟩trzeć na tarce
Rasse F rasa *f*
rasseln *Motor* ⟨za⟩warczeć
rassistisch rasistowski
Rast F odpoczynek *m*; postój *m* **rasten** odpoczywać ⟨-cząć⟩ **Raststätte** F restauracja *f* przy autostradzie
Rat M rada *f*; *pers* radny *m*
Rate F rata *f*
raten ⟨po⟩radzić; *Rätsel* zgadywać ⟨-dnąć⟩
Ratenkauf M kupno *n* na raty **Ratenzahlungen** FPL płatność *f* w ratach
Ratgeber M (*Berater*) doradca *m*; (*Buch*) poradnik *m*
Rathaus N ratusz *m*
Ration F racja *f*, porcja *f*
rationalisieren ⟨z⟩racjonalizować
ratlos bezradny **ratsam** wskazany
Rätsel N zagadka *f* **rätselhaft** zagadkowy (-wo)
Ratte F szczur *m*
rattern *Motor* ⟨za⟩warczeć

rau szorstki (-ko); *Klima* surowy; *Ton* ochrypły; *Oberfläche* nierówny
Raub M grabież *f*, rabunek *m* **rauben** ⟨z⟩rabować; (*kidnappen*) porywać ⟨-rwać⟩
Raubkopie F kopia *f* piracka **Raubmord** M morderstwo *n* na tle rabunkowym **Raubtier** N drapieżnik *m* **Raubüberfall** M napad *m* rabunkowy
Rauch M dym *m* **rauchen** V/T palić; V/I dymić (się) **Raucher(in)** M(F) palacz(ka) *m(f)*
Räucherlachs M łosoś *m* wędzony **räuchern** ⟨u⟩wędzić
Rauchmelder M czujka *f* dymowa **Rauchverbot** N zakaz *m* palenia **Rauchvergiftung** F zatrucie *n* czadem
Raum M przestrzeń *f*; (*Zimmer*) pomieszczenie *n*; (*Platz*) miejsce *n*
räumen usuwać ⟨-unąć⟩, uprzątać ⟨-tnąć⟩; *Wohnung* opróżniać ⟨-ić⟩
Raumfähre F prom *m* kosmiczny **Raumfahrt** F astronautyka *f*; podróż *f* kosmiczna **Rauminhalt** M pojemność *f*
räumlich przestrzenny
Räumung F usuwanie *n*; opróżnienie *n*
Raupe F gąsienica *f*
Raureif M szadź *f*, szron *m*
Rausch M zamroczenie *n*; *fig* upojenie *n*
rauschen ⟨za⟩szumieć
Rauschgift N narkotyk *m*; **~ nehmen** brać narkotyki **Rauschgiftsüchtige** F narkomanka *f* **Rauschgiftsüchtige(r)** M narkoman *m*
rausfliegen *umg* wylatywać ⟨-lecieć⟩
räuspern: **sich ~** odchrząkiwać ⟨-knąć⟩
Raute F romb *m*; BOT ruta *f*
reagieren ⟨za⟩reagować
Reaktion F reakcja *f*
real realny
realisieren ⟨z⟩realizować
realistisch realistyczny **Realität** F rzeczywistość *f*
Realschule F rodzaj szkoły ponadpodstawowej w Niemczech
Rebhuhn N kuropatwa *f*
Rechen M grabie *pl*
Rechenfehler M błąd *m* rachunkowy
rechnen ⟨po⟩liczyć; liczyć (auf *akk* na *akk*); zaliczać ⟨-czyć⟩ (**zu** *dat* do *gen*) **Rechner** M komputer *m* **Rechnung** F rachunek *m*
recht (*passend*) właściwy (-wie); (*richtig*) słuszny; *Winkel* prosty; **~ haben** mieć rację
Recht N prawo *n*; **mit ~** słusznie
Rechte F prawica *f*
Rechteck N prostokąt *m* **rechteckig** prostokątny
rechte(r) prawy
rechtfertigen usprawiedliwiać ⟨-wić⟩ (**sich** się) **rechtlich** prawny **rechtlos** pozba-

wiony praw **rechtmäßig** prawowity (-cie)
rechts po prawej stronie; **nach ~** na prawo; **von ~** z prawej strony
Rechtsanwalt M adwokat *m* **Rechtsanwältin** F adwokat *m*
Rechtschreibung F pisownia *f*
Rechtshänder(in) M(F) praworęczny *m*, praworęczna *f*
rechtskräftig prawomocny **Rechtsmittel** N środek *m* prawny
rechtsradikal skrajnie prawicowy
Rechtsschutzversicherung F ubezpieczenie *n* od kosztów ochrony prawnej **Rechtsstreit** M spór *m* prawny **rechtswidrig** bezprawny
rechtwinklig prostokątny **rechtzeitig** w porę, na czas, w terminie
Reck N drążek *m*
Recycling N recykling *m*
Redakteur(in) M(F) redaktor(ka) *m(f)* **Redaktion** F redakcja *f*
Rede F mowa *f*, przemówienie *n*
reden mówić, rozmawiać (**über** *akk*, **von** *dat* o *lok*)
Redewendung F zwrot *m*, wyrażenie *n*
redlich uczciwy (-wie), solidny
Redner(in) M(F) mówca *m*, mówczyni *f* **redselig** rozmowny
reduzieren ⟨z⟩redukować
reel → real
Reform F reforma *f* **Reformhaus** N sklep *m* ze zdrową żywnością **reformieren** ⟨z⟩reformować
Regal N półka *f*, regał *m*
rege żywy (-wo), ożywiony
Regel F reguła *f* **regelmäßig** regularny **regeln** ⟨u⟩regulować **Regelung** F uregulowanie *n*; regulacja *f*
Regen M deszcz *m* **Regenbogen** M tęcza *f* **Regenmantel** M płaszcz *m* przeciwdeszczowy **Regenschauer** M przelotne opady *mpl* **Regenschirm** M parasol *m*, parasolka *f* **Regenwald** M las *m* tropikalny **Regenwetter** N słota *f* **Regenwurm** M dżdżownica *f*
Regie F THEAT reżyseria *f*
regieren rządzić (*akk* *inst*); *Herrscher* panować **Regierung** F rząd *m*
Regiment N pułk *m*
Region F region *m* **regional** regionalny
Regisseur(in) M(F) reżyser(ka) *m(f)*
Register N rejestr *m*; skorowidz *m*
Regler M regulator *m*
regnen: **es regnet** pada deszcz **regnerisch** dżdżysty, deszczowy
regulieren ⟨wy⟩regulować
regungslos nieruchomy

(-mo); ADV *a.* bez ruchu

Reh N sarna *f* **Rehbraten** M pieczeń *f* z sarny

Reibe F tarka *f* **Reibeisen** N tarka *f*

reiben ⟨po⟩trzeć; V/I trzeć, ocierać **Reibung** F tarcie *n* **reibungslos** gładki (-ko), zgodny

reich bogaty (-to)

Reich N imperium *n*

reichen V/T podawać ⟨-dać⟩; sięgać (**bis** do *gen*)

reichhaltig bogaty (-to) **reichlich** obfity (-cie); ADV dość

Reichtum M bogactwo *n* **Reichweite** F zasięg *m*

reif dojrzały (-le) **Reife** F dojrzałość *f* **reifen** dojrzewać ⟨-eć⟩

Reifen M obręcz *f*; AUTO opona *f* **Reifenpanne** F przebicie *n* opony **Reifenwechsel** M wymiana *f* opon

Reifeprüfung F egzamin *m* dojrzałości, matura *f* **Reifezeugnis** N świadectwo *n* dojrzałości

Reihe F rząd *m*, szereg *m*; **der ~ nach** po kolei, kolejno **Reihenfolge** F kolejność *f* **Reihenhaus** N dom *m* szeregowy

Reiher M czapla *f*

Reim M rym *m* **reimen** rymować (**sich** się)

rein czysty (-to)

Reinfall M porażka *f*

Reinheit F czystość *f*

reinigen oczyszczać ⟨-yścić⟩, ⟨wy⟩czyścić **Reinigung** F czyszczenie *n*; *Betrieb* pralnia *f* chemiczna **Reinigungsmittel** N środek *m* czystości

Reis M ryż *m*

Reise F podróż *f*; **gute ~!** szczęśliwej podróży! **Reisebüro** N biuro *n* podróży **Reisebus** M autokar *m* **Reiseführer** M *pers* przewodnik *m*; (*Buch*) przewodnik *m* turystyczny **Reisegepäckversicherung** F ubezpieczenie *n* bagażu **Reiseführerin** F przewodniczka *f* **Reiseleiter(in)** M(F) pilot(ka) *m(f)* wycieczki

reisen podróżować; ⟨po⟩jechać (**nach** *dat*, **in** *akk* do *gen*) **Reisende** F podróżna *f* **Reisende(r)** M podróżny *m*

Reisepass M paszport *m* **Reisescheck** M czek *m* podróżny **Reisetasche** F torba *f* podróżna **Reiseveranstalter** M organizator *m* podróży **Reiseziel** N cel *m* podróży

reißen V/T ⟨po⟩rwać; V/I urywać ⟨urwać⟩ się **reißend** *Wasser* rwący **Reißverschluss** M zamek *m* błyskawiczny **Reißzwecke** F pinezka *f*

reiten jeździć konno **Reiter(in)** M(F) jeździec *m* **Reitpferd** N wierzchowiec *m* **Reitsport** M jeździectwo *n*

Reiz M bodziec *m*; *fig* urok *m*, wdzięk *m* **reizbar** drażliwy **reizen** V/T drażnić; (*verlocken*) ⟨z⟩nęcić, ⟨s⟩kusić **reizend** uroczy (-czo) **Reizung** F podrażnienie *n*
Reklamation F reklamacja *f* **Reklame** F reklama *f* **reklamieren** ⟨za⟩reklamować
Rekord M rekord *m*
relativ względny
relaxen ⟨z⟩relaksować się
Relief N płaskorzeźba *f*
Religion F religia *f* **religiös** religijny
Rennbahn F tor *m* wyścigowy **rennen** biegać, ⟨po⟩biec, *umg* ⟨po⟩lecieć, latać **Rennen** N wyścigi *pl* **Rennrad** N rower *m* wyścigowy **Rennstrecke** F trasa *f* wyścigu
renovieren odnawiać ⟨-nowić⟩ **Renovierung** F renowacja *f*
rentabel rentowny, dochodowy
Rente F emerytura *f*; renta *f* **Rentenalter** N wiek *m* emerytalny **Rentenversicherung** F ubezpieczenie *n* emerytalne
Rentier N renifer *m*
Rentner(in) M(F) rencista *m*, rencistka *f*
Reparatur F naprawa *f*, remont *m* **Reparaturwerkstatt** F warsztat *m* naprawczy
reparieren naprawiać ⟨-ić⟩, ⟨wy⟩remontować
Reportage F reportaż *f* **Reporter(in)** M(F) reporter(ka) *m(f)*
Republik F republika *f*
Reserve F rezerwa *f* **Reserverad** N koło *n* zapasowe
reservieren ⟨za⟩rezerwować
resignieren ⟨z⟩rezygnować
Respekt M respekt *m* **respektieren** respektować, szanować
Rest M reszta *f*; (*Überrest*) ostatek *m*, resztka *f*; **Reste** *pl* resztki *fpl*
Restaurant N restauracja *f*
restaurieren ⟨od⟩restaurować
restlos doszczętny
Resultat N wynik *m*, rezultat *m*
retten ⟨u⟩ratować (**sich** się), ocalać ⟨-lić⟩
Rettich M rzodkiew *f*
Rettung F ratunek *m*, ocalenie *n* **Rettungsboot** N łódź *f* ratunkowa **Rettungsring** M koło *n* ratunkowe **Rettungswagen** M karetka *f* pogotowia (ratunkowego)
Reue F skrucha *f*
revanchieren: **sich ~** ⟨z⟩rewanżować się
Revolution F rewolucja *f*
Revue F rewia *f*
Rezept N GASTR przepis *m*; MED, *fig* recepta *f*
Rezeption F recepcja *f*
rezeptpflichtig na receptę
Rhein M Ren *m*

Rheuma N reumatyzm *m*
Rhythmus M rytm *m*
richten ⟨s⟩kierować (**auf** *akk* na *akk*, **an** *akk* do *gen*); *Bitte usw* zwracać ⟨-rócić⟩ się (**an** *akk* do *gen* z *inst*); **sich ~** ⟨za⟩stosować się (**nach** *dat* do *gen*)
Richter(in) M(F) sędzia *m*
Richtgeschwindigkeit F zalecana prędkość *f* jazdy
richtig właściwy (-wie), słuszny
Richtigstellung F sprostowanie *n*
Richtlinie F wytyczna *f*, dyrektywa *f*
Richtung F kierunek *m*
riechen V/T ⟨po⟩wąchać; V/I pachnieć (**nach** *dat inst*)
Riegel M *Verschluss* rygiel *m*; zasuwa *f*, zasuwka *f*; (*Schokoriegel*) baton *m*, batonik *m*
Riemen M rzemień *m*; pas *m*
Riese M olbrzym *m*
rieseln sypać się
riesig olbrzymi
Riff N rafa *f*
Rille F bruzda *f*, rowek *m*
Rind N bydlę *n*; KOLL bydło *n*; (*Fleisch*) wołowina
Rinde F kora *f*; (*Brotrinde*) skórka *f*
Rinderbraten N pieczeń *f* wołowa **Rindfleisch** N wołowina *f*
Ring M pierścień *m*; (*Fingerring*) pierścionek *m*; (*Trauring*) obrączka *f*; SPORT ring *m*
ringen mocować się, zmagać się (**mit** z *inst*) **Ringen** N SPORT zapasy *pl* **Ringer(in)** M(F) SPORT zapaśnik *m*, zapaśniczka *f*
Ringfinger M palec *m* serdeczny
rings dookoła, dokoła, wokó(ł) (**um** *akk gen*) **ringsherum** na około, wokół **ringsum** → ringsherum
Rinne F rynna *f*, korytko *n*
rinnen ciec, sączyć się **Rinnstein** M rynsztok *m*
Rippchen NPL GASTR żeberka *npl*
Rippe F żebro *n* **Rippenfellentzündung** F zapalenie *n* opłucnej
Risiko N ryzyko *n*
riskant ryzykowny **riskieren** ⟨za⟩ryzykować
Riss M rozdarcie *n*; rysa *f* **rissig** popękany
Ritt M konna przejażdżka *f*
Ritter M rycerz *m*
Ritze F szpara *f* **ritzen** nacinać ⟨-ciąć⟩, wydrapywać ⟨-pać⟩; *Haut* zadrasnąć *pf*
Rivale M rywal *m* **Rivalin** F rywalka *f*
Robbe F foka *f*
Roboter M robot *m*
robust krzepki (-ko), wytrzymały
röcheln charczeć
Rock M spódnica *f*
Rockmusik F muzyka *f* rockowa
Rodelbahn F tor *m* saneczko-

wy **rodeln** jeździć na sankach
roden ⟨wy⟩karczować
Rogen M ikra *f*
Roggen M żyto *n* **Roggenbrot** N chleb *m* żytni
roh surowy (-wo); *fig* brutalny **Rohkostsalat** M surówka *f*
Rohr N rura *f*; BOT trzcina *f* **Rohrbruch** M pęknięcie *n* rury
Röhre F rura *f*, rurka *f*; (*Backröhre*) piekarnik *m*
Rohrleitung F rurociąg *m*
Rohstoff M surowiec *m*
Rolle F rolka *f*; krążek *m*; (*Papierrolle*) rulon *m*; rola *f* (*a.* THEAT)
rollen ⟨po⟩toczyć (*v/i* się)
Roller M hulajnoga *f*; skuter *m* **Rollerskates** MPL łyżworolki *fpl*
Rollkragen M golf *m* **Rollkragenpullover** M golf *m*
Rollladen M żaluzja *f* **Rollschinken** M baleron *m* **Rollstuhl** M wózek *m* inwalidzki **Rolltreppe** F schody *pl* ruchome
Roman M powieść *f*
Romantik F romantyzm *m* **romantisch** romantyczny
römisch rzymski **römisch-katholisch** rzymsko-katolicki
röntgen prześwietlać ⟨-lić⟩ **Röntgenbild** N zdjęcie *n* rentgenowskie **Röntgenuntersuchung** F badanie *n* rentgenowskie
rosa różowy (-wo)
Rose F róża *f*
Rosenkohl M brukselka *f* **Rosenkranz** M REL różaniec *m*
Rosine F rodzynek *m*
Rost[1] M rdza *f*
Rost[2] M ruszt *m* **Rostbraten** M pieczeń *f* z rusztu **Rostbratwurst** F kiełbasa *f* z rusztu
rosten ⟨za⟩rdzewieć
rösten *Brot* opiekać ⟨-ec⟩
rostig zardzewiały
rot czerwony (-no); *Haare* rudy; **~ werden** ⟨za⟩czerwienić się; **Rotes Kreuz** Czerwony Krzyż **Rot** N (*Signal*) czerwone światło *n*
Röte F *Gesicht* rumieniec *m* **röten**: **sich ~** ⟨za⟩czerwienić się
rothaarig rudowłosy
Rotkehlchen N rudzik *m* **Rotkohl** M, **Rotkraut** N kapusta *f* czerwona
Rotlichtviertel F dzielnica *f* czerwonych *od* różowych latarni
Rotstift M czerwony pisak *m* **Rotwein** M czerwone wino *n*
Roulade F rolada *f*
Route F trasa *f*
Routine F rutyna *f*
Rowdy M chuligan *m*
Rübe F rzepa *f*
rücken przesuwać ⟨-unąć⟩, posuwać ⟨-unąć⟩ (*v/i* się)
Rücken M grzbiet *m*, plecy *pl* **Rückenlehne** F oparcie *n* **Rückenschmerzen** F bóle *mpl* pleców

Rückfahrkarte F bilet *m* powrotny **Rückfahrt** F powrót *m*, jazda *f* powrotna **Rückfall** M recydywa *f*; MED nawrót *m* choroby **Rückflug** M lot *m* powrotny **Rückgabe** F zwrot *m* **Rückgang** M spadek *m*, zmniejszenie *n* się **rückgängig**: ~ **machen** anulować *pf* **Rückgrat** N kręgosłup *m* **Rückkehr** F powrót *m* **Rücklicht** N światło *n* tylne

Rucksack M plecak *m*

Rückschlag N odbicie *n*; *fig* zmiana *f* na gorsze **Rückschritt** M regresja *f* **Rückseite** F odwrotna strona *f*

Rücksicht F wzgląd *m*; **mit ~ auf** ze względu na **rücksichtslos** bezwzględny

Rückspiegel M lusterko *n* wsteczne **Rückspiel** N rewanż *m*; mecz *m* rewanżowy

Rückstand M zaległość *f* **rückständig** *fig* zacofany **Rückständigkeit** F zacofanie *n*

Rücktritt M ustąpienie *n*, dymisja *f*

rückwärts wstecz **Rückwärtsgang** M bieg *m* wsteczny

Rückweg M droga *f* powrotna

rückwirkend działający wstecz (**von** *dat* od *gen*)

Rudel N stado *n*

Ruder N wiosło *n*; (*Steuer*) ster *m* **Ruderboot** N łódź *f* wiosłowa **Ruderer** M wioślarz *m* **Ruderin** F wioślarka *f* **rudern** wiosłować

Ruf M (za)wołanie *n*; *fig* opinia *f*, reputacja *f* **rufen** ⟨za⟩wołać; wzywać ⟨wezwać⟩ **Rufname** M imię *n*

Rüge F nagana *f*

Ruhe F spokój *m*; (*Erholung*) odpoczynek *m* **ruhen** spoczywać, odpoczywać ⟨-cząć⟩ **Ruhestand** M emerytura *f* **Ruhetag** M dzień *m* wolny od pracy

ruhig spokojny

Ruhm M sława *f*, chwała *f* **rühmen** sławić, chwalić

Rührei N jajecznica *f*

rühren ruszać ⟨-szyć⟩ (**sich** się); (*umrühren*) ⟨za⟩mieszać; *fig* wzruszać ⟨-szyć⟩ **rührend** wzruszający (-co) **rührig** obrotny **Rührung** F wzruszenie *n*

Ruin M ruina *f* **Ruine** F ruiny *fpl* **ruinieren** ⟨z⟩rujnować

rülpsen *umg* bekać ⟨-knąć⟩, odbijać się

Rum M rum *m*

Rumäne M Rumun *m* **Rumänien** N Rumunia *f* **Rumänin** F Rumunka *f* **rumänisch** rumuński (po -ku)

Rummel *umg* M rejwach *m* **Rummelplatz** M wesołe miasteczko *n*

Rumpf M tułów *m*

rümpfen: **die Nase ~** kręcić nosem

rund okrągły (-ło) **Runde** F

kolejka *f*; SPORT okrążenie *n*; runda *f* **Rundfahrt** F wycieczka *f* (autokarem), przejażdżka *f*
Rundfunk M radiofonia *m*; radio *n* **Rundfunksendung** F audycja *f* radiowa **Rundfunksprecher(in)** M(F) spiker *m* radiowy, spikerka *f* radiowa
Rundgang M obchód *m*
rundherum dokoła
Rundreise F wycieczka *f* objazdowa **Rundschreiben** N okólnik *m*
Rüpel M cham *m*, gbur *m*
rupfen ⟨o⟩skubać
Ruß M sadza *f*
Russe M Rosjanin *m*
Rüssel M ryj *m*, ryjek *m*; *Elefant* trąba *f*
Russin F Rosjanka *f* **russisch** rosyjski (po -ku) **Russland** N Rosja *f*
rüsten: **sich ~** szykować się, przygotowywać ⟨-ować⟩ się (**für** *akk*, **zu** *dat* do *gen*)
rüstig krzepki (-ko)
Rute F rózga *f*
Rutsch M: **guten ~!** do siego roku! **Rutschbahn** F zjeżdżalnia *f*; *Eis* ślizgawka *f* **Rutsche** F zsuwnia *f* **rutschen** ślizgać się; *Erde* obsuwać ⟨-unąć⟩ się **rutschig** śliski
rütteln trząść, potrząsać

S

s. patrz
S. str.
Saal M sala *f*
Saarland N Kraj *m* Saary
Saat F (za)siew *m* **Saatgut** N materiał *m* siewny, nasiona *npl*
Sachbearbeiter(in) M(F) referent(ka) *m(f)*
Sache F rzecz *f*; *fig* sprawa *f* **Sachkenntnis** F znajomość *f* rzeczy **sachkundig** kompetentny **sachlich** rzeczowy (-wo)
sächlich GRAM nijaki
Sachschaden M szkoda *f* materialna
Sachsen N Saksonia *f* **Sachsen-Anhalt** N Saksonia--Anhalt *f*
sächsisch saski
Sachverhalt M stan *m* rzeczy **Sachverständige** F rzeczoznawca *m*, biegła *f* **Sachverständige(r)** M rzeczoznawca *m*, biegły *m*
Sack M worek *m* **Sackgasse** F ślepa uliczka *f*
säen ⟨za⟩siać
Safe M sejf *m*
Saft M sok *m* **saftig** soczysty (-ście)
Sage F podanie *n*, legenda *f*
Säge F piła *f* **Sägemehl** N

trociny *pl*
sagen mówić ⟨powiedzieć⟩
sägen piłować **Sägewerk** N tartak *m*
Sahne F śmietana *f*, śmietanka *f* **Sahnetorte** F tort *m* z kremem śmietanowym
Saison F sezon *m* **Saisonarbeiter(in)** M(F) robotnik *m* sezonowy, robotnica *f* sezonowa
Saite F struna *f* **Saiteninstrument** N instrument *m* strunowy
Sakko M marynarka *f*
Salami F salami *n*
Salat M sałatka *f*; (*Kopfsalat*) sałata *f* **Salatschüssel** F salaterka *f* **Salatsoße** F sos *m* sałatkowy
Salbe F maść *f*
Salbei M szałwia *f*
salopp niedbały (-le)
Salz N sól *f*
salzarm zawierający mało soli
salzen ⟨po⟩solić **salzig** słony (-no)
Salzsäure F kwas *m* solny
Salzstange F słony paluszek *m* **Salzstreuer** M solniczka *f*
Same(n) M nasienie *n*
sammeln zbierać ⟨zebrać⟩
Sammler(in) M(F) zbieracz(ka) *m(f)* **Sammlung** F zbiórka *f*; *im Museum* zbiór *m*, kolekcja *f*
Samstag M sobota *f*
Samt M aksamit *m*
sämtliche wszystkie, wszyscy
Sand M piasek *m*
Sandale F sandał *m*
Sandbank F mielizna *f* **sandig** piaszczysty (-to) **Sandkasten** M piaskownica *f*
sanft łagodny
Sänger(in) M(F) śpiewak *m* śpiewaczka *f*
sanieren remontować, dokonywać ⟨-nać⟩ renowacji HANDEL ⟨z⟩restrukturyzować uzdrawiać ⟨-rowić⟩
sanitär sanitarny **Sanitäter(in)** M(F) sanitariusz(ka) *m(f)*
Sardine F sardynka *f*
Sarg M trumna *f*
Satan M szatan *m*
Satellit M satelita *m* **Satellitenfernsehen** N telewizja *f* satelitarna **Satellitenschüssel** F antena *f* satelitarna
Satire F satyra *f* **satirisch** satyryczny
satt syty; ADV do syta; **~ werden** nasycać ⟨-cić⟩ się; *fig* **es ~ haben** mieć dość (*akk gen*)
Sattel M siodło *n*
sättigen ⟨na⟩sycić
Satz M komplet *m*, zestaw *m*; GRAM zdanie *n*; (*Steuersatz*) stawka *f*; SPORT set *m* **Satzung** F statut *m*
Sau F maciora *f*
sauber czysty (-to) **Sauberkeit** F czystość *f*
säubern ⟨wy⟩czyścić
sauer kwaśny (-no); GASTR *a.* kiszony; *Milch* zsiadły; **~ werden** ⟨s⟩kwaśnieć; *fig* rozzłościć się *pf*
Sauerkirsche F wiśnia *f* **Sau-**

erkraut N kiszona kapusta *f* **Sauerstoff** M tlen *m*
saufen *pop* chlać **Säufer(in)** *pop* M(F) pijak *m*, pijaczka *f*
saugen ssać **Sauger** M smoczek *m*
Säugetier N ssak *m* **Säugling** M niemowlę *n*
Säule F kolumna *f*; (*Rauchsäule*) słup *m*
Saum M obręb *m*
säumen V/T obrębiać ⟨-ić⟩; *Straße* otaczać
Sauna F sauna *f*
Säure F kwas *m*
S-Bahn® F szybka kolej *f* miejska
scannen ⟨ze⟩skanować **Scanner** M skaner *m*
schäbig nędzny; *Kleidung* wytarty
Schach N szachy *pl* **Schachbrett** N szachownica *f* **Schachfigur** F figura *f* szachowa **schachmatt** szach mat **Schachspieler(in)** M(F) szachista *m*, szachistka *f*
Schacht M BERGB, TECH szyb *m*
Schachtel F pudło *n*, pudełko *n*
schade szkoda (**um** *akk gen*)
Schädel M czaszka *f* **Schädelbruch** M pęknięcie *n* czaszki
schaden ⟨za⟩szkodzić **Schaden** M szkoda *f* **Schadenersatz** M odszkodowanie *n*, wyrównanie *n* strat **Schadenfreude** F radość *f* z cudzego nieszczęścia
schadhaft uszkodzony
schädigen ⟨za⟩szkodzić (*akk dat*) **schädlich** szkodliwy (-wie) **Schädling** M szkodnik *m*
Schadstoff M substancja *f* szkodliwa **schadstoffarm** o niskiej zawartości substancji szkodliwych
Schaf N owca *f* **Schafbock** M baran *m*
Schäfer(in) M(F) owczarz *m* **Schäferhund** M owczarek *m*
schaffen V/T ⟨z⟩robić, wykonywać ⟨-nać⟩; dokonywać ⟨-nać⟩ (*akk gen*); **es nicht ~** nie dać rady
Schaffner(in) M(F) konduktor(ka) *m(f)*
Schafskäse M ser *m* owczy
Schaft M trzonek *m*; *Stiefel* cholewa *f*
Schafwolle F wełna *f* owcza **Schafzucht** F hodowla *f* owiec
schal zwietrzały
Schal M szal(ik) *m*
Schale F (*Schüssel*) miska *f*, salaterka *f*; (*Eierschale*) skorupka *f*; (*Nussschale*) łupina *f*; *Obst* skórka *f*
schälen obierać ⟨obrać⟩ (ze skórki)
Schall M dźwięk *m* **Schalldämpfer** M tłumik *m* (dźwięku)
Schaltbrett N tablica *f* roz-

dzielcza
schalten ELEK łączyć; przełączać ⟨-czyć⟩; AUTO włączać ⟨-czyć⟩ bieg
Schalter M ELEK przełącznik *m*, wyłącznik *m*; (*Bankschalter*) okienko *n* **Schalterhalle** F sala *f* kasowa **Schaltjahr** N rok *m* przestępny **Schaltknüppel** M AUTO dźwignia *f* zmiany biegów **Schaltung** F układ *m* elektryczny; AUTO skrzynia *f* biegów; *Fahrrad* przerzutka *f*
schämen: **sich ~** wstydzić się (**wegen** *gen* z powodu *gen*)
schamhaft wstydliwy (-wie)
schamlos bezwstydny
Schande F hańba *f*
schändlich haniebny
Schanze F SPORT skocznia *f*
Schar F gromada *f*; oddział *m*, zastęp *m* **scharen** ⟨z⟩gromadzić (**sich** się)
scharf *a. fig* ostry (-ro); **auf etwas ~ sein** mieć ochotę na coś
Schärfe F ostrość *f* **schärfen** ⟨na⟩ostrzyć
scharfsinnig bystry
Scharlach M MED płonica *f*, szkarlatyna *f*
Scharnier N zawias *m*
Schaschlik N szaszłyk *m*
Schatten M cień *m* **schattig** cienisty (-ście)
Schatz M skarb *m*
schätzen oceniać ⟨-ić⟩, ⟨o⟩szacować; (*achten*) cenić
Schatzkammer F skarbiec *m*
Schatzmeister M skarbnik *m*
Schätzung F (o)szacowanie *n* **schätzungsweise** szacunkowo, w przybliżeniu
Schau F rewia *f*, pokaz *m*; (*Ausstellung*) wystawa *f*
schauderhaft okropny, przerażający (-co)
schauen ⟨po⟩patrzeć, spoglądać ⟨spojrzeć⟩
Schauer M dreszcz; ~ *pl* przelotne opady *mpl*
Schaufel F szufla *f* **schaufeln** szuflować; *Loch* ⟨wy⟩kopać
Schaufenster N okno *n* wystawowe
Schaukel F huśtawka *f* **schaukeln** huśtać (się), kołysać (się) **Schaukelstuhl** M fotel *m* bujany
Schaum M piana *f* **Schaumbad** N kąpiel *f* z pianą
schäumen pienić się; *Wein* musować
Schaumgummi M guma *f* piankowa **Schaumwein** M wino *n* musujące
Schauplatz M widownia *f* **Schauspiel** N przedstawienie *n*, widowisko *n* **Schauspieler(in)** M(F) aktor(ka) *m(f)*
Scheck M czek *m*
scheckig łaciaty
Scheckkarte F karta *f* czekowa
Scheibe F plasterek *m*; *Brot* kromka *f*; (*Glasscheibe*) szyba

f; TECH tarcza *f*; SPORT dysk *m* **Scheibenwischer** M wycieraczka *f* (szyb)

Scheide F pochwa *f* (*a.* ANAT)

scheiden V/T oddzielać ⟨-lić⟩; *Ehe* rozwodzić ⟨-wieść⟩, udzielać ⟨-lić⟩ rozwodu; **sich ~ lassen** rozwieść się **Scheidung** F JUR rozwód *m*

Schein[1] M zaświadczenie *n*; świadectwo *n*; (*Geldschein*) banknot *m*

Schein[2] M blask *m*, światło *n*; *fig* **zum ~** dla pozoru **scheinbar** pozorny; ADV na pozór **scheinen** świecić; *fig* wydawać ⟨-dać⟩ się **scheinheilig** obłudny

Scheinwerfer M reflektor *m*

Scheiße F *pop* gówno *n*; **~!** cholera!

Scheitel M przedziałek *m*

scheitern nie powieść się *pf*

Schema N schemat *m* **schematisch** schematyczny

Schemel M stołek *m*, taboret *m*

Schenkel M ANAT udo *n*

schenken podarować *pf*

Scherbe F skorupa *f*

Schere F nożyce *pl*; ZOOL kleszcze *pl* **scheren** ⟨o⟩strzyc

Scherereien *umg* FPL kłopoty *mpl*

Scherz M żart *m* **scherzen** ⟨za⟩żartować (**über** *akk* z *gen*) **scherzhaft** żartobliwy (-wie)

scheu bojaźliwy (-wie); *Tier* płochliwy

scheuchen ⟨wy⟩płoszyć

scheuen V/I ⟨s⟩płoszyć się (**vor** *dat gen*); V/T unikać (*gen*), stronić (od *gen*); **sich ~** nie śmieć

scheuern obcierać ⟨obetrzeć⟩; *Boden* ⟨wy⟩szorować **Scheuertuch** N ścierka *f* do szorowania

Scheune F stodoła *f*

scheußlich szkaradny, potworny

Schicht F warstwa *f*; *Arbeit* zmiana *f*

schichten układać ⟨ułożyć⟩ warstwami

schick szykowny

schicken posyłać ⟨-słać⟩, wysyłać ⟨-słać⟩

Schicksal N los *m*

Schiebedach N szyberdach *m*

schieben *Möbel* przesuwać ⟨-unąć⟩; *Auto* pchać ⟨popchnąć⟩

Schieber M zasuwa *f*; *pers* spekulant *m* **Schiebetür** F drzwi *pl* przesuwane

Schiedsgericht N sąd *m* polubowny **Schiedsrichter(in)** M(F) SPORT sędzia *m*

schief krzywy (-wo); ukośny **Schiefer** M łupek *m*

schiefgehen *umg* nie udać się *pf*

schielen zezować

Schienbein N piszczel *f od m* **Schiene** F BAHN, MED szyna *f*

schießen strzelać ⟨-lić⟩
Schießerei F strzelanina *f* **Schießscheibe** F tarcza *f* strzelnicza **Schießsport** M strzelectwo *n* **Schießstand** M strzelnica *f*
Schiff N statek *m*, okręt *m* **Schifffahrt** F żegluga *f* **Schiffsreise** F podróż *f* statkiem
Schikane F szykana *f* **schikanieren** szykanować
Schild N szyld *m*, wywieszka *f*
Schilddrüse F tarczyca *f*
schildern opisywać ⟨-sać⟩
Schildkröte F żółw *m*
Schilfrohr N trzcina *f*
schillern mienić się
Schimmel M BOT pleśń *f*; *Pferd* siwek *m* **schimmelig** spleśniały **schimmeln** ⟨s⟩pleśnieć
Schimmer M (słaby) blask *m*, poświata *f* **schimmern** połyskiwać; (*durchschimmern*) przeświecać
schimpfen V/I kląć; wymyślać (**auf** *akk dat*); pomstować (na *akk*)
Schimpfwort N wyzwisko *n*
Schindel F gont *m*
Schinken M szynka *f*
Schippe F łopata *f*
Schirm M parasol *m*, parasolka *f*; (*Bildschirm*) ekran *m*; *Mütze* daszek *m*
Schlacht F bitwa *f*
schlachten zarzynać ⟨-rżnąć⟩ **Schlachter(in)** M(F) rzeźnik *m* **Schlachthof** M rzeźnia *f*
Schlacke F żużel *m*
Schlaf M sen *m* **Schlafanzug** M piżama *f*, pidżama *f* **Schlafcouch** F tapczan *m*
Schläfe F skroń *f*
schlafen spać **schlafend** śpiący (-co)
schlaff obwisły, luźny (-no)
Schlaflosigkeit F bezsenność *f* **Schlafmittel** N środek *m* nasenny
schläfrig senny
Schlafsack M śpiwór *m* **Schlaftablette** F tabletka *f* nasenna **Schlafwagen** M wagon *m* sypialny **Schlafzimmer** N sypialnia *f*
Schlag M uderzenie *n*; (*Hieb*) raz *m*, cios *m* **Schlagader** F tętnica *f* **Schlaganfall** M udar *m* mózgu **Schlagbaum** M szlaban *m*
schlagen V/T *a. Rekord usw* ⟨po⟩bić; uderzać ⟨-rzyć⟩ (*a.* **an** *akk* o *akk*; **sich** się); *Baum* zrąbać *pf*; V/I *Uhr, Herz* bić
Schlager M przebój *m*, szlagier *m*
Schläger M (*Tennisschläger*) rakieta *f*; (*Golfschläger*) kij *m*
Schlägerei F bójka *f*
schlagfertig cięty, błyskotliwy (-wie)
Schlagloch N wybój *m* **Schlagsahne** F bita śmietana *f* **Schlagzeile** F nagłówek *m* **Schlagzeug** N MUS perkusja *f*

Schlamm M szlam *m*, muł *m* **schlammig** mulisty **schlampig** niechlujny **Schlange** F wąż *m*; (*Warteschlange*) kolejka *f*; **~ stehen** stać w kolejce **schlängeln**: **sich ~** wić się **schlank** szczupły (-ło), smukły (-ło)

schlapp osłabiony **Schlappe** F fiasko *n*, *umg* klapa *f*

schlau chytry (-rze)

Schlauch M (*Gartenschlauch*) wąż *m*; AUTO dętka *f* **Schlauchboot** N ponton *m*

Schlaufe F pętelka *f*

schlecht zły (źle), marny; **mir wird ~** robi mi się niedobrze **schlechter** gorszy (-rzej)

Schlei M lin *m*

schleichen skradać się; *umg* (*langsam gehen*) wlec się

Schleier M welon *m* **schleierhaft** zagadkowy (-wo)

Schleife F kokarda *f*; (*Kurve*) pętla *f* **schleifen** *Messer* ⟨na⟩ostrzyć; *Glas* ⟨o⟩szlifować **Schleifstein** M osełka *f*

Schleim M śluz *m*

Schleimhaut F błona *f* śluzowa **schleimig** śluzowaty (-to); *fig* pochlebczy

schlendern spacerować, przechadzać się

schleppen ciągnąć, wlec; *Auto, Schiff* holować

Schlepper M ciągnik *m*; SCHIFF holownik *m* **Schlepptau** N lina *f* holownicza

Schlesien N Śląsk *m* **Schlesier(in)** M(F) Ślązak *m*, Ślązaczka *f* **schlesisch** śląski (po -ku)

Schleuder F proca *f*; (*Wäscheschleuder*) wirówka *f* **schleudern** ciskać ⟨-snąć⟩; V/I *Auto* zarzucać ⟨-cić⟩ **Schleudersitz** M FLUG fotel *m* wyrzucany

schleunigst czym prędzej, natychmiast

Schleuse F śluza *f*

schlicht skromny, prosty (-to)

schlichten *Streit* ⟨za⟩łagodzić

schließen zamykać ⟨-mknąć⟩; *Ehe, Vertrag* zawierać ⟨-wrzeć⟩; *fig* ⟨wy⟩wnioskować (**aus** *dat* z *gen*); V/I ⟨za⟩kończyć (**mit** *dat* *inst*)

Schließfach N *für Gepäck* skrytka *f* na bagaż; (*Postfach*) skrytka *f* pocztowa **schließlich** wreszcie, w końcu **Schließung** F zamknięcie *n*

Schliff M *fig* ogłada *f*

schlimm zły (źle) **schlimmstenfalls** w najgorszym razie

Schlinge F pętla *f*; (*Falle*) sidła *npl*; MED temblak *m* **Schlingpflanze** F pnącze *n*

Schlips M krawat *m*

Schlitten M sanie *pl*, sanki *pl* **Schlittenfahrt** F sanna *f*

Schlittschuh M łyżwa *f*; **~ laufen** jeździć na łyżwach **Schlittschuhläufer(in)** M(F) łyżwiarz *m*, łyżwiarka *f*

Schlitz M (*Hosenschlitz*) rozpo-

rek *m*; (*Münzschlitz*) szczelina *f*
Schloss N zamek *m*
Schlosser(in) M(F) ślusarz *m*
Schlosserei F ślusarnia *f*
Schlucht F wąwóz *m*, jar *m*
schluchzen łkać, szlochać
Schluck M łyk *m* **Schluckauf** M czkawka *f*
schlucken połykać ‹-łknąć›
Schlummer M drzemka *f*
schlummern drzemać
Schlund M gardziel *f*; *fig* otchłań *f*
schlüpfen *Küken* wykluwać ‹-uć› się; (*anziehen*) wkładać ‹włożyć› (**in** *akk akk*) **schlüpfrig** śliski (-ko)
Schlupfwinkel M kryjówka *f*
schlürfen siorbać
Schluss M koniec *m*, zakończenie *n*; (*Folgerung*) wniosek *m*; **bis zum ~** do końca; **zum ~** na zakończenie
Schlüssel M klucz *m* **Schlüsselbein** N obojczyk *m*
Schlüsselbund M pęk *m* kluczy **Schlüsselloch** N dziurka *f* od klucza
Schlusslicht N światło *n* tylne
Schlussverkauf M wyprzedaż *f*
schmächtig szczupły (-le), drobny (-no)
schmachvoll haniebny
schmackhaft smaczny
schmal wąski (-ko)
schmälern *Anteil* uszczuplać ‹-lić›; *Rechte* ograniczać ‹-czyć›
Schmalz N smalec *m*
Schmarotzer(in) M(F) pasożyt *m*; *pers a.* darmozjad *m*
schmatzen mlaskać
schmecken smakować
Schmeichelei F pochlebstwo *n* **schmeichelhaft** pochlebny **schmeicheln** pochlebiać ‹-ić›
schmeißen V/T ciskać ‹-snąć›; *umg Runde* stawiać ‹postawić›
schmelzen V/I ‹roz›topić się, ‹s›topnieć; V/T roztapiać ‹-topić›
Schmelzkäse M ser *m* topiony
Schmerz M ból *m* **schmerzen** boleć; **es schmerzt mich** boli mnie **schmerzhaft** bolesny (-śnie) **schmerzlich** bolesny (-śnie)
Schmerzmittel N środek *m* przeciwbólowy
schmerzstillend przeciwbólowy (-wo)
Schmetterling M motyl *m*
schmettern V/T trzaskać ‹-snąć›; SPORT ścinać ‹ściąć›; MUS rozbrzmiewać
Schmied M kowal *m* **schmieden** ‹wy›kuć; **Pläne ~** snuć plany
schmiegen: **sich ~** przytulać ‹-lić› się (**an** *akk* do *gen*)
schmiegsam elastyczny; *Körper* gibki
Schmiere F smar *m* **schmieren** ‹po›smarować; *fig* dawać ‹dać› łapówkę **Schmiererei**

F bazgranina *f* **Schmiergeld** N *umg* łapówka *f*

Schminke F makijaż *f*, szminka *f* **schminken** ⟨z⟩robić makijaż (**sich** sobie), malować (**sich** się)

Schmirgelpapier N papier *m* ścierny

schmollen dąsać się

Schmorbraten M pieczeń *f* duszona **schmoren** V/T GASTR ⟨u⟩dusić

Schmuck M ozdoba *f*; (*Juwelen*) biżuteria *f*

schmücken ⟨przy⟩ozdabiać (**mit** *dat inst*); **sich** ~ stroić się

Schmuggel M przemyt *m* **schmuggeln** przemycać ⟨-cić⟩ **Schmuggler(in)** M(F) przemytnik *m*, przemytniczka *f*

schmunzeln uśmiechać ⟨-chnąć⟩ się

schmusen pieścić się

Schmutz M brud *m* **schmutzig** brudny (-no)

Schnabel M dziób *m*

Schnake F komar *m*

Schnalle F sprzączka *f*

schnalzen *Zunge* mlaskać ⟨-snąć⟩; *Finger* pstrykać ⟨-knąć⟩

Schnäppchen N okazyjny zakup *m*

schnappen ⟨z⟩łapać (**nach** *dat akk*); *Luft* zaczerpnąć *pf* (*gen*); *Schloss* zatrzasnąć się *pf* **Schnappschuss** M migawka *f*

Schnaps M wódka *f*

schnarchen chrapać

schnattern *Ente* kwakać; *Gans* gęgać

schnaufen sapać, dyszeć

Schnauzbart M wąsy *mpl* **Schnauze** F pysk *m*, morda *f*

Schnecke F ślimak *m*

Schnee M śnieg *m* **Schneeball** M śnieżka *f* **Schneeflocke** F płatek *m* śniegu **Schneeketten** FPL łańcuchy *mpl* przeciwślizgowe **Schneematsch** M topniejący śnieg *m* **Schneeräumung** F odśnieżanie *n* **Schneeregen** M deszcz *m* ze śniegiem **Schneesturm** M zamieć *f* śnieżna

schneeweiß śnieżnobiały (-ło)

Schneide F ostrze *n* **schneiden** ⟨po⟩krajać, ⟨po⟩ciąć; *Haare* ⟨o⟩strzyc

Schneider(in) M(F) krawiec *m*, krawcowa *f*

Schneidezahn M siekacz *m*

schneien: **es schneit** pada śnieg

Schneise F przesieka *f*

schnell szybki (-ko) **schneller** szybszy (-bciej)

Schnellhefter M skoroszyt *m* **Schnelligkeit** F szybkość *f* **Schnellimbiss** M bar *m* szybkiej obsługi **Schnellstraße** F droga *f* szybkiego ruchu

Schnipsel M skrawek *m*

Schnitt M cięcie *n*; (*Kleiderschnitt*) krój *m*

Schnitte F kromka *f*

Schnittkäse M ser *m* w plastrach **Schnittlauch** M szczypiorek *m* **Schnittwunde** F rana *f* cięta
Schnitzel N sznycel *m*
schnitzen ⟨wy⟩rzeźbić
Schnitzerei F rzeźba *f*
Schnorchel F rurka *f* oddechowa **schnorcheln** nurkować z rurką oddechową
schnüffeln węszyć
Schnuller M smoczek *m*
Schnupfen M katar *m*
schnuppern ⟨po⟩wąchać (**an** *dat akk*)
Schnur F sznur *m*, sznurek *m*
schnüren związywać ⟨-zać⟩ sznurkiem; *Schuh* ⟨za⟩sznurować
Schnurrbart M wąsy *mpl*
schnurren *Katze* mruczeć
Schnürschuh M but *m* sznurowany **Schnürsenkel** M sznurowadło *n*
Schober M sterta *f*, stóg *m*
Schock M szok *m* **schockieren** ⟨za⟩szokować
Schokolade F czekolada *f*
Schokoriegel M baton *m* czekoladowy
Scholle[1] F bryła *f*; (*Eisscholle*) kra *f*
Scholle[2] F (*Fisch*) gładzica *f*
schon już; **~ wieder** znowu
schön piękny, ładny; **~!** ładnie!
schonen oszczędzać (**sich** się)
schonend delikatny, ostrożny
Schönheit F piękność *f*
Schonkost F żywność *f* dietetyczna **Schonung** F oszczędzanie *n* (się); (*Waldschonung*) szkółka *f* leśna **Schonzeit** F okres *m* ochronny
Schopf M *Vögel* czub *m*; (*Haar*) czupryna *f*
schöpfen czerpać ⟨zaczerpnąć⟩; nabierać ⟨-brać⟩ (*akk gen*) **Schöpfer** M twórca *m*; REL Stwórca *m* **Schöpferin** F twórczyni *f* **schöpferisch** twórczy (-czo) **Schöpfung** F REL stworzenie *n*
Schoppen M kwarta *f* wina
Schorf M strup *m*
Schorle F sok *m* jabłkowy *od* wino *n* z wodą mineralną
Schornstein M komin *m*
Schornsteinfeger M kominiarz *m*
Schoß M łono *n*; **auf dem ~** na kolanach
Schote F strączek *m*, strąk *m*
Schotte M Szkot *m*
Schotter M tłuczeń *m*; żwir *m*
Schottin F Szkotka *f* **schottisch** szkocki (po -ku) **Schottland** N Szkocja *f*
schraffieren kreskować
schräg skośny, ukośny
Schramme F blizna *f*
Schrank M szafa *f*
Schranke F bariera *f*; BAHN szlaban *m*
Schrankwand F meblościanka *f*
Schraube F śruba *f*; (*Holz-*

schraube) wkręt *m*; FLUG śmigło *n* **schrauben** przyśrubowywać ⟨-ować⟩ **Schraubenmutter** F nakrętka *f* **Schraubenzieher** M śrubokręt *m* **Schraubstock** M imadło *n* **Schraubverschluss** M nakrętka *f*
Schreck M strach *m*, lęk *m* **schreckhaft** lękliwy (-wie) **schrecklich** straszny
Schrei M krzyk *m*
schreiben ⟨na⟩pisać **schreibgeschützt** IT tylko do odczytu
Schreibtisch M biurko *n* **Schreibwaren** FPL artykuły *mpl* papiernicze
schreien krzyczeć
Schreiner(in) M(F) stolarz *m*
schreiten kroczyć
Schrift F pismo *n*
schriftlich pisemny
Schriftsteller(in) M(F) pisarz *m*, pisarka *f* **Schriftstück** N pismo *n* **Schriftwechsel** M korespondencja *f*
schrill przeraźliwy (-wie), przenikliwy (-wie)
Schritt M krok *m* **Schrittgeschwindigkeit** F wolne tempo *n* **schrittweise** stopniowy (-wo); krok za krokiem
schroff stromy (-mo); *fig* szorstki (-ko)
Schrot M *od* N śrut *m*
Schrott M złom *m* **Schrottplatz** M złomowisko *n*
schrubben ⟨wy⟩szorować **Schrubber** M szczotka *f* do szorowania
Schrulle F *umg Frau* dziwaczka *f*
schrumpfen ⟨s⟩kurczyć się
Schubfach N szuflada *f* **Schubkarre** F taczka *f* **Schublade** F szuflada *f*
schubsen szturchać ⟨-chnąć⟩
schüchtern nieśmiały (-ło)
Schuft M łajdak *m*
Schuh M but *m* **Schuhcreme** F pasta *f* do butów **Schuhgeschäft** N sklep *m* obuwniczy **Schuhgröße** F numer *m* buta **Schuhlöffel** M łyżka *f* do butów **Schuhmacher(in)** M(F) szewc *m*
Schulabschluss M świadectwo *n* ukończenia szkoły **Schulbuch** N podręcznik *m* szkolny
schuld: ~ **sein** być winnym (**an** *dat gen*)
Schuld F wina *f*; ~ **haben** być winnym (**an** *dat gen*); **~en** *pl* długi *mpl*
schulden być dłużnym
schuldig winny **schuldlos** niewinny
Schuldner(in) M(F) dłużnik *m*, dłużniczka *f* **Schuldschein** M kwit *m* dłużny
Schule F szkoła *f* **schulen** ⟨wy⟩szkolić
Schüler(in) M(F) uczeń *m*, uczennica *f* **Schüleraustausch** M wymiana *f* międzyszkolna **Schülerausweis** M

legitymacja *f* szkolna
Schulferien PL wakacje *pl*, ferie *pl* **schulfrei** wolny od zajęć **Schuljahr** N rok *m* szkolny **Schulklasse** F klasa *f* **Schulleiter(in)** M(F) dyrektor(ka) *m(f)* szkoły
Schulter F ramię *n*; bark *m* **Schulterblatt** N łopatka *f* **Schultergelenk** N staw *m* barkowy
Schulung F szkolenie *n* **Schulwesen** N szkolnictwo *n*
Schund M tandeta *f*
Schuppe F łuska *f*; **Schuppen** *pl im Haar* łupież *m*
Schuppen M szopa *f*; buda *f*
schüren *Glut* rozniecać ‹-cić›; *fig* wzniecać ‹-cić›
Schürfwunde F otarcie *n*
Schurke M łotr *m*, drań *m*
Schürze F fartuch *m*
Schuss M strzał *m*, wystrzał *m*
Schüssel F misa *f*, miska *f*; (*Salatschüssel*) salaterka *f*
Schusswaffe F broń *f* palna **Schusswunde** F rana *f* postrzałowa
Schuster M szewc *m*
Schutt M gruz *m*
Schüttelfrost M dreszcze *mpl*
schütteln potrząsać ‹-snąć› (*akk inst*); **die Hand ~** uścisnąć *pf* rękę
schütten ‹w›sypać; *Suppe* rozlewać ‹-lać›
Schutz M ochrona *f*, opieka *f* **Schutzblech** N błotnik *m* **Schutzbrille** F okulary *pl* ochronne
Schütze M strzelec *m*
schützen V/T ‹o›chronić (**vor** *dat*, **gegen** *akk* przed *inst*, od *gen*); strzec (*akk gen*)
Schutzheilige F patronka *f* **Schutzheilige(r)** M patron *m* **Schutzhelm** M kask *m* **Schutzimpfung** F szczepienie *n* ochronne **Schutzmarke** F znak *m* fabryczny
schwach słaby (-bo); *fig* marny
Schwäche F słabość *f* **schwächen** osłabiać ‹-ić›
schwachsinnig niedorozwinięty umysłowo
Schwachstelle F słaby punkt *m*
Schwächung F osłabienie *n*
Schwager M szwagier *m* **Schwägerin** F szwagierka *f*
Schwalbe F jaskółka *f*
Schwamm M gąbka *f*
Schwan M łabędź *m*
schwanger ciężarna **Schwangerschaft** F ciąża *f* **Schwangerschaftsabbruch** M aborcja *f* **Schwangerschaftstest** M test *m* ciążowy
schwanken chwiać się; *fig* wahać się **Schwankung** F wahanie *n* (się)
Schwanz M ogon *m*
schwänzen: **die Schule ~** wagarować
Schwarm M *Vögel* stado *n*; *Bienen* rój *m*
schwärmen roić się; *fig* za-

chwycać ⟨-cić⟩ się (**von** *dat inst*)
Schwarte F skóra *f* słoniny
schwarz czarny (-no)
Schwarzarbeit F praca *f* na czarno **Schwarzbrot** N chleb *m* razowy
schwarzfahren ⟨po⟩jechać na gapę **Schwarzfahrer(in)** M(F) pasażer(ka) *m(f)* na gapę
Schwarzmarkt M czarny rynek *m*
Schwarzwald M Schwarzwald *m*
schwarz-weiß czarno-biały
schwatzen pleść, paplać **Schwätzer(in)** M(F) gaduła *m u. f*
Schwebe F: **in der ~** w zawieszeniu **schweben** unosić się, bujać
Schwede M Szwed *m* **Schweden** N Szwecja *f* **Schwedin** F Szwedka *f* **schwedisch** szwedzki (po -ku)
Schwefel M siarka *f* **Schwefelsäure** F kwas *m* siarkowy
schweigen milczeć **Schweigen** N milczenie *n* **schweigend** milczący (-co)
schweigsam małomówny
Schwein N świnia *f* **Schweinebraten** M pieczeń *f* wieprzowa **Schweinefleisch** N wieprzowina *f* **Schweinerei** F świństwo *n*
Schweiß M pot *m*
schweißen TECH spawać
Schweißfüße PL pocące się nogi *fpl*
Schweiz F Szwajcaria *f*
Schweizer M Szwajcar *m*; ADJ szwajcarski **Schweizerdeutsch** N szwajcarski niemiecki *m* **Schweizerin** M Szwajcarka *f* **schweizerisch** szwajcarski
schwelen tlić się
schwelgen rozkoszować się (**in** *dat inst*)
Schwelle F próg *m*; BAHN podkład *m*
schwellen V/I nabrzmiewać ⟨-eć⟩; ⟨s⟩puchnąć **Schwellung** F MED obrzęk *m*
schwenken V/T machać, wywijać (*akk inst*); obracać ⟨obrócić⟩; V/I skręcać ⟨-cić⟩
schwer ciężki (-ko); *fig* trudny (-no); **~ krank** ciężko chory; **~ verdaulich** ciężko strawny; **~ verständlich** trudny do zrozumienia
Schwerbehinderte F ciężko upośledzona *f* **Schwerbehinderte(r)** M ciężko upośledzony *m*
schwerfällig ociężały (-le)
schwerhörig przygłuchy
Schwerindustrie F przemysł *m* ciężki **Schwerpunkt** M środek *m* ciężkości; *fig* priorytet *m*
Schwert N miecz *m*
Schwertlilie F kosaciec *m*, irys *m*
schwerwiegend ważki (-ko), doniosły (-śle)

Schwester F siostra *f*
Schwiegereltern PL teściowie *pl* **Schwiegermutter** F teściowa *f* **Schwiegersohn** M zięć *m* **Schwiegertochter** F synowa *f* **Schwiegervater** M teść *m*
Schwiele F odcisk *m*, modzel *m*
schwierig trudny (-no) **Schwierigkeit** F trudność *f*
Schwimmbad N pływalnia *f* **Schwimmbecken** N basen *m* pływacki
schwimmen pływać, ⟨po⟩płynąć **Schwimmen** N pływanie *n* **schwimmend** pływający; ADV wpław
Schwimmer(in) M(F) pływak *m*, pływaczka *f* **Schwimmreifen** M koło *n* do pływania **Schwimmweste** F kamizelka *f* ratunkowa
Schwindel M zawrót *m* głowy; *fig* oszustwo *n* **schwindelfrei** nie mający zawrotów głowy
schwindeln *umg* kręcić, bujać **Schwindler(in)** *umg* M(F) krętacz(ka) *m(f)*, kanciarz *m*
schwindlig: **mir wird ~** kręci mi się w głowie
schwingen V/I wahać się; ELEK, RADIO drgać **Schwingung** F drganie *n*; wahanie *n*
Schwips *umg* M: **einen ~ haben** mieć w czubie
schwirren *Fliegen* brzęczeć
schwitzen pocić się
schwören przysięgać ⟨-siąc⟩
schwul *umg* homoseksualny
schwül duszny (-no), parny (-no)
Schwule(r) M *umg* gej *m*
Schwung M rozpęd *m*, rozmach *m*; *fig* werwa *f* **schwungvoll** zamaszysty (-ście); *fig adv* z werwą
Schwur M przysięga *f*
sechs sześć **Sechs** F szóstka *f* **sechsfach** sześciokrotny **sechshundert** sześćset **sechsjährig** sześcioletni **sechsmal** sześć razy
Sechstagerennen N SPORT sześciodniówka *f*
sechste(r) szósty **sechzehn** szesnaście **sechzehnte(r)** szesnasty **sechzig** sześćdziesiąt **sechzigste(r)** sześćdziesiąty
See¹ M jezioro *n*
See² F morze *n*; **an der ~** nad morzem **Seegang** M falowanie *n* **Seehund** M foka *f* **seekrank** cierpiący na morską chorobę
Seele F dusza *f* **seelisch** duchowy (-wo)
Seelöwe M lew *m* morski **Seemann** M marynarz *m* **Seepferdchen** N konik *m* morski **Seereise** F podróż *f* morska **Seerose** F lilia *f* wodna **Seestern** M rozgwiazda *f*
Segel N żagiel *m* **Segelboot** N żaglówka *f* **Segelfliegen** N szybownictwo *n* **Segelflieger(in)** M(F) szybownik *m* **se-**

geln żeglować **Segelschiff** N żaglowiec *m* **Segelsport** M żeglarstwo *n*
Segen M błogosławieństwo *n*
Segler(in) M(F) żeglarz *m*, żeglarka *f*
segnen ⟨po⟩błogosławić
sehbehindert mający wadę wzroku
sehen widzieć, zobaczyć *pf* (**sich** się); **sich ~ lassen** pokazywać ⟨-zać⟩ się
Sehenswürdigkeit F osobliwość *f*, zabytek *m*
Sehne F ANAT ścięgno *n*; *Bogen*, MATH cięciwa *f*
sehnen: **sich ~** tęsknić (**nach** *dat* za *inst*)
Sehnenzerrung F naciągnięcie *n* ścięgna
Sehnsucht F tęsknota *f* **sehnsüchtig** tęskny, z tęsknotą
sehr bardzo; **zu ~** zanadto; **~ gern** bardzo chętnie
Sehvermögen N wzrok *m*
seicht płytki (-ko)
Seide F jedwab *m* **Seiden-** jedwabny
Seife F mydło *n* **Seifenblase** F bańka *f* mydlana **Seifenoper** F opera *f* mydlana
Seil N lina *f* **Seilbahn** F kolej *f* linowa
sein[1] być; **ich bin** jestem; **du bist** jesteś; **er ist** (on) jest; **sie sind** (oni) są; **es wird ~** będzie; **lass das ~** zostaw to
sein[2] PRON *possessiv* jego; swój, swoja, swoje; PL swoi, swoje
seinerseits z jego strony
seinetwegen z powodu niego, przez niego
seit PRÄP (*dat*) od (*gen*) **seitdem** odtąd; KONJ odkąd
Seite F strona *f*; bok *m*; (*Buchseite*) stronica *f*; **von der ~** z boku; **zur ~** na bok; na stronę
Seiteneingang M boczne wejście *n* **seitens** ze strony
Seitensprung M skok *m* w bok **Seitenstechen** N kolka *f* **Seitenstraße** F boczna ulica *f*
seither od tego czasu **seitlich** boczny; ADV z boku
Sekretär(in) M(F) sekretarz *m*, sekretarka *f*
Sekt M wino *n* musujące, szampan *m*
Sekte F sekta *f*
sekundär drugorzędny
Sekunde F sekunda *f* **Sekundenkleber** M klej *m* szybkoschnący
selbst sam; ADV nawet
Selbstauslöser M samowyzwalacz *m* **Selbstbedienung** F samoobsługa *f* **Selbstbefriedigung** F masturbacja *f* **Selbstbeherrschung** F opanowanie *n* **Selbstbeteiligung** F udział *m* własny ubezpieczonego
selbstbewusst pewny siebie **selbstgemacht** zrobiony własnoręcznie
Selbstgespräch N monolog

m **Selbsthilfegruppe** F grupa *f* samopomocy **Selbstkostenpreis** M cena *f* kosztów własnych
selbstlos bezinteresowny
Selbstmord M samobójstwo *n*
selbstständig samodzielny **Selbstständigkeit** F samodzielność *f*
selbstsüchtig samolubny **selbstverständlich** oczywisty (-ście)
Selbstvertrauen N wiara *f* w siebie
selig REL błogosławiony
Sellerie M *od* F seler *m*
selten rzadki (-ko) **Seltenheit** F rzadkość *f*
seltsam dziwny
Semester N semestr *m* **Semesterferien** PL przerwa *f* semestralna; *Sommer* wakacje *pl*
Semikolon N średnik *m*
Seminar N seminarium *n*
Semmel F bułka *f*
senden wysyłać ‹-słać›; RADIO nadawać ‹-dać› **Sender** M RADIO nadajnik *m*; rozgłośnia *f* **Sendung** F przesyłka *f*; RADIO audycja *f*
Senf M musztarda *f*
sengen osmalać ‹-lić›
Senior(in) M(F) senior(ka) *m(f)* **Seniorenpass** M legitymacja *f* seniora
senken spuszczać ‹-ścić›; *Stimme, Preis* obniżać ‹-żyć› **senkrecht** prostopadły (-le), pionowy (-wo)
Sensation F sensacja *f*
Sense F kosa *f*
sensibel wrażliwy (-wie), czuły (-le)
sentimental sentymentalny
separat oddzielny
September M wrzesień *m*; **im ~** we wrześniu
Serbe M Serb *m* **Serbien** N Serbia *f* **Serbin** F Serbka *f* **serbisch** serbski (po -ku)
Serie F seria *f*; *Fernsehen* serial *m*
seriös poważny; porządny
Server M IT serwer *m*
Service M serwis *m*
servieren podawać ‹-dać› do stołu; *Tennis* ‹za›serwować
Serviette F serwetka *f*
Servolenkung F wspomaganie *n* kierownicy
Sessel M fotel *m* **Sessellift** M wyciąg *m* krzesełkowy
setzen sadzać ‹posadzić›; **sich ~** siadać ‹usiąść›
Seuche F zaraza *f*
seufzen wzdychać ‹westchnąć› **Seufzer** M westchnienie *n*
Sex M seks *m* **Sexualität** F seksualność *f* **Sexualverbrechen** N przestępstwo *n* na tle seksualnym **sexuell** seksualny
sich PRON *akk* siebie, się; *dat* sobie
Sichel F sierp *m*

sicher bezpieczny; pewny; ADV *a.* na pewno
Sicherheit F bezpieczeństwo *n*; pewność *f* **Sicherheitsabstand** M bezpieczny odstęp *m* **Sicherheitsgurt** M pas *m* bezpieczeństwa **sicherheitshalber** dla pewności **Sicherheitsnadel** F agrafka *f*
sicherlich zapewne, z pewnością **sichern** zabezpieczać ⟨-czyć⟩ (**sich** się); zapewniać ⟨-ić⟩ **sicherstellen** zabezpieczać ⟨-czyć⟩; zapewniać ⟨-ić⟩, ⟨za⟩gwarantować
Sicherung F ELEK bezpiecznik *m*
Sicht F widoczność *f* **sichtbar** widoczny **Sichtvermerk** M wiza *f* **Sichtweite** F widoczność *f*
sickern sączyć się
sie PRON ona, *akk* ją; PL oni, one, *akk* ich, je
Sie PRON pan, pani; PL państwo
Sieb N sitko *n*, sito *n*
sieben[1] przesiewać ⟨-siać⟩
sieben[2] siedem **Sieben** F siódemka *f* **siebenhundert** siedemset **siebenjährig** siedmioletni **siebte(r)** siódmy
siebzehn siedemnaście **siebzehnte(r)** siedemnasty **siebzig** siedemdziesiąt **siebzigste(r)** siedemdziesiąty
sieden V/I wrzeć **siedend**: ~ **heiß** gorący jak wrzątek, wrzący
Siedlung F osada *f*; osiedle *n*
Sieg M zwycięstwo *n*
Siegel N pieczęć *f*
siegen zwyciężać ⟨-żyć⟩ (**über** *akk* *akk*) **Sieger(in)** M(F) zwycięzca *m*, zwyciężczyni *f* **siegreich** zwycięski (-ko)
siezen zwracać się do kogoś per pan *od* pani
Signal N sygnał *m*
Silbe F sylaba *f*
Silber N srebro *n* **Silberhochzeit** F srebrne wesele *n* **Silbermedaille** F srebrny medal *m* **silbern** srebrny
Silizium N krzem *m*
Silvester N sylwester *m*
simpel prosty (-to)
simsen wysyłać ⟨-słać⟩ SMS
simulieren symulować
Sinfonie F symfonia *f* **Sinfonieorchester** N orkiestra *f* symfoniczna
singen ⟨za⟩śpiewać
sinken opadać ⟨-paść⟩; *fig* spadać ⟨spaść⟩; *Schiff* ⟨za⟩tonąć
Sinn M zmysł *m*; (*Bedeutung*) sens *m* **Sinnbild** N symbol *m* **sinngemäß** oddający sens **sinnlich** zmysłowy (-wo) **sinnlos** bezsensowny **sinnvoll** sensowny
Sippe F ród *m*, klan *m*
Sirup M syrop *m*
Sitte F zwyczaj *m*, obyczaj *m* **sittlich** moralny; przyzwoity (-cie)
Situation F sytuacja *f*
Sitz M siedzenie *n*; (*Wohnsitz*)

siedziba *f* **sitzen** siedzieć **Sitzplatz** M miejsce *n* siedzące **Sitzung** F posiedzenie *n*
Sizilien N Sycylia *f*
Skala F podziałka *f*, skala *f*
Skandal M skandal *m*
Skandinavien N Skandynawia *f*
Skateboard N deskorolka *f* **skaten** jeździć na deskorolce
Skelett N szkielet *m*
skeptisch sceptyczny
Ski M narta *f*; **~ laufen** jeździć na nartach **Skianzug** M kombinezon *m* narciarski **Skibrille** F gogle *pl* narciarskie **Skikurs** M kurs *m* narciarski **Skilauf** M bieg *m* narciarski **Skiläufer(in)** M(F) narciarz *m*, narciarka *f* **Skilehrer(in)** M(F) instruktor(ka) *m(f)* jazdy na nartach **Skilift** M wyciąg *m* narciarski
Skispringen N skoki *mpl* narciarskie **Skiurlaub** M urlop *m* narciarski
Skizze F szkic *m* **skizzieren** ⟨na⟩szkicować
Sklave M niewolnik *m* **Sklaverei** F niewolnictwo *n* **Sklavin** F niewolnica *f*
Skulptur F rzeźba *f*
Slawen MPL Słowianie *mpl* **slawisch** słowiański
Slip M (*Herrenslip*) slipy *pl*, (*Damenslip*) figi *pl* **Slipeinlage** F wkładka *f* higieniczna
Slowake M Słowak *m* **Slowakei** F Słowacja *f* **Slowakin** F Słowaczka *f* **slowakisch** słowacki (po -ku)
Slowenien N Słowenia *f* **slowenisch** słoweński (po -ku)
Smog M smog *m* **Smogalarm** M alarm *m* smogowy
SMS F SMS *m*
so tak; (*also*) więc; **~ bald wie möglich** tak szybko, jak to możliwe; **~ ein** taki; **~ viel** tyle
sobald skoro tylko
Socke F skarpetka *f*
Sockel M cokół *m*
Sodawasser N woda *f* sodowa **Sodbrennen** N zgaga *f*
soeben dopiero co
Sofa N sofa *f*, kanapa *f*
sofern o ile **sofort** natychmiast
Software F IT oprogramowanie *n*
sogar nawet
sogenannt tak zwany
Sohle F podeszwa *f*
Sohn M syn *m*
solange dopóki
solch taki
Soldat(in) M(F) żołnierz *m*
Solidarität F solidarność *f*
solide solidny
Soll N FIN debet *m*
sollen: **ich soll** M (po)winienem, *f* (po)winnam; **du sollst** *m* (po)winieneś, *f* (po)winnaś; **er soll in … sein** ma być w …; podobno jest w …
Sommer M lato *n*; **im ~** w lecie **Sommerfahrplan** M letni rozkład *m* jazdy **Sommer-**

ferien PL wakacje *pl* letnie **Sommerreifen** MPL opony *mpl* letnie **Sommersprossen** FPL piegi *mpl*
Sonderangebot N oferta *f* specjalna
sonderbar dziwny
sondern KONJ lecz
Sonnabend M sobota *f*
Sonne F słońce *n* **sonnen**: **sich** ~ wygrzewać się na słońcu, opalać się
Sonnenaufgang M wschód *m* słońca **Sonnenblume** F słonecznik *m* **Sonnenbrand** M oparzenie *n* słoneczne **Sonnenfinsternis** F zaćmienie *n* słońca **Sonnenmilch** F mleczko *n* do opalania **Sonnenschein** M blask *m* słońca **Sonnenstich** M udar *m* słoneczny **Sonnenuntergang** M zachód *m* słońca
sonnig słoneczny
Sonntag M niedziela *f*
sonst w przeciwnym razie, inaczej; **was ~?** co jeszcze?; **~ jemand?** jeszcze ktoś?; **wie ~** jak zwykle; **~ nichts** nic więcej
Sorge F troska *f*
sorgen troszczyć się (**für** *akk* o *akk*); **sich ~** niepokoić się, martwić się **sorgfältig** staranny **sorglos** beztroski (-ko)
Sorte F gatunek *m* **sortieren** ⟨po⟩sortować
Soße F sos *m*
soviel KONJ o ile **sowie** (*und auch*) jak również; (*sobald*) jak tylko **sowieso** tak czy owak; i tak
sowohl: **~ ... als auch** zarówno ... jak też ..., nie tylko ... lecz także
sozial społeczny, socjalny **Sozialamt** N wydział *m* opieki społecznej **Sozialhilfe** F pomoc *f* społeczna **Sozialversicherung** F ubezpieczenie *n* społeczne
sozusagen niejako, że tak powiem
Spaghetti PL spaghetti *n*
Spalt M szczelina *f*, szpara *f*
Spalte F szczelina *f*; TYPO kolumna *f*, szpalta *f* **spalten** rozszczepiać ⟨-ić⟩ (**sich** się)
Span M wiór *m*; (*Holzspan*) drzazga *f*
Spange F klamra *f*, sprzączka *f*
Spanien N Hiszpania *f* **Spanier(in)** M(F) Hiszpan(ka) *m(f)* **spanisch** hiszpański (po -ku)
Spann M podbicie *n* (stopy)
Spanne F rozpiętość *f* **spannen** napinać ⟨-piąć⟩; naciągać ⟨-gnąć⟩ **spannend** *fig* zajmujący (-co), ciekawy (-wie)
Spannung F naprężenie *n*; ELEK, *fig* napięcie *n*
Sparbuch N książeczka *f* oszczędnościowa **Sparbüchse** F skarbonka *f* **sparen** oszczędzać ⟨-dzić⟩
Spargel M szparag *m*
Sparkasse F kasa *f* oszczędnościowa
spärlich skąpy (-po); *Haare*

rzadki (-ko)
sparsam oszczędny
Spaß M żart *m*; **... macht mir ~** ... sprawia mi przyjemność; **viel ~!** dobrej zabawy!
spät późny (-no); **wie ~ ist es?** która godzina?
Spaten M szpadel *m*, łopata *f*
später późniejszy (później) **spätestens** najpóźniej
Spatz M wróbel *m*
spazieren spacerować; **~ gehen** iść ⟨pójść⟩ na spacer
Spaziergang M przechadzka *f*, spacer *m*
Specht M dzięcioł *m*
Speck M słonina *f*, sadło *n*
Spedition F spedycja *f*
Speer M oszczep *m* **Speerwerfen** N rzut *m* oszczepem **Speerwurf** M → Speerwerfen
Speiche F szprycha *f*
Speichel M ślina *f*
Speicher M *Getreide* spichlerz *m*; skład *m*; IT pamięć *f*
Speise F potrawa *f*, danie *n* **Speisekammer** F spiżarnia *f* **Speisekarte** F karta *f* dań **Speiseröhre** F przełyk *m* **Speisesaal** M sala *f* jadalna **Speisewagen** M wagon *m* restauracyjny
Spende F datek *m*, dar *m* **spenden** ofiarow(yw)ać (**für** *akk* na *akk*) **spendieren** ⟨za⟩fundować
Sperling M wróbel *m*
Sperre F przegroda *f*; blokada *f* **Sperrholz** N sklejka *f*
sperrig masywny
Sperrstunde F godzina *f* policyjna
Spesen PL koszty *mpl*; (*Reisespesen*) dieta *f*
Spezialfach N specjalność *f* **Spezialist(in)** M(F) specjalista *m*, specjalistka *f* **Spezialität** F specjalność *f*
speziell specjalny
Spiegel M lustro *n* **Spiegelbild** N odbicie *n* lustrzane **Spiegelei** N jajko *n* sadzone **spiegeln** odzwierciedlać ⟨-lić⟩ (**sich** się) **Spiegelreflexkamera** F lustrzanka *f*
Spiel N gra *f*; *Kinder* zabawa *f*; SPORT mecz *m*
spielen ⟨za⟩grać (*akk* w *akk*); ⟨po⟩bawić się (**mit** *dat inst*) **spielend** ADV *fig* bez trudu
Spieler(in) M(F) gracz *m* **Spielfeld** N SPORT boisko *n* **Spielfilm** M film *m* fabularny **Spielkarte** F karta *f* do gry **Spielkonsole** F konsola *f* do gier **Spielplatz** M plac *m* zabaw **Spielverderber(in)** M(F) osoba *f* psująca zabawę **Spielzeug** N zabawka *f*
Spieß M (*Bratspieß*) rożen *m* **Spießer(in)** M(F) *umg* kołtun(ka) *m(f)* **spießig** kołtuński (-ko)
Spinat M szpinak *m*
Spinne F pająk *m*
spinnen: **du spinnst!** żarty sobie robisz!

Spinnwebe F pajęczyna *f* **Spion(in)** M(F) szpieg *m* **Spionage** F szpiegostwo *n* **spionieren** szpiegować
Spirituosen PL spirytualia *pl*
spitz spiczasty (-to); ostry (-ro) **Spitze** F ostrze *n*; (*Schuhspitze*) czubek *m*; (*Gewebe*) koronka *f*; (*Bergspitze*) szczyt *m*
spitzen *Bleistift* ⟨na⟩ostrzyć, ⟨za⟩temperować
Spitzen- koronkowy; *fig* szczytowy; czołowy **Spitzengeschwindigkeit** F prędkość *f* maksymalna
Spitzname M przezwisko *n*
Splitter M odłamek *m*; (*Holzsplitter*) drzazga *f*
sponsern sponsorować
Sponsor(in) M(F) sponsor(ka) *m(f)*
spontan spontaniczny
Sporn M ostroga *f*
Sport M sport *m* **Sportart** F dyscyplina *f* sportowa **Sportlehrer(in)** M(F) nauczyciel(ka) *m(f)* wychowania fizycznego **Sportler(in)** M(F) sportowiec *m*, sportsmenka *f* **sportlich** sportowy **Sportplatz** M boisko *n* sportowe **Sportverein** M związek *m* sportowy **Sportwagen** M samochód *m* sportowy
Spott M kpiny *fpl*, drwiny *fpl* **spottbillig** śmiesznie tani (-nio) **spotten** kpić, drwić **spöttisch** drwiący (-co)
Sprache F mowa *f*; język *m* **Sprachführer** M rozmówki *pl* **Sprachkenntnisse** FPL znajomość *f* języka **Sprachkurs** M kurs *m* językowy **sprachlos** *fig* oniemiały (**vor** *dat* z *gen*) **Sprachschule** F szkoła *f* językowa
Spray N spray *m*, aerozol *m*
sprechen mówić; rozmawiać
Sprecher(in) M(F) rzecznik *m*, rzeczniczka *f*; prezenter(ka) *m(f)* **Sprechstunde** F godziny *fpl* przyjęć **Sprechzimmer** F gabinet *m* (przyjęć)
sprengen wysadzać ⟨-dzić⟩ (**in die Luft** w powietrze); *Rasen* polewać ⟨-lać⟩
Sprengstoff M materiał *m* wybuchowy
Sprichwort N przysłowie *n*
Springbrunnen M fontanna *f*
springen skakać ⟨skoczyć⟩
Sprit M *umg* spirytus *m*; (*Benzin*) paliwo *n*
Spritze F MED strzykawka; (*Injektion*) zastrzyk
spritzen pryskać ⟨-snąć⟩, bryzgać ⟨-znąć⟩; MED wstrzykiwać ⟨-knąć⟩
spröde kruchy
Sprosse F szczebel *m*
Sprotte F szprot *m*, szprotka *f*
Spruch M sentencja *f*; JUR orzeczenie *n*
Sprudel M woda *f* mineralna gazowana **sprudeln** kipieć; pienić się, musować
sprühen pryskać ⟨-snąć⟩; mżyć **Sprühregen** M mżaw-

ka *f*
Sprung M skok *m*; *(Riss)* rysa *f*, pęknięcie *n* **Sprungbrett** N odskocznia *f* **Sprungschanze** F skocznia *f* (narciarska)
Spucke F ślina *f* **spucken** pluć ‹-unąć›
spuken: **es spukt hier** tu straszy
Spule F szpulka *f*; ELEK cewka *f*
spülen ‹o›płukać; *Geschirr* zmywać ‹-yć› **Spülmaschine** F zmywarka *f* do naczyń
Spur F ślad *m*
spüren V/T wyczuwać ‹-uć›; *Schmerz* odczuwać ‹-uć›
spurlos bez śladu
Staat M państwo *n* **staatlich** państwowy
Staatsangehörigkeit F obywatelstwo *n* **Staatsanwalt** M prokurator *m* **Staatsanwältin** F prokuratorka *f*
Staatssicherheitsdienst M służba *f* bezpieczeństwa
Stab M pręt *m*; drążek *m*; SPORT tyczka *f*; MIL sztab *m* **Stabhochspringer(in)** M(F) skoczek *m* o tyczce **Stabhochsprung** M skok *m* o tyczce
stabil stabilny
Stachel M kolec *m*; *Biene* żądło *n* **Stachelbeere** F agrest *m* **Stacheldraht** M drut *m* kolczasty
Stadion N stadion *m*
Stadt F miasto *n* **Stadtautobahn** F autostrada *f* miejska **Stadtbahn** F kolej *f* miejska **Stadtbezirk** M dzielnica *f* **Stadtführer(in)** M(F) przewodnik *m* miejski, przewodniczka *f* miejska **Stadtführung** F oprowadzanie *n* po mieście **städtisch** miejski
Stadtplan M plan *m* miasta **Stadtrundfahrt** F zwiedzanie *n* miasta autokarem **Stadtteil** M dzielnica *f*
Stahl M stal *f* **Stahlbeton** M żelbet *m* **Stahlwerk** N stalownia *f*
Stall M obora *f*, *Pferde* stajnia *f*, *Schweine* chlew *m*
Stamm M pień *m* **Stammbaum** M rodowód *m*
stammen pochodzić (**von** *dat* od, z *gen*)
Stammgast M stały gość *m* **Stammkunde** M stały klient *m* **Stammtisch** M stały stolik *m* (w restauracji)
stampfen V/I tupać ‹-pnąć› (**mit** *dat inst*); V/T ubijać ‹-ić›
Stand M stan *m*; pozycja *f*; *Markt* stoisko *n*
Standby-Betrieb M tryb *m* stand-by
Ständer M stojak *m*
Standesamt N urząd *m* stanu cywilnego
standhaft wytrwały (-le) **standhalten** wytrzymywać ‹-mać›
ständig stały (-le)
Standlicht N AUTO światło *n*

postojowe **Standpunkt** M stanowisko *n*
Stange F drąg *m*, żerdź *f*; pręt *m*
Stängel M łodyga *f*
Stapel M stos *m* **Stapellauf** M SCHIFF wodowanie *n* **stapeln** układać ⟨ułożyć⟩ w stos
Star[1] M ZOOL szpak *m*
Star[2] M MED zaćma *f*, katarakta *f*
Star[3] M *Film* gwiazda *f*
stark silny, mocny (-no)
Stärke F siła *f*, moc *f* **stärken** wzmacniać ⟨-mocnić⟩
starr sztywny (-no) **starren** wlepiać ⟨-ić⟩ wzrok **starrköpfig** uparty
Start M start *m* **Startbahn** F FLUG pas *m* startowy **starten** V/I ⟨wy⟩startować; V/T *Motor* zapuszczać ⟨-ścić⟩ **Starter** M AUTO rozrusznik *m*
Station F stacja *f*; MED oddział *m* **stationär** stacjonarny **Stationsarzt** M ordynator *m* **Stationsärztin** F ordynator *m*
Statist(in) M(F) statysta *m*, statystka *f* **Statistik** F statystyka *f*
statt zamiast **stattfinden** odbywać ⟨-yć⟩ się **stattlich** postawny, okazały (-le)
Statue F statua *f*, posąg *m*
Stau M *Verkehr* korek *m*; **im ~ stehen** stać w korku
Staub M pył *m*, kurz *m* **staubsaugen** odkurzać ⟨-rzyć⟩
Staubsauger M odkurzacz *m* **Staubtuch** N ścierka *f* do kurzu
Staudamm M zapora *f* (wodna) **stauen**: **sich ~** gromadzić się; *Wasser* spiętrzać ⟨-rzyć⟩
staunen ⟨z⟩dziwić się (**über** *akk dat*)
Stausee M zbiornik *m* zaporowy
stechen ⟨u⟩kłuć; *Karte* przebijać ⟨-ić⟩; V/I kłuć; *Sonne* palić
Steckdose F gniazdo *m* wtyczkowe
stecken V/T wtykać ⟨wetknąć⟩; V/I tkwić; **~ bleiben** utknąć *pf*; ugrzęznąć *pf*
Stecker M ELEK wtyczka *f*
Stecknadel F szpilka *f*
Steg M kładka *f*
stehen stać; (*passen*) być do twarzy; **~ bleiben** zatrzymywać ⟨-mać⟩ się, stanąć *pf*; **~ lassen** pozostawiać ⟨-ić⟩
stehlen ⟨u⟩kraść
Stehplatz M miejsce *n* stojące
steif sztywny (-no)
steigen wzrastać ⟨-rosnąć⟩, podnosić ⟨-nieść⟩ się
steigern zwiększać ⟨-szyć⟩ **Steigerung** F zwiększenie *n*
steil stromy (-mo) **Steilhang** M strome zbocze *n*
Stein M kamień *m*; *Obst* pestka *f* **Steinbock** M koziorożec *m* **Steinbruch** M kamieniołom *m* **steinig** kamienisty **Steinkohle** F węgiel *m* kamienny
Steinpilz M prawdziwek *m*

Stelle F miejsce *n*; (*Arbeitsstelle*) posada *f* **stellen** stawiać ⟨postawić⟩; *Frage* zadawać ⟨-dać⟩; *Antrag* składać ⟨złożyć⟩ **stellenweise** miejscami **Stellplatz** M miejsce *n* postojowe **Stellung** F stanowisko *n*, pozycja *f* **Stellvertreter(in)** M(F) zastępca *m*, zastępczyni *f*
Stemmeisen N dłuto *n*
stemmen: **sich** ~ opierać ⟨oprzeć⟩ się (**gegen** *akk* o *akk*)
Stempel M pieczątka *f*, stempel *m* **stempeln** ⟨przy⟩pieczętować
Steppdecke F kołdra *f* pikowana
sterben umierać ⟨umrzeć⟩ **Sterbeurkunde** F akt *m* zgonu
sterblich śmiertelny
Stereoanlage F wieża *f* hi-fi
steril sterylny, jałowy
Stern M gwiazda *f* **Sternbild** gwiazdozbiór *m* **Sternwarte** F obserwatorium *n* astronomiczne **Sternzeichen** N znak *m* zodiaku
stetig stały (-le), ustawiczny
stets stale, zawsze
Steuer[1] N ster *m*; (*Lenkrad*) kierownica *f*; **am** ~ za kierownicą
Steuer[2] F podatek *m* **Steuerberater(in)** M(F) doradca *m* podatkowy **Steuererklärung** F deklaracja *f* podatkowa **steuerfrei** nie podlegający opodatkowaniu **Steuerkarte** F karta *f* podatkowa
steuern → lenken **Steuerung** F sterowanie *n*; TECH *a.* rozrząd *m*
Steuerzahler(in) M(F) podatnik *m*
Stich M ukłucie *n*; (*Mückenstich*) ukąszenie *n*; *Naht* ścieg *m*; *Kunst* sztych *m*; *Kartenspiel* lewa *f*; **im ~ lassen** zostawić na lodzie
Stichprobe F próba *f* losowa **Stichtag** M (ostateczny) termin *m* **Stichwort** N hasło *n*
sticken ⟨wy⟩haftować **Sticker** M naklejka *f*
stickig duszny (-no) **Stickstoff** M azot *m*
Stiefbruder M brat *m* przyrodni
Stiefel M but *m* z cholewą
Stiefkind N pasierb(ica) *m(f)* **Stiefmutter** F macocha *f* **Stiefmütterchen** N bratek *m* **Stiefsohn** M pasierb *m* **Stieftochter** F pasierbica *f* **Stiefvater** M ojczym *m*
Stiel M trzonek *m*; BOT łodyga *f*
Stier M byk *m*
Stift[1] M kołek *m*, *zum Schreiben umg* pisak
Stift[2] N klasztor *m*
stiften ⟨u⟩fundować; (*gründen*) zakładać ⟨założyć⟩; ofiarowywać ⟨-ować⟩ (**für** *akk* na *akk*) **Stiftung** F fundacja *f*
Stil M styl *m*

still cichy (-cho); **~ werden** ⟨u⟩cichnąć **Stille** F cisza *f*
stillen *Kind* ⟨na⟩karmić piersią; *Durst* ⟨u⟩gasić; *Blut* ⟨za⟩tamować
stillhalten nie poruszać się
Stillstand M bezruch *m*; zastój *m*
Stimmbruch M mutacja *f* głosu **Stimme** F głos *m*
stimmen V/I głosować (**für** *akk* za *inst*); V/T ⟨na⟩stroić; **das stimmt (nicht)** to się (nie) zgadza
Stimmrecht N prawo *n* do głosowania
Stimmung F *fig* nastrój *m*
stinken cuchnąć, śmierdzieć
Stipendium N stypendium *n*
Stirn F czoło *n*
stochern dłubać, grzebać
Stock[1] M kij *m*; laska *f*
Stock[2] M piętro *n*
stocken ustawać ⟨-tać⟩; utykać ⟨utknąć⟩
Stockwerk N → Stock[2]
Stoff M materiał *m*
stöhnen stękać ⟨-knąć⟩
Stollen[1] M strucla *f*
Stollen[2] M BERGB sztolnia *f*
stolpern potykać ⟨-tknąć⟩ się
stolz dumny **Stolz** M duma *f*
stopfen V/T zapychać ⟨-pachać⟩; wtykać ⟨wetknąć⟩ (**in** *akk* do *gen*); *Strumpf* ⟨za⟩cerować
stopp stop **stoppen** zatrzymywać ⟨-mać⟩ (*v/i* się); SPORT mierzyć czas stoperem
Stoppschild N znak *m* stop
Stoppuhr F stoper *m*
Stöpsel M korek *m*, zatyczka *f*; ELEK wtyczka *f*
Stör M jesiotr *m*
Storch M bocian *m*
stören przeszkadzać ⟨-szkodzić⟩ (**j-n bei** *dat* k-u w *lok*); *Ruhe* zakłócać ⟨-cić⟩
stornieren *Betrag* stornować; *Bestellung* anulować
Störung F zakłócenie *n*
Stoß M uderzenie *n*, pchnięcie *n* **Stoßdämpfer** M amortyzator *m*
stoßen V/T popychać ⟨-pchnąć⟩; *mit dem Fuß* kopać ⟨-pnąć⟩; V/I natykać ⟨-tknąć⟩ się (**auf** *akk* na *akk*); **sich ~** uderzać ⟨-rzyć⟩ się (**an** *dat* o *akk*)
Stoßstange F zderzak *m*
stottern V/I jąkać się
strafbar karalny **Strafe** F kara *f*
straff napięty, wyprężony
Strafgesetzbuch N kodeks *m* karny **straflos** bezkarny **Strafraum** M SPORT pole *n* karne **Strafrecht** N prawo *n* karne **Strafstoß** M SPORT rzut *m* karny **Straftat** F czyn *m* karalny **Strafverfahren** N postępowanie *n* karne **Strafzettel** M mandat *m*
Strahl M promień *m*; (*Wasserstrahl usw*) strumień *m* **strahlen** promieniować; *Sonne* świecić

Strahlung F promieniowanie *n*
Strähne F kosmyk *m*; *Garn* pasmo *n*
Strampelhöschen N śpioszki *pl*
Strand M plaża *f* **Strandkorb** M kosz *m* plażowy
Strang M powróz *m*
Strapaze F trud *m*, męka *f* **strapazieren** męczyć, ‹z›mordować
Straße F ulica *f*; (*Landstraße*) szosa *f*
Straßenbahn F tramwaj *m* **Straßenbeleuchtung** F oświetlenie *n* ulic **Straßenkreuzung** F skrzyżowanie *n* ulic, skrzyżowanie *n* dróg **Straßenrand** M pobocze *n* **Straßenverkehr** M ruch *m* drogowy, ruch *m* uliczny **Straßenverkehrsordnung** F kodeks *m* drogowy
Strategie F strategia *f*
sträuben ‹na›stroszyć (**sich** się); *fig* **sich** ~ opierać się (**gegen** *akk dat*)
Strauch M krzak *m*, krzew *m*
Strauß[1] M bukiet *m*
Strauß[2] M ZOOL struś *m*
streben dążyć (**nach** *dat* do *gen*) **Streber(in)** M(F) karierowicz(ka) *m(f)*
Strecke F odcinek *m*; BAHN trasa *f*; SPORT *a.* dystans *m* **strecken** wyciągać ‹-gnąć› (**sich** się)
Streich M *fig* figiel *m*, psota *f*
streicheln ‹po›głaskać
streichen V/T ‹po›malować; (*tilgen*) skreślać ‹-lić› **Streichholz** N zapałka *f* **Streichholzschachtel** F pudełko *n* zapałek
Streife F patrol *m* **streifen** V/T muskać ‹-snąć›, (lekko) dotykać ‹-tknąć› (*akk gen*) **Streifen** M pas *m*, pasek *m*, prążek *m* **Streifenwagen** M wóz *m* patrolowy
Streik M strajk *m* **streiken** strajkować
Streit M spór *m*; sprzeczka *f* **streiten** spierać się, kłócić się **streitsüchtig** kłótliwy (-wie)
streng surowy (-wo), srogi (-go) **Strenge** F surowość *f*, srogość *f*
Stress M stres *m* **stressig** stresujący
streuen rozsiewać ‹-siać›; posypywać ‹-pać› (*akk inst*)
Streuselkuchen M placek *m* z kruszonką
Strich M kreska *f* **Strichkode** M kod *m* kreskowy
Strick M powróz *m* **stricken** ‹z›robić na drutach **Strickjacke** F sweter *m* rozpinany **Stricknadel** F drut *m* (do robót ręcznych)
strikt ścisły (-le)
Strippe *umg* F kabel *m* telefoniczny
Stripperin F striptizerka *f* **Striptease** N striptiz *m*

Stroh N słoma *f* **Strohdach** N słomiany dach *m* **Strohhalm** M słomka *f* **Strohhut** M kapelusz *m* słomkowy
Strom M *Blut, Wasser* strumień *m*; ELEK prąd *m* **Stromausfall** M przerwa *f* w dostawie prądu
strömen płynąć; lać się (strumieniem) **Strömung** F prąd *m*, nurt *m*
Stromverbrauch M zużycie *n* prądu **Stromzähler** M licznik *m* prądu
Strophe F zwrotka *f*, strofa *f*
Strudel M wir *m*; GASTR strudel *m*, strucla *f*
Struktur F struktura *f*
Strumpf M pończocha *f* **Strumpfhose** F rajstopy *pl*
struppig nastroszony
Stube F izba *f*, pokój *m*
Stuck M ARCH stiuk *m*
Stück N kawałek *m*; sztuka *f* (*a.* THEAT); MUS utwór *m* **stückweise** kawałkami; na sztuki
Student(in) M(F) student(ka) *m(f)* **Studentenausweis** M legitymacja *f* studencka **Studentenwohnheim** N dom *m* studencki, akademik *m*
Studie F studium *n* **Studienplatz** M miejsce *n* na studiach **studieren** studiować (**an** *dat* na *lok*) **Studium** N studia *pl*
Stufe F *Treppe* stopień *m*; (*Niveau*) poziom *m* **stufenweise** stopniowo
Stuhl M krzesło *n* **Stuhlgang** M stolec *m*
stumm niemy (-mo)
Stummel M *Zigarette* niedopałek *m*; *Kerze* ogarek *m*
Stümper M partacz *m*
stumpf tępy (-po); *Winkel* rozwarty
Stumpf M *Baum* pień *m*, *Arm, Bein* kikut *m*
Stunde F godzina *f*; (*Unterrichtsstunde*) lekcja *f* **stundenlang** całymi godzinami **Stundenlohn** M płaca *f* godzinowa **Stundenplan** M rozkład *m* zajęć
stündlich cogodzinny; ADV co godzinę
stur uparty (-cie) **Sturheit** F upór *m*
Sturm M burza *f*; MIL szturm *m*; SPORT atak *m*
stürmen V/T szturmować, zdobywać; SPORT atakować **Stürmer(in)** M(F) SPORT napastnik *m*, napastniczka *f* **Sturmflut** F powódź *f* spowodowana sztormem **stürmisch** burzliwy (-wie)
Sturz M spadek *m*; POL upadek *m*
stürzen V/T obalać ⟨-lić⟩; V/I spadać ⟨spaść⟩; runąć *pf*; **sich ~** rzucać ⟨-cić⟩ się (**auf** *akk* na *akk*)
Sturzhelm M hełm *m* ochronny
Stute F klacz *f*
Stütze F podpora *f*

stutzen VI zawahać się *pf*
stützen podpierać ⟨podeprzeć⟩; **sich ~** opierać ⟨oprzeć⟩ się
subjektiv subiektywny
Substanz F substancja *f*
Subvention F subwencja *f*
Suche F poszukiwanie *n* **suchen** szukać (*akk gen*) **Suchmaschine** F IT wyszukiwarka *f*
Sucht F nałóg *m*, uzależnienie *n*; (*Verlangen*) żądza *f*
süchtig uzależniony; żądny
Süd- południowy **Süden** M południe *n* **südlich** południowy; na południe (**von** *dat* od *gen*)
Sühne F pokuta *f*, zadośćuczynienie *n*
Sülze F galareta *f*
Summe F suma *f*
summen brzęczeć
Sumpf M bagno *n* **sumpfig** bagnisty
Sünde F grzech *m* **Sünder(in)** M(F) grzesznik *m*, grzesznica *f* **sündigen** ⟨z⟩grzeszyć
super super **Supermarkt** M supermarket *m*
Suppe F zupa *f* **Suppengrün** N włoszczyzna *f*
Surfbrett N deska *f* surfingowa **surfen** SPORT pływać na desce surfingowej; IT surfować
surren furczeć, szumieć
süß słodki (-ko) **süßen** ⟨o⟩słodzić **Süßigkeiten** FPL słodycze *pl* **süßsauer** słodko-kwaśny **Süßstoff** M słodzik *m*
Symbol N symbol *m* **symbolisch** symboliczny
Sympathie F sympatia *f* **sympathisch** sympatyczny
System N system *m* **systematisch** systematyczny
Szene F scena *f*

T

Tabak M tytoń *m*
Tabelle F tabela *f*
Tablett N taca *f*
Tablette F tabletka *f*
Tabulator M tabulator *m*
Tachometer M prędkościomierz *m*
Tadel M nagana *f* **tadellos** nienaganny **tadeln** ⟨z⟩ganić (**wegen** *gen* za *akk*)
Tafel F tablica *f*; *Schokolade* tabliczka *f*; (*Tisch*) stół *m*
Täfelung F boazeria *f*
Tafelwein M wino *n* stołowe
Tag M dzień *m*; (*24 Stunden*) doba *f*; **am Tage** w dzień; **bei Tage** za dnia; **von ~ zu ~** z dnia na dzień; **guten ~!** dzień dobry!
Tagebuch N pamiętnik *m* **tagelang** całymi dniami
tagen obradować; **es tagt** świta
Tagesanbruch M świt *m* **Ta-**

geskarte F GASTR menu *n*; bilet *m* jednodniowy **Tagesordnung** F porządek *m* dzienny **Tageszeitung** F dziennik *m*
täglich codzienny; **dreimal ~** trzy razy dziennie **tagsüber** w ciągu dnia
Tagung F konferencja *f*
Taille F talia *f* **tailliert** wcięty w talii
Taktik F taktyka *f*
taktlos nietaktowny **Taktlosigkeit** F nietakt *m* **taktvoll** taktowny
Tal N dolina *f*
Talent N talent *m* **talentiert** utalentowany
Talkmaster(in) M(F) prowadzący *m* talk show, prowadząca *f* talk show **Talkshow** F talk show *m*
Talsperre F zapora *f* wodna
Tampon M tampon *m*
Tank M zbiornik *m*; MIL czołg *m* **tanken** ⟨za⟩tankować **Tankstelle** F stacja *f* benzynowa
Tanne F jodła *f*
Tante F ciotka *f*
Tanz M taniec *m* **Tanzbar** F dansing *m* **tanzen** ⟨za⟩tańczyć **Tänzer(in)** M(F) tancerz *m*, tancerka *f* **Tanzkurs** M kurs *m* tańca **Tanzlehrer(in)** M(F) nauczyciel(ka) *m(f)* tańca **Tanzmusik** F muzyka *f* taneczna **Tanzstunde** F lekcja *f* tańca
Tapete F tapeta *f*
tapfer waleczny, dzielny
Tarif M taryfa *f* **Tarifvertrag** M umowa *f* zbiorowa
tarnen ⟨za⟩maskować
Tasche F kieszeń *f*; (*Reisetasche*) torba *f*
Taschendieb(in) M(F) kieszonkowiec *m* **Taschengeld** N kieszonkowe *n* **Taschenlampe** F latarka *f* kieszonkowa **Taschenmesser** N scyzoryk *m* **Taschenrechner** M kalkulator *m* **Taschentuch** N chusteczka *f* do nosa
Tasse F filiżanka *f*
Tastatur F IT klawiatura *f* **Taste** F klawisz *m*; ELEK przycisk *m* **tasten** macać, szukać po omacku (**nach** *dat gen*)
Tat F czyn *m*, uczynek *m* **Tatbestand** M stan *m* faktyczny
Täter(in) M(F) sprawca *m*, sprawczyni *f*
tätig czynny **Tätigkeit** F czynność *f*; działalność *f*
tatkräftig energiczny
Tatort M miejsce *n* przestępstwa
tätowieren ⟨wy⟩tatuować
Tatsache F fakt *m* **tatsächlich** faktyczny
Tattoo M *od* N tatuaż *m*
Tatze F łapa *f*
Tau[1] N lina *f*
Tau[2] M rosa *f*
taub głuchy
Taube F gołąb *m*
Taubheit F głuchota *f*

taubstumm głuchoniemy **Taubstumme** F głuchoniema *f* **Taubstumme(r)** M głuchoniemy *m*
tauchen zanurzać ⟨-rzyć⟩ (*v/i* się); SPORT nurkować **Taucher(in)** M(F) nurek *m* **Tauchkurs** M kurs *m* nurkowania **Tauchsieder** M grzałka *f* nurkowa
tauen tajać; topnieć; **es taut** jest odwilż
Taufe F chrzest *m* **taufen** ⟨o⟩chrzcić
taugen nadawać ⟨-dać⟩ się (**zu** *dat* do *gen*); ... **taugt nichts** ... jest do niczego **tauglich** zdatny
taumeln zataczać się
Tausch M zamiana *f*, wymiana *f* **tauschen** wymieniać ⟨-nić⟩, zamieniać ⟨-nić⟩ (**gegen** *akk* na *akk*); zamienić się (**mit** *dat* z *inst*)
täuschen łudzić, mylić; **sich ~** zawodzić ⟨zawieść⟩ się (**in** *dat* na *lok*), ⟨po⟩mylić się (co do *gen*) **Täuschung** F złudzenie *n*; (*Betrug*) oszustwo *n*
tausend tysiąc **tausendste(r)** tysięczny
Tauwetter N odwilż *f*
Taxi N taksówka *f* **Taxifahrer(in)** M(F) taksówkarz *m* **Taxistand** M postój *m* taksówek
Team N zespół *m*; SPORT drużyna *f*
Technik F technika *f* **Techniker(in)** M(F) technik *m* **technisch** techniczny
Tee M herbata *f* **Teebeutel** M torebka *f* herbaty **Teegebäck** N herbatniki *mpl* **Teekanne** F dzbanek *m* do herbaty **Teelöffel** M łyżeczka *f* do herbaty
Teer M smoła *f*
Teich M staw *m*
Teig M ciasto *n* **Teigwaren** FPL wyroby *mpl* mączne
Teil M część *f* **teilen** ⟨po⟩dzielić (**sich** się); *Meinung* podzielać **Teilhaber(in)** M(F) wspólnik *m*, wspólniczka *f*
Teilnahme F uczestnictwo *n*, udział *m* **teilnehmen** brać ⟨wziąć⟩ udział (**an** *dat* w *lok*) **Teilnehmer(in)** M(F) uczestnik *m*, uczestniczka *f*
Teilung F podział *m* **teilweise** częściowy (-wo) **Teilzeit** F niepełny wymiar *m* czasu pracy
Teint M cera *f*
Telefon N telefon *m* **Telefonanschluss** M łącze *n* telefoniczne **Telefonat** N rozmowa *f* telefoniczna **Telefonbuch** N książka *f* telefoniczna
telefonieren ⟨za⟩telefonować (**mit** *dat* do *gen*)
Telefonkarte F karta *f* telefoniczna **Telefonnummer** F numer *m* telefonu **Telefonrechnung** F rachunek *m* telefoniczny **Telefonzelle** F budka *f* telefoniczna
Teller M talerz *m*

emperament N tempera-ment *m* **temperamentvoll** pełen temperamentu, żywioło-wy (-wo)
emperatur F temperatura *f*
endenz F tendencja *f*
ennis N tenis *m* **Tennisball** M piłka *f* tenisowa **Tennis-platz** M kort *m* tenisowy **Tennisschläger** M rakieta *f* tenisowa **Tennisspieler(in)** M(F) tenisista *m*, tenisistka *f* **Tennisturnier** N turniej *m* tenisowy
eppich M dywan *m* **Tep-pichboden** M wykładzina *f* (dywanowa)
ermin M termin *m* **Termin-kalender** M terminarz *m*
errasse F taras *m*
Territorium N terytorium *n*
Terror M terror *m* **Terroran-schlag** M zamach *m* terrorys-tyczny **Terrorismus** M terro-ryzm *m* **Terrorist(in)** M(F) ter-rorysta *m*, terrorystka *f*
Test M test *m*
Testament N testament *m*
testen sprawdzać ‹-dzić› **Testergebnis** N wynik *m* tes-tu
teuer drogi (-go)
Teufel M diabeł *m* **Teufels-kreis** M błędne koło *n*
Text M tekst *m*
Textilien PL tekstylia *pl*
Theater N teatr *m* **Theater-stück** N sztuka *f* teatralna
Theke F *in e-m Lokal* bufet *m*; *in e-m Geschäft* lada *f*
Thema N temat *m*
theoretisch teoretyczny
Theorie F teoria *f*
Therapeut(in) M(F) terapeuta *m*, terapeutka *f* **Therapie** F terapia *f*
Thermometer N termometr *m* **Thermoskanne®** F ter-mos *m*
ticken tykać
Ticket N bilet *m*
tief głęboki (-ko); *Stimme* niski (-ko) **Tief** N niż *m*, depresja *f* **Tiefe** F głębokość *f* **tiefer** głębszy (-biej); *weiter unten* niż-szy (-żej) **Tiefgarage** F garaż *m* podziemny **tiefgekühlt** mrożony **Tiefkühlkost** F mrożonki *fpl* **Tiefkühltruhe** F zamrażarka *f* **Tiefpunkt** M dno *n*, dołek *m*
Tier N zwierzę *n* **Tierarzt** M weterynarz *m* **Tierärztin** F weterynarz *m* **Tierpark** M ogród *m* zoologiczny **Tier-schützer(in)** M(F) obrońca *m* zwierząt, obrończyni *f* zwierząt
Tiger M tygrys *m*
tilgen ‹s›kasować; *Schuld* umarzać ‹-morzyć›
Tinte F atrament *m* **Tinten-strahldrucker** M drukarka *f* atramentowa
tippen pisać na maszynie; *fig* typować
Tisch M stół *m*; **am ~** przy sto-le; **zu ~** do stołu **Tischdecke** F obrus *m* **Tischler(in)** M(F)

stolarz *m* **Tischtennis** N tenis *m* stołowy **Tischtennisschläger** M rakieta *f* pingpongowa
Titel M tytuł *m* **Titelverteidiger(in)** M(F) SPORT obrońca *m* tytułu, obrończyni *f* tytułu
Toast M toast *m*; GASTR tost *m*, grzanka *f* **Toaster** M toster *m*
toben szaleć; *Kind* dokazywać
Tochter F córka *f*
Tod M śmierć *f*, zgon *m*
Todesanzeige F nekrolog *m* **Todestag** M dzień *m* zgonu
todkrank śmiertelnie chory **tödlich** śmiertelny **todmüde** śmiertelnie zmęczony
Toilette F toaleta *f* **Toilettenpapier** N papier *m* toaletowy
tolerant tolerancyjny
toll (*prima*) świetny, fantastyczny, super **Tollwut** F wścieklizna *f*
Tomate F pomidor *m* **Tomatenmark** N koncentrat *m* pomidorowy
Ton M dźwięk *m*, ton *m*
tönen brzmieć, dźwięczeć
Toner M toner *m*
Tonleiter F skala *f*, gama *f*
Tonne F tona *f*; (*Fass*) beczka *f*
Tontechniker(in) M(F) realizator(ka) *m(f)* dźwięku
Top N top *m*, bluzka *f* na ramiączkach
Topf M garnek *m*
Töpferwaren FPL wyroby *mpl* garncarskie
Tor[1] M głupiec *m*
Tor[2] N brama *f*; SPORT bramk *f*
Torf M torf *m*
Torhüter(in) M(F) bramkarz *m*
töricht nierozsądny
torkeln zataczać się
Torte F tort *m*
Torwart(in) M(F) bramkarz *m*
tosen huczeć
tot martwy, zmarły; *Tier* zdechły
Totalschaden M szkoda *f* całkowita
Tote F zmarła *f* **Tote(r)** M zmarły *m*
töten zabijać ⟨-ić⟩ (**sich** się)
Totenschein M akt *m* zgon **Totschlag** M zabójstwo *n*
Tour F wycieczka *f*
Tourismus M turystyka **Tourist(in)** M(F) turysta *m*, turystka *f* **touristisch** turystyczny
traben (*im Trab laufen*) ⟨po⟩biec kłusem
Tracht F strój *m*, ubiór *m*
Tradition F tradycja *f* **traditionell** tradycyjny
Trafo M transformator *m*
Trage F nosze *pl*
träge ociężały (-le)
tragen nosić, ⟨po⟩nieść
Träger M tragarz *m*; ARCH dźwigar *m*
Tragfläche F FLUG powierzchnia *f* nośna
tragisch tragiczny

ragödie F tragedia *f*
ragweite F zasięg *m*; *fig* doniosłość *f*
rainer(in) M(F) trener(ka) *m(f)*
trainieren ⟨wy⟩trenować
Training N trening *m* **Trainingsanzug** M dres *m*
raktor M traktor *m*
rampeln tupać
rampen podróżować autostopem **Tramper(in)** M(F) autostopowicz(ka) *m(f)*
räne F łza *f*
ränke F wodopój *m* **tränken** ⟨na⟩poić; (*durchtränken*) nasycać ⟨-cić⟩
ransitverkehr M ruch *m* tranzytowy **Transitvisum** N wiza *f* tranzytowa
ransplantation F transplantacja *f*
Transport M transport *m*, przewóz *m* **transportieren** ⟨prze⟩transportować
raube F grono *n* **Traubenzucker** M cukier *m* gronowy
rauen V/I ufać; V/T udzielać ⟨-lić⟩ ślubu; **sich ~** odważać ⟨-żyć⟩ się; **sich ~ lassen** brać ⟨wziąć⟩ ślub
Trauer F żałoba *f* **trauern** opłakiwać (**um** *akk akk*)
Traum M sen *m* **träumen** V/I śnić (**von** *dat* o *lok*); V/T ⟨przy⟩śnić się **Träumer(in)** M(F) marzyciel(ka) *m(f)* **traumhaft** bajeczny
traurig smutny (-no) **Traurigkeit** F smutek *m*

Trauring M obrączka *f* ślubna
Trauschein M akt *m* ślubu
Trauung F ślub *m* **Trauzeuge** M świadek *m* ślubu **Trauzeugin** F świadek *m* ślubu
treffen V/T trafiać ⟨-ić⟩; (*begegnen*) spotykać ⟨-tkać⟩
Treffen N spotkanie *n* **treffend** trafny **Treffer** M trafienie *n* **Treffpunkt** M miejsce *n* spotkania
treiben V/T ⟨po⟩pędzić; *Sport* uprawiać; V/I unosić się, płynąć
Treiber M IT sterownik *m*
Treibhaus N cieplarnia *f*
Treibstoff M paliwo *n* (silnikowe)
trennen dzielić, oddzielać ⟨-lić⟩, rozdzielać ⟨-lić⟩, rozłączać ⟨-czyć⟩; *Naht* rozpruwać ⟨-uć⟩; **sich ~** rozstawać ⟨-tać⟩ się **Trennung** F rozdzielenie *n*; rozłąka *f*; *Ehe* separacja *f*
Treppe F schody *pl* **Treppenhaus** N klatka *f* schodowa
Tresor M *in e-r Bank* skarbiec *m*, (*Panzerschrank*) sejf *m*
treten V/I stąpać; następować ⟨-tąpić⟩ (**auf** *akk* na *akk*); stawać ⟨stanąć⟩ (**vor** *akk* przed *inst*); V/T kopać ⟨-pnąć⟩
treu wierny **Treue** F wierność *f*
Tribüne F trybuna *f*
Trichter M lejek *m*
Trick M trik *m*; (*List*) podstęp *m* **Trickfilm** M film *m* animowany

Trieb M popęd *m*; BOT pęd *m* **Triebkraft** F siła *f* napędowa; *fig* bodziec *m*
triefen ociekać (**vor, von** *dat inst*)
triftig ważki, przekonywający
Trikot N trykot *m*
Triller M trel *m*
trinkbar zdatny do picia **trinken** ⟨*v/t* wy⟩pić **Trinker(in)** M(F) pijak *m*, pijaczka *f* **Trinkgeld** N napiwek *m* **Trinkspruch** M toast *m* **Trinkwasser** N woda *f* pitna
Tripper M rzeżączka *f*, tryper *m*
Tritt M krok *m*; (*Fußtritt*) kopniak *m* **Trittbrett** N AUTO stopień *m*
Triumph M triumf *m* **triumphieren** ⟨za⟩triumfować
trocken suchy (-cho) **Trockenheit** F suchość *f*; (*Dürre*) susza *f* **trockenlegen** *Baby* przewijać ⟨-inąć⟩
trocknen V/T ⟨wy⟩suszyć; V/I ⟨wy⟩schnąć **Trockner** M suszarka *f*
Trödelmarkt M pchli targ *m*
Trommel F bęben *m* **Trommelfell** N ANAT bębenek *m* **trommeln** bębnić
Trompete F trąbka *f* **Trompeter** M trębacz *m*
Tropen PL tropiki *mpl*
Tropf M MED kroplówka *f*; **am ~ hängen** być podłączonym do kroplówki **tropfen** kapać **Tropfen** M kropla *f*
tropisch tropikalny
Trost M pocieszenie *n* **trösten** pocieszać ⟨-szyć⟩ (**m**… *dat inst*; **sich** się) **trostlo**… *Kranker* zrozpaczony; *Wett*… beznadziejny; (*öde*) ponu… (-ro) **Trostpreis** M nagroda pocieszenia
Trottel *umg* M kretyn *m*, d… reń *m*
trotz mimo, pomimo
Trotz M przekora *f*; upór *m*… **zum ~** na złość
trotzdem ADV mimo to; KON… chociaż
trotzen stawiać ⟨-ić⟩ czoł… **trotzig** przekorny
trübe mętny; *Himmel* p… chmurny (-no)
Trubel M rwetes *m*, zgiełk *m*
trüben mącić; **sich ~** ⟨z⟩mę… nieć; *Himmel* ⟨za⟩chmurzy… się **trübsinnig** przygnębiony
trügerisch zwodniczy (-czo)
Truhe F skrzynia *f*
Trümmer PL gruzy *pl*, szczątk… *mpl*
Trumpf M atut *m*
Trunksucht F alkoholizm *m*
Truppen FPL wojsko *n*
Truthahn M indyk *m* **Trut**… **henne** F indyczka *f*
Tscheche M Czech *m* **Tsche**… **chien** N Czechy *n* **Tsche**… **chin** F Czeszka *f* **tsche**… **chisch** czeski (po -ku)
tschüs(s)! cześć!, pa!
T-Shirt N T-shirt *m*, koszulka … z krótkimi rękawami

Tube F tubka *f*
Tuberkulose F gruźlica *f*
Tuch N *Stoff* sukno *n*; chusta *f*, chustka *f*
tückisch podstępny
Tugend F cnota *f*
Tulpe F tulipan *m*
Tumor M guz *m*, nowotwór *m*
Tümpel M kałuża *f*
Tumult M zgiełk *m*, wrzawa *f*
tun ⟨z⟩robić, ⟨u⟩czynić; *Unrecht* wyrządzać ⟨-dzić⟩; **so ~ als ob** udawać ⟨udać⟩, że
Tuner M tuner *m*
Tunnel M tunel *m*
Tür F drzwi *pl*
Türke M Turek *m* **Türkei** F Turcja *f* **Türkin** F Turczynka *f* **türkisch** turecki (po -ku)
Türklinke F klamka *f*
Turm M wieża *f*
turnen gimnastykować się **Turner(in)** M(F) gimnastyk *m*, gimnastyczka *f* **Turnhalle** F sala *f* gimnastyczna
Turnier N turniej *m*
Turnschuhe MPL obuwie *n* gimnastyczne
Tüte F torebka *f* (papierowa)
Typ M typ *m*
typisch typowy (-wo)

U

U-Bahn F metro *n*
übel zły (źle); **~ nehmen** brać ⟨wziąć⟩ za złe; **mir ist ~** jest mi niedobrze **Übelkeit** F mdłości *pl*
üben ⟨wy⟩ćwiczyć; **sich ~** ćwiczyć się (**in** *dat* w *lok*)
über PRÄP (*akk*, *dat*) nad (*akk*, *inst*); przez (*akk*); ponad (*inst*) **überall** wszędzie
überanstrengen przemęczać ⟨-czyć⟩ (**sich** się) **überarbeiten** przerabiać ⟨-robić⟩; **sich ~** przepracowywać ⟨-ować⟩ się
überaus nader
überbacken zapiekać ⟨-piec⟩
Überblick M *fig* orientacja *f*, rozeznanie *n* **überblicken** ogarniać ⟨-nąć⟩ wzrokiem
überbringen przynosić ⟨-nieść⟩; *Gruß* przekazywać ⟨-zać⟩ **Überbringer(in)** M(F) oddawca *m*, oddawczyni *f*, doręczyciel(ka) *m(f)*
überbrücken *fig Zeit* wypełniać ⟨-ić⟩ **überdauern** przetrwać *pf*
überdies ponadto
überdrüssig: **~ sein** mieć dość (*gen*, *akk gen*)
übereilt pochopny
übereinander jeden na(d)

drugim
übereinstimmen zgadzać ⟨zgodzić⟩ się (**mit** *dat* z *inst*) **Übereinstimmung** F zgoda *f*; zgodność *f*
überfahren przejechać *pf* **Überfahrt** F *mit dem Schiff* przeprawa *f*
Überfall M napad *m* **überfallen** napadać ⟨-paść⟩ (*akk akk*, na *akk*) **überfällig** *Flugzeug* spóźniony; *Zahlung* zaległy, po terminie **überflügeln** prześcigać ⟨-ścignąć⟩
Überfluss M nadmiar *m*, obfitość *f* **überflüssig** zbyteczny, zbędny
überfordern przeciążać ⟨-żyć⟩ **überführen** przewozić ⟨-wieźć⟩; udowadniać ⟨-wodnić⟩ (j-n *gen* k-u *akk*) **überfüllt** przepełniony
Übergabe F przekazanie *n*; (*Aushändigung*) wręczenie *n*
Übergang M przejście *n*; *Bahn* przejazd *m* **Übergangslösung** F rozwiązanie *n* przejściowe
übergeben wręczać ⟨-czyć⟩; **sich ~** ⟨z⟩wymiotować **übergehen** przechodzić ⟨przejść⟩ (**zu** *dat* do *gen*); pomijać ⟨-minąć⟩
Übergewicht N nadwaga *f*; *fig* przewaga *f*
übergießen oblewać ⟨-lać⟩ (**mit** *dat inst*)
überhandnehmen mnożyć się
überhäufen zasypywać ⟨-pać⟩ (**mit** *dat inst*)
überhaupt w ogóle; **~ nicht** wcale nie
überheblich arogancki (-ko), wyniosły (-śle)
überhitzen przegrzewać ⟨-rzać⟩ (**sich** się)
überholen wyprzedzać ⟨-dzić⟩; *Motor* dokonywać ⟨-nać⟩ przeglądu **Überholspur** F pas *m* do wyprzedzania **Überholverbot** N zakaz *m* wyprzedzania
überhören nie dosłyszeć *pf*, nie usłyszeć *pf* **überlassen** pozostawiać ⟨-ić⟩; (*abtreten*) odstępować ⟨-stąpić⟩ **überlasten** przeciążać ⟨-żyć⟩
überlaufen przelewać ⟨-lać⟩ się; *fig* przechodzić ⟨przejść⟩ (**zu** *dat* do *gen*)
überleben przeżyć *pf*; (po)zostać *pf* przy życiu **Überlebende** F ocalała *f* **Überlebende(r)** M ocalały *m*
überlegen[1] V/T rozważać ⟨-żyć⟩ (*akk*; *a.* **sich** sobie)
überlegen[2] ADJ przewyższający, z przewagą **Überlegenheit** F przewaga *f*
überlisten przechytrzać ⟨-rzyć⟩
übermäßig nadmierny; ADV *a.* zbyt
übermitteln przekazywać ⟨-zać⟩
übermorgen pojutrze **übermüdet** przemęczony

übernächste(r): **am übernächsten Tag** pojutrze **übernachten** ⟨prze⟩nocować **Übernachtung** F nocleg *m* **Übernahme** F przejęcie *n*; *Amt* objęcie *n* **übernehmen** *Amt* obejmować ⟨objąć⟩; *in Besitz* przejmować ⟨przejąć⟩ **überprüfen** sprawdzać ⟨-dzić⟩ **Überprüfung** F sprawdzenie *n*; kontrola *f* **überraschen** zaskakiwać ⟨-skoczyć⟩ **überraschend** zaskakujący (-co) **Überraschung** F niespodzianka *f* **überreden** namawiać ⟨-mówić⟩ (**zu** *dat* do *gen*) **überreichen** wręczać ⟨-czyć⟩ **überschätzen** przeceniać ⟨-ić⟩ **überschlagen** *Kosten* obliczać ⟨-czyć⟩ w przybliżeniu; **sich ~** przewracać ⟨-wrócić⟩ się, przekoziołkować *pf* **überschneiden**: **sich ~** ⟨s⟩krzyżować się **Überschrift** F nagłówek *m* **Überschuss** M nadwyżka *f* **überschütten** zasypywać ⟨-pać⟩ (**mit** *dat inst*) **Überschwemmung** F powódź *f* **übersehen** *Fehler usw* przeoczyć *pf* **übersetzen** *Text* ⟨prze⟩tłumaczyć **Übersetzer(in)** M(F) tłumacz(ka) *m(f)* **Übersetzung** F tłumaczenie *n*; TECH przekładnia *f* **Übersicht** F przegląd *m* **übersichtlich** przejrzysty (-ście) **übersinnlich** nadzmysłowy, nadprzyrodzony **überspannt** przesadny; ekscentryczny **überspringen** przeskakiwać ⟨-skoczyć⟩ **überstehen** V/T przetrwać *pf* **übersteigen** *fig* przewyższać ⟨-szyć⟩ **überstimmen** przegłosowywać ⟨-ować⟩ **Überstunden** FPL godziny *fpl* nadliczbowe **überstürzt** → übereilt **übertragen** powierzać ⟨-rzyć⟩; RADIO transmitować **Übertragung** F RADIO transmisja *f* **übertreffen** przewyższać ⟨-szyć⟩ **übertreiben** przesadzać ⟨-dzić⟩ (*akk* z *inst*) **Übertreibung** F przesada *f* **übertreten** przekraczać ⟨-kroczyć⟩; *Gesetz* naruszać ⟨-szyć⟩ **übertrieben** przesadny **überwachen** nadzorować; czuwać (*akk* nad *inst*) **Überwachung** F nadzór *m* **überwältigen** obezwładniać ⟨-ić⟩ **überweisen** *Patienten* ⟨s⟩kierować; *Geld* przelewać ⟨-lać⟩, przekazywać ⟨-zać⟩ **Überweisung** F (*Geldüberweisung*) przelew *m*, przekaz *m*; *Patienten* skierowanie *n* **überwiegend** przeważający; ADV przeważnie **überwinden**

pokonywać ⟨-nać⟩ **überwintern** ⟨prze⟩zimować **überzählig** nadliczbowy
überzeugen przekonywać ⟨-nać⟩ (**von** *dat* o *lok*; **sich** się) **Überzeugung** F przekonanie *n*
überziehen wkładać ⟨włożyć⟩; powlekać ⟨-lec⟩ (**mit** *dat inst*) **Überziehungskredit** M kredyt *m* dyspozycyjny **Überzug** M (*Schicht*) powłoka *f*; pokrowiec *m*
üblich zwykły, normalny
U-Boot N łódź *f* podwodna
übrig pozostały; **~ bleiben** pozostawać ⟨-tać⟩; **~ lassen** pozostawiać ⟨-ić⟩ **übrigens** zresztą, poza tym
Übung F ćwiczenie *n*
Ufer N brzeg *m*
Uhr F zegar *m*, zegarek *m*; (*Uhrzeit*) godzina *f*; **um fünf ~** o piątej (godzinie)
Uhrmacher(in) M(F) zegarmistrz *m* **Uhrzeiger** M wskazówka *f* zegara
Uhu M puhacz *m*
Ukraine F Ukraina *f* **Ukrainer(in)** M(F) Ukrainiec *m*, Ukrainka *f* **ukrainisch** ukraiński (po -ku)
ulkig pocieszny
um PRÄP (*akk*) dokoła, dookoła (*gen*); za (*inst*); *zeitlich* o (*gen*); ADV (*etwa*) około; **~ so besser** tym lepiej; KONJ **~ zu** aby
umarbeiten przerabiać ⟨-robić⟩
umarmen uściskać *pf*, uścisnąć *pf*; obejmować ⟨objąć⟩
Umarmung F uścisk *m*, objęcie *n*
umbauen przebudowywać ⟨-ować⟩ **umbenennen** przemianowywać ⟨-ować⟩ **umbinden** zawiązywać ⟨-zać⟩
umblättern przewracać ⟨-wrócić⟩ kartkę **umbringen** zabijać ⟨-ić⟩ **umbuchen** HANDEL przeksięgowywać ⟨-ować⟩; zmieniać ⟨-nić⟩ rezerwację **umdrehen** obracać ⟨-rócić⟩ (**sich** się) **umfahren** potrącić *pf*, najechać *pf* **umfallen** przewracać ⟨-wrócić⟩ się
Umfang M MATH obwód *m*; *fig* rozmiar *m* **umfangreich** obszerny, rozległy (-le)
umfassen obejmować ⟨objąć⟩; (*enthalten*) zawierać **umformen** przekształcać ⟨-cić⟩
Umfrage F ankieta *f*
Umgang M obchodzenie *n* się (**mit** *dat* z *inst*); (*Beziehung*) stosunki *mpl*
umgeben otaczać ⟨-toczyć⟩ **Umgebung** F otoczenie *n*; (*Gegend*) okolica *f*
umgehen obchodzić ⟨obejść⟩ się (**mit** *dat* z *inst*) **umgehend** bezzwłoczny; ADV *a.* od ręki **Umgehungsstraße** F obwodnica *f*
umgekehrt odwrotny
Umhang M peleryna *f*
umher wokoło, wokół, dokoła,

dookoła **umherfliegen** latać wokoło **umherirren** błąkać się
umhüllen owijać ⟨-inąć⟩, okrywać ⟨-yć⟩
Umkehr F powrót *m* **umkehren** V/I zawracać ⟨-wrócić⟩
umkippen przewracać ⟨-wrócić⟩ (*v/i* się) **umklammern** kurczowo obejmować ⟨objąć⟩ (*akk gen*)
Umkleidekabine F przebieralnia *f*
umkommen ⟨z⟩ginąć
Umkreis M obwód *m*
umladen przeładowywać ⟨-ować⟩
Umlauf M obieg *m*; **im ~ sein** być w obiegu
Umlaut M przegłos *m*
umleiten ⟨s⟩kierować inną drogą **Umleitung** F objazd *m*
umliegend okoliczny
umpacken przepakowywać ⟨-ować⟩
umrechnen przeliczać ⟨-czyć⟩ **Umrechnungskurs** M kurs *m* przeliczeniowy
umringen otaczać ⟨-toczyć⟩
Umriss M zarys *m*, kontur *m*
umrühren ⟨za⟩mieszać
Umsatz M obrót *m* **Umsatzsteuer** F podatek *m* obrotowy
umschalten V/T przełączać ⟨-czyć⟩ **umschauen** → umsehen
Umschlag M *Wetter* nagła zmiana *f*; *Hose* mankiet *m*; (*Briefumschlag*) koperta *f*; *Buch* okładka *f*; MED okład *m* **umschlagen** *Ärmel* podwijać ⟨-inąć⟩; *Wetter* zmieniać ⟨-ić⟩ się
umschnallen przypasywać ⟨-sać⟩ **umschreiben** przepisywać ⟨-sać⟩; *fig* opisywać ⟨-sać⟩
Umschulung F przekwalifikowanie *n*
umschütten rozlewać ⟨-lać⟩
Umschwung M *fig* nagła zmiana *f*, zwrot *m*
umsehen: **sich ~** rozglądać ⟨-zejrzeć⟩ się; oglądać ⟨obejrzeć⟩ się (**nach** *dat* za *inst*)
umseitig na odwrocie (strony)
umsetzen przesadzać ⟨-sadzić⟩ **Umsicht** F rozwaga *f*, przezorność *f* **umsichtig** rozważny
umsonst za darmo; (*vergeblich*) daremnie
Umstände MPL okoliczności *fpl*; **unter diesen Umständen** w tych okolicznościach; **ohne ~** bez ceregieli **umständlich** drobiazgowy (-wo)
umsteigen przesiadać ⟨-siąść⟩ się **umstellen** przestawiać ⟨-ić⟩ (**sich** się) **umstoßen** przewracać ⟨-rócić⟩
umstritten sporny
umstürzen V/T obalać ⟨-lić⟩; V/I runąć *pf*
Umtausch M wymiana *f*, zamiana *f* **umtauschen** wymie-

niać 〈-ić〉, zamieniać 〈-ić〉 (**gegen** *akk* na *akk*)
umwandeln przekształcać 〈-cić〉 **Umwandlung** F przekształcenie *n*
Umweg M droga *f* okrężna; **einen ~ machen** nadłożyć *pf* drogi
Umwelt F środowisko *n* (naturalne) **Umweltschutz** M ochrona *f* środowiska **Umweltschützer(in)** M(F) obrońca *m* środowiska, obrończyni *f* środowiska **Umweltverschmutzung** F zanieczyszczenie *n* środowiska **umweltverträglich** przyjazny dla środowiska
umwerfen → umstoßen **umwickeln** owijać 〈-inąć〉 **umzäunen** ogradzać 〈-rodzić〉 **umziehen** V/I przeprowadzać 〈-dzić〉 się; V/T przebierać 〈-brać〉 (**sich** się)
Umzug M przeprowadzka *f*; (*Festzug*) pochód *m*, procesja *f*
unabhängig niezależny **Unabhängigkeit** F niezależność *f*; POL niepodległość *f*
unabkömmlich niezbędny **unablässig** nieustanny **unabsichtlich** nieumyślny
unachtsam nieuważny **Unachtsamkeit** F nieuwaga *f*
unangenehm nieprzyjemny **unannehmbar** nie do przyjęcia
Unannehmlichkeiten FPL nieprzyjemności *fpl*, przykrości *fpl*
unansehnlich niepozorny **unanständig** nieprzyzwoity
unauffällig dyskretny **unauffindbar** niedający się odnaleźć **unaufmerksam** nieuważny **unaufrichtig** nieszczery (-rze)
unbeabsichtigt niezamierzony (-rzenie) **unbedenklich** ADV bez obawy **unbedeutend** nieistotny; nieznaczny **unbedingt** bezwarunkowy (-wo); ADV koniecznie **unbefriedigend** niezadowalający (-co) **unbefristet** bezterminowy (-wo) **unbefugt** nieuprawniony
unbegreiflich niepojęty **unbegrenzt** nieograniczony (-czenie) **unbegründet** nieuzasadniony **unbehaglich** nieprzyjemny **unbekannt** nieznany **unbeliebt** nielubiany **unbemerkt** niezauważony; ADV niepostrzeżenie **unbequem** niewygodny **unberechtigt** nieuprawniony; *Vorwurf usw* niesłuszny
unbeschreiblich nieopisany **unbeständig** niestały, zmienny **unbestechlich** nieprzekupny **unbestimmt** nieokreślony
unbeteiligt niezainteresowany **unbewacht** niestrzeżony **unbeweglich** nieruchomy (-mo) **unbewusst** nieświadomy; ADV mimo woli **unbe-**

zahlbar *fig* nieoceniony
unbrauchbar nieprzydatny
und i, a; **~ zwar** a mianowicie; **na ~?** no i co?
undankbar niewdzięczny **undeutlich** niewyraźny **undicht** nieszczelny **undurchsichtig** nieprzezroczysty
unecht nieprawdziwy **unempfindlich** niewrażliwy **unendlich** nieskończony (-czenie)
unentbehrlich niezbędny **unentgeltlich** nieodpłatny **unentschieden** nierozstrzygnięty **unentschlossen** niezdecydowany
unerbittlich nieubłagany **unerfahren** niedoświadczony **unerfreulich** niepomyślny; przykry (-ro) **unerheblich** nieznaczny **unerhört** niesłychany **unerklärlich** niewytłumaczalny **unerlaubt** niedozwolony
unermüdlich niestrudzony (-dzenie) **unerreichbar** nieosiągalny **unersättlich** nienasycony (-cenie) **unerschöpflich** niewyczerpany **unerschrocken** nieustraszony (-szenie) **unersetzlich** niezastąpiony; *Verlust* niepowetowany **unerträglich** nieznośny **unerwartet** nieoczekiwany **unerwünscht** niepożądany
unfähig niezdolny (**zu** *dat* do *gen*)
unfair nie fair
Unfall M (nieszczęśliwy) wypadek *m* **Unfallstation** F stacja *f* pogotowia ratunkowego **Unfallstelle** F miejsce *n* wypadku **Unfallversicherung** F ubezpieczenie *n* od następstw nieszczęśliwych wypadków
unfassbar niepojęty **unfreundlich** nieuprzejmy, niemiły; nieprzyjazny **unfruchtbar** niepłodny
Unfug M wybryk *m*
Ungar(in) M(F) Węgier(ka) *m(f)* **ungarisch** węgierski (po -ku) **Ungarn** N Węgry *pl*
ungebildet niewykształcony **ungebräuchlich** nieużywany, rzadki
Ungeduld F niecierpliwość *f* **ungeduldig** niecierpliwy (-wie)
ungeeignet nieodpowiedni, nienadający się (**für** *akk* do *gen*)
ungefähr przybliżony; ADV około, mniej więcej
ungefährlich niegroźny; nieszkodliwy
Ungeheuer N potwór *m*
ungelegen ADV nie w porę; nie na rękę **ungemütlich** nieprzytulny **ungenau** niedokładny **ungeniert** bezceremonialny
ungenießbar niejadalny **ungenügend** niedostateczny **ungepflegt** zaniedbany **ungerade** *Zahl* nieparzysty **un-**

gerecht niesprawiedliwy (-wie) **ungerechtfertigt** nieusprawiedliwiony, bezpodstawny
ungern niechętnie
ungeschickt niezręczny **ungesetzlich** bezprawny; nielegalny **ungestört** niezakłócony; ADV w spokoju **ungesund** niezdrowy (-wo) **ungewiss** niepewny **ungewöhnlich** niezwykły (-le)
Ungeziefer N robactwo *n*
ungezogen niegrzeczny, *Kind* niewychowany **ungezwungen** niewymuszony **unglaublich** nieprawdopodobny **unglaubwürdig** niewiarogodny **ungleichmäßig** nierównomierny
Unglück N nieszczęście *n* **unglücklich** nieszczęśliwy (-wie) **unglücklicherweise** na nieszczęście **Unglücksfall** M nieszczęśliwy wypadek *m*
ungültig nieważny **ungünstig** niepomyślny, nieprzychylny
Unheil N zło *n*, nieszczęście *n* **unheilbar** nieuleczalny
unheimlich niesamowity (-cie) **unhöflich** nieuprzejmy (-mie)
Uni *umg* F uniwerek *m* **Uniform** F mundur *m* **Union** F unia *f* **Universität** F uniwersytet *m*
unklar niejasny (-no) **unklug** niemądry (-rze)
Unkosten PL koszty *mpl* **Unkraut** N chwast *m*
unkritisch bezkrytyczny **unlängst** niedawno **unleserlich** nieczytelny **unlogisch** nielogiczny
Unlust F niechęć *f*
unmäßig nieumiarkowany, nadmierny
Unmenge F mnóstwo *n*
unmenschlich nieludzki (-ko) **unmerklich** niedostrzegalny **unmissverständlich** jednoznaczny **unmittelbar** bezpośredni (-nio) **unmodern** nienowoczesny (-śnie), niemodny **unmöglich** niemożliwy (-wie) **unnötig** niepotrzebny
unordentlich nieporządny **Unordnung** F nieporządek *m*
unparteiisch bezstronny **unpassend** niestosowny **unpersönlich** bezosobowy (-wo) (*a.* GRAM) **unpraktisch** niepraktyczny **unpünktlich** niepunktualny **unrasiert** nie ogolony
Unrecht N krzywda *f*, niesprawiedliwość *f*; **zu ~** niesłusznie; **j-m ein ~ (an)tun** wyrządzić komuś krzywdę **unrechtmäßig** niezgodny z prawem
unregelmäßig nieregularny **unreif** niedojrzały (-le)
Unruhe F niepokój *m*; **Unruhen** *pl* rozruchy *pl* **unruhig** niespokojny
uns *dat* nam, *reflexiv* sobie; *akk*

nas, *reflexiv* siebie, się, **bei ~** u nas; **mit ~** z nami; **zu ~** do nas
unsauber nieczysty (-to) **unscheinbar** niepokaźny, niepozorny **unschlagbar** niepokonany; *Beweis* niezbity (-cie) **unschlüssig** niezdecydowany
Unschuld F niewinność *f* **unschuldig** niewinny
unser nasz, nasza, nasze, *pl* nasze, nasi; *reflexiv* swój, swoja, swoje, swoi
unseriös niepoważny **unsicher** niepewny **unsichtbar** niewidzialny
Unsinn M nonsens *m*, bzdura *f* **unsinnig** bezsensowny
unsterblich nieśmiertelny **unsympathisch** niesympatyczny **untätig** bezczynny **untauglich** niezdatny; *pers* niezdolny
unten na dole, u dołu; **nach ~** w dół; **von ~** od dołu, z dołu
unter (*dat, akk*) pod (*inst, akk*); (*zwischen*) wśród (*gen*); (*weniger als*) poniżej
Unterarm M przedramię *n*
Unterbewusstsein N podświadomość *f*
unterbrechen przerywać ⟨-rwać⟩ **Unterbrechung** F przerwa *f*, przerwanie *n*
unterbringen umieszczać ⟨-mieścić⟩ **unterdessen** tymczasem **unterdrücken** gnębić; *fig* ⟨s⟩tłumić
untere(r) dolny; *Klasse usw.* niższy **untereinander** między sobą
unterentwickelt niedorozwinięty; *Land* zacofany **unterernährt** niedożywiony
Unterführung F przejazd *m* pod mostem, przejście *n* dołem
Untergang M *Sonne* zachód *m*; *Schiff* zatonięcie *n*
untergehen zachodzić ⟨zajść⟩; *Schiff* ⟨za⟩tonąć
Untergewicht N niedowaga *f*
Untergrund M podłoże *n*; *fig* tło *n*; POL podziemie *n*
unterhalb poniżej
Unterhalt M utrzymanie *n* **unterhalten** V/T utrzymywać ⟨-mać⟩; *Gäste* zabawiać; **sich ~** rozmawiać **Unterhaltspflicht** F obowiązek *m* alimentacji **Unterhaltung** F rozmowa *f*; (*Zeitvertreib*) rozrywka *f*
Unterhemd N podkoszulek *m* **Unterhose** F *kurz* majtki *pl*; *lang* kalesony *pl*
unterirdisch podziemny
Unterkiefer M szczęka *f* dolna **Unterkunft** F kwatera *f* **Unterlage** F podkładka *f*; (*Beleg*) dokument *m*
unterlassen V/T zaniechać *pf*; zaprzestawać ⟨-tać⟩ (*akk gen*)
Unterleib M podbrzusze *n*
unterliegen *fig* podlegać
Unterlippe F dolna warga *f* **Untermieter(in)** M(F) sublokator(ka) *m(f)*, podnajemca *m*

unternehmen przedsiębrać ⟨-ęwziąć⟩ **Unternehmen** N (*Betrieb*) przedsiębiorstwo *n* **Unternehmensberater(in)** M(F) doradca *m* przedsiębiorstwa **Unternehmer(in)** M(F) przedsiębiorca *m* **unternehmungslustig** przedsiębiorczy
Unteroffizier M podoficer *m*
unterordnen podporządkowywać ⟨-ować⟩ (**sich** się)
Unterricht M nauka *n*, lekcje *fpl* **unterrichten** udzielać lekcji, uczyć (**in** *dat gen*); zawiadamiać ⟨-domić⟩ (**von** *dat* o *lok*)
untersagen zabraniać ⟨-ronić⟩ **unterschätzen** niedoceniać ⟨-ić⟩ (*gen*) **unterscheiden** odróżniać ⟨-ić⟩ (**sich** się)
Unterschenkel M goleń *f*, podudzie *n*
unterschieben podsuwać ⟨-unąć⟩
Unterschied M różnica *f* **unterschiedlich** różny
unterschlagen sprzeniewierzać ⟨-rzyć⟩
unterschreiben podpisywać ⟨-sać⟩ **Unterschrift** F podpis *m*
unterspülen podmywać ⟨-myć⟩ **unterstellen** podstawiać ⟨-ić⟩; *im Keller* odstawiać ⟨-ić⟩; insynuować, przypisywać
unterste(r) najniższy
unterstreichen podkreślać ⟨-lić⟩
unterstützen wspierać ⟨wesprzeć⟩ **Unterstützung** F wsparcie *n*; *Geld* zapomoga *f*
untersuchen ⟨z⟩badać; JUR ⟨prze⟩prowadzić dochodzenie **Untersuchung** F badanie *n*; JUR dochodzenie *n* **Untersuchungshaft** F areszt *m* śledczy **Untersuchungsrichter(in)** M(F) sędzia *m* śledczy
Untertasse F spodek *m* **Unterteil** N dolna część *f* **Untertitel** M podtytuł *m*; *Film* napis *m* **Unterwäsche** F bielizna *f*
unterwegs w drodze
Unterwelt F *fig* świat *m* przestępczy
unterwerfen podbijać ⟨-ić⟩ **unterzeichnen** podpisywać ⟨-sać⟩ **unterziehen** poddawać ⟨-dać⟩ (**sich** się)
Untiefe F mielizna *f*
untragbar nieznośny **untrennbar** nierozłączny
untreu niewierny **Untreue** niewierność *f*; (*Verrat*) wiarołomstwo *n*
unüberlegt nierozważny **unübertroffen** niezrównany **unüberwindlich** niezwyciężony
unüblich niezwykły, niezwyczajny
unumwunden ADV bez ogródek, otwarcie **ununterbro-**

chen nieprzerwany; ADV *a.* bez przerwy
unveränderlich niezmienny **unverantwortlich** nieodpowiedzialny **unverbesserlich** niepoprawny **unverbindlich** niezobowiązujący **unverdaulich** niestrawny **unverdient** niezasłużony
unvereinbar sprzeczny, nie do pogodzenia (**mit** *dat* z *inst*) **unvergänglich** nieprzemijający **unvergesslich** niezapomniany **unvergleichlich** niezrównany **unverheiratet** → ledig
unverkäuflich nie na sprzedaż **unvermeidlich** nieunikniony **unvermutet** nieoczekiwany **unvernünftig** nierozsądny
unverschämt bezczelny **unversehrt** cały (-ło); *Sache* nienaruszony **unverständlich** niezrozumiały (-le) **unverträglich** nieznośny **unverzeihlich** niewybaczalny **unverzollt** nieoclony **unverzüglich** niezwłoczny
unvollendet niedokończony **unvollkommen** niedoskonały (-le) **unvollständig** niepełny, niekompletny
unvorbereitet nieprzygotowany **unvorhergesehen** nieprzewidziany **unvorsichtig** nieostrożny **unvorstellbar** niewyobrażalny
unwahrscheinlich nieprawdopodobny **unwesentlich** nieistotny
Unwetter N burza *f*
unwichtig nieważny **unwiderruflich** nieodwołalny **unwillkürlich** mimowolny **unwirksam** bezskuteczny
unwissend niedoświadczony, nieuświadomiony **Unwissenheit** F niewiedza *f*
unwohl niedysponowany **unzählig** niezliczony
unzerbrechlich nietłukący się **unzertrennlich** nierozłączny
unzufrieden niezadowolony **Unzufriedenheit** F niezadowolenie *n*
unzugänglich niedostępny **unzulässig** niedopuszczalny **unzumutbar** niewykonalny **unzutreffend** nietrafny **unzuverlässig** niepewny, zawodny
unzweckmäßig niecelowy, nieodpowiedni **unzweideutig** niedwuznaczny
Update N IT uaktualnienie *n*
üppig bujny; *Essen* obfity
uralt prastary
Uraufführung F prapremiera *f* **Urenkel(in)** M(F) prawnuk *m*, prawnuczka *f* **Urgroßeltern** PL pradziadkowie *pl* **Urheber(in)** M(F) sprawca *m*, sprawczyni *f*; (*Autor*) autor(ka) *m(f)*
Urin M mocz *m*
Urkunde F dokument *m*

Urlaub M urlop *m*; **im ~** na urlopie **Urlaubsort** M miejscowość *f* wypoczynkowa **Urlaubszeit** F sezon *m* urlopowy
Urne F urna *f*
Ursache F przyczyna *f*; **keine ~!** nie ma za co!
Ursprung M początek *m*, pochodzenie *n* **ursprünglich** pierwotny, początkowy (-wo)
Urteil N sąd *m*, osąd *m*; JUR wyrok *m* **urteilen** osądzać, sądzić
Urwald M puszcza *f*
USA PL: **die ~** USA *pl*
USB-Stick M pamięć *f* USB
User(in) M(F) IT użytkownik *m*, użytkowniczka *f*
Utensilien PL przybory *mpl*
UV-Strahlung F promieniowanie *n* nadfioletowe

V

vage niejasny
Vagina F ANAT pochwa *f*
Vakuum N próżnia *f* **vakuumverpackt** pakowany próżniowo
Valuta F waluta *f*
Vanille F wanilia *f*
variabel zmienny
Vase F wazon *m*
Vater M ojciec *m* **Vaterland** N ojczyzna *f*
väterlich ojcowski (po -ku)
Vaterschaft F ojcostwo *n* **Vaterunser** N Ojcze *m* nasz
Vati M tatuś *m*
Vegetarier(in) M(F) wegetarianin *m*, wegetarianka *f* **vegetarisch** wegetariański
Veilchen N fiołek *m*
Vene F żyła *f*
Venedig N Wenecja *f*
Ventil N zawór *m* **Ventilator** M wentylator *m*
verabreden umawiać ⟨-mówić⟩ (**sich** się) **Verabredung** F umowa *f*; (*Treffen*) (umówione) spotkanie *n*
verabscheuen nie znosić (*akk gen*) **verabschieden** ⟨po⟩żegnać (**sich** się, **von** *dat* z *inst*); *Gesetz* uchwalać ⟨-lić⟩
verachten pogardzać, gardzić (*akk inst*) **verächtlich** pogardliwy (-wie) **Verachtung** F pogarda *f*
verallgemeinern uogólniać ⟨-ić⟩ **veraltet** przestarzały (-le)
Veranda F weranda *f*
verändern zmieniać ⟨-ić⟩ (**sich** się) **Veränderung** F zmiana *f*
Veranlagung F skłonność *f*; *Steuer* wymiar *m*
veranlassen ⟨s⟩powodować
veranschaulichen unaoczniać ⟨-ić⟩
veranstalten urządzać ⟨-dzić⟩, ⟨z⟩organizować **Ver-**

anstalter(in) M(F) organizator(ka) *m(f)* **Veranstaltung** F *konkret* impreza *f* **Veranstaltungsort** M miejsce *n* imprezy
verantworten odpowiadać (*akk* za *akk*) **verantwortlich** odpowiedzialny **Verantwortung** F odpowiedzialność *f*
verarbeiten przerabiać ⟨-robić⟩, przetwarzać ⟨-worzyć⟩
verärgern ⟨z⟩irytować
Verb N GRAM czasownik *m*
Verband M związek *m*; MED opatrunek *m* **Verbandskasten** M apteczka *f* podręczna **Verbandszeug** N materiały *mpl* opatrunkowe
verbergen ukrywać ⟨-yć⟩ (**sich** się)
verbessern *Erfindung* ulepszać ⟨-szyć⟩, *Fehler, Rekord* poprawiać ⟨-ić⟩ **Verbesserung** F ulepszenie *n*, poprawa *f*
verbiegen zginać ⟨-giąć⟩ (**sich** się) **verbieten** zabraniać ⟨-ronić⟩
verbilligt przeceniony, po obniżonej cenie
verbinden ⟨po⟩łączyć (**sich** się); *Wunde* opatrywać ⟨-trzyć⟩ **verbindlich** wiążący (-co) **Verbindung** F połączenie *n*; *Verkehr*, TEL *a.* łączność *f*; CHEM związek *m*
verbissen zaciekły (-le) **verbittert** rozgoryczony **verblüfft** zaskoczony, osłupiały (-le)
verblühen przekwitać ⟨-tnąć⟩ **verbluten** wykrwawiać ⟨-ić⟩ się
verborgen skryty (-ycie), ukryty
Verbot N zakaz *m* **verboten** zakazany, wzbroniony
verbrannt spalony
Verbrauch M zużycie *n*; (*Konsum*) spożycie *n* **verbrauchen** zużywać ⟨-yć⟩ **Verbraucher(in)** M(F) konsument(ka) *m(f)*
Verbrechen N przestępstwo *n*, zbrodnia *f* **Verbrecher(in)** M(F) przestępca *m*, przestępczyni *f*, zbrodniarz *m*, zbrodniarka *f* **verbrecherisch** przestępczy, zbrodniczy (-czo)
verbreiten rozpowszechniać ⟨-ić⟩; szerzyć (**sich** się) **verbreitern** poszerzać ⟨-rzyć⟩ **Verbreitung** F rozpowszechnianie *n*; szerzenie *n* (się)
verbrennen ⟨s⟩palić (*v/i* się) **Verbrennung** F spalanie *n*; MED oparzenie *n*
verbringen *Zeit* spędzać ⟨-dzić⟩ **verbrühen** sparzyć *pf* (**sich** się) **verbüßen** *Strafe* odbywać ⟨-yć⟩
Verdacht M podejrzenie *n* **verdächtig** podejrzany **verdächtigen** podejrzewać, posądzać ⟨-dzić⟩ (**j-n** *gen* k-o o *akk*)
verdammen potępiać ⟨-ić⟩ **verdammt** diabelny, przeklęty; **~!** do diabła! **verdamp-**

fen wyparowywać ⟨-ować⟩ **verdanken** zawdzięczać ⟨-czyć⟩
verdauen ⟨s⟩trawić **Verdauung** F trawienie *n*
Verdeck N dach *m* składany **verdecken** zasłaniać ⟨-łonić⟩
verderben V/T ⟨po⟩psuć (*v/i* się) **verderblich** nietrwały, psujący się
verdienen zarabiać ⟨-robić⟩; *fig* zasługiwać ⟨-użyć⟩ (*akk* na *akk*) **Verdienst**[1] N zasługa *f* **Verdienst**[2] M zarobek *m* **verdient** zasłużony (-żenie)
verdoppeln podwajać ⟨-woić⟩
verdorben zepsuty
verdrängen wypierać ⟨-przeć⟩ **verdrehen** *fig* przekręcać ⟨-cić⟩ **verdreifachen** potrajać ⟨-troić⟩ **verdunsten** V/I ulatniać ⟨-lotnić⟩ się, ⟨wy⟩parować **verdursten** umierać ⟨-mrzeć⟩z pragnienia
verehren REL czcić; uwielbiać **Verehrer(in)** M(F) wielbiciel(ka) *m(f)* **verehrt** szanowny **Verehrung** F szacunek *m*, uwielbienie *n*
vereidigt zaprzysiężony, przysięgły
Verein M związek *m*, stowarzyszenie *n*
vereinbaren uzgadniać ⟨-godnić⟩ **Vereinbarung** F ugoda *f*, porozumienie *n*
vereinfachen upraszczać ⟨-rościć⟩ **vereinigen** ⟨z⟩jednoczyć (**sich** się)
vereint zjednoczony **vereinzelt** sporadyczny
vereiteln udaremniać ⟨-ić⟩ **vererben** zostawiać ⟨-ić⟩ w spadku **verfahren**: **sich ~** zabłądzić, zjechać z drogi
Verfahren N postępowanie *n* (*a.* JUR); metoda *f* (*a.* TECH)
Verfall M ruina *f*; upadek *m* **verfallen**[1] V/I *Haus* niszczeć; *Gutschein* przepadać ⟨-paść⟩ **verfallen**[2] ADJ zapuszczony, zdewastowany; *Gutschein, Lebensmittel* przeterminowany **Verfallsdatum** N termin *m* przydatności do użytku *od* spożycia
verfassen układać ⟨ułożyć⟩, ⟨z⟩redagować; *Testament* sporządzać ⟨-dzić⟩ **Verfasser(in)** M(F) autor(ka) *m(f)* **Verfassung** F POL konstytucja *f*; (*Zustand*) stan *m*, forma *f*
verfaulen ⟨z⟩gnić **verfehlen** chybiać ⟨-ić⟩ (*akk gen*); *pers* minąć się (z *inst*) *pf*
verfeindet poróżniony **verflossen** ubiegły, miniony; *umg pers* były
verfluchen przeklinać ⟨-kląć⟩
verfolgen ścigać; (*beobachten*) śledzić; POL prześladować **Verfolger(in)** M(F) ścigający *m*, ścigająca *f*; prześladowca *m* **Verfolgung** F pościg *m*, ściganie *n*; POL prześladowanie *n*
verfrüht przedwczesny (-śnie)

verfügbar będący do dyspozycji **verfügen** VT zarządzać ‹-dzić›; VI dysponować (**über** *akk inst*) **Verfügung** F zarządzenie *n*, rozporządzenie *n*; **zur ~ haben** mieć do dyspozycji
verführen uwodzić ‹-wieść›; ‹s›kusić (**zu** *dat* do *gen*) **Verführer(in)** M(F) uwodziciel(ka) *m(f)* **verführerisch** *fig* uwodzicielski (-ko), kuszący (-co)
vergangen ADJ miniony, przeszły **Vergangenheit** F przeszłość *f*
Vergaser M AUTO gaźnik *m*
vergeben przebaczać ‹-czyć› **vergebens** na próżno **vergeblich** daremny **Vergebung** F przebaczenie *n*
vergehen przemijać ‹-minąć›, mijać ‹minąć›; *Schmerz usw* przechodzić ‹-przejść›; *Zeit* upływać ‹-ynąć›; **sich ~** wykraczać ‹-kroczyć› (**gegen** *akk* przeciw *dat*) **Vergehen** N wykroczenie *n*
vergessen zapominać ‹-mnieć› (**sich** się) **vergesslich** roztargniony, zapominalski
vergeuden ‹z›marnować; *Geld* ‹roz›trwonić
vergewaltigen ‹z›gwałcić **Vergewaltigung** F zgwałcenie *n*, gwałt *m*
vergewissern: **sich ~** upewniać ‹-ić› się (*gen* o *lok*)
vergießen rozlewać ‹-lać›
vergiften ‹o›truć (**sich** się); *Luft usw* zatruwać ‹-uć› **Vergiftung** F MED zatrucie *n*; *Luft* skażenie *n*
Vergleich M porównanie *n*; JUR ugoda *f* **vergleichen** porównywać ‹-nać›
vergnügen: **sich ~** bawić się, zabawiać ‹-ić› się **Vergnügen** N przyjemność *f*; rozrywka *f* **vergnügt** wesoły (-ło), zadowolony
vergoldet pozłacany
vergraben VT zakopywać ‹-pać›
vergriffen *Buch* wyczerpany; *Ware* wyprzedany
vergrößern powiększać ‹-szyć› (**sich** się) **Vergrößerung** F powiększenie *n*
Vergünstigung F przywilej *m*
Vergütung F wynagrodzenie *n*
verhaften ‹za›aresztować **Verhaftung** F aresztowanie *n*
verhalten: **sich ~** zachowywać ‹-ować› się **Verhalten** N zachowanie *n* (się)
Verhältnis N stosunek *m*; (*Liebesverhältnis*) romans *m* **verhältnismäßig** stosunkowy (-wo)
verhandeln negocjować (**über** *akk akk*), pertraktować (o *lok*); JUR rozpoznawać ‹-nać› (*akk*) **Verhandlung** F pertraktacje *pl*; negocjacje

pl; JUR rozprawa *f*
verhängnisvoll fatalny **verhasst** znienawidzony **verheerend** katastrofalny
verheimlichen zatajać ⟨-taić⟩, ukrywać ⟨-yć⟩
verheiraten: **sich ~** *Mann* ⟨o⟩żenić się (*akk z inst*); *Frau* wychodzić ⟨wyjść⟩ za mąż
verheiratet *Mann* żonaty; *Frau* zamężna
verhindern przeszkadzać ⟨-szkodzić⟩ (*akk dat*)
Verhör N przesłuchanie *n*
verhören przesłuchiwać ⟨-chać⟩; **sich ~** przesłyszeć się *pf*
verhüllen zasłaniać ⟨-łonić⟩
verhungern umierać ⟨umrzeć⟩ z głodu
verhüten zapobiegać ⟨-biec⟩ (*akk dat*) **Verhütungsmittel** M MED środek *m* antykoncepcyjny
verirren: **sich ~** zabłądzić *pf*, zabłąkać się *pf*
verjagen przepędzać ⟨-pędzić⟩
verjähren JUR ulegać ⟨-lec⟩ przedawnieniu **Verjährung** F przedawnienie *n*
Verkauf M sprzedaż *f*; **zum ~** do sprzedania **verkaufen** sprzedawać ⟨-dać⟩ **Verkäufer(in)** M(F) sprzedawca *m*, sprzedawczyni *f* **verkäuflich** do sprzedania
Verkehr M ruch *m*, komunikacja *f*; *fig* stosunki *mpl* **verkehren** utrzymywać stosunk (**mit** *dat z inst*); BAHN *usw* kursować
Verkehrsampel F sygnalizator *m* świetlny **Verkehrsdichte** F natężenie *n* ruchu (drogowego) **Verkehrsfunk** M komunikaty *mpl* radiowe dla kierowców **Verkehrsmittel** N środek *m* komunikacyjny
Verkehrspolizei F policja drogowa **Verkehrsregeln** FPL przepisy *mpl* ruchu drogowego **Verkehrsschild** N znak *m* drogowy **Verkehrsunfall** M wypadek *m* drogowy
Verkehrszeichen N znak *m* drogowy
verkehrt odwrotny; *fig* opaczny; ADV na opak
verklagen zaskarżać ⟨-żyć⟩
verkleiden przebierać ⟨-brać⟩ (**sich** się) **Verkleidung** F przebranie *n*
verkleinern zmniejszać ⟨-szyć⟩ (**sich** się)
verkommen[1] VI *Gebäude* niszczeć; *pers* wykolejać ⟨-leić⟩ się
verkommen[2] ADJ *pers* wykolejony
verkörpern uosabiać ⟨-sobić⟩
verkraften uporać się (*akk z inst*)
verkrampft kurczowy; *pers* skrępowany
verkürzen skracać ⟨-rócić⟩
verladen załadowywać ⟨-ować⟩

Verlag M wydawnictwo *n* **verlangen** ⟨za⟩żądać (*akk* **von** *dat gen* od *gen*)
verlängern przedłużać ⟨-żyć⟩ **Verlängerung** F przedłużenie *n*
verlangsamen zwalniać ⟨-wolnić⟩
verlassen[1] V/T opuszczać ⟨-uścić⟩; **sich ~** polegać (**auf** *akk* na *lok*)
verlassen[2] ADJ porzucony, opuszczony
Verlauf M przebieg *m*, tok *m* **verlaufen** przebiegać; odbywać się
verleben przeżywać ⟨-yć⟩
verlegen[1] *Sitz, Termin* przenosić ⟨-nieść⟩; *Ding* zapodziewać ⟨-dziać⟩; *Buch* wydawać ⟨-dać⟩
verlegen[2] ADJ zakłopotany
Verleih M wypożyczalnia *f* **verleihen** wypożyczać ⟨-czyć⟩; *Preis* nadawać ⟨-dać⟩
verleiten skłaniać ⟨-łonić⟩ **verlernen** zapominać ⟨-mnieć⟩ (*akk gen*)
verletzen ⟨s⟩kaleczyć (**sich** się); *Gefühle* ⟨z⟩ranić; *Recht* naruszać ⟨-szyć⟩ **Verletzte** F ranna *f* **Verletzte(r)** M ranny *m* **Verletzung** F skaleczenie *n*, uszkodzenie *n*; *fig* naruszenie *n*
verleumden oczerniać ⟨-ić⟩, zniesławiać ⟨-ić⟩ **Verleumdung** F oszczerstwo *n*, zniesławienie *n*
verlieben: **sich ~** zakochać się *pf* (**in** *akk* w *lok*) **verliebt** zakochany
verlieren V/T ⟨z⟩gubić; *fig* ⟨s⟩tracić; *Spiel* przegrywać ⟨-rać⟩
verloben: **sich ~** zaręczać ⟨-czyć⟩ się **verlobt** zaręczony **Verlobte** F narzeczona *f* **Verlobte(r)** M narzeczony *m* **Verlobung** F zaręczyny *pl*
verlockend nęcący (-co) **Verlockung** F pokusa *f*
verlogen zakłamany
verloren ADJ zgubiony; *fig* stracony; **~ gehen** ⟨z⟩gubić się, przepaść *pf*
verlosen rozlosowywać ⟨-ować⟩ **Verlosung** F rozlosowanie *n*
Verlust M zguba *f*; FIN, *fig* strata *f*, utrata *f* **Vermächtnis** N ostatnia wola *f*
vermehren rozmnażać ⟨-nożyć⟩ (**sich** się) **vermeiden** unikać ⟨-knąć⟩ (*akk gen*)
Vermerk M adnotacja *f*
vermessen[1] V/T wymierzać ⟨-rzyć⟩
vermessen[2] ADJ zuchwały (-le)
vermieten wynajmować ⟨-jąć⟩; **zu ~** do wynajęcia **Vermieter(in)** M(F) odnajmujący *m*, odnajmująca *f*
vermindern zmniejszać ⟨-szyć⟩ (**sich** się)
vermissen V/T stwierdzać ⟨-dzić⟩ brak (*akk gen*) **vermisst** *pers* zaginiony

vermitteln pośredniczyć (**bei** *dat* przy *lok*; **in** *dat* w *lok*) **Vermittler(in)** M(F) pośrednik *m* (-czka *f*) **Vermittlung** F pośrednictwo *n*; TEL centrala *f*
vermögen zdołać *pf* **Vermögen** N majątek *m*
vermuten przypuszczać ⟨-uścić⟩ **vermutlich** przypuszczalny; ADV zapewne **Vermutung** F przypuszczenie *n*
vernachlässigen zaniedbywać ⟨-bać⟩
vernehmen ⟨u⟩słyszeć; *Zeugen* przesłuchiwać ⟨-chać⟩ **Vernehmung** F przesłuchanie *n*
verneinen zaprzeczać ⟨-czyć⟩ (*akk dat*)
vernichten ⟨z⟩niszczyć **vernichtend** niszczący, druzgocący **Vernichtung** F *Akten* zniszczenie *n*; zagłada *f*
Vernunft F rozsądek *m* **vernünftig** rozsądny
veröffentlichen ⟨o⟩publikować **Veröffentlichung** F publikacja *f*
verordnen zarządzać ⟨-dzić⟩; *Arznei* zapisywać ⟨-sać⟩ **Verordnung** F zarządzenie *n*, rozporządzenie *n*; *Arznei* przepisanie *n*, zalecenie *n*
verpachten wydzierżawiać ⟨-ić⟩
verpacken ⟨za⟩pakować **Verpackung** F opakowanie *n*
verpassen V/T *Chance* przegapiać ⟨-ić⟩; *Zug* spóźniać ⟨-ić⟩ się (*akk* na *akk*) **verpfänden** zastawiać ⟨-ić⟩ **verpflanzen** przesadzać ⟨-dzić⟩; *fig*, MED przeszczepiać ⟨-ić⟩
verpflegen ⟨wy⟩żywić, stołować (**sich** się) **Verpflegung** F prowiant *m*; wyżywienie *n*
Verpflichtung F zobowiązanie *n*
verpfuschen *umg* ⟨s⟩partaczyć **verprügeln** ⟨z⟩bić, ⟨s⟩tłuc
Verrat M zdrada *f* **verraten** zdradzać ⟨-dzić⟩ (**sich** się) **Verräter(in)** M(F) zdrajca *m*, zdrajczyni *f* **verräterisch** zdradziecki (-ko)
verrechnen rozliczać ⟨-liczyć⟩; **sich ~** przeliczać ⟨-czyć⟩ się **Verrechnungsscheck** M czek *m* rozrachunkowy
verrecken *pop* zdechnąć *pf*
verreisen wyjeżdżać ⟨-jechać⟩
verrenken zwichnąć *pf* **Verrenkung** F zwichnięcie *n*
verriegeln ⟨za⟩ryglować; TECH ⟨za⟩blokować **verringern** (*vermindern*) zmniejszać ⟨-szyć⟩; (*senken*) obniżać ⟨-żyć⟩
verrostet zardzewiały
verrückt zwariowany; **~ werden** ⟨z⟩wariować **Verrückte** F wariatka *f* **Verrückte(r)** M wariat *m*
Verruf M zła opinia *f*
Vers M wiersz *m*

versagen odmawiać ⟨-mówić⟩ (*akk* *gen*); VI zawodzić ⟨-wieść⟩, nie dopisać *pf* **Versagen** N zawodność *f* **Versager(in)** M(F) nieudacznik *m*
versalzen przesalać ⟨-solić⟩
versammeln ⟨z⟩gromadzić, zbierać ⟨zebrać⟩ (**sich** się) **Versammlung** F zebranie *n*, zgromadzenie *n*
Versand M wysyłka *f* **Versandhaus** N dom *m* sprzedaży wysyłkowej
versäumen *Pflicht* zaniedbywać ⟨-bać⟩; *Schule* opuszczać ⟨-ścić⟩ **Versäumnis** N zaniedbanie *n*
verschaffen wystarać się *pf* (*akk* o *akk*) **verschämt** zawstydzony **verschärfen** zaostrzać ⟨-rzyć⟩ (**sich** się)
verschätzen: **sich** ~ przeliczyć *pf* się
verschenken ⟨po⟩darować **verschicken** wysyłać ⟨słać⟩ **verschieben** przesuwać ⟨-unąć⟩ (**sich** się); *Termin* odraczać ⟨-roczyć⟩
verschieden różny **verschiedenartig** rozmaity, różnorodny **Verschiedenheit** F różnorodność *f*; odmienność *f*
verschimmelt spleśniały
verschlafen[1] zaspać *pf* **verschlafen**[2] ADJ zaspany **verschlagen** ADJ przebiegły (-le) **verschlechtern** pogarszać ⟨-gorszyć⟩ (**sich** się) **verschleiern** *fig* ukrywać ⟨-yć⟩
verschließbar zamykany **verschließen** zamykać ⟨-mknąć⟩
verschlimmern pogarszać ⟨-gorszyć⟩ (**sich** się) **verschlingen** *fig* pochłaniać ⟨-chłonąć⟩
verschlossen zamknięty; *fig* skryty
verschlucken połykać ⟨-łknąć⟩
Verschluss M zamknięcie *n*
verschmutzen zanieczyszczać ⟨-ścić⟩, ⟨po⟩brudzić (*v/i* się) **verschnaufen** odetchnąć *pf*
verschnupft zakatarzony; *fig* nadąsany **verschollen** zaginiony
verschonen oszczędzać ⟨-dzić⟩ (**j-n mit** *dat* k-u *gen*) **verschönern** upiększać ⟨-szyć⟩
verschreiben *Arznei* zapisywać ⟨-sać⟩; **sich** ~ ⟨po⟩mylić się przy pisaniu **verschreibungspflichtig** tylko na receptę
verschulden VT zawinić *pf* **verschuldet** zadłużony
verschütten *Kaffee* rozlewać ⟨-lać⟩; *Zucker* rozsypywać ⟨-pać⟩ **verschweigen** przemilczeć *pf*
verschwenden roztrwaniać ⟨-wonić⟩ **verschwenderisch** rozrzutny **Verschwendung** F marnotrawstwo *n*;

trwonienie *n* (**von** *dat gen*)
verschwiegen dyskretny
verschwinden znikać ‹-knąć›
verschwören: **sich ~** sprzysięgać ‹-siąc› się (**gegen** *akk* przeciw *dat*) **Verschwörung** F spisek *m*, zmowa *f*
versehen zaopatrywać ‹-trzyć› (**mit** *dat* w *akk*); *Amt* sprawować; **sich ~** ‹po›mylić się **Versehen** N pomyłka *f*; **aus ~** przez przeoczenie **versehentlich** omyłkowy (-wo), niechcący
versenden wysyłać ‹-słać›
versengen opalać ‹-lić›, osmalać ‹-lić› **versenken** pogrążać ‹-żyć› (**sich** się); *Schiff* zatapiać ‹-topić› **versetzen** V/T *Schüler* promować; *Schlag* zadawać ‹-dać›; *Beamte* przenosić ‹-nieść›; (*verpfänden*) zastawiać ‹-ić› **verseuchen** zarażać ‹-razić›; *radioaktiv* skażać ‹-azić›
versichern ubezpieczać ‹-czyć› (**gegen** *akk* od *gen*); zapewniać ‹-ić› (**j-n** *gen* k-o o *lok*) **Versicherung** F ubezpieczenie *n*; zapewnienie *n*
versickern wsiąkać ‹-knąć›
versiegeln opieczętować *pf*
versinken zapadać ‹-paść› się; *Schiff* ‹za›tonąć
versöhnen ‹po›godzić **Versöhnung** F pojednanie *n*
versorgen zaopatrywać ‹-trzyć› (**mit** *dat* w *akk*) **Versorgung** F zaopatrzenie *n*
verspäten: **sich ~** opóźniać ‹-ić› się; (*zu spät kommen*) spóźniać ‹-ić› się **verspätet** *Zug* opóźniony; spóźniony **Verspätung** F opóźnienie *n*, spóźnienie *n*
versperren zagradzać ‹-rodzić› **verspotten** V/T szydzić, kpić (*akk* z *gen*)
versprechen obiecywać ‹-cać› **Versprechen** N obietnica *f*
verspüren odczuwać ‹-uć›
Verstand M rozum *m*, rozsądek *m*
verständigen zawiadamiać ‹-domić›; **sich ~** porozumiewać ‹-eć› się **Verständigung** F porozumiewanie *n* się **verständlich** zrozumiały (-le) **Verständnis** N zrozumienie *n* **verständnisvoll** pełny zrozumienia, ze zrozumieniem
verstärken wzmacniać ‹-mocnić› **Verstärker** M wzmacniacz *m*
verstaubt zakurzony
verstauchen: **sich den Fuß ~** skręcić *pf* sobie nogę
Versteck N kryjówka *f*, *für Sachen* schowek *m* **verstecken** ukrywać ‹-yć›, ‹s›chować (**sich** się)
verstehen ‹z›rozumieć; (*können*) umieć
versteigern licytować **Versteigerung** F licytacja *f*
verstellbar przestawny, regu-

lowany **verstellen** przestawiać ⟨-ić⟩; *Weg* zastawiać ⟨-ić⟩; **sich ~** udawać ⟨udać⟩
versteuern ⟨za⟩płacić podatek (*akk* od *gen*)
verstimmt rozstrojony
verstopfen zatykać ⟨-tkać⟩ **Verstopfung** F MED zaparcie *n*
verstorben zmarły
Verstoß M naruszenie *n*, uchybienie *n* **verstoßen** naruszać ⟨-szyć⟩ (**gegen** *akk* *akk*), wykraczać ⟨-kroczyć⟩ (przeciw *dat*)
verstreichen upływać ⟨-ynąć⟩ **verstreuen** rozsypywać ⟨-pać⟩ **verstummen** zamilknąć *pf*
Versuch M próba *f*; TECH, CHEM doświadczenie *n* **versuchen** ⟨s⟩próbować (*akk gen*)
vertagen odraczać ⟨-roczyć⟩ **vertauschen** zamieniać ⟨-ić⟩
verteidigen bronić (*akk gen*), obronić *pf* (*akk*) **Verteidiger(in)** M(F) obrońca *m*, obrończyni *f* **Verteidigung** F obrona *f*
verteilen rozdzielać ⟨-lić⟩ **Verteilung** F rozdzielanie *n*; (*Vertrieb*) dystrybucja *f*
verteuern podnosić ⟨-nieść⟩ cenę
vertiefen *Graben* pogłębiać ⟨-ić⟩; zagłębiać ⟨-ić⟩ (**sich** się) **Vertiefung** F pogłębienie *n*; *konkret* wgłębienie *n*
Vertrag M umowa *f*
vertragen znosić ⟨-nieść⟩; **sich ~** żyć w zgodzie
vertraglich umowny
vertrauen ufać, dowierzać **Vertrauen** N zaufanie *n* **vertraulich** poufny; (*intim*) poufały (-le) **vertraut** zaufany
vertreiben wypędzać ⟨-dzić⟩, przepędzać ⟨-dzić⟩; *Ware* rozprowadzać ⟨-dzić⟩; **sich die Zeit ~** spędzać czas (**mit** *dat* na *lok*) **Vertreibung** F wypędzenie *n*
vertreten zastępować ⟨-tąpić⟩ **Vertreter(in)** M(F) (*Stellvertreter*) zastępca *m*, zastępczyni *f*; przedstawiciel(ka) *m(f)* **Vertretung** F zastępstwo *n*; POL, HANDEL przedstawicielstwo *n*
Vertrieb M dystrybucja *f*
Vertriebene F wypędzona *f* **Vertriebene(r)** M wypędzony *m*, wysiedleniec *m* (przymusowy)
vertrocknen zasychać ⟨-schnąć⟩, wysychać ⟨-schnąć⟩ **verunglücken** ulegać ⟨-lec⟩ wypadkowi; *tödlich* zginąć *pf* w wypadku **verunreinigen** zanieczyszczać ⟨-ścić⟩ **veruntreuen** sprzeniewierzać ⟨-rzyć⟩ **verursachen** ⟨s⟩powodować
verurteilen potępiać ⟨-ić⟩; JUR skazywać ⟨-zać⟩ **Verurteilung** F potępienie *n*; JUR skazanie *n*

vervielfältigen powielać ⟨-lić⟩
vervollkommnen udoskonalać ⟨-lić⟩ **vervollständigen** uzupełniać ⟨-ić⟩
verwählen: **sich ~** wybrać *pf* zły numer telefonu **verwahren** przechowywać ⟨-ować⟩; **sich ~** ⟨za⟩protestować (**gegen** *akk* przeciw *dat*)
verwahrlost zaniedbany
verwalten zarządzać (*akk inst*) **Verwalter(in)** M(F) administrator(ka) *m(f)* **Verwaltung** F administracja *f*
verwandeln przemieniać ⟨-ić⟩ (**sich** się) **Verwandlung** F przemiana *f*
verwandt spokrewniony **Verwandte** F krewna *f* **Verwandte(r)** M krewny *m* **Verwandtschaft** F pokrewieństwo *n*; *pers* krewni *mpl*
verwarnen upominać ⟨-mnieć⟩ **Verwarnung** F upomnienie *n*
verwechseln ⟨po⟩mylić, ⟨po⟩plątać **Verwechslung** F pomyłka *f*, pomieszanie *n*
verweigern odmawiać ⟨-mówić⟩ (*akk gen*)
Verweis M (*Rüge*) nagana *f*; *im Text* odsyłacz *m* **verweisen** odsyłać ⟨odesłać⟩, ⟨s⟩kierować (**an** *akk* do *gen*); wydalać ⟨-lić⟩ (*gen* z *gen*)
verwelken ⟨z⟩więdnąć
verwenden używać ⟨-yć⟩ (**zu** *dat* do *gen*) **Verwendung** F zastosowanie *n*
verwerten ⟨z⟩użytkować, wykorzystywać ⟨-tać⟩
Verwesung F rozkład *m*, gnicie *n*
verwickeln wplątywać ⟨-tać⟩
verwirklichen urzeczywistniać ⟨-nić⟩, ⟨z⟩realizować
verwirren ⟨po⟩plątać; *pers* zmieszać *pf* **verwirrt** *fig* zmieszany
verwischen zacierać ⟨zatrzeć⟩; zamazywać ⟨-zać⟩
verwittert zwietrzały **verwitwet** owdowiały **verwöhnt** wybredny, wymagający **verworren** zawiły (-le)
verwunden ⟨z⟩ranić
verwunderlich dziwny **Verwunderung** F zdziwienie *n*
verwundet ranny **Verwundete** F ranna *f* **Verwundete(r)** M ranny *m* **Verwundung** F zranienie *n*; (*Wunde*) rana *f*
verwüsten ⟨s⟩pustoszyć **verzählen**: **sich ~** ⟨po⟩mylić się w liczeniu **verzaubern** *fig* oczarowywać ⟨-ować⟩ **verzehren** spożywać ⟨-yć⟩
Verzeichnis N spis *m*, wykaz *m*
verzeihen przebaczać ⟨-czyć⟩ **Verzeihung** F przebaczenie *n*; **~!** przepraszam!
Verzicht M zrzeczenie *n* się, rezygnacja *f* **verzichten** zrzekać ⟨-rzec⟩ się (**auf** *akk gen*), ⟨z⟩rezygnować (z *gen*)

verzieren ozdabiać ⟨-dobić⟩ **Verzierung** F ozdoba *f*
verzinst oprocentowany
verzögern odwlekać ⟨-lec⟩ (**sich** się) **Verzögerung** F zwłoka *f*
verzollen ⟨o⟩clić
Verzug M zwłoka *f* **Verzugszinsen** MPL odsetki *mpl* za zwłokę
verzweifeln rozpaczać; zwątpić *pf* (**an** *dat* w *akk*) **verzweifelt** rozpaczliwy (-wie) **Verzweiflung** F rozpacz *f*
Videokamera F kamera *f* wideo **Videokassette** F wideokaseta *f* **Videorecorder** M magnetowid *m* **Videothek** F *Sammlung* wideoteka *f*; *Laden* wypożyczalnia *f* kaset wideo
Vieh N bydło *n*
viel wiele, dużo; **so viele** tyle, tak dużo **vielfach** wielokrotny
vielleicht może
vielmals wielokrotnie **vielmehr** raczej **vielseitig** wielostronny
vier cztery **Vier** F czwórka *f*
Viereck N czworokąt *m* **viereckig** czworokątny
vierfach poczwórny **vierhundert** czterysta **vierjährig** czteroletni **vierspurig** czteropasmowy
vierte(r) czwarty
Viertel N ćwierć *f*, ćwiartka *f*; (*Stadtviertel*) dzielnica *f* **Viertelfinale** N ćwierćfinał *m*
Vierteljahr N kwartał *m*
Viertelstunde F kwadrans *m*
vierzehn czternaście **vierzehnte(r)** czternasty **vierzig** czterdzieści **vierzigste(r)** czterdziesty
Villa F willa *f*
violett fioletowy (-wo)
Violine F skrzypce *pl*
Virus M *od* N wirus *m*
Visitenkarte F wizytówka *f*
Visum N wiza *f*
Vitamin N witamina *f*
Vogel M ptak *m*
Vokabel F (obce) słówko *n*
Volk N naród *m*; *Leute* lud *m*
Völkerrecht N prawo *n* międzynarodowe
Volksfest N zabawa *f* ludowa, festyn *m* **Volkshochschule** F uniwersytet *m* powszechny, centrum *m* kształcenia dla dorosłych **Volkskunst** F sztuka *f* ludowa **Volkslied** N pieśń *f* ludowa **Volksmusik** F muzyka *f* ludowa
volkstümlich ludowy
voll pełny, pełen (*gen* **von, mit** *dat gen*)
Vollbremsung F hamowanie *n* pełne
vollbringen dokonywać ⟨-nać⟩ (*akk gen*) **vollenden** dokańczać ⟨-kończyć⟩ **Volleyball** M siatkówka *f*
Vollgas N; **mit ~** na pełnym gazie
völlig całkowity (-cie), zupełny

volljährig pełnoletni **vollkommen** doskonały (-le) **Vollmacht** F pełnomocnictwo *n* **Vollmilch** F mleko *n* pełnotłuste **Vollmond** M pełnia *f* (księżyca) **Vollnarkose** F narkoza *f* **Vollpension** F całodzienne utrzymanie *n*
vollständig kompletny, całkowity (-cie)
vollstrecken JUR wykonywać ⟨-nać⟩
vollwertig pełnowartościowy **vollzählig** kompletny
von PRÄP (*dat*) (~ *wo?*) od, z, ze (*gen*); (~ *wem?*) od (*gen*); (*über*) o (*lok*); (*woraus?*) z, ze (*gen*); ~ **ihm** od niego; ~ **Berlin** z Berlina; ~ **heute an** od dziś; ~ **hier** stąd
voneinander jeden od drugiego
vor PRÄP (*dat*; *wo?*, *wann?*) przed (*inst*); *Grund* z (*gen*); (*akk*; *wohin?*) przed (*akk*); ~ **der Tür** przed drzwiami; ~ **Angst** ze strachu; ~ **allem** przede wszystkim
Vorabend M przeddzień *m*, wigilia *f*
voran naprzód **vorangehen** iść ⟨pójść⟩ przodem (*dat* przed *inst*); *fig* poprzedzać ⟨-dzić⟩ **vorankommen** posuwać ⟨-unąć⟩ się do przodu
Voranmeldung F: uprzednie zgłoszenie *n*
voraus: **im Voraus zahlen** ⟨za⟩płacić z góry **vorausgesetzt** zakładając, przyjmując
Voraussage F przepowiednia *f* **voraussagen** przepowiadać ⟨-iedzieć⟩
voraussehen przewidywać ⟨-idzieć⟩
voraussetzen zakładać ⟨założyć⟩ **Voraussetzung** F założenie *n*
voraussichtlich przypuszczalny, przewidywany
Vorauszahlung F płatność *f* z góry
Vorbehalt M zastrzeżenie *n* **vorbehalten**: **sich** ~ zastrzegać ⟨-rzec⟩ sobie
vorbei ADV koło, obok (**an** *dat gen*) **vorbeibringen** przynosić ⟨-nieść⟩ **vorbeifahren** przejeżdżać ⟨-jechać⟩ (**an** *dat* obok *gen*) **vorbeigehen** przechodzić ⟨przejść⟩ **vorbeikommen** mijać ⟨minąć⟩ **vorbeilassen** przepuszczać ⟨-ścić⟩
vorbereiten przygotowywać ⟨-ować⟩ (**auf** *akk* do *gen*; **sich** się) **Vorbereitung** F przygotowanie *n*
vorbestellen ⟨za⟩rezerwować **Vorbestellung** F rezerwacja *f*
vorbestraft uprzednio karany
vorbeugen zapobiegać ⟨-biec⟩; **sich** ~ wychylać ⟨-lić⟩ się do przodu **vorbeugend** zapobiegawczy (-czo) **Vorbeugung** F MED zapobieganie *n*, profilaktyka *f*

Vorbild N wzór *m* **vorbildlich** wzorowy (-wo)
Vorderachse F oś *f* przednia
vordere(r) przedni **Vordergrund** M pierwszy plan *m*
Vorderteil M *od* N przód *m*, przednia część *f*
voreilig przedwczesny (-śnie), pochopny **voreingenommen** uprzedzony
vorenthalten ukrywać ⟨-yć⟩ (*dat* przed *inst*)
Vorfahrt F pierwszeństwo *n* przejazdu **Vorfahrtsschild** N znak *m* pierwszeństwa przejazdu
Vorfall M zajście *n*, incydent *m*
vorfristig przedterminowy (-wo)
vorführen ⟨za⟩prezentować; *Film* wyświetlać ⟨-lić⟩ **Vorführung** F pokaz *m*
Vorgang M proces *m*; (*Geschehnis*) przebieg *m* **Vorgänger(in)** M(F) poprzednik *m*, poprzedniczka *f*
vorgehen *Uhr* spieszyć się; występować ⟨-tąpić⟩ (**gegen** *akk* przeciw *dat*)
Vorgesetzte F przełożona *f* **Vorgesetzte(r)** M przełożony *m*
vorgestern przedwczoraj
vorhaben zamierzać **Vorhaben** N zamiar *m*
vorhanden: ~ **sein** być; istnieć
Vorhang M zasłona *f*; THEAT kurtyna *f* **Vorhängeschloss** N kłódka *f*
vorher przedtem **Vorhersage** F przepowiednia *f*; METEO prognoza *f* **vorhersagen** przepowiadać ⟨-iedzieć⟩ **vorhersehen** przewidywać ⟨-idzieć⟩
vorhin przed chwilą
vorig poprzedni; *Jahr, Woche* zeszły, ubiegły
Vorkehrung F: **~en treffen** przedsiębrać ⟨-sięwziąć⟩ kroki
Vorkenntnisse FPL elementarne wiadomości *fpl*
vorkommen V/I występować; (*passieren*) zdarzać ⟨-rzyć⟩ się; (*scheinen*) wydawać ⟨-dać⟩ się
Vorkommnis N zdarzenie *n*
vorladen wzywać ⟨wezwać⟩ **Vorladung** F wezwanie *n*
Vorlage F wzór *f*; SPORT podanie *n*
vorläufig tymczasowy (-wo); ADV *a.* tymczasem
Vorlesung F wykład *m*
vorletzte(r) przedostatni
Vorliebe F upodobanie *n* (**für** *akk* do *gen*)
vorliegen leżeć (*dat* przed *inst*) **vorliegend** niniejszy
vormachen; *fig* wmawiać ⟨-mówić⟩ **vormerken** zapisywać ⟨-sać⟩
Vormittag M przedpołudnie *n*; **am ~** przed południem
Vormund M opiekun *m*, kurator *m*
vorn z przodu; **nach ~** do

przodu; **von** ~ z przodu; *(von Neuem)* od początku
Vorname F imię *n*
vornehm wytworny
vornehmen: **sich** ~ zamierzać ⟨-rzyć⟩
vornherein: **von** ~ z góry, od razu
Vorort M przedmieście *n*
Vorrang M pierwszeństwo *n* **vorrangig** priorytetowy (-wo)
Vorrat M zapas *m* **vorrätig** na składzie, w zapasie
Vorrecht N przywilej *m* **Vorrichtung** F urządzenie *n*, przyrząd *m* **Vorruhestand** M wcześniejsza emerytura *f*
Vorsatz F postanowienie *n*, zamiar *m* **vorsätzlich** umyślny
Vorschlag M propozycja *f* **vorschlagen** ⟨za⟩proponować
vorschreiben V/T przepisywać ⟨-sać⟩ **Vorschrift** F przepis *m* **vorschriftsmäßig** zgodny z przepisami
Vorschuss M zaliczka *f*
vorsehen przeznaczać ⟨-czyć⟩ (**für** *akk* na *akk*); **sich** ~ uważać
Vorsicht F ostrożność *f*; ~! ostrożnie!, uwaga! **vorsichtig** ostrożny **vorsichtshalber** dla ostrożności
Vorsilbe F przedrostek *m*
Vorsitz M przewodnictwo *n* **Vorsitzende** F przewodnicząca *f* **Vorsitzende(r)** M przewodniczący *m*
Vorsorge F zapobiegliwość *f* **Vorsorgeuntersuchung** F badanie *n* profilaktyczne **vorsorglich** ADV przezornie
Vorspeise F przekąska *f* **Vorspiel** N MUS preludium *n*; *Sex* gra *f* wstępna **Vorsprung** M ARCH występ *m*; SPORT przewaga *f* **Vorstadt** F przedmieście *n* **Vorstand** M zarząd *m*
vorstellen przedstawiać ⟨-ić⟩ (**sich** się); **sich** ~ wyobrażać ⟨-razić⟩ sobie **Vorstellung** F przedstawienie *n* *a.* THEAT; wyobrażenie *n* **Vorstellungsgespräch** N rozmowa *f* kwalifikacyjna **Vorstoß** M atak *m* **Vorstrafe** F kara *f* uprzednia
vorstrecken wysuwać ⟨-unąć⟩; *Geld* pożyczać ⟨-czyć⟩
vortäuschen ⟨u⟩pozorować, symulować
Vorteil M korzyść *f* **vorteilhaft** korzystny
Vortrag M wykład *m* **vortragen** *Gedicht* ⟨wy⟩recytować; *Bitte* przedstawiać ⟨-ić⟩
vortrefflich wyborny
vortreten występować ⟨-stąpić⟩ naprzód
vorüber → vorbei **vorübergehend** przejściowy (-wo)
Vorurteil N uprzedzenie *n* **Vorverkauf** M przedsprzedaż *f* **Vorwahl** F numer *m* kierunkowy **Vorwand** M pretekst *m*

vorwärts naprzód
vorwegnehmen uprzedzać ⟨-dzić⟩ **vorweisen** okazywać ⟨-zać⟩ **vorwerfen** *fig* zarzucać ⟨-cić⟩
vorwiegend ADV przeważnie
Vorwort N przedmowa *f*
Vorwurf M zarzut *m* **vorwurfsvoll** pełen zarzutów
Vorzeichen N znak *m*, oznaka *f*
vorzeigen pokazywać ⟨-zać⟩ **vorzeitig** przedwczesny **vorziehen** *fig* woleć; *pers* faworyzować
Vorzug M zaleta *f* **vorzüglich** wyśmienity (-cie)
Votum N wotum *n*
vulgär wulgarny
Vulkan M wulkan *m* **Vulkanausbruch** M wybuch *m* wulkanu

W

Waage F waga *f* **waagerecht** poziomy (-mo)
wach: **~ sein** nie spać; **~ werden** ⟨o⟩budzić się
Wache F straż *f*; warta *f* **wachen** czuwać; nie spać
Wacholder M jałowiec *m*
Wachs N wosk *m*
wachsam czujny
wachsen ⟨u⟩rosnąć; *fig* wzrastać ⟨-rosnąć⟩ **Wachstum** N rośnięcie *n*, wzrastanie *n*; wzrost *m*
Wächter(in) M(F) stróż *m*, wartownik *m*, wartowniczka *f*
Wachtposten M warta *f*
wackelig chwiejny **Wackelkontakt** M styk *m* chwiejny **wackeln** ⟨za⟩chwiać się
Wade F łydka *f*
Waffe F broń *f*
Waffel F wafel *m*
Waffenschein M pozwolenie *n* na broń
wagen ⟨za⟩ryzykować, ⟨od⟩ważyć się
Wagen M samochód *m*; *mit Pferden* wóz *m*; BAHN wagon *m* **Wagenheber** M podnośnik *m*
waghalsig ryzykowny **Wagnis** N ryzyko *n*, ryzykowne przedsięwzięcie *n*
Wahl F wybór *m*; POL **~en** *pl* wybory *pl*
wählen wybierać ⟨-brać⟩ **Wähler(in)** M(F) wyborca *m*
wählerisch wybredny
Wahlkampf M kampania *f* wyborcza **wahllos** ADV jak popadnie, nie wybierając **Wahlrecht** N prawo *n* wyborcze **Wahlwiederholung** F TEL ponowne wybieranie *n* numeru
Wahnsinn M MED obłąkanie *n*; *fig* szaleństwo *n*; **~!** obłęd!
wahnsinnig obłąkany; szalony (-lenie)

wahr prawdziwy; **nicht ~?** nieprawdaż?
während PRÄP podczas, w czasie; KONJ podczas gdy **währenddessen** tymczasem
Wahrheit F prawda *f*
wahrnehmen postrzegać, spostrzegać ⟨-rzec⟩
wahrsagen ⟨wy⟩wróżyć **Wahrsager(in)** M(F) wróżbiarz *m*, wróżka *f*
wahrscheinlich prawdopodobny **Wahrscheinlichkeit** F prawdopodobieństwo *n*
Währung F waluta *f*
Wahrzeichen N symbol *m*
Waise F sierota *m u. f*
Wal M wieloryb *m*
Wald M las *m* **Waldbrand** M pożar *m* lasu **Walderdbeere** F poziomka *f* **Waldsterben** N obumieranie *n* lasów **Waldweg** M droga *f* leśna *od* przez las
Wall M wał *m*
Wallfahrt F pielgrzymka *f* **Wallfahrtsort** M cel *m* pielgrzymek, obiekt *m* kultu
Walnuss F orzech *m* włoski
wälzen ⟨po⟩toczyć (**sich** się); zwalać ⟨-lić⟩ (**auf** *akk* na *akk*)
Walzer M walc *m*
Wand F ściana *f*
Wandel M zmiana *f* **wandeln** zmieniać ⟨-ić⟩ (**sich** się)
Wanderer M wędrowiec *m* **wandern** wędrować **Wanderung** F wędrówka *f*; wycieczka *f* piesza **Wanderweg** M trasa *f* piesza
Wandlung F przemiana *f*
Wandschrank M szafa *f* wbudowana **Wanduhr** F zegar *m* ścienny
Wange F policzek *m*
wanken ⟨za⟩chwiać się; *fig* wahać się
wann kiedy; **seit ~?** odkąd?
Wanne F wanna *f*
Wanze F pluskwa *f* (*a. fig*)
Wappen N *e-r Familie* herb *m*; *e-s Staates* godło *n*
Ware F towar *m* **Warenhaus** N dom *m* towarowy **Warensendung** F przesyłka *f* towarów **Warensortiment** N asortyment *m* towarów **Warenzeichen** N znak *m* towarowy
warm ciepły (-ło) **Wärme** F ciepło *n* **wärmen** podgrzewać ⟨-rzać⟩, ogrzewać ⟨-rzać⟩ (**sich** się) **Wärmflasche** F termofor *m*
Warnblinkanlage F światła *npl* awaryjne **Warndreieck** N trójkąt *m* ostrzegawczy
warnen ostrzegać ⟨-rzec⟩
Warnung F ostrzeżenie *n*, przestroga *f*
warten ⟨za⟩czekać
Wärter(in) M(F) dozorca *m*, dozorczyni *f*, strażnik *m*, strażniczka *f*
Wartesaal M *im Bahnhof* poczekalnia *f* **Wartezimmer** N *beim Arzt* poczekalnia *f*
Wartung F przegląd *m* tech-

niczny, konservacja *f*
warum dlaczego
Warze F brodawka *f*
was co; **~ für ein?** co za?; **~ kostet …?** ile kosztuje …?
Waschanlage F myjnia *f*
Waschbecken N umywalka *f*
Wäsche F bielizna *f*; (*das Waschen*) pranie *n* **Wäscheklammer** F klamerka *f* do bielizny **Wäscheleine** F sznur *m* do wieszania bielizny
waschen ⟨u⟩myć (**sich** się); *Wäsche* ⟨wy⟩prać
Wäscherei F pralnia *f* **Wäscheständer** M suszarka *f* stojąca do bielizny **Wäschetrockner** M suszarka *f* do bielizny
Waschmaschine F pralka *f* **Waschpulver** N proszek *m* do prania **Waschraum** M umywalnia *f* **Waschsalon** M pralnia *f* publiczna **Waschstraße** F myjnia *f* automatyczna
Wasser N woda *f* **Wasserball** M SPORT piłka *f* wodna **wasserdicht** wodoszczelny; *Stoff* nieprzemakalny **Wasserfall** M wodospad *m* **Wasserhahn** M kran *m*, kurek *m* wodociągowy **Wasserkocher** M czajnik *m* elektryczny **Wasserkraftwerk** N elektrownia *f* wodna **Wasserleitung** F wodociąg *m* **wasserlöslich** rozpuszczalny w wodzie
Wassermann M Wodnik *m*
Wassermelone F arbuz *m*
Wasserpflanze F wodorost *m* **Wasserschaden** M szkody *fpl* wyrządzone przez wodę
wasserscheu mający wstręt do wody, bojący się wody
Wasserski MPL narty *fpl* wodne **Wasserspiegel** M poziom *m* wody
Wassersport M sport *m* wodny **Wasserspülung** F spłuczka *f* **Wasserstoff** M wodór *m*
Wassertemperatur F temperatura *f* wody **wasserundurchlässig** wodoszczelny, nieprzemakalny **Wasserverbrauch** M zużycie *n* wody
waten brodzić
Watt[1] N GEOG równia *f* pływowa, watt *m*
Watt[2] N ELEK wat *m*
Watte F wata *f*
WC N WC *n* **WC-Reiniger** M środek *m* do czyszczenia toalet
Web N IT web *m* **Webseite** F IT strona *f* internetowa
Wechsel M zmiana *f*; *Geld* wymiana *f*; FIN weksel *m* **Wechselgeld** N (*Kleingeld*) drobne *pl*; reszta *f* **wechselhaft** zmienny **Wechseljahre** PL klimakterium *n* **Wechselkurs** M kurs *m* wymiany
wechseln V/T zmieniać ⟨-ić⟩; *Geldschein* rozmieniać ⟨-ić⟩; *Fremdwährung, Blicke, Worte* wymieniać ⟨-ić⟩
Wechselstrom M prąd *m*

przemienny **Wechselstube** F kantor *m od* punkt *m* wymiany (walut)
wecken ⟨z⟩budzić **Wecker** M budzik *m* **Weckruf** M pobudka *f*
wedeln *Hund* merdać (ogonem)
weder: **~ ... noch** ani ... ani
weg ADV precz; **~ da!** z drogi!; **weit ~** daleko, oddalony
Weg M droga *f*; trasa *f*
wegbleiben nie zjawiać ⟨-ić⟩ się **wegbringen** wynosić ⟨-nieść⟩, wywozić ⟨-wieźć⟩
wegen z powodu
wegfahren V/I odjeżdżać ⟨-jechać⟩; V/T wywozić ⟨-wieźć⟩
Wegfahrsperre F immobilizer *m*
weggeben oddawać ⟨-dać⟩ **weggehen** odchodzić ⟨odejść⟩ **wegjagen** przepędzać ⟨-dzić⟩ **wegkommen** odchodzić ⟨odejść⟩; *Sache* ⟨z⟩ginąć; **gut/schlecht ~** dobrze/źle wychodzić ⟨-wyjść⟩
weglaufen uciekać ⟨-ciec⟩ **weglegen** odkładać ⟨odłożyć⟩ (na bok) **wegnehmen** odbierać ⟨odebrać⟩ **wegräumen** sprzątać ⟨-tnąć⟩; usuwać ⟨-unąć⟩ **wegrennen** uciekać ⟨-ciec⟩ **wegschicken** odsyłać ⟨odesłać⟩ **wegschmeißen** *umg* wyrzucać ⟨-cić⟩ **wegsehen** odwracać ⟨-wrócić⟩ wzrok **wegstellen** odstawiać ⟨-ić⟩ **wegstoßen** odpychać ⟨odepchnąć⟩
Wegweiser M drogowskaz *m*
wegwerfen wyrzucać ⟨-ucić⟩ **Wegwerfflasche** F butelka *f* jednorazowa **Wegwerfwindeln** FPL pieluchy *fpl* jednorazowe
wegziehen V/T odciągać ⟨-gnąć⟩; V/I wyprowadzić się *pf*
wehen ⟨po⟩wiać; *Fahne* powiewać
wehmütig rzewny, smętny
Wehr N jaz *m*
Wehrdienst M służba *f* wojskowa **wehren**: **sich ~** bronić się **wehrlos** bezbronny **Wehrpflicht** F obowiązek *m* służby wojskowej
wehtun sprawiać ⟨-ić⟩ ból; **mir tut ... weh** boli mnie ...
Weib *umg* N baba *f* **Weibchen** N ZOOL samica *f* **weiblich** kobiecy (-co); GRAM żeński
weich miękki (-ko); **~ gekocht** *Ei* ugotowany na miękko
Weiche F BAHN zwrotnica *f*
weichen¹ V/T ⟨wy⟩moczyć
weichen² V/I ustępować ⟨-tąpić⟩
Weichheit F miękkość *f* **Weichspüler** M płyn *m* do płukania tkanin
Weide F pastwisko *n*; BOT wierzba *f*
weiden paść (*v/i* się)
weigern: **sich ~** wzbraniać się **Weigerung** F odmowa *f*
Weihnachten N Boże Naro-

dzenie *n*; **fröhliche ~!** wesołych świąt!
Weihnachtsbaum M choinka *f* **Weihnachtsgeschenk** N prezent *m* na gwiazdkę
Weihnachtslied N kolęda *f*
Weihnachtsmann M Święty Mikołaj *m* **Weihnachtsmesse** F pasterka *f*
Weihrauch M kadzidło *n*
Weihwasser N woda *f* święcona
weil ponieważ
Weile F chwila *f*
Wein M wino *n* **Weinberg** M winnica *f* **Weinbrand** M winiak *m*
weinen płakać
Weinglas N kieliszek *m* do wina **Weinkarte** F karta *f* win **Weinkeller** M piwnica *f* na wino **Weinlese** F winobranie *n* **Weinprobe** F degustacja *f* wina **Weinrebe** F winorośl *f* **Weinstube** F winiarnia *f* **Weintraube** F winogrono *n* **Weinverkostung** F degustacja *f* wina
weise mądry (-rze) **Weise**[1] M *u.* F mędrzec *m*
Weise[2] F sposób *m*; MUS melodia *f*
weisen wskazywać ⟨-zać⟩
Weisheit F mądrość *f* **Weisheitszahn** M ząb *m* mądrości
weiß biały (-ło)
Weißbrot N biały chleb *m* **Weißkraut** N biała kapusta *f* **Weißwein** M białe wino *n*
weit daleki (-ko); (*ausgedehnt*) szeroki (-ko); *Kleid* obszerny, luźny; **~ verbreitet** szeroko rozpowszechniony; **von Weitem** z daleka **Weite** F dal *f*; (*Entfernung*) odległość *f* **weiten** rozszerzać ⟨-rzyć⟩ (**sich** się)
weiter dalszy (-lej); **und so ~** i tak dalej
weiterfahren ⟨po⟩jechać dalej **weitergeben** podawać ⟨-dać⟩ dalej **weitergehen** iść dalej **weiterleiten** skierowywać ⟨-ować⟩ dalej, przekazywać ⟨-zać⟩ **weitermachen** kontynuować
weitgehend daleko idący; ADV w dużej mierze **weitsichtig** dalekowzroczny
Weitsprung M SPORT skok *m* w dal
Weizen M pszenica *f* **Weizenbier** N piwo *n* pszeniczne **Weizenmehl** N mąka *f* pszenna
welch: **~ ein ...** co za ..., jaki ...
welcher, welche, welches jaki, jaka, jakie; który, która, które; PL jakie, jacy; które, którzy
welk zwiędły **welken** więdnąć
Welle F fala *f*
Wellenbereich M RADIO zakres *m* fal **Wellengang** M falowanie *n* **Wellenlänge** F długość *f* fali **Wellenreiten** N surfing *m* **Wellensittich**

M papużka *f* falista
wellig falisty (-ście)
Wellness F wellness *n*
Welpe M szczenię *n*
Welt F świat *m* **Weltall** N wszechświat *m* **Weltanschauung** F światopogląd *m* **Weltkrieg** M wojna *f* światowa
weltlich świecki
Weltmeister(in) M(F) mistrz (-yni) *m(f)* świata **Weltraum** M przestrzeń *f* kosmiczna **Weltreise** F podróż *f* dookoła świata **Weltrekord** M rekord *m* świata **weltweit** światowy, o zasięgu światowym
wem komu; **mit ~** z kim; **von ~** od kogo; **zu ~** do kogo
wen kogo; **über ~** o kim; na kogo
Wende F *fig* zwrot *m*, przełom *m* **Wendekreis** M GEOG zwrotnik *m*
Wendeltreppe F kręte schody *pl*
wenden obracać ⟨-rócić⟩ (**sich** się); **sich ~** zwracać ⟨-rócić⟩ się (**an** *akk* do *gen*) **Wendepunkt** M punkt *m* zwrotny
wendig zwrotny; *fig* obrotny
Wendung F obrót *m*; (*Redewendung*) zwrot *m*
wenig mało **wenige** kilka **weniger** mniej **wenigstens** przynajmniej
wenn jeśli; (*sobald*) skoro; **~ auch** chociaż
wer kto; **~ auch immer** ktokolwiek
Werbefernsehen N reklama *f* telewizyjna **werben** *neue Abonnenten* ⟨z⟩werbować; (*Reklame machen*) ⟨za⟩reklamować; zabiegać (**um** *akk* o *akk*)
Werbespot M spot *m* reklamowy
Werbung F reklama *f* **Werbungskosten** PL koszty *mpl* uzyskania przychodu
werden stawać ⟨stać⟩ się (*nom inst*); *pers* zostawać ⟨-stać⟩ (*inst*)
werfen rzucać ⟨-cić⟩
Werft F stocznia *f*
Werk N dzieło *n*; (*Tat*) czyn *m*; (*Betrieb*) zakład *m*; TECH mechanizm *m* **Werkstatt** F warsztat *m* **Werkstoff** M materiał *m*, tworzywo *n* **Werktag** M dzień *m* roboczy **Werkzeug** N narzędzie *n*
Wermut M BOT piołun *m*; *Wein* wermut *m*
wert wart; **~ sein** być wartym, zasługiwać; **nichts ~** nic nie wart
Wert M wartość *f* **wertlos** bezwartościowy **Wertpapiere** PL papiery *mpl* wartościowe **Wertsachen** PL przedmioty *mpl* wartościowe **wertvoll** cenny
Wesen N (*Lebewesen*) istota *f*; natura *f*, charakter *m*
wesentlich istotny; ADV (*sehr*) znacznie
weshalb dlaczego

Wespe F osa *f*
wessen czyj, czyja, czyje
Westdeutschland N zachodnie Niemcy *pl*; (*BRD*) Niemcy *pl* Zachodnie
Weste F kamizelka *f*
Westen M zachód *m*; POL Zachód *m* **Westeuropa** N Europa *f* Zachodnia **westlich** zachodni; na zachód (**von** *dat* od *gen*)
Wettbewerb M współzawodnictwo *n*; konkurs *m* **Wettbüro** N punkt *m* przyjmowania zakładów **Wette** F zakład *m*
wetteifern współzawodniczyć, rywalizować **wetten** zakładać ⟨założyć⟩ się (**um** *akk* o *akk*)
Wetter N pogoda *f* **Wetterbericht** M komunikat *m* o stanie pogody **Wettervorhersage** F prognoza *f* pogody
Wettkampf M zawody *pl* **Wettkämpfer(in)** M(F) zawodnik *m*, zawodniczka *f* **Wettlauf** M *a. fig* wyścig *m* **Wettrennen** N → Wettlauf
WG F → Wohngemeinschaft
Whirlpool M jacuzzi *n*
Whisky M whisky *f*
wichtig ważny **Wichtigkeit** F ważność *f*
wickeln *Haare* zawijać ⟨-winąć⟩; *Kind* przewijać ⟨-winąć⟩ **Wickelraum** M pomieszczenie *n* do przewijania dzieci **Wickeltisch** M przewijak *m*
Widder M baran *m*
wider PRÄP (*akk*) przeciw, wbrew (*dat*); **~ Willen** mimo woli **Widerhall** M odgłos *m*, oddźwięk *m* **widerlegen** obalać ⟨-lić⟩, odpierać ⟨odeprzeć⟩
widerlich wstrętny, ohydny **widerrechtlich** bezprawny
widerrufen odwoływać ⟨-łać⟩
widersetzen: **sich ~** sprzeciwiać ⟨-ić⟩ się
widersinnig niedorzeczny **widerspenstig** krnąbrny
widerspiegeln odzwierciedlać ⟨-lić⟩ (**sich** się)
widersprechen przeczyć **Widerspruch** M sprzeczność *f*; (*Protest*) sprzeciw *m*
Widerstand M opór *m*; ELEK opornik *m* **widerstandsfähig** odporny, wytrzymały **widerstehen** opierać ⟨oprzeć⟩ się
widerwärtig wstrętny
Widerwille F odraza *f* **widerwillig** niechętny
widmen poświęcać ⟨-cić⟩ (**sich** się) **Widmung** F dedykacja *f*
wie jak; **~ alt ist er?** ile on ma lat?; **~ viel?** ile?; **~ viel Uhr?** która godzina?
wieder znów; **immer ~** wciąż na nowo
Wiederaufnahme F wznowienie *n* **wiedererkennen** poznawać ⟨-nać⟩ **Wiedergabe** F zwrot *m*; *Ton usw* odtwarzanie *n* **wiedergeben** odda-

wać ‹-dać›; odtwarzać ‹-worzyć›
wiederherstellen przywracać ‹-wrócić›
wiederholen powtarzać ‹-tórzyć› **wiederholt** powtórny, ponowny **Wiederholung** F powtórzenie *n*
Wiederhören N: **auf ~!** do usłyszenia!
wiederkommen powracać ‹-wrócić›, wracać ‹wrócić›
wiedersehen: **sich ~** zobaczyć się *pf* znowu **Wiedersehen** N ponowne zobaczenie *n* się; **auf ~!** do widzenia!
Wiedervereinigung F zjednoczenie *n*
Wiege F kołyska *f*, kolebka *f*
wiegen[1] kołysać
wiegen[2] *Ware* ‹z›ważyć
wiehern ‹za›rżeć
Wien N Wiedeń *m* **Wiener** ADJ wiedeński (po -ku)
Wiese F łąka *f*
Wiesel N łasica *f*
wieso dlaczego
wild dziki (-ko)
Wild N zwierzyna *f* łowna; *Fleisch* dziczyzna *f* **Wildbret** N dziczyzna *f* **Wilderer** M kłusownik *m* **Wildleder** N zamsz *m* **Wildpark** M rezerwat *m* dzikich zwierząt **Wildschwein** N dzik *m*
Wille M wola *f* **willen**: **um Himmels ~!** na Boga! **Willenskraft** F siła *f* woli **willig** chętny, ochoczy (-czo)
willkommen pożądany, mile widziany; **herzlich ~!** serdecznie witam(y)!
Willkür F samowola *f* **willkürlich** samowolny; (*zufällig*) przypadkowy
wimmeln roić się (**von** *dat* od *gen*)
wimmern jęczeć
Wimper F rzęsa *f* **Wimperntusche** F tusz *m* do rzęs
Wind M wiatr *m* **Windbeutel** M GASTR ptyś *m*
Windel F pielucha *f*
winden wić (**sich** się)
windig wietrzny
Windjacke F wiatrówka *f* **Windmühle** F wiatrak *m* **Windpocken** PL ospa *f* wietrzna **Windschutzscheibe** F szyba *f* przednia **Windstärke** F siła *f* wiatru **Windstille** F cisza *f* **Windstoß** M poryw *m* wiatru **windsurfen** uprawiać windsurfing
Windung F zakręt *m*, skręt *m*
Wink M znak *m*; (*Hinweis*) wskazówka *m*
Winkel M kąt *m* (*a.* MATH)
winken machać; kiwać ‹-wnąć› (*dat* na *akk*)
Winter M zima *f*; **im ~** zimą **Wintermantel** M płaszcz *m* zimowy **Winterreifen** MPL opony *fpl* zimowe **Wintersport** M sport *m* zimowy
Winzer M właściciel *m* winnicy
winzig malusieńki
Wipfel M *Baum* wierzchołek *m*

wir my; **~ sind** jesteśmy; **~ waren** byliśmy
Wirbel M wir *m*; ANAT kręg *m* **Wirbelsäule** F kręgosłup *m*
wirken działać; (*Wirkung zeigen*) ⟨po⟩skutkować
wirklich rzeczywisty (-ście) **Wirklichkeit** F rzeczywistość *f*
wirksam skuteczny
Wirkung F działanie *n*, skutek *m* **wirkungslos** bezskuteczny
wirr bezładny; *Haar* rozczochrany **Wirrwarr** M zamęt *m*, nieład *m*
Wirsing M kapusta *f* włoska
Wirt(in) M(F) gospodarz *m*, gospodyni *f*
Wirtschaft F gospodarka *f*; (*Gastwirtschaft*) gospoda *f* **wirtschaften** gospodarować **wirtschaftlich** gospodarczy **Wirtschafts-** gospodarczy
Wirtshaus N karczma *f*
wischen *Staub* ścierać ⟨zetrzeć⟩; *Fußboden* wycierać ⟨wytrzeć⟩ **Wischer** M wycieraczka *f* **Wischlappen** M ścierka *f*
Wisent M żubr *m*
wissen wiedzieć **Wissen** N wiedza *f*; **ohne mein ~** bez mojej wiedzy
Wissenschaft F nauka *f* **Wissenschaftler(in)** M(F) naukowiec *m* **wissenschaftlich** naukowy (-wo)
wissentlich świadomy (-mie)
wittern V/T ⟨z⟩węszyć
Witwe(r) F(M) wdowa *f*, wdowiec *m*; **~ werden** owdowieć *pf*
Witz M dowcip *m* **witzig** dowcipny
wo gdzie; **von ~** skąd **woanders** gdzie indziej **wobei** przyczym
Woche F tydzień *m*; **in zwei Wochen** za dwa tygodnie
Wochenende N weekend *m* **Wochentag** M dzień *m* powszedni
wöchentlich tygodniowy (-wo)
Wochenzeitschrift F tygodnik *m*
Wöchnerin F położnica *f*
Wodka M wódka *f*
wodurch przez co, czym **wofür** za co; na co, do czego **woher** skąd **wohin** dokąd
wohl ADV (*vermutlich*) zapewne, chyba; **lebe ~!** bądź zdrów!
Wohl N dobro *n*, pomyślność *f*; **zum ~!** na zdrowie! **Wohlbefinden** N dobre samopoczucie *n*
wohlbehalten zdrów, cały **wohlbekannt** dobrze znany **wohlfühlen**: **sich ~** czuć się dobrze **wohlhabend** zamożny
Wohlstand M dobrobyt *m*
wohltätig dobroczynny
Wohlwollen N życzliwość *f* **wohlwollend** życzliwy (-wie)
wohnen mieszkać
Wohnfläche F powierzchnia *f*

mieszkalna **Wohngeld** N dodatek *m* mieszkaniowy **Wohngemeinschaft** F mieszkanie *n* we wspólnocie
wohnhaft zamieszkały
Wohnhaus N dom *m* mieszkalny **Wohnort** M miejsce *n* zamieszkania **Wohnraum** M pomieszczenie *m* mieszkalne **Wohnsitz** M miejsce *n* zamieszkania
Wohnung F mieszkanie *n* **Wohnungsamt** N urząd *m* mieszkaniowy **Wohnungsbau** M budownictwo *n* mieszkaniowe **Wohnungstür** M drzwi *pl* mieszkania
Wohnverhältnisse NPL warunki *mpl* mieszkaniowe **Wohnwagen** M przyczepa *f* turystyczna **Wohnzimmer** M pokój *m* dzienny
Wölbung F wypukłość *f*
Wolf M wilk *m* **Wölfin** F wilczyca *f*
Wolke F chmura *f*, obłok *m*
Wolkenbruch M oberwanie *n* się chmury **Wolkenkratzer** M drapacz *m* chmur
wolkenlos bezchmurny **wolkig** zachmurzony, pochmurny
Wolldecke F koc *m* wełniany **Wolle** F wełna *f*
wollen[1] V/T chcieć (*akk akk, gen*)
wollen[2] ADJ wełniany
Wollstoff M materiał *m* wełniany
womit czym; z czym
womöglich (być) może
wonach czym; o co; (*gemäß*) do czego
Wonne F rozkosz *f*
woran *denken* o czym; *arbeiten* nad czym; *erkennen* po czym; *glauben* w co **worauf** na czym; *warten* na co **woraus** z czego **worin** w czym
Wort N wyraz *m*, słowo *n*
Wörterbuch N słownik *m*
Wortlaut M brzmienie *n*
wörtlich dosłowny
Wortschatz M słownictwo *n* **Wortspiel** N gra *f* słów **Wortwechsel** M wymiana *f* słów
worüber *sprechen* o czym; *lachen* z czego **wovon** o czym; od czego **wozu** do czego, po co
Wrack N wrak *m*
Wucher M lichwa *f*
wuchern *Pflanzen* rozrastać ⟨-rosnąć⟩ się **Wucherung** F narośl *f*
Wuchs M wzrost *m*
Wucht F impet *m*, siła *f* **wuchtig** potężny, silny
wühlen V/I ryć; szperać (**in** *dat* w *lok*) **Wühlmaus** F nornik *m*
wund *Fuß* obtarty **Wunde** F rana *f*
Wunder M cud *m* **wunderbar** cudowny **wundern**: **sich** ~ dziwić się (**über** *akk dat*) **wunderschön** prześliczny
Wunsch M życzenie *n*; **nach** ~ według życzenia

wünschen życzyć (**sich** sobie) **wünschenswert** pożądany
Würde F godność *f* **würdig** dostojny; (*wert*) godny
Wurf M rzut *m*; ZOOL miot *m*, pomiot *m*
Würfel M kostka *f*; MATH sześcian *m* **würfeln** V/I ⟨za⟩grać w kości; V/T ⟨po⟩kroić w kostkę **Würfelzucker** M cukier *m* w kostkach
würgen V/T dusić; V/I dławić się (**an** *dat inst*)
Wurm M robak *m*
Wurst F kiełbasa *f*
Würstchen N kiełbaska *f*
Wurzel F korzeń *m*; MATH pierwiastek *m*
würzen przyprawiać ⟨-ić⟩ **würzig** aromatyczny, pikantny
Wüste F pustynia *f*
Wut F złość *f*, wściekłość *f* **wüten** wściekać się; *Sturm* szaleć **wütend** wściekły (-le)

X

X-Beine NPL nogi *fpl* w iks
x-beliebig byle jaki; byle kto
x-mal iks razy
Xylofon N ksylofon *m*

Y

Yacht F → Jacht
Yoga N joga *f*
Ypsilon N igrek *m*
Yuppi M yuppie *m*

Z

Zacke F ząbek *m* **Zacken** M → Zacke **zackig** zębaty (-to)
zaghaft nieśmiały (-ło)
zäh *Fleisch* łykowaty (-to); *Widerstand* uporczywy (-wie)
Zahl F liczba *f*; (*Anzahl*) ilość *f* **zahlbar** płatny **zahlen** ⟨za⟩płacić (**für** *akk* za *akk*)
zählen ⟨po⟩liczyć **Zähler** M licznik *m* (*a.* MATH)
zahllos niezliczony **zahlreich** liczny
Zahlung F zapłata *f*
Zählung F liczenie *n*, obliczanie *n*
Zahlungsaufforderung F wezwanie *n* do zapłaty **Zahlungsbedingungen** FPL warunki *mpl* płatności **Zahlungsfrist** F termin *m* płatności
zahm oswojony

zähmen oswajać ⟨-woić⟩
Zahn M ząb *m*
Zahnarzt M dentysta *m* **Zahnärztin** F dentystka *f* **Zahnbürste** F szczoteczka *f* do zębów **Zahnersatz** M proteza *f* zębowa
Zahnfleisch N dziąsło *n* **Zahnfleischbluten** N krwawienie *n* dziąseł
Zahnpasta F pasta *f* do zębów **Zahnrad** N koło *n* zębate **Zahnschmerzen** MPL ból *m* zęba **Zahnspange** F aparat *m* ortodontyczny **Zahnstocher** M wykałaczka *f*
Zander M sandacz *m*
Zange F obcęgi *pl*; *beim Zahnarzt* kleszcze *pl*, szczypce *pl*
Zank M kłótnia *f* **zanken**: **sich** ~ kłócić się
Zäpfchen N MED czopek *m*
Zapfen M czop *m*; (*Eiszapfen*) sopel *m*; BOT szyszka *f* **Zapfsäule** F dystrybutor *m* paliwa
zappeln miotać się
zart delikatny; *Fleisch* kruchy **zartbitter** lekko gorzki
zärtlich czuły (-le) **Zärtlichkeit** F czułość *f*
Zauber M czar *m*, urok *m* **Zauberei** F magia *f* **zauberhaft** *fig* uroczy (-czo) **Zauberkünstler(in)** M(F) magik *m* **zaubern** czarować **Zauberspruch** M (czarodziejskie) zaklęcie *n*
Zaun M płot *m*, parkan *m*
Zebra N zebra *f* **Zebrastreifen** M zebry *fpl*
Zeche F rachunek *m*; BERGB kopalnia *f*
Zechtour F runda *f* po lokalach
Zecke F kleszcz *m*
Zehe F palec *m* (u stopy)
zehn dziesięć **Zehn** F dziesiątka *f* **zehnfach** dziesięciokrotny **zehntausend** dziesięć tysięcy **zehnte(r)** dziesiąty **Zehntel** N jedna dziesiąta
Zeichen N znak *m*; (*Merkmal*) cecha *f* **Zeichenblock** N blok *m* rysunkowy **Zeichentrickfilm** M film *m* rysunkowy
zeichnen V/T ⟨na⟩rysować; TECH ⟨na⟩kreślić **Zeichner(in)** M(F) rysownik *m*, rysowniczka *f*; TECH kreślarz *m*, kreślarka *f* **Zeichnung** F rysunek *m*
Zeigefinger M palec *m* wskazujący
zeigen pokazywać ⟨-zać⟩ (**sich** się); wskazywać ⟨-zać⟩ (**auf** *akk* na *akk*)
Zeiger M wskazówka *f*
Zeile F wiersz *m*; (*Reihe*) rząd *m*
Zeit F czas *m*; (*Tageszeit*) pora *f*; **von ~ zu ~** od czasu do czasu
zeitgemäß aktualny **zeitgenössisch** współczesny (-śnie) **zeitig** wczesny (-śnie) **zeitlich** czasowy
Zeitlupe F *Film* zwolnione

tempo *n* **Zeitpunkt** M chwila *f* **Zeitraum** M przedział *m* czasu, okres *m* **Zeitschrift** F czasopismo *n*

Zeitung F gazeta *f*, dziennik *m* **Zeitungsannonce** F ogłoszenie *n* w gazecie **Zeitungsartikel** F artykuł *m* prasowy

Zeitunterschied M różnica *f* czasu **Zeitvertreib** M spędzanie *n* czasu **zeitweise** czasami **Zeitzone** F strefa *f* czasowa

Zelle F komórka *f*; *Raum* cela *f* **Zellstoff** M MED lignina *f*

Zelt N namiot *m* **zelten** obozować w namiotach **Zeltplatz** M pole *n* namiotowe

Zement M cement *m*

Zensur F cenzura *f*; (*Note*) stopień *m*

Zentimeter M *od* N centymetr *m*

Zentner M cetnar *m*, centnar *m*

zentral centralny **Zentrale** F centrala *f* **Zentralheizung** F centralne ogrzewanie *n* **Zentralverriegelung** F zamek *m* centralny

Zentrifuge F wirówka *f*, centryfuga *f*

Zentrum N centrum *n*

zerbeißen rozgryzać ⟨-yźć⟩

zerbrechen ⟨z⟩łamać (*v/i* się) **zerbrechlich** łamliwy, kruchy

zerdrücken zgniatać ⟨-ieść⟩

Zerfall M rozkład *m*, rozpad *m* **zerfallen** rozpadać ⟨-paść⟩ się

zerfetzen rozszarpywać ⟨-pać⟩ **zerfließen** rozpływać ⟨-ynąć⟩ się **zerfressen** przeżerać ⟨-żreć⟩ **zerkleinern** rozdrabniać ⟨-robnić⟩

zerknittert pognieciony

zerkratzen podrapać *pf*; porysować *pf* **zerlegen** rozbierać ⟨-zebrać⟩ (na części)

zerlumpt obdarty

zerquetschen ⟨roz⟩gnieść **zerreiben** rozcierać ⟨-zetrzeć⟩ **zerreißen** ⟨po⟩drzeć, rozdzierać ⟨-zedrzeć⟩

zerren szarpać, targać (**an** *dat* za *akk*)

zerrissen rozdarty, podarty

Zerrung F MED naciągnięcie *n*

zerrütten *Nerven* rozstrajać ⟨-roić⟩; (*ruinieren*) ⟨z⟩rujnować **zerschlagen** rozbijać ⟨-ić⟩ (*fig* **sich** się); ⟨s⟩tłuc **zerschneiden** ⟨roz⟩krajać, rozcinać ⟨-ciąć⟩ **zersetzen**: **sich** ~ rozkładać ⟨-złożyć⟩

zerstäuben rozpylać ⟨-lić⟩ **Zerstäuber** M rozpylacz *m*

zerstören ⟨z⟩niszczyć **zerstört** zniszczony; zburzony **Zerstörung** F (z)niszczenie *n*

zerstreut roztargniony **Zerstreuung** F rozproszenie *n*; (*Zeitvertreib*) rozrywka *f*

zerteilen ⟨po⟩dzielić (na kawałki)

Zertifikat N certyfikat *m*

zertreten rozdeptywać ⟨-tać⟩ **zertrümmern** ⟨z⟩druzgotać, rozbijać ⟨-ić⟩
Zerwürfnis N poróżnienie *n*
Zettel M kartka *f*
Zeug N (*Sachen*) rzeczy *fpl*; (*Nähzeug usw*) przybory *pl*; **dummes ~!** nonsens!
Zeuge M świadek *m* **zeugen**[1] świadczyć (**von** *dat* o *lok*)
zeugen[2] *Kind* ⟨s⟩płodzić
Zeugnis N świadectwo *n*
Zeugung F ⟨s⟩płodzenie *n*
Zickzack M: **im ~ laufen** biec zygzakiem
Ziege F koza *f*
Ziegel M cegła *f*; (*Dachziegel*) dachówka *f* **Ziegelei** F cegielnia *f*
Ziegenkäse M kozi ser *m*
ziehen ⟨po⟩ciągnąć (**an** *dat* za *akk*); *Zahn* wyrywać ⟨-rwać⟩; V/I *Tee* naciągać
Ziehharmonika F akordeon *m* **Ziehung** F losowanie *n*
Ziel N cel *m*; SPORT meta *f* **zielen** ⟨wy⟩celować (**auf** *akk* do *gen*) **Zielgruppe** F grupa *f* docelowa **ziellos** bezcelowy **Zielscheibe** F tarcza *f*
ziemlich spory, znaczny; ADV dość
zierlich zgrabny, drobny
Ziffer F cyfra *f* **Zifferblatt** N tarcza *f* zegarowa
Zigarette F papieros *m* **Zigarettenautomat** M automat *m* z papierosami **Zigarettenschachtel** F paczka *f* papierosów **Zigarettenstummel** M niedopałek *m* papierosa
Zigarillo M *od* N cygaretka *f* **Zigarre** F cygaro *n*
Zigeuner(in) M(F) *neg!* Cygan(ka) *m(f)*
Zimmer N pokój *m* **Zimmermädchen** N pokojówka *f* **Zimmermann** M cieśla *m* **Zimmerservice** M serwis *m* pokojowy **Zimmervermittlung** F pośrednictwo *n* wynajmu kwater
Zimt M cynamon *m*
Zink N cynk *m*
Zinke F *Kamm* ząb *m*
Zinn N cyna *f*
Zinsen PL FIN odsetki *mpl*
Zipfel M koniuszek *m*
zirka około
Zirkel M cyrkiel *m*; *fig* kółko *n*
Zirkus M cyrk *m*
zirpen *Grille* cykać
zischen ⟨za⟩syczeć
Zitat N cytat *m* **zitieren** ⟨za⟩cytować
Zitrone F cytryna *f* **Zitronensaft** M sok *m* cytrynowy
Zitrusfrüchte FPL owoce *mpl* cytrusowe
zittern ⟨za⟩drżeć, trząść się
zivil cywilny **Zivil** N ubranie *n* cywilne; **in ~** po cywilnemu **Zivildienst** M służba *f* zastępcza **zivilisiert** cywilizowany **Zivilist** M cywil *m* **Zivilklage** F powództwo *n* cywilne
zocken *umg* grać hazardowo

zögerlich opieszały (-le) **zögern** zwlekać
Zoll M cło *m* **Zollamt** N urząd *m* celny **Zollbeamte(r)** M celnik *m* **Zollbeamtin** F celniczka *f* **Zollerklärung** F deklaracja *f* celna **zollfrei** wolny od cła **Zollkontrolle** F kontrola *f* celna
Zöllner(in) M(F) celnik *m*, celniczka *f*
zollpflichtig podlegający ocleniu
Zollstock M calówka *f*
Zone F strefa *f*
Zoo M zoo *n* **zoologisch** zoologiczny
Zoom M *od* N zoom *m*
Zopf M warkocz *m*
Zorn M gniew *m* **zornig** rozgniewany, gniewny
zu PRÄP (*dat*) (*wohin?*) do (*gen*), na (*akk*); przez (*akk*); (*wo?*) w, na, po (*lok*); **zum Arzt** do lekarza; **~ Hause** w domu; ADV **~ sehr** zbyt, za bardzo; **~ groß** za duży; **~ viel** za dużo; **~ wenig** za mało
Zubehör N akcesoria *npl*
zubereiten *Speisen* przyrządzać ⟨-dzić⟩ **Zubereitung** F przyrządzanie *n*
zubinden zawiązywać ⟨-zać⟩
Zubringerstraße F droga *f* dojazdowa
Zucchini PL cukinia *f*
Zucht F hodowla *f*
züchten ⟨wy⟩hodować
Züchter(in) M(F) hodowca *m*, hodowczyni *f*
zucken drgać ⟨-gnąć⟩; *Achseln* wzruszać ⟨-szyć⟩ (*akk inst*)
Zucker M cukier *m* **Zuckerdose** F cukierniczka *f* **zuckerkrank** chory na cukrzycę **zuckern** (*mit Zucker süßen*) ⟨o⟩słodzić **Zuckerrübe** F burak *m* cukrowy **Zuckerwatte** F wata *f* cukrowa
zudecken przykrywać ⟨-yć⟩
zudem nadto
zudrehen zakręcać ⟨-cić⟩
zudringlich natrętny
zuerst najpierw
Zufahrt F dojazd *m* **Zufahrtsstraße** F droga *f* dojazdowa
Zufall M przypadek *m* **zufällig** przypadkowy (-wo)
Zuflucht F schronienie *n*
Zufluss M dopływ *m*
zufolge: … ~ według … (*dat gen*)
zufrieden zadowolony (**mit** *dat* z *gen*) **Zufriedenheit** F zadowolenie *n* **zufriedenstellen** zadowalać ⟨-wolić⟩
zufügen *Schmerz* zadawać ⟨-dać⟩; *Schaden* wyrządzać ⟨-dzić⟩
Zufuhr F dowóz *m*; *Gas*: dopływ *m*
Zug M BAHN pociąg *m*; *Schach* posunięcie *n*, ruch *m*; (*Luftzug*) przeciąg *m*; (*Festzug*) pochód *m*; *beim Rauchen* zaciągnięcie *n* się; *Gesicht* rys *m*
Zugabe F dodatek *m*

Zugang M dostęp *m* **zugänglich** dostępny
zugeben dodawać ⟨-dać⟩; (*gestehen*) przyznawać ⟨-nać⟩ się **zugegeben** istotnie
zugehen zamykać ⟨-mknąć⟩ się; zbliżać ⟨-żyć⟩ się (**auf** *akk* do *gen*)
Zugehörigkeit F przynależność *f*
Zügel M cugle *pl* **zügellos** *fig* nieokiełznany
Zugeständnis N ustępstwo *n* **zugestehen** przyznawać ⟨-nać⟩
Zugführer M kierownik *m* pociągu
zugießen dolewać ⟨-lać⟩
zügig *Arbeit* sprawny; *Verkehr* płynny
Zugkraft F *fig* atrakcyjność *f*
Zugluft F przeciąg *m*
zugreifen ⟨s⟩chwycić *pf*; **greifen Sie zu!** proszę się częstować!
Zugrestaurant N wagon *m* restauracyjny
zugrunde: **~ gehen** ⟨z⟩ginąć; **~ legen** brać ⟨wziąć⟩ za podstawę; **~ richten** zrujnować *pf*
zugunsten na korzyść
Zugverbindung F połączenie *n* kolejowe
zuhalten *Ohren* zatykać ⟨-tkać⟩; *Augen* zasłaniać ⟨-łonić⟩
Zuhälter M sutener *m*
Zuhause N dom *m*
zuheilen ⟨za⟩goić się
zuhören słuchać (*dat gen*) **Zuhörer(in)** M(F) słuchacz(ka) *m(f)*
zukleben zaklejać ⟨-eić⟩ **zuknöpfen** zapinać ⟨-piąć⟩ **zukommen**: **j-m etw ~ lassen** przekazywać ⟨-zać⟩ coś komuś
Zukunft F przyszłość *f* **zukünftig** przyszły
Zulage F dodatek *m*
zulassen dopuszczać ⟨-puścić⟩ (**zu** *dat* do *gen*); *Auto* dopuścić *pf* do ruchu; (*erlauben*) pozwalać ⟨-wolić⟩ **zulässig** dopuszczalny **Zulassung** F dopuszczenie *n*; AUTO dowód *m* rejestracyjny
zuletzt jako ostatni; *fig* w końcu; **bis ~** do końca
zuliebe: **j-m ~** ze względu na kogoś
zumachen zamykać ⟨-mknąć⟩
zumeist przeważnie
zumuten wymagać (**j-m** *akk gen* od k-o)
zunähen zaszywać ⟨-yć⟩
Zunahme F wzrost *m*, przyrost *m*
Zuname M nazwisko *n*
Zündholz N zapałka *f* **Zündkerze** F AUTO świeca *f* zapłonowa **Zündschloss** M AUTO stacyjka *f* **Zündschlüssel** M AUTO kluczyk *m* do stacyjki **Zündung** F AUTO zapłon *m*
zunehmen wzrastać ⟨-rosnąć⟩; *an Gewicht* ⟨u⟩tyć
Zuneigung F sympatia *f*
Zunge F język *m*; *Tier* ozór *m*

zunichtemachen ⟨z⟩niweczyć **zupacken** chwytać ⟨schwycić⟩ **zupfen** targać ⟨-gnąć⟩ **zurechnungsfähig** poczytalny **zurechtfinden**: **sich ~** ⟨z⟩orientować się **zurechtkommen** zdążyć *pf*; dawać ⟨dać⟩ sobie radę (**mit** *dat* z *inst*) **zurechtmachen**: **sich ~** ⟨wy⟩szykować się **zureden** perswadować **zurück** z powrotem; (*nach hinten*) wstecz **zurückbekommen** otrzymywać ⟨-mać⟩ z powrotem **zurückbleiben** pozostawać ⟨-ać⟩ (w tyle) **zurückbringen** odnosić ⟨-nieść⟩ z powrotem **zurückfahren** V/I ⟨po⟩jechać z powrotem **zurückfliegen** V/I ⟨po⟩lecieć z powrotem **zurückgeben** oddawać ⟨-dać⟩ z powrotem **zurückgehen** iść ⟨pójść⟩ z powrotem, wracać ⟨wrócić⟩ **zurückhalten** powstrzymywać ⟨-mać⟩ (**sich** się) **zurückholen** przynosić ⟨-nieść⟩ z powrotem **zurückkehren** wracać ⟨wrócić⟩ **zurückkommen** wracać ⟨wrócić⟩ **zurücklassen** (po)zostawiać ⟨-ić⟩ **zurücklegen** odkładać ⟨odłożyć⟩ na bok **zurücknehmen** odbierać ⟨odebrać⟩ (z powrotem) **zurückrufen** oddzwaniać ⟨-wonić⟩ **zurückschicken** odsyłać ⟨odesłać⟩ z powrotem **zurückstellen** *Uhr* cofać ⟨cofnąć⟩; *Plan* odraczać ⟨-roczyć⟩ **zurückstoßen** odpychać ⟨odepchnąć⟩ **zurücktreten** odstępować ⟨-tąpić⟩ **zurückverlangen** ⟨za⟩żądać zwrotu **zurückweichen** cofać ⟨-fnąć⟩ się **zurückweisen** odrzucać ⟨-cić⟩ **zurückzahlen** spłacać ⟨-cić⟩ **zurückziehen** odsuwać ⟨-nąć⟩; *fig* wycofywać ⟨-fać⟩ (**sich** się) **Zuruf** M okrzyk *m*, zawołanie *n* **Zusage** F zgoda *f*; (*Versprechen*) obietnica *f* **zusagen** przyrzekać ⟨-rzec⟩ **zusammen** razem (**mit** *dat* z *inst*) **Zusammenarbeit** F współpraca *f* **zusammenbinden** związywać ⟨-zać⟩ **zusammenbrechen** V/I załamywać ⟨-mać⟩ się **Zusammenbruch** M załamanie *n* (się) **zusammendrücken** ściskać ⟨-snąć⟩ **zusammenfalten** składać ⟨złożyć⟩ **zusammenfassen** ⟨z⟩reasumować **Zusammenfassung** F streszczenie *n* **zusammenfügen** ⟨po⟩łączyć (w całość); spajać ⟨-poić⟩ **zu-**

sammengehören tworzyć całość **zusammengesetzt** złożony **zusammenhalten** trzymać się razem **Zusammenhang** M związek *m* **zusammenhängend** spójny **zusammenhangslos** bezładny **zusammenheften** spinać ‹-iąć› **zusammenkleben** V/T sklejać ‹-eić› **Zusammenkunft** F spotkanie *n* **Zusammenleben** N współżycie *n* **zusammennähen** zszywać ‹-yć› **zusammennehmen**: **sich ~** opanowywać ‹-ować› się **zusammenpacken** ‹s›pakować **zusammenrechnen** zliczać ‹-czyć› **zusammenrücken** przysuwać ‹-unąć› (się) do siebie **zusammenrufen** zwoływać ‹-łać› **zusammensetzen** zestawiać ‹-ić›; **sich ~** składać się (**aus** *dat* z *gen*) **Zusammensetzung** F skład *m* **zusammenstellen** zestawiać ‹-ić›; *Liste* układać ‹ułożyć› **Zusammenstellung** F zestawienie *n* **Zusammenstoß** M zderzenie *n* **zusammenstoßen** V/I zderzać ‹-rzyć› się **zusammenstürzen** ‹za›walić się **zusammentreffen** spotykać ‹-tkać› się **Zusammentreffen** N spotkanie *n* **zusammenwachsen** zrastać ‹-rosnąć› się **zusammenzählen** zliczać ‹-czyć›, dodawać ‹-dać› **zusammenziehen** ściągać ‹-gnąć›, *Schlinge* zaciskać ‹-snąć›; **sich ~** nadciągać ‹-gnąć›

Zusatz M dodatek *m*; domieszka *f* **zusätzlich** dodatkowy (-wo)

zuschauen przyglądać się **Zuschauer(in)** M(F) widz *m* **Zuschauertribüne** F trybuna *f*

zuschicken przysyłać ‹-słać› **Zuschlag** M *Geld* dopłata *f* **zuschlagspflichtig** z dopłatą **zuschließen** zamykać ‹-mknąć› na klucz **zuschnüren** ‹za›sznurować **zuschreiben** przypisywać ‹-sać›

Zuschrift F pismo *n*, list *m* **Zuschuss** M dotacja *f* **zuschütten** zasypywać ‹-pać› **zusehen** → zuschauen **zusetzen** V/T dodawać ‹-dać›; *Geld* dopłacać ‹-cić›

zusichern zapewniać ‹-ić› **Zusicherung** F zapewnienie *n*

zuspitzen zaostrzać ‹-rzyć› (**sich** się)

Zustand M stan *m*; **Zustände** *pl* warunki *mpl*

zustande: **~ bringen** doprowadzić do skutku; **~ kommen**

dochodzić ⟨dojść⟩ do skutku
zuständig właściwy, odpowiedzialny (**für** *akk* za *akk*) **Zuständigkeit** F kompetencja *f*
zustehen przysługiwać
zustellen *Post* doręczać ⟨-czyć⟩ **Zustellgebühr** F opłata *f* za doręczenie **Zustellung** F doręczenie *n*
zustimmen przytakiwać ⟨-knąć⟩; zgadzać ⟨zgodzić⟩ się (*dat* z *inst*) **Zustimmung** F zgoda *f*
zustopfen zatykać ⟨-tkać⟩
zustoßen V/I przytrafiać ⟨-ić⟩ się
Zutaten FPL GASTR składniki *mpl*
zuteilen przydzielać ⟨-lić⟩
zutragen: **sich ~** zdarzać ⟨-rzyć⟩ się
zutrauen spodziewać się (**j-m** *akk* po kimś *gen*) **Zutrauen** N zaufanie *n*
zutreffen okazywać ⟨-zać⟩ się słusznym; odnosić ⟨-nieść⟩ się (**auf** *akk* do *gen*) **zutreffend** trafny
Zutritt M wstęp *m*
zuverlässig pewny, godny zaufania
Zuversicht F ufność *f* **zuversichtlich** ufny, optymistyczny
zuvor przedtem **zuvorkommen** uprzedzać ⟨-dzić⟩ (*dat akk*) **zuvorkommend** uprzejmy (-mie)
Zuwachs M przyrost *m*
zuweisen wyznaczać ⟨-czyć⟩
zuwider PRÄP wbrew, przeciw
zuzahlen dopłacać ⟨-cić⟩ **zuziehen** zaciągać ⟨-gnąć⟩; **sich ~** nabawiać ⟨-ić⟩ się (*akk gen*)
zuzüglich z doliczeniem
Zwang M przymus *m* **zwanglos** niewymuszony (-szenie)
Zwangslage F rozpaczliwa sytuacja *f* **Zwangsräumung** F eksmisja *f* **Zwangsvollstreckung** F JUR egzekucja *f* (sądowa) **zwangsweise** ADV przymusowo
zwanzig dwadzieścia **Zwanziger** M dwudziestka *f* **zwanzigste(r)** dwudziesty
zwar wprawdzie; **und ~** a mianowicie
Zweck M cel *m* **zwecklos** bezcelowy (-wo) **zweckmäßig** stosowny, celowy
zwecks celem, w celu
zwei dwa; **um ~ Uhr** o drugiej godzinie **Zwei** F dwójka *f* **Zweibettzimmer** N pokój *m* dwuosobowy **zweideutig** dwuznaczny **zweifach** dwukrotny
Zweifel M wątpliwość *f* **zweifelhaft** wątpliwy (-wie) **zweifellos** niewątpliwy (-wie) **zweifeln** wątpić (**an** *dat* w *akk*) **Zweifelsfall** M: **im ~** w razie wątpliwości
Zweig M gałąź *f* **Zweigstelle** F filia *f*
zweihundert dwieście **zweihundertste(r)** dwusetny

Zweikampf M pojedynek *m*
zweimal dwa razy **zweimonatig** dwumiesięczny **zweireihig** dwurzędowy **zweiseitig** dwustronny **zweisprachig** dwujęzyczny **zweispurig** dwutorowy **zweistöckig** dwupiętrowy
zweit: **zu ~** we dwójkę **zweite(r)** drugi **zweiteilig** dwuczęściowy **zweitens** po drugie **zweitgrößte(r)** drugi pod względem wielkości **Zweitschlüssel** M zapasowy klucz *m*
Zwerchfell N przepona *f*
Zwerg(in) M(F) karzeł *m*, karlica *f*
zwicken szczypać ⟨uszczypnąć⟩
Zwieback M suchar *m*, sucharek *m*
Zwiebel F cebula *f*
Zwietracht F niezgoda *f*
Zwilling M bliźniak *m*
zwingen zmuszać ⟨-sić⟩ (**zu** *dat* do *gen*)
zwinkern mrugać ⟨-gnąć⟩
Zwirn M nić *f*
zwischen PRÄP (*dat*, *akk*) między (*inst*, *akk*) **zwischendurch** od czasu do czasu
Zwischenfall M zajście *n* **Zwischenlandung** F międzylądowanie *n* **Zwischenraum** M odstęp *m*; przerwa *f* **Zwischenstopp** M postój *m* **Zwischenzeit** F: **in der ~** tymczasem, w tym czasie
zwitschern szczebiotać
zwölf dwanaście **Zwölf** F dwunastka *f*
Zwölffingerdarm M dwunastnica *f*
zwölfte(r) dwunasty
Zylinder M cylinder *m* **zylinderförmig** cylindryczny **Zylinderkopfdichtung** F uszczelka *f* głowicy
zynisch cyniczny
Zypern N Cypr *m*

Anhang

Zahlen | Liczebniki

Grundzahlen | Liczebniki główne

Die Form für männliche Personen ist ab 5 gleich dem Genitiv, also pięciu, sześciu, siedmiu usw.

1 *ein(s)* jeden *m*, jedna *f*, jedno *n*
2 *zwei* dwaj *m od.* dwóch (*männl. Pers.*), dwa *m u. n*, dwie *f*
3 *drei* trzej *m od.* trzech (*männl. Pers.*), trzy *m, f, n*
4 *vier* cztery, czterej *m od.* czterech (*männl. Pers.*)
5 *fünf* pięć, pięciu (*männl. Pers.*)
6 *sechs* sześć
7 *sieben* siedem
8 *acht* osiem
9 *neun* dziewięć
10 *zehn* dziesięć
11 *elf* jedenaście
12 *zwölf* dwanaście
13 *dreizehn* trzynaście
14 *vierzehn* czternaście
15 *fünfzehn* piętnaście
16 *sechzehn* szesnaście
17 *siebzehn* siedemnaście
18 *achtzehn* osiemnaście
19 *neunzehn* dziewiętnaście
20 *zwanzig* dwadzieścia
21 *einundzwanzig* dwadzieścia jeden
30 *dreißig* trzydzieści
40 *vierzig* czterdzieści
50 *fünfzig* pięćdziesiąt
60 *sechzig* sześćdziesiąt
70 *siebzig* siedemdziesiąt
80 *achtzig* osiemdziesiąt
90 *neunzig* dziewięćdziesiąt
100 (*ein*)*hundert* sto
101 (*ein*)*hunderteins* sto jeden
200 *zweihundert* dwieście
300 *dreihundert* trzysta
400 *vierhundert* czterysta
500 *fünfhundert* pięćset
600 *sechshundert* sześćset
700 *siebenhundert* siedemset
800 *achthundert* osiemset
900 *neunhundert* dziewięćset
1000 (*ein*)*tausend* tysiąc *m*
2000 *zweitausend* dwa tysiące
3000 *dreitausend* trzy tysiące
5000 *fünftausend* pięć tysięcy
100 000 *hunderttausend* sto tysięcy
1 000 000 *eine Million* milion *m*

Ordnungszahlen | Liczebniki porządkowe

1. *erste* pierwszy *m*, pierwsza *f*, pierwsze *n*
2. *zweite* drugi *m*, druga *f*, drugie *n*
3. *dritte* trzeci
4. *vierte* czwarty
5. *fünfte* piąty
6. *sechste* szósty
7. *sieb(en)te* siódmy
8. *achte* ósmy
9. *neunte* dziewiąty
10. *zehnte* dziesiąty
11. *elfte* jedenasty
12. *zwölfte* dwunasty
13. *dreizehnte* trzynasty
14. *vierzehnte* czternasty
15. *fünfzehnte* piętnasty
16. *sechzehnte* szesnasty
17. *siebzehnte* siedemnasty
18. *achtzehnte* osiemnasty
19. *neunzehnte* dziewiętnasty
20. *zwanzigste* dwudziesty
21. *einundzwanzigste* dwudziesty pierwszy

30\. *dreißigste* trzydziesty
40\. *vierzigste* czterdziesty
50\. *fünfzigste* pięćdziesiąty
60\. *sechzigste* sześćdziesiąty
70\. *siebzigste* siedemdziesiąty
80\. *achtzigste* osiemdziesiąty
90\. *neunzigste* dziewięćdziesiąty
100\. *hundertste* setny
101\. *hunderterste* sto pierwszy
200\. *zweihundertste* dwusetny
300\. *dreihundertste* trzechsetny
400\. *vierhundertste* czterechsetny
500\. *fünfhundertste* pięćsetny
600\. *sechshundertste* sześćsetny
700\. *siebenhundertste* siedemsetny
800\. *achthundertste* osiemsetny
900\. *neunhundertste* dziewięćsetny
1000\. *tausendste* tysięczny
2000\. *zweitausendste* dwutysięczny
3000\. *dreitausendste* trzytysięczny
5000\. *fünftausendste* pięciotysięczny
100 000. *hunderttausendste* stutysięczny
1 000 000. *millionste* milionowy

Bruchzahlen | Liczebniki ułamkowe

$1/2$ *ein halb* pół
$1\,1/2$ *anderthalb* półtora
$1/3$ *ein Drittel* jedna trzecia
$2/3$ *zwei Drittel* dwie trzecie
$1/4$ *ein Viertel* cwierć, jedna czwarta
$3/4$ *drei Viertel* trzy czwarte
$1/5$ *ein Fünftel* jedna piąta
$5/8$ *fünf Achtel* pięć ósmych

Rechenarten | Działania matematyczne

4 + 3 = 7 *vier und drei ist sieben*
cztery i trzy jest siedem
2 × 2 = 4 *zweimal zwei ist vier*
dwa razy dwa jest cztery
10 – 4 = 6 *zehn weniger vier ist sechs*
dziesięć mniej cztery jest sześć
20 : 5 = 4 *zwanzig geteilt durch fünf ist vier*
dwadzieścia podzielone przez pięć jest cztery

einmal raz
zweimal dwa razy

Jadłospis | Speisekarte

Zupy | Suppen

barszcz czerwony	Rote-Bete-Suppe
chłodnik	Rote-Bete-Kaltschale
flaczki, flaki	Kuttelflecke
grochówka	Erbsensuppe
kapuśniak	Sauerkrautsuppe
krupnik	Graupensuppe
krupnik z ryżu	Reissuppe
rosół	(Fleisch)Brühe
– z makaronem	– mit Nudeleinlage
rosół z kury	Hühnerbrühe
zupa fasolowa	Bohnensuppe
zupa jarzynowa	Gemüsesuppe
zupa pomidorowa	Tomatensuppe
zupa szczawiowa	Sauerampfersuppe
żurek	saure Mehlsuppe

Zakąski | Vorspeisen

befsztyk tatarski	Tatar(beefsteak)
galaretka	Sülze
kiełbasa	Wurst
pasztet	Pastete
półmisek szwedzki	Schwedenplatte
rolmops	Rollmops

ryba w galarecie	Fisch in Aspik
sałatka śledziowa	Heringssalat
sałatka włoska	italienischer Salat
sałatka z drobiu	Geflügelsalat
sardynki w oliwie	Ölsardinen
śledź w majonezie	Hering in Mayonnaise
śledź w oliwie	Hering in Öl
wędliny	Aufschnitt

Jarzyny, dodatki | Gemüse, Beilagen

brukselka	Rosenkohl
buraczki	Rote Bete
cebulka smażona	Röstzwiebeln
chrzan	Meerrettich
ćwikła	Rote-Bete-Salat
fasola	Bohnen
fasolka zielona	grüne Bohnen
frytki	Pommes frites
groch	Erbsen
groszek zielony	Palerbsen
grzyby	Pilze
kalafior	Blumenkohl
kapusta	(Weiß)Kohl, Kraut
kapusta czerwona	Rotkohl
kapusta kiszona	Sauerkraut
kurki	Pfifferlinge
marchewka	Möhren, Karotten
mizeria	Gurkensalat

ogórki	Gurken
ogórek konserwowy	Delikatessgurke
papryka	Paprika(schote)
pieczarki	Champignons
pomidory	Tomaten
pory	Porree
rzodkiewka	Radieschen
sałata z pomidorów	Tomatensalat
sałata zielona	grüner Salat
sałata z selerów	Selleriesalat
szczypiorek	Schnittlauch
szparagi	Spargel
szpinak	Spinat
ziemniaki	Kartoffeln
ziemniaki purée	Kartoffelpüree
ziemniaki z wody	Salzkartoffeln

Potrawy mączne i z jarzyn | Gerichte mit Reis, Nudeln und Gemüse

bigos	Sauerkraut mit Fleisch, gedünstet
gołąbki	Kohlrouladen
kasza gryczana	Buchweizengrütze
kluski	Mehlklößchen, Nudeln
knedle	Knödel
makaron z masłem	Makkaroni mit Butter
makaron zapiekany	Makkaroniauflauf
naleśniki	Pfannkuchen

– z twarogiem	– mit Quark
– z dżemem	– mit Marmelade
pierogi, pierożki	gefüllte Teigtaschen
– z kapustą	– mit Krautfüllung
– z mięsem	– mit Fleischfüllung
– z serem	– mit Quarkfüllung
ryż na mleku	Milchreis
ryż zapiekany	Reisauflauf
uszka z mięsem	Fleischpastetchen

Ryby, skorupiaki | Fische, Schalentiere

dorsz	Dorsch, Kabeljau
gładzica	Scholle
karmazyn	Rotbarsch
karp	Karpfen
krewetki	Garnelen, Krabben
lin	Schleie
łosoś	Lachs
– wędzony	– geräuchert
małże	Muscheln
okoń	Barsch
pstrąg	Forelle
sandacz	Zander
szczupak	Hecht
śledź	Hering
tuńczyk	Thunfisch
węgorz	Aal

Dziczyzna i drób | Wild und Geflügel

comber jeleni	Hirschziemer
gęś pieczona	Gänsebraten
indyk	Truthahn
indyk pieczony	Putenbraten
kaczka pieczona	Entenbraten
królik	Kaninchen
kura pieczona	Brathuhn
kura duszona w jarzynach	Huhn mit Gemüse gedünstet
kurczę pieczone	Backhähnchen
pieczeń z dzika	Wildschweinbraten
pieczeń z sarny	Rehbraten
pieczeń zajęcza	Hasenbraten
podróbki gęsie	Gänseklein
potrawka z kury	Hühnerfrikassee
zając	Hase

Potrawy mięsne | Fleischgerichte

antrykot	Entrecote
baranina	Hammelfleisch
– comber barani	Hammelrücken
– udziec barani	Hammelkeule
befsztyk	Beefsteak
cielęcina	Kalbfleisch
– cielęcina w potrawce	Kalbsfrikassee
cynaderki wieprzowe	Schweinenieren
golonka	Eisbein

gulasz	Gulasch
kiełbasa smażona	Bratwurst
klops	Klops, Fleischkloß
kotlet	Kotelett
– kotlet mielony	Frikadelle
– kotlet schabowy	Schweinekotelett
medalion cielęcy	Kalbsmedaillon
medalion wieprzowy	Schweinemedaillon
nerki cielęce	Kalbsnieren
ozór peklowany	Pökelzunge
paprykarz	Paprikagulasch
pieczeń barania	Hammelbraten
pieczeń na dziko	Sauerbraten
pieczeń wołowa	Rinderbraten
polędwica	Filet, Lende
potrawka	Ragout
rozbratel	Rostbraten
rolada	Roulade
rumsztyk	Rumpsteak
schab peklowany	Rippenspeer
schab pieczony	Schweinekarree
stek	Steak
szaszłyk	Schaschlik
sznycel cielęcy	Kalbsschnitzel
sznycel po wiedeńsku	Wiener Schnitzel
sztufada wołowa	Rinderschmorbraten
sztuka mięsa	gekochtes Rindfleisch
szynka pieczona w cieście	Schinken in Brotteig
wątróbka	Leber
wieprzowina	Schweinefleisch

wołowina	Rindfleisch
zrazy, zraziki	gedünstete Lendenschnitte
zrazy siekane	Hackfleischsteaks
żeberka	Rippchen

Sery, owoce, desery | Käse, Obst, Nachtisch

bryndza	Schafskäse
brzoskwinie	Pfirsiche
ciasto z owocami	Obstkuchen
czarne jagody	Blaubeeren
czereśnie	Süßkirschen
galaretka owocowa	Obstgelee
gruszka	Birne
jabłko	Apfel
kompot	Kompott
krem	Creme
lody	Eis
maliny	Himbeeren
morele	Aprikosen
orzechy	Nüsse
owoce	Obst, Früchte
piernik	Lebkuchen
pomarańcza	Apfelsine
porzeczki	Johannisbeeren
sałatka owocowa	Obstsalat
ser (tylżycki)	(Tilsiter) Käse

– pleśniowy	Edelpilzkäse
– szwajcarski	Schweizer
– wędzony	Räucherkäse
serek kremowy	Frischrahmkäse
serek ziołowy	Kräuterkäse
sernik	Käsekuchen
surówka owocowa	Obstsalat
szarlotka	Apfelkuchen
śliwki	Pflaumen
tort	Torte
truskawki	Erdbeeren
twaróg	Quark, Topfen
winogrona	Weintrauben
wiśnie	Sauerkirschen

M(F), *m(f)*	Maskulinum mit zusätzlicher Femininendung in Klammern	rodzaj męski z końcówką rodzaju żeńskiego w nawiasie
M/F(M), *m/f(m)*	Maskulinum und Femininum mit zusätzlicher Maskulinendung in Klammern	rodzaj męski i żeński z końcówką męskiego w nawiasie
MIL	Militär	wojskowość
MPL, *mpl*	Maskulinum Plural	liczba mnoga rodzaju męskiego
mst	meistens	najczęściej
MUS	Musik	muzyka
N, *n*	Neutrum	rodzaj nijaki
neg!	wird als beleidigend empfunden	uważane za obraźliwe
nom	Nominativ	mianownik
NPL, *npl*	Neutrum Plural	liczba mnoga rodzaju nijakiego
od	oder	lub
PARTIKEL	Partikel	partykuła
pers	Person	osoba
PF, *pf*	perfektives Verb	czasownik dokonany
PHYS	Physik	fizyka
PL, *pl*	Plural	liczba mnoga
POL	Politik	polityka
pop	populär, derb	wyraz pospolity, rubaszny
PRÄP, *präp*	Präposition	przyimek
PRON, *pron*	Pronomen	zaimek